Jugendschutz im Fernsehen

Europäische Hochschulschriften

Publications Universitaires Européennes
European University Studies

Reihe II
Rechtswissenschaft

Série II Series II
Droit
Law

Bd./Vol. 4149

PETER LANG
Frankfurt am Main · Berlin · Bern · Bruxelles · New York · Oxford · Wien

Kristina Hopf

Jugendschutz im Fernsehen

Eine verfassungsrechtliche Prüfung der materiellen Jugendschutzbestimmungen

PETER LANG
Europäischer Verlag der Wissenschaften

Bibliografische Information Der Deutschen Bibliothek
Die Deutsche Bibliothek verzeichnet diese Publikation in der Deutschen Nationalbibliografie; detaillierte bibliografische Daten sind im Internet über <http://dnb.ddb.de> abrufbar.

Zugl.: München, Univ. der Bundeswehr, Diss., 2004

Gedruckt auf alterungsbeständigem,
säurefreiem Papier.

ISSN 0531-7312
ISBN 3-631-53768-9

www.peterlang.de

Vorwort

Angeregt durch die immer wiederkehrende Diskussion in der Öffentlichkeit über die Zunahme von Gewalt, Hass und Pornographie im Fernsehen und durch die Fülle neuer Sendeformate im privaten Fernsehen, deren Inhalte zumeist als jugendschutzrelevant bezeichnet werden müssen, versteht sich die vorliegende Untersuchung als Beitrag zur Ermittlung der Bedeutung und der Funktion des Jugendschutzes in Deutschland. Die Arbeit befasst sich unter Berücksichtigung empirisch-soziologischer Erkenntnisse mit der Verfassungsmäßigkeit der seit 01.04.2003 geltenden materiellen Jugendschutzbestimmungen des Jugendmedienschutz-Staatsvertrags.

Die Untersuchung geht dabei insbesondere den Fragen nach, ob und inwieweit die materiellen Jugendschutzbestimmungen im privaten Fernsehen in Deutschland die verfassungsrechtlich gebotenen Grenzen ausreichend beachten, ob diese Regelungen der Umsetzung des Verfassungsauftrags „Jugendschutz" genügen, sowie ob und inwieweit die Verfassung dem Gesetzgeber Spielraum für weitere mögliche Verschärfungen bzw. Lockerungen der Jugendschutzbestimmungen eröffnet oder gar gebietet. Die Arbeit wurde im Juni 2003 abgeschlossen und hat der Fakultät für Sozialwissenschaften der Universität der Bundeswehr München als Dissertation vorgelegen.

Mein besonderer Dank gilt meinem Doktorvater, Herrn Prof. Dr. Rupert Stettner, für die Betreuung der Arbeit sowie seine Anregungen und Freiräume bei der Erstellung der Dissertation. Herrn Prof. Dr. Gottfried Küenzlen danke ich für die kurzfristige Übernahme und Erstellung des Zweitgutachtens.

Von Herzen möchte ich mich bei Herrn Dr. Matthias Schönfelder und Frau Irmgard Senoner bedanken, die mich beide stets in meinem Vorhaben unterstützt und mir durch ihr Vertrauen Rückhalt gegeben haben.

Der Bayerischen Landeszentrale für neue Medien danke ich für einen Druckkostenzuschuss.

Kristina Hopf

Inhaltsverzeichnis

Abkürzungsverzeichnis

a.A.	andere(r) Ansicht
a.a.O	am angegebenen Ort
Abb.	Abbildung
abgedr.	abgedruckt
Abl.	Amtsblatt
Abs.	Absatz
a.F.	alte Fassung
AfP	Archiv für Presserecht
AG	Amtsgericht
AK	Alternativkommentar
ALM	Arbeitsgemeinschaft der Landesmedienanstalten
Alt.	Alternative
amtl. Begr.	amtliche Begründung
Anm.	Anmerkung
AöR	Archiv des öffentlichen Rechts
ARD	Arbeitsgemeinschaft der öffentlich-rechtlichen Rundfunkanstalten der Bundesrepublik Deutschland
Art.	Artikel
Aufl.	Auflage
Ausg.	Ausgabe
AVS	Altersverifikationssystem(e)
Az.	Aktenzeichen
BayGVBl	Bayerisches Gesetz- und Verordnungsblatt
BayLT-Drs.	Drucksache des Bayerischen Landtags
BayMG	Gesetz über die Entwicklung, Förderung und Veranstaltung privater Rundfunkangebote und anderer Mediendienste in Bayern (Bayerisches Mediengesetz)
BayOblG	Bayerisches Oberstes Landesgericht
BayRS	Bayerische Rechtssammlung
BayVBl	Bayerische Verwaltungsblätter

BayVerfGH	Bayerischer Verfassungsgerichtshof
BayVGH	Bayerischer Verwaltungsgerichtshof
Bd.	Band
ber.	berichtigt
BGBl.	Bundesgesetzblatt
BGH	Bundesgerichtshof
BGHSt	Entscheidungen des Bundesgerichtshofs in Strafsachen
BGHZ	Entscheidungen des Bundesgerichtshofs in Zivilsachen
BK	Kommentar zum Bonner Grundgesetz (Bonner Kommentar)
BLM	Bayerische Landeszentrale für neue Medien
BPjM	Bundesprüfstelle für jugendgefährdende Medien
BPjS	Bundesprüfstelle für jugendgefährdende Schriften (und Medien)
BPS-Report	Bundesprüfstelle-Report
BR	Bayerischer Rundfunk
BRD	Bundesrepublik Deutschland
bspw.	beispielsweise
BT-Drs.	Drucksache des Deutschen Bundestages
Buchst.	Buchstabe
BV	Bayerische Verfassung
BVerfG	Bundesverfassungsgericht
BVerfGE	Entscheidungen des Bundesverfassungsgerichts
BVerwG	Bundesverwaltungsgericht
BVerwGE	Entscheidungen des Bundesverwaltungsgerichts
bzw.	beziehungsweise
ca.	circa
CD	Compact Disc
d-box	Digital-Receiver/Decoder für das digitale Abonnementfernsehen
ders.	derselbe
d.h.	das heißt
dies.	dieselbe(n)
Diss.	Dissertation

DJT	Deutscher Juristentag
DLM	Direktorenkonferenz der Landesmedienanstalten
DÖV	Die Öffentliche Verwaltung
Drs.	Drucksache
DVBl	Deutsches Verwaltungsblatt
DVD	Digital Versatile Discs
eco	electronic commerce forum
EG	Europäische Gemeinschaft
EG-FernsehRiLi	EG-Fernsehrichtlinie, Richtlinie 89/552/EWG des Rates zur Koordinierung bestimmter Rechts- und Verwaltungsvorschriften der Mitgliedsstaaten über die Ausübung der Fernsehtätigkeit vom 03.10.1989 geändert durch Richtlinie 97/36/EG des Europäischen Parlaments und des Rates vom 30.06.1997
EGMR	Europäischer Gerichtshof für Menschenrechte
Einf.	Einführung
Einl.	Einleitung
epd medien	Evangelischer Pressedienst Medien
etc.	et cetera
EU	Europäische Union
EuGH	Gerichtshof der Europäischen Gemeinschaften
f.	folgende
FAZ	Frankfurter Allgemeine Zeitung
ff.	fortfolgende
FG	Festgabe
Fn.	Fußnote
Free-TV	Kostenloses Fernsehen im Vergleich zum Pay-TV
FS	Festschrift
FSF	Freiwillige Selbstkontrolle des Fernsehens
FSK	Freiwillige Selbstkontrolle der Filmwirtschaft
FSM	Freiwillige Selbstkontrolle Multimedia-Diensteanbieter
FSS	Satzung über die Nutzung von Fernsehkanälen nach dem Bayerischen Mediengesetz (Fernsehsatzung)

gem.	gemäß
GG	Grundgesetz
ggf.	gegebenenfalls
ggü.	gegenüber
GjS	Gesetz über die Verbreitung jugendgefährdender Schriften
GjSM	Gesetz über die Verbreitung jugendgefährdender Schriften und Medieninhalte
grds.	grundsätzlich
GSJP	Gemeinsame Stelle Jugendschutz und Programm bzw. seit 01.09.2001 Gemeinsame Stelle Jugendschutz, Programm, Medienkompetenz und Bürgermedien
GVBl.	Gesetzes- und Verordnungsblatt
HFS	Satzung über die Nutzung von Hörfunkfrequenzen nach dem Bayerischen Mediengesetz (Hörfunksatzung)
Hj.	Halbjahr
h.M.	herrschende(r) Meinung
Hrsg.	Herausgeber
Hs.	Halbsatz
i.d.F.	in der Fassung
i.d.R.	in der Regel
i.e.S.	im engeren Sinn
insb.	insbesondere
i.S.	im Sinne
i.S.d.	im Sinne des(r)
i.S.v.	im Sinne von/m
IT	Informationstechnologie
i.Ü.	im Übrigen
IuKDG	Informations- und Kommunikationsdienste-Gesetz
i.V.m.	in Verbindung mit
JA	Juristische Arbeitsblätter
JMS-Report	Jugend Medien Schutz-Report
JMStV	Staatsvertrag über den Schutz der Menschenwürde und den

	Jugendschutz in Rundfunk und Telemedien (Jugendmedienschutz-Staatsvertrag)
JÖSchG	Gesetz zum Schutze der Jugend in der Öffentlichkeit
JR	Juristische Rundschau
JSS	Satzung zur Gewährleistung des Jugendschutzes in digital verbreiteten privaten Fernsehangeboten (Jugendschutzsatzung)
JuS	Juristische Schulung
JuSchG	Jugendschutzgesetz
JZ	Juristenzeitung
KJM	Kommission für Jugendmedienschutz
K&R	Kommunikation & Recht
LG	Landgericht
Lit.	Literatur
MABB	Medienanstalt Berlin-Brandenburg
MDR	Monatsschrift für Deutsches Recht
MDStV	Mediendienste-Staatsvertrag
Min.	Minuten
mind.	mindestens
Mio.	Million
M&K	Medien und Kommunikationswissenschaft
MMR	Multimedia und Recht
Mo.	Montag
MP	Media Perspektiven
MPFS	Medienpädagogischer Forschungsverbund Südwest
MTV	Music Televison
m.w.N.	mit weiterem/n Nachweis/en
n.F.	neue Fassung
NJW	Neue Juristische Wochenschrift
Nr.	Nummer
Nrn.	Nummern
NVwZ	Neue Zeitschrift für Verwaltungsrecht

OLG	Oberlandesgericht
OVG	Oberverwaltungsgericht
OWiG	Gesetz über Ordnungswidrigkeiten
Pay-TV	„Bezahlfernsehen" der privaten Rundfunkveranstalter im Gegensatz zum Free-TV
PIN-Code	Persönliche Identifikationsnummer, mit welcher das „Bezahlfernsehen" freigeschaltet werden kann
PPV	Pay-Per-View (= Sendungen, deren Nutzung jeweils separat bezahlt werden muss)
RÄStV	Rundfunkänderungsstaatsvertrag
Rn.	Randnummer(n)
Rspr.	Rechtsprechung
RStV	Staatsvertrag über den Rundfunk im vereinten Deutschland (Rundfunkstaatsvertrag) vom 31. August 1991 (BayGVBl S. 451, BayRS 2251-6-S) in der Fassung der Bekanntmachung vom 27. Juli 2001, also in der bis zum 31.03.2003 gültigen Fassung
RStV a.F.	Staatsvertrag über den Rundfunk im vereinten Deutschland (Rundfunkstaatsvertrag) vom 31. August 1991 (BayGVBl S. 451) zuletzt geändert durch Mediendienste-Staatsvertrag vom 28. Januar bis Februar 1997 (BayGVBl. S. 226 ff.), also in der vor der Änderung durch den 4. Rundfunkänderungsstaatsvertrags bis zum 31.03.2000 gültigen Fassung
RStV n.F.	Staatsvertrag über den Rundfunk im vereinten Deutschland (Rundfunkstaatsvertrag) vom 31. August 1991 (BayGVBl S. 451, BayRS 2251-6-S) zuletzt geändert durch Jugendmedienschutz-Staatsvertrag vom 20.02.2003 (BayGVBl. S. 147, BayRS 2251-16-S) in der seit 01.04.2003 gültigen Fassung
RuF	Rundfunk und Fernsehen
s.	siehe
S.	Seite oder Satz
SGB	Sozialgesetzbuch
s.o.	siehe oben
So.	Sonntag
sog.	so genannte(r)
SPIO	Spitzenorganisation der Filmwirtschaft e.V.

st.	ständige
StAnz.	Staatsanzeiger
StGB	Strafgesetzbuch
st. Rspr.	ständige Rechtsprechung
s.u.	siehe unten
SZ	Süddeutsche Zeitung
TDG	Teledienstegesetz
t + f	themen + frequenzen
TKG	Telekommunikationsgesetz
TV	Television, Fernseher
TZ	Tageszeitung
u.	und
u.a.	unter anderem, und andere
Urt.	Urteil
usw.	und so weiter
u.U.	unter Umständen
v.	von(m)
v.a.	vor allem
Verf.	Verfassung
VG	Verwaltungsgericht
VGH	Verwaltungsgerichtshof
vgl.	vergleiche
Vorb.	Vorbemerkung(en)
VPRT	Verband Privater Rundfunk und Telekommunikation e.V.
VwGO	Verwaltungsgerichtsordnung
VwVfG	Verwaltungsverfahrensgesetz
www	world wide web
z.B.	zum Beispiel
ZDF	Zweites Deutsches Fernsehen
Ziff.	Ziffer(n)
ZRP	Zeitschrift für Rechtspolitik

z.T.	zum Teil
ZUM	Zeitschrift für Urheber- und Medienrecht
ZUM-RD	Zeitschrift für Urheber- und Medienrecht – Rechtsprechungsdienst

1. Teil: Einführung

Die Gewährleistung des Jugendschutzes im Rundfunk zählt nach wie vor zu den wichtigsten gesellschaftlichen Aufgaben in Deutschland. Der Rundfunk gehört neben der Presse und dem Internet zu den am weitest verbreitetsten und „unentbehrlichsten“[1] modernen Massenkommunikationsmitteln, die einen entscheidenden Einfluss auf die öffentliche Meinungsbildung ausüben. Studien, die über negative Folgen des Fernsehkonsums bei Kindern und Jugendlichen berichten, sowie die ständig variierenden Action- und Erotikfilmangebote,[2] Talkshows und Reality-Formate[3] nähren die anhaltende Diskussion in der Gesellschaft, ob der Jugendschutz im Rundfunk, aber auch in anderen elektronischen Medien weiter verschärft werden muss, um negative Einflüsse auf Kinder und Jugendliche in ihrem Verhalten und in ihrer Entwicklung zu verhindern. Die Medienlandschaft verändert sich kontinuierlich und sieht sich in diesem Veränderungsprozess der Herausforderung ausgesetzt, gleichzeitig Spiegel wie auch Motor des Wandels gesellschaftlicher Normen und Wertvorstellungen zu sein. Nicht nur diese funktionelle Ambivalenz, sondern die parallel zunehmende Konvergenz der einzelnen Mediengattungen birgt neben Innovationen auch neue Probleme in sich. Ein effektiver Kinder- und Jugendschutz ist daher gefordert, mit diesen Entwicklungsprozessen Schritt zu halten.

Nicht zuletzt durch die Ereignisse von Erfurt[4] wurde die seit Jahren geführte Debatte über eine Anpassung der Jugendschutzbestimmungen in den unterschiedlichen Mediengattungen erneut aufgegriffen. Als Ergebnis wurde vom Bund ein neues Jugendschutz-

---

[1] BVerfGE 12, 205 (260); 35, 202 (222).

[2] Seit 01.04.2002 gibt es bspw. bei Premiere im Pay-Per-View-Angebot die Möglichkeit, nicht mehr wie bislang Erotikfilme einzeln gegen Entgelt, sondern in einem Paket von vier Sendungen („Erotisches Quartett“) abzurufen. Dabei kann ausgehend von einem sog. Erotikportal, bestehend aus vier Split-Screen-Fenstern, zwischen drei Erotikfilmen, die zeitversetzt starten, und einem Erotikclip-Angebot hin- und hergeschaltet werden. Dieses Pay-Per-View-Angebot ist ohne Sendezeitbeschränkung rund um die Uhr abrufbar.

[3] Vgl. hierzu die Übersicht der Bayerischen Landeszentrale für neue Medien (BLM) „Reality Soaps und vergleichbare Formate“ (2001). Nach „Big Brother“, dem wohl bekanntesten Reality-Format, welches zu intensiven Diskussionen über einen möglichen Verstoß gegen die Menschenwürde Anlass gegeben hatte (vgl. hierzu ausführlich: *Frotscher* (2000), S. 27 ff.; *Dörr/Cole* (2000), S. 54 ff.; *Gersdorf* (2000), S. 11 ff.; *Di Fabio* (1999), S. 53 ff., *Hartwig*, JZ 2000, 967 ff.), werden als neuster Trend der Reality-Shows bei MTV die Formate „Jackass“ und „Freakshow“ gezeigt. In der amerikanischen Comedy-Serie und ihrem deutschen Pendant testen Stuntmen Elektroschocker am eigenen Leib, lassen sich mit Feuerlöschern direkt ins Gesicht sprühen oder versuchen, auf klapprigen Kinderrädern erfolglos über Jauchegruben zu springen, vgl. hierzu bspw. Stern „Je ekliger, desto lieber“, Nr. 47/2002, S. 232 f.

[4] Zum Amoklauf des 19-jährigen Schülers Robert Steinhäuser am 26.04.2002 im Gutenberg-Gymnasium Erfurt, von welchem nach der Tat bekannt wurde, dass er in seiner Freizeit überwiegend Computerspiele, Videos und Fernsehsendungen mit gewalthaltigen Inhalten konsumiert hatte, vgl. Der Spiegel Nr. 19/2002; SZ Nr. 96 v. 26./27.04.2003, S. 3.

gesetz (JuSchG)[5] und von den Ländern ein neuer Staatsvertrag über den Schutz der Menschenwürde und den Jugendschutz in Rundfunk und Telemedien (Jugendmedienschutz-Staatsvertrag – JMStV)[6] verabschiedet. Die entsprechenden Regelungen sind am 01.04.2003 in Kraft getreten. Der JMStV löst hierbei die Jugendschutzbestimmungen des Rundfunkstaatsvertrags (RStV)[7] und des Mediendienste-Staatsvertrags (MDStV)[8] ab und regelt nunmehr einheitlich den Jugendschutz in Rundfunk und Telemedien.[9] Das JuSchG ist den technischen Entwicklungen angepasst und fasst die bisherigen Bestimmungen des Gesetzes über die Verbreitung jugendgefährdender Schriften und Medieninhalte (GjSM)[10] und des Gesetzes zum Schutze der Jugend in der Öffentlichkeit (JÖSchG)[11] zusammen. Als Folge der Novellierung der Jugendschutzbestimmungen sind durch die seit dem 01.04.2003 geltenden gesetzlichen Regelungen die Kompetenzen zwischen Bund und Ländern dahingehend neu geregelt worden, dass die Länder für

---

[5] JuSchG vom 23. Juli 2002, BGBl. I S. 2730. Im JuSchG wird nunmehr der Jugendschutz in Trägermedien (Offline-Angebote: Bücher, Zeitschriften, Videokassetten, CD-ROM, DVD usw.) geregelt. Computer- und Bildschirmspiele müssen danach, ebenso wie heute bereits Kino- und Videofilme, mit einer Altersfreigabekennzeichnung versehen werden. Die Verbots- und Indizierungskriterien für gewaltdarstellende Medien werden verschärft (Abgabe-, Vertriebs- und Werbeverbote). Die Kompetenzen der Bundesprüfstelle für jugendgefährdende Medien (BPjM; bisher: BPjS) werden erweitert. Zum bisher geltenden Verbot des Rauchens in der Öffentlichkeit für Kinder- und Jugendliche unter 16 Jahren kommt ein Verbot der gewerblichen Abgaben von Tabakwaren an Kinder und Jugendliche unter 16 Jahren. Außerdem wird ein Verbot für Tabak- und Alkoholwerbung in Kinos vor 18 Uhr festgelegt. Zu den Änderungen und Neuerungen durch das JuSchG im Einzelnen vgl. *Liesching*, NJW 2002, 3281 ff., *Umbach*, pro Jugend vom 01.09.2002, Nr. 3, S. 26 f.; *Frenzel*, AfP 2002, 191 ff.

[6] Der JMStV trat am 01.04.2003 in Kraft (BayGVBl S. 147 ff., BayRS 2251-16-S). Er ist mit der amtl. Begr. abgedr. in BayLT-Drs. 14/10246, S. 1 ff. Die verschiedenen Entwurfsstadien und die Endfassung des JMStV sind durch Eingabe des Suchbegriffs „JMStV" abrufbar unter: www.Artikel5.de (zuletzt besucht am 26.05.2003).

[7] RStV vom 31. August 1991 (BayGVBl S. 451, BayRS 2251-6-S), zuletzt geändert durch Art. 1 des 6. Rundfunkänderungsstaatsvertrags (6. RÄStV) vom 20./21.12.2002 (BayGVBl S. 229).

[8] MDStV vom 20. Januar bis 12. Februar 1997 (BayGVBl S. 226), zuletzt geändert durch Art. 3 des 6. RÄStV vom 20./21.12.2001 (BayGVBl S. 229).

[9] Eine Synopse der Bestimmungen des JMStV und des RSTV findet sich bei *Hartstein/Ring/Kreile/Dörr/Stettner* JMStV (2003), vor Rn. 1.

[10] Das GjSM vom 12.7.1985 (BGBl. I S. 1502), zuletzt geändert durch Art. 8 b des Gesetzes vom 15.12.2001 (BGBl. I 2001 S. 3762), hieß ursprünglich Gesetz über die Verbreitung jugendgefährdender Schriften (GjS). Aufgrund der Änderung durch Art. 6 Nr. 1 des Gesetzes zur Regelung der Rahmenbedingungen für Informations- und Kommunikationsdienste (Informations- und Kommunikationsdienste-Gesetz – IuKDG) vom 22.07.1997 wurde es in „Gesetz über die Verbreitung jugendgefährdender Schriften und Medieninhalte" umbenannt. Zu den Änderungen im Bereich des Kinder- und Jugendschutzes durch das IuKDG vgl. *Engel-Flechsig/Maennel/Tettenborn*, NJW 1997, S. 2981 (2990 f.). Gem. § 1 Abs. 3 GjSM war das GjSM nicht nur auf Schriften, sondern auch auf körperliche Gegenstände wie Ton- und Bildträger, Abbildungen, Datenspeicher und andere Darstellungen, jedoch nicht auf Fernsehsendungen (elektromagnetischen Wellen) anwendbar. Das GjSM war daher nur auf Fernsehfilme anwendbar, die auch zu einer Verbreitung außerhalb des Fernsehens bestimmt waren, vgl. hierzu BVerwGE 85, 169. Das GjSM ist abgedruckt in: *Scholz* (1999), S. 47 ff.

[11] Das JÖSchG vom 25.2.1985 (BGBl. I S. 425), zuletzt geändert durch Art. 8 a des Gesetzes vom 15.12.2001 (BGBl. I S. 3762), bezieht sich nur auf Vorgänge in der Öffentlichkeit. Die Verbreitung von Rundfunksendungen fällt daher nicht in seinen Anwendungsbereich.

alle elektronischen Medien einschließlich des Internets zuständig sind, während die Verantwortung des Bundes auf Trägermedien wie Presse, Videokassetten und CDs beschränkt bleibt.[12] Als gravierendste Änderung im Bereich Rundfunk und Telemedien durch den JMStV ist aber die Stärkung der Selbstkontrolle der Rundfunkveranstalter[13] anzusehen.

1 Die Bedeutung des Jugendschutzes im Fernsehen

1.1 Das Fernsehverhalten von Kindern und Jugendlichen

Um im Rahmen der Prüfung der Verfassungsmäßigkeit der Jugendschutzbestimmungen des bisher geltenden § 3 RStV und des seit 01.04.2003 in Kraft getretenen JMStV feststellen zu können, welche Jugendschutzmaßnahmen Erfolg versprechend und zweckmäßig sind, ist zunächst das Fernsehverhalten von Kindern und Jugendlichen zu untersuchen. Medien spielen eine zunehmend wichtige Rolle im Leben von Teenagern. Als liebste Freizeitbeschäftigung nennen Kinder und Jugendliche unmittelbar nach „Freunde treffen" (im Jahr 1999: 42 %, im Jahr 2000: 40 %) „Fernsehen" (im Jahr 1999: 37 %, im Jahr 2000: 35 %) – und geben damit dieser Art von Freizeitgestaltung noch den Vorrang vor „Spielen" und „Sport treiben".[14] In praktisch allen deutschen Haushalten mit Jugendlichen gibt es zumindest ein TV-Gerät.[15] Jedes dritte Kind im Alter zwischen sechs und 13 Jahren verfügt sogar bereits über einen eigenen Fernseher.[16] Besonders problematisch unter dem Blickwinkel des Jugendschutzes ist aber vor allem die Art und Weise, wie Kinder und Jugendliche fernsehen. So sehen 38 % der Kinder bis 12 Jahren normalerweise alleine – also ohne Beaufsichtigung durch die

[12] Über den Streit zwischen Bund und Ländern bei der Reform des Jugendschutzes vgl. SZ vom 26.02.2002, S. 11.

[13] Der Begriff der Rundfunkveranstalter wird im JMStV mit dem Begriff Anbieter gleichgesetzt, vgl. § 3 Abs. 2 Nr. 3 JMStV. Aus diesem Grund wird auch in dieser Untersuchung nicht zwischen dem Begriff des Rundfunkveranstalters und des Anbieters unterschieden, sondern beide Begriff gleichbedeutend verwendet.

[14] *Feierabend/Klingler*, MP 2002, 221 (221); *MPFS*, KIM 2000, S. 1, „Liebste Freizeitbeschäftigung". Zur Onlinenutzung in Deutschland vgl. *Eimeren/Gerhard/Frees*, MP 2002, S. 346 ff. m.w.N.; zur Internetnutzung Jugendlicher vgl. *Eimeren*, MP 2003, S. 67 ff.

[15] 98 % aller Haushalte in Deutschland besitzen mindestens ein TV-Gerät, vgl. *MPFS*, Fernsehnutzung und Medienpädagogik im Alltag, Heft 3, S. 1.

[16] Während 1999 erst 29 % der Kinder zwischen sechs und 13 Jahren über ein eigenen Fernseher verfügten, besitzen seit dem Jahr 2000 bereits 34 % über ein eigenes Gerät; in den neuen Bundesländern sind es sogar bereits 51 %. Vgl. *Feierabend/Simon*, MP 2001, 176 (176); *Feierabend/Klingler*, MP 2002, 221 (221), *Feierabend/Klingler*, MP 1999, 610 ff.; *Mohr*, MP 1999, 119 (122 f.). Bei Jugendlichen steigen die Zahlen deutlich an. So besaßen im Jahr 2001 ca. 64 % der Jugendlichen ein eigens Fernsehgerät, vgl. *Gangloff* (2001), S. 15; *MPFS*, JIM 2001, S. 1 „Medienbesitz Jugendlicher".

Eltern – fern.[17] Der Fernsehkonsum der Drei- bis 13-Jährigen betrug in den Jahren 1999 bis 2001 unverändert etwa 97 bzw. 98 Minuten täglich.[18] Dabei sehen Kinder bis zwei Jahre täglich ca. 58 Minuten, Kinder zwischen drei und fünf Jahren ca. 75 Minuten, Kinder zwischen sechs und neun Jahren ca. 92 Minuten und Kinder zwischen 10 und 13 Jahren ca. 113 Minuten fern.[19] Kinder ab 14 Jahren verbringen sogar ca. 205 Minuten pro Tag vor dem Fernsehgerät.[20] Die Fernsehnutzung steigt folglich mit dem Alter der Kinder kontinuierlich an.

Die Sehdauer von Kindern variiert aber auch nach den unterschiedlichen Empfangsebenen. Kinder nutzen den Fernseher bei terrestrischem Fernsehempfang (durchschnittlich ca. neun Programme) im Durchschnitt 65 Minuten täglich, Kinder mit Kabelempfang (ca. 36 Programme) schauen bereits 95 Minuten fern und Kinder, die Satellitenprogramme (ca. 50 Programme) empfangen können, schauen täglich 107 Minuten fern.[21] Kinder in einem Haushalt mit digitalem Pay-TV sehen dagegen nicht wesentlich mehr fern, als Gleichaltrige ohne eine entsprechende Möglichkeit.[22] Kinder die über ein eigenes Fernsehgerät verfügen, sitzen durchschnittlich häufiger und länger vor dem Fernseher als Kinder ohne eigenen Fernseher. Während Kinder zwischen drei und 13 Jahren ohne eigenes TV-Gerät täglich etwa 93 Minuten fern sehen, sitzen Kinder vor ihrem eigenen Fernseher ca. 118 Minuten pro Tag.[23] Wie man aus den Zahlen in Diagramm 1.1 entnehmen kann, gilt beim Fernsehverhalten von Kindern und Jugendlichen, hier am Beispiel der Kinder von drei bis 13 Jahren, auch weiterhin, dass das Fernsehverhalten im Tagesverlauf ansteigt und schließlich ab 20.00 Uhr zunächst langsam, ab 22.00 Uhr aber stärker und schließlich nach 23.00 Uhr ganz deutlich abnimmt.

---

[17] Vgl. *MPFS*, Jugend- und Jugendmedienschutz, Heft 7, S. 19 ff.; *Feierabend/Klingler*, MP 2002, 221 (221); *Schorb/Theunert* (1998), 57.

[18] *Feierabend/Klinger*, MP 2002, 221 (221 f.). Die Verweildauer – die Zuwendungszeit der tatsächlichen Fernsehnutzung an einem Tag – liegt bei fernsehenden Kindern zwischen drei- und 13 Jahren im Jahr 2001 bei 154 Minuten.

[19] *Feierabend/Klinger*, MP 2002, 221 (221 f.). Die Verweildauer der Drei- bis Fünfjährigen beträgt 127 Minuten, der Sechs- bis Neunjährigen 150 Minuten und der 10- bis 13-Jährigen 171 Minuten.

[20] *Feierabend/Klinger*, MP 2002, 221 (221 f.). Die Verweildauer der über 14-Jährigen beträgt täglich 275 Minuten.

[21] *Feierabend/Klinger*, MP 2002, 221 (222); *Feierabend/Erk*, MP 2001, 176 (176). Die Verweildauer liegt bei Satellitenhaushalten bei 163 Minuten, bei Kabelhaushalten bei 152 Minuten und bei terrestrischen Haushalten bei 105 Minuten.

[22] *Schorb/Theunert* (2001), S. 54 ff.

[23] So für das Jahr 2001 *Feierabend/ Klingler*, MP 2002, 224. Die Verweildauer beträgt bei Kindern mit eigenem TV-Gerät 179 Minuten, während Kinder ohne eigenes TV-Gerät ca. 145 Minuten vor dem Fernseher verbringen. Für die entsprechenden Daten im Jahr 2000 vgl. *Feierabend/Simon*, MP 2001, 176 (178).

Diagramm 1.1: Entwicklung der Fernsehnutzung der Drei- bis 13-Jährigen von Montag bis Freitag nach Zeitabschnitten

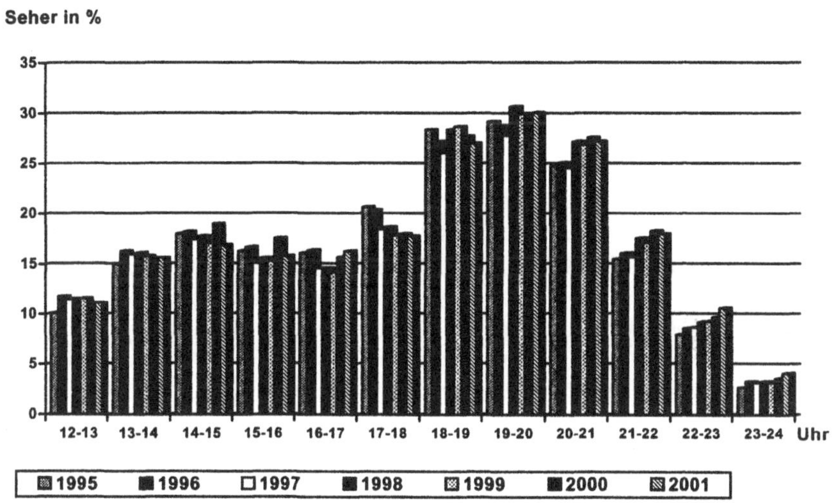

Quelle: AGF/GfK/PC#TV Aktuell, Fernsehpanel D/BRD gesamt[24], eigene Darstellungsform.

Die Hauptnutzungszeit des Mediums Fernsehen liegt weiterhin zwischen 18.00 Uhr und 21.00 Uhr. In dieser Zeit schauen durchschnittlich 18 % der Drei- bis 13-Jährigen, ca. 1,6 Millionen Kinder, fern. Auch wenn die Mehrheit der Drei- bis 13-Jährigen nach 22.00 Uhr nicht mehr fernsieht und es nach 23.00 Uhr nur noch eine geringere Anzahl von Kindern ist, die vor dem Fernsehgerät sitzen, darf nicht außer acht bleiben, dass bspw. im Jahr 1999, wie man aus Tabelle 1 erkennen kann, in der Zeit von 22.00 bis 23.00 Uhr immerhin noch durchschnittlich 9,3 % der drei- bis 13-jährigen Kinder, in absoluten Zahlen etwa 730.000 Kinder, zumindest eine Minute vor dem Bildschirm saßen – auch wenn es sich hierbei vor allem um die „älteren" Kinder, die Gruppe der Zehn- bis 13-Jährigen, handelte.[25] Während jene Zahl bis zum Jahr 1999 kaum anstieg, ist in den Jahren 2000 und 2001 eine leichte Verschiebung der abendlichen Fernsehnutzung beobachtbar – „Kinder sitzen immer später am Tag vor dem Fernsehgerät, auch wenn sich dies [...] nicht auf die generelle Fernsehnutzung auswirkt."[26]

---

[24] Daten aus *Feierabend/Klingler*, MP 2002, 221 (228). Die Angabe „Seher in %" umfasst den Anteil der Kinder, die mind. eine Minute konsekutiv ferngesehen haben. Vgl. auch *Mediendaten Südwest*, BRD, Fernsehnutzung im Tagesverlauf nach Altersgruppen, Stand: 22.04.2003, abrufbar unter: http://www.mediendaten.de/gesamt/fernsehen/nutzung/nutz-Mo-Fr-BRD.html (zuletzt besucht am 26.05.2003).

[25] Vgl. *Ridder*, MP 2000, 213 (216), *Feierabend/Simon*, MP 2000, 159 (159 ff.).

[26] *Feierabend/Klingler*, MP 2002, 221 (228).

Tabelle 1: Fernsehnutzung von Kindern nach 22.00 Uhr, 1995 bis 2001

Kinder 3-13 Jahre, die mind. eine Minute konsekutiv ferngesehen haben,

Montag bis Sonntag, BRD gesamt

	1995		1996		1997		1998		1999		2000		2001	
Uhrzeit	Mio.	%	Mio.	%	Mio.	%	Mio.	%	Mio.	%	Mio.	%	Mio.	%
22.00-23.00	0,64	8,0	0,68	8,6	0,69	8,7	0,73	9,2	0,74	9,3	0,77	9,7	0,84	10,6
23.00-03.00	0,21	2,7	0,26	3,3	0,25	3,2	0,26	3,3	0,25	3,2	0,28	3,6	0,32	4,1

Quelle: AGF/GfK Fernsehforschung, PC#TV Aktuell.[27], eigene Darstellung.

Die in Diagramm 1.2 dargestellte Tagesverlaufskurve aus dem Jahr 1999 verdeutlicht neben der Aussage, dass die Fernsehnutzung von Kindern immer noch deutlich nach 22.00 Uhr absinkt, auch zugleich, dass diese Feststellung unabhängig davon Gültigkeit behält, ob die Kinder einen eigenen Fernseher besitzen oder nicht. Zwar sehen Kinder, die ein eigenes Fernsehgerät haben, durchaus mehr fern, jedoch ändert sich an der Uhrzeit, zu der Kinder vor dem Fernseher sitzen, kaum etwas.

Diagramm 1.2: Fernsehreichweite bei Kindern im Tagesverlauf des Jahres 1999

Kinder 3-13 Jahre, mit und ohne eigenes TV-Gerät, Montag bis Sonntag, BRD gesamt

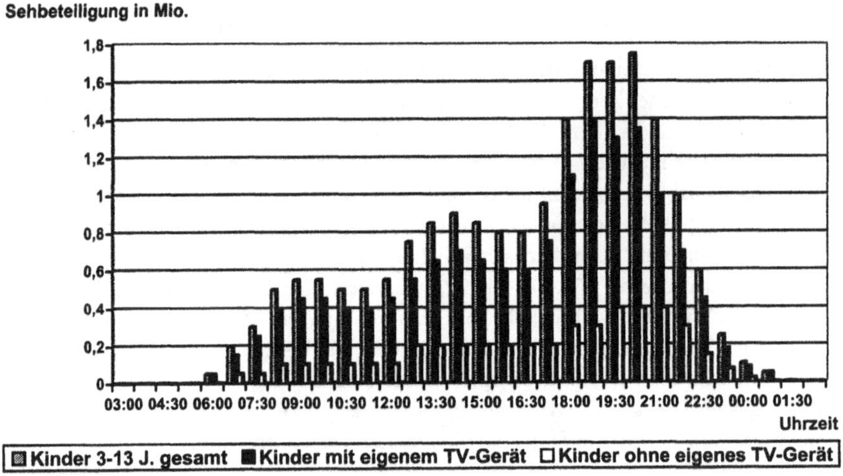

Quelle: AGF/GfK Fernsehforschung, PC#TV Aktuell,[28] eigene Darstellung.

---

[27] *Feierabend/Klingler*, MP 2002, 221 (228); *Ridder*, MP 2000, 213 (217).

[28] *Ridder*, MP 2000, 213 (217); *Feierabend/Klingler*, MP 2002, 221 (223).

Die Fernsehnutzung ist auch heute noch vor allem national geprägt und an die Muttersprache gebunden. Daher ist das Interesse an ausländischen Programmen bei Kindern und Jugendlichen – wie in der Regel auch bei Erwachsenen – eher gering und beschränkt sich im Wesentlichen auf die jeweilige Nationalitätengruppe unter den Zuschauern. Bei den über 30 erfassten ausländischen Programmen in Deutschland nehmen die Drei- bis 13-Jährigen deutschen Zuschauer lediglich einen Marktanteil von weniger als 2 % ein. Das sind pro Tag durchschnittlich 10.000 Kinder. Bei den 14- bis 17-Jährigen liegt der Marktanteil bei nicht ganz 4 %, was ebenfalls etwa 10.000 Kindern im Tagesdurchschnitt entspricht.[29]

Diagramm 1.3: Fernsehnutzung in Deutschland im Überblick

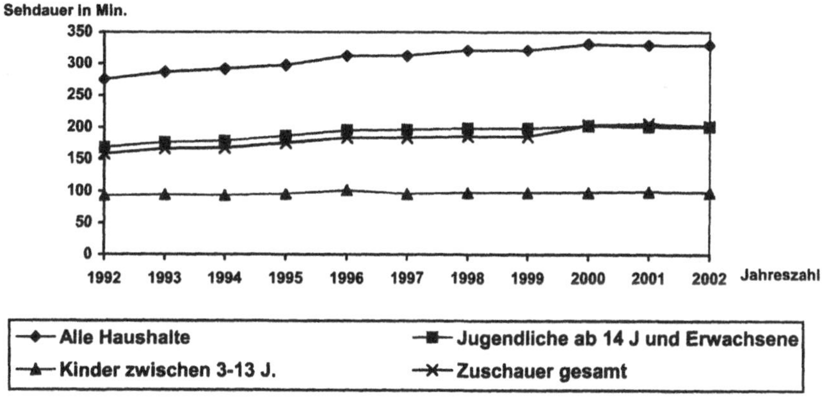

Quelle: AGF/GfK Fernsehforschung[30], eigene Darstellung.

Es ist damit zu rechnen, dass der Fernsehkonsum, bzw. die Nutzung audiovisueller Medien gegenüber den Printmedien weiterhin ansteigt – wenn auch nur leicht, wie die in Diagramm 1.3 dargestellten Erfahrungen der letzten Jahre zeigen. Der Grund für das lediglich geringe Ansteigen des Fernsehkonsums ist darauf zurückzuführen, dass in den letzten Jahren kaum mehr neue Programme hinzugekommen sind, nachdem die Kapazitäten im Bereich der Terrestrik und des Kabelnetzes ausgeschöpft sind und das digitale Fernsehen aufgrund der finanziellen Belastungen für die Nutzer noch nicht derart verbreitet ist. Lediglich bei der Verbreitung von Programmen über Satellit sind noch Kapazitäten ohne Zusatzkosten verfügbar, so dass beim Satellitenempfang weiterhin die Möglichkeit besteht, neue Programme zu empfangen. Auch wenn sich aus

[29] *Ridder*, MP 2000, 213 (218).

[30] Daten aus *Feierabend/Klinger*, MP 2002, 221 (223); *Gerhards/Klinger*, MP 2002, 544 (544); *Mediendaten Südwest*, Fernsehnutzung, BRD 1988, 1992 und 2002, 20.01.2003, abrufbar unter: www.mediendaten.de/gesamt/fernsehen/sehdauer_g96/tv-sehdauer-BRD.html (zuletzt besucht am 26.05.2003).

Diagramm 1.3 nur ein leichter Anstieg der Fernsehnutzung in Deutschland ergibt, muss doch berücksichtigt werden, dass eine erhöhte Nutzungsdauer, auch wenn sie nur gering ist, typischerweise zugleich zu Lasten der Kommunikation in der Familie und mit Freunden geht.[31]

Als Ergebnis kann bezüglich des Fernsehverhaltens von Kindern und Jugendlichen festgehalten werden, dass diese im Durchschnitt zwischen 2 ½ und 3 Stunden täglich vor dem Fernseher sitzen. Dabei sehen Kinder und Jugendliche mit eigenem Fernsehgerät in der Regel ca. 30 Minuten mehr fern als Kinder und Jugendliche ohne eigenes Fernsehgerät. Das Fernsehverhalten von Kindern und Jugendlichen nimmt nach 22.00 Uhr und erst recht nach 23.00 Uhr (mit oder ohne eigenem Fernsehgerät) signifikant ab. Die Hauptfernsehzeit, zu der ca. 1,75 Millionen Kinder und Jugendliche vor dem Fernsehapparat sitzen, kann auf den Zeitraum von 18.00 Uhr bis 21.00 Uhr festgelegt werden. Aber auch in der Zeit von 22.00 Uhr bis 23.00 Uhr sahen im Jahr 2001 noch ca. 840.000 und nach 23.00 Uhr immerhin noch ca. 320.000 Kinder und Jugendliche in Deutschland fern.

1.2 Die Ausstrahlung jugendgefährdender Sendungen in der Praxis

1.2.1 Bestandsaufnahme

Um die Erforderlichkeit und Effektivität von Jugendschutzmaßnahmen im Fernsehen beurteilen zu können, ist von besonderer Bedeutung, zu welcher Art von Verstößen gegen die Jugendschutzbestimmungen des § 3 RStV es im Fernsehen in den letzten Jahren gekommen ist, und wie sich die Ausstrahlung von Gewaltdarstellungen und Pornographie im Fernsehen auf Kinder und Jugendliche auswirkt. Die Zunahme an Gewalt- und Sexdarstellungen im Fernsehen seit der Einführung des dualen Rundfunksystems geht in erster Linie auf die Tatsache zurück, dass sich die privaten Fernsehveranstalter über Werbeeinnahmen finanzieren, welche sich an den Zuschauerzahlen orientieren, und insofern auch im Fernsehen die ökonomische Erfahrung „sex sells“[32] gilt. Die Entscheidung zugunsten der vermeintlich einfachen Stärkung der Einnahmenseite im Spannungsfeld zwischen kulturellem Anspruch bzw. Jugendschutz und wirtschaftlicher Notwendigkeit im Fernsehen ist hierdurch vorbestimmt. Die Darstellung von Gewalt wird offenbar immer noch als besonders wirksames Mittel zur Reichweitenvergrößerung angesehen, weil solche Gewaltdarstellungen regelmäßig eine Spannung erzeugten die den Zuschauer davon abhält, zu einem anderen Programm zu wechseln.[33]

---

[31] *Schraut* (1993), S. 110.

[32] Vgl. *Neuerer/Raible/Schulze*, Frankfurter Rundschau v. 07.08.2002, S. 10. Pay-TV-Sender im Ausland haben „bei Einführung von Porno-Programmen auf einen Schlag ein paar 100.000 Abonnenten mehr gehabt“, vgl. Blickpunkt: Film vom 05.08.2002, S. 40.

[33] *Krüger*, MP 1996, 114 ff.

Selbst wenn bei einzelnen Sendern von Zeit zu Zeit eine Reduktion gewalt- und erotikhaltiger Programme zu konstatieren ist, würde dies allein – eine entsprechende Nachhaltigkeit der Reduktion unterstellt – aus Sicht des Jugendschutzes nicht ausreichen. Denn selbst wenn jeder Sender für sich in rechtlich (gerade noch) zulässiger Weise Gewalt- und Sexdarstellungen ausstrahlen würde, bleibt durch die Vielzahl der deutschsprachigen Programmangebote – welche durch grenzüberschreitende Empfangsmöglichkeiten noch verstärkt werden – eine dramatische Zunahme an Gewalt- und Sexdarstellungen im deutschen Fernsehen als „Summenproblem" bestehen.[34]

1.2.1.1 Beanstandete Verstöße

Das Problem bei der Feststellung von jugendgefährdenden Sendungen in der Praxis ist, dass aufgrund der Vielzahl von Programmen und Sendungen keine vollumfängliche Kontrolle durch die Landesmedienanstalten möglich ist und es somit eine Dunkelziffer nicht festgestellter Jugendschutzverstöße gibt.[35] Die Landesmedienanstalten können die Ausstrahlung jugendgefährdender Sendungen lediglich im Rahmen ihrer Kapazitäten kontrollieren. Dies erfolgt in erster Linie stichprobenhaft im Rahmen einer kontinuierlichen Programmbeobachtung. Oftmals werden die Landesmedienanstalten aber auch aufgrund von konkreten Zuschauerbeschwerden tätig. Die nachfolgend dargestellte Auflistung von beanstandeten Verstößen gegen die Jugendschutzbestimmungen aufgrund vorausgegangener rechtsaufsichtlicher Empfehlungen der Gemeinsamen Stelle Jugendschutz und Programm (GSJP)[36] der letzten sechs Jahre kann daher nur einen kleinen Einblick bieten, jedoch keinen Anspruch auf Vollständigkeit haben.[37]

---

[34] Aufgrund dieses Summenproblems wurde § 3 Abs. 7 S. 2 RStV eingeführt, der es für sonstige Sendeformate, z.B. Talkshows, ermöglicht, zeitliche Beschränkungen vorzusehen, wenn deren Ausgestaltung nach Thema, Themenbehandlung, Gestaltung oder Präsentation erst in einer Gesamtbewertung einem Verstoß nach § 3 Abs. 2 S. 1, 1. Hs. RStV gleich kommt. Vgl. *Hartstein/Ring/Kreile/Dörr/Stettner* (2003), § 3 Rn. 5, S. 32.

[35] Die Stärkung der Selbstkontrolle bzw. die Förderung der Eigenverantwortung der Anbieter im Rahmen des JMStV soll die Anzahl der Verstöße reduzieren.

[36] Die GSJP hieß zunächst Gemeinsame Stelle Jugendschutz und Programm. Seit September 2001 wurde ihr Aufgabengebiet um die Themen „Medienkompetenz" und „Bürgermedien" erweitert, so dass sie dann Gemeinsame Stelle Jugendschutz, Programm, Medienkompetenz und Bürgermedien der Landesmedienanstalten genannt wurde. Seit 01.04.2003 gibt es angesichts des neuen JMStV nur noch zwei Gemeinsame Stellen: die Gemeinsame Stelle Digitaler Zugang und die Gemeinsame Stelle Programm, Werbung, Medienkompetenz. Für die Fragen des Jugendschutzes ist seit 01.04.2003 die Kommission für Jugendmedienschutz (KJM) zuständig.

[37] Eine Übersicht aller durch die GSJP überprüfter (auch unbeanstandeter) Sendungen seit 1997 kann den Jugendschutzberichten 1997-2000 (S. 12 ff.), 2000/2001 (S. 123 ff.) sowie 1. und 2. Hj. 2002 (Anhang) der GSJP der Landesmedienanstalten entnommen werden.

Tabelle 2: Auflistung der beanstandeten Verstöße gegen § 3 RStV aufgrund rechtsaufsichtlicher Empfehlungen der GSJP in den Jahren 1998 – 2002

Anzahl	beanstandete Verstöße 1998	Sender	Sendung	Sendezeit
1	§ 3 Abs. 1 Nr. 4 RStV a.F.	Premiere	Spielfilm	23.35
1	§ 3 Abs. 2 RStV a.F.	RTL 2	Spielfilm	20.15
1	§ 3 Abs. 2 RStV a.F.	RTL	Spielfilm	20.15
1	§ 3 Abs. 2 RStV a.F.	SAT.1	Spielfilm	20.15
1	§ 3 Abs. 2 RStV a.F.	SAT.1	Folge der Talkshow „Sonja“	13.00
7	§ 3 Abs. 2 RStV a.F.	ProSieben	Diverse Folgen der Talkshow „Arabella“	14.00
1	§ 3 Abs. 2 RStV a.F.	Kabel 1	Folge des Magazins „K1 – Die Reportage“	22.10
1	§ 3 Abs. 2 RStV a.F.	DCTP	Folge des „SZ-Magazins“	09.30
1	§ 3 Abs. 2 RStV a.F.	VIVA 2	Musikvideoclip	zwischen 06.00-22.00
1	§ 3 Abs. 4 RStV a.F.	Premiere	Trailer für einen indizierten Spielfilm	20.05
16				

Anzahl	beanstandete Verstöße 1999	Sender	Sendung	Sendezeit
1	§ 3 Abs. 1 Nr. 4, Abs.. 2 S. 1 RStV a.F.	RTL 2	Beitrag im Erotikmagazin „peep!“	22.10
1	§ 3 Abs. 1, 2 RStV a.F.	RTL 2	Spielfilm	22.15
2	§ 3 Abs. 2 RStV a.F.	SAT.1	Diverse Spielfilme	20.15
1	§ 3 Abs. 2 RStV a.F.	ProSieben	Folge der Serie „Charmed – Zauberhafte Hexen“	14.20
3	§ 3 Abs. 2 RStV a.F.	RTL	Diverse Folgen der Talkshow „Bärbel Schäfer“	13.00 / 15.00
4	§ 3 Abs. 2 RStV a.F.	RTL	Diverse Folgen der Talkshow „Birte Karalus“	14.00
3	§ 3 Abs. 2 RStV a.F.	RTL	Diverse Folgen der Talkshow „Hans Meiser“	16.00
2	§ 3 Abs. 2 RStV a.F.	RTL	Diverse Folgen der Talkshow „Ilona Christen“	13.00 / 15.00
2	§ 3 Abs. 2 RStV a.F.	ProSieben	Diverse Folgen der Talkshow „Arabella“	14.00
1	§ 3 Abs. 2 RStV a.F.	RTL 2	Beitrag im Erotikmagazin „peep!“	22.20
1	§ 3 Abs. 4, 2 RStV a.F.	RTL 2	Filmbeitrag zu „Mortal Kombat“	19.57
21				

Anzahl	beanstandete Verstöße 2000	Sender	Sendung	Sendezeit
10	§ 3 Abs. 1 Nr. 1 RStV	RTL 2	Diverse Spiel- und Erotikfilme	nach 23.00
2	§ 3 Abs. 2 RStV a.F.	tm 3	Diverse Spielfilme	22.05
3	§ 3 Abs. 2 RStV a.F.	ProSieben	Diverse Spielfilme	09.00 / 20.15
1	§ 3 Abs. 2 RStV a.F.	RTL	Spielfilm	20.15
1	§ 3 Abs. 2 RStV	Premiere World	Spielfilm	06.05
1	§ 3 Abs. 2 RStV	SAT.1	Spielfilm	06.15
1	§ 3 Abs. 2 RStV	SAT.1	Folge der Serie „SK Kölsch“	20.15

1	§ 3 Abs. 2 RStV	ProSieben	Beitrag im Magazin „Taff“	17.00
1	§ 3 Abs. 2 RStV	SAT.1	Beitrag im Magazin „Blitz“	19.00
1	§ 3 Abs. 2 RStV	SAT.1	Beitrag in den SAT.1-Nachrichten	18.30
1	§ 3 Abs. 2 RStV	RTL	Folge der Talkshow „Sabrina“	10.30
1	§ 3 Abs. 2 RStV	tm 3	Beitrag in der Reality-Show „Geld für Dein Leben“	19.00
1	§ 3 Abs. 2 RStV	tm 3	US-Comedy-Show	22.15
2	§ 3 Abs. 3 S. 2 RStV	tm 3	Diverse Spielfilme	nach 23.00
27				

An-zahl	Beanstandete Verstöße 2001	Sender	Sendung	Sendezeit
4	§ 3 Abs. 1 Nr. 1 RStV	Beate Uhse TV	Diverse Erotikfilme	23.00
2	§ 3 Abs. 1 Nr. 1 RStV	Primacom	Diverse Erotikfilme	00.00
1	§ 3 Abs. 1 Nr. 1 RStV	Planet Radio 19	Lied „Lutscht meinen Schwanz“ von LMS	19.00
2	§ 3 Abs. 1 Nr. 1 RStV	Adult Channel	Diverse Erotikfilme	00.40 / 01.35
1	§ 3 Abs. 1 Nr. 1 RStV	Adult Channel	Erotikmagazin „SXTV“	00.40
1	§ 3 Abs. 2 RStV	ProSieben	Spielfilm	20.15
1	§ 3 Abs. 3 RStV	Kabel 1	Spielfilm	00.00
1	§ 3 Abs. 2 RStV	SAT.1	Spielfilm	20.15
1	§ 3 Abs. 2 RStV	RTL	Spielfilm	20.15
7	§ 3 Abs. 2 RStV	Premiere World	Diverse Spielfilme	ab 07.20 vor 20.00
1	§ 3 Abs. 2 RStV	Premiere World	Spielfilm	22.00
5	§ 3 Abs. 2 RStV	Premiere World	Diverse Folgen der Serie „Emergency Room“	16.10
1	§ 3 Abs. 2 RStV	RTL	Folge der Talkshow „Hans Meiser“	15.00
1	§ 3 Abs. 2 RStV	SAT.1	Folge der Talkshow „Britt“	14.00
1	§ 3 Abs. 2 RStV	ProSieben	Folge der Talkshow „Nicole“	16.00
2	§ 3 Abs. 2 RStV	SAT.1	Diverse Folgen der Talkshow „Vera am Mittag“	12.00
1	§ 3 Abs. 2 RStV	RTL	Folge des Magazins „Exklusiv Weekend“	17.45
2	§ 3 Abs. 2 RStV	SAT.1	Diverse Folgen des Magazins „Blitz“	19.00
1	§ 3 Abs. 2 RStV	hamburg 1, tv berlin, tv münchen	Magazinbeitrag Trash Bytes	08.30
1	§ 3 Abs. 2 RStV	RTL	Trailer zu einem Spielfilm	15.43
1	§ 3 Abs. 2 RStV	MTV	Trailer zu einem Kinofilm	15.00
1	§ 3 Abs. 2 RStV	MTV	Musikvideoclip „Smack my bitch up“ von „Prodigy“	19.00
2	§ 3 Abs. 2 RStV	MTV	Japanische Zeichentrickserie „Golden Bay“	17.00
1	§ 3 Abs. 6 RStV	Premiere World	Trailer zu „Beate Uhse TV“	19.30
42				

Anzahl	beanstandete Verstöße 2002	Sender	Sendung	Sendezeit
2	§ 3 Abs. 1 Nr. 1 RStV	Prima TV	Diverse Erotikfilme	---
2	§ 3 Abs. 1 Nr. 1 RStV	Premiere World	Diverse Erotikfilme	---
1	§ 3 Abs. 1 Nr. 1, Abs. 3 RStV	VIVA	„Misery Raw Deluxe"	21.00
5	§ 3 Abs. 1 Nr. 3 RStV	MTV	Diverse Folgen der Reality-Show „Freak Show"	17.00-17.30
1	§ 3 Abs. 1 Nrn. 4, 5, § 10 Abs. 1, 41 Abs. 1 S. 2 RStV	SAT.1	Sat.1-spezial: Die Rekordflut (Magazinbeitrag)	17.30
1	§ 3 Abs. 1 Nrn. 3, 4, Abs. 2, S. 1, § 10 Abs. 1 S. 1 RStV	SAT.1	Blitz: Beitrag über Messerstecher in Adana (Magazin-Beitrag)	18.50
2	§ 3 Abs. 2 RStV	Premiere World	Diverse Spielfilme	07.25 / 11.05
2	§ 3 Abs. 2 RStV	Kabel 1	Diverse Spielfilme	20.15
2	§ 3 Abs. 2 RStV	ProSieben	Diverse Spielfilme	09.15; 20.15
1	§ 3 Abs. 2 RStV	Tele 5	Spielfilm	20.15
1	§ 3 Abs. 2 RStV	XXP	Spielfilm	22.30
1	§ 3 Abs. 2 RStV	RTL	Serie	17.00
1	§ 3 Abs. 2 RStV	RTL 2	Serie	19.00
9	§ 3 Abs. 2 RStV	Premiere World	Diverse Folgen der Serien „Helicops" und „Sex and the city"	ab 20.00
3	§ 3 Abs. 2 S. 3 RStV	Premiere World	Diverse Spielfilme	11.30-13.15; 08.40; 20.30-21.55
1	§ 3 Abs. 2 RStV	SAT.1	Folge der Talkshow Britt	13.00
1	§ 3 Abs. 2 RStV	Hamburg 1	Sonic Sports (Magazinbeitrag)	16.30-17.00
4	§ 3 Abs. 2 RStV	MTV	Diverse Folgen der Reality-Show Jackass	19.00-21.00
6	§ 3 Abs. 2 RStV	RTL	„Im Einsatz: Die spektakulärsten Videos der Welt"	11.55/12.00/ 12.10/13.00
1	§ 3 Abs. 2 RStV	RTL	Trailer zu einer Serie	16.05
1	§ 3 Abs. 2 RStV	ProSieben	Trailer zu einem Spielfilm	06.00-20.00
1	§ 3 Abs. 2 RStV	RTL 2	Trailer zu einem Spielfilm	17.23–18.21
1	§ 3 Abs. 2 RStV	Premiere World	Trailer: Eigenwerbung für Premiere Action	09.30
1	§ 3 Abs. 6 RStV	Premiere World	Trailer: Eigenwerbung für Premiere Cinedom Highlights	15.05
1	§ 3 Abs. 6 RStV	Premiere World	Trailer zu einem Spielfilm	16.20
1	§ 3 Abs. 3 RStV	ProSieben	Spielfilm	00.10
16	§ 3 Abs. 3 RStV	Premiere World	Diverse Spielfilme	ab 23.35
69				

Quelle: *GSJP*, Jugendschutzberichte 1997-2000, S. 12 ff., 2000/2001, S. 123 ff., 1. und 2. Hj. 2002, Anhang; eigene Darstellung.

Von der GSJP wurden in den Jahren 2000 und 2001 mehrfach Verstöße gegen § 3 Abs. 1 RStV festgestellt. Diese bezogen sich aber ausnahmslos auf die Ausstrahlung von Pornographie.[38] Im Zeitraum vom 01.04.2000 bis 31.12.2001, also seit der Einführung

[38] Den jeweils zuständigen Landesmedienanstalten wurde in 20 Fällen von der GSJP empfohlen, rechtsaufsichtliche Maßnahmen zu ergreifen, um die Praxis der Programmveranstalter im Bereich sogenannter Erotikfilme zu ahnden. Vgl. zu den Details: *GSJP*, Jugendschutzbericht 2000/2001, S. 13.

der Neuregelung des § 3 Abs. 3 RStV, kam es, wie aus Tabelle 3 zu entnehmen ist, insgesamt zu über 80 Ausnahmeanträgen nach § 3 Abs. 3 RStV.

Tabelle 3: Ausnahmeanträge nach § 3 Abs. 3 RStV vom 01.04.2000 bis 31.12.2001

Sender	Ausnahmeanträge	Ablehnung	Zustimmung
Kabel 1	4	0	4
Vox	5	1	4
ProSieben	11	6	5
Universal Studios	21	10	11
Premiere World	42	10	32

Quelle: Jugendschutzbericht 2000/2001, S. 23; eigene Darstellungsform.

In zwei Dritteln aller Anträge konnte die GSJP den jeweils zuständigen Landesmedienanstalten eine Gestattung empfehlen. Auf ein Drittel der Anträge erfolgte ein ablehnender Bescheid, da eine schwere Jugendgefährdung nicht auszuschließen war. In etwa zwei von drei Fällen lag bei einem Ausnahmeantrag nach § 3 Abs. 3 RStV ein Gutachten der freiwilligen Selbstkontrolle Fernsehen (FSF) vor. Die Landesmedienanstalten haben gleichzeitig feststellen können, dass die Anzahl der gesendeten „nicht mehr inhaltsgleichen" Filme erheblich zugenommen hat,[39] während die Zahl der Ausnahmeanträge nach § 3 Abs. 3 RStV für inhaltsgleiche indizierte Filme gesunken ist. Grund für dieses Vorgehen ist mutmaßlich, dass aus Sicht der Sender offenbar das Risiko der Ablehnung eines Ausnahmeantrags größer zu sein scheint, als das Risiko einer nachträglichen Sanktion. Aus diesem Grunde verstärkten die Landesmedienanstalten ihr Augenmerk auf die Überwachung der Ausstrahlung von (nicht-)inhaltsgleichen Filmen. Künftig wird es in § 5 Abs. 2 S. 2 JMStV die Ausnahmemöglichkeit, die § 3 Abs. 3 S. 2 RStV vorsah, nicht mehr geben.

Verstöße gegen die Kennzeichnungspflicht von Filmen, die von der freiwilligen Selbstkontrolle Kino (FSK)[40] erst für Jugendliche ab 16 Jahren bzw. ab 18 Jahren freigegeben

[39] Vom 01.04.2000 bis Ende des Jahres 2001 wurden insgesamt mehr als 170 Filme ausgestrahlt, die aus Sicht der Programmveranstalter als nicht im Wesentlichen inhaltsgleich mit den ursprünglich indizierten Filmversionen anzusehen sind. Dabei wurden zum Beispiel im Programmpaket von Premiere World 60 dieser Filme jeweils 10 mal wiederholt, so dass insgesamt 600 Sendetermine (im Wesentlichen) inhaltsgleicher indizierter Filme von den Landesmedienanstalten festgestellt werden konnten. Vgl. *GSJP*, Jugendschutzbericht 2000/2001, S. 24.

[40] Die FSK führte bisher freiwillige Prüfungen für Filme, Videokassetten und sonstige Bildträger (z.B. DVDs) durch, die in Deutschland für die öffentliche Vorführung bzw. Zugänglichmachung vorgesehen sind. Für die Jugendfreigabe war eine gesetzlich vorgeschriebene Kennzeichnung erforderlich, die von der FSK im Auftrag der Obersten Landesjugendbehörden vorgenommen wurde. Die FSK befand sich in der Rechts- und Verwaltungsträgerschaft der Spitzenorganisation der Filmwirtschaft e.V. (SPIO). Eine ausführliche Darstellung der Arbeit der FSK ist abrufbar unter: http://www.spio.de/3FRAMES/FSK_SE.HTM (zuletzt besucht am 26.05.2003).

wurden, sind bislang nicht festgestellt worden. In den Jahren 2000 und 2001 sind insgesamt 581 Ausnahmeanträge nach § 3 Abs. 7 RStV gestellt worden. Davon entfallen 298 auf das Jahr 2000, wobei diesen insgesamt nur 41 FSF-Gutachten beigefügt waren, und 283 auf das Jahr 2001 mit lediglich noch 18 FSF-Gutachten. Im Durchschnitt wurde drei Vierteln dieser Anträge stattgegeben, ein Viertel erhielt keine Zustimmung. Die hohe Zahl der Genehmigungen erklärt sich aus der Tatsache, dass viele aus heutiger Sicht unproblematische Filme vorgelegt wurden, die vor 1970 produziert worden sind. Die Anbieter digitaler Fernsehprogramme (Premiere World und Universal Studios Network) stellen den Großteil, die Anbieter analoger Programme stellen weniger als ein Sechstel aller Anträge. Von 581 Ausnahmeanträgen insgesamt bezogen sich 87 % auf Filme mit einer Freigabe ab 16 Jahren und 13 % auf Filme mit einer Freigabe ab 18 Jahren. Der Schwerpunkt liegt folglich auf Filmen, die nur zwischen 22.00 Uhr und 6.00 Uhr gesendet werden dürfen; in der Regel werden hierbei Vorverlegungen der Sendezeiten auf 20.00 Uhr und in der Hälfte der Fälle auf eine Ausstrahlung ab 6.00 Uhr beantragt.[41] Seit 2002 ist im Gegensatz zum Vorjahr die Ausstrahlung von so genannten Psycho-Formaten oder auch Abenteuer- und Reality-Formaten zurückgegangen. Bei diesen Psycho-Formaten konnten jedoch keine Verstöße gegen die Jugendschutzbestimmungen festgestellt werden.[42]

1.2.1.2 Besonderheit: Talk- und Gerichtsshows

Nicht zuletzt angesichts der öffentliche Diskussion[43] über eine möglicherweise von Talkshows ausgehende Gefährdung für Kinder und Jugendliche hat sich die GSJP verstärkt seit 1998 der Überprüfung dieser Formate angenommen.[44] Als Folge hat der VPRT[45] zusammen mit den privaten Anbietern freiwillige Verhaltensgrundsätze erlassen.[46] Die GSJP hat in den Jahren 2000/2001 insgesamt 33 Talkshows begutachtet. Bei sechs Talkshows hat sie Verstöße gegen die Jugendschutzbestimmungen nach § 3 Abs. 2 RStV festgestellt. In vier Sendungen wurden die freiwilligen Verhaltensgrundsätze des VPRT nicht eingehalten. Dass die Anzahl der Verstöße in den letzten zwei Jahren zurückgegangen ist, kann nur zum Teil damit begründet werden, dass die Rundfunkveranstalter nach den Interventionen der Landesmedienanstalten in den vergan-

---

[41] Vgl. *GSJP*, Jugendschutzbericht 2000/2001, S. 34.

[42] *GSJP*, Jugendschutzbericht 1.Hj. 2002, S. 14.

[43] Vgl. *Graf*, tv diskurs 6/1998, S: 72 ff.; *v. Gottberg*, tv diskurs 5/1998, S. 38 f. Zur möglichen Wirkung von Talkshows auf Jugendliche vgl. *ders.*, tv diskurs 10/1999, S. 80 ff.

[44] Im Mai 1998 wurde eine eigene Dokumentationsstelle „Talkshows" von der DLM eingerichtet. Sie hat die Aufgabe, die Themenentwicklung der Talkshows regelmäßig zu beobachten, potentiell problematische Sendungen zu dokumentieren und Informationen zu Veranstaltungen und Forschungsprojekten zu Talkshows systematisch zu erfassen, vgl. *GSJP*, Dokumentationsstelle Talkshows, 1999, S. 1(2 ff.). Inzwischen wurde das Tätigwerden jedoch etwas eingeschränkt, vgl. *GSJP*, Jugendschutzbericht 2000/2001, S. 100.

[45] VPRT ist der Verband Privater Rundfunk und Telekommunikation e.V.

[46] Vgl. *epd medien* Nr. 58, v. 29.07.1998, S. 24 ff.

genen Jahren nun stärker die rundfunkrechtlichen Bestimmungen beachten. Der Rückgang der Beanstandungen ist vor allem auch darauf zurückzuführen, dass sich die Anzahl der im Tagesprogramm der privaten Rundfunkveranstalter ausgestrahlten Talkshows gegenüber 1998 und 1999 von zehn täglich (50 wöchentlich) auf fünf täglich (25 wöchentlich) halbiert hat und somit der untereinander herrschende Quotendruck geringer geworden ist. Gleich geblieben sind dagegen die Themen der Talkshows.[47]

Seit dem Jahr 2001 wurden zu den täglichen Talkshows verstärkt tägliche Gerichtsshows mit in das Programm aufgenommen.[48] In den Gerichtsshows werden vor allem Straf- inzwischen aber auch Familiensachen „verhandelt". Aus Jugendschutzgesichtspunkten ist insofern von zentraler Bedeutung, ob bei einer Tat eine angemessene, klare Einordnung und Bestrafung des Täters durch die Rechtsvertreter erfolgt.[49] Das Hauptaugenmerk der Dokumentationsstelle „Talkshow und neue Formate" gilt daher seit 2002 den Gerichtsshows. Bei Gerichtssendungen, wie beispielsweise „Das Jugendgericht", welches aufgrund seiner jungen Protagonisten ein besonderes Identifikationsangebot für junge Zuschauer enthält, steht anders als bei den Talkshows zwar den potentiell verängstigenden und desorientierenden Beschreibungen von Gewalthandlungen ein ausgedehnter, nüchterner Rahmen gegenüber.[50] Jedoch fällt eine, der Realität nicht entsprechende, Konzentration auf Gewaltverbrechen und -vergehen auf. Seit November 2001 werden nun im Nachmittagsprogramm auch eine Psychologiesendung und seit 2002 ein Format ausgestrahlt, bei welchem eine Frauenärztin überwiegend jungen Menschen vorgeblich medizinisch-psychologisch fundierte Ratschläge erteilt. Beide Sendungen stellen zwar ein eigenes – neues – Genre dar, weisen aber Parallelen zu den Talk- und Gerichtsshows auf.[51]

1.2.1.3 Zwischenergebnis

In den letzten sechs Jahre kann ein deutlicher Anstieg an beanstandeten Sendungen festgestellt werden.[52] Der gestiegene Umfang von Jugendschutzverstößen hängt allerdings teilweise auch damit zusammen, dass eine größere Anzahl von Sendungen

---

[47] *GSJP*, Jugendschutzbericht 2000/2001, S. 91 f.; Themen der Talkshows sind neben Beziehungen, Liebe, Freundschaft, Familie und Erziehung, vor allem Sexualität, wobei es zumeist um außergewöhnliche sexuelle Praktiken und um sexuell attraktives Aussehen geht. Es werden höchst fragwürdige Rollenvorbilder und Handlungsmuster präsentiert, vgl. auch *GSJP*, Jugendschutzbericht 1. Hj. 2002, S. 17.

[48] „Richterin Barbara Salesch" (SAT.1), „Richter Alexander Hold" (SAT.1), „Das Jugendgericht" mit Richterin Dr. Ruth Herz (RTL) und „Streit um Drei" im ZDF sind einige der Gerichtsformate. Auch die Gerichtsshows werden auf ihre Vereinbarkeit mit den Jugendschutzbestimmungen von der GSJP überprüft.

[49] *GSJP*, Jugendschutzbericht 1. Hj. 2002, S. 13.

[50] *GSJP*, Jugendschutzbericht 1. Hj. 2002, S. 12 f.

[51] *GSJP*, Jugendschutzbericht 2. Hj. 2002, S. 21 f.

[52] Vgl. Tabelle 2: Auflistung der beanstandeten Verstöße gegen § 3 RStV aufgrund rechtsaufsichtlicher Empfehlungen der GSJP in den Jahren 1998 – 2002.

überprüft wurde. Jedoch veranschaulichen die gefundenen Ergebnisse zum einen, dass immer noch in erheblichem Umfang gegen die gesetzlichen Jugendschutzbestimmungen verstoßen wird und somit Kinder und Jugendliche in ihrem körperlichen, seelischen oder geistigen Wohl beeinträchtigt oder gefährdet werden, und zum anderen, dass die Jugendschutzverstöße nicht nur im digitalen Fernsehen auf Kanälen wie Beate Uhse TV, sondern auch in Nachmittagstalkshows sowie im Rahmen von Vormittagswiederholungen der Abendspielfilme auftreten. Jugendschutzverstöße kommen vielmehr in allen Programmen, durchaus zu allen Uhrzeiten und formatunabhängig vor. Betroffen sind neben fiktionalen Formaten wie Spielfilm, Fernsehspielfilm und Serie, vor allem auch non-fiktionale Formate wie Talkshow, Magazinbeitrag, Psychoshow. Aber selbst ein Nachrichtenbeitrag, ein Videoclip oder ein Trailer für einen Kinofilm kann zu Beanstandungen führen.

1.2.2 Wirkung von Fernsehgewalt und -pornographie auf Kinder und Jugendliche

Voraussetzung für die Verfassungsmäßigkeit von grundrechtsrelevanten Jugendschutzreglementierungen im Fernsehen ist, dass diese Reglementierungen für den Schutz von Kindern und Jugendlichen notwendig sind. Die Jugendschutzbestimmungen für den Bereich Fernsehen beruhen auf der Annahme, dass der Konsum von Gewalt- und Sexdarstellungen bei Kindern und Jugendlichen negative Wirkungen auf deren Entwicklung haben kann. Sollten Heranwachsenden keine negativen Folgen durch die Ausstrahlung von Gewalt- und Sexdarstellungen drohen, wären entsprechende Regelungen mangels einer möglichen Gefährdung überflüssig, unverhältnismäßig und somit verfassungswidrig. Es ist also zunächst zu überprüfen, ob die Ausstrahlung von Gewalt und Pornographie im Fernsehen Kinder und Jugendliche in ihrem körperlichen, seelischen oder geistigen Wohl grundsätzlich beeinträchtigen bzw. gefährden kann.

Handlungen extremistischer Gewalttäter, aber auch Erscheinungsformen „alltäglicher" physischer oder psychischer Gewalt in der Familie, im Kindergarten, in der Schule und im Freizeitbereich führen seit Jahren zu Spekulationen über mögliche Gefahren, welche von Gewaltdarstellungen im Fernsehen ausgehen. Die vielfach erstellten Gutachten – über mehr als 5000 Studien allein von der deutschen Wirkungsforschung[53] – zur Wirkung von Gewalt und sexuellen Darstellungen im Fernsehen auf Kinder und Jugendliche belegen aber lediglich, dass sich monokausale Erklärungen ebenso wie einseitige Schuldzuweisungen verbieten.[54] Welche Wirkung das Fernsehen auf Kinder und Jugendliche entfaltet, ist bisher wissenschaftlich noch nicht abschließend geklärt. Dennoch hat sich die Überzeugung herauskristallisiert, dass Mediendarstellungen geeignet sind, zumindest auch negative Wirkungen bei den Rezipienten hervorzu-

---

[53] Ein Überblick über diverse Studien zur Darstellung und Wirkung von Fernsehgewalt findet sich bspw. bei *Merten* (1999) S. 83 ff., 129 ff. Zu den verschiedenen Thesen der Fernsehwirkungsforschung vgl. auch *Hesse* (1999), S. 87 m.w.N.

[54] Vgl. *Käppner*, SZ v. 02.03.2002, S. 9; *Merten* (1999), S. 83 ff., 129 ff.; *Grimm*, (1999) m.w.N.

rufen.[55] Angesichts des Umfangs und der Häufigkeit des Fernsehkonsums und der unbeaufsichtigten Nutzung des Mediums Fernsehen durch Kinder und Jugendliche wird sich zumindest eine gewisse Auswirkung auf das Sozialverhalten von Kindern und Jugendlichen nicht bestreiten lassen.[56] Denn Fernsehen soll gerade meinungsbildend sein und dies kann selbstverständlich auch zu unerwünschten Auswirkungen führen. Medien vermitteln ein Weltbild, das Einfluss auf das Wahrnehmungs-, Beurteilungs- und Verhaltensrepertoire des einzelnen Menschen gewinnen kann. Insbesondere bei Kindern ist bei der Konfrontation mit nicht kindgerechten Programmformaten mit Angstreaktionen auf emotionaler Ebene zu rechnen, welche langfristig zu einem angstgeprägten Weltbild beitragen können; dies gilt um so mehr bei einem Umfeld, das wenig emotionale Sicherheit und Geborgenheit bietet.[57] Eltern, Mediziner und Psychologen sehen daher gewalthaltige Sendungen aus Gründen der Nachahmungsgefahr und der Ängstigung als durchaus problematisch für Kinder und Jugendliche an; gleichzeitig werden sexuelle Darstellungen, die unter anderem mit Entwürdigung, Gewalt oder frauenverachtenden Begleitumständen einhergehen, eher aus ethischen Gründen als ungeeignet für Kinder und Jugendliche erachtet.[58] Bevor im einzelnen auf die Wirkung von Gewaltdarstellungen und Pornographie auf Kinder und Jugendliche einzugehen sein wird, sollen zunächst die verschiedenen Entwicklungsphasen von Kindern und Jugendlichen dargestellt werden.

1.2.2.1 Entwicklungsphasen von Kindern und Jugendlichen

Die Wirkungsforschung hat ergeben, dass Kleinkinder bis sechs Jahre filmische Darstellungen unmittelbar erleben, da weder kognitive noch strukturierende Fähigkeiten ausgebildet sind. Sie identifizieren sich vollständig mit der Filmhandlung und den dargestellten Protagonisten, so dass bereits dunkle Szenarien, schnelle Schnittfolgen oder laute und bedrohliche Geräusche Kleinkinder nachhaltig ängstigen und bei ihm zu Irritationen führen können, welche nicht allein abgebaut werden können.[59] Kinder ab sechs Jahren entwickeln zunehmend kognitive Fähigkeiten und lernen Sinneseindrücke zu verarbeiten, wobei der unterschiedliche Entwicklungsstand der Sechs- bis 11-Jährigen besonders zu berücksichtigen ist.[60] Während Kinder etwa ab dem neunten Lebensjahr beginnen, fiktionale und reale Geschichten zu unterscheiden, steht bei jüngeren Kindern der emotionale Eindruck im Vordergrund.[61] Kinder tauchen in dieser Alterskategorie gewissermaßen noch ganz in die Filmhandlung ein und leiden und fürchten

---

[55] Vgl. *Hartstein/Ring/Kreile/Dörr/Stettner* (2003), § 3 Rn. 4; *Käppner*, SZ v. 02.03.2002, S. 9.

[56] Vgl. bspw. *Isensee/Axer* (1998), S. 33 ff., 48 f., *Hesse* (1999), S. 86 f.; *Dörr/Cole* (2001), S. 12.

[57] Vgl. hierzu *Hartstein/Ring/Kreile/Dörr/Stettner* (2003), § 3 Rn. 4.

[58] *GSJP*, Jugendschutzbericht 2000/2001, S. 52 f.

[59] *Neuerer/Raible/Schulze, Frankfurter* Rundschau v. 07.08.2002, S. 10; *FSK* (2003), S. 6.

[60] *FSK* (2003), S. 6.

[61] *v. Gottberg*, JMS-Report 3/1999, S. 4 (6); *FSK* (2003), S. 6.

mit den handelnden Personen mit. Zwar können in diesem Alter Spannungs- und Bedrohungsmomente verkraftet werden, jedoch dürfen diese nicht zu lang oder nachhaltig andauern und müssen in einer positiven Auflösung des Konfliktes enden.

Bei Jugendlichen ab 12 Jahren ist die Fähigkeit zur distanzierten Wahrnehmung und rationalen Verarbeitung bereits ausgebildet.[62] Während hohe Spannungs- und Bedrohungsintensität verkraftet werden kann, ist beispielsweise eine harte, gewaltbezogene Bilderflut in Actionfilmen zumeist noch nicht selbständig verarbeitbar.[63] Aber auch Ironie und Sarkasmus können noch nicht verstanden werden.[64] Die 12- bis 15-Jährigen befinden sich in der pubertären Selbstfindungsphase, welche von Unsicherheit geprägt ist und in welcher es zu einer Gefährdung bei Identifikationsmöglichkeiten mit „Anti-Helden, die antisoziales, destruktives oder gewalttätiges Verhalten auszeichnet," kommen kann.[65] Härtere Gewaltdarstellungen und Häufungen von Gewaltszenen können, da es noch an einem stabilen Wertesystem fehlt, zu starken emotionalen Belastungen führen.[66] Bei 16- bis 18-Jährigen kann eine Medienkompetenz bereits in weiten Zügen vorausgesetzt werden.[67] Problematisch ist jedoch in diesem Alter die Vermittlung sozialschädlicher Botschaften, wie Gewaltverherrlichung und Geschlechterdiskriminierung, aber auch die Reduktion von Sexualität auf ein reines Instrumentarium der Triebbefriedigung.[68] Ebenso müssen Filmbeiträge für Jugendliche bis 18 Jahren auf die Wertorientierung in Bereichen wie Drogenkonsum, politischer Radikalismus oder Ausländerfeindlichkeit mit besonderer Sensibilität geprüft werden.[69]

1.2.2.2 Wirkung von Gewalt im Fernsehen

Während die Unterhaltungsindustrie einen Zusammenhang zwischen Gewalt in den Medien und menschlicher Aggressivität immer noch für nicht nachweisbar erachtet, ziehen Mediziner und Psychologen überwiegend das Fazit, dass Gewalt in den Medien dazu führt, dass Kinder nicht nur gewalttätiges Verhalten „eher" bzw. „früher" akzeptieren, sondern auch selbst aggressiver werden.[70] Gewaltdarstellungen im Fernsehen

---

[62] *FSK* (2003), S. 6.

[63] Vgl. *v. Gottberg*, JMS-Report 3/1999, S. 4 (6).

[64] Vgl. *v. Gottberg*, JMS-Report 3/1999, S. 4 (6).

[65] *FSK* (2003), S. 6 f.

[66] Vgl. *v. Gottberg*, JMS-Report 3/1999, S. 4 (6).

[67] Vgl. *v. Gottberg*, JMS-Report 3/1999, S. 4 (5).

[68] *FSK* (2003), S. 7.

[69] *FSK* (2003), S. 7.

[70] BVerwGE 106, 216 (226). Eine Studie der Amerikanischen Mediziner-Vereinigung kommt zu dem Schluss, dass sich aus den Ergebnissen von mehr als 1000 Studien, die in den vergangenen 30 Jahren zu diesem Thema erschienen sind, ergeben habe, dass Kinder, die in jungen Jahren Gewaltprogrammen ausgesetzt gewesen seien, später eine Tendenz zu gewalttätigem und aggressivem Verhalten gezeigt hätten. Darüber hinaus sinke durch die Gewöhnung an Gewaltdarstellungen nach den Ergebnissen der Studie die Wahrscheinlichkeit, dass sich Kinder beim Beobachten einer Gewalttat in der Schule oder

prägen nach aller Erfahrung – auch wenn die zunehmende Gewaltbereitschaft in der Gesellschaft vielfältige Ursachen hat – das gesamtgesellschaftliche Verständnis zu Gewalt und Gewaltbereitschaft zumindest mit. Häufung von Gewalt im Fernsehen trägt nicht zuletzt zu einem Verständnis bei, welches Gewaltanwendungen als Verhaltensmuster zu Konfliktlösungen sozial legitimiert.[71] Durch Darbietungen, welche die Botschaft enthalten, gewaltsame Konfliktregulierung sei wirksam und – zumindest in vielen Fällen – vorgeblich gerechtfertigt, steigern sich aggressive Reaktionen. Dies wird durch dramaturgische Mittel, die den Unterhaltungswert der Gewalt in den Vordergrund, ihre hässlichen und leidvollen Folgen aber in den Hintergrund stellen, noch verstärkt. Je jünger die Rezipienten sind, um so größer ist die Gefahr negativer Wirkungen, weil jüngere Kinder Realität und Fiktion nur in ungenügendem Maße unterscheiden können.[72] Neben anderen gesellschaftlichen Faktoren, wie Wertewandel, Individualisierungstendenzen, Perspektivlosigkeit und Inkonsistenz des Erziehungsverhaltens stellen die möglichen Wirkungen gewalthaltiger Mediendarstellungen ein nicht zu unterschätzendes Risiko dar, welches der Steuerung bedarf.

Die Forderung nach strengeren Jugendschutzregelungen wird daher auch überwiegend damit begründet, dass die Ausstrahlung jugendgefährdender Sendungen jedenfalls mitursächlich für die sozialethische Desorientierung von Kindern und Jugendlichen sei, nachdem zumindest die im Fernsehen gezeigte Gewalt den labilen Jugendlichen zum Nachahmen anreizen könnte.[73] Die Wirkungsforschung kommt dagegen zu unterschiedlichsten Annahmen. Die Forschungsergebnisse reichen von der Ansicht, dass Gewaltdarstellungen im Fernsehen aggressionssteigernd wirken, bis zur Annahme, dass durch die Ausstrahlung gewaltverherrlichender Sendungen eine Art Reinigung erfolge.[74] Die am häufigsten in der empirischen Forschung verwandten Thesen über die

---

auf der Straße zugunsten des Opfers einmischen würden. Hiermit wird den Stellungnahmen der Unterhaltungsindustrie widersprochen, dass sich ein Zusammenhang zwischen Gewalt in den Medien und Aggression nicht nachweisen lasse. Vgl. zu dieser Studie: Sonntagsblatt v. 20.08.2000, S. 28. Auf weitere Studien wird Bezug genommen in Frankfurter Rundschau v. 16.01.2001, S. 21 und tz v. 30.03.2002, S. 1. In epd medien Nr. 64 v. 20.08.1997, S. 22, werden Ergebnisse einer britischen Studie zitiert, wonach Gewaltvideos zwar keine aggressiven Menschen schaffen, aber aggressive Menschen dazu bringen können, häufiger gewalttätige Akte zu begehen.

[71] Als Reaktion haben die privaten Veranstalter eine „Konvention der Verantwortung" abgeschlossen. ARD und ZDF haben mit der Gründung einer „Gewaltkommission" reagiert, vgl. *Hartstein/Ring/Kreile/Dörr/Stettner* (2003), § 3 Rn. 5.

[72] *Hartstein/Ring/Kreile/Dörr/Stettner* (2003), § 3 Rn. 4. Kinder bilden erst ab dem 10. bzw. 11. Lebensjahr kognitive Fähigkeiten aus. Diese sind aber erforderlich, um Fiktionales von Non-Fiktionalem zu unterscheiden, so *Schorb*, zitiert in: *Hopf*, ZUM 2002, 126 (127); *Dörr/Cole* (2001), S. 12.

[73] So *Isensee/Axer* (1998), S. 40.Vgl. Nachweise bei Fn. 70.

[74] *Isensee/Axer* (1998) S. 34: Sie vergleichen die gegensätzlichen Positionen mit Mimesis und Katharsis, welche von Platon und Aristoteles für die Wirkung eines Dramas auf die Zuschauer aufgestellt wurden. Nach der Katharsis-Theorie hat die Darstellung des Bösen eine reinigende Wirkung auf den Zuschauer und baut vorhandenes Aggressionspotential ab. Eine empirische Bestätigung dieser These lasse sich jedoch ebenso wenig nachweisen, wie ein kausaler Zusammenhang zwischen dem Konsum einer Fernsehsendung und einer Gewalttat (Imitationsthese oder „Stimulus-Response-Modell").

Wirkung von Gewalt im Fernsehen auf Kinder und Jugendliche sind in der Tabelle 4 aufgeführt, wobei darauf hinzuweisen ist, dass keine dieser Thesen allumfassende Geltung beanspruchen kann.[75]

Tabelle 4: Thesen über die Wirkung von Gewaltdarstellungen im Fernsehen

Thesen:	Inhalt der Thesen: Gewaltdarstellungen führen ...
Katharsis-These	... zur Aggressionsminderung beim Zuschauer, da er seinen Aggressionstrieb in der Phantasie ausleben kann.
Inhibitionsthese	... zu Angst vor eigenen Aggressionswünschen. Sie halten den Zuschauer somit von Gewalt ab.
Stimulationsthese	... zur Erhöhung der Gewaltbereitschaft als Einsatz zur Durchsetzung eigener Ziele.
Habitualisierungsthese	... zur Abstumpfung des Zuschauers, wodurch er sich an die Gewalt als alltägliches Ereignis gewöhnt und dies schließlich für normal hält.
Imitationsthese	... zur Nachahmung, insbesondere wenn Gewalt im Fernsehen zum Erfolg führt.
These der Wirkungslosigkeit	... zur Neutralisierung von Aggressionsbereitschaft, da der Zuschauer zwar erregt, aber nicht zur direkten Nachahmung veranlasst wird.

Quellen: *Krüger*, MP 1999, 114; *Gangloff* (2001), S. 8, 37 ff.; eigene Darstellungsform.

In der aktuellen Forschung überwiegen wohl eher die vermittelnden Meinungen und nicht die Extrempositionen.[76] Auch wenn weiterhin vereinzelt vertreten wird, dass die Gewalt am Bildschirm keinen Einfluss auf die Gewaltbereitschaft von Jugendlichen habe, sogar aggressionsabbauend verstanden werden könne, wird man eine Aggressivität anregende bzw. steigernde Wirkung durch die Gewalt auf dem Bildschirm wohl kaum mehr völlig abstreiten können.[77] Die Schwierigkeiten, die Wirkungen des Fernsehens auf den Rezipienten zu beschreiben, beruhen auf der Komplexität des Wirkungsprozesses und der Fülle von Variablen, von denen der Wirkungsprozess abhängt. Jedoch darf nicht übersehen werden, dass der Eindruck, den eine Fernsehsendung bei einem Zuschauer hinterlässt, entscheidend durch die Persönlichkeit des

[75] Vgl. zu den verschiedenen Thesen der Fernsehwirkungsforschung: *Krüger*, MP 1996, S. 114; *Hesse* (1999), S. 87 m.w.N.; *Schwind* (2001), § 14 Rn. 20 ff.; *Gangloff* (2001), S. 8, 37 ff.; *v. Gottberg*, in: *FSF* (1995), S. 34 ff.; *Selg*, tv diskurs 2/1997, S. 50 ff.

[76] So *Groebel*, in *Gangloff* (2001), S. 7, der ausführt, dass es beim Thema Jugendschutz „immer um Risikoabwägung, nie um letzte wissenschaftliche Beweise" gehen kann.

[77] Dies auch annehmend BVerwG 106, 216 (226); BVerfGE NJW 1986, 1241 (1242) m.w.N.

Rezipienten und durch dessen soziales Umfeld geprägt wird. Es gibt weder „den“ Zuschauer noch „die“ Wirkung, vielmehr kann dieselbe Sendung nicht nur unterschiedliche Wahrnehmungen sondern auch unterschiedliche Effekte bei den Zuschauern hervorrufen. Nachdem ein Gewaltpotential in vielen Fällen schleichend entsteht, sollten v.a. die Problemhintergründe zum Ausgangspunkt politischen und gesetzgeberischen Handelns herangezogen werden.[78]

Weitgehend anerkannt im Bereich der Wirkung von Fernsehsendungen auf Kinder und Jugendliche ist somit, dass die Ausstrahlung gewaltverherrlichender Sendungen die Persönlichkeitsentwicklung zumindest gefährden und Kinder emotional erregen, ihre Angriffslust reizen und zur Nachahmung anstacheln kann.[79] Gewalt im Fernsehen kann also zur Aggressionssteigerung, erhöhter Gewaltbereitschaft, aber auch zur Abstumpfung, Verrohung und Desensibilisierung[80] führen, wodurch es bis zur Traumatisierung von Kindern und Jugendlichen kommen kann. Angstzustände und soziale Verunsicherung können die Folge sein. Besonders hervorzuheben ist hierbei das Gefährdungspotential von Gewalt in non-fiktionalen Fernsehformaten (bspw. Reality-Shows) auf Kinder und Jugendliche.[81] Ebenso sicher scheint aber auch zu sein, dass der bloße Konsum gewalthaltiger Sendungen nicht zwangsläufig zu Gewalttaten von Jugendlichen führen muss. Vielmehr muss eine entsprechende Prädisposition des Jugendlichen

---

78 Bericht der Rundfunkreferenten „Gewalt und Jugendschutz im Rundfunk“ in *Hartstein/Ring/Kreile/Dörr/Stettner* (2003), § 3 Rn. 4.

79 Unter Nachahmung verschiedener Filmstunts aus der auf MTV ausgestrahlten US-Show „Jackass“ haben sich bereits mehrere Jugendliche in Deutschland und in den USA verletzt, vgl. bspw. Die Welt vom 14.06.2002, S. 31, Donaukurier vom 13.11.2002, S. 6 und oben Fn. 3. Zu einem Fall der Nachahmung in Frankreich vgl. Neue Züricher Zeitung v. 10.08.2002, S. 55. Auch wenn der Film selbst in der Regel nicht der Auslöser für die Tat ist, bietet er aber durchaus den „modus operandi“.

80 So die Unesco-Studie über „Gewalt in den Medien“ bei *Neuerer/Raible/Schulze*, Frankfurter Rundschau v. 07.08.2002, S. 10, welche belegt, dass etwa 10 % der Kinder von Gewaltthemen beeinflusst werden, was zu einem Sinken der Hemmschwelle wie auch des Mitleids mit den Opfern führe.

81 Vgl. sozialwissenschaftliche Befunde zur Frage der Jugendgefährdung durch non-fiktionale Fernsehformate in: *Schulz/Korte*, ZUM 2002, 719 (726 ff.) m.w.N. Einer der Hauptgründe für die bei Kindern durch Gewaltdarstellungen hervorgerufenen Verunsicherungen sei darin zu erblicken, dass Gewalt nicht hinreichend in einen Kontext eingebettet werde, der Erklärungsansätze aufzeige, die Gewalt „begreiflich macht“ und damit Verarbeitungschancen für Kinder eröffne. Kinder würden Infotainment und Reality-TV für ebenso glaubwürdige und realistische Abbilder der Welt wie die Nachrichten halten. In der Folge würden sie häufig verkennen, wenn Einzelschicksale als typisch propagiert, Randerscheinungen verallgemeinert und Irrelevantes als wichtig dargestellt wird. Die Möglichkeit des Mitempfindens mit dem Opfer sei daran gebunden, dass sich Kinder auf das Opfer konzentrieren könnten und ihr Blick nicht durch Elemente der Darbietung verstellt werde. Das entscheidende Element, das die Empathie der Kinder überlagern könne, seien drastische Bilder, da dann das Gefühl des Ekels dominiere. Insbesondere durch Bilder von Toten, Verletzten und vor allem von Blut könnten Kinder auf ihre Emotionen zurückgeworfen werden. Das Gefühl des Ekels überlagere in diesen Fällen die gesamte Wahrnehmung.

als Voraussetzung für die Begehung von Gewalttaten bereits vorhanden sein.[82] Eine solche kann insbesondere durch ein sozial schwieriges Umfeld entstehen. Ein Wirkungszusammenhang im Sinne einer unmittelbaren Kausalität zwischen gewaltverherrlichenden Sendungen und Gewalttaten von Kindern und Jugendlichen lässt sich daher bisher ebenso wenig nachweisen, wie eine mögliche Kausalität auch nicht vollständig ausgeschlossen werden kann.[83]

Basierend auf diesen Forschungsergebnissen nimmt auch das Bundesverfassungsgericht eine von Gewaltdarstellungen im Fernsehen für Kinder und Jugendliche ausgehende Gefährdungsmöglichkeit an, indem es ausführt, dass für Gewaltdarstellungen überwiegend eine aggressionsstimulierende Wirkung anerkannt sei, dass insbesondere mit einer Herabsetzung der Hemmschwelle für aggressive oder kriminelle Verhaltensweisen zu rechnen sei, zumal wenn entsprechende Gewaltdarstellungen beim Betrachter auf bestimmte Prädispositionen treffen würden.[84] Das Bundesverfassungsgericht führt aus: „Dargestellte Formen aggressiven Verhaltens können beim Erwachsenen wie bei Kindern Angstgefühle und Angstreaktionen auslösen; von Kindern können sie gelernt und über einen längeren Zeitraum im Gedächtnis behalten werden. Darüber hinaus wird eine Abnahme der Sensibilität gegenüber Gewalttätigkeiten in der Realität für möglich gehalten und angenommen, dass die gehäufte Beobachtung von Gewaltszenen eine zunehmende Bereitschaft fördern kann, Gewalt als Mittel der Lösung von Konflikten zu akzeptieren."[85]

Nicht zuletzt die Ereignisse von Erfurt haben die Diskussion über die Wirkung der Darstellung von Gewalt in den audiovisuellen Medien erneut in den Mittelpunkt der öffentlichen Diskussion gebracht. Auch wenn in diesem Fall ein Zusammenhang unterstellt wird, darf nicht vergessen werden, dass Gewalt ein Bestandteil des Zusammenlebens von Menschen ist. Ebenso ist bei der Diskussion über Gewaltdarstellungen auf die Quantität und Qualität sowie die Plausibilität und die Begründung von Gewalt in den Medien abzustellen. Auch wenn sich ein unmittelbarer und monokausaler Zusammenhang zwischen TV-Gewalt und tatsächlicher Gewalt nicht belegen lässt, so steht überwiegend außer Zweifel, dass das Fernsehen den Rang von Gewalt in der Gesellschaft beeinflusst. Fernsehen ist das Medium zur öffentlichen Meinungsbildung, welches Werte, Einstellungen, Vorbilder und Urteile mitbildet. Effektiver Jugendschutz setzt also neben der Schaffung von Medienkompetenz auch die Kontrolle von Gewaltdarstellungen in den Medien voraus.

---

[82] *Selg*, tv diskurs 2/1997, S. 50 (53 f.); „Wer im Elternhaus vernachlässigt wird, wendet sich zur Orientierung eher den ‚riskanten' Rollenbildern zu. Und da ‚schützen" eben gerade keine Eltern", *Groebel*, in *Gangloff* (2001), S. 7.

[83] *Isensee/Axer* (1998), S. 40; *Schwind* (2001), § 14 Rn. 36.

[84] BVerwGE 106, 216 (226).

[85] BVerfGE NJW 1986, 1241 (1242) m.w.N., ebenso BVerwG ZUM 1998, 584 (588) = BVerwGE 106, 216 (226).

1.2.2.3 Wirkung von Pornographie im Fernsehen

Unter dem Motto „sex sells“ wird insbesondere von Seiten der Anbieter des digitalen Fernsehens versucht, die Grenzen zwischen erlaubter Erotik und verbotener Pornographie zu strapazieren und grenzwertige Beiträge auszustrahlen.[86] Unklarheit herrscht jedoch hinsichtlich der Wirkung von Pornographie auf Kinder und Jugendliche.[87] Es wird vermutet, dass Kinder und Jugendliche durch den Konsum pornographischer Medien in ihrer sozialen, psychologischen, insbesondere sexualpsychologischen Entwicklung Schäden erleiden können – jedoch fehlen wissenschaftlich gesicherte Erkenntnisse über die möglichen Folgen von Pornographie.[88] Grund hierfür ist neben dem Fehlen von Langzeituntersuchungen auch die generell bekannte Unsicherheit der Erfassung und Bewertung menschlichen Verhaltens, wie es in vielen Bereichen der sozialwissenschaftlichen und psychologischen Forschung zu konstatieren ist.[89] Jedoch kann aus den allgemeinen Untersuchungen zur Medienwirkung geschlossen werden, dass bei einer breitflächigen und über längere Zeit andauernden Abgabe und Aufnahme bestimmter Bilder, Filme oder anders vermittelter Informationen negative und unerwünschte Folgen auftreten, mögen diese nun eher kurzfristig oder langfristig sein. Denn wie bereits für die Wirkung von Gewalt dargestellt, ist das Medium Fernsehen gerade auf Meinungsbildung ausgerichtet, so dass nicht behauptet werden kann, dass durch moderne Medien und deren Inhalte keine Veränderungen (auch solche negativer Art) zu erwarten wären.

Als Hauptargument für sozialschädliche Auswirkungen auf Kinder und Jugendliche durch pornographische Sendungen wird vorgetragen, dass diesen ein falsches Bild von Sexualität und vom Menschen als bloßem Objekt sexueller Begierde vermittelt wird. Eine Folge von der Betrachtung pornographischer Sendungen kann eine Überbewertung der Sexualität und eine die Menschenwürde missachtende Grundeinstellung gegenüber dem anderen Geschlecht sein.[90] Jugendliche könnten die gesehenen Handlungsmuster in die Wirklichkeit übertragen und hierdurch verleitet werden, sexuelle Tabus zu brechen.

---

[86] Vgl. Fn. 2; tz vom 29.10.2002, S. 19. Auch ein erhebliches Ansteigen bei polizeilich erfassten Straftaten nach § 184 StGB insgesamt und § 184 Nr. 1, 2, 5 StGB ist in den letzten Jahren feststellbar, vgl. *Albrecht/Hotter* (2002), S. 88; *Nolden*, JMS-Report 3/2001, S. 1 (3).

[87] „Es wird jedoch als eher wahrscheinlich angesehen, dass weniger aufdringliche, milde Formen von Erotika aggressionshemmend, deutlichere Formen der Pornographie jedoch aggressionsfördernd wirken können.“ *Albrecht/Hotter* (2002), S. 24: *Kaiser* (1996), § 65 Rn. 55. Derartige Äußerungen besagen jedoch nicht mehr, als dass es eben gerade an gesicherten Wahrheiten fehlt.

[88] Vgl. zur Diskussion über die Auswirkung von Sexszenen auf Heranwachsende bspw. in Frankreich Neue Züricher Zeitung v. 10.08.2002, S. 55, wobei auch hier darauf hingewiesen wird, dass ein kausaler Zusammenhang schwer nachweisbar ist.

[89] *Albrecht/Hotter* (2002), S. 159; *Isensee/Axer* (1998), S. 35; BVerfGE 83, 130 (141).

[90] *Ricker* (2003), S. 7 f. m.w.N., der neben der Möglichkeit der Beeinflussung Minderjähriger in ihrer Einstellung zur Sexualität auch die Ansicht vertritt, dass pornographische Filme auch auf die Meinung Erwachsener und deren Einstellung zur Sexualität einwirken, was zu einer Desensibilisierung der Konsumenten von Pornographie gegenüber deren jeweiligen Partner führen könne.

Die größte Gefahr geht jedoch von harter Pornographie aus, welche Gewalttätigkeiten, den sexuellen Missbrauch von Kindern oder sexuelle Handlungen von Menschen mit Tieren zum Gegenstand hat.[91]

Das Bundesverfassungsgericht hat zu diesem Problemkomplex im Hinblick auf pornographische Schriften ausgeführt: „Trotz umfangreicher Anhörung von Sachverständigen aus den Gebieten der Soziologie, Sexualwissenschaften, Psychiatrie, Psychologie, Pädagogik, Gerichtsmedizin, Kriminologie, Theologie, Philosophie und Rechtswissenschaften sowie von Praktikern der Kriminalpolizei, Fürsorge, Jugendhilfe und des Erziehungswesens konnte der Sonderausschuss für die Strafrechtsreform die Frage der Jugendgefährdung nicht einwandfrei klären. Bei aller Uneinigkeit im Übrigen herrschte Einigkeit bei der Einschätzung, dass die Beurteilung der eingeholten wissenschaftlichen Stellungnahmen über mögliche Wirkungszusammenhänge von Lektüre und psychischer Entwicklung durch das Fehlen von systematischen Untersuchungen und Langzeitstudien erschwert werde."[92] Das Bundesverfassungsgericht kommt zu dem Schluss, dass die Möglichkeit einer Jugendgefährdung durch Schriften zwar nicht erhärtet, trotz überwiegend in die Gegenrichtung weisender Stellungnahmen aber auch nicht ausgeschlossen werden kann.[93] Soweit aber gesicherte wissenschaftliche Ergebnisse über die Wirkungen pornographischer Darstellungen auf Kinder und Jugendliche fehlen, ist damit nicht das Risiko schädlicher Folgen ausgeräumt. „Gerade wenn es gilt, Gefahrenlagen und Risiken einzuschätzen und darauf zu reagieren, kommt dem Gesetzgeber anerkanntermaßen eine gewisse Beurteilungs- und Handlungsfreiheit zu."[94]

1.2.2.4 Zwischenergebnis

Als Zwischenergebnis kann festgehalten werden, dass Kinder und Jugendliche entsprechend ihrem jeweiligen Entwicklungsstand Inhalte im Fernsehen besser oder schlechter verarbeiten können. Aus diesem Grund ist bei gesetzlichen Regelungen zum Schutz der Kinder und Jugendlichen den entsprechenden Entwicklungsphasen der Kinder Rechnung zu tragen. Zwar liegen keine wissenschaftlich gesicherten Erkenntnisse vor, die den negativen Einfluss von Gewalt und Pornographie im Fernsehen auf die Persönlichkeitsentwicklung von Kindern und Jugendlichen belegen. Gleichfalls ist der Wirkungsforschung auch nicht zu entnehmen, dass ein negativer Einfluss von problematischen Inhalten wie insbesondere Gewalt und Pornographie im Fernsehen nicht besteht. Vielmehr ist überwiegend unbestritten, dass das Fernsehen – bereits aufgrund

---

[91] Für harte Pornographie gilt aufgrund der von ihr ausgehenden Gefährdung gemäß § 184 Abs. 3 StGB ein absolutes Herstellungs- und Verbreitungsverbot. Vgl. zur „harten" Pornographie und deren Wirkung: *Schreibauer* (1999), S. 36 ff. *Schroeder* (1992), S. 34 ff; *Tröndle/Fischer*, StGB (2001), § 184 Rn. 33 ff.; *Erdemir* (2000), S. 145 ff. m.w.N.; *Liesching*, JMS-Report 1/2002, S. 3 f.

[92] BVerfGE 83, 130 (141).

[93] BVerfGE 83, 130 (141).

[94] BVerfGE NJW 1986, 1241 (1242) m.w.N. Ebenso außerhalb des Jugendschutzes: BVerfGE 21, 150 (157); 49, 89 (131 ff.).

seiner erheblichen Meinungsbildungsrelevanz – durchaus auch einen negativen Einfluss haben kann. Dies gilt um so mehr, wenn Kinder und Jugendliche eine entsprechende Prädisposition aufweisen oder aus sozial schwächerem Umfeld stammen. Auch wenn die empirischen Untersuchungen keinen unmittelbaren Kausalzusammenhang zwischen der Ausstrahlung von gewalthaltigen oder pornographischen Sendungen im Fernsehen und einer Beeinträchtigung bzw. eine Gefährdung von Kindern und Jugendlichen nachweisen können, kann gleichzeitig eine negative Wirkung von gewaltverherrlichenden und pornographischen Sendungen im Fernsehen auf Kinder und Jugendliche nicht ausgeschlossen werden; die Theorien, die von einem entsprechenden erheblichen Gefährdungspotential ausgehen, erscheinen darüber hinaus zumindest plausibel.

1.3 Praxis und Akzeptanz des Jugendmedienschutzes und seiner Instrumente

Während im analogen Fernsehen auf Sendezeitbeschränkungen zur Gewährleistung des Jugendschutzes zurückgegriffen wird, tragen diese der Besonderheit von digitalem Fernsehen nicht hinreichend Rechnung. Aus Nutzer- und somit auch aus Veranstalterperspektive besteht der Mehrwert von digitalem Fernsehen darin, dass mehrere Programme in Programmbouquets zeitgleich und zu jeder vom Abonnenten gewünschten Uhrzeit konsumiert werden können.[95] Eine Ausstrahlung rund um die Uhr birgt aber das Risiko, dass auch Kinder und Jugendliche Zugang zu diesen Angeboten erhalten und damit für sie nicht geeignete Filme sehen können.[96] Um den Sendezeitbeschränkungen des Free-TV entgehen zu können und dennoch den Jugendschutz im gebotenen Maße zu gewährleisten, haben die Veranstalter von digitalem „Pay-TV" ihr Empfangs- und Steuerungssystem mit einer technischen Schutzvorrichtung – der Vorsperre – ausgestattet. Jedoch sind mit der Vorsperre neue Probleme verbunden, denn eine technische Schutzvorrichtung ist hinsichtlich ihrer Wirksamkeit immer abhängig von der Anwendungsbereitschaft der Nutzer und erfasst gleichzeitig unter Umständen auch diejenigen, die ihren Schutz gar nicht benötigen, beispielsweise Singles und kinderlose Haushalte.

1.3.1 Rückblick: Die Kindersperre und der 1. Praxistest

Der erste Versuch, ein zur Sendezeitbeschränkung alternatives Jugendschutzsystem im Bereich des digitalen Fernsehens einzusetzen, bestand in der Einführung einer so genannten Kindersperre.[97] Der zum Empfang notwendige Decoder (die „d-box") musste von den Nutzern, regelmäßig also den Eltern, mit Hilfe eines über die Fernbedienung einzugebenden vierstelligen PIN-Codes aktiviert werden; dabei konnte man sowohl den Zugang zum gesamten Programmbouquet (Totalsperre), als auch zu einzelnen Spartenkanälen und für bestimmte Zeiträume sperren (Kanal- und Zeitsperre). Die Ergebnisse

---

[95] *Gesellensetter*, AfP 2001, 369 (370).

[96] *Hess/Gorny*, ZUM 1999, 881 (881).

[97] Zur Kindersperre vgl. *Hess/Gorny*, ZUM 1999, 881 (881).

einer auf Anregung der GSJP von der Direktorenkonferenz der Landesmedienanstalten (DLM) im Jahr 1997 in Auftrag gegebenen Studie – der so genannte 1. Praxistest[98] – über die Praktikabilität und Jugendschutztauglichkeit der Kindersperre widersprach in gravierender Weise den Erwartungen der Sender und der Landesmedienanstalten. Die von den Eltern zu programmierende Kindersperre war fehlerhaft entwickelt, unzureichend erläutert und schwer zu handhaben.[99] Aus diesen Gründen, insbesondere auch aus Unkenntnis sowie aus Bequemlichkeit benutzten die Eltern die Kindersperre faktisch nicht.[100] Der Versuch, mit Hilfe der Kindersperre die Jugendschutzverantwortung auf die Eltern zu übertragen, musste daher als gescheitert angesehen werden. Die primäre Verantwortung für den Jugendschutz wurde daher auch im digitalen Fernsehen den Veranstaltern übertragen. Intensive Diskussionen mit den digitalen Fernsehanbietern führten zur Entwicklung eines neuen Schutzsystems: der (veranstalterseitigen) Jugendschutz-Vorsperre (Vorsperre).

1.3.2 Die Einführung der Jugendschutz-Vorsperre

Die veranstalterseitige Jugendschutz-Vorsperre, ein auch im europäischen Vergleich neues Konzept, basiert auf einem Softwareprogramm für den Decoder (d-box), durch welches nunmehr die digitalen Anbieter jugendschutzrelevante Sendungen vorsperren. Die Zuschauer müssen per Fernbedienung einen vierstelligen PIN-Code eingeben, um jeweils die einzelne vorgesperrte Sendung frei zu schalten. Andernfalls bleibt der Bildschirm – abgesehen von einem Hinweis „Jugendschutz" – schwarz und der Ton gleichermaßen gesperrt. Nach jeder Sendung und nach jedem Ausschalten der d-box[101] wird die Vorsperre automatisch wieder aktiviert.[102] Aufgrund der negativen Forschungsergebnisse zur „Kindersperre" bestanden die Landesmedienanstalten auf weiteren Jugendschutzmaßnahmen. So ersetzt die Vorsperre auch derzeit noch nicht vollständig die Sendezeitbeschränkungen, sondern neben der Vorsperre gilt für durch die FSK ab 18 Jahren freigegebenen Filme eine Beschränkung auf die Zeit nach 20.00 Uhr. Die zunächst neben der Vorsperre geltende Sendezeitgrenze für Filme mit einer Freigabe ab 16 Jahren, diese erst nach 18.00 Uhr auszustrahlen, wurde aufgrund der schweren Realisierbarkeit und Überprüfbarkeit schließlich vollständig fallen gelassen. Gemäß §§ 9 Abs. 2, 5 JMStV (bisher § 3 Abs. 5 RStV), können die Landesmedienanstalten für digital verbreitete Programme des privaten Fernsehens durch übereinstim-

---

[98] Der erste Praxistest ist abgedruckt in: *Schorb/Theunert* (1998). Eine Kurzzusammenfassung findet sich in *Theunert/Schorb*, MP 1998, 446 ff.

[99] *Schorb/ Theunert* (1998), S. 66 ff.; *Schorb/Theunert* (2001), S. 17.

[100] *Schorb/ Theunert* (1998), S. 63; *Schorb/Theunert* (2001), S. 17 f.

[101] Die d-box ist der Decoder für das digitale Abonnementfernsehen und zugleich eine so genannte Plattform, die auch für andere Anbieter digitalen Fernsehens offen ist. Sie ermöglicht es, sowohl digitale Angebote des Free-TV als auch verschlüsselte des Pay-TV, insgesamt ca. 300 Programme, bei Verwendung der als Zugangsberechtigung dienenden Smartcard zu empfangen. Vgl. hierzu auch *Schorb/Theunert* (2001), S. 15.

[102] Zu den Details vgl. *Hess/Gorny*, ZUM 1999, 881 (882).

mende Satzungen festlegen, welche Anforderungen an die Vorsperre zu richten sind. Dieser Möglichkeit sind die Landesmedienanstalten mit der Satzung zur Gewährleistung des Jugendschutzes in digital verbreiteten privaten Fernsehangeboten (Jugendschutzsatzung – JSS)[103] nachgekommen. Zur Effektivität des Jugendschutzinstruments „Vorsperre" wurde von der Arbeitsgemeinschaft der Landesmedienanstalten (ALM) erneut eine Studie – der so genannte zweite Praxistest[104] – in Auftrag gegeben.

1.3.3 Ergebnisse des 2. Praxistests

Als Ergebnis des 2. Praxistests konnte festgehalten werden, dass der Jugendmedienschutz und insbesondere die Vorsperre in Deutschland sehr befürwortet werden.[105] Der Jugendmedienschutz wird danach von der überwiegenden Mehrheit der erwachsenen Bevölkerung akzeptiert und die Maßnahmen für das Free-TV sowie für das digitale Pay-TV werden toleriert. 59 % der befragten Bevölkerung wünscht sogar eine Verschärfung des Jugendschutzes im Fernsehen.[106] Die gesetzlichen Bestimmungen zur Gewährleistung des Jugendschutzes werden als um so nötiger und dringlicher verstanden, je jünger die Kinder sind.[107] Die Eltern erwarten eine klare Reglementierung des Fernsehmarktes und die sichere Abschirmung der Heranwachsenden vor ungeeigneten Angeboten. Aus diesem Grund erfahren in der Bevölkerung auch die wahrnehmbaren Maßnahmen des Jugendmedienschutzes, die den Fernsehnutzer am deutlichsten konfrontieren, wie die Ungeeignetheitsansage und die Vorsperre, die größte Zustimmung. Die Vorsperre kann dabei als Orientierung für die Fernseherziehung durch die Eltern dienen. Viele Eltern konstatieren jedoch auch Defizite im fernsehbezogenen Jugendschutzsystem und sehen Handlungsbedarf hinsichtlich der Sicherung eines verlässlichen Rahmens, innerhalb dessen Jugendschutz im Fernsehen garantiert und funktional gestaltet wird.[108] Das differenzierte System von Verantwortung und Kontrolle in Deutschland erfährt insoweit nachhaltige Zustimmung. Keine Institution sollte danach die alleinige Verantwortung erhalten, es bedarf vielmehr der gegenseitigen

---

[103] Die JSS vom 08.06.2002 (StAnz. Nr. 24) ist abgedruckt in: *BLM*, Rechtsgrundlagen (2002), Nr. 3.2.15. Mit Satzung zur Änderung der Satzung zur Gewährleistung des Jugendschutzes in digital verbreiteten privaten Fernsehangeboten vom 12.12.2002 (Änderungssatzung zur JSS) wurde unter anderem das Datum zum Außer-Kraft-Treten der JSS am 01.01.2003 durch das Datum 01.01.2004 ersetzt. Die Änderungssatzung zur JSS ist abrufbar unter: http://www.blm.de/publik/recht/pdfs/aenderung_jss.pdf (zuletzt besucht am 26.05.2003).

[104] Der zweite Praxistest ist abgedruckt in *Schorb/Theunert* (2001).

[105] *GSJP*, Jugendschutzbericht 2000/2001, S. 57.

[106] *GSJP*, Jugendschutzbericht 2000/2001, S. 58.

[107] Vgl. *Schorb/Theunert* (2001), S. 162; *MPFS*, Ergebnisbericht: Jugend- und Jugendmedienschutz, Heft 4, S. 19 ff. Bestimmungen zum Schutz der unter 16-Jährigen werden dabei für wichtig, zum Schutz der unter 14-Jährigen überwiegend (72 % der Bevölkerung) für unverzichtbar gehalten, vgl. hierzu *Ridder*, MP 2000, 213 (216).

[108] Ein nicht unbeträchtlicher Teil der Eltern kommt seiner Verantwortung nicht nach, und zwar weder im Hinblick auf die Beachtung der Jugendschutzbestimmungen noch im Hinblick auf die häusliche Fernseherziehung, *GSJP*, Jugendschutzbericht 2000/2001, S. 58.

Stütze und Kontrolle – die Sender wegen des befürchteten Übergewichts ihrer kommerziellen Interessen, die öffentlichen Kontrollorgane wegen der unterstellten Ferne zum Erziehungsauftrag und die Eltern wegen der als notwendig erachteten Orientierungshilfen für ihr Erziehungshandeln (Verantwortungsallianz).[109]

1.3.3.1 Die Jugendschutz-Vorsperre

Im Unterschied zur wenig anwenderfreundlichen Kindersperre zeigt die zweite Studie, dass die senderseitige Vorsperre die Anwender angesichts der einfachen Handhabbarkeit nicht überfordert.[110] Die Vorsperre wird – so zeigen die Ergebnisse der Studie – von den Zuschauern sehr gut angenommen.[111] Sie gilt bei der Mehrheit der Befragten als eine sinnvolle Jugendschutzmaßnahme und wird als „nicht störend" bewertet.[112] Einige Unzulänglichkeiten sorgen laut der Studie aber dafür, dass das Ändern des PIN-Codes Probleme bereitet. Die Möglichkeit, den Code zu ändern, stellt zwar eine durchaus wichtige Funktion zur dauerhaften Geheimhaltung dar.[113] Die Effektivität der Vorsperre hängt aber entscheidend davon ab, inwieweit der zur Freischaltung notwendige PIN-Code vor den Kindern und Jugendlichen auch tatsächlich geheim gehalten wird. Die Ergebnisse der Studie zeigen, dass nur ein sehr geringer Anteil der unter 14-Jährigen den Entschlüsselungscode kennen.[114] Von den 14- bis 15-Jährigen kennt ihn allerdings schon jeder fünfte. Bei den 16- bis 17-Jährigen ist von umfassender Geheimhaltung nicht mehr zu reden: 40 % aus dieser Altersgruppe kennen den PIN-Code bereits.[115] Überlassen die Eltern ihren Kindern ab dem Jugendalter zunehmend den PIN-Code und gestehen ihnen selbständiges Entsperren zu, birgt dies zumindest das Risiko, dass diese Heranwachsenden recht früh mit Fernsehangeboten in Berührung kommen

---

[109] *Schorb/Theunert* (2001), S. 78 ff.; *Voß*, JMS-Report 3/1999, S. 9; *GSJP*, Jugendschutzbericht 2000/2001, S. 58: Zwar sollen die Sender neben den Eltern Verantwortung dafür übernehmen, dass ihre Angebote Kinder und Jugendliche nicht gefährden oder beeinträchtigen. Jedoch herrscht Skepsis, ob der Jugendschutzwille der Sender auch vor deren wirtschaftlichen Interessen oder Zwängen bestehen wird. Aus diesem Grund sollte nach Ansicht der überwiegenden Bevölkerung die Senderverantwortung überwacht werden. Drei Viertel der Befragten weisen den öffentlichen Kontrollorganen Verantwortung zu, wobei Jugendmedienschutz nicht als Zensur missbraucht werden dürfe. Aus diesem Grund wird ein System der gegenseitigen Balance und Kontrolle von der Mehrheit der Bevölkerung gefordert. Die Verantwortungsallianz soll sich dadurch auszeichnen, dass sie den Eltern Verantwortungsübernahme abfordert, aber diese zugleich durch den Gesetzgeber, durch funktionierende Kontrolle und durch verantwortliche Angebote gegenüber dem Medienmarkt absichert.

[110] *GSJP*, Jugendschutzbericht 2000/2001, S. 73.

[111] *GSJP*, Jugendschutzbericht 2000/2001, S. 72.

[112] *GSJP*, Jugendschutzbericht 2000/2001, S. 73 f.

[113] Denn auf diese Weise können die Eltern einen an die Kinder und Jugendlichen weitergereichten PIN-Code wieder ändern. Die Erfahrung zeigt jedoch, dass es in der Regel gerade die Kinder sind, die ihren Eltern bei der Programmierung technischer Geräte (wie bspw. auch dem Videorecorder) helfen müssen, da diesen zumeist das technische Verständnis für die Geräte fehlt.

[114] *GSJP*, Jugendschutzbericht 2000/2001, S. 74.

[115] *GSJP*, Jugendschutzbericht 2000/2001, S. 74 f.

können, die als für sie ungeeignet gelten. Dass parallel zu dieser nachlässiger werdenden Handhabung der Vorsperre auch die fernseherzieherischen Anstrengungen der Eltern abnehmen, erhöht dieses Risiko zusätzlich. Die Studie kommt zum Ergebnis, dass die Identität von PIN-Code und Bestellcode (zum Bestellen entgeltpflichtiger „Pay-Per-View-Filme") geeignet sein könnte, die Geheimhaltung zu erhöhen, da es bislang unverantwortlich handelnde Eltern nichts „koste", den PIN-Code zur Aufhebung der Vorsperre an ihre Kinder weiterzugeben.[116] Eine entsprechende Regelung, wonach der PIN-Code zur Aufhebung der Vorsperre und die Bestellnummer von „Pay-Per-View-Filmen" identisch sein müssen, wurde daher in § 4 Abs. 2 JSS aufgenommen – jedoch in der Praxis noch nicht entsprechend umgesetzt.

Allein durch die Vorsperre werden derzeit – wie das Ergebnis der Studie gezeigt hat – gefährdete Kinder und Jugendliche nicht ausreichend geschützt. Das skizzierte Risiko, das mit den liberaleren Sendezeitgrenzen im digitalen „Pay-TV" zusammenhängt, wird somit auf die jüngeren Altersgruppen ausgeweitet, da in Familien, in denen bereits den Kindern der PIN-Code mitgeteilt wird, auch schon die Jüngsten mit Angeboten konfrontiert werden, die unter entwicklungspsychologischen und sozialisatorischen Gesichtspunkten massive Probleme bergen können. Die Vorsperre bietet insofern keinen ausreichenden Schutz, als zumindest einige Eltern ihrer Erziehungsverantwortung nicht nachkommen. Um diese gefährdeten Heranwachsenden von bestimmten Fernsehangeboten nach der Studie fernzuhalten, sind im Sinne eines funktionierenden Minderheitenschutzes Regulierungen notwendig, welche die mangelnde elterliche Verantwortung von außen korrigieren können.[117] Dies ist umso notwendiger, da gerade in den betroffenen Familien – bei Erwachsenen, wie bei Kindern – ein bedenklicher Fernsehumgang festzustellen ist, denn hier handelt es sich zumeist um sog. Vielseher mit Vorlieben für jugendschutzrelevante Angebote.[118]

1.3.3.2 Die Ungeeignetheitsansage

Der zweite Praxistest hat weiter ergeben, dass die Kennzeichnung von für Kinder und Jugendliche nicht geeigneter Sendungen in Form einer sinnlich wahrnehmbaren Ungeeignetheitsansage im Bereich des „Free-TV" von den Eltern überwiegend als sinnvoll bewertet und in hohem Maße toleriert wird. Grund für den Zuspruch ist, dass die Eltern diese als willkommene Information oder Erinnerung verstehen, welche besagt, dass das Fernsehen auch Angebote enthält, die Heranwachsende gefährden können. Die Ansage kann gleichzeitig bei der Erziehung der Kinder als eine Art Beweis dienen, um die Kinder zu überzeugen, dass die elterliche Fernsehreglementierung keine Willkür ist. Von einigen Eltern wird die Ansage aber auch als kontraproduktiv bewertet,

---

[116] *Schorb/Theunert* (2001), S. 138 ff.; von der *GSJP*, Jugendschutzbericht 2000/2001, S. 77, auch als „monetärer Jugendschutz" bezeichnet.

[117] *GSJP*, Jugendschutzbericht 2000/2001, S. 56 f.

[118] *GSJP*, Jugendschutzbericht 2000/2001, S. 77.

da sie in ihren Augen Jugendliche, die allein vor dem Fernsehapparat sitzen, eher noch animiert als zum Abschalten bewegt.[119]

1.3.3.3 Die Sendezeitgrenzen

Die Sendezeitgrenzen des „Free-TV" wurden von ca. 66 % der befragten Bevölkerung des zweiten Praxistests grundsätzlich als positiv bewertet, wobei die derzeitige Praxis noch als verbesserungsbedürftig erachtet wird.[120] Insbesondere Kinder und jüngere Jugendliche würden nicht ausreichend geschützt, da gerade für diese Altersgruppen Beschränkungen für notwendig erachtet werden, weil auch tagsüber und am frühen Abend jugendschutzrelevante Sendungen konsumiert werden können, wozu vorwiegend Talkshows, Actionserien und zum Teil Boulevardmagazine gezählt werden. So plädieren Eltern dafür, dass Sendungen, die erst ab 16 Jahren freigegeben sind, zumindest am Wochenende, nicht vor 23.00 Uhr ausgestrahlt werden, da am Wochenende auch jüngere Kinder länger fernsehen dürfen.[121] Weder die Entwicklungsunterschiede zwischen 16- und 18-Jährigen seien nachvollziehbar, noch die Einstufungskriterien für die Sendungen, die ab 16 oder 18 Jahren freigegeben werden. Die Qualität der Kriterien, auf denen die Altersfreigaben und damit die Platzierung zu bestimmten Zeiten beruhen, wird als ein weiterer Defizitbereich des Jugendschutzinstruments der Sendezeitgrenzen bemängelt. Dabei stehen die fehlende Transparenz und Nachvollziehbarkeit der Kriterien und die mangelnde bzw. nicht erkennbare Konsequenz der Anwendung dieser Kriterien im Vordergrund.[122] Der 2. Praxistest hat ergeben, dass gerade Eltern die zeitlichen Beschränkungen für bestimmte Angebote begrüßen und daher der Ansicht sind, dass die Sendezeitgrenzen keinesfalls gelockert, sondern eher verschärft werden sollten.[123]

1.3.4 Zwischenergebnis

Die Ergebnisse des zweiten Praxistests, welche seit Juli 2001 vorliegen, lassen eine differenzierte Bewertung des Jugendmedienschutzes in Deutschland zu.[124] Der Jugendmedienschutz genießt breite Akzeptanz in der Bevölkerung, so dass die Auswirkungen der für sinnvolle erachteten Jugendschutzmaßnahmen, wie der Ungeeignetheitsansage, der Sendezeitbeschränkung und der Vorsperre, auf das Fernsehverhalten von Erwachsenen überwiegend toleriert werden. Die Sender und die öffentlichen Jugendschutzinstanzen sollen die Eltern im Rahmen einer Verantwortungsallianz nachhaltig bei deren Erziehungsauftrag unterstützen, wobei die Eltern als Orientierungshilfe für

---

[119] *Schorb/Theunert* (2001), S. 84 ff.

[120] *GSJP*, Jugendschutzbericht 2000/2001, S. 68.

[121] *GSJP*, Jugendschutzbericht 2000/2001, S. 68.

[122] *GSJP*, Jugendschutzbericht 2000/2001, S. 68 f.

[123] *GSJP*, Jugendschutzbericht 2000/2001, S. 68 f.

[124] Vgl. *Schorb/Theunert* (2001), 162; *Grell*, JMS-Report 4/2001, S. 4 f.

familiäre Fernseherziehung inhaltlich qualifizierte Jugendschutzmaßnahmen erwarten, die begründet, transparent und leicht nachvollziehbar sind. Die Fernseherziehung wird von der Mehrheit der Bevölkerung praktiziert, wobei die Intensität mit dem Alter der Kinder und Jugendlichen kontinuierlich zurückgeht. Da der Jugendmedienschutz als Minderheitenschutz unabdingbar ist, kann die Förderung von Medienkompetenz durch Erziehung den Jugendmedienschutz immer nur ergänzen, diesen aber nicht ersetzen.

Die Ergebnisse des 2. Praxistests belegen zwar zum einen, dass die Vorsperre weitaus effektiver funktioniert als die Kindersperre, jedoch auch, dass die Vorsperre noch nicht voll ausgereift ist und daher nur teilweise die Anforderungen an ein technisches Jugendschutzelement erfüllt.[125] Lediglich für jüngere Kinder kann von einem Erfolg der Vorsperre ausgegangen werden, für ältere Kinder bietet sie noch keinen ausreichenden Schutz, da Eltern regelmäßig lediglich vor Kindern unter 14 Jahren den PIN-Code geheim halten, jedoch mit zunehmenden Alter der Kinder laxer mit der Geheimhaltung verfahren. Da ab Beginn des Jugendalters auch die elterliche Erziehung in Form von Reglementierung kontinuierlich zurückgeht, ist für ältere Heranwachsende ein funktionierender Minderheitenschutz unabdingbar, welcher eine mangelnde elterliche Verantwortung zuverlässig korrigiert. Ein funktionierender Schutz ist aber gerade umso wichtiger, je mehr der Umgang mit Jugendschutzmaßnahmen in die Hand der Eltern gelegt wird, wie das beispielsweise bei der Vorsperre der Fall ist. Deren Effektivität ist schließlich vorrangig daran gebunden, dass die Eltern den PIN-Code nicht ihren Kindern überlassen.[126] Eine Verbesserung könnte nach den Ergebnissen des zweiten Praxistests unter anderem eine Kombinierung zwischen dem PIN-Code für jugendgefährdende Filme und dem PIN-Code für Filme im Filme im Pay-Per-View-Verfahren sicherstellen.

---

[125] Beim 2. Praxistest wurde nicht berücksichtigt, dass die Vorsperre selbstverständlich auch keine absolute Sicherheit vor Hackern und technischen Problemen bieten kann. Computerfreaks, die häufig eher unter Kindern und Jugendlichen als unter Erwachsenen zu finden sein werden, wird es immer wieder gelingen, elektronische Sicherungssysteme zu umgehen oder zu stören.

[126] *GSJP*, Jugendschutzbericht 2000/2001, S. 59.

2 Gegenstand und Gang der Untersuchung

Anlass für diese Untersuchung waren die Verschärfungen der Jugendschutzbestimmungen im Rundfunk zunächst durch den 4., 5. und 6. Rundfunkänderungsstaatsvertrag (RÄStV) vom 01.04.2000, 01.01.2001 und 20./21.12.2002, sowie schließlich die Neugestaltung des Jugendschutzes durch den Jugendmedienschutz-Staatsvertrag vom 01.04.2003. Vor dem Hintergrund der bereits dargestellten Erkenntnisse geht die vorliegende Untersuchung der Frage nach, ob und inwieweit die bisher in § 3 RStV und nun im Jugendmedienschutz-Staatsvertrag enthaltenen materiellen Jugendschutzbestimmungen im privaten Fernsehen[127] die verfassungsrechtlich gebotenen Grenzen ausreichend beachten. Ebenso soll geprüft werden, ob diese Regelungen zur Umsetzung des Jugendschutzes als Verfassungsauftrag genügen, sowie ob und inwieweit die Verfassung noch Spielraum für weitere mögliche Verschärfungen bzw. Lockerungen eröffnet oder gar gebietet.

Nach der bereits erfolgten Darstellung der Bedeutung des Jugendschutzes im Fernsehen und – damit einhergehend – der Ergebnisse der Wirkungsforschung hinsichtlich des Einflusses von Gewalt und Pornographie auf Kinder und Jugendliche sollen nunmehr im zweiten Teil der Untersuchung zunächst die Neuerungen des JMStV im Vergleich zum RStV, insbesondere unter Berücksichtigung des 4. und 5. RÄStV, analysiert werden. Im Rahmen der Prüfung der Verfassungsmäßigkeit der Jugendschutzbestimmungen wird zunächst die formelle Verfassungsmäßigkeit insoweit näher betrachtet, als auf die Gesetzgebungskompetenz zum Erlass von Jugendschutzbestimmungen im Fernsehen einzugehen sein wird. Anschließend wird der Frage nachgegangen, inwieweit der Staat die Aufgabe oder sogar die Verpflichtung hat, den Jugendschutz im Fernsehen durch gesetzliche Bestimmungen effektiv und umfassend zu regeln und wie weit diese Regelungen gehen dürfen, ohne gegen Verfassungsrecht, insbesondere die Rundfunkfreiheit und das Zensurverbot, zu verstoßen. Hierbei wird zu untersuchen sein, ob der Staat bei der Erfüllung seiner Aufgaben und Verpflichtungen Selbstkontrolleinrichtungen zur Verwirklichung eines effektiven Jugendschutzes einsetzen und ermächtigen darf. Das wesentliche Augenmerk wird aber auf die materielle Verfassungsmäßigkeit der Jugendmedienschutzbestimmungen, insbesondere anhand einer Überprüfung der Vereinbarkeit mit der Rundfunk-, Informations-, Kunst- und Berufsfreiheit sowie den weiteren Grundrechtsbestimmungen aus Art. 1, Art. 6 und Art. 3 Abs. 1 GG zu legen sein. Hierbei wird vor allem das Spannungsverhältnis zwischen der Rundfunkfreiheit und dem Jugendschutz darzustellen sein. Thematisiert werden nicht zuletzt das Pornographieverbot, die Regelungen zur Sendezeitbeschränkung, das zunächst neu

[127] Der Hörfunk wird angesichts der selten vorkommenden Jugendschutzverstöße nicht in die Untersuchung einbezogen. Vgl. die Tabelle 2, aus der sich ergibt, dass in den letzten fünf Jahren lediglich ein Verstoß im Hörfunk beanstandet wurde. So kam es im Jahr 2001 durch die Verbreitung des Liedes „Lutsch meinen Schwanz“ von LMS zu einem Verstoß gegen § 3 Abs. 1 Nr. 1 RStV. Zu einer weiteren Beanstandung einer Hörfunkmorgensendung aus dem Jahr 1998 vgl. *BLM*, Pressemitteilung v. 19.03.1998; *Di Fabio*, (2000), S. 10 Fn. 3.

eingeführte, generelle Ausstrahlungsverbot indizierter Sendungen mit Erlaubnisvorbehalt, welches durch den JMStV zu einem absoluten Ausstrahlungsverbot umgestaltet wurde, die Jugendschutz-Vorsperre im digitalem Fernsehen, das Werbeverbot und schließlich die Kennzeichnungspflicht jugendbeeinträchtigender Sendungen. Die Untersuchung endet schließlich mit einer zusammenfassenden Darstellung der gefundenen Ergebnisse in Thesenform und einem Ausblick auf mögliche zukünftige Entwicklungen, welche sich insbesondere aus dem JMStV ergeben könnten.

2. Teil: Verfassungsmäßigkeit der materiellen Jugendschutzbestimmungen im Fernsehen

1 Entwicklung der Jugendschutzbestimmungen im Fernsehen

Durch den Rundfunkstaatsvertrag 1987 wurden erstmals gemeinsame Jugendschutzregelungen für alle inländischen[128] lokalen, regionalen, landes- und bundesweit nach Landesrecht verbreiteten Hörfunk- und Fernsehprogramme privater und öffentlich-rechtlicher Rundfunkveranstalter geschaffen.[129] Die bis zu diesem Zeitpunkt unterschiedlichen Landesjugendschutzbestimmungen für öffentlich-rechtliche und private Rundfunkveranstalter wurden somit vereinheitlicht. Der RStV ließ darüber hinaus konkretisierende, nicht jedoch abweichende landesrechtliche Jugendschutzvorschriften zu,[130] § 1 Abs. 2 RStV. Während der Rundfunkstaatsvertrag nach seinem Abschluss 1987 zunächst sieben Jahre unverändert blieb, wurde er im Zeitraum von 1994 bis zum Jahr 2003, letztmals durch den JMStV, insgesamt bereits sieben Mal geändert. Innerhalb des Rundfunkstaatsvertrags handelte es sich wiederum bei der Jugendschutzbestimmung des § 3 RStV um die am häufigsten inhaltlich bearbeitete Bestimmung.[131] § 3 RStV wurde zuletzt umfangreich durch den 4. RÄStV, welcher am 01.04.2000 in Kraft trat, verschärft und ergänzt. § 3 Abs. 6 RStV erfuhr neuerlich durch den 5. RÄStV eine Änderung. Der 6. RÄStV führte im Jugendschutz dagegen lediglich dazu, dass die Befristung der Regelung des § 3 Abs. 5 und Abs. 6 S. 2 RStV gem. § 53a RStV bis 31.12.2005 verlängert wurde. Der Gesetzgeber hatte hierdurch den versuchsweisen Einsatz der Jugendschutz-Vorsperre im digitalen Fernsehen um weitere drei Jahre bis Ende 2005 verlängert, nachdem es, wie bereits ausführlich dargestellt,[132] zwar erste ermutigende, aber leider auch noch nicht hinreichend valide Versuchsergebnisse bezüglich der Effektivität der Vorsperre im digitalen Fernsehen zum Schutz von Kindern und Jugendlichen gab.

---

[128] Die Kinder- und Jugendschutzbestimmungen des JMStV (bisher RStV) besitzen keine Geltung für Sendungen, die über ausländische Fernsehsender via Satellit, Kabel oder im grenznahen Gebiet über Antenne in Deutschland zu empfangen sind. Zu den hieraus resultierenden Folgen und Problemen vgl. *Isensee/Axer* (1998), S. 11; Die Einrichtung eines gemeinschaftlichen europäischen bzw. internationalen Jugendmedienschutzes fordern daher bspw. *Köhne*, MMR 9/2002, S. XXI (XXIII); *v. Gottberg*, tv diskurs 1/1997, 28 ff.; *Langenfeld* (2003), S. 17; *v. Heyl/Schindler*, JMS-Report 1/2001, 5 (9).

[129] *Hartstein/Ring/Kreile/Dörr/Stettner* (2003), § 3 Rn. 9; *Beucher/Leyendecker/v. Rosenberg* (1999), § 3 RStV Rn. 2.

[130] *Schraut* (1993), S. 106.

[131] Zur historischen Entwicklung des Jugendschutzes im Rundfunk vgl. *Hartstein/Ring/Kreile/Dörr/Stettner* (2003), § 3 Rn. 1 ff.; *Liesching* (2002), S. 4 ff.

[132] Vgl. 1. Teil: 1.3.3.1.

Durch den JMStV, welcher am 01.04.2003 in Kraft trat, wurde der bisherige § 3 RStV als zentrale Norm des Jugendschutzes im Fernsehen in § 4 RStV n.F.[133] dahingehend neu gefasst, dass auf die für den Rundfunk geltenden Bestimmungen des JMStV verwiesen wird.[134] In § 3 RStV n.F. werden dagegen künftig die Allgemeinen Programmgrundsätze des § 2 a RStV geregelt. Der RStV gilt für die Veranstaltung und Verbreitung von Rundfunk in Deutschland in einem dualen Rundfunksystem (§ 1 Abs. 1 RStV). Er enthält für alle Bereiche des Rundfunks – sowohl für den öffentlich-rechtlichen als auch für den privaten Rundfunk – grundsätzliche Regelungen und wird daher auch als „Grundgesetz“[135] für den Rundfunk bezeichnet. Der immer kürzer werdende Abstand, innerhalb dessen der Rundfunkstaatsvertrag geändert wird, beruht darauf, dass der Rundfunkstaatsvertrag und nunmehr auch der JMStV permanent dem technischen Fortschritt und vor allem den Anforderungen des Europäischen Rechts Rechnung tragen müssen.

Bereits den letzten Änderungen im Bereich des Jugendschutzes durch den 4. und 5. RÄStV gingen intensive medienpolitische Diskussionen über die Verschärfung des Jugendschutzes vor dem Hintergrund der Digitalisierung von Fernsehprogrammen und der Verwässerung der Grenzen zwischen den einzelnen Mediengattungen, insbesondere der in Zukunft kaum noch aufrechtzuerhaltenden Trennung zwischen Rundfunkangeboten und Online-Diensten, voraus. Durch den JMStV soll neben der Aufhebung dieser Trennung zugunsten einer „Konvergenz der Medien“[136] in rechtlicher Hinsicht durch eine einheitliche gesetzliche Grundlage auch eine Stärkung der Selbstkontrolle der Rundfunkveranstalter erreicht werden.[137] Die Effektivität des neuen JMStV wird sich in der Praxis noch unter Beweis zu stellen haben.

---

[133] Staatsvertrag über den Rundfunk im vereinten Deutschland (Rundfunkstaatsvertrag) vom 31. August 1991 (BayGVBl S. 451, BayRS 2251-6-S), zuletzt geändert durch den Jugendmedienschutz-Staatsvertrag vom 20.02.2003 (BayGVBl. S. 147, BayRS 2251-16-S).

[134] Vgl. § 25 Abs. 1 Nr. 3 JMStV.

[135] *Hartstein/Ring/Kreile/Dörr/Stettner* (2003), B 3, Rn. 2; ähnlich *Gesellensetter*, AfP 2001, 369 (369).

[136] Zur „Konvergenz der Medien“, worunter man den Trend versteht, dass immer mehr elektronische Dienste und Angebote über dieselben Übertragungsnetze verbreitet und durch dasselbe Endgerät empfangen werden, vgl. Gounalakis (2002), S. 1 ff. m.w.N.; *Holznagel*, NJW 2002, 2351 (2351 ff. m.w.N.); *Rossen-Stadtfeld*, ZUM 2000, 36 (36 ff.); *Koenig*, K&R 2000, 1 (2).

[137] Amtl. Begr., BayLT-Drs. 14/10246, S. 14.

2 Die bisher geltenden Jugendschutzbestimmungen des § 3 RStV

Ebenso wie nun der JMStV, regelte auch § 3 RStV nicht ausschließlich den Jugendschutz, sondern – wie die amtliche Überschrift „Unzulässige Sendungen, Jugendschutz" bereits deutlich macht – auch den Bereich der generell unzulässigen Sendungen.[138] Jedoch nahm der Jugendschutz tatsächlich den überwiegenden Regelungsgehalt (§ 3 Abs. 2-8 RStV) des § 3 RStV ein, während allein § 3 Abs. 1 RStV die generell unzulässigen Sendungen zum Gegenstand hatte.[139] Der RStV bezog sich in seinen Jugendschutzregelungen in weitem Umfang auf bereits vorhandene Jugendschutzbestimmungen aus anderen Bereichen, welche er in der Rechtsfolge an die rundfunkrechtlichen Besonderheiten anpasste.[140] Hierbei sind das GjSM und das JÖSchG zu nennen. Diese Bezugnahme wird im JMStV insoweit aufrecht erhalten, als dieser (etwa hinsichtlich der unzulässigen Angebote in § 4 Abs. 1 Nr. 11 JMStV) auf das neue JuSchG verweist, welches ebenfalls am 01.04.2003 in Kraft trat und die gesetzlichen Bestimmungen des GjSM und des JÖSchG ersetzte.[141]

Bisher galten die Jugendschutzbestimmungen des § 3 RStV, aufgrund ihrer Stellung im allgemeinen Teil des RStV, sowohl für den öffentlich-rechtlichen, als auch für den privaten Rundfunk. Lediglich § 3 Abs. 5 RStV sah die Regelung zur Verschlüsselung und Vorsperrung ausdrücklich nur für digital verbreitete Programme des privaten Fernsehens vor. Auch der JMStV gilt grundsätzlich sowohl für den privaten als auch für den öffentlich-rechtlichen Rundfunk, wobei die Abschnitte IV. bis VI. keine Geltung für den öffentlich-rechtlichen Rundfunk haben. Der Rundfunkstaatsvertrag nahm innerhalb des § 3 RStV nach Art und Intensität der Jugendgefährdung Abstufungen vor und knüpfte daran unterschiedliche Rechtsfolgen. § 3 Abs. 1 RStV[142] erklärte in einem Katalog bestimmte Rundfunksendungen ausnahmslos für unzulässig, wobei deren Verbot mit Ausnahme der Nr. 3 nicht auf einem speziell jugendgefährdenden Charakter beruhte. Während § 3 Abs. 1 Nrn. 1 bis 3 RStV einen Verweis auf die Bestimmungen des Strafgesetzbuchs, eine Zusammenfassung des § 6 Abs. 3 GjSM und den Tatbestand der Kriegsverherrlichung aus § 1 Abs. 1 GjSM enthielt und daran ein absolutes Sendeverbot knüpfte, schaffte im Gegensatz hierzu § 3 Abs. 1 Nrn. 4 und 5 RStV eigene, rundfunkrechtliche Sendeverbotstatbestände. Als Generalklausel und Auffangtatbestand

---

[138] *Beucher/Leyendecker/v. Rosenberg* (1999), § 3 RStV Rn. 1; *Hartstein/Ring/Kreile/Dörr/Stettner* (2003), § 3 Rn. 10.

[139] Bei § 3 Abs. 9 RStV handelt es sich um eine Vorschrift, die mit ihrem Verweis auf die Absätze 1-8 sowohl auf die unzulässigen Sendungen, als auch auf den Jugendschutz Bezug nimmt.

[140] *Scharf*, in: *Kreile*, Medientage München '88 (1989), S. 20 (22).

[141] Vgl. § 30 Abs. 1 S. 1 und S. 2 JuSchG.

[142] Interessant ist, dass die in den Jahren 1998 bis 2001 von den Landesmedienanstalten festgestellten und beanstandeten Verstöße gegen das Verbot des § 3 Abs. 1 RStV, unzulässige Sendungen auszustrahlen, stets das Pornographieverbot betrafen, vgl. hierzu *GSJP*, Jugendschutzberichte 1997-2000 (S. 12 ff.), 2000/2001 (S. 123 ff.) sowie 1. und 2. Hj. 2002 (Anhang). Im Jahr 2002 kam es neben Verstößen gegen das Pornographieverbot auch zu beanstandeten Verstößen gegen § 3 Abs. 3 und 4 RStV.

ermöglichte es § 3 Abs. 2 S. 1 RStV, bei bloßer Jugendbeeinträchtigung Sendezeitbeschränkungen vorzusehen. Hierbei übernahm § 3 Abs. 2 S. 2 und 3 RStV die Regelung des § 6 JÖSchG und machte die FSK-Bewertung für die Rundfunkanstalten verbindlich. Da eine Zugangskontrolle wie im Kino im Fernsehen nicht möglich ist, trat an deren Stelle eine abgestufte Sendezeitbeschränkung. Die gesetzlichen Regelungen zu den Sendezeitbeschränkungen wurden durch die Ermächtigung der Rundfunkanstalten und Landesmedienanstalten ergänzt, in bestimmten Fällen Ausnahmen von den im Staatsvertrag vorgesehenen Sendezeitbeschränkungen zuzulassen (§ 3 Abs. 5 und 7 RStV).

Mit § 3 Abs. 3 RStV wurde § 1 GjSM in das Rundfunkrecht transformiert.[143] § 3 Abs. 3 S. 1 RStV enthielt das Ausstrahlungsverbot für Sendungen, die ganz oder im Wesentlichen mit den indizierten Sendungen des § 1 GjSM inhaltsgleich sind. § 1 GjSM besagte wiederum, dass Schriften, die geeignet sind, Kinder oder Jugendliche sittlich zu gefährden, in eine Liste aufzunehmen sind, wobei hierzu vor allem unsittliche, verrohend wirkende, zu Gewalttätigkeit, Verbrechen oder Rassenhass anreizende sowie den Krieg verherrlichende Schriften zählen. Satz 2 des § 3 Abs. 3 RStV gewährte einen Erlaubnisvorbehalt für Sendungen, die keine schwere Jugendgefährdung beinhalten. An die Stelle der Vertriebsbeschränkungen trat die allgemeine Unzulässigkeit einer Ausstrahlung im Fernsehen, sofern nicht eine Ausnahmegenehmigung der zuständigen Stelle vorlag. In § 3 Abs. 4 RStV war geregelt, dass Sendungen, die nur zwischen 22.00 Uhr und 6.00 Uhr verbreitet werden dürfen, durch akustische Zeichen angekündigt oder durch optische Mittel während der gesamten Sendung kenntlich gemacht werden müssen. In § 3 Abs. 6 RStV wurden die Programmankündigungen mit Bewegtbildern (Trailern) den gleichen Sendezeitbeschränkungen unterworfen wie die angekündigten Programme selbst. Nach § 3 Abs. 8 RStV hatten die Landesmedienanstalten bei ihren Entscheidungen Gutachten freiwilliger Selbstkontrolleinrichtungen einzubeziehen.

Der eigentliche Schutzzweck des § 3 RStV war die ungestörte Entwicklung von Kindern und Jugendlichen, gleichwohl schützte § 3 RStV durch seine Verweise auf das Strafgesetzbuch – wie die Tatbestände der Gewaltverherrlichung und Pornographie – bspw. auch Erwachsene vor ungewollter Konfrontation mit Pornographie und das friedliche Zusammenleben in der Gesellschaft. Die Aspekte des Jugendschutzes standen jedoch deutlich im Vordergrund.[144] In struktureller Hinsicht lässt sich also festhalten, dass der RStV in § 3 den Kinder- und Jugendschutz in einem umfangreichen vierstufigen System geregelt hatte. Anknüpfungspunkt waren zum einen die einzeln aufgelisteten Darstellungsinhalte, zum anderen vier Stufen abstrakt definierter Gefährdungs- und Beeinträchtigungsgrade:

---

143 Eine direkte Anwendbarkeit des GjSM auf den Rundfunk konnte sowohl angesichts des darin verwandten Begriffs der Schriften als auch aus kompetenzrechtlichen Gründen nicht in Betracht kommen, vgl. hierzu *Reinwald*, ZUM 1997, 450 ff. m.w.N.

144 Auch im JMStV steht der Jugendschutz als Schutzzweck im Mittelpunkt – wie bereits der Name des Vertrags selbst, aber auch § 1 JMStV zu erkennen geben.

➔ die offensichtlich schwere Jugendgefährdung (§ 3 Abs. 1 Nr. 3 RStV),

➔ die (nicht offensichtlich) schwere Jugendgefährdung (§ 3 Abs. 3 S. 1 RStV),

➔ die (einfache) Jugendgefährdung (§ 3 Abs. 3 S. 2 RStV) und

➔ die Jugendbeeinträchtigung (§ 3 Abs. 2 S. 1 RStV).[145]

Als Rechtsfolgen kannte der § 3 RStV:

➔ das Ausstrahlungsverbot (mit und ohne Erlaubnisvorbehalt, § 3 Abs. 1, 2 RStV),

➔ die Sendezeitbeschränkung (auch für entsprechende Programmankündigungen und sonstige Sendeformate, § 3 Abs. 2, 6, 7 RStV),

➔ die Verschlüsselung und Vorsperre als sonstige Vorsorgemöglichkeit[146] des Veranstalters (§ 3 Abs. 5 RStV) und

➔ die Kennzeichnungspflicht (§ 3 Abs. 4 RStV).

Verstöße gegen die Bestimmungen des § 3 RStV wurden in § 49 Abs. 1 Nrn. 1 bis 11 RStV als Ordnungswidrigkeiten mit Geldbußen bis zu € 500.000,- (§ 49 Abs. 2 RStV) geahndet. Der RStV hatte dem Jugendschutz somit eine durch seine systematische Stellung und die Intensität der Rechtsfolgen[147] unterstrichene, überragende Bedeutung für die Beschränkung der Rundfunkfreiheit zugemessen.[148]

---

[145] Von einer etwas anderen Aufteilung gehen *Kreile/Detjen*, ZUM 1994, 78 (83) aus, indem sie zwischen konkret, enumerativ aufgeführten Darstellungsinhalten und drei Stufen abstrakt definierter Gefährdungs- und Beeinträchtigungsgrade (offensichtlich schwere Jugendgefährdung, Beeinträchtigung und einfache Gefährdung von Kindern und Jugendlichen) unterscheiden.

[146] *Isensee/Axer* (1998), S. 8.

[147] Vgl. insoweit die Programmgrundsätze in § 41 RStV, welche bei einem Verstoß nicht die Verhängung einer Ordnungswidrigkeit als Rechtsfolge auslösen können.

[148] So auch *Kreile/Detjen*, ZUM 1994, 78 (82).

3 Die materiellen Jugendschutzregelungen des JMStV

Am 08.08.2002 haben sich die Länder auf einen neuen Staatsvertrag über den Schutz der Menschenwürde und den Jugendschutz in Rundfunk und Telemedien geeinigt. Nach dem JMStV sind die Länder seit 01.04.2003 nicht nur für den Rundfunk, sondern für alle elektronischen Medien einschließlich des Internets zuständig.[149] Unter den neu gewählten Begriff „Telemedien" (§ 1 Abs. 3 JuSchG, § 3 Abs. 2 Nr. 1 JMStV) fallen im Gegensatz zu den „Trägermedien" (§ 1 Abs. 2 JuSchG) bzw. Offline-Angeboten (Bücher, Zeitschriften, Videokassetten, CD-ROM, DVD usw.), für welche der Bund das JuSchG geschaffen hat, Online-Medien, wie Internet und Videotext. Hintergrund für die Entstehung des JMStV ist die beabsichtigte Schaffung von Konvergenz in der Behandlung aller Medien in Regulierung und Aufsicht. Eine effektive Programmaufsicht im Fernsehen wurde spätestens seit dem Sendeformat „Big Brother" durch das Ausstrahlen bestimmter ungeeigneter Fernsehinhalte im Internet unterlaufen. Neben der Vereinheitlichung der Jugendschutzbestimmungen im Rundfunk und in Telemedien werden durch den JMStV jedoch auch die Selbstkontrolleinrichtungen gestärkt und ein System der „regulierten Selbstregulierung" angestrebt.

3.1 Zweck und Geltungsbereich des JMStV

Der Zweck des JMStV ist ausweislich seines § 1 der einheitliche Schutz von Kindern und Jugendlichen vor entwicklungs- oder erziehungsbeeinträchtigenden bzw. -gefährdenden Angeboten in sämtlichen elektronischen Informations- und Kommunikationsmedien. Daneben dient der JMStV jedoch auch allgemein dem Schutz vor Angeboten in elektronischen Medien, die die Menschenwürde oder sonstige durch das Strafgesetzbuch geschützte Rechtsgüter verletzen. Ziel des Staatsvertrags ist also die Schaffung eines einheitlichen Rechtsrahmens im Bereich des Jugendmedienschutzes und des Schutzes der Menschenwürde in allen elektronischen Medien im Wege einer regulierten Selbstregulierung und einer Zusammenfassung der Aufsichtszuständigkeit in einer zentralen Kommission für Jugendmedienschutz (KJM, § 14 JMStV).[150] Lediglich für den öffentlich-rechtlichen Rundfunk bleibt nach wie vor eine Vielzahl regionaler Gremien zuständig. Hauptziel des JMStV ist daher, den gesetzlichen Rahmen für einen effektiven und praktikablen Jugendschutz für Rundfunk und Telemedien zu schaffen. Durch die Neugestaltung des Jugendschutzes darf dieser jedoch nicht weniger effektiv als bisher sein. Daher muss der JMStV zur Erreichung einer funktionalen Balance zwischen Kontrolle und Selbstkontrolle neben der Gewährleistung der Handlungssicherheit der Anbieter die angemessene Beteiligung der bisher tätigen Einrichtungen und die damit einhergehende optimale Nutzung von Fachkompetenz fördern, sowie

[149] Vgl. zur Neuordnung des Jugendschutzes im Internet *Langenfeld* (2003).

[150] So die amtl. Begr., BayLT-Drs. 14/10246, S. 14.

Transparenz und Schnelligkeit der Verfahren unter Berücksichtigung der Wirtschaftlichkeit der Abläufe sicherstellen.[151]

Der JMStV gilt nach seinem § 2 für Rundfunk und Telemedien,[152] wobei unter Telemedien die Teledienste nach dem Teledienstegesetz (TDG)[153] und die Mediendienste nach dem MDStV gem. § 3 Abs. 2 Nr. 1 JMStV zu verstehen sind. Allerdings gilt der JMStV ausdrücklich nicht für Telekommunikationsdienstleistungen nach § 3 des Telekommunikationsgesetzes (TKG).[154] Gem. § 2 Abs. 3 JMStV tritt der JMStV neben die weiterhin geltenden Bestimmungen des MDStV und des TDG. Er überlagert mit seinen Sonderregelungen für den Bereich des Jugendmedienschutzes und des Schutzes der Menschenwürde aber diese Regelungswerke; jene bleiben jedoch im Übrigen unberührt. Dies gilt nicht nur für die Begriffsbildungen des § 3 Abs. 1 JMStV, sondern auch für alle übrigen Bestimmungen der entsprechenden Regelungswerke.

Nach § 20 Abs. 7 JMStV haben die Länder drei Jahre nach In-Kraft-Treten des JMStV die Anwendung der Bestimmungen des § 20 Abs. 3 und 5 JMStV zu überprüfen. Da mit dem vom JMStV verfolgten Prinzip der regulierten Selbstkontrolle im Jugendschutz gesetzgeberisches Neuland betreten wird, ist eine solche Überprüfung erforderlich. Entgegen den ersten Entwürfen des Staatsvertrags wurde in seiner Endfassung auf eine Geltungsdauer des JMStV von fünf Jahren verzichtet. Vielmehr ist eine Kündigung des Staatsvertrages frühestens zum 31.12.2006 möglich, § 26 Abs. 1 S. 1 JMStV.

3.2 Regelungssystematik des JMStV

Der JMStV ist dahingehend aufgebaut, dass in seinem I. Abschnitt (§§ 1 bis 7 JMStV), welcher als allgemeiner Teil für Telemedien und Rundfunk im privaten und im öffentlich-rechtlichen Rundfunk gleichermaßen gilt, der Schutzumfang des Staatsvertrages in materieller Hinsicht dargestellt wird. Neben dem Zweck (§ 1 JMStV) und dem Geltungsbereich des Staatsvertrags (§ 2 JMStV) sowie den Begriffsbestimmungen (§ 3 JMStV) finden sich im I. Abschnitt die Vorschriften über unzulässige (§ 4 JMStV) und entwicklungsbeeinträchtigende (§ 5 JMStV) Angebote, die Sonderbestimmungen zum Jugendschutz in der Werbung und im Teleshopping (§ 6 JMStV) und die Bestim-

---

[151] Vgl. hierzu bspw. die Forderungen der *ALM*, Stellungnahme zum JMStV, 18.06.2002, S. 2.

[152] Jedoch trotz des Ansatzes, einen einheitlichen Rahmen für alle Informations- und Kommunikationsdienste mit dem JMStV zu schaffen, bleiben Abgrenzungsprobleme und Überschneidungen mit dem JuSchG nicht aus. So sieht § 18 JuSchG nicht nur die Indizierung von Telemedien vor, sondern beinhaltet bspw. mit § 12 Abs. 2 S. 3 JuSchG (Kennzeichnung) auch Regelungen für das Verbreiten, Überlassen, Anbieten und Zugänglichmachen von Telemedien, soweit es sich gem. § 1 Abs. 2 JuSchG nicht um Rundfunk i.S.d. § 2 RStV handelt. Aber auch innerhalb des JMStV wird zwischen „Vorschriften für Rundfunk" (II. Abschnitt) und „Vorschriften für Telemedien" (III. Abschnitt) unterschieden.

[153] TDG vom 22. Juli 1997 (BGBl. I S. 1870), zuletzt geändert durch Art. 1 und 4 des Gesetzes vom 14. Dezember 2001 (BGBl. I S. 3721).

[154] TKG vom 25. Juli 1996 (BGBl. I S. 1120), zuletzt geändert durch Artikel 1 und 2 des Gesetzes zur Änderung des Telekommunikationsgesetzes vom 21. Oktober 2002 (BGBl. I S. 4186).

mungen über den Jugendschutzbeauftragten (§ 7 JMStV). Der II. Abschnitt enthält Sondervorschriften und Ausnahmeregelungen für den Rundfunk (§§ 8 bis 10 JMStV) und der III. Abschnitt besondere Bestimmungen für Telemedien (§ 11, 12 JMStV). Der sich anschließende IV. Abschnitt regelt das Verfahren zur Einhaltung des JMStV (§§ 13 bis 19 JMStV). Hierin werden zunächst die Kompetenzen, der Aufbau, die Zuständigkeit und die Vorgehensweise der neu zu schaffenden Kommission für Jugendschutz (KJM) festgelegt (§§ 14-17 JMStV) und ihr Verhältnis zu „jugendschutz.net"[155] (§ 18 JMStV) sowie den Einrichtungen der freiwilligen Selbstkontrolle (§ 19 JMStV) geregelt. Bestimmungen zum Vollzug des JMStV gegenüber den Anbietern enthält der V. Abschnitt. Hierin wird unter anderem die Aufsicht (§ 20 JMStV) über die Einhaltung der Vorschriften des JMStV dargestellt, wobei insbesondere die „Kompetenzabschichtung v.a. zwischen Landesmedienanstalten, der KJM und Einrichtungen der freiwilligen Selbstkontrolle vorgenommen"[156] werden. Ferner enthält der V. Abschnitt eine Bestimmung über die Möglichkeit der Revision zum Bundesverwaltungsgericht (§ 22 JMStV) und über die Auskunftspflichten der Anbieter gegenüber der KJM (§ 21 JMStV). Der VI. Abschnitt, der ebenso wie der IV. und V. Abschnitt nicht für den öffentlich-rechtlichen Rundfunk gilt, enthält Straf- (§ 23 JMStV) und Ordnungswidrigkeitsvorschriften (§ 24 JMStV) zur Ahndung von Verstößen der Anbieter sowie zu den Zuständigkeits- und Verfahrensregelungen (§ 24 Abs. 4 bis 7 JMStV). Gegenstand des VII. und letzten Abschnitts des JMStV sind die Schlussbestimmungen über die Änderung sonstiger Staatsverträge (§ 25 JMStV), die Geltungsdauer (§ 26 JMStV), die Notifizierung (§ 27 JMStV) sowie schließlich das In-Kraft-Treten (§ 28 JMStV).

3.3 Begriffsbestimmungen des JMStV

In § 3 Abs. 1 JMStV wird definiert, wer Kind oder Jugendlicher im Sinne des JMStV ist. Danach sind Kinder solche Personen, die das 14. Lebensjahr noch nicht vollendet haben und Jugendliche solche Personen, die das 14. Lebensjahr, aber das 18. Lebensjahr noch nicht vollendet haben. Diese Begriffsbildung stimmt mit den Bestimmungen überein, die im Sozialgesetzbuch (SGB) VIII. Buch in § 7 Abs. 1 Nrn. 1 und 2[157] und im JuSchG in § 1 Abs. 1 Nummer 1 und 2 getroffen worden sind. Diese Festsetzungen folgen auch den Wertungen in § 176 Abs. 1 und § 180 StGB. Auf eine weitere Ausdifferenzierung für Personen, die das 16. Lebensjahr, aber noch nicht das 18. Lebensjahr vollendet haben (wie in § 180 StGB) wurde verzichtet. Diese Abstufung enthält jedoch weiterhin Bedeutung für Sendezeitfreigaben und die Übernahme der entsprechenden

---

[155] Durch die obersten Landesjugendbehörden wurde „jugendschutz.net" als eine gemeinsame Stelle Jugendschutz aller Länder eingerichtet, vgl. § 18 JMStV. Sie hat bereits vor In-Kraft-Treten des JMStV Aufgaben beim Jugendschutz im Bereich Telemedien wahrgenommen.

[156] *Kreile/Diesbach*, ZUM 2002, 849 (850).

[157] SGB VIII (Kinder- und Jugendhilfe) vom 08.12.1998 (BGBl. I S. 3546), abgedruckt in: *Scholz* (1999), S. 122 ff.

Bewertungen in § 5 Abs. 4 JMStV. Dort ist auch eine besondere Bestimmung für Kinder unter 12 Jahren vorgesehen.

§ 3 Abs. 2 Nr. 1 JMStV bestimmt den neu eingeführten Begriff „Telemedien" als Tele- und Mediendienste in Abgrenzung zum Rundfunk. Die Begriffsbestimmung für Mediendienste – an die Allgemeinheit gerichtete Informations- und Kommunikationsdienste – ist enthalten in § 2 MDStV. Der JMStV übernimmt ebenso unverändert die Definition für Teledienste in § 2 Abs. 2 TDG, welche alle elektronischen Informations- und Kommunikationsdienste umfasst, die für eine individuelle Nutzung von kombinierbaren Daten wie Zeichen, Bilder oder Töne bestimmt sind und denen eine Übermittlung mittels Telekommunikation zugrunde liegt. Zu den Telemedien zählen unter anderem alle Online-Angebote, die im Internet abrufbar sind, Angebote zur Nutzung anderer Netze (z.B. Intranet), Angebote von Waren und Dienstleistungen in Abrufdiensten (Teleshopping) oder in elektronisch abrufbaren Datenbanken, Angebote zur Nutzung von Telespielen, Verteildienste in Form von Fernsehtext, Radiotext und vergleichbaren Textdiensten.[158] Ob ein Datenangebot an die Allgemeinheit gerichtet ist (z.B. Internet-homepage) oder ob die individuelle Nutzung im Vordergrund steht (z.B. e-mail, online abrufbare Datenbanken), ist für die Einordnung als Telemedium daher künftig unerheblich.[159] Die Definition von Rundfunk ergibt sich dabei aus § 2 Abs. 1 RStV.

§ 3 Abs. 2 Nr. 2 JMStV fasst unter den Begriff „Angebote" Rundfunksendungen und Angebote von Telediensten und Mediendiensten (Telemedien) zusammen. Damit wird der Systematik des JMStV Rechnung getragen, allgemeine Bestimmungen für Telemedien und Rundfunksendungen voranzustellen, die durch besondere Bestimmungen aufgrund der Besonderheiten von Rundfunk und Telemedien ergänzt werden. Die Definition des Anbieters in § 3 Abs. 2 Nr. 3 JMStV umfasst alle Rundfunkveranstalter und Anbieter von Telemedien. Damit wird ein neuer weiter Anbieterbegriff geschaffen. Zu beachten ist jedoch, dass Anbieter von Telekommunikationsdienstleistungen gem. § 2 Abs. 2 JMStV nicht unter diesen weiten Anbieterbegriff fallen.

3.4 Materieller Regelungsgehalt des JMStV

3.4.1 Unzulässige Angebote

Die materiellen Jugendschutzbestimmungen des JMStV sind im Vergleich zu den bisher geltenden Jugendschutzregelung im RStV in einigen Punkten geändert und teilweise verschärft worden. § 4 Abs. 1 JMStV enthält einen Katalog unzulässiger Angebote, bei denen im Gegensatz zu § 3 Abs. 1 RStV auf einen pauschalen Verweis auf das Strafgesetzbuch (StGB) verzichtet wird. Stattdessen werden einzelne unzulässige Angebote

[158] *Liesching*, NJW 2002, 3281 (3284) m.w.N.

[159] Die Abgrenzung zwischen Rundfunk und Telemedien, insb. zwischen Rundfunk und Mediendienst, hat jedoch weiterhin Bedeutung bei der Einordnung von „video-on-demand-Angeboten" und „near-video-on-demand-Angeboten", da die Eingruppierung für die Ausnahmemöglichkeit des § 4 Abs. 2 S. 2 JMStV bei geschlossenen Benutzergruppen in Telemedien ausschlaggebend ist.

„unbeschadet strafrechtlicher Verantwortung“ aufgelistet. Die Neuformulierung der unzulässigen Angebote hat zur Folge, dass nunmehr ausdrücklich (und in Einklang mit der bisherigen Praxis) geregelt ist, dass eine Verbreitung sowie das Zugänglichmachen eines entsprechenden unzulässige Angebots auch ohne Vorliegen subjektiver Tatbestandsvoraussetzungen untersagt werden kann. Dies gilt auch, soweit weitere spezifische strafrechtliche objektive Tatbestandsvoraussetzungen nach dem StGB nicht vorliegen.[160] Eine Neuerung ist auch darin zu sehen, dass den reellen Darstellungen die virtuellen[161] Darstellungen gleichgestellt werden (§ 4 Abs.1 Nrn. 5, 9 und 10 JMStV).

§ 4 Abs. 2 JMStV enthält weitere unzulässige Angebote, wobei bei diesen zu Gunsten von Telemedien eine Ausnahme vorgesehen ist, wenn von Seiten des Anbieters sichergestellt ist, dass die Angebote nur Erwachsenen zugänglich gemacht werden. Während die harte Pornographie in § 4 Abs. 1 S. 1 Nr. 10 JMStV in Telemedien und Rundfunk absolut verboten ist, ist die einfache Pornographie nur im Rundfunk untersagt, in Telemedien bei geschlossenen Benutzergruppen jedoch künftig erlaubt, vgl. § 4 Abs. 2 S. 1 Nr. 1 und S. 2 JMStV. Eine solche Ausnahme zugunsten der Telemedien greift auch bei offensichtlich schwer entwicklungs- oder erziehungsgefährdenden sowie bei indizierten Angeboten.[162]

Mit § 4 Abs. 1 S. 1 Nr. 9 JMStV wurde als Reaktion auf die in der Praxis häufige festgestellten Umgehungen des Kinderpornographieverbots ein neuer Tatbestand geschaffen, der künftig Telemedien verbietet, „Kinder und Jugendliche in unnatürlicher geschlechtsbetonter Körperhaltung“ darzustellen. Erfasst werden bereits bestimmte erotografische[163] Inhalte unterhalb der Schwelle der nach § 184 StGB pönalisierten Pornographie. Ebenso ist in § 15 Abs. 2 Nr. 4 JuSchG eine Regelung zur Verhinderung geschlechtsbetonter Darstellungen Minderjähriger in Trägermedien enthalten.

Nach dem JMStV ist nunmehr die Ausstrahlung indizierter Filme im Fernsehen grundsätzlich unzulässig. So enthält der JMStV in § 4 Abs. 1 S. 1 Nr. 11 ein generelles Verbot der Ausstrahlung indizierter Filme im Fernsehen, während in der bis 31.03.2003

---

[160] Vgl. amtl. Begr., BayLT-Drs. 14/10246, S. 16; *Kreile/Diesbach*, ZUM 2002, 849 (850).

[161] Virtuelle Darstellungen sind Darstellungen durch elektronische Simulation, vgl. amtl. Begr., BayLT-Drs. 14/10246, S. 16.

[162] Der JMStV sieht für Telemedien ein abgestuftes System von technischen Zugangskontrollen vor, wonach es absolut unzulässige Angebote gem. § 4 Abs. 1 S. 1 JMStV, ausnahmsweise für geschlossene Benutzergruppen zulässige Angebote gem. § 4 Abs. 2 S. 2 JMStV und entwicklungsbeeinträchtigende Angebote gem. § 5 Abs. 3 JMStV gibt. Während der Anbieter innerhalb geschlossener Benutzergruppen sicherstellen muss, dass die Angebote nur Erwachsenen zugänglich gemacht werden, ist bei entwicklungsbeeinträchtigenden Angeboten durch den Anbieter zu gewährleisten, dass die Wahrnehmung durch Kinder oder Jugendliche der betreffenden Altersstufe unmöglich oder wesentlich erschwert ist, was gem. § 11 Abs. 1 JMStV durch ein anerkanntes Jugendschutzprogramm oder durch Programmierung erfüllt wird. Eine Ausnahme sieht weiter § 5 Abs. 5 JMStV dahingehend vor, wenn die entwicklungsbeeinträchtigende Wirkung eines Angebots nur auf Kinder zu befürchten ist und diese Angebote getrennt von für Kinder bestimmten Angeboten verbreitet werden oder abrufbar sind.

[163] Vgl. zum Begriff der Erotographie vgl. *Selg*, JMS-Report 1/1998, S. 6 f.

geltenden Vorschrift des § 3 Abs. 3 S. 2 RStV die Möglichkeit der Erteilung einer Ausnahmegenehmigung durch die Landesmedienanstalten vorgesehen war. Bei einer Ausstrahlung indizierter bzw. damit im Wesentlichen inhaltsgleicher Filme verweist der JMStV auf die Bundesprüfstelle für jugendgefährdende Medien (BPjM, §§ 17 ff. JuSchG). Künftig kann somit allein die BPjM durch eine Listenstreichung erreichen, dass ein Angebot im Rundfunk gezeigt werden darf. Gemäß § 23 Abs. 4 JuSchG kann nach Ablauf von zehn Jahren seit Aufnahme eines Mediums in die Liste im Wege eines vereinfachten Verfahrens nach § 23 Abs. 1 JuSchG[164] eine Listenstreichung erzielt werden.

3.4.2 Entwicklungsbeeinträchtigende bzw. -gefährdende Angebote

Im JuSchG und im JMStV wird nicht mehr auf die Eignung einer Sendung, das körperliche, geistige oder seelische Wohl von Kindern und Jugendlichen zu beeinträchtigen bzw. zu gefährden, als maßgeblich abgestellt, sondern auf die potentielle Beeinträchtigung bzw. Gefährdung der Entwicklung von Kindern und Jugendlichen oder ihrer Erziehung zu einer eigenverantwortlichen und gemeinschaftsfähigen Persönlichkeit. Den Begriff der „Entwicklungsbeeinträchtigung“ lehnt der JMStV (bzw. das JuSchG) an das Kinder- und Jugendhilfegesetz (§ 1 SGB VIII) an. In § 5 JMStV werden die entwicklungsbeeinträchtigenden Angebote als Angebote definiert, die geeignet sind, die Entwicklung von Kindern und Jugendlichen zu einer eigenverantwortlichen und gemeinschaftsfähigen Persönlichkeit zu beeinträchtigen. § 5 Abs. 2 JMStV verweist im Wege einer Vermutungsregel auf die Altersfreigaben des JuSchG (§ 14 Abs. 2 Nrn. 3-5 i.V.m. § 14 Abs. 6 JuSchG). Für die Altersstufen gelten nach § 5 Abs. 3 JMStV die bereits im RStV vorgesehenen Sendezeitgrenzen des § 3 Abs. 2 RStV. Nach § 9 Abs. 1 JMStV sind Ausnahmen durch Richtlinien der KJM oder in Einzelfällen, insbesondere bei Inhalten, die älter als 15 Jahre sind, möglich. Der JMStV unterscheidet hierbei zwischen entwicklungsbeeinträchtigenden und entwicklungsgefährdenden Angeboten. Während bei entwicklungsbeeinträchtigenden Angeboten der Zugang für Kinder und Jugendliche durch Altersfreigabegrenzen, Sendezeitgrenzen, Ankündigungen durch optische oder akustische Zeichen etc. eingeschränkt werden muss, dürfen im Fernsehen entwicklungs- bzw. jugendgefährdende Angebote Kindern und Jugendlichen überhaupt nicht zugänglich gemacht werden.

Die Einführung der neuen Begriffsterminologie ist jedoch wenig sinnvoll, da sie – wie jede Änderung des Wortlauts – Raum für Interpretationen lässt. So wurden bereits erste Spekulationen[165] angestellt, dass § 5 Abs. 3 JMStV im Unterschied zur bisher geltenden Regelung des § 3 Abs. 2 RStV eine Präzisierung dahingehend erfahren habe, als es bei

---

[164] Danach entscheidet die BPjM nicht in voller Besetzung von 12 Mitgliedern (§ 19 Abs. 5 JuSchG), sondern in der Besetzung durch den Vorsitzenden und zwei weitere Mitglieder (§ 23 Abs. 1 JuSchG). Vgl. zur unbefriedigenden Rechtslage bis 01.04.2003, als es noch eine Sonderregelungen für ältere Filme gab *Köhne*, AfP 2002, 201 ff.

[165] *Kreile/Diesbach*, ZUM 2002, 849 (851).

entwicklungsbeeinträchtigenden Angeboten nicht mehr um generell beeinträchtigende Angebote gehe, sondern vielmehr die Inhalte künftig im Wege einer Prognose daraufhin geprüft werden müssten, ob sie Kinder und Jugendliche darin beeinträchtigen, dass sich diese zu „eigenverantwortlichen und gemeinschaftsfähigen Persönlichkeiten" entwickeln – was schwerer nachweisbar sei. Diese Ansicht kann jedoch nicht überzeugen, da hierbei übersehen wird, dass nach der amtlichen Begründung[166] zum JMStV mit der terminologischen Neufassung keine Veränderung der bisherigen Beurteilungspraxis einhergehen sollte. Im Ergebnis bleiben also dieselben Angebote, die bisher geeignet waren, das körperliche, geistige oder seelische Wohl von Kindern und Jugendlichen zu beeinträchtigen bzw. zu gefährden, auch nunmehr geeignet, die Entwicklung von Kindern und Jugendlichen zu einer eigenverantwortlichen und gemeinschaftsfähigen Persönlichkeit zu beeinträchtigen bzw. zu gefährden.

Wie bisher nach § 3 Abs. 5 RStV können die Landesmedienanstalten auch weiterhin gemäß § 9 Abs. 2 JMStV für digital verbreitete Rundfunkprogramme im Satzungswege[167] Sonderbestimmungen festlegen. Auch wenn der Wortlaut der neuen Regelung nicht ausdrücklich Abweichungen von den Sendezeitbeschränkungen vorsieht, ist dies wohl neben der Konkretisierung der Vorsperrvorkehrung der hauptsächliche Regelungsgehalt. Dies ist auch der amtlichen Begründung des JMStV zu entnehmen.[168] Obwohl der JMStV nun also eine Zentralisierung des Jugendmedienschutzes vorsieht, welche insbesondere von der KJM beaufsichtigt wird, bleibt den Landesmedienanstalten durch ihr Organ der Erlass der Satzung im Bereich des digitalen Fernsehens sowie die umfassende allgemeine Satzungs- und Richtlinienbefugnis zur Durchführung des JMStV gem. § 15 Abs. 2 JMStV vorbehalten. Die KJM ist neben den Selbstkontrolleinrichtungen ausdrücklich nach § 8 JMStV für die Festlegung von Sendezeitbeschränkungen für „sonstige Formate" und für Inhalte, bei welchen die Besonderheiten des Fernsehens zu berücksichtigen sind, zuständig. Dies sind Aufgaben, die bisher ebenfalls von den Landesmedienanstalten gem. §§ 46 i.V.m. 3 Abs. 7 S. 3 RStV wahrgenommen wurden. Auch von der gesetzlichen Vermutungsregel des § 5 Abs. 2 JMStV (insb. bei Angeboten, bei denen die Bewertung länger als 16 Jahre zurückliegt) kann gem. § 9 Abs. 1 JMStV die KJM neben den Selbstkontrolleinrichtungen abweichen. Somit klaffen die Befugnis zur Satzungsgebung im digitalen Fernsehen und zur Richtliniengebung für sonstige Sendezeitbeschränkungen auseinander.

---

166 Vgl. amtl. Begr., BayLT-Drs. 14/10246, S. 17, wonach auf den Begriff der „Entwicklungsbeeinträchtigung" in § 14 JuSchG Bezug genommen wird. In der Amt. Begr. zu § 14 JuSchG, BT-Drs. 14/9013, S. 22, heißt es wiederum, dass es durch die terminologische Neufassung zu keiner Änderung der bestehenden Beurteilungspraxis führen sollte. Gleiches gilt für den entsprechend neu gefassten Gefährdungsbegriff des Indizierungstatbestands nach § 18 Abs. 1 JuSchG (vgl. BT-Drs. 14/9013, S. 25).

167 Vgl. Fn. 103.

168 BayLT-Drs. 14/10246, S. 20.

3.4.3 Sonstige neue materielle Regelungen des JMStV

Im JMStV sind neue Regelungen über den Jugendschutz in Werbung und Telemedien geschaffen worden, welche spezifische Bestimmungen hinsichtlich der Werbung für alkoholische Getränke und Tabak enthalten und dort überwiegend die Formulierungen des Art. 15 und 16 der EG-FernsehRiL[169] übernehmen.

Die Stellung des Jugendschutzbeauftragten, welche bisher in § 4 RStV geregelt war, wurde in § 7 JMStV dahingehend erweitert, dass auch Anbieter von länderübergreifendem Fernsehen zur Stellung eines Jugendschutzbeauftragten verpflichtet sind, wobei eine Ausnahmemöglichkeit gem. § 7 Abs. 2 JMStV für „kleine“[170] Anbieter von Telemedien sowie für nicht bundesweit verbreitetes Fernsehen, wenn sich der entsprechende Rundfunkveranstalter einer freiwilligen Selbstkontrolleinrichtung anschließt, die für ihn die Aufgaben des Jugendschutzbeauftragten übernimmt, besteht. Außerdem wurden die Beteiligungsrechte des Jugendschutzbeauftragten durch das Recht, rechtzeitig und vollständig informiert zu werden, das Diskriminierungsverbot, das Zur-Verfügung-Stellen von Sachmitteln und das Freistellen von Arbeitsleistung gestärkt.[171]

[169] Die EG-Fernsehrichtlinie (EG-FernsehRiL) ist die Richtlinie 89/552/EWG des Rates zur Koordinierung bestimmter Rechts- und Verwaltungsvorschriften der Mitgliedstaaten über die Ausübung der Fernsehtätigkeit vom 03.10.1989 (Abl. EG Nr. L 298 vom 17.10.1989 S. 23; ber. Abl. EG Nr. L 331 vom 16.11.1989 S. 51), geändert durch Richtlinie 97/36/EG des Europäischen Parlaments und des Rates vom 30. Juni 1997 (Abl. EG Nr. L 202 vom 30.07.1997 S. 60), welche in: *BLM*, Rechtsgrundlagen (2002), Nr. 3.6.1 abgedruckt ist. Die EG-FernsehRiL genießt als Gemeinschaftsrecht nach ständiger Rspr. des EuGH Anwendungsvorrang vor nationalem Recht, vgl. das Urteil des EuGH vom 11.01.2000 (Tanja Kreil, Az.: C-285/98), abrufbar unter: http://www.curia.eu.int/jurisp/cgi-bin/form.pl?lang=de (zuletzt besucht am 02.06.2003) und EuGH Slg. 1964, 1251 (Costa/ENEL); Slg. 1978, 629 (Simmenthal); ebenso: BVerfGE 85, 191 (204); 75, 223 (245); *Hirsch*, NJW 2000, 1817 (1818); *Zulegg*, NJW 2000, 2856 (2849).

[170] Die Ausnahme des § 7 Abs. 2 JMStV greift bei Anbietern von Telemedien mit weniger als 50 Mitarbeitern oder nachweislich weniger als zehn Millionen Zugriffen im Monatsdurchschnitt eines Jahres. Vgl. zu den Konsequenzen der Nichtvorlage entsprechender Nutzungsdaten *Schulz/Held* (2003), S. 11.

[171] Vgl. hierzu auch *Schulz/Held* (2003), S. 10 f.; *Kreile/Diesbach*, ZUM 2002, 849 (852).

4 Kompetenz zum Erlass der Jugendschutzregelungen im Fernsehen

Hinsichtlich der formellen Verfassungsmäßigkeit der Jugendschutzbestimmungen des JMStV (bisher RStV) ist vor allem zu prüfen, ob der diese Regelungen erlassende Landesgesetzgeber hierzu ermächtigt gewesen ist. Gemäß Art. 30 GG ist die Ausübung staatlicher Befugnisse und die Erfüllung der staatlichen Aufgaben grundsätzlich Sache der Länder, soweit das Grundgesetz keine andere Regelung trifft oder zulässt. Diese Grundregel über die Verteilung der Zuständigkeiten zwischen dem Bund und den Ländern wird in Art. 70 GG für die Gesetzgebung dahingehend spezifiziert, dass grundsätzlich den Ländern das Gesetzgebungsrecht zusteht, soweit nicht das Grundgesetz dem Bund Gesetzgebungsbefugnisse verleiht. Es gilt also der Grundsatz der Länderkompetenz als Regel-Ausnahme-Prinzip,[172] auch wenn angesichts der umfangreichen Kataloge der Art. 74, 75 GG faktisch eine Umkehr dieses Prinzips zum Nachteil der Länder festgestellt werden muss.[173] Die Kompetenzordnung des Grundgesetzes unterscheidet – neben der grundsätzlichen Gesetzgebungskompetenz der Länder (Art. 70 Abs. 1 GG) – zwischen der ausschließlichen Gesetzgebung des Bundes (Art. 71, 73, 105 Abs. 1 GG), wonach die Länder die Gesetzgebungsbefugnis nur besitzen, wenn und soweit sie hierzu in einem Bundesgesetz ausdrücklich ermächtigt werden, sowie der konkurrierenden Gesetzgebung von Bund und Ländern (Art. 72, 74, 74a, 105 Abs. 2 GG), wonach die Länder die Befugnis zur Gesetzgebung inne haben, solange und soweit der Bund von seiner Gesetzgebungszuständigkeit nicht durch Gesetz Gebrauch gemacht hat, sowie ferner der Rahmengesetzgebung des Bundes (Art. 75 GG), wonach der Bund einen Orientierungs- und Begrenzungsrahmen für die Länder schafft, innerhalb dessen die Länder rahmenfüllende Regelungen treffen.[174] Außerhalb des Bereichs der ausschließlichen Bundesgesetzgebung muss für die Zugehörigkeit einer Materie zu einer der enumerativen Kompetenzen sowohl bei der konkurrierenden als auch bei der Rahmengesetzgebung ein besonderes Bedürfnis nach bundesgesetzlicher Regelung (Art. 72 Abs. 2, 75 GG) hinzutreten.[175]

4.1 Gesetzgebungskompetenz für den Rundfunk

Historisch hat sich der Rundfunk aus dem Fernmeldewesen entwickelt. Der Begriff „Fernmeldewesen", welcher inzwischen durch den Begriff „Telekommunikation" ersetzt wurde,[176] umfasst den technischen Vorgang der Übermittlung von Signalen[177] und zählt zur ausschließlichen Gesetzgebungskompetenz des Bundes gem. Art. 73 Nr. 7

[172] BVerfGE 10, 89 (101); *Jarass/Pieroth*, GG (2000), Art. 70 Rn. 1, 11; *v. Münch/Kunig*, GG (1996), Art. 70 Rn. 5; VG Köln, NJW 1987, 274 (275).

[173] *Jochum*, NJW 2003, 28.

[174] *Hesse* (1999), S. 46 Rn. 3, *Degenhart*, in: *Sachs*, GG (2003), Art. 75 Rn. 2.

[175] *Schraut* (1993), S. 17. Vgl. im Einzelnen BVerfGE NJW 2003, 41 ff.; *Jochum*, NJW 2003, 28.

[176] *Stettner*, in: *Dreier*, GG (1998), Art. 73 Rn. 29.

[177] BVerfGE 12, 205 (227).

GG. Der Rundfunk als eine „für die Allgemeinheit bestimmte Veranstaltung und Verbreitung von Darbietungen aller Art in Wort, Ton und in Bild unter Benutzung elektromagnetischer Schwingungen“[178] beruht jedoch nicht nur auf technisch-physikalischen Vorgängen allein, sondern ist in erster Linie ein „kulturelles Phänomen“.[179] Soweit kulturelle Angelegenheiten – wie der Rundfunk – überhaupt staatlich geregelt werden können, steht die Regelungskompetenz nach der Grundentscheidung des Grundgesetzes (Art. 30, 70 ff. und 83 ff. GG) den Ländern zu, wenn nicht das Grundgesetz Begrenzungen oder Ausnahmen zugunsten des Bundes vorsieht.[180] Auch das Grundgesetz selbst unterscheidet bereits in seinen Grundrechten zwischen Rundfunk (Art. 5 Abs. 1 S. 2 GG) und Fernmeldewesen (Art. 10 Abs. 1 GG). Seit der 1. Rundfunkentscheidung des Bundesverfassungsgerichts[181] ist allgemein anerkannt,[182] dass die Gesetzgebungskompetenz zur Regelung und Reglementierung programmlicher Inhalte des Rundfunks nach Art. 30, 70 GG bei den Ländern liegt. Die Regelung der Veranstaltung herkömmlichen Rundfunks, sei er terrestrisch, durch Kabel oder per Satellit[183] verbreitet, sowie der Veranstaltung von Textdiensten[184] oder generell von Individualkommunikation erfolgt daher durch den Landesgesetzgeber.[185]

Auch Art. 73 Nr. 7 GG begründet keine Bundeskompetenz für den Rundfunk. Der Bund ist auf die Regelung der Übertragungstechnik, soweit diese nicht untrennbar mit der

---

[178] Vgl. § 2 Abs. 1 S. 1 RStV.

[179] BVerfGE 12, 205 (229).

[180] BVerfGE 12, 205 (229); 6, 309 (354).

[181] BVerfGE 12, 205 (225 ff.).

[182] Vgl. BVerfGE 12, 205 (225 ff., 229); 57, 295 (321); 73, 118 (154, 156); 92, 203 (238); 97, 228 (251); *Stettner*, in: *Dreier*, GG (1998), Art. 73 Rn. 31; *Jarass/Pieroth*, GG (2000), Art. 70 Rn. 12, Art. 73 Rn. 18; *v. Münch/Kunig*, GG (1996), Art. 70 Rn. 8, Art. 73 Rn. 32; *Degenhart*, in: *Sachs*, GG (2003), Art. 73 Rn. 34; *Hartstein/Ring/Kreile/Dörr/Stettner* (2003), B 3 Rn. 2; *Hesse* (1999), S. 46 Rn. 3 ff.; *Schraut* (1993), S. 20; *Gersdorf*, Regelungskompetenzen (1996), S.14; *Dörr*, ZUM 1996, S. 617 (626); *Reinwald*, ZUM 1997, 450 (452); VG Köln, NJW 1987, 274 (275). Die Gesetzgebungskompetenz der Länder für den Rundfunk beruht historisch auf den negativen geschichtlichen Erfahrungen, die mit einem zentralistischen Rundfunk als Reichsrundfunkgesellschaft gemacht wurden. Da sich in den Ländern in der Regel unterschiedliche politische Mehrheiten an der Regierung befinden, führt die Länderzuständigkeit auch zu einem gewaltenteilenden Effekt.

[183] Zur Länderkompetenz für den Satellitenrundfunk: *Bullinger*, AfP 1985, 1 (4 ff.); *Schraut* (1993), S. 20; a.A. *Bueckling*, ZUM 1985, 144 (148), der annimmt, beim direktstrahlenden Satellitenrundfunk bestehe eine Bundeskompetenz „als Resultat einer Gesamtschau aus Sachzusammenhängen, Annexkompetenzen und Sachnaturerwägungen“. Gegen diese Argumentation spricht, dass es beim Rundfunk nicht um die Beherrschung der Rundfunkwellen geht, sondern um die Regelbarkeit der Zulassung zum Rundfunk und der Programmverantwortlichkeit. Im Übrigen sind die Probleme der Überregionalität von Rundfunksendungen durch das abgestimmte Länderverhalten in Form von Staatsverträgen sowie gemeinsamen Satzungen und Richtlinien auch ohne den Bund lösbar, während eine Bundeskompetenz aus der Natur der Sache voraussetzt, dass die Bundeskompetenz schlechthin unerlässlich ist.

[184] Zur Länderkompetenz für Bildschirmtext ausführlich *Schraut* (1993), S. 21.

[185] *Stettner*, in: *Dreier*, GG (1998), Art. 73 Rn. 31 m.w.N.

Regelung der kulturellen Seite der Kommunikation verknüpft ist, beschränkt.[186] Aufgrund der länderübergreifenden Ausstrahlung der Rundfunkprogramme sind die Länder nach dem Grundsatz des bundesfreundlichen Verhaltens zu einer gemeinsamen Regelung verpflichtet.[187] Die rundfunkrechtlichen Fragen werden daher durch Staatsverträge – wie den RStV – geregelt.

4.2 Gesetzgebungskompetenz für den Jugendschutz im Fernsehen

Der Jugendschutz ist in der Verfassung mehrfach im Grundrechtsteil als Schranke verschiedener Grundrechte (Art. 5 Abs. 2 GG, Art. 11 Abs. 2 GG und Art. 13 Abs. 3 GG) erwähnt. Jedoch sagen diese Normen nichts über die Verteilung der Gesetzgebungskompetenz zwischen Bund und Ländern aus. Aus Art. 5 Abs. 2 GG lässt sich zwar entnehmen, dass jugendschützende Einschränkungen im Medienbereich gesetzliche Regelungen voraussetzen, nicht aber, wer zur Regelung befugt ist. Die wesentlichen Streitfragen bei der Klärung der Kompetenzfrage für den Bereich des Jugendschutzes im Fernsehen ergeben sich daraus, dass das Grundgesetz – wie bereits ausgeführt – den Ländern die Kompetenz für den Rundfunk gem. Art. 30, 70 GG zuweist, andererseits aber dem Bund neben der ausschließlichen Gesetzgebung gem. Art. 73 Abs. 1 Nr. 7 GG für den Bereich der Telekommunikation im Wege der konkurrierenden Gesetzgebung auch die Regelungsbefugnis für das Strafrecht gem. Art. 74 Abs. 1 Nr. 1 GG, die öffentliche Fürsorge gem. Art. 74 Abs. 1 Nr. 7 GG sowie das Recht der Wirtschaft gem. Art. 71 Abs. 1 Nr. 11 GG eingeräumt hat. Der Jugendschutz im Rundfunk weist somit Bezugspunkte zu mehreren Kompetenzbestimmungen auf.[188]

Bei Kompetenzüberschneidungen ist jedoch eine „Doppelzuständigkeit", auf deren Grundlage Bund und Länder ein und denselben Gegenstand in unterschiedlicher Weise regeln könnten, dem System der verfassungsrechtlichen Kompetenznormen fremd und mit deren Abgrenzungsfunktion nicht vereinbar.[189] Es ist vielmehr für jedes Gesetz und für jede Einzelregelung eine Kompetenzabgrenzung vorzunehmen. Hierbei ist für die Zuordnung die „größere Sachnähe" entscheidend, d.h. die jeweilige Regelung muss den Bereich der Kompetenzbestimmung speziell und unmittelbar widerspiegeln. Es darf sich nicht nur um einen bloßen Reflex handeln.[190] Die Gegenstände der Gesetzgebung sind nicht isoliert zu interpretieren, sondern im Gesamtgefüge der grundgesetzlichen Kompetenzbestimmungen zu sehen. Nicht zuletzt wegen des Grundsatzes des bundesfreundlichen Verhaltens, der die wechselseitige Pflicht des Bundes und der Länder zur

---

[186] Der Bund verfügt über die Zuständigkeit für die Regulierung der Telekommunikation und legt damit die technischen Rahmenbedingungen für die Ausstrahlung von Rundfunksendungen fest, vgl. *Hesse* (1999), S. 47 Rn. 5.

[187] BVerfGE 73, 118 (196 f.); *Stettner*, in: *Dreier*, GG (1998), Art. 70 Rn. 37.

[188] VG Köln, NJW 1987, 274 (275); *Landmann*, NJW 1996, 3309 (3309 f.).

[189] BVerfGE 36, 193 (202 f.); *Stettner*, in: *Dreier*, GG (1998), Art. 70 Rn. 32.

[190] *Schraut* (1993), S. 18.

gegenseitigen Rücksichtnahme enthält, lässt sich dem Grundgesetz keine Präferenz für die weitere Auslegung von Landes- gegenüber Bundeskompetenz entnehmen.[191]

Nachfolgend soll zunächst dargestellt werden, wem die Gesetzgebungskompetenz für den Jugendschutz allgemein – außerhalb des Rundfunks – zusteht, bevor auf die Kompetenz für den Jugendschutz im Rundfunk einzugehen sein wird.

4.2.1 Gesetzgebungskompetenz für den Jugendschutz außerhalb des Rundfunks

Die Regelungsmaterie des Jugendschutzes außerhalb des Bereichs „Rundfunk" wird nach überwiegender Meinung[192] gem. Art. 74 Abs. 1 Nr. 7 GG dem Bund als konkurrierende Gesetzgebungskompetenz zugeschrieben.[193] Der Begriff der öffentlichen Fürsorge ist nach Ansicht des Bundesverfassungsgerichts „nicht eng"[194] auszulegen. Unter öffentlicher Fürsorge versteht man in der Regel die Hilfeleistung in wirtschaftlicher Notlage durch die öffentliche Hand.[195] Hierunter fällt sowohl die Jugendfürsorge, als auch die Jugendhilfe.[196] Die Jugendfürsorge bezieht sich auf den gefährdeten oder schon gestrauchelten Jugendlichen.[197] Die Jugendhilfe richtet sich an den „normalen" Jugendlichen, dessen körperliches, geistiges und sittliches Wohl zu fördern ist.[198] Der Begriff der öffentlichen Fürsorge umfasst demnach auch vorbeugende Maßnahmen „zum Ausgleich von Notlagen und besonderen Belastungen sowie Vorkehrungen gegen die Gefahr der Hilfsbedürftigkeit."[199] Aus dem Aspekt der präventiven öffentlichen Fürsorge heraus wird nach herrschender Auffassung in der Literatur der Bereich der Jugendpflege[200] und des Jugendschutzes[201] unter die konkurrierende Gesetzgebungs-

---

[191] BVerfGE 36, 193 (202 f.); 61, 149 (204).

[192] *Stettner*, in: *Dreier*, GG (1998), Art. 73 Rn. 31, Art. 74 Rn. 42; *Jarass/Pieroth*, GG (2000), Art. 74 Rn. 18; *v. Münch/Kunig*, GG (1996), Art. 74 Rn. 34; *Degenhart*, in: *Sachs*, GG (2003), Art. 74 Rn. 33; *Isensee/Axer* (1998), S. 69; VG Köln NJW 1987, 274 (275); *Hesse*, (1999), S. 88; *Reinwald*, ZUM 2002, 119 ff.; *Landmann*, NJW 1996, 3309 (3310); *Beisel/Heinrich*, NJW 1996, 491 (493); *Weides*, NJW 1987, 224 (230 f.); *Herkströter*, AfP 1992, 23 (24); *Schraut* (1993), S. 25; *Gabriel-Bräutigam* (1990), S. 173, 176 f.; *Ory*, ZUM 1986, 123 (126f.); für das GjS ausdrücklich: BVerfGE 31, 113 (117); für das Gesetz für Jugendwohlfahrt (JWG) ausdrücklich: BVerfGE 22, 180 (212f.).

[193] Vgl. zur Bundeskompetenz für Jugendschutz beim Rundfunk aus Art. 73 Nr. 1 GG (auswärtige Angelegenheiten), welche jedoch hinter Art. 74 Nr. 7 GG als speziellere Bestimmung zurücktritt *Schraut* (1993), S. 19.

[194] BVerfGE 88, 203 (329).

[195] Vgl. *v. Münch/Kunig* (1996), GG, Art. 74, Rn. 32; *Stettner*, in: *Dreier*, GG (1998), Art. 74 Rn. 42; *Degenhart*, in: *Sachs*, GG (2003), Art. 74 Rn. 33.

[196] BVerfGE 22, 180 (212).

[197] BVerfGE 22, 180 (212).

[198] BVerfGE 22, 180 (212).

[199] BVerfGE 88, 203 (329).

[200] Gesetzgebungskompetenz des Bundes zumindest kraft Sachzusammenhangs: BVerfGE 22, 180 (213); *Jarass/Pieroth*, GG (2000), Art. 70 Rn. 6.

[201] So für das GjS: BVerfGE 31, 113 (117); *Stettner*, in: *Dreier*, GG (1998), Art. 73 Rn. 31, Art. 74 Rn. 42; *Jarass/Pieroth*, GG (2000), Art. 74 Rn. 18; *v. Münch/Kunig* (1996), GG, Art. 74 Rn. 34; *Degenhart*,

kompetenz des Art. 74 Abs. 1 Nr. 7 GG subsumiert. Voraussetzung für eine derartige Kompetenzzuweisung ist stets die Hilfsbedürftigkeit.[202] Jedoch darf mit dem Argument der Prävention vor einer möglichen künftigen Hilfsbedürftigkeit nicht jeder erdenkliche Lebensbereich, der möglicherweise einer Vermeidung künftiger Hilfsbedürftigkeit von Kindern und Jugendlichen dient, zur konkurrierenden Gesetzgebungskompetenz des Bundes gezählt werden.[203] So wird man vorbeugende Maßnahmen im Bereich des Schulwesens, wie beispielsweise die Gewährung einer soliden Schulbildung,[204] als Prävention zur Vermeidung von Hilfsbedürftigkeit betrachten können, jedoch käme niemand insoweit auf die Idee, die Länderkompetenz für das Schulwesen zugunsten der öffentlichen Fürsorge des Bundes zu beschränken. Vielmehr scheint es sinnvoller, die Kompetenz für die Materie des Jugendschutzes angesichts einer fehlenden ausdrücklichen Kompetenzzuweisung durch das Grundgesetz im Einzelfall anhand der zu regelnden Materie einem Kompetenzbereich zuzuordnen.

4.2.2 Bundes- oder Landesgesetzgebungskompetenz für den Jugendschutz im Rundfunk?

Nachdem es sich bei den Regelungen zum Schutz der Jugend im Rundfunk nicht um technische, sondern um inhaltliche Fragen handelt, scheidet eine Bundeskompetenz für den Jugendschutz im Rundfunk aus dem Telekommunikationsrecht nach Art. 73 Nr. 7 GG aus.[205] Auch eine Bundeskompetenz aus Art. 74 Abs. 1 Nr. 11 GG kann verneint werden, nachdem bei Regelungen über den Jugendschutz im Rundfunk die Beteiligung am Wirtschaftsleben oder der Charakter als „Ware" nicht im Vordergrund stehen.[206] Die Jugendschutzbestimmungen im Rundfunk enthalten zwar erhebliche wirtschaftliche Einschränkungen, insbesondere Ausstrahlungsbeschränkungen, jedoch ist zentraler Regelungszweck, soweit Rundfunk dadurch als „Ware" betroffen ist, die kommunikativ-kulturelle Wirkung als Massenmedium. Die wirtschaftliche Seite bleibt bloßer

in: *Sachs*, GG (2003), Art. 74 Rn. 33; die Gesetzgebungskompetenz des Bundes für den Jugendschutz gem. Art. 74 Abs. 1 Nr. 7 GG wurde auch von *Engel-Flechsig/Maennel/Tettenborn*, NJW 1997, 2981 (2982) angenommen. A.A. *Reinwald*, ZUM 2002, 119 (121 ff.), der darlegt, dass der Bereich des Jugendmedienschutzes sich nur äußerst vage mit dem des Art. 74 Abs. 1 Nr. 7 GG verbundenen Ziel der Behebung von Notlagen beschäftige und daher der notwendige Zusammenhang nicht gegeben sei.

202 *Stettner*, in: *Dreier*, GG (1998), Art. 74 Rn. 42.

203 Würde man derart vage Sachzusammenhänge ausreichen lassen, könnte man zu Gunsten einer Länderkompetenz auch auf die Sachnähe eines vorbeugenden Jugendschutzes zum Polizeirecht – einer Kompetenz der Länder – verweisen.

204 So das Beispiel von *Reinwald*, ZUM 2002, 119 (121 Fn. 29).

205 *Jarass/Pieroth*, GG (2000), Art. 73 Rn. 17 f.; *v. Münch/Kunig*, GG (1996), Art. 73 Rn. 31; *Stettner*, in: *Dreier*, GG (1998), Art. 73 Rn. 31; *Liesching*, ZUM 2002, 868 (873); *Schraut* (1993), S. 22.

206 So auch *Liesching*, ZUM 2002, 868 (873); *Schraut* (1993), S. 24. Aus diesem Grund wird etwa die Filmförderung nicht der Rahmenkompetenz des Art. 75 Nr. 2 GG, sondern dem Recht der Wirtschaft zugeordnet.

Nebenzweck, so dass diese gesetzlichen Bestimmungen nicht dem Art. 74 Nr. 11 GG zugerechnet werden können.[207]

Darüber hinaus weisen die Jugendschutzbestimmungen im Rundfunk Überschneidungen zum Kompetenzbereich des Bundes für das Straf- und Ordnungswidrigkeitenrecht gem. Art. 74 Abs. 1 Nr. 1 GG auf. Es gilt jedoch der Grundsatz, dass allgemein die Strafrechtskompetenz gem. Art. 74 Abs. 1 Nr. 1 GG etwaige landesrechtliche Befugnisse nicht unterlaufen bzw. aushöhlen darf.[208] Bei den Jugendschutzregelungen im Rundfunk wird vorrangig der programmliche Inhalt der Sendungen vorgegeben. Der Aspekt der Verwirklichung einer Ordnungswidrigkeit bei Verstößen gegen einzelne Jugendschutzbestimmungen ist lediglich ein notwendiger Nebenzweck. Durch die Regelungen zum Schutz der Jugend sollen vorrangig Verstöße gegen die materiellen Jugendschutztatbestände verhindert werden, so dass eine Zuständigkeit des Bundes gem. Art. 74 Abs. 1 Nr. 1 GG für den Jugendschutz im Rundfunk nicht in Betracht kommt.[209] Zum anderen spricht auch das Argument einer Kompetenz kraft Sachzusammenhangs nicht für eine Zuweisung zum Bund, da angesichts der Fülle und der Differenziertheit der Bestimmungen zum Schutze der Jugend im Rundfunk die Nähe zum Rundfunk gegenüber der Regelungsnähe zum Strafrecht überwiegt.[210]

Schließlich ist strittig, ob der Jugendschutz im Rundfunk eine Bundeskompetenz nach Art. 74 Abs. 1 Nr. 7 GG eröffnet[211] oder es bei der Länderkompetenz kraft Sachnähe zum Rundfunk verbleibt.[212]

4.2.2.1 Bundesgesetzgebungskompetenz aus Art. 74 Abs. 1 Nr. 7 GG

Eine Bundeskompetenz für den Jugendschutz im Fernsehen wird vielfach[213] – trotz Sachnähe zum Rundfunk, welcher der Länderkompetenz unterfällt, – entsprechend der Kompetenz für den Jugendschutz außerhalb des Rundfunks auf die Kompetenz des Bundes für die öffentliche Fürsorge gem. Art. 74 Abs. 1 Nr. 7 GG gestützt.[214] Zur Begründung einer Bundeskompetenz gem. Art. 74 Abs. 1 Nr. 7 GG wird auf die

---

[207] *Schraut* (1993), S. 24.

[208] *Stettner*, in: *Dreier*, GG (1998), Art. 74 Rn. 21; BVerfGE 23, 113 (124); 26, 246 (258); *Beisel/Heinrich*, NJW 1996, 491 (493).

[209] A.A. *Liesching*, ZUM 2002, 868 (869 ff.).

[210] Zwar ist das Pornographieverbot in § 184 StGB unter Strafe gestellt, jedoch regelt der JMStV (und früher der § 3 RStV) den Jugendschutz im Fernsehen programmlich wesentlich umfangreicher, so dass dieser Bereich bei der Länderkompetenz wesentlich sachnäher lokalisiert ist. A.A. *Liesching*, ZUM 2002, 868 (869 ff.).

[211] *Jarass/Pieroth*, GG (2000), Art. 74 Rn. 18 m.w.N.; *Liesching* (2002), S. 249 ff.; *Schraut* (1993), S. 26.

[212] VG Köln NJW 1987, 274 (275); *Hesse*, (1999), S. 88; *Reinwald*, ZUM 2002, 119 ff.; *Landmann*, NJW 1996, 3309 (3310); *Beisel/Heinrich*, NJW 1996, 491 (493); *Weides*, NJW 1987, 224 (230 f.); *Herkströter*, AfP 1992, 23 (24); *Gabriel-Bräutigam* (1990), S. 173, 176.

[213] *Isensee/Axer* (1998), S. 69.

[214] Vgl. 2. Teil: 4.2.1.

Regelungen im Bereich von Film und Presse Bezug genommen. Die dort bestehenden Jugendschutzregelungen des GjSM wurden vom Bund geschaffen, obwohl dem Bund im Bereich des Pressewesens lediglich eine Rahmenkompetenz nach Art. 75 Abs. 1 Nr. 2 GG zukommt, von der er bislang keinen Gebrauch gemacht hat. Angesichts des vergleichbaren Regelungszwecks im Rundfunk und im Pressewesen müsse auch beim Jugendschutz im Rundfunk wie im Pressewesen der Bundesgesetzgeber zuständig sein. Eine divergierende kompetenzrechtliche Zuständigkeit für den Jugendschutz bei verschiedenen Mediengattungen entbehre einem sachlichen Grund bzw. einer rechtlichen Grundlage. Unter dem Gesichtspunkt des Jugendschutzes lasse sich keine maßgebliche Verschiedenheit zwischen Presse und Rundfunk feststellen. Der Jugendschutz weise daher beim Rundfunk gleichfalls die größere Sachnähe zur Regelungsmaterie des Jugendschutzes im Sinne der öffentlichen Fürsorge auf und werde daher ebenfalls von der Bundeskompetenz umfasst.[215]

Die gelte nicht zuletzt,[216] um die Wahrung gleichwertiger Lebensverhältnisse bzw. eine Rechts- und Wirtschafteinheit im Sinne des Art. 72 Abs. 2 GG sicherzustellen. Die Landesgesetzgeber hätten zwar bisher erfolgreich einheitliche Regelungen in den Bundesländern mit dem RStV und nun mit dem JMStV geschaffen, jedoch sei es keinem Land verwehrt, einen Staatsvertrag zu kündigen und eigene jugendschützende Regelungen zu treffen. Eine einheitliche Regelung im gesamten Bundesgebiet könne eine Bundeskompetenz effektiver gewährleisten als eine Länderkompetenz. Darüber hinaus sei zu beachten, dass auch verstärkt ausländische Sender in Deutschland empfangen werden könnten, die allein mit landesrechtlichen Vorschriften nicht zu kontrollieren bzw. zu sanktionieren seien.[217] Der Bundesgesetzgeber müsse daher berechtigt sein, bestimmte Rechtsgüter bundeseinheitlich zu schützen, sofern er dies für notwendig erachte. Dieser Schutz sei zwangsläufig zum Teil mit Eingriffen in die Kompetenzen des Landesgesetzgebers verbunden.[218] Bei einem hochrangigen Schutzgut wie dem Jugendschutz müsse es dem Bundesgesetzgeber gestattet sein, beispielsweise strafrechtliche Sanktionen und Jugendschutznormen zu erlassen und so einen bestimmten Mindeststandard zu gewährleisten.[219]

---

[215] *Schraut* (1993), S. 25 f. A.A. *Reinwald*, ZUM 2002, 119 ff.; *Hesse*, (1999), S. 88; *Landmann*, NJW 1996, 3309 (3310); *Beisel/Heinrich*, NJW 1996, 491 (493); *Herkströter*, AfP 1992, 23 (24); *Gabriel-Bräutigam* (1990), S. 173 (176); VG Köln NJW 1987, 274 (275); *Weides*, NJW 1987, 224 (230 f.).

[216] *Albrecht/Hotter* (2002), S. 66.

[217] *Beisel/Heinrich*, NJW 1996, 491 (493).

[218] Der Bundesgesetzgeber darf z.B. auch eine Verleumdung nach § 187 StGB strafrechtlich sanktionieren, wenn diese im Rundfunk geäußert wird, obwohl er damit in die Verwaltungskompetenz der Länder zur inhaltlichen Kontrolle der Sendungen eingreift, vgl. *Beisel/Heinrich*, NJW 1996, 491 (493).

[219] *Beisel/Heinrich*, NJW 1996, 491 (493).

4.2.2.2 Landesgesetzgebungskompetenz kraft Sachnähe zum Rundfunk

Nachdem der Jugendschutz die gesetzlich gewährte Programmfreiheit des Art. 5 Abs. 1 S. 2 GG berührt, wird zu Recht vertreten,[220] dass der Jugendschutz im Rundfunk sachnäher vom Landesgesetzgeber im Zusammenhang mit dem Rundfunkwesen zu regeln sei. Zu dem von der Gegenseite gezogenen Vergleich zur Regelung des Jugendschutzes durch den Bundesgesetzgeber wird entgegen gehalten, dass selbst im Grundgesetz hinsichtlich der Kompetenzverteilung zwischen der ausschließlichen Landeskompetenz für den Bereich des Rundfunks gem. Art. 30, 70 GG und der Rahmengesetzgebung des Bundes im Bereich des Pressewesens gem. Art. 75 Abs. 1 Nr. 2 GG unterschieden wird. Dem Grundgesetz ist gerade der von *Schraut*[221] bestrittene Unterschied zwischen Rundfunk- und Pressefreiheit immanent.

Die im Rahmen der konkurrierenden oder ausschließlichen Kompetenz erlassenen Bundesgesetze dürfen die Kompetenz der Länder in den Ihnen zugewiesenen Materien, wie dem Rundfunk, nicht aushöhlen. Demnach darf über den Umweg der Bundeskompetenz nach Art. 74 Abs. 1 Nr. 7 GG nicht ein entscheidender Teil des Rundfunks – nämlich die Gestaltung des Programms unter Jugendschutzgesichtspunkten – geregelt werden.[222] Auch die Rechtsprechung hat bereits klargestellt, dass die jugendschutzrechtliche Kontrolle von Rundfunksendungen ausschließlich in den Wirkungsbereich der Länder fällt[223], nachdem das Bundesverfassungsgericht in einem Urteil folgende Aussage traf: „Namentlich für den Jugendschutz wird in den Rundfunkgesetzen Sorge zu tragen sein.“[224]

Der Jugendschutz könne zwar – wohl außerhalb des Bereichs „Rundfunk“ – in Einzelfällen der konkurrierenden Gesetzgebung nach Art. 74 Abs. 1 Nr. 7 GG unterfallen, eine Bundeskompetenz könne jedoch nach Art. 72 Abs. 2 GG nur dann angenommen werden, wenn dies zur bundeseinheitlichen Durchführung des Jugendschutzes erforderlich ist. An diese Voraussetzung der Erforderlichkeit sind nach Ansicht des Bundes-

---

[220] *Weides*, NJW 1987, 224 (230f.); VG Köln NJW 1987, 274 (275); *Reinwald*, ZUM 2002, 119 ff.; *Hesse* (1999), S. 88; *Landmann*, NJW 1996, 3309 (3310); *Herkströter*, AfP 1992, 23 (24); *Bethge*, in: BLM-Symposion Medienrecht 2001 (2002), S. 61 (65 f.); *ders.*; *Langenfeld* (2003), S. 8; *Castendyk*, MDR 1993, 192 (194); *Meyer-Hesemann*, DVBl. 1986, 1181 (1185).

[221] *Schraut* (1993), S. 25 f.

[222] *Dörr/Cole* (2001), S. 21 f.; *Herkströter*, AfP 1992, 23 (24); *Fechner* (2001), Rn. 323.

[223] *Kreile/Detjen*, ZUM 1994, 78 (79) m.w.N.

[224] BVerfG 57, 295 (326); *Kreile/Detjen*, ZUM 1994, 78 (80). Von Vertretern der Bundeskompetenz wird hiergegen eingewandt, dass das Bundesverfassungsgericht nur darauf hingewiesen habe, dass der Jugendschutz beim Rundfunk geregelt sein müsse, nicht jedoch dass dieser zwingend zur Gesetzgebungsbefugnis der Länder für den Rundfunks gehöre. Der Hinweis auf die Landesgesetzgebung sei nur dahingehend zu verstehen, dass der Landesgesetzgeber von seiner Kompetenz Gebrauch machen müsse, weil eine Regelungspflicht für den Jugendschutz bestehe und der Bundesgesetzgeber seine konkurrierende Kompetenz für den Jugendschutz nicht wahrgenommen habe. Vgl. *Schraut* (1993), S. 25. Dies überzeugt jedoch angesichts der Sachnähe des Jugendschutzes zum Rundfunk – insb. zur Programmgestaltung – nicht.

verfassungsgerichts[225] angesichts des Regel-Ausnahmeprinzips zugunsten der Länderkompetenz und der im Jahre 1994 novellierten Vorschrift des Art. 72 Abs. 2 GG strenge Maßstäbe zu stellen. Aufgrund der Regelungen im RStV ist eine Kompetenz des Bundes zur Herstellung gleichwertiger Lebensverhältnisse im Bundesgebiet oder zur Wahrung der Rechts- und Wirtschaftseinheit im gesamtstaatlichen Interesse nicht erforderlich. Die Länder haben bisher erfolgreich einheitliche Regelungen für das gesamte Bundesgebiet geschaffen und dies gerade erst wieder durch den JMStV unter Beweis gestellt. Nicht zuletzt angesichts der grundlegenden Entscheidung des Bundesverfassungsgerichts vom 24.10.2002[226] ist davon auszugehen, dass der Jugendschutz in die Gesetzgebungskompetenz der Länder entweder bereits kraft Sachnähe zum Rundfunk gem. Art. 30, 70 GG,[227] oder aber zumindest auch kraft konkurrierender Gesetzgebungskompetenz gem. Art. 74 Abs. 1 Nr. 7 GG fällt, da der Bund von der konkurrierenden Kompetenz nach Art. 72 Abs. 2 GG keinen Gebrauch machen darf.[228]

4.2.3 Besonderheit: Gesetzgebungskompetenz für den Jugendschutz nach dem JMStV

Auch wenn zwischen Bund und Ländern streitig war, wem für den Jugendschutz im Rundfunk die Gesetzgebungskompetenz zusteht, haben sich Bund und Länder zur Förderung der Konvergenz der Medien im Bereich des Jugendschutzes schließlich in den Eckwerten zum Jugendschutz, die von der Konferenz der Regierungschefs der Länder am 08.03.2002 verabschiedet wurden,[229] darauf verständigt, dass der Jugendschutz in allen elektronischen Medien,[230] also neben dem Rundfunk auch in den Telemedien, den Ländern kompetenzrechtlich zugeordnet wird. Nachdem durch Art. 73 Nr. 7 GG die Materie im Bereich der Telekommunikation jedoch ausdrücklich dem Bund als ausschließliche Gesetzgebungskompetenz zugewiesen ist und der Bund durch das TDG auch bereits von seiner Gesetzgebungskompetenz Gebrauch gemacht hat, hat der Bund im Rahmen der Schaffung des JuSchG und des JMStV seine Regelungen für den Jugendschutz in Telemedien zurückgenommen, „sodass die Länder den wiedereröffneten Spielraum für eine einheitliche Jugendschutzregelung aller elektronischen Medien unter Einbeziehung sowohl des Rundfunks als auch des Online-Bereichs (Telemedien, d.h. Teledienste und Mediendienste) nutzen können."[231] Dieses

[225] BVerfGE NJW 2003, 41 ff.; *Jochum*, NJW 2003, 28 (29).

[226] BVerfGE NJW 2003, 41 ff.

[227] *Bethge*, in: BLM-Symposion Medienrecht 2001 (2002), S. 68.

[228] Im Ergebnis so auch *Reinwald*, ZUM 2002, 119.

[229] Amtl. Begr. zum JMStV, BayLT-Drs. 14/10246, S. 14.

[230] Zur Länderkompetenz bei Mediendiensten vgl. *Knothe*, AfP 1997, 494 (498); *Schulz*, MMR 1998, 182 (183); *Langenfeld* (2003), S. 8 ff.; *Reinwald*, ZUM 1997, 450 (453).

[231] Amtl. Begr., BayLT-Drs. 14/10246, S. 14.

Vorgehen konnte die zwischen Bund und Ländern verabredeten Neuordnung der Kompetenzen[232] im Medienbereich beschleunigen.[233]

4.3 Gesetzgebungskompetenz für die Regelung von Jugendschutzverstößen

Der JMStV enthält neben den materiellen Jugendschutztatbeständen und formellen Zuständigkeitsvorschriften auch Regelungen, die eine Ahndung von Verstößen gegen die Jugendschutztatbestände als Ordnungswidrigkeit oder Straftat vorsehen. Es stellt sich die Frage, ob derartige Regelungen durch den Landesgesetzgeber geschaffen werden dürfen, nachdem die Gesetzgebungskompetenz für das Strafrecht und das Ordnungswidrigkeitenrecht[234] – wie bereits dargelegt – gem. Art. 74 Abs. 1 Nr. 1 GG beim Bund liegt und der Bund beispielsweise mit § 184 Abs. 2 StGB von dieser Kompetenz auch im Bereich des Jugendschutzes im Rundfunk Gebrauch gemacht hat. Der Bund kann hierbei grundsätzlich auch Regelungen treffen, die eine Gesetzgebungskompetenz des Landes betreffen, wenn dies nicht zur Aushöhlung der Länderkompetenz führt.[235] Nachdem der Bund lediglich einzelne, besonders verwerfliche Darbietungen unter Strafe stellt, kann bei § 184 Abs. 2 StGB nicht von einer Aushöhlung einer Länderkompetenz ausgegangen werden.

In der Regelung des § 49 Abs. 1 Nr. 4 RStV a.F. hieß es ursprünglich, dass „ordnungswidrig handelt, wer als Veranstalter von bundesweit verbreitetem privaten Rundfunk vorsätzlich oder fahrlässig Sendungen entgegen § 3 Abs. 1 Nr. 4 [RStV a.F.] verbreitet, die wegen Verstoßes gegen § 184 StGB unzulässig sind.“ Problematisch war insoweit das Verhältnis der Vorschriften des Rundfunkstaatsvertrags und des Strafgesetzbuchs, da im Falle eines Verstoßes gegen § 3 Abs. 1 Nr. 4 RStV a.F. stets auch § 184 StGB einschlägig war.[236] Teilweise wurde daher vertreten, dass § 49 Abs. 1 S. 1 Nr. 4 RStV a.F. gegen die Kompetenzvorschriften des Grundgesetzes verstoßen hätte und daher verfassungswidrig gewesen sei, da pornographische Darstellungen im Rundfunk abschließend in § 184 Abs. 2 StGB geregelt seien. Zwar liegt die Kompetenz zur Regelung rundfunkrechtlicher Fragen bei den Ländern, bei der Kompetenz zur Regelung des Strafrechts handelt es sich jedoch um eine konkurrierende Gesetz-

---

[232] Kritik an dieser Aufteilung übt *Waldenberger*, MMR 2002, 413 (414). *Liesching* erwartet zukünftig ein transparentes, umfassendes (Bundes-)Gesetz für den gesamten Jugendschutz einschließlich elektronischer Medien, vgl. *Liesching*, NJW 2002, 3281 (3286).

[233] Die Regelungen des Jugendschutzes im Bereich der Telemedien sind jedoch nicht von der ausschließlichen Gesetzgebungskompetenz des Art. 73 Abs. 1 Nr. 7 GG erfasst, da es sich insoweit nicht um technische Fragestellungen, sondern um inhaltliche Regelungen handelt, vgl. *Jarass/Pieroth*, GG (2000), Art. 73 Rn. 17. Eine Bundeskompetenz für Telemedien wird daher lediglich aus Art. 74 Abs. 1 Nr. 7 GG herleitet.

[234] Auch das Ordnungswidrigkeitenrecht gehört zum Strafrecht und fällt unter die konkurrierende Gesetzgebung des Bundes gem. Art. 74 Abs. 1 GG, vgl. BVerfGE 31, 141 (144).

[235] Vgl. 2. Teil: 4.2.2.

[236] Hierzu ausführlicher *Albrecht/Hotter* (2002), S. 74.

gebungskompetenz des Bundes gem. Art. 74 Abs. 1 Nr. 1 GG.[237] Dem Landesgesetzgeber kommt daher nur so lange eine Regelungskompetenz zu, wie der Bundesgesetzgeber nicht von seiner Kompetenz Gebrauch gemacht hat. Das BVerfGE hat für derartige Fälle entschieden, dass der Landesgesetzgeber einen Tatbestand nicht mehr als Ordnungswidrigkeit einstufen kann, den der Bundesgesetzgeber bereits unter Nutzung der konkurrierenden Gesetzgebungskompetenz aus Art. 74 Abs. 1 Nr. 1 GG im StGB sanktioniert hat, da die Bundesregelung insoweit eine Sperrwirkung entfaltet.[238]

Vereinzelt wurde aber auch die Ansicht vertreten, dass das Verbot der Verbreitung pornographischer Regelungen durch den Rundfunk als spezifische Materie des Rundfunkrechts zu sehen sei, was allerdings zur Folge hätte, dass § 184 Abs. 1 StGB im Wege der verfassungskonformen Auslegung nicht auf den Rundfunk anwendbar und dass § 184 Abs. 2 StGB, der sich explizit auf den Rundfunk bezieht, wegen eines Eingriffs in die Landesgesetzgebungskompetenz verfassungswidrig wäre.[239] Zwar handelt es sich bei § 184 Abs. 2 StGB nicht um eine rein rundfunkrechtliche, sondern um eine strafrechtliche Regelung, die für bestimmte Verbreitungsformen von Pornographie – wie eben in diesem Fall über den Rundfunk – Strafe androht. Eine solche Beziehung ist bei Straftatbeständen nicht immer zu vermeiden und bedeutet keinen Eingriff bzw. Übergriff in die Ländergesetzgebungskompetenz, sondern die bloße reflexhafte Auswirkung einer strafrechtlichen Regelung auf eine andere Gesetzgebungsmaterie.

Dieser Streit ist heute jedoch bereits durch die gesetzliche Neugestaltung zunächst des § 49 Abs. 1 Nr. 1 RStV und schließlich des JMStV überholt. In § 49 Abs. 1 Nr. 1 RStV wurde eine gesetzliche Subsidiaritätsklausel mitaufgenommen. Danach handelte nur noch ordnungswidrig, wer Sendungen entgegen § 3 Abs. 1 Nr. 1 RStV verbreitete, die wegen Verstoßes gegen das Strafgesetzbuch unzulässig waren, sofern diese Handlung nicht bereits nach dem Strafgesetzbuch mit Strafe bedroht war. Der Landesgesetzgeber hat also eine Regelung erst für die Fälle geschaffen, in denen noch keine Strafbarkeit nach dem StGB vorliegt, und somit von der konkurrierenden Gesetzgebungskompetenz des Art. 74 Abs. 1 Nr. 1 GG i.V.m. der Kompetenz für den Rundfunk aus Art. 30, 70 GG Gebrauch gemacht. Bei der Schaffung des Jugendmedienschutz-Staatsvertrags wurde aus den selben Überlegungen bereits bei den Verbotstatbeständen in § 4 Abs. 1 und 2 JMStV ein Zusatz mitaufgenommen, dass Angebote „unbeschadet strafrechtlicher Verantwortlichkeit" unzulässig sind. Somit hat der Landesgesetzgeber von seiner Gesetzgebungskompetenz nach Art. 30, 70 GG in zulässiger Weise Gebrauch gemacht.

---

237 *Stettner*, in: *Dreier*, GG (1998), Art. 74 Rn. 21, geht davon aus, dass die Länder im Bereich des Strafrechts vollständig von der Gesetzgebung ausgeschlossen sind. Dies hält für zu weitreichend *Bornemann* (2001), S. 54, Fn. 151.

238 BVerfGE 31, 141 (144); *Beucher/Leyendecker/v. Rosenberg* (1999), § 49 RStV Rn. 15.

239 So *Samson*, Gutachten, S. 34; *Beisel/Heinrich*, NJW 1996, 491 (493, Fn. 28).

4.4 Zwischenergebnis

Zusammenfassend kann festgehalten werden, dass Rundfunk und Jugendschutz kompetenzrechtlich Aufgabe der Länder sind. Selbst wenn man annähme, dass der Jugendschutz unter die konkurrierende Gesetzgebungskompetenz des Bundes gem. Art. 74 Abs. 1 Nr. 7 GG fiele, kann der Bund wegen Art. 72 Abs. 2 GG von seiner Kompetenz zugunsten der Länder keinen Gebrauch machen. Die Länder sind somit kompetenzrechtlich zum Erlass des Jugendmedienschutz-Staatsvertrags (und bisher des § 3 Rundfunkstaatsvertrags) zuständig. Hiervon umfasst ist auch die Kompetenz zum Erlass von das StGB ergänzenden Straf- und Ordnungswidrigkeitstatbeständen. Durch das JuSchG und den JMStV wurde dem Landesgesetzgeber auch die Kompetenz für den Jugendschutz in allen Telemedien überantwortet.

5 Jugendschutz als Verfassungsauftrag

Der Kinder- und Jugendschutz wurde vom Bundesverfassungsgericht als ein „Ziel von bedeutsamem Rang und ein wichtiges Gemeinschaftsanliegen“[240] bezeichnet. Fraglich ist, ob der Kinder- und Jugendschutz eine Verpflichtung für den Staat darstellt, welche den Staat zum Handeln zwingt, oder ob es sich lediglich um einen Schutzanspruch[241] handelt. Aus den Vorschriften zur Gesetzgebungskompetenz lässt sich lediglich entnehmen, dass der Staat den Jugendschutz im Fernsehen regeln darf, nicht jedoch, ob er auch handeln muss. Die Kompetenznormen der Art. 70 ff. GG enthalten ausschließlich Handlungsermächtigungen, nicht jedoch Handlungsverpflichtungen[242] und können somit keine Erkenntnisse für diese Fragestellung eröffnen. In Ermangelung sonstiger verfassungsrechtlicher Spezialbestimmungen könnte sich allenfalls aus den Grundrechten ein Verfassungsauftrag für den Staat ergeben, der ihn zum aktiven Schutz der Jugend verpflichtet.

5.1 Elterliches Erziehungsrecht, Art. 6 Abs. 2 S. 1 GG

In Art. 6 Abs. 2 S. 1 GG heißt es, „Pflege und Erziehung der Kinder sind das natürliche Recht der Eltern und die zuvörderst ihnen obliegende Pflicht.“ Das Bundesverfassungsgericht[243] stützt den Verfassungsrang des Jugendschutzes vorrangig[244] auf das elterliche Erziehungsrecht des Art. 6 Abs. 2 S. 1 GG. In der Literatur wird diese Herleitung jedoch zu Recht kritisiert.[245] Einigkeit besteht zunächst dahingehend, dass der Staat die ungestörte Entwicklung der Jugend als verfassungsrechtlich bedeutsames Ziel des Jugendschutzes[246] verwirklichen und sicherstellen soll. Das Elternrecht schützt jedoch die Pflege und die Erziehung der Kinder durch die Eltern und weist diesen „die umfassende Verantwortung für die Lebens- und die Entwicklungsbedingungen des

---

[240] BVerfGE 30, 336 (348); 77, 346 (356); 83, 130 (139); ebenso BGHSt 37, 55 (63).

[241] BVerfGE 77, 170 (214 f.).

[242] Vgl. *Stettner*, in: *Dreier* (1998), GG, Art. 70 Rn. 23; *v. Münch/Kunig*, GG (1996), Art. 70 Rn. 14 m.w.N.; *Isensee/Axer* (1998), S. 70. A.A. *Bethge*, in: BLM-Symposion Medienrecht 2001 (2002), S. 61 (65 f.), der bereits aus der Kompetenznorm des Art. 74 Abs. 1 Nr. 7 GG nicht nur die Staatsaufgabe Jugendschutz herleitet, sondern beim Jugendschutz von einem staatsaufgabenrechtlichen Pflichtgehalt von Verfassungsrang spricht.

[243] BVerfGE 83, 130 (139).

[244] Daneben stützt das BVerfGE 83, 130 (140) den Jugendschutz auf Art. 1 Abs. 1 i.V.m. Art. 2 Abs. 1 GG.

[245] *Engels* (1997), S. 59 f.; *Isensee/Axer* (1998), S. 70; *Jarass/Pieroth* (2000), GG, Art. 5 Rn. 50, Art. 2 Rn. 29; a.A. *v. Münch/Kunig*, GG (1999), Art. 6 Rn. 35, die aus dem Begriff "zuvörderst" – unabhängig von Art. 6 Abs. 2 S. 2 GG – Pflichten und Aufgaben des Staates neben den vorrangigen Pflichten der Eltern bei der Kindererziehung annehmen. *Schmitt-Kammler*, in: *Sachs*, GG (2003), Art. 6 Rn. 56, geht dagegen davon aus, dass der Begriff „zuvörderst“ lediglich Platz für die Schule als weiteren Erzieher lasse.

[246] BVerfGE 30, 336 (347 f.); 77, 346 (356); 83, 130 (139); *Engels* (1997), S. 56.

Kindes" zu.[247] Aus dem Recht und der Pflicht der Eltern, ihre Kinder zu pflegen und zu erziehen, kann jedoch keine Verpflichtung des Staates abgeleitet werden, Kinder und Jugendliche zu schützen. Bei Art. 6 Abs. 2 S. 1 GG handelt es sich vielmehr um ein Abwehrrecht gegen den Staat.[248] Das Elternrecht erweist sich mithin als Schranke für staatlichen Jugendschutz.[249] Aus Art. 6 Abs. 2 S. 1 GG ergibt sich gegenüber der Gemeinschaft jedoch lediglich eine Verpflichtung der Eltern – und nicht des Staates – zur Pflege, Erziehung und Beaufsichtigung der Kinder und Jugendlichen.[250]

5.2 Wächteramt, Art. 6 Abs. 2 S. 2 GG

Art. 6 Abs. 2 S. 2 GG begrenzt[251] das elterliche Erziehungsrecht aus § 6 Abs. 2 S. 1 GG mit dem Satz: „Über ihre Betätigung wacht die staatliche Gemeinschaft." Das so genannte Wächteramt der staatlichen Gemeinschaft bezieht sich damit ausschließlich auf die Betätigung des Elternrechts und setzt immer dann ein, wenn die Eltern das Wohl des Kindes beeinträchtigen, d.h. ihr Recht missbrauchen bzw. ihre Pflichten nicht erfüllen.[252] Erst wenn ein schwerwiegendes Fehlverhalten der Eltern nachweisbar ist, rechtfertigt das Wächteramt staatliches Handeln, um eine Gefährdung oder eine Schädigung des Wohls der Kinder zu vermeiden.[253] Somit beschränkt sich das staatliche Wächteramt auf eine am Kindeswohl orientierte Eingriffsermächtigung zur Unterbindung schwerwiegenden Fehlverhaltens der Eltern. Es gewährleistet damit aber nicht den Kinder- und Jugendschutz in seiner Gesamtheit.

Mit Jugendschutzregelungen für den Bereich des Fernsehens soll auch nach Ansicht des Bundesverfassungsgerichts nicht in Ausübung des staatlichen Wächteramtes der Bereich des elterlichen Erziehungsrechts geschmälert werden. Vielmehr sollen Störungen des grundrechtlich gewährleisteten Erziehungsrechts der Eltern vorgebeugt werden.[254] Dies hat für den Bereich des Jugendschutzes im Fernsehen maßgebliche Bedeutung, denn potentielle Störer sind dort nicht vorrangig die Eltern, sondern regel-

---

[247] *Gröschner*, in: *Dreier*, GG (1996), Art. 6 Rn. 78; vgl. auch BVerfGE 57, 361 (383); zum Umfang des Elternrechts *Jarass/Pieroth*, GG (1997), Art. 6 Rn. 29 m.w.N.

[248] *Gröschner*, in: *Dreier*, GG (1996), Art. 6 Rn. 65.

[249] *Langenfeld* (2003), S. 2.

[250] *Gröschner*, in: *Dreier*, GG (1996), Art. 6 Rn. 70, der die Schutzpflicht des Staates aus Art. 1 Abs. 1 S. 2 GG herleitet; *Jarass/Pieroth*, GG (2000), Art. 6 Rn. 31; *Schmitt-Kammler*, in: *Sachs*, GG (2003), Art. 6 Rn. 53; a.A. BGHSt 37, 55 (63), der annimmt, dass der Staat in Wahrnehmung seines Wächteramtes auch die Pflicht hat, „im Rahmen des Möglichen das nach seiner Auffassung Notwendige zu tun, um Kinder und Jugendliche von Einflüssen der Gesellschaft, die der Wertordnung des Grundgesetzes widersprechen, fernzuhalten."

[251] Zur Terminologie des Art. 6 Abs. 2 S. 2 GG als „Grenze" oder „Schranke" des elterlichen Erziehungsrechts *Gröschner*, in: *Dreier*, GG (1996), Art. 6 Rn. 85.

[252] *Gröschner*, in: *Dreier*, GG (1996), Art. 6 Rn. 86.

[253] *Schmitt-Kammler*, in: *Sachs*, GG (2003), Art. 6 Rn. 66.

[254] BVerfGE 83, 130 (139 f.).

mäßig Dritte – die Rundfunkveranstalter.[255] Die Rechtsfigur, die insofern zur Verwirklichung des Jugendschutzes aktiviert wird, ist nicht das staatliche Wächteramt über die elterliche Erziehungspflicht, sondern eine staatliche Schutzpflicht gegenüber dem Kind, welche es diesem ermöglichen soll, sich frei von Beeinträchtigungen durch Rundfunkveranstalter zu einem eigenständigen Menschen zu entwickeln.[256] Der Staat schützt durch die Regelungen des JMStV (bisher des § 3 RStV) die Eltern in der Ausübung ihres Elternrechts vor störenden Einflüssen der Medien. Hierbei kommt es nicht darauf an, ob einzelne Erziehungsberechtigte beispielsweise jugendgefährdende Sendungen nicht als Gefährdung ihrer Erziehungsziele betrachten, da der Staat zumindest diese als Gefährdung unterstellen darf.[257] Das Wächteramt aus Art. 6 Abs. 2 GG kommt somit nicht als Grundlage für einen möglichen Verfassungsauftrag zur verpflichtenden Sicherstellung des Jugendschutz durch den Staat in Betracht.

5.3 Schutz der Ehe und Familie, Art. 6 Abs. 1 GG

Als verfassungsrechtliche Grundlage des Kinder- und Jugendschutzes wird vereinzelt[258] auch der in Art. 6 Abs. 1 GG genannte Schutz von Ehe und Familie mit der Begründung genannt, dass der Schutz der Familie unlösbar mit dem Schutz der Jugend verbunden sei. Ehe- und Familienschutz unterscheiden sich aber deutlich vom Jugendschutz. Das Grundgesetz gewährleistet über Art. 6 Abs. 1 GG Ehe und Familie „als einen geschlossenen, gegen den Staat abgeschirmten und die Vielfalt rechtsstaatlicher Freiheit schützenden Autonomie- und Lebensbereich."[259] Während § 6 Abs. 2 und 3 GG vorrangig das Verhältnis zwischen Eltern und Kindern innerhalb der Familie schützt, beinhaltet Art. 6 Abs. 1 GG den Schutz vor Beeinträchtigungen der Familie als Gemeinschaft aus Eltern und Kindern. Ein Schutz vor Eingriffen Dritter auf die ungestörte Entwicklung und Erziehung von Kindern ist Art. 6 Abs. 1 GG nicht zu entnehmen, auch wenn selbstverständlich der Schutz der Familie als Gemeinschaft teilweise konkrete jugendschutzrechtliche Aspekte mitumfasst.

5.4 Schulwesen, Art. 7 Abs. 1 GG

Bei der Bestimmung des Art. 7 Abs. 1 GG, welche besagt, dass das gesamte Schulwesen unter der Aufsicht des Staates steht, handelt es sich nach herrschender Meinung nicht um ein Grundrecht, sondern um eine organisationsrechtliche Norm.[260] Art. 7 Abs.

---

[255] Durch die Jugendschutzbestimmungen, beispielsweise durch Sendezeitbeschränkungen, werden aber sekundär Kinder auch vor potentiell unverantwortlichen Eltern geschützt.

[256] *Isensee/Axer* (1998), S. 71, Fn. 190.

[257] Vgl. zu der dem Gesetzgeber eingeräumten Einschätzungsprärogative, welche wissenschaftlich-empirische Nachweise entbehrlich macht, BVerfGE 83, 130 (140 f.).

[258] *Vlachopoulos* (1995) S. 148 m.w.N.

[259] *Jarass/Pieroth*, GG (2000), Art. 6 Rn. 1.

[260] *Jarass/Pieroth*, GG (2000), Art. 7 Rn. 1.

1 GG ist aber ein „staatlicher Bildungs- und Erziehungsauftrag“ zu entnehmen.[261] Die Rechtsprechung[262] billigt dem Staat das „Recht zur Verfolgung eigener Erziehungsziele zu.“[263] Schülern soll die Fähigkeit vermittelt werden „sich tatsächlich selbst zu entwerfen.“[264] Der staatliche Erziehungsauftrag aus Art. 7 Abs. 1 GG[265] steht neben dem „Wächteramt“ des Staates aus Art. 6 Abs. 2 GG[266] und vervollständigt den verfassungsrechtlichen Schutz von Kindern und Jugendlichen in ihrer Entwicklung und Erziehung gem. Art. 2 Abs. 1 i.V.m. Art. 1 Abs. 1 GG (Recht auf freie Entfaltung und Entwicklung der Persönlichkeit).[267] Dem Jugendschutz kommt somit infolge des verfassungsrechtlichen Erziehungsauftrags des Staates in Art. 7 Abs. 1 GG für den Bereich der Schule Verfassungsrang zu.[268]

5.5 Persönlichkeitsschutz, Art. 2 Abs. 1 i.V.m. Art. 1 Abs. 1 GG

Das Bundesverfassungsgericht begründet den Jugendschutz – auch außerhalb des Bereichs Schule (Art. 7 Abs. 1 GG) – letztlich zu Recht mit den Grundrechten der Kinder und Jugendlichen[269] aus Art. 2 Abs. 1 i.V.m. Art. 1 Abs. 1 GG[270]: „Kinder und Jugendliche haben ein Recht auf Entfaltung ihrer Persönlichkeit im Sinne dieser Grundrechtsnormen. Sie bedürfen des Schutzes und der Hilfe, um sich zu eigenverantwortlichen Persönlichkeiten innerhalb der sozialen Gemeinschaft zu entwickeln.“[271] Das

---

[261] Dies ist unstreitig, über den Umfang des staatlichen Erziehungsauftrags i.S.d. Art. 7 Abs. 1 GG herrscht jedoch Uneinigkeit, vgl. *Gröschner*, in: *Dreier*, GG (1996), Art. 7 Rn. 43; *Hemmrich*, in: *v. Münch/Kunig*, GG (1999), Art. 7 Rn. 8; *Jarass/Pieroth*, GG (2000), Art. 7 Rn. 1; *Lecheler*, in: *Sachs*, GG (2003), Art. 7 Rn. 1, 14, 22 ff.

[262] BVerfGE 34, 165 (182 f.); 41, 29 (44), 47, 46 (71 f.), 52, 223 (236).

[263] *Lecheler*, in: *Sachs*, GG (2003), GG, Art. 7 Rn. 22, der sich zum Recht zur Verfolgung eigener Erziehungsziele kritisch äußert.

[264] *Gröschner*, in: *Dreier*, (1996), Art. 7 Rn. 44.

[265] *Jarass/Pieroth*, GG (2000), Art. 7 Rn. 1.

[266] *Lecheler*, in: *Sachs*, GG (2003), Art. 7 Rn. 22.

[267] BVerfGE 83, 130 (140). Vgl. 2. Teil: 5.3.; Zusätzlich zu Art. 2 Abs. 1 i.V.m. Art. 1 Abs. 1 GG stützen *Hemmrich*, in: *v. Münch/Kunig*, GG (1999), Art. 7 Rn. 8, und *Lecheler*, in: *Sachs*, GG (2003), Art. 7 Rn. 22, den Verfassungsrang des Jugendschutzes wie das BVerfG auch auf Art. 6 Abs. 2 GG (elterliches Erziehungsrecht).

[268] *Isensee/Axer* (1998), S. 73.

[269] Keiner näheren Erläuterung bedarf, dass natürlich auch Kinder und Jugendliche Träger der Grundrechte sind, vgl. *Dreier*, GG (1996), Vorb. Rn. 73, Art. 2 I Rn. 30; BVerfGE 53, 185 (203); 59, 360 (382).

[270] BVerfGE 83, 130 (140); *Dreier*, GG (1996), Art. 2 I Rn. 55; *Jarass/Pieroth*, GG (2000), Art. 2 Rn. 30; *v. Münch/Kunig*, GG (1999), Art. 2 Rn. 29; *Engels* (1997), S. 59; *Schulz/Held* (2003), S. 2; *Schulz/Korte*, ZUM 2002, 719 (719); *Isensee/Axer* (1998), S. 72. *Albrecht/Hotter* (2002), S. 23, sehen den Verfassungsrang des Jugendschutzes aus Art. 6 Abs. 2 S. 1 und Art. 2 Abs. 1 i.V.m. Art. 1 Abs. 1 GG hergeleitet. *Dörr/Cole* (2001), S. 19, stützen die Verfassungsaufgabe Jugendschutz zusätzlich auf die ausdrückliche Nennung in der Schrankenregelung des Art. 5 Abs. 2 GG.

[271] BVerfGE 83, 130 (140); ähnlich BVerfGE 79, 51 (63).

gelte gerade auch für die Bewahrung vor sexuellen Gefahren und die Ermöglichung einer das Persönlichkeitsrecht achtenden Sexualerziehung. Dieser Gesichtspunkt berechtige den Staat, von Heranwachsenden Einflüsse fernzuhalten, „welche sich auf ihre Einstellung zum Geschlechtlichen und damit auf die Entwicklung ihrer Persönlichkeit nachteilig auswirken können."[272] Die Menschenwürdegarantie des Art. 1 Abs. 1 GG enthält ausdrücklich eine Schutzfunktion („Sie zu achten und zu schützen ...") und sanktioniert diese exemplarisch für die Grundrechte, in denen sich die Menschenwürde näher entfaltet.[273] Die Bestimmung des Art. 1 Abs. 1 GG ist aber allein nicht geeignet, als generelle Grundlage dafür zu dienen, den Verfassungsrang des gesamten Jugendschutzes herzuleiten,[274] da ihr Geltungsbereich auf evidente, krasse Fälle beschränkt bleibt.[275]

Daher ist in erster Linie auf das in Art. 2 Abs. 1 i.V.m. Art. 1 Abs. 1 GG verortete allgemeine Persönlichkeitsrecht abzustellen.[276] Das allgemeine Persönlichkeitsrecht sichert in seinem Schutzbereich die persönliche Lebenssphäre und die Erhaltung ihrer Grundbedingungen, welche von den speziellen Freiheitsgarantien nicht erfasst sind.[277] Das Allgemeine Persönlichkeitsrecht schützt die Integrität der Person in geistig-seelischer Beziehung,[278] beschränkt sich dabei aber nicht allein und ausschließlich auf den Schutz der Identitätsbildung von Kindern und Jugendlichen, sondern gewährleistet auch die Sicherung der persönlichen Lebenssphäre und die Erhaltung ihrer Grundbedingungen allgemein.[279] „Kinder und Jugendliche bedürfen der Hilfe und des Schutzes in der Entwicklung und Entfaltung ihrer Persönlichkeit und damit auch des Schutzes der Erziehungssphäre,"[280] damit sie lernen, sich eigenverantwortlich in die soziale Gemeinschaft einzufügen.[281] Aus diesem Grund sind Schutzmechanismen in der Gesellschaft erforderlich.[282] Soweit aber das allgemeine Persönlichkeitsrecht die Persönlichkeitsent-

---

[272] BVerfGE 83, 130 (140); ähnlich BVerfGE 30, 336 (347).

[273] *Isensee/Axer* (1998), S. 72; *Dreier*, GG (1996), Art. 1 I Rn. 78 f.

[274] *Vlachopoulos* (1995), S. 145.

[275] *Vlachopoulos* (1995), S. 145.

[276] So auch *Scholz/Held* (2003), S. 2; *Albrecht/Hotter* (2002), S. 23; *Schraut* (1993), S. 45; *Schulz/Korte*, ZUM 2002, 719 (719).

[277] BVerfGE 95, 220 (241); ähnlich: BVerfGE 54, 148 (153); 79, 256 (268). Zum allgemeinen Persönlichkeitsrecht: BVerfGE 34, 269 (281f.); 35, 202 (220); *Jarass*, NJW 1989, 857 (859).

[278] *Dreier*, GG (1996), Art. 2 I Rn. 50.

[279] *Dreier*, GG (1996), Art. 2 I Rn. 50.

[280] *Albrecht/Hotter* (2002), S. 23 f.

[281] BVerfGE 79, 51 (63); *Tröndle/Fischer* (2001) § 184 Rn. 7; *Gersdorf*, epd medien, Nr. 46/47, 13.06.2001, S. 21 (25).

[282] Schutzmechanismen werden eingesetzt, um bspw. den Zugang zu schädigenden oder riskanten Substanzen (wie Drogen, Alkohol und Tabak), zu als schädlich aufgefassten Medieninhalten (Pornographie, Gewaltdarstellungen), zur entlohnten und zu als riskant erachteten Orten (Diskotheken, Restaurants) zu verhindern.

wicklung von Kindern und Jugendlichen im Blick hat, dient es dem Kinder- und Jugendschutz „als Zusammenfassung und Bezeichnung derjenigen Gewährleistungen, die die Persönlichkeitsbildung von Kindern und Jugendlichen schützen."[283] Das allgemeine Persönlichkeitsrecht hebt somit den Kinder- und Jugendschutz in den Verfassungsrang und begründet eine verfassungsrechtliche Pflicht zum Schutz von Kindern und Jugendlichen gegenüber Gefahren, die geeignet sind, die Persönlichkeitsentwicklung zu stören. Art. 6 Abs. 2 S. 2 GG ist als spezielle verfassungsrechtliche Konkretisierung des Kinder- und Jugendschutzes anzusehen,[284] kann jedoch – wie bereits ausgeführt – nicht dazu dienen, selbst eine Pflichtaufgabe des Staates zu begründen.

Dem Jugendschutz ist hierbei neben einer klassisch abwehrrechtlichen auch eine starke objektiv-rechtliche Seite immanent. Diese verpflichtet den Staat sicherzustellen, dass sich Minderjährige innerhalb der sozialen Gemeinschaft zu selbstbestimmten und verantwortungsbewussten Menschen entwickeln können;[285] schlagwortartig wird dies in dem Begriff eines Rechts auf „Person-Werden" der Kinder und Jugendlichen veranschaulicht.[286] Durch den verfassungsrechtlichen Jugendschutz sollen Einflüsse von Kindern und Jugendlichen ferngehalten werden, „die zu erheblichen, schwer oder gar nicht korrigierbaren Fehlentwicklungen führen können".[287] Es soll verhindert werden, dass Jugendliche mit Reizen konfrontiert werden, die sie nach ihrem individuellen Entwicklungsstand nicht verarbeiten oder in den Prozess der Selbstverwirklichung einbauen können.[288] Deswegen ist es unter anderem auch eine Aufgabe des Jugendmedienschutzes, Kinder und Jugendliche vor Medieninhalten zu bewahren, die nach den in der Gesellschaft geteilten Normvorstellungen einer wünschenswerten Entwicklung der Heranwachsenden zuwider laufen. Nach Ansicht des Bundesverfassungsgerichts gehen solche Gefahren z.B. von Kommunikationsvorgängen aus, „die Gewalttätigkeiten oder Verbrechen glorifizieren, Rassenhass provozieren, den Krieg verherrlichen oder sexuelle Vorgänge in grob schamverletzender Weise darstellen."[289] Hierbei müssen

---

[283] *Isensee/Axer* (1998), S. 73.

[284] Art. 2 Abs. 1 i.V.m. Art. 1 Abs. 1 GG schützt im Rahmen des Allgemeinen Persönlichkeitsrechts nicht nur das Person-Sein, sondern für Minderjährige auch das Person-Werden, *Engels* (1997), S. 69 f.; *Schulz/Korte*, ZUM 2002, 719 (719).

[285] BVerfGE 79, 51 (63); *Schulz*, RuF 1993, 339 (340); *Schulz/Korte* ZUM 2002, 719 (719); *Schulz/Held* (2003), S. 2; *Langenfeld* (2003), S. 2.

[286] *Engels* (1997), S. 69 f.; *Engels*, AöR 1997, 212 (226 ff.); *Schulz/Korte* ZUM 2002, 719 (719); *Langenfeld* (2003), S. 2.

[287] BVerfGE 30, 336 (347).

[288] *Schulz*, RuF 1993, 336 (341); *Schulz/Korte* ZUM 2002, 719 (719).

[289] BVerfGE 30, 336 (347).

sowohl potentielle Spät- als auch unmittelbare Rezeptionswirkungen berücksichtigt werden.[290]

Nachdem der Jugendschutz als Pflichtaufgabe des Staates in der Verfassung in Art. 2 Abs. 1 i.V.m. Art. 1 Abs. 1 GG verankert ist,[291] bedarf es der Konstruktion eines aus dem allgemeinen Persönlichkeitsrechts entwickelten Rechts auf „Person-Werden"[292] nicht. Die Konkretisierung des grundrechtlichen Jugendschutzauftrags obliegt dem Gesetzgeber, wobei er hierbei einen weiten Gestaltungsspielraum in Hinblick auf die Erfüllung der Schutzpflicht hat.[293] Dieser ist erst überschritten, wenn er entweder gänzlich ungeeignete Maßnahmen ergreift oder vollständig untätig bleibt.[294]

5.6 Schranke der Meinungs- und Medienfreiheiten, Art. 5 Abs. 2 Alt. 2 GG

Der Grundgesetzgeber hat den hohen Rang des Jugendschutzes ausdrücklich in Art. 5 Abs. 2 Alt. 2 GG als Schranke der Meinungs-, Presse- und Rundfunkfreiheit neben dem Vorbehalt der allgemeinen Gesetze und neben dem Schutz der persönlichen Ehre normiert.[295] Jugendschutzregelungen sind somit zulässig und stellen einen legitimen Staatszweck dar.[296] Der Vorbehalt in Art. 5 Abs. 2 GG – die Meinungs- und Medienfreiheiten finden ihre Schranken in den Vorschriften zum Schutze der Jugend – rechtfertigt nicht nur Beschränkungen der Grundrechte des Art. 5 Abs. 1 GG, „sondern beinhaltet zudem einen Schutzauftrag."[297] Art. 5 Abs. 2 GG enthält eine vom Grundgesetz selbst getroffene Wertung, wonach der Jugendschutz ein wichtiges Gemeinschaftsanliegen und Ziel der Verfassung ist.[298] Beim Jugendschutz handelt es sich somit

[290] *Schulz*, M&K 2000/3, 354 (362); als Beispiel nennen *Schulz/Korte*, ZUM 2002, 719 (719), dass eine gewalthaltige Darstellung im Fernsehen zwar redaktionell so jugendgerecht aufbereitet sein kann, dass eine spätere soziale Desorientierung praktisch ausgeschlossen werden kann, sie aber dennoch auf den jugendlichen Betrachter so schockierend wirken kann, dass er in der konkreten Rezeptionssituation überfordert wird.

[291] BVerfGE 83, 130 (140); *Jarass/Pieroth*, GG (2000), Art. 5 Rn. 50; Bereits in Art. 122 der Weimarer Reichsverfassung gab es die staatliche Pflichtaufgabe des Jugendschutzes, vgl. hierzu *Isensee/Axer* (1998), S. 73. Auch die Länderverfassungen verpflichten den Staat explizit, Kinder und Jugendliche zu schützen. So enthalten die Verfassungen von Baden-Württemberg (Art. 13), Bayern (Art. 126 Abs. 3), Brandenburg (Art. 27), Bremen (Art. 25, 26), Mecklenburg-Vorpommern (Art. 14), Nordrhein-Westfalen (Art. 6), Rheinland-Pfalz (Art. 25 Abs. 2), Saarland (Art. 25), Sachsen (Art. 9), Sachsen-Anhalt (Art. 24 Abs. 3, 4) und Thüringen (Art. 19 Abs. 1) ausdrückliche Regelungen.

[292] Vgl. Fn. 286.

[293] BVerfGE 88, 203 (262); 92, 26 (46); 96, 56 (64).

[294] BVerfGE 92, 26 (46); 88, 203 (263).

[295] Der Jugendschutz wird darüber hinaus als Schranke des Grundrechts der Freizügigkeit (Art. 11 Abs. 2 GG: „zum Schutze der Jugend vor Verwahrlosung") und der Unverletzlichkeit der Wohnung (Art. 13 Abs. 7 GG: „zum Schutze gefährdeter Jugendlicher") im Grundgesetz erwähnt.

[296] BVerfGE 83, 130 (139 f.).

[297] *Jarass/Pieroth*, GG (2000), Art. 5 Rn. 50; *Schulze-Fielitz*, in: *Dreier*, GG (1996), Art. 5 I, II Rn. 116.

[298] BVerfGE 30, 336 (348); 77, 346 (356); 83, 130 (139); *Jarass/Pieroth*, GG (2000), Art. 5 Rn. 50; *Schulze-Fielitz*, in: *Dreier*, GG (1996), Art. 5 I, II Rn. 116.

um eine verfassungsgemäße Staatsaufgabe, welche gem. Art. 5 Abs. 2 Alt. 2 GG zu Eingriffen in die Meinungs- und Medienfreiheiten berechtigt. Insofern greift Art. 5 Abs. 2 GG „ein seinerseits verfassungsrangiges Rechtsgut“[299] auf, welchem aufgrund des in Art. 2 Abs. 1 i.V.m. Art. 1 Abs. 1 GG verorteten Allgemeinen Persönlichkeitsrechts Verfassungsrang zukommt.

5.7 Zwischenergebnis

Im Ergebnis zeigt sich, dass der Kinder- und Jugendschutz nicht nur eine Schranke der Rundfunkfreiheit gem. Art. 5 Abs. 2 Alt. 2 GG darstellt und somit einen Schutzauftrag des Staates beinhaltet, sondern darüber hinaus auch im Grundgesetz als seine Pflichtaufgabe im Rahmen des Schutzes des Allgemeinen Persönlichkeitsrechts gem. Art. 2 Abs. 1 i.V.m. Art. 1 Abs. 1 GG gewährleistet wird. Jugendschutz bildet einen Verfassungsauftrag, der den Staat zum Handeln verpflichtet. Dieser verfassungsrechtlichen Verpflichtung kann und darf sich der Staat nicht entledigen. Mit dem JMStV (bisher § 3 RStV) kommt der Gesetzgeber zunächst seiner verfassungsrechtlichen Verpflichtung nach, den Jugendschutz zu regeln. Fraglich bleibt jedoch, ob diese Schutzpflicht insbesondere im Bereich der Aufsicht durch die neu geschaffenen gesetzlichen Grundlagen im JMStV und die damit einhergehende Einsetzung einer umfassenden Selbstkontrolle der Anbieter[300] noch erfüllt wird. Denn eine vollständige Entledigung der Staatsaufgabe Jugendschutz ist aus verfassungsrechtlicher Sicht unzulässig, da der Staat laut Verfassung – überspitzt ausgedrückt – „die verdammte Pflicht“[301] hat, für einen wirksamen Jugendschutz zu sorgen.

---

[299] *Bethge*, in: *Sachs*, GG (2003), Art. 160.

[300] Eine ausschließliche Selbstkontrolle ohne jegliche Aufsicht und Kontrolle durch den Staat wurde vom VPRT gefordert. Angesichts der im JMStV geschaffenen KJM sieht der VPRT dies nicht als komplett erfüllt an; *Doetz*, zitiert in. epd medien vom 19.10.2002 Nr. 82, S. 13.

[301] So *Dörr* auf den Münchner Medientagen, zitiert in: epd medien vom 19.10.2002, Nr. 82, S. 13.

6 Verantwortung für den Jugendschutz im Fernsehen

6.1 Jugendschutz zwischen Elternaufsicht und Verantwortung des Staates

Bei der Überprüfung der Verantwortlichkeit für den Jugendschutz im Fernsehen kommen neben den Eltern und den Lehrern[302] vor allem die Rundfunkveranstalter selbst und von ihnen ins Leben gerufene Selbstkontrolleinrichtungen sowie der Staat in Betracht.[303] Von Gegnern[304] staatlicher Aufsichtsmaßnahmen zugunsten des Jugendschutzes im Fernsehen wird eingewandt, dass der Schutz und die Erziehung von Kindern und Jugendlichen nach Art. 6 Abs. 2 S. 1 GG zuvörderst den Eltern obliege und daher als Aufgabe der Eltern in deren Verantwortung falle. Das Elternrecht des Art. 6 Abs. 2 GG gewährleiste nicht nur das Recht, sondern auch die Pflicht, die Kinder zu erziehen und insoweit insbesondere auch den Fernsehkonsum „zu dosieren, zu lenken, zu überwachen und den Empfang gefährdender Sendungen tunlichst zu verhindern“.[305]

Selbstverständlich obliegt die Kindererziehung sowie der Kinder- und Jugendschutz zuvörderst[306] den Eltern, da keine noch so sorgfältige Vorkehrung des Staates oder kein noch so verantwortungsbewusster Anbieter die Elternverantwortung zu ersetzen vermag.[307] Denn gerade die Eltern haben aufgrund des besonderen Vertrauens- und Näheverhältnisses innerhalb der Familie Möglichkeiten, auf Kinder einzuwirken, welche dem Staat oder den Anbietern verwehrt bleiben. Aber die Eltern sind andererseits trotz räumlicher und emotionaler Nähe häufig nicht in der Lage, den Fernsehkonsum ihrer Kinder rund um die Uhr zu reglementieren und zu kontrollieren.[308] Neben zeitlichen und räumlichen Schwierigkeiten bei der Aufsicht des häuslichen Fernsehkonsums, ist die Kontrollmöglichkeit beim außerhäuslichen Fernsehen bei Mitschülern und Freunden den Eltern faktisch verwehrt. Vereinzelt sind die Eltern auch mangels eigener Medienkompetenz nicht fähig und in der Lage, ihre Erziehungspflichten gegenüber den Kindern kompetent und Erfolg versprechend wahrzunehmen. Vielmehr nutzen manche überlasteten Eltern das Fernsehgerät als Möglichkeit, sich vermeintlich lästiger

---

302 *Waldenberger*, MMR 2002, 413 (414), der den Eltern und Lehrern eine erhebliche Verantwortung zuschreibt, die durch Medienkompetenz gefördert werden müsse.

303 *Gangloff* (2001), S. 11, beschreibt die Verantwortungsträger mit fünf „P's“: „Politiker; Pädagogen; Prosumenten (die aktiven Nutzer selbst); Parents (Eltern); und eben auch Produzenten und Pay-TV-Anbieter“.

304 *Waldenberger*, MMR 2002, 413 (414); *Fuehr*, Nürnberger Nachrichten v. 18.01.2003, S. 4.

305 *Isensee/Axer* (1998), S. 50.

306 Teilweise wird vertreten, dass aufgrund des Vorranges des elterlichen Erziehungsrechts vor staatlichen Maßnahmen Erwachsene freien Zugang zu allen Medieninhalten haben müssten, vgl. *Köhne*, MMR 9/2002, XXI (XXII).

307 *Isensee/Axer* (1998), S. 50.

308 Vgl. die Ergebnisse aus 1. Teil: 1.1 und 1.3.3, die besagen, dass Kinder zumeist ohne ihre Eltern fernsehen und in der Regel ab einem gewissen Alter sogar über den PIN-Code des Pay-TV verfügen. Vgl. auch *Gangloff* (2001), S. 8.

Ansprüche ihrer Kinder zu entledigen – und kümmern sich aus diesem Grund überhaupt nicht um den Fernsehkonsum ihrer Kinder, insbesondere nicht darum was und wie viel gesehen wird. So werden gerade die von den Eltern vernachlässigten Kinder und Jugendlichen, also die von vornherein besonders gefährdeten Personengruppen, schutzlos den möglichen Gefahren des Fernsehens ausgesetzt. Aus diesem Grund und für den durch die Eltern nicht kontrollierbaren bzw. kontrollierten Bereich besteht staatlicher Handlungsbedarf.[309]

Wie bereits ausgeführt,[310] hat der Staat aus Art. 2 Abs. 1 i.V.m. Art. 1 Abs. 1 GG den Kinder- und Jugendschutz als Pflichtaufgabe umzusetzen und zu gewährleisten. Jugendschutz bildet einen Verfassungsauftrag, der den Staat – neben den Eltern – zum Handeln verpflichtet. Dies ist der Grund, weshalb sich der Staat seiner Verantwortung für den Jugendschutz auch nicht dadurch entledigen kann, diese Aufgabe vollständig auf die Eltern abzuwälzen. Aus dem Verfassungsauftrag Jugendschutz folgt die Notwendigkeit, gesetzliche Rahmenbedingungen für eine gedeihliche geistige und seelische Entwicklung der Kinder und Jugendlichen zu schaffen, indem nicht nur den Eltern „Flankenschutz"[311] bei der Erziehung gewährt wird, sondern auch die Rundfunkveranstalter für den Jugendschutz in die Pflicht genommen werden. Nachdem Eltern ihrer Verantwortung aus Art. 6 Abs. 2 S. 1 GG nicht immer (vollständig) nachkommen und keine entsprechende Medienerziehung leisten, ist der Staat aufgrund seines Verfassungsauftrags zum Schutz der Jugend – neben den Eltern – als Verantwortlicher gefragt. Der Staat kann und muss seine verfassungsrechtlich auferlegte Pflichtaufgabe insbesondere durch die Unterstützung der Eltern bei der Medienerziehung ihrer Kinder im Rahmen des Elternrechts des Art. 6 Abs. 2 GG,[312] aber vor allem auch durch die Reglementierung der Rundfunkveranstalter bei der Ausstrahlung jugendbeeinträchtigender oder -gefährdender Inhalte erfüllen. In einer Zeit zurückgehenden Einflusses des Elternhauses und zunehmenden Einflusses vielfältig verfügbarer Medien stellt sich die Staatsaufgabe Jugendschutz in drängenderer Weise als noch vor Jahren.[313]

6.2 Vorrang der Selbstregulierung vor Fremdregulierung

Nachdem neben der Aufsicht der Eltern über ihre Kinder somit vor allem auch eine Aufsicht des Staates über die Rundfunkveranstalter erforderlich ist, stellt sich die Frage, wie weit die staatliche Aufsicht angesichts der Rundfunkfreiheit gehen darf und wie weit sie angesichts der Staatsaufgabe Jugendschutz gehen muss. Zwar beinhaltet die Staatsaufgabe Jugendschutz die Pflicht des Staates, aktiv bei der Aufsicht der Rundfunkveranstalter tätig zu werden, jedoch steht diese staatliche Aufgabe in einem

---

[309] *Langenfeld* (2003), S. 2; *Rossen*, ZUM 1994, 224 (227).

[310] Vgl. 2. Teil: 5.

[311] *Liesching*, ZUM 2000, 298 (301).

[312] BVerfGE 24, 119 (145).

[313] *Langenfeld* (2003), S. 2.

Konflikt zur verfassungsrechtlich gewährleisteten Rundfunkfreiheit gem. Art. 5 Abs. 1 S. 2 Alt. 2 GG und aufgrund Art. 10 Abs. 1 EMRK, wonach der Bereich der Medien weitgehend frei von staatlicher Einflussnahme bleiben muss.[314] Der Staat hat daher bei der Ausgestaltung der Rundfunkfreiheit das Ordnungsmodell der dualen Rundfunkordnung gewählt, innerhalb dessen die kommerziellen Anbieter vorrangig selbst verantwortlich für die verfassungsgemäße Erfüllung der Rundfunkaufgabe sind.[315] Im Bereich des privaten Rundfunks hat daher der Grundsatz „Selbstregulierung vor Fremdregulierung" zu gelten. Denn regulierende Maßnahmen des Staates zur Gewährleistung des Jugendschutzes sind als Eingriffe in die Rundfunkfreiheit nur so weit gerechtfertigt, solange nicht dasselbe Ziel – effektiver Jugendschutz[316] – auch durch eine selbstregulierende Maßnahme ebenso durchgreifend realisiert werden kann. Denn in diesem Fall wäre die staatliche Maßnahme unverhältnismäßig. Aus Verhältnismäßigkeitsgesichtspunkten ist also selbstregulierenden Maßnahmen gegenüber fremdregulierenden bei gleicher Effektivität Vorrang einzuräumen. Nachdem der Jugendschutz aber Staatsaufgabe ist, besteht kein Zweifel daran, dass der Staat seine Verantwortung nicht vollständig den Anbietern überbürden darf, so dass zumindest ein Modell der regulierten Selbstregulierung im Bereich des Jugendschutzes eingreifen muss.[317] Eine vollständige Deregulierung des privaten Rundfunks wäre daher verfassungsrechtlich unzulässig.[318] Vielmehr verbleibt eine Letztverantwortung beim Gesetzgebers für „geeignete Programmgrundsätze, für Bestimmungen über unzulässige Sendungen und für effektive Regelungen zum Jugendschutz".[319] Dabei hat der Gesetzgeber eben auch eine externe Kontrolle durch staatsunabhängige Institutionen sicherzustellen.[320]

Angesichts der vielfältigen Verstöße gegen die bisher geltenden Jugendschutzbestimmungen des RStV, welche im 1. Teil: 1.2.1 dargestellt wurden, bestehen keine Zweifel am Bedürfnis, die Einhaltung des Jugendschutzes im Fernsehen zu beaufsichtigen. Damit ist aber noch nicht entschieden, ob die Verstöße am zweckdienlichsten durch staatliche Reglementierung und Kontrolle verhindert werden können, oder ob Verstößen effektiver durch das Übertragen eigener Verantwortung auf die Anbieter entgegen gewirkt werden kann. Bisher existieren noch keine empirischen Untersuchungen, die belegen, dass Selbstregulierung den Jugendschutz (im Fernsehen) besser als Fremd-

---

[314] Hierzu ausführlich: *Calliess*, AfP 2002, 465 ff.

[315] *Rossen*, ZUM 1994, 224 (227).

[316] Effektiver Jugendschutz muss der zwingende Maßstab bei der Umsetzung des verfassungsrechtlichen Schutzauftrags für den Gesetzgeber sein, vgl. *Bethge*, in: BLM-Symposion Medienrecht 2001 (2002), S. 61 (67).

[317] Ein vollständiger Ausschluss staatlicher Maßnahmen wäre angesichts der verfassungsrechtlichen Staatsaufgabe Jugendschutz mit der Verfassung nicht vereinbar, vgl. 2. Teil: 5.

[318] BVerfGE 57, 295 (323); 73, 118 (158 f.); 83, 238 (296 f.); *Rossen*, ZUM 1994, 224 (227).

[319] *Rossen*, ZUM 1994, 224 (227).

[320] BVerfGE 57, 295 (326, 333); 73, 118 (158 f., 164 ff.); *Rossen*, ZUM 1994, 224 (227).

regulierung gewährleisten könnte.[321] Bei der Frage nach einer Aufteilung von Verantwortung für den Kinder- und Jugendschutz ist daher maßgeblich, inwieweit die Anbieter diesen gewährleisten können, ohne durch staatliche Reglementierung und Kontrolle überwacht, beaufsichtigt sowie bei Verstößen beanstandet und gegebenenfalls mit Bußgeld für einen Verstoß belegt zu werden. Während die Befürworter der Selbstregulierung die Übertragung von Verantwortung auf die Anbieter als Chance für einen vorverlagerten, funktionierenden, präventiven Jugendschutz betrachten, sehen die Befürworter staatlicher Fremdregulierung die Selbstregulierung angesichts der dem Jugendschutz zuwiderlaufenden wirtschaftlichen Interessen der Veranstalter als Gefährdung wirksamen Jugendschutzes an.

Einen Mittelweg stellt die im JMStV gewählte Aufsichtsform der „regulierten Selbstregulierung" dar, die vom Grundsatz der Selbstregulierung der Anbieter ausgeht, jedoch teilweise, insbesondere bei der Anerkennung der Selbstkontrolleinrichtungen, auf staatliche Kontrolle zurückgreift. Hiermit wird insbesondere der „verfassungsrechtlichen Balance von Freiheit und Bindung"[322] Rechnung getragen. Die Förderung der Selbstkontrolle entspricht aber auch dem gewandelten Grundverständnis des Staates, wonach der Staat weniger eine „Ergebnis- und Erfüllungsverantwortung" als nunmehr eine „Gewährleistungs- und Auffangverantwortung" übernimmt.[323] Somit werden durch den JMStV im Falle des Versagens der Selbstregulierung staatliche Maßnahmen nicht vollständig ausgeschlossen, wenngleich wesentlich reduziert. Mit dem Prinzip der „regulierten Selbstregulierung" im Rahmen des JMStV wurde insofern ein Paradigmenwechsel im Jugendschutz eingeleitet, als im JMStV den anerkannten Selbstkontrolleinrichtungen ein Entscheidungsrahmen zugebilligt wird, der durch die Medienaufsicht nur begrenzt überprüfbar ist.[324] Es wird sich bei der Anwendung des JMStV in den nächsten Jahren zeigen, ob die im JMStV vorgenommene Gewichtung zu mehr „Selbstverantwortung" der Anbieter und weniger „Fremdverantwortung" des Staates nicht zu Lasten des Jugendschutzes geht.

6.3 Verantwortlichkeit nach dem RStV

Im Rahmen der Programmaufsicht privater Rundfunkveranstalter zählte der Jugendschutz – zumindest bis zum Erlass des JMStV – zu den wichtigsten gesetzlichen Aufgaben der Landesmedienanstalten,[325] die im Rundfunkstaatsvertrag und in den

---

[321] *Schulz/Held* (2002), A 5 ff., stellen lediglich fest, dass bisher keine wissenschaftlich fundierten Theorien vorliegen, die besagen, unter welchen Voraussetzungen die Handlungsform der regulierten Selbstregulierung als geeignet gilt.

[322] *Rossen*, ZUM 1994, 224 (227).

[323] *Reinemann* (2002), S. 114 m.w.N.

[324] Amtl. Begr., BayLT-Drs. 14/10246, S. 14. *Bornemann*, NJW 2003, 787 (787), bezeichnet dies als „Teilprivatisierung der Aufsicht".

[325] Zu den Arbeitsstrukturen, Verfahren und Reaktionsmöglichkeiten der Landesmedienanstalten im Bereich des Jugendmedienschutzes vor Erlass des JMStV vgl. *GSJP*, Jugendschutzbericht 2000/2001,

jeweiligen Landesmediengesetzen niedergelegt waren. Unabhängig von der Frage, ob der Staat selbst gegenüber dem von Verfassungs wegen staatsfernen Rundfunk Aufsichtsfunktionen zur Gewährleistung effektiven Jugendschutzes in programmlicher Hinsicht wahrnehmen darf,[326] erscheint jedenfalls die Übernahme der Jugendschutzfunktion durch die als staatsunabhängige, öffentlich-rechtlich organisierten Landesmedienanstalten, die lediglich einer Rechtsaufsicht des Staates unterliegen,[327] statthaft und sachgerecht.[328] Die Landesmedienanstalten sind alle pluralistisch organisierte Anstalten mit dem Recht der Selbstverwaltung und unabhängig von Partikularinteressen. Insbesondere sind die Landesmedienanstalten weder irgendwelchen Veranstalterinteressen unterworfen, noch vertreten sie Konkurrenteninteressen. Sie sind unabhängig und an das Gesetz gebunden, repräsentieren insofern die Interessen der Allgemeinheit. Nicht zuletzt aufgrund ihrer binnenpluralistischen Organisationsstrukturen sind die Landesmedienanstalten in ihrer Aufgabenerfüllung staatsfrei.[329]

Die Gewährleistung des Jugendmedienschutzes als verfassungsrechtlich vorgegebene Staatsaufgabe wurde durch die Landesmedienanstalten im öffentlichen Interesse in zulässiger Weise erfüllt. Die Landesmedienanstalten erscheinen mit ihren gruppenpluralen Entscheidungsgremien und aufgrund ihrer Unabhängigkeit sogar in besonderer Weise geeignet, effektiven Jugendmedienschutz zu gewährleisten, da ihnen erlaubt ist, Entscheidungen mit Auswirkungen auf das Programm zu treffen, was dem Staat selbst von Verfassungs wegen nicht möglich ist. Die „Delegation" der verfassungsrechtlich vorgesehenen Staatsaufgabe Jugendmedienschutz nach dem RStV auf die als staatsunabhängig organisierten Anstalten des öffentlichen Rechts, den Landesmedienanstalten, war somit verfassungsrechtlich unbedenklich.[330] Eine „Delegation" der Aufsicht auf nicht öffentlich-rechtlich verfasste, sondern privatrechtlich organisierte Institutionen ist dagegen nur unter engen Voraussetzungen rechtlich zulässig.[331] Denn

S. 7 ff. Allg. zu den Strukturen der Aufsicht über den privaten Rundfunk in Deutschland vgl. *Sporn* (2001), S. 6 ff.

[326] Der Grundsatz der Staatsferne des Rundfunks schließt staatliche Maßnahmen zur Herstellung und Erhaltung der Rundfunkfreiheit nicht von vornherein aus. Jedoch versagt der Grundsatz der Staatsferne des Rundfunks dem Gesetzgeber und der Exekutive nur jene Einflussnahme auf den Rundfunk, welche mit seiner Sicherung bzw. seinen Schranken nicht vereinbar ist, vgl. BVerfGE 73, 118 (182). Ansonsten ist eine Einflussnahme des Staates, insbesondere auf inhaltliche Aspekte des Programms, verfassungswidrig, da Rundfunk- bzw. Programmfreiheit eben gerade das Verbot fremder, insb. staatlicher Einflussnahme auf Auswahl, Inhalt und Ausgestaltung des Programms bedeutet, vgl. BVerfGE 59, 231 (258); *Dörr/Cole* (2001), S. 75 ff. m.w.N.

[327] *Hesse* (1999), S. 172 Rn. 114.

[328] *Dörr/Cole* (2001), S. 80 ff. m.w.N.; *Hopf*, ZUM 2000, 739 (744 f.).

[329] Vgl. hierzu BVerfGE 73, 118 (165); *Ladeur*, in: *Hahn/Vesting* (2003), § 46 RStV Rn. 8; *Hopf*, ZUM 2000, 739 (744 f.), *Gersdorf*, Staatsfreiheit (1991), S. 117 ff., 127, 375; *Bethge*, JZ 1985, 308 (311); a.A. *Wagner* (1990), S. 112 m.w.N., der ohne jede Begründung die Landesmedienanstalten der mittelbaren (Landes-) Staatsverwaltung zuweist.

[330] *Dörr/Cole* (2001), S. 80 ff. m.w.N.

[331] Vgl. 2. Teil: 6.1.

privatrechtliche Organisationen unterliegen in der Regel bestimmten wirtschaftlichen Interessen. Der Staat kann seine verfassungsrechtlich vorgegebene Aufgabe, welche durch die Landesmedienanstalten bisher staatsfern erfüllt wurden, nicht dadurch erledigen, dass er sich ihrer gänzlich entledigt.[332] Von vornherein steht daher fest, dass eine vollständige „Abgabe“ der Verantwortung des Staates an private Institutionen – wie beispielsweise an die freiwilligen Selbstkontrolleinrichtungen – verfassungsrechtlich unzulässig wäre. Eine In-Dienstnahme Privater zur Erfüllung staatlicher Aufgaben entspricht zwar dem sich wandelnden Selbstverständnis des Staates,[333] setzt jedoch nicht nur klare Vorgaben, sondern vor allem auch verbleibende staatliche Aufsichts- und Kontrollbefugnisse voraus. Der Staat kann somit die Erfüllungsverantwortung durchaus in private Hände legen, so lang in ausreichendem Maße die Gewährleistungs- und Auffangverantwortung bei ihm verbleibt.[334]

6.4 Das neue Aufsichtsmodell im Jugendmedienschutz des JMStV

Die wohl umfassendsten und anfangs auch umstrittensten[335] Neuerungen des JMStV sind die Bestimmungen zur Aufsicht in Jugendschutzfragen, insbesondere die Schaffung der Kommission für Jugendmedienschutz (KJM) und die Bestimmungen zur Errichtung privater freiwilliger Selbstkontrolleinrichtungen. Als neues Aufsichtsmodell gilt, wie bereits ausgeführt, künftig das Prinzip der sog. „regulierten Selbstregulierung“[336] bzw. sog. „Co-Regulierung“,[337] bei dem eine Kombination aus Veranstalter-Selbstkontrolle und staatlicher Aufsicht einen effektiveren Jugendschutz in Rundfunk

---

332 *Bethge*, in: BLM-Symposion 2001 (2002), S. 77 ff.

333 Zum Wandel der Rolle des Staates vgl. *Hoffmann-Riem*, DÖV 1999, 221 (221 ff.); *Reinemann* (2002), S. 114 m.w.N.

334 Im Ergebnis so auch *Bethge*, in: BLM-Symposion 2001 (2002), S. 77 ff.

335 Während der VPRT zunächst eine reine Selbstkontrolle präferierte und das neue Aufsichtsmodell der regulierten Selbstregulierung im JMStV als „Arbeitsbeschaffungsmaßnahme für die Landesmedienanstalten“ bezeichnete sowie von einer „kastrierten Selbstkontrolle als dekorativem Feigenblatt“ sprach, vgl. *Doetz*, zitiert in: t+f, 15.07.2002, Nr. 3/2002, S. 5 und Blickpunkt: Film, v. 12.08.2002, S. 14, sah die GSJP die kontrollierte Selbstkontrolle im JMStV dagegen als eine Chance für die Selbstkontrolle und befürwortete die Vorverlagerung des Jugendmedienschutzes. Dies jedoch nur wenn im Hintergrund eine Aufsicht stehe, die Entscheidungen freiwilliger Selbstkontrolleinrichtungen vollinhaltlich überprüfen und korrigieren könne, vgl. *Ring*, zitiert in: t+f, 15.07.2002, Nr. 3/2002, S. 5. Vgl. zum Streit der Ausgestaltung der Aufsicht im JMStV im Übrigen *Palzer*, ZUM 2002, 875 (876) m.w.N.; Der Spiegel v. 18.02.2002, S. 72 f.

336 Zum Konzept der regulierten Selbstregulierung vgl. 2. Teil: 6.2; *Schulz/Held* (2003), S. 3 ff.; *Schulz/Held* (2002); *Ladeur*, ZUM 2002, 859 ff.; *Dörr/Cole* (2001), S. 105 ff.; *Bornemann*, NJW 2003, 787 (790 f.). Zu den unterschiedlichen Begriffen „Co-Regulierung“, „regulierte Selbstregulierung“ oder „Selbstkontrolle“ vgl. auch *Palzer*, ZUM 2002, 875 (876) m.w.N.; Zur Selbstregulierung im Medienrecht allgemein vgl. *Calliess*, AfP 2002, 465 ff.; *Ladeur*, K&R 2000, 171 (178); *Rossen*, ZUM 1994, 224 (227).

337 Zum Begriff der „Co-Regulierung“ vgl. *Palzer*, ZUM 2002, 875 (876 f.). Eine Inhalts- und Qualitätskontrolle durch gleichgeordnete Kontrollinstanzen nach dem Vorbild des deutschen Presserates fordert *Stürner*, AfP 2002, 283 (290 ff.).

und Telemedien garantieren soll.[338] Durch das neue Aufsichtsprinzip – welches gem. § 13 JMStV nur für länderübergreifende Angebote gilt – tritt im Rundfunk eine „De-Regulierung" ein.[339] Das neue Aufsichtsmodell stellt sich wie folgt dar:[340]

Zuständige Aufsichtsbehörde für Jugendschutzfragen im privaten Rundfunk sind nach §§ 14 Abs. 1 S. 1, 20 Abs. 1 JMStV weiterhin die jeweils zuständige Landesmedienanstalten.[341] Als Organ bei der Erfüllung ihrer Aufgaben dient den Landesmedienanstalten gem. § 14 Abs. 2 JMStV für länderübergreifende Angebote (§ 13 JMStV) nunmehr die Kommission für Jugendmedienschutz (KJM). Beim Prinzip der regulierten Selbstregulierung haben die Anbieter die Möglichkeit, sich an privaten freiwilligen – von den Landesmedienanstalten gem. § 19 Abs. 4 JMStV anerkannten – Selbstkontrolleinrichtungen zu beteiligen. Eine Beteiligungspflicht besteht dagegen nicht.[342] Anbieter, die sich keiner anerkannten Selbstkontrolleinrichtung angeschlossen haben und Anbieter von nicht länderübergreifenden Angeboten gem. § 13 JMStV, unterliegen weiterhin der uneingeschränkten Aufsicht der Landesmedienanstalten.[343] Die anerkannten Selbstkontrolleinrichtungen können für ihre Mitglieder Sendezeitbeschränkungen – ebenso wie die KJM – für jugendbeeinträchtigende Rundfunkangebote gem. § 8 JMStV festlegen und Ausnahmen von den gesetzlichen Sendezeitbeschränkungen des § 5 Abs. 2 i.V.m. Abs. 4 JMStV gem. § 9 Abs. 1 JMStV gestatten. Für das Internet ist die durch die obersten Landesjugendbehörden eingerichtete gemeinsame Stelle

[338] Hintergrund des Konzeptes der „regulierten Selbstregulierung" ist, „dass in bestimmten Bereichen der Wirtschaftsregulierung direkte staatliche (oder von staatlich eingesetzten Akteuren durchgeführte) Regulierung an Effektivität oder Effizienz einbüßt oder aber unvorteilhafte Nebeneffekte hervorruft. Unter bestimmten Voraussetzungen erscheint eine indirekt-zweistufige Regulierung vorzugswürdig, bei der die Erreichung des gesetzlichen Regulierungszieles zunächst nicht-staatlichen Akteuren (vor allem Unternehmen oder Unternehmensverbänden) obliegt," vgl. *Schulz/Held* (2003), S. 3. Den Landesmedienanstalten durch ihr Organ die KJM fällt die Aufgabe zu, diese Regulierung zu kontrollieren, wobei ganz unterschiedliche Modelle mit unterschiedlichen Instrumentarien hierzu in Betracht kommen.

[339] *Schulz/Held* (2002), E 6 f.

[340] Ausführlich zum neuen Aufsichtsmodell im JMStV vgl. *Kreile/Diesbach*, ZUM 2002, 849 (852 ff.); *Palzer*, ZUM 2002, 875 (884 ff.); *Ladeur*, ZUM 2002, 859 (866 ff.); *Bornemann*, NJW 2003, 787 (790 f.).

[341] Hinzugekommen ist die Zuständigkeit der Landesmedienanstalten auch für den Bereich der Telemedien.

[342] Vgl. amtl. Begr. zum JMStV, BayLT-Drs. 14/10246, S. 24.

[343] Dies betrifft vor allem die Anbieter von Telemedien, da die bestehenden Selbstkontrolleinrichtungen, insbesondere die freiwillige Selbstkontrolle Multimedia-Diensteanbieter (FSM) und das electronic commerce forum (eco) sich geweigert haben, die Vorgaben des JMStV zu akzeptieren, vgl. *Krempl*, Heise online News-Ticker v. 12.08.02, S. 1 f.; *Morhart*, epd medien Nr. 64, 17.08.2002, S. 3 f.; *Palzer*, ZUM 2002, 875 (885); *Bornemann*, NJW 2003, 787 (787). Wobei Internetangebote als „länderübergreifend" i.S.d. § 13 JMStV verstanden werden müssen, vgl. *Schulz/Held* (2003), S. 12. Allg. zur FSM vgl. *Weinrich*, JMS-Report 2/2001, 62 f. Kritik an der Arbeit der FSM üben *Dörr/Cole* (2001), S. 100 ff.; *Vielhaber*, MMR Beilage 9/2001, 16 (18); *Langenfeld* (2003), S. 4 m.w.N.

„jugendschutz.net" zuständig.[344] Jedoch darf diese gem. § 18 Abs. 4 JMStV nur die KJM und anerkannte Selbstkontrolleinrichtungen auf Jugendschutzverstöße hinweisen.[345]

Das neue Aufsichtsmodell führt im Bereich des Fernsehens zu einer Vorverlagerung des Jugendmedienschutzes hinsichtlich der Aufsicht und Kontrolle. Bei der vom JMStV verwendeten Aufsichtsform der „regulierten Selbstregulierung" wird den Entscheidungen der freiwilligen Selbstkontrolle eine begrenzte Verbindlichkeit auch für Staatsorgane zugesprochen.[346] Im Gegenzug müssen die Selbstkontrollen zur Anerkennung durch die KJM gewährleisten, dass ihre Entscheidungen kompetent und sachgerecht getroffen werden. Die einzelnen Voraussetzungen für eine Anerkennung ergeben sich aus § 19 Abs. 3 JMStV. Sollte die KJM der Ansicht sein, dass ein Angebot gegen den JMStV verstößt, obwohl die anerkannte Selbstkontrolleinrichtung zu einer abweichenden Beurteilung gekommen ist, sind Maßnahmen durch die KJM gegenüber dem Veranstalter nur zulässig, wenn die Selbstkontrolleinrichtung den ihr vom Gesetzgeber eingeräumten Beurteilungsspielraum[347] im Einzelfall überschritten hat, § 20 Abs. 3 S. 1, Abs. 5 S. 2 JMStV. Die Beurteilung der zuständigen anerkannten Selbstkontrolleinrichtung wirkt bei Beachtung des Beurteilungsspielraums als Verfahrenshindernis für die Ahndung und Verfolgung als Ordnungswidrigkeit und für verwaltungsrechtliche Aufsichtsmaßnahmen durch die Landesmedienanstalten.[348] Sollte die Spruchpraxis der anerkannten freiwilligen Selbstkontrolleinrichtung nicht mit dem JMStV und den daraufhin erlassenen Satzungen und Richtlinien in Einklang stehen, kann zwar dem Anbieter bei Beachtung dieser Entscheidungen kein Nachteil entstehen, jedoch kann die Anerkennung der Selbstkontrolleinrichtung gem. § 19 Abs. 5 JMStV widerrufen werden. Ob § 19 Abs. 5 JMStV als einzige Regelung zur Systemkontrolle ausreichend

---

[344] Die Stelle „jugendschutz.net" ist gem. § 18 Abs. 1 JMStV organisatorisch an die KJM angebunden. Die für den Jugendschutz zuständigen Minister der Länder legen in einem Statut die fachliche und haushaltsmäßige Unabhängigkeit der Stelle fest, vgl. § 18 Abs. 1 S. 2 und 3 JMStV. Vgl. hierzu und zu ihrem Verhältnis zur KJM auch *Schulz/Held* (2003), S. 17 ff.

[345] Nachdem der neue JMStV eine Zertifizierung der Selbstkontrolleinrichtungen vorsieht, fühlen sich die Selbstkontrolleinrichtungen im Bereich des Internet ihrer Rolle enthoben. Nicht verständlich an dem neuen Modell ist, weshalb jugendschutz.net nur auf Verstöße hinweisen darf und beispielsweise kein Antragsrecht an die Bundesprüfstelle – wie die KJM – inne hat; vgl. hierzu Pro Jugend, 01.09.02, Nr. 2, S. 26 (27); MMR 2/2002, S. XIII. Zur „Co-Regulierung" im Bereich der Telemedien vgl. weiter *Palzer*, ZUM 2002, 875 (885 f.); *Morhart*, epd medien Nr. 46, 17.08.2002, S. 4.

[346] Bisher mussten Gutachten der freiwilligen Selbstkontrolle lediglich bei Entscheidungen der Landesmedienanstalten einbezogen werden (§ 3 Abs. 8 RStV). Mediendienste (§ 12 Abs. 5 S. 5 MDStV) befreite der Beitritt zu einer Organisation der Selbstkontrolle vom Erfordernis eines Jugendschutzbeauftragten.

[347] Zur Lehre vom Beurteilungsspielraum im Verwaltungsrecht vgl. *Maurer* (2002), § 7 III 2.

[348] Dies kann jedoch nicht zu einem Strafverfolgungshindernis für die Strafverfolgungsbehörden führen, so auch *Bornemann*, NJW 2003, 787 (791).

ist, ist daher eher bedenklich.[349] Bereits aus diesem Grund muss es den Landesmedienanstalten durch ihr Organ, die KJM, möglich sein, in Form von Satzungen und Richtlinien bei einem Versagen der Selbstkontrolle „nachzuregulieren".[350] Diese Möglichkeit ist den Landesmedienanstalten durch § 15 Abs. 2 JMStV gewährt worden.

Angesichts des neuen, bisher nicht empirisch für den Bereich des Jugendschutzes evaluierten[351] Aufsichtsmodells der regulierten Selbstregulierung wurde im JMStV den Ländern als Staatsvertragsparteien auch ein Teilkündigungsrecht gem. § 26 Abs. 1 S. 2 JMStV zugesprochen.[352] Im Übrigen werden die Länder gem. § 20 Abs. 7 JMStV drei Jahre nach In-Kraft-Treten des JMStV die Anwendung der Bestimmungen des § 20 Abs. 3 und 5 JMStV insbesondere auf der Grundlage des Berichts der KJM nach § 17 Abs. 3 JMStV und der Stellungnahmen anerkannter Einrichtungen freiwilliger Selbstkontrolle und der obersten Landesbehörden überprüfen.

Schließlich sei darauf hingewiesen, dass das neue Aufsichtsmodell, welches gem. § 13 JMStV nur für länderübergreifende Angebote gilt, in Bayern auch nicht über das Bayerische Mediengesetz (BayMG)[353] auf nicht länderübergreifende Angebote – also lokale und regionale Angebote – ausgeweitet werden kann, da der Trägerschaftsvorbehalt des Art. 111 a BV dem entgegen steht. Die BLM kann die ihr übertragenen Befugnisse nicht auf private Institutionen abgeben. Zwar heißt es in der amtlichen Begründung zu § 13 JMStV, dass es den Ländern vorbehalten bleibt, die Aufsichts- und Kontrollbestimmungen des §§ 14 bis 21 sowie § 24 Abs. 4 S. 6 JMStV auch auf nicht länderübergreifende Angebote für anwendbar zu erklären.[354] Die Länder haben sich jedoch nach grundsätzlichen Diskussionen gegen eine unmittelbare Geltung des Modells der regulierten Selbstregulierung für landesinterne Angelegenheiten entschieden.[355] Dies nicht zuletzt, da durch das in Bayern geltende Modell des privaten

---

[349] So auch *Schulz/Held* (2003), S. 20. *Ladeur*, ZUM 2002, 859 (867), sieht die Regulierung neben der Durchführung des Anerkennungsverfahrens auch in der Kontrolle der einzelnen Entscheidungen der Selbstkontrolle.

[350] So auch *Ladeur*, ZUM 2002, 859 (866 ff.); *Schulz/Held* (2003), S. 22.

[351] Aus wissenschaftlichen Erkenntnissen zur Effizienz der „regulierten Selbstregulierung" in anderen Bereichen kann zumindest für den Jugendschutz konstatiert werden, dass die Kontrolle der Selbstkontrolle über effektive Instrumente verfügen muss, jedoch andererseits den Einrichtungen der Selbstkontrolle Handlungsmöglichkeiten verbleiben müssen, die es für Anbieter rational erscheinen lassen, sich dem System der Selbstkontrolle zu unterwerfen, damit das Gesamtsystem funktionieren kann, vgl. *Schulz/Held* (2003), S. 3 f.

[352] Jedoch wirkt sich eine Teilkündigung nur auf das konkrete Bundesland aus, im Übrigen behält der JMStV Geltung, vgl. § 26 Abs. 1 S. 7 JMStV.

[353] Gesetz über die Entwicklung, Förderung und Veranstaltung privater Rundfunkangebote und anderer Mediendienste in Bayern (Bayerisches Mediengesetz – BayMG) in der Fassung der Bekanntmachung vom 14. März 2002 (GVBl S. 155, BayRS 2251-4-S).

[354] Amtl. Begr. zu § 13 JMStV, BayLT-Drs. 14/10246, S. 21.

[355] Vgl. § 13 JMStV. Außerhalb Bayerns bleibt es den Ländern dagegen unbenommen, die entsprechenden Regelungen der §§ 14 bis 21 sowie § 24 Abs. 4 S. 6 JMStV für anwendbar zu erklären.

Rundfunks in öffentlicher Trägerschaft eine Ausgliederung der Aufgaben der BLM im Bereich der Aufsicht und der Kontrolle an private Selbstkontrolleinrichtungen gerade nicht möglich ist.

6.4.1 Einrichtungen der freiwilligen Selbstkontrolle

Gem. § 19 JMStV können freiwillige Selbstkontrolleinrichtungen für Rundfunk und Telemedien gebildet werden.[356] Jene werden privatrechtlich organisiert und von den privaten Veranstaltern finanziert. Damit die Entscheidungen der Selbstkontrolleinrichtung Bindungswirkung erhalten, bedürfen sie der Anerkennung durch die KJM.[357] Für die Dauer ihrer Anerkennung – also vier Jahre (§ 19 Abs. 4 S. 5 JMStV)[358] – unterliegen sie dagegen keiner (ständigen) Aufsicht. Der JMStV sieht zwar bestimmte Anforderungen an die Errichtung und hinsichtlich der Kontrolle der freiwilligen Selbstkontrolleinrichtung vor, dies ändert aber nichts daran, dass das „Aufsichtsmodell" durch freiwillige Selbstkontrolleinrichtungen – abgesehen von der Anerkennung[359] – der privaten Sphäre verhaftet und organisationsrechtlich prinzipiell dem Bereich der Veranstalter zugeordnet bleibt.

Die freiwilligen Selbstkontrolleinrichtungen unterscheiden sich nur wenig von den Rundfunkveranstaltern – beide Gruppierungen sind jeweils zivilrechtlich organisiert, unterliegen den rundfunkrechtlichen Bestimmungen einschließlich des Jugendschutzes und bedürfen für ihre Tätigkeit der Zulassung[360] bzw. Anerkennung. Von den bisherigen öffentlich-rechtlichen Aufsichtsinstanzen unterscheiden sich dagegen die Selbstkontrolleinrichtungen hinsichtlich der Interessenlage erheblich, da sich das Interesse an den unterschiedlichen Sphären – privat- und öffentlich-rechtlich – orientiert. Der angebliche Unterschied zwischen Rundfunkveranstalter und freiwilliger Selbstkontrolle hinsichtlich des Maßes der Sachkunde im Bereich des Jugendmedienschutzes ist marginal, da auch die Veranstalter über einen sachkundigen Jugendmedienschutzbeauftragten verfügen müssen. Auch der Einwand, die Selbstkontrolleinrichtung besitze größere Unabhängigkeit angesichts der Entfernung vom Veranstalter, erscheint aufgrund des (partiellen) Vorschlagsrechts für die Besetzung der freiwilligen Selbst-

---

[356] § 19 JMStV enthält nach der amtl. Begr. zum JMStV, BayLT-Drs. 14/10246, S. 24, die verfahrensrechtlichen Voraussetzungen für eine effektive Selbstkontrolle im rechtsaufsichtlichen Prüfverfahren für Rundfunk und Telemedien.

[357] Bisher bestand nur eine Einbeziehungspflicht gem. § 3 Abs. 8 RStV.

[358] Eine Verlängerung der Anerkennung ist gem. § 19 Abs. 4 S. 6 JMStV möglich.

[359] Zu den Voraussetzungen für eine Anerkennung vgl. *Kreile/Diesbach*, ZUM 2002, 849 (854).

[360] In Bayern werden aufgrund des Organisationsmodells in Art. 111 a Abs. 2 S. 1 BV, wonach sich kein duales Rundfunksystem mit öffentlich-rechtlichen und privaten Trägern entwickeln darf, keine Veranstalter lizenziert oder zugelassen. Vielmehr wird Anbietern durch die BLM eine Genehmigung gem. Art. 26 BayMG erteilt. Vgl. zum „privaten" Rundfunk in öffentlicher Verantwortung und öffentlich-rechtlicher Trägerschaft der BLM *Bornemann*, ZUM 1995, 832 (833 ff. m.w.N.).

kontrolleinrichtung und die Finanzierung durch die privaten Veranstalter zweifelhaft.[361] Lediglich hinsichtlich der Grundrechtsfähigkeit des Rundfunkveranstalters, sich auf die Rundfunkfreiheit gem. Art. 5 Abs. 1 S. 2 Alt. 2 GG berufen zu können, unterscheidet sich dieser erheblich von der Selbstkontrolle.

Den Landesmedienanstalten ist das öffentliche Interesse, das Gemeinwohl der Gesellschaft näher, während die freiwillige Selbstkontrolleinrichtung durch Organisationsform, Bestellungsrecht und Finanzierung den privaten Rundfunkveranstaltern verbunden sind. Nach dem Gedanken des JMStV sollen beide – die KJM und die Selbstkontrolleinrichtung – prinzipiell dieselben Aufgaben wahrnehmen. Hierbei wird jedoch der freiwilligen Selbstkontrolleinrichtung ein Entscheidungsvorrang, nämlich ein sog. Beurteilungsspielraum, welcher von der KJM nur sehr beschränkt überprüft werden kann, eingeräumt. Entscheidungen der freiwilligen Selbstkontrolleinrichtungen können danach nicht inhaltlich, sondern nur daraufhin überprüft werden, ob der Prüfer die Verfahrensvorschriften eingehalten hat, von einem zutreffenden Sachverhalt ausgegangen ist, allgemein anerkannte Bewertungsmaßstäbe beachtete und sich nicht von sachfremden Erwägungen hat leiten lassen.[362] Somit kann nach dem Wortlaut nicht die inhaltliche Richtigkeit der Entscheidung überprüft werden, sondern nur, ob diese unter Beachtung bestimmter Regeln, also innerhalb des Beurteilungsspielraums, zustande gekommen ist.

6.4.2 Die Kommission für Jugendmedienschutz (KJM)

Gem. § 14 Abs. 2 JMStV wird zur Erfüllung der Aufgaben der Landesmedienanstalten im Sinne des § 14 Abs. 1 JMStV die Kommission für Jugendmedienschutz gebildet. Sie ist Organ der jeweils zuständigen Landesmedienanstalt. Die KJM besteht gem. § 14 Abs. 2 S. 1 JMStV aus zwölf Sachverständigen, wobei hiervon sechs Mitglieder aus dem Kreis der Direktoren der Landesmedienanstalten, die von den Landesmedienanstalten im Einvernehmen benannt werden, sowie vier Mitglieder von den für den Jugendschutz zuständigen obersten Landesbehörden und zwei Mitglieder von der für den Jugendschutz zuständigen obersten Bundesbehörde stammen müssen, § 14 Abs. 2

---

[361] Zur Organisation, Zusammensetzung, Sachkunde und Finanzierung der FSF (insbesondere im Vergleich zur GSJP der Landesmedienanstalten) vgl. *Bornemann*, K&R 2002, 474 (475 ff.) und *Rossen*, ZUM 1994, 224 (227 ff.).

[362] Der JMStV knüpft an den verwaltungsrechtlichen Begriff des „Beurteilungsspielraum" an, welcher im Verwaltungsrecht eine Kontrolle der Entscheidung durch die Verwaltungsgerichte nur in begrenztem Maße zulässt. Entscheidend sind ausschließlich Verfahrensfehler, Annahme eines unrichtigen Sachverhalts, Verletzung allgemein gültiger Wertungsmaßstäbe und Verkennung des anzuwendenden Rechts. In der verwaltungsrechtlichen Literatur wird bei anerkannten Beurteilungsspielräumen daher meist auch vom „Letztentscheidungsrecht" gesprochen, vgl. *Maurer* (2002), § 7 III 2; *Eyermann/ Fröhler*, VwGO (2000), § 114 Rn. 51; für den Beurteilungsspielraum im JMStV vgl. *Kreile/Diesbach*, ZUM 2002, 849 (855).

S. 2 JMStV.[363] Die Mitglieder der KJM sind bei der Erfüllung ihrer Aufgaben weisungsunabhängig, § 14 Abs. 6 JMStV. Gem. § 14 Abs. 5 JMStV besteht aus Gründen der verfahrenstechnischen Bewältigung der derzeit noch nicht konkret absehbaren Anzahl von Prüfverfahren bei der KJM die Möglichkeit Prüfausschüsse zu bilden.[364] Die KJM wird vielfach mit der KEK, der Kommission zur Ermittlung der Konzentration im Medienbereich (§ 35 Abs. 2 RStV), verglichen.[365] Die KEK wird wie die KJM zur Erfüllung der Aufgaben der Landesmedienanstalten tätig, vgl. § 35 Abs. 2 Nr. 1 RStV, § 14 Abs. 2 JMStV. Die Mitglieder der KJM sind ebenso wie die Mitglieder der KEK an Weisungen nicht gebunden, vgl. § 35 Abs. 6 RStV, § 14 Abs. 6 JMStV. Auch der Finanzbedarf der KJM, soweit die Aufsicht über den Rundfunk betroffen ist, wird wie bei der KEK gem. § 32 Abs. 8 RStV im Wesentlichen aus dem Anteil der Landesmedienanstalten nach § 10 Rundfunkfinanzierungs-Staatsvertrag gedeckt, § 14 Abs. 9 JMStV,[366] um nur einige der Parallelen aufzuzeigen.[367]

Nach § 15 Abs. 1 JMStV ist die KJM verpflichtet, die Vorsitzenden der Gremien der Landesmedienanstalten fortlaufend über ihre Tätigkeit zu unterrichten und diese in grundsätzlichen Angelegenheiten, insbesondere bei der Erstellung von Satzungs- und Richtlinienentwürfen einzubeziehen. Die nach Landesrecht zuständigen Organe der Landesmedienanstalten erlassen aufgrund der generellen Ermächtigung in § 15 Abs. 2 JMStV übereinstimmende Satzungen und Richtlinien zur Durchführung des JMStV und stellen hierbei das Benehmen mit den in der ARD zusammengeschlossenen Landesrundfunkanstalten und dem ZDF her und führen mit diesen und der KJM einen gemeinsamen Erfahrungsaustausch in der Anwendung des Jugendmedienschutzes durch.[368] Die Richtlinien und Satzungen sind in Anwendung von § 19 Abs. 2 JMStV

---

[363] Die Zusammensetzung der KJM soll nicht nur Sachverstand gewährleisten, sondern insbesondere auch der neuen Aufteilung zwischen Bund und Ländern hinsichtlich der neuen Kompetenzen Rechnung tragen, vgl. hierzu auch *Kreile/Diesbach*, ZUM 2002, 849 (853).

[364] Vgl. amtl. Begr., BayLT-Drs. 14/10246, S. 22.

[365] Vgl. hierzu *Bethge*, in: BLM-Symposion 2001 (2002), S. 81; *Schulz/Held* (2003), S. 13; *Kreile/Diesbach*, ZUM 2002, 849 (852); *Langenfeld* (2003), S. 12. Vgl. zur KEK allgemein *Schuler-Harms*, in: *Hahn/Vesting* (2003), § 35 Rn. 7 ff.; *Hepach*, ZUM 1999, 603 ff.; *Hartstein/Ring/Kreile/Dörr/Stettner* (2003), § 35 Rn. 4 ff.

[366] Nicht nachvollziehbar ist, weshalb der Wirtschaftsplan der KJM als Organ der Landesmedienanstalten einer eigenen staatlichen Genehmigungspflicht unterliegen soll, da eine staatliche Überprüfung der Wirtschaftsführung der Landesmedienanstalten durch die Rechnungsprüfung der Obersten Rechnungshöfe erfolgt und ausreichend erscheint. Zur Finanzierung der Aufsicht nach dem JMStV allgemein vgl. auch *Schulz/Held* (2003), S. 19.

[367] *Kreile/Diesbach*, ZUM 2002, 849 (852), stellen als Unterschied zwischen KJM und KEK heraus, dass die Landesmedienanstalten teilweise neben der KEK gegenüber den Veranstaltern auftreten, während in Angelegenheit des Jugendschutzes im Rundfunk in Einzelfallmaßnahmen stets nur die KJM auftreten soll.

[368] Gem. § 15 Abs. 2 JMStV können Satzungen und Richtlinien zur Durchführung des JMStV von den Landesmedienanstalten erlassen werden, die generell-abstrakte Regeln zur Interpretation und Konkretisierung der gesetzlichen Vorschriften beinhalten. Davon zu unterscheiden sind die Satzungen gem. § 9 Abs. 2 JMStV (Jugendschutzsatzung zur Vorsperre) und gem. 14 Abs. 9 S. 6 JMStV (Satzung

auch für die freiwilligen Selbstkontrolleinrichtungen bindend.[369] § 16 JMStV enthält darüber hinaus einen nicht abschließenden[370] Katalog mit Aufgaben der KJM.[371]

Die Satzungs- und Richtlinienkompetenz der Landesmedienanstalten eröffnet einen grundsätzlich weiten Regulierungsspielraum für die Landesmedienanstalten.[372] Ausdrücklich der KJM als Organ zugewiesen sind die Festlegung der Verteilung der Prüfverfahren gem. § 14 Abs. 5 S. 4 JMStV, die Geschäftsordnung gem. § 14 Abs. 5 S. 5 JMStV und die Erstellung eines Wirtschaftsplans gem. § 15 Abs. 8 S. 2 JMStV. Daneben ist eine der wohl wichtigsten verbleibenden Aufgaben der KJM gegenüber den freiwilligen Selbstkontrolleinrichtungen deren Anerkennung sowie die Möglichkeit des Widerrufs der Anerkennung bei einer den Beurteilungsrahmen überschreitenden Entscheidungspraxis der Selbstkontrolleinrichtung.[373] Die Handlungsbefugnis der KJM soll schließlich dadurch gestärkt werden, dass sie nach § 17 Abs. 1 JMStV „von Amts wegen" tätig wird. So steht ihr die Möglichkeit zu, gem. § 16 S. 2 Nr. 7 JMStV die Bundesprüfstelle für jugendgefährdende Medien (BPjM)[374] anzurufen und Indizierungs-

über die Aufwandsentschädigung), bei welchen eine Verpflichtung zum Satzungserlass für die Landesmedienanstalten besteht. Die Zuständigkeiten für den Erlass von Satzungen und Richtlinien sind im JMStV aber auch insoweit uneinheitlich geregelt, als neben diesen Zuständigkeiten der Landesmedienanstalten (durch ihr Organ, die KJM,), die KJM selbst gem. §§ 8 und 9 Abs. 1 JMStV auch Richtlinien für Filme, die nicht der Anwendbarkeit des JuSchG unterfallen und für sonstige Sendeformate sowie Ausnahmeregelungen für die Sendezeitbeschränkungen nach § 5 Abs. 2 JMStV, vorsehen kann. Hier haben die sonstigen Organe der Landesmedienanstalten keinen Entscheidungsspielraum. Vgl. auch *Schulz/Held* (2003), S. 21, 13 ff. *Ladeur*, ZUM 2002, 859 (867) sieht dagegen in der Ermächtigung des § 15 Abs. 2 JMStV eine Bestätigung der Ermächtigung des § 3 Abs. 5 RStV und übersieht dabei, dass es dann einer entsprechenden Regelung in § 9 Abs. 2 JMStV nicht mehr bedurft hätte.

[369] *Schulz/Held* (20039, S. 21.

[370] Vgl. amtl. Begr. zu § 16 JMStV, BayLT-Drs. 14/10246, S. 23.

[371] Vgl. *Kreile/Diesbach*, ZUM 2002, 849 (853), die monieren, dass § 16 JMStV nicht zwischen allgemeinen Aufgaben und konkreten Befugnissen der KJM unterscheidet.

[372] *Schulz/Held* (20039, S. 21 sprechen bei § 15 Abs. 2 JMStV von einer „Generalermächtigung". Beim Satzungs- und Richtlinienerlass muss jedoch in jedem Fall nicht nur der verfassungsrechtliche Auftrag, effektiven Jugendschutz zu gewährleisten, verwirklicht werden, sondern auch das „Leitbild" des JMStV, die regulierte Selbstregulierung und somit die Interessen der Anbieter ausreichend Berücksichtigung finden. Den Landesmedienanstalten steht aber nach der ausdrücklich vom Gesetzgeber gewählten Konstellation nach wie vor die Möglichkeit zu, allgemeine Bewertungsgrundsätze durch Satzungen und Richtlinien festzulegen, die den Beurteilungsspielraum der freiwilligen Selbstkontrolle beschränken können, so zutreffend *Ladeur*, ZUM 2002, 959 (868). Auf diese Weise ist dann auch eine indirekte Kontrolle des Beurteilungsspielraums vorgesehen. Ein direkter „Sanktionsdurchgriff" in Form der Einzelfallkontrolle innerhalb des Beurteilungsspielraums der Selbstkontrolleinrichtungen ist den Landesmedienanstalten dagegen gem. § 20 Abs. 3 S. 1 JMStV verwehrt. Vgl. zur Verlagerung von Verantwortung auf Selbstverwaltungsträger BVerfGE 33, 125 (159); *Engels* (1997), S. 204.

[373] *Palzer*, ZUM 2002, 875 (885), bezeichnet dieses System als „Auffangverantwortung des Staates"; *Kreile/Diesbach*, ZUM 2002, 849 (853) sehen in der Anerkennung der freiwilligen Selbstkontrolle durch die KJM bereits das Prinzip der „regulierten Selbstregulierung" verwirklicht.

[374] Seit 01.04.2003 heißt die Bundesprüfstelle für jugendgefährdende Schriften und Medieninhalte nur noch Bundesprüfstelle für jugendgefährdende Medien (BPjM), § 17 JuSchG.

anträge zu stellen.[375] Stellt die KJM fest, dass ein Rundfunkveranstalter gegen den JMStV verstoßen hat, der Veranstalter aber nachweisen kann, dass er die Sendung vor ihrer Ausstrahlung einer anerkannten Einrichtung der freiwilligen Selbstkontrolle im Sinne dieses Staatsvertrages vorgelegt und deren Vorgaben beachtet hat, so sind Maßnahmen durch die KJM gem. § 20 Abs. 3 JMStV nur zulässig, wenn die Entscheidung oder die Unterlassung einer Entscheidung der anerkannten freiwilligen Selbstkontrolleinrichtung die rechtlichen Grenzen des Beurteilungsspielraums überschritten hat. Bereits die Zugehörigkeit eines Veranstalters zu einer anerkannten Selbstkontrolleinrichtung führt dazu, dass bei Verstößen – mit Ausnahme der Ausstrahlung unzulässiger Sendungen gem. § 4 Abs. 1 JMStV – stets zunächst gem. § 20 Abs. 5 JMStV die Selbstkontrolleinrichtung mit den Verstößen zu befassen ist.[376]

Eine die Entscheidung der Selbstkontrolleinrichtung korrigierende Handlungsmöglichkeit verbleibt der KJM also immer nur dann, wenn die freiwillige Selbstkontrolleinrichtung bei Entscheidungen ihren Beurteilungsspielraum überschritten hat (§ 20 Abs. 3 JMStV) oder wenn eine vorlagefähige Sendung vor der Ausstrahlung nicht vorgelegt worden war und gegen geltendes Recht verstößt.[377] Ein Veranstalter, der eine (objektiv) vorlagefähige Sendung vor der Ausstrahlung nicht vorlegt, kann sich im Nachhinein – anders als bei den nichtvorlagefähigen Sendungen – nicht auf die Wohltat des schützenden Beurteilungsspielraums der freiwilligen Selbstkontrolleinrichtung berufen, sondern unterliegt vollumfänglich der Sanktionsbefugnis der KJM. In beiden Fällen, also bei Überschreiten des Beurteilungsspielraums oder bei Ausstrahlung einer vorlagefähigen, aber nicht vorgelegten Sendung, kann die zuständige Landemedienanstalt durch ihr Organ, die KJM, die bisherigen Sanktionsmaßnahmen – wie Beanstandungen und die Verhängung von Bußgeldern – gegenüber den Veranstaltern ausüben. Aus diesem Grund besteht ein mittelbarer Zwang zur umfassenden Vorabkontrolle für die Veranstalter in Bezug auf die Einbeziehung freiwilliger Selbstkontrolleinrichtungen. Bei nicht vorlagefähigen Sendungen (echten Live-Sendungen) besteht ein Handlungsrecht für die KJM stets dann, wenn die freiwillige Selbstkontrolleinrichtung einen Verstoß bejaht, wenn sie einen Verstoß unter Überschreitung ihres Beurteilungsspielraums verneint, oder schließlich – ohne Rücksicht auf die Befassung und Meinung der Selbstkontrolleinrichtung, wenn es sich um ein absolut unzulässiges Angebot im Sinn des § 4 Abs. 1 JMStV handelt. Ferner muss für eine Funktionsfähigkeit der öffentlichrechtlichen Jugendschutz-Aufsicht auch für den Fall, dass entweder anerkennungsfähige freiwillige Selbstkontrolleinrichtungen nicht gebildet werden, sowie für solche

---

[375] Neu ist die Möglichkeit der BPjM gem. § 21 Abs. 4, 5 JuSchG auf Anregung durch eine antragsberechtigte Stelle oder einen anerkannten Träger der Jugendhilfe von Amts wegen tätig zu werden.

[376] Daher wird die Zugehörigkeit zu einer anerkannten Selbstkontrolle auch als „Schutzschild" bezeichnet, vgl. Pro Jugend, 01.09.2002, Nr. 3, S. 26 (27).

[377] Zweifel an der Zulässigkeit der Beschränkung hoheitlichen Eingreifens auf die Fälle rechtlicher Unvertretbarkeit der Entscheidung einer anerkannten Selbstkontrolleinrichtung angesichts der Anforderungen effektiven Jugendschutzes hegt *Langenfeld* (2003), S. 16.

Anbieter, die sich anerkannten Selbstkontrolleinrichtungen nicht anschließen, die KJM als Organ der Landesmedienanstalten aufsichtlich tätig werden.[378]

Nachdem die KJM nicht nur auf Antrag, sondern vielmehr gemäß § 17 Abs. 1 Hs. 1 JMStV von Amts wegen tätig wird, kann sie im Rahmen dieser Aufgabe ohne weiteres und ohne Bindung an das Tätigwerden oder die Auffassung von freiwilligen Selbstkontrolleinrichtungen Programme beobachten und bewerten. Sie ist auch, wie die Zusammenschau aus § 20 Abs. 1 und Abs. 3 S. 1 JMStV ergibt, nicht gehindert, einen festgestellten Verstoß zum Anlass zu nehmen, an den Rundfunkveranstalter „heranzutreten".[379] Es muss sowohl der KJM als auch in Abstimmung mit dieser den Programmausschüssen der zuständigen Landesmedienanstalt unbenommen bleiben, mit den betroffenen Veranstaltern Programmgespräche zu führen und festgestellte Verstöße kritisch zu besprechen. So verbleibt für die Landesmedienanstalten auf jeden Fall eine Einflussmöglichkeit aufgrund informellen Verwaltungshandelns.

6.4.3 Vorzüge und Nachteile des neuen Aufsichtsmodells

Die umfassenden Änderungen im Bereich der Aufsicht über die Einhaltung des Jugendschutzes im JMStV schaffen einen einheitlichen Regelungsrahmen für den Jugendschutz im Rundfunk und in elektronischen Online-Medien.[380] Hierdurch wird versucht, die bisher stark zersplitterten Zuständigkeiten im Bereich der Aufsicht über die verschiedenen Medien zu vereinheitlichen.[381] So waren für die Aufsicht über die Einhaltung der Jugendschutzbestimmungen im Rundfunk nach §§ 38 Abs. 1, 35 RStV die Landesmedienanstalten, nach § 22 Abs. 1 MDStV für die Mediendienste die Jugendbehörden und nach § 8 Abs. 1 GjSM für Schriften die Bundesprüfstelle (BPjS) zuständig. Diese Aufsplitterung beinhaltete das Risiko, vergleichbare Inhalte unterschiedlich zu beurteilen.[382] Seit dem JMStV ist für Rundfunk und Telemedien – mit

---

378 Die Generalermächtigung zum Satzungs- und Richtlinienerlass gem. § 15 Abs. 2 JMStV spricht für eine Harmonisierung des Jugendschutzes, da diese auch für Anbieter gelten, die keiner Selbstkontrolleinrichtung angeschlossen sind. Vgl. hierzu auch *Schulz/Held* (2003), S. 22.

379 Aus § 20 JMStV liest *Langenfeld* (2003), S. 7 f., das Recht der KJM, alle zur Beseitigung eines Verstoßes gegen den JMStV erforderlichen Maßnahmen treffen zu dürfen.

380 *Kreile/Diesbach*, ZUM 2002, 849 (852), halten den JMStV zum Teil hinsichtlich der durchgeführten Neuerungen im Bereich der Aufsicht für inkonsequent und erkennen eine Überlappung verschiedener Aufsichtsfragen.

381 Ein Überblick über die zersplitterten Zuständigkeiten vor Erlass des JMStV bietet *Schulz*, Anhörung „Jugendschutz", 15.11.2000, S. 6 f.; *Gustedt/Bähr/Fleschner*, Focus, 25.03.2002, S. 224 ff.; *Morhart*, epd medien Nr. 64, 17.08.2002, S. 3 f.; *Ladeur*, K&R 2000, 171 (171 ff.); *Rossen-Stadtfeld*, ZUM 2000, 36 (40 ff.); *Koenig*, K&R 2000, 1 (1); *Janik*, K&R 2001, 572 (573 f.).

382 Teilweise wird aber gerade kritisiert, dass man durch diese Angleichung im Rahmen des JMStV für den Bereich des Internet nun deutsche Wert- und Bewertungskriterien in ein Medium implementiert, welches „gerade durch eine unüberschaubare Vielzahl von Inhalten aus aller Welt gekennzeichnet ist." Vgl. *Hufnagel/Nolte*, AfP 2002, 310 (310); *Waldenberger*, MMR 2002, S. 413 (414); *Roßnagel*, MMR 2002, 67 ff.

Ausnahme des öffentlich-rechtlichen Rundfunks – gem. § 20 JMStV die KJM das zuständige neue Aufsichtsorgan.

Neben der Vereinheitlichung der Aufsichtszuständigkeiten soll der Systemwechsel in der Aufsicht über die elektronischen Medien in Jugendschutzfragen als weiterer Vorteil zu einer verstärkten Wahrnehmung der Eigenverantwortung durch die Veranstalter führen. Durch die Errichtung freiwilliger privater Selbstkontrolleinrichtungen kommt es weiter zu einer Vorverlagerung des Jugendmedienschutzes, wodurch eine präventiver und effektiver Schutz von Kindern und Jugendlichen gefördert werden soll. Der freiwilligen Selbstkontrolle wird in weit stärkerem Maße als bisher ein Entscheidungsrahmen zugebilligt, der durch die Medienaufsicht nur begrenzt überprüfbar ist. Die Regelungen berücksichtigen damit neben den verfassungsrechtlich geschützten und hoheitlich zu gewährleistenden Anforderungen an einen effektiven Jugendmedienschutz vor allem die durch das Grundgesetz geschützten Freiheiten der Anbieter und Rezipienten erheblich mehr als dies bisher durch den RStV gewährleistet war.[383] Die staatliche Verantwortung bleibt insoweit erhalten, als die Eignung der Einrichtung der freiwilligen Selbstkontrolle vorab geprüft wird.

Jedoch ist fraglich, ob die Dauer der Anerkennung der freiwilligen Selbstkontrolleinrichtung auf vier Jahre nicht angesichts des § 20 Abs. 7 JMStV, wonach die Anwendung der Bestimmungen des § 20 Abs. 3 und 5 JMStV drei Jahre nach seinem In-Kraft-Treten durch die Länder überprüft werden soll,[384] einen zu langen Zeitraum darstellt. Dafür spricht, dass die Tatsche, sich wiederholt einer Anerkennung durch die Landemedienanstalten unterziehen zu müssen, den Druck bei den Selbstkontrolleinrichtungen erhöht, sich staatsvertragsgetreu zu verhalten und ihre Beurteilungspraxis an den Vorgaben der Aufsicht zu messen. Gegen einen kürzeren Anerkennungszeitraum wird aber zu Recht eingewandt, dass eine Selbstkontrolle nur funktionieren kann, wenn die Selbstkontrollinstitutionen für eine gewisse Dauer frei agieren können,[385] damit der Anreiz für die Veranstalter hinreichend hoch ist, sich in das System der Selbstkontrolle zu integrieren.[386] Die lange Anerkennungsdauer dient auch dazu, den Selbstkontrolleinrichtungen Planungssicherheit zu verschaffen, damit es diesen möglich ist, fachkundige Mitarbeiter einzustellen und fortzubilden.

Entscheidend ist aber – unabhängig von der Dauer der Anerkennung – die richtige Balance zwischen Selbstregulierung und Regulierung der Selbstregulierung. Hierfür ist erforderlich, dass der Beurteilungsrahmen, innerhalb welchem die Selbstkontrolleinrichtungen schließlich funktionieren, gut abgestimmt ist. Verstöße gegen diesen

---

383 So die amtl. Begr. zum JMStV, BayLT-Drs. 14/10246, S. 14.

384 Ein erstmaliges Recht zur Kündigung des JMStV steht den Ländern zum 31.12.2006 zu, § 26 Abs. 1 JMStV.

385 Teilweise wird vorgetragen, dass Selbstregulierung nur funktioniert, wenn der Einsatz des „heavy stick in the background" nur eine theoretische Möglichkeit bleibt, vgl. hierzu *Schulz/Held* (2002), S. E-11.

386 *Schulz/Held* (2002), S. E-7.

Rahmen müssen zu Aufsichtsmaßnahmen führen können, wobei hinsichtlich der Regulierung der Effektivität der Selbstkontrolleinrichtung und der Aufsicht über die Einzelfallentscheidungen der Selbstkontrolleinrichtung zu unterscheiden ist.[387] Ein abgestuftes Sanktionssystem gegenüber den Selbstkontrolleinrichtungen wäre aus diesem Grund eher geeignet, das Funktionieren von Selbstregulierung zu motivieren.[388]

Als Vorteil des neuen Aufsichtsmodell wird vielfach vorgetragen, dass die effektive Vorabprüfung von Rundfunksendungen durch Selbstkontrolleinrichtungen im Gegensatz zu staatlicher Aufsicht nicht mit dem verfassungsrechtlichen Zensurverbot in Art. 5 Abs. 1 S. 3 GG in Konflikt geraten könnte.[389] Es ist zwar zweifellos richtig, dass die Vorabprüfung durch Selbstkontrolleinrichtungen nicht mit dem staatlichen Zensurverbot in Konflikt geraten kann. Jedoch stellt dies kein Argument zu Gunsten der Selbstkontrolle gegenüber der bisher durch die Landesmedienanstalten durchgeführten Aufsicht dar, da die staatsfernen Landesmedienanstalten ebenfalls nicht Adressat des verfassungsrechtlichen Zensurverbots sind.[390] Leider zeigt vielmehr die bisherige Praxis der freiwilligen Selbstkontrolle Fernsehen, dass die vor Erlass des JMStV vorhandene Selbstkontrolle keinen effektiven Jugendschutz gewährleisten konnte, sondern vielmehr häufig das aufsichtliche Eingreifen der Landesmedienanstalten zur Durchsetzung des Jugendschutzes erforderlich machte.[391] Bei rund einem Drittel aller Sendungen, die der FSF vorgelegen hatten, musste die GSJP eine im Sinne des Jugendschutzes strengere Entscheidung fällen.[392] Die bisherigen Erfahrungen haben daher gezeigt, dass die FSF, wie sie bis 31.01.2003 agierende, den Ansprüchen an eine funktionierende Selbstkontrolleinrichtung nicht vollständig gerecht werde.[393] Wenn die Selbstkontrolle aber

---

[387] Einzelne „Regelungstools" werden dargestellt von *Schulz/Held* (2002), S. E-8, Abb. 10.

[388] So auch *Schulz/Held* (2002), S. E-11.

[389] So führt *Palzer*, ZUM 2002, 875 (885), aus, dass der Jugendschutz „von hoheitlicher Seite im Hinblick auf das Zensurverbot nur begrenzt gewährleistet werden" könne, da die Verfassung ein möglichst staatsfernes System zur Herstellung praktischer Grundrechtskonkordanz fordere. Das System der „Co-Regulierung" im JMStV werde diesem Grundsatz der Staatsferne des Rundfunks in besonderer Weise gerecht, da es aus einem gesellschaftlichen Kontrollsystem und staatlichen Elementen bestehe. Die Anerkennung der freiwilligen Selbstkontrolle wird auch von *Kreile/Diesbach*, ZUM 2002, 849 (854), als Postulat im Sinne von BVerfGE 83, 130 (150) verstanden, die Rundfunkfreiheit staatsfern zu gewährleisten.

[390] Vgl. hierzu ausführlich *Hopf*, ZUM 2000, 739 ff. m.w.N.; *Dörr/Cole* (2001), S. 55; *Gersdorf* (1991), S. 116 ff., 375; *Bethge*, JZ 1985, 308 (311); a.A. *Wagner* (1990), S. 112; *Di Fabio* (1999), S. 89.

[391] Vgl. die entsprechende Äußerung des GSJP-Vorsitzenden *Ring* bei der öffentlichen Vorstellung des Berichts nach § 3 Abs. 9 RStV am 28.02.2002, abgedr. in: *GSJP*, Jugendschutzbericht 1. Hj. 2002, S. 19.

[392] *Gangloff* (2001), S. 25 f. Zum Verhältnis der FSF und den Landesmedienanstalten nach dem RStV vgl. *Bornemann*, K&R 2002, 474 (475 ff.).

[393] So seien freiwillige Selbstkontrolleinrichtungen „erfahrungsgemäß sehr viel großzügiger als die Landesmedienzentrale" in Bayern, vgl. Blickpunkt: Film v. 12.08.2002, S. 14. Ebenso *Gangloff* (2001), S. 25 f., der die Wirkungslosigkeit der FSF darauf zurückführt, dass kommerzielle Sender durch die FSF selbst bestimmen, was sie für relevant im Sinne des Jugendschutzes halten.

nun eine größere Rolle spielen soll, müssen zunächst die vorhandenen Defizite beseitigt werden,[394] bevor eine Anerkennung möglich erscheint.

Auch wenn der hinter dem Konzept der regulierten Selbstregulierung stehende Gedanke modern, begrüßenswert und progressiv ist, bestehen doch erhebliche Zweifel an der effektiven Durchsetzbarkeit.[395] So stellt sich bei der Überprüfung der Anwendbarkeit dieses Konzeptes für den Jugendmedienschutz in Online-Medien die Frage, in welchen verfassungsrechtlichen Grenzen die regulierte Selbstregulierung durchführbar ist. Der Jugendschutz ist nachweislich eine verfassungsrechtliche Staatsaufgabe, die den Gesetzgeber verpflichtet, effektiven Jugendschutz zu gewährleisten.[396] Durch das neue Aufsichtsmodell der regulierten Selbstregulierung wird die bisher staatsfern, aber öffentlich-rechtlich strukturierte repressive Kontrolle erheblich reduziert. Der JMStV billigt anerkannten freiwilligen Selbstkontrolleinrichtungen einen Entscheidungsrahmen zu, der durch die verbliebene Medienaufsicht nur begrenzt überprüfbar ist.[397] Nachdem es eine ständige Aufsicht über anerkannte Selbstkontrolleinrichtungen nicht gibt, stellt sich zu Recht die Frage, wie die KJM einen verlässlichen Überblick über die Entscheidungspraxis der Einrichtungen der freiwilligen Selbstkontrolle erlangen soll, da der KJM – mit Ausnahme des Widerrufs und der Rücknahme der Anerkennung – ausdrückliche Aufsichtsbefugnisse über die Selbstkontrolleinrichtungen fehlen.[398] Die notwendige öffentlich-rechtliche Letztverantwortung für den Jugendmedienschutz, welche sich aus dem verfassungsrechtlichen Jugendschutzauftrag ergibt, erfordert aber selbst bei einer funktionierenden, nicht unter öffentlich-rechtlicher Aufsicht geführten privaten freiwilligen Selbstkontrolle eine umfassende Überprüfungsmöglichkeit der

---

[394] Vgl. *Ring*, zitiert in: *GSJP*, Jugendschutzbericht, 1. Hj. 2002, S. 19; ebenso *Ring*, zitiert in: *Gustedt/Bähr/Fleschner*, Focus, 25.03.02, S. 224 ff.; *Ring*, zitiert in: *Ott*, SZ, 16.05.02, S. 19.

[395] So wird von *Waldenberger*, MMR 20002, 413 (414), die Frage gestellt, ob es zweckmäßig ist, Selbstkontrollen im Rundfunk und in allen übrigen Online-Medien denselben Vorschriften zu unterwerfen, nachdem doch längst erwiesen sei, dass Selbstkontrollorganisationen medienspezifisch arbeiten müssten, um ihren Auftrag zu erfüllen.

[396] Auch wenn der dem Gesetzgeber aufgegebene grundrechtliche Schutzauftrag kein bestimmtes Lösungsmodell vorschreibt, so muss zwingender Orientierungsmaßstab immer die Effizienz des Jugendschutzes sein, so zu Recht *Bethge*, in: BLM-Symposion Medienrecht 2001 (2002), S. 61 (67).

[397] So auch ausdrücklich die amtl. Begr., BayLT-Drs. 14/10246, S. 14.

[398] *Bornemann*, NJW 2003, 787 (791). Insoweit müssen trotz Fehlens einer ausdrücklichen Auskunftspflicht von Einrichtungen freiwilliger Selbstkontrolle gegenüber den Landesmedienanstalten (§ 21 JMStV sieht nur Auskunftspflichten von Anbietern von Telemedien gegenüber der KJM vor) aufgrund von allgemeinen Verwaltungsgrundsätzen die freiwilligen Selbstkontrolleinrichtungen bei der Aufklärung von Fragen mitwirken, vgl. *Schulz/Held* (2003), S. 23. Im Übrigen können die Landesmedienanstalten auch im Rahmen der Zulassung (bzw. Genehmigung) von Rundfunkangeboten Auskunfts- und Informationspflichten mit den Anbietern vereinbaren, so dass sie auf diesem Wege zumindest indirekt an Informationen über die Beurteilungspraxis der freiwilligen Selbstkontrolle geraten können. Schließlich können die Landesmedienanstalten aufgrund ihrer Satzungs- und Richtlinienermächtigung allgemeine Berichtspflichten regeln und sollten bei der Anerkennung der Selbstkontrolleinrichtungen entsprechende Auskunftspflichten vorgeben.

einzelnen zum Zwecke des Jugendschutzes getroffenen Entscheidungen.[399] Teilweise wird sogar gefordert, dass, die KJM – unterstellt die Selbstkontrolleinrichtungen würden bestens funktionieren – völlig obsolet wäre.[400] Eine derartige Regelung wäre jedoch als verfassungswidrig anzusehen, da der Jugendschutz eben Staatsaufgabe ist. Bei einem guten Funktionieren der freiwilligen Selbstkontrolleinrichtungen würden sich die tatsächlichen Aufgaben der KJM durch den weniger werdenden Anfall an Verstößen und Problemfällen automatisch reduzieren und der Einsatz der KJM auf Notfälle beschränken. Eine Verlagerung der verfassungsrechtlich vorgegebenen Staatsaufgabe Jugendmedienschutz, weg von den Landesmedienanstalten mit ihren gruppenpluralen Entscheidungsgremien hin zu rein privatrechtlich organisierten Stellen, ist daher verfassungsrechtlich unzulässig und kann im Sinne eines effektiven Jugendschutzes nur funktionieren, wenn repressive Kontrollmöglichkeiten des Staates verbleiben.[401] Auch wenn die getroffenen Entscheidungen der Anbieter im Zusammenhang mit den Bewertungen der anerkannten freiwilligen Selbstkontrolleinrichtungen für die Vergangenheit zu akzeptieren sind, muss sich die KJM für die Zukunft mit ihrer Bewertung durchsetzen können.[402] Dies ist erforderlich, um für die Zukunft unvertretbare Risiken für einen effektiven Jugendschutz zu vermeiden und zugleich die Selbstkontrolle zu stärken. Aus Sicht einer wirksamen Aufsicht muss der KJM ein umfassendes Überprüfungsrecht in allen Einzelfällen mit Beanstandungs- und Sanktionsrecht für die Zukunft erhalten bleiben.[403] Maßstab für diese Überprüfung müssen die Bestimmungen des Jugendschutzrechts und nicht die rechtlichen Grenzen eines Beurteilungsspielraums der Selbstkontrolleinrichtungen sein.

Nachdem die Landesmedienanstalten bisher Programmbeobachtung in Form von Stichproben und gezieltem Testsehen durchführen,[404] stellt sich die Frage, in welchem Rahmen eine Programmbeobachtung durch die FSF und durch die KJM durchzuführen sein wird. Nachdem dem JMStV zu entnehmen ist, dass beide Institutionen mit der Überwachung der Bestimmungen des JMStV beauftragt sind, werden wohl Teile der Programmbeobachtung, wie beispielsweise Beobachtung allgemeiner Programmentwicklungen, über einen längeren Zeitraum gemeinsam überprüft und möglicherweise durch die Vergabe von Drittgutachten verifiziert werden. Die dauerhafte Programmbeobachtung durch die Landesmedienanstalten kann dabei weiterhin – allein aufgrund des Umfangs – bei ihnen verbleiben. Hierbei sind die Landemedienanstalten jedoch auf

[399] *Palzer*, ZUM 2002, 875 (884) vertritt die Ansicht, dass eine Kontrolle durch die hoheitliche Ebene sowie hoheitliche Sanktionen für Fehlverhalten durch die Bestimmungen der §§ 14, 16 19 und 20 JMStV ausreichend Rechnung getragen sei, wobei die Ausgestaltung im Einzelnen durch untergesetzliche Regelungen erfolge.

[400] Vgl. *v. Gottberg*, zitiert in: epd medien Nr. 82, 19.10.2002, S. 13.

[401] *Albrecht/Hotter* (2002), S. 14; *Dörr/Cole* (2001), S. 106 f.

[402] Vgl. Blickpunkt: Film v. 12.08.2002, S. 14.

[403] So auch *Dörr*, zitiert in: *Mundzeck*, Frankfurter Rundschau v. 11.11.2001, S. 14.

[404] Vgl. *GSJP*, Jugendschutzbericht 2000/2001 und *GSJP*, Jugendschutzbericht 2002.

eine arbeitsteilige „Vorprüfung“ beschränkt, die aus Gleichheitsgesichtspunkten nicht dazu führen darf, dass Anbieter in dem einen Bundesland häufiger zur anschließenden Überprüfung durch die KJM vorgelegt werden, als in anderen Bundesländern.[405]

Vergleicht man den JMStV schließlich hinsichtlich der Verantwortlichkeit von Selbstkontrolleinrichtungen mit dem neuen JuSchG, stellt man fest, dass an keiner Stelle eine bindende Wirkung der staatlichen Aufsicht durch eine Entscheidung einer Organisation der freiwilligen Selbstkontrolle enthalten ist. Selbst wenn Organisationen der freiwilligen Selbstkontrolle in das Verfahren einbezogen sind, entscheidet letztlich eine staatliche Stelle (vgl. bspw. § 14 Abs. 6 S. 2 JuSchG). Entscheidungen freiwilliger Selbstkontrolleinrichtungen haben im Indizierungsverfahren also keinerlei Gewicht. Organisationen freiwilliger Selbstkontrolleinrichtungen haben im Offline-Bereich kein Recht auf Anerkennung, keinen unangreifbaren Beurteilungsspielraum und sie müssen nicht einmal befasst bzw. einbezogen werden. Im Bereich des JuSchG sind Organisationen freiwilliger Selbstkontrolle in ihrer Tätigkeit von den obersten Landesbehörden abhängig. Die Entscheidungen der freiwilligen Selbstkontrolleinrichtungen können jederzeit ohne Begründung revidiert werden. Die Regelung im JuSchG des Bundes bedeutet somit, dass sich die BPjM im Ergebnis lediglich mit anderen Behörden oder staatlichen Stellen abstimmen muss, jedoch nicht an die Entscheidungen der Selbstkontrolle gebunden ist. Dies spricht dafür, dass der Bundesgesetzgeber der Selbstregulierung insoweit kein Vertrauen schenkte und trotz Konvergenz der Medien ein vom JMStV abweichendes Aufsichtsmodell wählte. Auch wenn die Regelungsbereiche im JuSchG und im JMStV unterschiedlich sind, ist doch eine Parallele bei der Gewichtung von Selbstkontrolle und staatlicher Aufsicht vorhanden. Angesichts der auftretenden Überschneidungen der On- und Offline-Medien und des JMStV und JuSchG ist diese unterschiedliche Vorgehensweise nicht nachvollziehbar.

6.5 Zwischenergebnis

Zusammenfassend kann festgehalten werden, dass der Staat angesichts seiner verfassungsrechtlichen Pflichtaufgabe „Jugendschutz“ zusätzlich zu den Eltern und unabhängig von den Eltern in der Verantwortung für den Jugendschutz steht. Im Rahmen der staatlichen Aufsicht ist jedoch grundsätzlich der Selbstregulierung der Rundfunkveranstalter der Vorrang vor der Fremdregulierung durch den Staat zu gewähren. Mit dem neuen JMStV wird die bisher vom RStV präferierte Fremdkontrolle durch die Landesmedienanstalten durch das neue Aufsichtsmodell der regulierten Selbstregulierung ersetzt. Hierbei wird abzuwarten sein, inwieweit die Selbstkontrolleinrichtungen und Veranstalter die ihnen übertragene Verantwortung übernehmen und die bisher einzig von Marktgesichtspunkten geprägten Verhaltsweisen zu Gunsten des Jugendschutz ändern. Die im JMStV vorgenommene Gewichtung hin zu mehr Selbstregulierung kann jedoch weder zum völligen Ausschluss staatlicher Aufsicht führen,

[405] So *Schulz/Held* (2003), 15 ff.

noch darf diese Aufsichtsverteilung im Ergebnis zu Einschränkungen der Effektivität des Jugendschutzes, insbesondere zu einem Unterschreiten des bisher durch die Landesmedienanstalten in Deutschland erreichten (verfassungsrechtlich gebotenen) Jugendschutzniveaus führen.

7 Der Schutzbereich der Rundfunkfreiheit und seine Schranken

Um nachfolgend die einzelnen materiellen Jugendschutzbestimmungen des JMStV (bzw. § 3 RStV) auf ihre Verfassungsmäßigkeit in Bezug auf die Rundfunkfreiheit überprüfen zu können, sollen zunächst – gewissermaßen „vor die Klammer gezogen“ – allgemein der Umfang der Rundfunkfreiheit und deren Beschränkungsmöglichkeiten dargestellt werden. In Art. 5 Abs. 1 S. 2 GG heißt es kurz und prägnant, „die Pressefreiheit und die Freiheit der Berichterstattung durch Rundfunk und Film werden gewährleistet“. Die Rundfunkfreiheit ist von fundamentaler Bedeutung[406] und „unter den Bedingungen der modernen Massenkommunikation für die freie individuelle und öffentliche Meinungsbildung, für Kritik und Kontrolle der öffentlichen Gewalt und für die Wahlentscheidung als demokratischer Grundakt des Volkes unerlässlich.“[407] Das Bundesverfassungsgericht sieht die Rundfunkfreiheit als „schlechthin konstituierend für die freiheitlich-demokratische Grundordnung“[408] an. Sie dient – ebenso wie die übrigen Garantien des Art. 5 Abs. 1 GG – der Gewährleistung freier individueller und öffentlicher Meinungsbildung.[409] Im Unterschied zu anderen Freiheitsrechten ist sie seinem Träger als „dienende Freiheit“ nicht zum Zweck der Persönlichkeits- oder Interessenentfaltung eingeräumt.[410] Die Rundfunkfreiheit kann angesichts ihrer herausragenden Bedeutung nur gedeihen, wenn der Rundfunk staatsfrei,[411] umfassend und wahrheitsgemäß informiert.[412] Der Rundfunk übernimmt als „unentbehrliches Massenkommunikationsmittel“[413] eine „Vermittlungsfunktion“.[414] Ihm kommt im Vergleich zu den sonstigen Medien eine besondere Bedeutung wegen seiner Breitenwirkung, Aktualität und Suggestivkraft zu.[415]

---

[406] BVerfGE 13, 54 (80); 77, 65 (74).

[407] BVerfGE 91, 125 (134) m.w.N.

[408] BVerfGE 35, 202 (221) m.w.N.

[409] BVerfGE 57, 295 (319); 59, 231 (257); 73, 118 (152); 74, 297 (323); 83, 238 (295); 87, 181 (197 f.); 90, 60 (87); *Bethge*, in: *Sachs*, GG (2003), Art. 5 Rn. 92 ff.; *Jarass/Pieroth*, GG (2000), Art. 5 Rn. 28; *Ricker/Schiwy* (1997), Kap. B, Rn. 78 ff.; *Hesse* (1999), S. 65 ff.; *Stock*, epd medien Nr. 21, 19.03.2003, S. 22 ff.; *ders.*, ZUM 1993, 379 (385); *Janik*, AfP 2002, 104 (105).

[410] BVerfGE 87, 181 (197).

[411] BVerfGE 31, 314 (329); 88, 25 (36); 90, 60 (88). Zur Staatsfreiheit des Rundfunks vgl. auch *Gersdorf*, Staatsfreiheit (1991); *Bethge*, DÖV 2002, 637 (679).

[412] BVerfGE 83, 238 (296).

[413] BVerfGE 12, 205 (260); 35, 202 (222).

[414] BVerfGE 83, 238 (296).

[415] BVerfGE 90, 60 (87).

7.1 Der Rundfunkbegriff

Der Begriff des Rundfunks ist im Grundgesetz nicht definiert; er wird vielmehr begrifflich vorausgesetzt.[416] Unter Rundfunk im verfassungsrechtlichen Sinn wird inzwischen allgemein „die Veranstaltung und Verbreitung von Darbietungen aller Art für die Allgemeinheit mit Hilfe elektrischer Schwingungen verstanden".[417] Die wesentlichen zwei Elemente des verfassungsrechtlichen Rundfunkbegriffs sind folglich zum einen die besondere Verteiltechnik aufgrund der Übermittlung durch elektromagnetische Wellen und zum anderen die Bestimmung für die Allgemeinheit.[418] Der verfassungsrechtliche Begriff des Rundfunks umfasst nach Ansicht des Bundesverfassungsgerichts[419] neben dem herkömmlichen Hörfunk und Fernsehen auch alle neuartigen rundfunkähnlichen Kommunikationsdienste,[420] wie Pay-TV, Videotext oder Bildschirmdienste sowie sonstige Abruf- und Zugriffsdienste. Demgegenüber versteht man unter Rundfunk im Sinne des Rundfunkstaatsvertrages nach seinem § 2 Abs. 1 S. 1 nur „die für die Allgemeinheit bestimmte Veranstaltung und Verbreitung von Darbietungen aller Art in Wort, Ton und Bild unter Benutzung elektromagnetischer Schwingungen ohne Verbindungsleitung oder längs oder mittels eines Leiters".[421] Die Anforderungen an die Allgemeinheit dürfen dabei nicht zu hoch angesetzt werden, so dass für den Rundfunkbegriff bereits ausreicht, dass sich die Verbreitung der Sendung nicht nur an im Vorhinein festgelegte Personen richtet. Auch Darbietungen im Pay-TV, die verschlüsselt verbreitet werden oder gegen besonderes Entgelt empfangen werden können, fallen unter den Rundfunkbegriff des RStV.[422] Der Rundfunkbegriff des Grundgesetzes schließt somit

---

[416] Der Rundfunkbegriff soll nach der Bundesverfassungsgerichtsrechtsprechung nicht statisch, sondern dynamisch verstanden werden. Er ist an seinem normativen Funktionszweck zu interpretieren, BVerfGE 73, 118 (154); 74, 297 (349 f.). Die Offenheit des Rundfunkbegriffs ist angesichts nicht vorhersehbarer technischer Entwicklungen im Bereich der Medien sinnvoll.

[417] *Jarass/Pieroth*, GG (2000), Art. 5 Rn. 29; *Wendt* in: *v. Münch/Kunig*, GG (1999), Art. 5 Rn. 58. Ebenso: *Schulze-Fielitz*, in: *Dreier*, GG (1996), Art. 5 I, II Rn. 76; *Herzog*: in: *Maunz/Dürig*, GG (2002), Art. 5 Rn. 195; *Gersdorf*, Rundfunkbegriff (1995); *Jarass*, AfP 1998, 133 (133 ff.).

[418] *Schraut* (1993), S. 33.

[419] BVerfGE 74, 297 (350 f). Vgl. Auch *Jarass/Pieroth*, GG (2000), Art. 5 Rn. 29.

[420] BVerfGE 74, 297 (350 f.). Zur Abgrenzung Rundfunk, Mediendienste und Teledienste vgl. *Pappi* (2000); *Hochstein*, NJW 1997, 2977 (2979); *Bornemann/Lörz*, BayMG (2002), Bd. 1, Art. 1 Rn. 5; *Beucher/Leyendecker/v. Rosenberg* (1999), § 2 RStV Rn. 8 ff., § 2 MDStV Rn. 1 f.; *Gounalakis* NJW 1997, 2993 (2994); *Kuch*, ZUM 1997, 225 ff.; *Hesse*, BayVBl. 1997, 132 (136).

[421] Der Rundfunkbegriff des § 2 RStV stellt keine normative Festlegung des im Grundgesetz verwendeten Rundfunkbegriffs dar. Dies wäre mangels eigener verfassungsrechtlicher Zuständigkeit der Länder für den als Bundesrecht statuierten verfassungsrechtlichen Rundfunkbegriff auch nicht zulässig, vgl. *Ricker* (2003) m.w.N.; *Schulz*, in: *Hahn/Vesting* (2003), § 2 Rn. 10 m.w.N.

[422] Im Pay-TV wird der Empfängerkreis lediglich etwas eingeengt, eine individuelle Datenübertragung an jeden Einzelnen findet jedoch nicht statt. Die digitale Technik erlaubt lediglich, dass der Empfänger nicht zu einem vom Programmanbieter bestimmten, sondern zu einem von ihm selbst gewählten Zeitpunkt den Beginn der Sendung setzen kann, so auch das VG München ZUM 2003, 160 (162). Auch das sog. „near-video-on-demand-Verfahren" (ein an die Allgemeinheit gerichtetes Angebot, bei dem die Filme bspw. alle 30 Minuten neu beginnen) fällt als Form des Pay-Per-View unter den Rundfunkbegriff, vgl. *Hesse*, BayVBl. 1997, 132 (136); *Hartstein/Ring/Kreile/Dörr/Stettner* (2003), § 2 Rn. 9

den Rundfunkbegriff des RStV mit ein, ist mit diesem jedoch nicht identisch, sondern umfassender.

7.2 Der sachliche Schutzbereich der Rundfunkfreiheit

Kern der Rundfunkfreiheit ist die Programmautonomie.[423] Die Rundfunkfreiheit des Art. 5 Abs. 1 S. 2 GG gewährleistet Schutz vor fremden und staatlichen[424] Beschränkungen oder Eingriffen in die Programmfreiheit, insbesondere in die Entscheidung der Rundfunkanstalten über Auswahl, Inhalt, zeitliche Platzierung und Ausgestaltung des Programms bzw. der Sendeinhalte[425] bis hin zum Recht der freien Personalauswahl.[426] Selbst kommerzielle Rundfunkwerbung fällt bereits wegen ihres Aussagegehaltes unter den Begriff Programm und somit in den Schutzbereich der Rundfunkfreiheit des Art. 5 Abs. 1 S. 2 Alt. 2 GG.[427] Rundfunk muss sich hierbei allein an publizistischen und nicht etwa politischen Kriterien ausrichten können.[428] Eine Differenzierung nach der Wertigkeit bzw. dem Nutzen der Kommunikation, etwa nach Qualität[429] oder Seriosität der Rundfunksendung ist nicht nur unerheblich, sondern auch von Verfassungs wegen verboten.[430] Es wird daher weder zwischen Voll- oder Spartenprogrammen noch zwischen eigenen und fremden Beiträgen oder fiktionalen und non-fiktionalen Sendeinhalten unterschieden. Spielfilme, Musiksendungen, kabarettistische Programme oder auch politische Magazine unterfallen der Rundfunkfreiheit in jeweils gleichem Maße, da sie alle der Meinungsbildung dienen.[431] Trotz des Wortlauts des Art. 5 Abs. 1 S. 2

Ziff. 2.2.2.4; *Herrmann* (1994) § 2 Rn. 28; *Ricker/Schiwy* (1997), Kap. B Rn. 63; *Ring*, ZUM 1998, 358 (359); *Gersdorf*, AfP 1995, 565 (572 ff.); *ders.*, Rundfunkbegriff (1995), S. 158 ff.; *Eberle*, ZUM 1994, 530 (532), der beides als Rundfunk wertet. A.A. *Beucher/Leyendecker/v. Rosenberg* (1999), § 2 RStV Rn. 8 ff., die sowohl video-on-demand (reiner Abrufdienst), also auch near-video-on-demand als Teledienst einordnen. Vgl. zur rechtlichen Einordnung von „near-video-on-demand-Angeboten" und „video-on-demand-Angeboten" auch 2. Teil: 14.6.4.4.

[423] BVerfGE 59, 231 (260); 90, 60 (87); 95, 220 (234). Zum Umfang und Inhalt der Programmautonomie BVerfGE 35, 202 (222 f.); 59, 231 (258, 260); 73, 118 (182); 90, 60 (87); 95, 220 (234); 97, 298 (310); *Wendt*, in: *Münch/Kunig*, GG (1999), Art. 5 Rn. 46; *Schulze-Fielitz*, in *Dreier*, GG (1996), Art. 5 I, II Rn. 79, 82; *Bethge*, DÖV 2002, 673 (673).

[424] BVerfGE 59, 231 (258); 73, 118 (183); 89, 144 (152); 90, 60 (87 f.); *Wendt*, in: *Münch/Kunig*, GG (1999), Art. 5 Rn. 46; *Schulz-Fielitz*, in *Dreier*, GG (1996), Art. 5 I, II Rn. 79 f.

[425] *Schulz/Korte*, ZUM 2002, 719 (719); *Isensee/Axer* (1998), S. 42.

[426] Wobei dies nur für Mitarbeiter gilt, die an Sendungen inhaltlich gestaltend mitwirken, nicht jedoch für Verwaltungspersonal, vgl. BVerfGE 59, 231 (258, 260); *Jarass/Pieroth*, GG (2000), Art. 5 Rn. 32.

[427] *Wendt*, in: *v. Münch/Kunig*, GG (1999), Art. 5 Rn. 47 ff. mit einer umfassenden Darstellung des Meinungsstreits und m.w.N.; *Bethge*, in *Sachs*, GG (2003), Art. 5 Rn. 108; *Ricker/Müller-Malm*, AfP 1988, 205 ff.; EGMR, NJW 1991, 615 (616); differenzierend: *Jarass/Pieroth*, GG (2000), Art. 5 Rn. 31, *Bethge*, MP 1983, 690 ff., die davon ausgehen, dass Werbung zumindest dann der Rundfunkfreiheit unterfällt, soweit sie die Finanzierung der Programmfunktion sichert.

[428] BVerfGE 59, 231 (258, 260); 35, 202 (222); 90, 60 (87); 97, 220 (234).

[429] BVerfGE 12, 205 (260).

[430] BVerfGE 31, 314 (326); 83, 238 (296); *Ricker/Schiwy* (1997), Kap. F Rn. 4; *Schraut* (1993), S. 32.

[431] BVerfGE 35, 202 (223); 12, 205 (260); 59, 231 (258); BVerwG 106, 216 (225).

Alt. 2 GG – „die Freiheit der Berichterstattung durch den Rundfunk wird gewährleistet" – schützt die Rundfunkfreiheit insbesondere nicht nur die Berichterstattung in Form von Tatsachenmeldungen, sondern auch Meinungsäußerungen, so dass jede Vermittlung von Information und Meinung geschützt ist.[432] Die Rundfunkfreiheit umfasst alle wesensmäßig mit der Veranstaltung von Rundfunk zusammenhängenden Tätigkeiten, von der Beschaffung der Information und der Produktion der Sendungen bis hin zu ihrer Verbreitung und Vervielfältigung.[433] Weiter fallen die Organisation und die Finanzierung in den Schutzbereich der Rundfunkfreiheit, soweit die damit zusammenhängenden Fragen Rückwirkungen auf die Programmtätigkeit haben können.[434] Auch die Verbreitung von Pornographie ist durch die Rundfunkfreiheit geschützt: Das Bundesverfassungsgericht hat bereits festgestellt, dass ein Werk nicht deshalb a priori aus dem Schutzbereich der Verfassung herausfalle, weil es pornographisch ist.[435] Jeder Eingriff in die Autonomie der Programmgestaltung durch Sendeverbote oder bestimmte Sendebedingungen stellt gleichzeitig einen Eingriff in den Schutzbereich der Rundfunkfreiheit dar, nachdem bereits „die getroffene Auswahl und die Gestaltung der Sendung eine bestimmte meinungsbildende Wirkung"[436] beinhaltet. Der jugendgefährdende Inhalt steht somit der Einbeziehung einer Sendung in den Schutzbereich der Rundfunkfreiheit nicht entgegen.[437]

7.3 Träger der Rundfunkfreiheit

Träger der Rundfunkfreiheit sind alle natürlichen und juristischen Personen sowie Personenvereinigungen, die eigenverantwortlich Rundfunk veranstalten und verbreiten, also die vom Staat unabhängigen öffentlich-rechtlichen Rundfunkanstalten,[438] aber auch

---

[432] BVerfGE 83, 238 (295 f.); 57, 295 (319); *Wendt* in: *v. Münch/Kunig, GG* (1999), Art. 5 Rn. 44. BVerfGE 12, 205 (260); 31, 314 (326); 35, 202 (222), 60, 53 (64).

[433] BVerfGE 77, 65 (74); 91, 125 (135); *Wendt* in: *v. Münch/Kunig*, GG (1999), Art. 5 Rn. 44; *Jarass/Pieroth*, GG (2000), Art. 5 Rn. 32; *Isensee/Axer* (1998), S. 41.

[434] BVerfGE 59, 231 (261).

[435] BVerfGE 83, 130 (139): Für das Grundrecht der Kunstfreiheit entschied das BVerfG, dass die Anerkennung als Kunst nicht von einer staatlichen Stil-, Niveau- oder Inhaltskontrolle abhängig sein dürfe. Gleiches gilt auch für das Grundrecht der Rundfunkfreiheit, vgl. *Gersdorf*, epd medien Nr. 46/47, 13.06.2001, S. 21 (23); *Albrecht/Hotter* (2002), S. 63; *Gersdorf*, Antrittsvorlesung (2001), S. 5 F 6.

[436] BVerwG, ZUM 1998, 584 (588).

[437] BVerfGE 35, 202 (222 ff.). Eine mögliche Jugendgefährdung relativiert die Rundfunkfreiheit nicht. Vielmehr wird das Spannungsverhältnis zwischen Jugendschutz und Rundfunkfreiheit über den Gesetzesvorbehalt des Art. 5 Abs. 2 GG gelöst.

[438] BVerfGE 31, 314 (322); 59, 231 (254 f.); 60, 53 (66 f.); auf die Rundfunkfreiheit können sich die öffentlich-rechtlichen Rundfunkanstalten im Rahmen ihres Anstaltszwecks, der Rundfunkveranstaltung und -verbreitung berufen, da sie Programmautonomie, Selbstverwaltung, Staatsferne und Binnenpluralismus besitzen, vgl. *Schraut* (1993), S. 104; BVerfGE 74, 297 (331 ff.); *Jarass*, in: *Jarass/ Pieroth*, GG (2000), Art. 5 Rn. 62; kritisch: *Jarass*, 56. DJT (1986), Rn. 80 ff.

die privaten Veranstalter.[439] Unerheblich ist, ob es sich um Ausländer handelt,[440] wie es auch irrelevant ist, ob eine kommerzielle oder nicht kommerzielle Betätigung stattfindet.[441] Die Rundfunkfreiheit gewährt ebenso wenig denjenigen Rechte, die ihre Auffassung im Rundfunk wiedergegeben sehen wollen,[442] wie den Empfängern der Rundfunksendungen, da für diese ausschließlich Art. 5 Abs. 1 S. 1 GG einschlägig ist.[443] Es gibt auch keinen verfassungsrechtlichen Individualanspruch auf Zulassung zur Veranstaltung von Rundfunk.[444] Ebenso steht dem Einzelnen kein Anspruch gegen den Gesetzgeber auf Sicherstellung der Grundversorgung oder auf gesetzgeberisches Tätigwerden als solches, nicht einmal bei Untätigkeit des Gesetzgebers angesichts neuer technischer Möglichkeiten zu.[445]

Immer noch streitig ist, ob die Landesmedienanstalten im Rahmen ihrer Zuständigkeit Träger des Grundrechts aus Art. 5 Abs. 1 S. 2 GG sind.[446] Während Anstalten des öffentlichen Rechts, wie die Träger öffentlicher Verwaltung, prinzipiell nicht grundrechtsfähig sind, soweit sie öffentliche Aufgaben wahrnehmen,[447] spricht zumindest für eine Grundrechtsfähigkeit der Landesmedienanstalten (allen voran der Bayerische Landesmedienzentrale für neue Medien (BLM), die selbst Rundfunkveranstalter ist),[448] dass wegen der notwendigen Staatsferne ein umfassend

---

[439] BVerfGE 31, 314 (322); 95, 220 (234); 97, 298 (319); 103, 44 (59); *Isensee/Axer* (1998), S. 43. Im Gegensatz zu den öffentlich-rechtlichen Rundfunkveranstaltern können sich private Rundfunkveranstalter auch auf andere Grundrechte, wie Art. 12, 14 und 9 Abs. 3 GG berufen, vgl. BVerfGE 75, 192 (196); 78, 101 (102 f.). Zur Entstehung des dualen Systems: *Schulze-Fielitz*, in: *Dreier*, GG (1996), Art. 5 I, II Rn. 40; *Bethge* in: *Sachs*, GG (2003), Art. 5 Rn. 90; 180 ff.; *Schmitt-Glaeser*, DVBl. 1987, 14 ff. Zu möglichen Perspektiven des dualen Rundfunksystems vgl. *Rossen-Stadtfeld*, M&K 2002, 481 ff.

[440] *Jarass/Pieroth*, GG (2000), Art. 5 Rn. 34; *Schulze-Fielitz*, in: *Dreier*, GG (1996), Art. 5 I, II Rn. 86.

[441] BVerfGE 95, 220 (234); 97, 298 (310); *Isensee/Axer* (1998), S. 43 m.w.N.

[442] *Jarass/Pieroth*, GG (2000), Art. 5 Rn. 34.

[443] BVerfG, NJW 1990, 311; *Bethge*, in *Sachs*, GG (2003), Art. 5 Rn. 114.

[444] *Bethge*, in: *Sachs*, GG (2003), Art. 5 Rn. 102; *ders.*, DÖV 2002, 673 (674), jedoch kann sich zumindest auch der Bewerber um eine Rundfunklizenz/-genehmigung auf die Rundfunkfreiheit berufen, vgl. BVerfGE 97, 298 (314). *Wendt*, in: *v. Münch/Kunig*, GG (1999), Art. 5 Rn. 50 ff., geht zu weit, wenn er ein individuelles Recht auf Zugang zum Rundfunk für private Rundfunkveranstalter annimmt.

[445] Vgl. hierzu auch *Bethge*, in: *Sachs*, GG (2003), Art. 5 Rn. 110: „Ein Grundrecht auf Einführung des Privatrundfunks, d.h. auf Schaffung der gesetzlichen Voraussetzungen zur Tätigkeit von Privatrundfunkveranstaltern, gewährleistet Art. 5 Abs. 1 S. 2 nicht."

[446] *Bethge*, DÖV 2002, 673 (674 m.w.N.).

[447] BayVGH BayVBl. 1993, 340 (341); zur Grundrechtsfähigkeit der öffentlich-rechtlichen Rundfunkanstalten vgl. *Rüfner*, in: HBStR, § 116 Rn. 74.

[448] Die Regelung des Rundfunks in Bayern basiert auf einer Sondersituation, da Art. 111a Abs. 2 BV eine öffentlich-rechtliche Rundfunkorganisation vorschreibt. Die BLM ist aufgrund dieses Trägerschaftsvorbehalts selbst Rundfunkveranstalter und somit Träger des Grundrechts auf Rundfunkfreiheit; vgl. BVerfGE 97, 298 (311 ff.). Ausführlich zur besonderen Stellung der BLM *Stettner* (1999), S. 87 ff.; *ders.*, in: BLM-Symposion 1998 (1999), S. 55; *Bornemann*, ZUM 1995, 832 (833 ff.); *Herrmann* (1994), §17 Rn. 44; *Jarass/Pieroth*, GG (2000), Art. 5 Rn. 34.

ausgestatteter und damit handlungsfähiger Funktionsträger vorhanden sein muss, um die Grundrechtsordnung auf dem Gebiet des privaten Rundfunks gewährleisten zu können.[449]

7.4 Tatbestandsmäßige Ausgestaltung oder Eingriff in die Rundfunkfreiheit?

Zur Verwirklichung der Rundfunkfreiheit fordert das Bundesverfassungsgericht[450] eine positive Ordnung, die eine freie und umfassende Meinungsbildung durch den Rundfunk garantiert. Will der Gesetzgeber diese positive Ordnung schaffen,[451] indem er materielle, organisatorische und verfahrenstechnische Regelungen aufstellt, die an der Aufgabe der Rundfunkfreiheit orientiert und deshalb auch geeignet sind, das zu bewirken, was Art. 5 Abs. 1 GG gewährleisten will, so greift der Gesetzgeber damit allein noch nicht in die Rundfunkfreiheit ein.[452] Dem Gesetzgeber kommt hierbei ein weiter Spielraum zu; die Regelungen müssen jedoch von ausreichender Wirksamkeit sein. Solche Regelungen zur Ausgestaltung können zwar für einzelne Grundrechtsträger belastend sein, sind jedoch dann nicht an Art. 5 Abs. 2 GG zu messen, solange sie als zulässige konkrete Ausgestaltung eingestuft werden können.[453] Das ist der Fall, soweit die Ausgestaltung der Sicherung der Rundfunkfreiheit bzw. des mit ihr verfolgten Zwecks und gerade nicht einem finalen Eingriff dient.[454]

Nachdem die materiellen Regelungen zum Schutz der Kinder und Jugendlichen nicht die Sicherung der Rundfunkfreiheit gewährleisten sollen, sondern vielmehr vorrangig die Staatsaufgabe Jugendschutz umsetzen, handelt es sich bei diesen Regelungen nicht um einen Fall der Ausgestaltung der Rundfunkfreiheit.[455] Die materiellen Jugendschutzbestimmungen des JMStV (bisher § 3 RStV) greifen vielmehr durch ihren Regelungsgehalt in die Rundfunkfreiheit des Art. 5 Abs. 1 S. 2 Alt. 2 GG ein, da diese

---

[449] BayVGH BayVBl. 1993, 340 (341). *Schulze-Fielitz*, in: *Dreier*, GG (1996), Art. 5 I, II Rn. 91; *Hesse* (1999), S. 214 Rn. 16; *Rossen*, ZUM 1994, 224 (227 f.); *Bumke* (1995), S. 225 ff. A.A. *Bethge*, in: *Sachs*, GG (2003), Art. 5 Rn. 113, lehnt eine Grundrechtsfähigkeit mit Ausnahme der BLM ab, da die Landesmedienanstalten keine Rundfunkveranstalter sind, die Programmautonomie besitzen, sondern als „Medienpolizei" lediglich die Funktion einer Aufsichtsbehörde bzw. Zulassungs- und Kontrollinstanz wahrnehmen, vgl. *ders.*, NJW 1995, 557 ff.

[450] BVerfGE 57, 295 (320); 73, 118 (152 f.); 83, 238 (296); 90, 60 (88).

[451] *Jarass/Pieroth*, GG (2000), Art. 5 Rn. 37; *Jarass*, 56. DJT (1986), Rn. 24 ff.

[452] BVerfGE 57, 295 (320 f.); 73, 118 (153); 83, 238 (296). Ausführlich zur Ausgestaltung der Rundfunkfreiheit vgl. *Bethge*, DÖV 2002, 673 (680 f); *Reinemann* (2002), S. 68 ff. m.w.N.

[453] *Jarass/Pieroth*, GG (2000), Art. 5 Rn. 37; *Bethge*, in: *Sachs*, GG (2003); Art. 5 Rn. 154 ff.; *Schulze-Fielitz*, in: *Dreier*, GG (1996) Art. 5 I, II Rn. 167 ff.

[454] BVerfGE 74, 297 (334); *Isensee/Axer* (1998), S. 43. Zur finalitätsbezogenen Unterscheidung von Eingriff und Ausgestaltung bei der Rundfunkfreiheit vgl. BVerfGE 57, 295 (321); 74, 297 (334); *Schulze-Fielitz*, in: *Dreier*, GG (1996) Art. 5 I, II Rn. 167 ff.

[455] A.A. *Bethge*, DÖV 2002, 673 (681), der annimmt, dass Jugendschutz Teil der positiven Ordnung sei, die für den Rundfunk gefordert werde, und daher alle wesentlichen grundrechtsrelevanten Fragen im Wege der Ausgestaltung über den Parlamentsvorbehalt zu lösen seien.

die Programmautonomie der Rundfunkveranstalter hinsichtlich Auswahl, Inhalt und Ausgestaltung des Programms beschränken.[456] Während etwa ein vollständiges Ausstrahlungsverbot das „Ob" der Verbreitung einer Sendung vollkommen einschränkt, wird durch die übrigen materiellen Jugendschutzbestimmungen, wie die Sendezeitbeschränkungen, die Vorsperre, das Werbeverbot und die Kennzeichnungspflicht das „Wie" der Ausstrahlung einer Sendung beeinflusst. Keine der materiellen Jugendschutzbestimmungen trägt dazu bei, die Meinungsbildung durch den Rundfunk im Sinne der Ausgestaltung zu fördern, vielmehr dienen diese der Verwirklichung eines effektiven Kinder- und Jugendschutzes. Nachdem ein Eingriff in die Rundfunkfreiheit nach der Lehre vom Vorbehalt des Gesetzes auf eine gesetzliche Rechtsgrundlage gestützt werden muss,[457] sind die in die Rundfunkfreiheit eingreifenden materiellen Regelungen des JMStV (bzw. des früheren § 3 RStV) auf ihre verfassungsrechtliche Rechtfertigung hin zu überprüfen.

7.4.1 Jugendschutz als Schranke der Rundfunkfreiheit

Eingriffe in die Rundfunkfreiheit sind nur zu rechtfertigen, wenn sie Ausdruck der Schranken des Art. 5 Abs. 2 GG[458] – den allgemeinen Gesetzen,[459] dem Jugendschutz und dem Schutz der persönlichen Ehre[460] – sind. Grundsätzlich wird für die Schranke eines allgemeinen Gesetzes ein legitimer Schutzzweck vorausgesetzt. Dieser legitime

---

[456] *Jarass/Pieroth*, GG (2000), Art. 5 Rn. 35; BVerfGE 59, 231 (258 f.); *Wendt*, in: *v. Münch/Kunig*, GG (1999), Art. 5 Rn 46.

[457] BVerfGE 47, 46 (78 f.).

[458] Den Bestimmungen zum Schutz der Jugend und dem Recht der persönlichen Ehre wird eine eigene Bedeutung von weiten Teilen der Literatur und faktisch auch durch die Rechtsprechung des BVerfG abgesprochen, vgl. *Bethge*, in: *Sachs*, GG (2003), Art. 5 Rn. 159; *Schulze-Fielitz*, in: *Dreier*, GG (1996), Art. 5 I, II Rn. 120; *Liesching*, ZUM 2000, 298 (301). Die drei in Art. 5 Abs. 2 GG ausdrücklich genannten Schranken der Rundfunkfreiheit bedürfen der gesetzlichen Konkretisierung, auch wenn dies für den Ehrenschutz nicht als ausdrücklicher Gesetzesvorbehalt formuliert wurde, vgl. *Kreile/Detjen*, ZUM 1994, 78 (79).

[459] Die wichtigste Schranke des Art. 5 Abs. 2 GG und damit die bedeutsamste Grundlage zur Rechtfertigung von Eingriffen in die Rundfunkfreiheit ist die der „allgemeinen Gesetze". Als allgemeine Gesetze kommen sowohl förmliche Gesetze wie auch andere Rechtsvorschriften in Betracht. Allgemeine Gesetze sind solche, die sich nicht gegen die Äußerung der Meinung als solche richten, die vielmehr dem Schutze eines schlechthin, ohne Rücksicht auf eine bestimmte Meinung zu schützenden Rechtsguts dienen, dem Schutze eines Gemeinschaftswerts, der gegenüber der Betätigung der Meinungsfreiheit den Vorrang hat, so BVerfGE 7, 198 (209 f.); 28, 282 (289). Allgemeine Gesetze können die Freiheiten des Art. 5 Abs. 1 GG nicht beliebig einschränken. Sie sind ihrerseits aus der Erkenntnis der Bedeutung dieser Grundrechte „im freiheitlichen demokratischen Staat auszulegen und so in ihrer diese Grundrechte beschränkenden Wirkung selbst wieder einzuschränken," so die Wechselwirkungslehre seit BVerfGE 7, 198 (208 f.); 66, 116 (150); 71, 206 (214); zu den „allgemeinen Gesetzen" ausführlich vgl. *Lücke* (1998) m.w.N.; *Schulze-Fielitz*, in: *Dreier* (1996), Art. 5 I, II Rn. 106 ff.; *Isensee/Axer* (1998), S. 44.

[460] Die Freiheiten des Art. 5 Abs. 1 GG können durch Gesetze zum Schutze der Ehre, welche ihrerseits durch das allgemeine Persönlichkeitsrecht ohnehin verfassungsrechtlich geschützt ist, beschränkt werden. Eine gesetzliche Grundlage ist trotz des Wortlauts erforderlich, vgl. BVerfGE 33, 1 (16 f.); *Jarass/Pieroth*, GG (2000), Art. 5 Rn. 51. Zur Interessenabwägung vgl. BVerfGE 54, 129 (136).

Schutzzweck ist für den Jugendschutz bereits von Verfassungs wegen klargestellt, da der Jugendschutz ausdrücklich als Schranke der Rundfunkfreiheit im Art. 5 Abs. 2 GG genannt wird und somit ein Schutzgut von besonderem Gewicht ist.[461] Schutz der Jugend im Sinne des Art. 5 Abs. 2 GG umfasst in einem Erst-Recht-Schluss auch den Schutz der Kinder. Nicht gemeint ist dagegen der Erwachsenenschutz, beispielsweise vor ungewollter Konfrontation mit Pornographie, der vom Jugendschutz zu unterscheiden ist.[462] Allein die Feststellung, dass eine bestimmte Maßnahme dem Schutz der Jugend dient, reicht aber für sich genommen zur Rechtfertigung eines Eingriffs in die Rundfunkfreiheit nicht aus, denn der Jugendschutz genießt zwar in der Rechtsprechung des Bundesverfassungsgerichts einen „hohen Rang",[463] dies gilt aber gleichermaßen auch für die Rundfunkfreiheit.[464] Somit kann keines dieser beiden Rechtsgüter für sich genommen Priorität beanspruchen.[465] Das Bundesverfassungsgericht hat ausgeführt, dass es vielmehr im konkreten Einzelfall einer materiellen Wertung und Abwägung bedarf, die sicherstellt, dass den in Art. 5 Abs. 1 GG garantierten Rechten ausreichend Rechnung getragen wird.[466] Wie bereits ausgeführt, verlangt das Bundesverfassungsgericht, dass jede gesetzliche Einschränkung des Art. 5 Abs. 1 GG im Hinblick auf den Schutzgehalt des Grundrechts interpretiert werden muss, der Grundrechtsgehalt und das grundrechtseinschränkende Gesetz also in einer Wechselwirkung zueinander stehen.[467]

---

[461] Das Verhältnis der Schranken zueinander ist entgegen dem augenscheinlichen Wortlaut seit der Rechtsprechung des BVerfG praktisch bedeutungslos geworden. Teilweise werden die Schranken des Art. 5 Abs. 2 GG fehlerhaft als Schrankentrias bezeichnet, so bei *Isensee/Axer* (1998), S. 44. Richtigerweise versteht man als „Schrankentrias" jedoch die Schranken des Art. 2 Abs. 1 GG, vgl. *Dreier*, GG (1996), Art. 2 I Rn. 36; *v. Münch/Kunig*, GG (1999), Art.2 Rn. 19. Nachdem seit dem Lüth-Urteil des Bundesverfassungsgerichts allgemeine Gesetze regelmäßig dann vorliegen, wenn deren Beschränkungen dem Schutze eines schlechthin zu schützenden Rechtsgutes dienen, und Jugend- und Ehrenschutz solche Rechtsgüter sind, handelt es sich bei den Bestimmungen zum Schutze der Jugend und der persönlichen Ehre regelmäßig (auch) um „allgemeine" Gesetze, vgl. BVerfGE 7, 198 (209 f.). So hat die Erwähnung von Jugend- und Ehrenschutz wohl – „abweichend von den Intentionen des Verfassungsgebers – insoweit deklaratorischen, nicht konstitutiven Charakter", *Schulze-Fielitz*, in: *Dreier*, GG (1996), Art. 5 I, II Rn. 120. Nachdem das BVerfG auch die Schranken des Jugend- und des Ehrenschutzes der für die allgemeinen Gesetze entwickelten Wechselwirkungslehre unterwirft, hat es die sich aus dem Wortlaut des Art. 5 Abs. 2 GG ergebende Verschiedenheit und damit Eigenständigkeit der Schranken angeglichen und behandelt die Schranken der Bestimmungen zum Schutz der Jugend und das Recht der persönlichen Ehre als Anwendungsfälle der Schranke der allgemeinen Gesetze.

[462] *Isensee/Axer* (1998), S. 46 m.w.N.

[463] BVerfGE 83, 130 (142); Eine kritische Würdigung dieser Entscheidung findet sich bei: *Herkströter*, AfP 1992, 23 ff.; *Schulz/Korte* ZUM 2002, 719 (720).

[464] BVerfGE 13, 54 (80); 35, 202 (222 f.); 77, 65 (74).

[465] BVerfGE 30, 336 (347 f.); *Schulz*, RuF 1993, 339 (347); *Schulz/Korte*, ZUM 2002, 719 (720).

[466] BVerfGE 30, 336 (353); *Wendt*, in: *v. Münch/Kunig*, GG (1999), Art. 5 Rn. 81; *Schulze-Fielitz*, in: *Dreier*, GG (1996), Art. 5 I, II, Rn. 117. Zu den Anforderungen an die Abwägung vgl. auch *Schulz/Korte*, ZUM 2002, 719 (721 ff.).

[467] St. Rspr. seit BVerfGE 7, 198 (208 ff.); vgl. auch: BVerfGE 12, 113 (124 f.); 20, 162 (176 f.); 24, 278; 35, 202 (223 f.); 60, 234 (240); 61, 1 (10 f.); 66, 116 (150); 71, 206 (214); 85, 1 (16); 94, 1 (8); *Wendt*, in: *v. Münch/Kunig*, GG (1999) Art. 5 Rn. 75; *Bethge*, in: *Sachs*, GG (2003), Art. 5 Rn. 145 ff.; *Ricker/Schiwy* (1997) Kap. B, Rn. 164 ff.

Es hat insbesondere eine Überprüfung am Maßstab der Verhältnismäßigkeit zu erfolgen,[468] d.h. die die Rundfunkfreiheit einschränkenden Bestimmungen müssen geeignet, erforderlich und angemessen sein. Das Jugendschutzinteresse ist dabei im konkreten Fall mit der Gewährleistung freier Rundfunkveranstaltung abzuwägen.[469] Zwischen beiden Rechtsgütern ist praktische Konkordanz in Form einer Güterabwägung herzustellen. Es ist hierbei der Grad der konkreten Jugendgefährdung der Bedeutung der jeweiligen Darbietung für die freie öffentliche und private Meinungsbildung unter Abwägung sämtlicher Umstände des Einzelfalls gegenüberzustellen. Wie weit die Einschränkung der Rundfunkfreiheit zugunsten des Jugendschutzes gehen kann, ist abhängig von der jeweiligen gesetzlichen Maßnahme und von den Umständen unter denen sie erfolgt.[470] Eine absolute Grenze für einschränkende Maßnahmen ergibt sich aus dem Zensurverbot des Art. 5 Abs. 1 S. 3 GG, da Eingriffe in die Rundfunkfreiheit sich nicht als Zensur auswirken dürfen.[471]

7.4.2 Rechtfertigungserfordernisse für einen Eingriff

Verfassungsgemäß ist die Beschränkung der Rundfunkfreiheit durch die materiellen Jugendschutzbestimmungen des JMStV (bisher des § 3 RStV) nur, wenn diese Bestimmungen geeignet sind, „die Entwicklung von Kindern und Jugendlichen als eigenverantwortliche Persönlichkeiten innerhalb der sozialen Gemeinschaft gegenüber sittlicher oder gesundheitlicher Gefährdung aus dem sozialen Umfeld zu sichern“,[472] einer möglichen Fehlentwicklung entgegen zu wirken und somit die Jugend zu schützen. Um festzustellen, ob diese Regelungen die Zwecktauglichkeit besitzen, ist eine Gefahren-

---

[468] BVerfGE 30, 336 (347 f., 353); ebenso: *Schulz*, RuF 1993, 339 (348); BVerfGE 59, 231 (265); 71, 162 (181); 77, 65 (75); *Gersdorf*, epd medien Nr. 46/47, 13.06.2001, S. 21 (24); *Schulze-Fielitz*, in: *Dreier*, GG (1996), Art. 5 I, II Rn. 117, 129.

[469] BVerfGE 30, 336 (348).

[470] *Isensee/Axer* (1998), S. 47. Das Bundesverfassungsgericht hat auch klargestellt, dass im Rahmen der Abwägung mit anderen Rechtsgütern Berücksichtigung findet, ob lediglich das Bedürfnis einer „mehr oder minder breiten Leserschicht nach oberflächlicher Unterhaltung“ befriedigt wird, vgl. hierzu für das Grundrecht der Pressefreiheit BVerfGE 34, 269 (283); BVerfG, NJW 2000, 2191 (2192). Dies lässt sich auf den Bereich des Rundfunks bzw. Fernsehens übertragen. Hierzu haben *Schulz/Korte*, ZUM 2002, 719 (722) ein Stufenmodell entwickelt und kommen zu der Folgerung, dass „je höher die konkret betroffene Schutzstufe im Rahmen der Berichterstattungsfreiheit ist, desto eher ist trotz des Bestehens einer Jugendgefährdung von einer Rechtfertigung des jeweiligen Beitrags auszugehen.“ Sie gehen sogar noch einen Schritt weiter und erklären, dass im Rahmen der Gefahrenprognose zur Feststellung einer Jugendgefährdung die durch das Stufenmodell greifbar gemachte Intensität des Grundrechtsschutzes fruchtbar gemacht werden könne.

[471] *Schulz/Held* (2003), S. 2 f.

[472] *Isensee/Axer* (1998), S. 46; *Schulze-Fielitz*, in: *Dreier*, GG (1996), Art. 5 I, II Rn. 116 f.; Der verfassungsrechtliche Jugendschutzauftrag umfasst daher nicht ein „Safe-Harbour-Konzept“, d.h. die vermeintliche Zielvorstellung, das Elend der Welt von Jugendlichen fern zu halten. Jugendlichen dürfen – so auch das BVerfG – extreme Positionen nicht vorenthalten werden, wenn sie beispielsweise der Stärkung der Kritikfähigkeit oder dem Schutz vor Anfälligkeit in Auseinandersetzungen mit unterschiedlichen Meinungen dienen, vgl. BVerfGE 30, 336 (347); 90, 1 (18 ff.); *Schulz/Korte*, ZUM 2002, 719 (720). Zum „Safe-Harbour-Konzept“ vgl. *Langenfeld* (2003), S. 7 m.w.N.

prognose zu erstellen. Voraussetzung ist, dass von den Sendungen, vor denen der JMStV (bisher § 3 RStV) schützen will, stets oder zumindest typischerweise Gefahren für die Jugend ausgehen.[473]

Zwischen der Ausstrahlung einer pornographischen, jugendgefährdenden und entwicklungsbeeinträchtigenden oder indizierten Sendung und einer Gefährdung der Persönlichkeit bei Kindern und Jugendlichen muss die Möglichkeit eines Wirkungszusammenhangs bestehen. Zentrale Bedeutung kommt daher sozialwissenschaftlichen Erkenntnissen über die medialen Sozialisationsbedürfnisse und Verarbeitungsfähigkeiten von Kindern und Jugendlichen zu. Dabei besteht typischerweise das Problem, dass derartige Erkenntnisse häufig von einem erheblichen Maß an Unsicherheit geprägt sind und zum Teil sogar zu widersprüchlichen Ergebnissen führen.[474] Umgekehrt ist zu berücksichtigen, dass Kinder- und Jugendschutz nach der Rechtsprechung des Bundesverfassungsgerichts „ein Ziel von bedeutsamem Rang und ein wichtiges Gemeinschaftsanliegen“[475] darstellt. Angesichts des hochwertigen, sensiblen Ranges des gefährdeten Rechtsgutes kann die Gefahrenschwelle insoweit vorverlagert werden, als von dem Nachweis einer an Sicherheit grenzenden Wahrscheinlichkeit des Gefahreneintritts abzusehen ist und eine einfache Wahrscheinlichkeit genügt.[476] Das Bundesverfassungsgericht hat hierzu ausgeführt, dass Maßnahmen zum Jugendschutz nicht erst auf der Grundlage wissenschaftlich eindeutiger Erkenntnisse getroffen werden dürfen, sondern der Gesetzgeber bzw. der Rechtsanwender ggf. einen Spielraum bei der Einschätzung der Gefahrenlage besitzen,[477] der rechtlich nicht mehr kontrolliert wird.[478] Für die Rechtfertigung von Jugendschutzmaßnahmen genügt es also, dass Gründe vorliegen, die die Annahme einer Jugendgefährdung durch die Ausstrahlung indizierter oder im Wesentlichen inhaltsgleicher Sendungen bestätigen, d.h. nachteilige Auswirkungen plausibel erscheinen lassen.[479] Die Wirkungsforschung muss also

---

[473] *Schulze-Fielitz* in: *Dreier*, GG (1996), Art. 5 I, II Rn. 117: BVerfGE 30, 336 (354).

[474] Vgl. 1. Teil: 1.2.2.

[475] BVerfGE 30, 336 (348), so auch: BVerfGE 77, 346 (356); 83, 130 (139). Bereits die Weimarer Reichsverfassung (WRV) maß dem Jugendschutz eine besondere Bedeutung zu, indem sie in § 118 Abs. 2 S. 2 WRV regelte, dass Eingriffe in die Meinungsfreiheit zum Schutz der Jugend bei öffentlichen Schaustellungen und Darbietungen gestattet seien. Nach Art. 122 Abs. 1 S. 1 WRV war die Jugend auch gegen Ausbeutung sowie gegen sittliche, geistige oder körperliche Verwahrlosung zu schützen.

[476] *Hoffmann-Riem*, in: AK GG (2001), Art. 5 Abs. 1, 2 Rn. 120 f., der annimmt, dass eine „an Sicherheit grenzende Wahrscheinlichkeit“ mit Rücksicht auf die Komplexität und die große Spannbreite der Reaktionen von Jugendlichen sowie die dadurch bedingten Unsicherheiten nicht gefordert werden kann. Dies würde ansonsten effektiven Jugendschutz fast unmöglich werden lassen. Ebenso *Isensee/Axer* (1998), S. 48. Zum Ausreichen einer einfachen Wahrscheinlichkeit, wenn die Information gerade auf Meinungsbildung ausgerichtet ist, vgl. BVerfGE 39, 197 (205).

[477] *Schulz/Korte*, ZUM 2002, 719 (729) gehen davon aus, dass die Landesmedienanstalten bei Entscheidungen im Interesse des Jugendschutzes regelmäßig keinen Beurteilungsspielraum besitzen.

[478] BVerfGE 49, 89 (131 f.); 83, 130 (141 f.).

[479] *Hobro-Klatte*, ZUM 1998, 812 (816).

zumindest bestätigen, dass eine Gefährdung von Kindern und Jugendlichen nicht vollkommen ausgeschlossen ist.[480]

Maßstab ist dabei stets der Adressat des potenziell jugendgefährdenden Inhalts. Bei Rundfunkübertragungen – die sich per Definition an die Allgemeinheit richten und daher u.U. von einer Vielzahl von Jugendlichen mit sehr unterschiedlichen individuellen Anlagen rezipiert werden – richtet sich die Eignung zur Jugendgefährdung einer Sendung nicht nur nach dem Maßstab des „normalen" Jugendlichen, sondern es muss ebenfalls auf den „labilen, gefährdungsgeneigten Jugendlichen" Rücksicht genommen werden.[481] Darüber hinaus ist aber auch der Wandel der zeitabhängigen Anschauungen mit in die Betrachtung aufzunehmen.[482] Der Staat kann jedoch keine Vorgaben für eine „gute" oder „richtige" Sozialisation Jugendlicher setzen, sofern sich diese nicht unmittelbar aus der Verfassung ergibt.[483]

Ist eine Jugendgefährdung anzunehmen, so ist auch der Grad der von ihr ausgehenden Gefährdung festzustellen. Auch hierbei sind normative und empirische Maßstäbe anzulegen. Der Grad der anzunehmenden Jugendgefährdung wirkt sich konkret auf die Beurteilung der Erforderlichkeit einer Jugendschutzmaßnahme aus, das heißt z.B. auf die Beantwortung der Frage, ob die generelle Untersagung eines bestimmten Beitrages nötig erscheint oder ob auch eine andere Maßnahme, z.B. eine bloße Sendezeitbeschränkung, ausreicht.[484] Auf der anderen Seite ist das Ausmaß des Interesses am Schutz der Rundfunkfreiheit festzustellen. Das Bundesverfassungsgericht vertritt hinsichtlich des Schutzbereichs des Art. 5 Abs. 1 S. 2 GG einen „formalen Medienbegriff".[485] Im Hinblick auf die Freiheit der Berichterstattung gemäß Art. 5 Abs. 1 S. 2 GG ist im Einzelfall eine inhaltliche Differenzierung nach dem publizistischen Gewicht des konkreten Beitrages, d.h. nach dessen Bedeutung für die private und öffentliche Meinungsbildung, vorzunehmen.

Die Jugendschutzbestimmungen im JMStV (bzw. bisher § 3 RStV) wurden vor dem Hintergrund der Wirkungsforschung zu jugendgefährdenden Inhalten in Hörfunk- und Fernsehsendungen bei Kindern und Jugendlichen getroffen.[486] Das Ausstrahlungs-

---

[480] BVerfGE 83, 130 (142).

[481] BVerwGE 39, 197 (205 f.); *Wendt*, in: *v. Münch/Kunig*, GG (1999), Art. 5 Rn. 80; *Schulze-Fielitz*, in: *Dreier*, GG (1996), Art. 5 I, II Rn. 117; *Isensee/Axer* (1998), S. 48; a.A. BVerwGE 25, 318 (321 ff.), dort wird nur vom durchschnittlichen Jugendlichen ausgegangen.

[482] So kann beispielsweise ein gesellschaftlicher Wandel im Hinblick auf die Akzeptanz gewalthaltiger oder sexueller Darstellungen nicht unberücksichtigt bleiben, vgl. BVerwGE 39, 197 (206); *Schulze-Fielitz*, in: *Dreier*, GG (1996), Art. 5 I, II Rn. 117; *Wendt*, in: *v. Münch/Kunig*, GG (1999), Art. 5 Rn. 80.

[483] *Schulz*, RuF 1993, 339 (340).

[484] *Schulz/Korte* ZUM 2002, 719 (721); *Schulz*, RuF 1993, 339 (347).

[485] *Schulz/Korte* ZUM 2002, 719 (721).

[486] *Hartstein/Ring/Kreile/Dörr/Stettner* (2003), § 3 Rn. 10 m.w.N. Die Landesmedienanstalten führen praxisnahe Untersuchungen zu den Wirkungen bestimmter Programmangebote durch. Das Bundes-

verbot, die Sendezeitbeschränkung, die Jugendschutz-Vorsperre, die Kennzeichnungspflicht und das Werbeverbot, welche der JMStV (bisher § 3 RStV) bei schwerer bzw. leichter Jugendgefährdung und Jugendbeeinträchtigung vorsieht, dienen dem Kinder- und Jugendschutz. Die materiellen Jugendschutzbestimmungen des JMStV (bisher des § 3 RStV) sollen Kinder und Jugendliche vor den mit der Ausstrahlung jugendbeeinträchtigender, jugendgefährdender bis hin zu schwer jugendgefährdenden Sendungen verbundenen Gefahren schützen. Solche Gefahren gehen vor allem von Fernsehsendungen aus, die in einer potenziell sozialschädlichen Verzerrung sittlich-ethischer Maßstäbe Krieg verherrlichen, Gewalttätigkeiten und Verbrechen glorifizieren, zum Hass auf andere Menschen aufstacheln oder sexuelle Vorgänge in grob schamverletzender Weise darstellen.[487] Die in § 3 RStV vorgesehenen Maßnahmen in Form des Ausstrahlungsverbotes, der Sendezeitbeschränkungen, der Vorsperre im digitalen Fernsehen, der Kennzeichnungspflicht und der Werbebeschränkungen sind dazu bestimmt, die ungestörte Entwicklung von Kindern und Jugendlichen als eigenverantwortliche Persönlichkeiten in sozialer Gemeinschaft zu sichern[488] und müssen vor diesem Hintergrund im Folgenden auf ihre Verfassungsmäßigkeit im Einzelnen untersucht werden.

verfassungsgericht betont, dass ein verfassungsrechtlich bedeutsames Interesse an einer ungestörten Entwicklung der Jugend bestehe, das den Gesetzgeber dazu berechtige, Regelungen zu erlassen, durch die der Jugend drohende Gefahren abgewehrt werden, vgl. BVerfGE 57, 295 (326); ebenso *Hobro-Klatte*, ZUM 1998, 812 (818): BVerfGE 30, 173 (193); 30, 336 (348); *Hartstein/Ring/Kreile/Dörr/Stettner* (2003), § 3 Rn. 10.

487 *Schulze-Fielitz*, in: *Dreier* (1996), Art. 5 I, II Rn. 116; BVerfGE 30, 336 (347); *Jarass/Pieroth*, GG (2000), Art. 5 GG Rn. 49.

488 *Isensee/Axer* (1998), S. 46 f.; *Schulze-Fielitz*, in: *Dreier*, GG (1996), Art. 5 I, II Rn. 116 f.; *Wendt*, in: *v. Münch/Kunig*, GG (1999), Art. 5 Rn. 160; für das GjS vgl. BVerfGE 30, 336 (347 f.).

8 Die allgemeine Sendezeitbeschränkung

Nach einer kurzen Darstellung der Änderungen der Regelung der allgemeinen Sendezeitbeschränkung durch den JMStV soll untersucht werden, ob der durch die allgemeine Sendezeitbeschränkung des JMStV (bzw. früher RStV) bewirkte Eingriff in die Rundfunkfreiheit verfassungsrechtlich gerechtfertigt ist bzw. inwieweit die allgemeine Sendezeitbeschränkung ein verfassungsgemäßes, d.h. geeignetes, erforderliches und angemessenes Mittel zur Verwirklichung des Jugendschutzes darstellt. Hierbei ist wiederum vorab zu klären, ob angesichts des fehlenden Wirkungszusammenhangs zwischen dem Konsum bestimmter Sendungen und einer hieraus resultierenden Beeinträchtigung der Entwicklung bzw. des Wohls von Kindern und Jugendlichen überhaupt ein Spielraum bzw. ein Bedarf für eine gesetzliche Regelung durch den Gesetzgeber besteht. Anschließend wird im Rahmen der eigentlichen Verhältnismäßigkeitsprüfung also im Rahmen des Übermaßverbots darauf einzugehen sein, ob die Sendezeitbeschränkung ein auch heute noch geeignetes Mittel zur Verwirklichung des Jugendschutzes ist. Im Rahmen der Erforderlichkeitsprüfung ist zu klären, welchen Umfang die Sendezeitbeschränkung haben darf, um das mildeste effektive Mittel zur Durchsetzung des Jugendschutzes darzustellen. Und schließlich sind bei der Angemessenheitsprüfung im Rahmen der Abwägung zwischen dem Verfassungsgut Jugendschutz und dem Grundrecht der Rundfunkfreiheit die Ausnahmemöglichkeiten zugunsten der Rundfunkveranstalter anzusprechen. Anschließend ist das Untermaßverbot im Hinblick auf vorhandene Umgehungsmöglichkeiten zu untersuchen. Zuletzt wird auf die Beachtung des Zensurverbots durch die Regelung der allgemeinen Sendezeitbeschränkung einzugehen sein.

8.1 Änderungen durch den JMStV

8.1.1 Die frühere Regelung in § 3 Abs. 2 RStV

Die Altregelung des § 3 Abs. 2 S. 1 Hs. 1 RStV besagte, dass Sendungen, die geeignet sind, das körperliche, geistige oder seelische Wohl von Kindern oder Jugendlichen zu beeinträchtigten, nicht verbreitet werden durften, es sei denn der Veranstalter traf aufgrund der Sendezeit (oder auf andere Weise) Vorsorge, dass Kinder oder Jugendliche der betroffenen Altersstufen die Sendungen üblicherweise nicht wahrnahmen. Das Gesetz stellte hierzu in § 3 Abs. 2 S. 1 Hs. 2 RStV eine Vermutung auf, wonach Veranstalter dies bei Sendungen zwischen 23.00 Uhr und 6.00 Uhr stets annehmen durften. Weiter sah § 3 Abs. 2 S. 2 und 3 RStV eine Sendezeitstaffelung nach Alter und Uhrzeit unter Bezugnahme auf das JÖSchG vor, wobei auch der verwendete Begriff der Jugendbeeinträchtigung dem des § 6 Abs. 2 JÖSchG entsprach. So konnten Filme, die nach dem JÖSchG nicht für Jugendliche unter 16 Jahren freigegeben waren, nur in der Zeit von 22.00 Uhr bis 6.00 Uhr und Filme, die für Jugendliche unter 18 Jahren nicht freigegeben waren, nur in der Zeit von 23.00 Uhr bis 6.00 Uhr verbreitet werden. Bei Filmen, die nach dem JÖSchG für Jugendliche unter 12 Jahren nicht freigegeben waren, war nach dem Gesetzeswortlaut des § 3 Abs. 2 S. 2 RStV bei der Wahl der Sendezeit dem Wohl jüngerer Kinder Rechnung zu tragen. Gemäß § 3 Abs. 7 S. 1 RStV konnten die Landesmedienanstalten in Richtlinien oder für den Einzelfall Ausnahmen von den Sendezeitgrenzen nach § 3 Abs. 2 S. 3 RSV gestatten und von der Bewertung nach § 3 Abs. 2 S. 3 RStV abweichen. Als Beispiel nannte § 3 Abs. 7 S. 1 Hs. 2 RStV den Fall, dass gem. § 3 Abs. 2 S. 3 RStV die Bewertung der Filme länger als 15 Jahre zurücklag.

8.1.2 Die Neuregelung in § 5 JMStV

Nach der Neuregelung gem. § 5 Abs. 1 JMStV haben nunmehr Anbieter, die Programmangebote verbreiten oder zugänglich machen, welche die Entwicklung von Kindern oder Jugendlichen zu einer eigenverantwortlichen und gemeinschaftsfähigen Persönlichkeit beeinträchtigen, dafür Sorge zu tragen, dass Kinder oder Jugendliche der betroffenen Alterstufen diese Angebote üblicherweise nicht wahrnehmen. Nach § 5 Abs. 2 JMStV wird die Eignung zur Beeinträchtigung der Entwicklung im Sinne von § 5 Abs. 1 JMStV vermutet, wenn die Angebote nach dem JuSchG für Kinder oder Jugendliche der jeweiligen Altersstufe nicht freigegeben sind; gleiches gilt bei Angeboten, die mit den vorgenannten Angeboten im Wesentlichen inhaltsgleich sind. Nach § 5 Abs. 3 JMStV kann der Anbieter seiner Verpflichtung nach § 5 Abs. 1 JMStV dadurch entsprechen, dass er entweder durch technische oder sonstige Mittel, wie z.B. durch die Jugendschutz-Vorsperre[489] oder mittels Jugendschutzprogrammen[490] die Wahrnehmung des Angebotes durch Kinder oder Jugendliche der betroffenen Alterstufe unmöglich macht oder wesentlich erschwert, oder dadurch, dass der Anbieter die Zeit, in der die Angebote verbreitet oder zugänglich gemacht werden, so wählt, dass Kinder oder Jugendliche der betroffenen Altersstufe üblicherweise die Angebote nicht wahrnehmen. In den Fällen, in denen eine entwicklungsbeeinträchtigende Wirkung im Sinne von § 5 Abs. 1 JMStV auf Kinder und Jugendliche anzunehmen ist, erfüllt der Anbieter seine Verpflichtung nach § 5 Abs. 1 JMStV, wenn das Angebot nur zwischen 23.00 Uhr und 6.00 Uhr verbreitet oder zugänglich gemacht wird. Gleiches gilt nach § 5 Abs. 4 S. 2 JMStV, wenn eine entwicklungsbeeinträchtigende Wirkung auf Kinder oder Jugendliche unter 16 Jahren zu befürchten ist, wenn das Angebot nur zwischen 22.00 Uhr und 6.00 Uhr verbreitet oder zugänglich gemacht wird. Bei Filmen, die nach § 14 Abs. 2 JuSchG unter 12 Jahren nicht freigegeben sind, ist gem. § 5 Abs. 4 S. 3 JMStV auch künftig bei der Wahl der Sendezeit dem Wohl jüngerer Kinder Rechnung zu tragen.[491] Schließlich gelten gem. § 5 Abs. 6 JMStV die Einschränkungen des § 5

---

[489] Vgl. zur Jugendschutz-Vorsperre im Pay-TV gem. § 9 Abs. 2 JMStV 2. Teil: 11.

[490] Zu den Jugendschutzprogrammen in Telemedien vgl. § 11 JMStV. Unter Jugendschutzprogrammen versteht man nicht etwa Programme speziell für Jugendliche und Kindern, sondern eine Schutzvorkehrung in Telemedien, welche ermöglicht, dass Kinder und Jugendliche die mit dieser Programmierung versehenen Angebote nicht wahrnehmen können und somit Kinder und Jugendliche vor ungeeigneten Programmen schützt. Jugendschutzprogramme in Telemedien sind das Pendant zur Jugendschutz-Vorsperre im digitalen Fernsehen.

[491] Für Telemedien gibt es gem. § 5 Abs. 5 JMStV eine weitere Ausnahme, für den Fall, dass eine entwicklungsbeeinträchtigende Wirkung im Sinne von § 5 Abs. 1 JMStV nur auf Kinder zu befürchten ist. Der Anbieter von Telemedien erfüllt seine Verpflichtung nach § 5 Abs. 1 JMStV dann bereits, wenn

Abs. 1 JMStV nicht für Nachrichtensendungen, Sendungen zum politischen Zeitgeschehen im Rundfunk und vergleichbaren Angeboten bei Telemedien, soweit ein berechtigtes Interesse gerade an dieser Form der Darstellung oder Berichterstattung vorliegt. Gem. § 9 Abs. 1 S. 1 JMStV können die KJM und die anerkannten Einrichtungen der Selbstkontrolle in Form von Richtlinien oder im Einzelfall von der Vermutung nach § 5 Abs. 2 JMStV abweichen. § 9 Abs. 1 S. 2 JMStV nennt hierzu als Beispiel für eine solche Ausnahme Angebote, deren Bewertung länger als 15 Jahre zurückliegt.

8.1.3 Umfang der Änderungen durch den JMStV

Die allgemeine Sendezeitbeschränkung im JMStV unterscheidet sich von der bisher gültigen Regelung des RStV zunächst hinsichtlich des Wortlautes insoweit, als künftig nicht mehr darauf abgestellt wird, dass Sendungen geeignet sind, das körperliche, geistige oder seelische Wohl von Kindern oder Jugendlichen zu beeinträchtigen (so genannte jugendbeeinträchtigende Sendungen),[492] sondern vielmehr von Angeboten gesprochen wird, welche die Entwicklung von Kindern oder Jugendlichen zu einer eigenverantwortlichen und gemeinschaftsfähigen Persönlichkeit beeinträchtigen (so genannte entwicklungsbeeinträchtigende Angebote).[493] Die neue Terminologie soll jedoch lediglich – wie bereits unter 1. Teil 3.4.2 ausgeführt – zu einer Vereinheitlichung der in der Vergangenheit verwendeten Begriffe,[494] insbesondere vor dem Hintergrund der im Rahmen des JuSchG[495] neu geschaffenen Begriffsbezeichnungen führen. In der amtlichen Begründung zu § 14 JuSchG,[496] auf welche in der amtlichen Begründung zu

---

das Angebot getrennt von für Kinder bestimmten Angeboten verbreitet wird oder abrufbar ist. Hiermit führt der JMStV gleichzeitig eine neue Altersgrenze, nämlich die der 14 Jährigen, ein, vgl. § 5 Abs. 5 i.V.m. 3 Abs. 1 JMStV, lässt überdies aber unbeantwortet, in welchen Fällen Angebote getrennt von für Kinder bestimmten Angeboten verbreitet werden.

[492] Eine Jugendbeeinträchtigung ist anzunehmen, wenn „Störungen durch Reizüberflutung oder sonstige übermäßige Belastungen auftreten können, wenn sozial-ethische Desorientierungen beispielsweise durch Verwischung von Realität und Fiktion zu befürchten sind oder wenn auf andere Weise die Erziehung der Kinder und Jugendlichen zu verantwortungsbewussten Menschen gefährdet ist.“, *Hertel*, in: *Hahn/Vesting* (2003), § 3 RStV Rn. 77. Vgl. auch *Hartstein/Ring/Kreile/Dörr/Stettner* (2003), § 3 Rn. 57 ff., *Hesse* (1999), S. 90 Rn. 27; als jugendgefährdend wurden bspw. wegen ihres Gewaltpotentials und der Vermischung von Fiktion und Realität Wrestlingshows im Nachmittagsprogramm bewertet, vgl. VG Kassel, ZUM 1996, 990 ff.; VG Frankfurt a.M., NJW 1996, 275 ff.

[493] Entwicklungsbeeinträchtigende Angebote sind Angebote, die unterhalb der Schwelle der Jugendgefährdung des § 4 JMStV liegen. Der Begriff der Entwicklungsbeeinträchtigung entspricht dem bisher im RStV verwendeten Begriff der Jugendbeeinträchtigung.

[494] Art. 22 Abs. 1 EG-FernsehRiL spricht beispielsweise vom Schutz vor Programmen, „die die körperliche, geistige und sittliche Entwicklung von Minderjährigen ernsthaft beeinträchtigen können.“ In § 3 Abs. 2 RStV wurde dagegen auf das „körperliche, geistige und sittliche Wohl von Kindern und Jugendlichen“ abgestellt.

[495] Gem. § 14 JuSchG wird auf die Eignung zu einer Beeinträchtigung der Entwicklung von Kindern und Jugendlichen oder ihrer Erziehung zu einer eigenverantwortlichen und gemeinschaftsfähigen Persönlichkeit abgestellt.

[496] Amtl. Begr. zu § 14 JuSchG, BT-Drs. 14/9013, S. 22 und S. 25 zu § 18 Abs. 1 JuSchG.

§ 5 JMStV Bezug genommen wird,[497] wird darauf hingewiesen, dass die bisherige Terminologie der Jugendbeeinträchtigung des § 6 Abs. 2 JÖSchG („die geeignet sind, das körperliche, geistige oder seelische Wohl von Kindern und Jugendlichen zu beeinträchtigen"), welche der in § 3 Abs. 2 RStV entspricht, durch die neue Terminologie der Entwicklungsbeeinträchtigung des § 14 JuSchG („die geeignet sind, die Entwicklung von Kindern und Jugendlichen zu einer eigenverantwortlichen und gemeinschaftsfähigen Persönlichkeit zu beeinträchtigen") ersetzt wurde, ohne dass es hierdurch zu einer inhaltlichen Änderung der bestehenden Beurteilungspraxis kommen sollte.[498] Gegen die Spekulation,[499] dass die neue Begriffswahl den Schluss zulasse, dass eine Verängstigung von Kindern nicht mehr als Beeinträchtigung ausreiche, da tatbestandsmäßig eine Prognose zum Ergebnis kommen müsse, dass Kinder und Jugendliche sich nicht zu einer eigenverantwortlichen und gemeinschaftsfähigen Persönlichkeit entwickeln, kann neben dem Hinweis auf die amtliche Begründung jedoch auch eingewandt werden, dass die Beeinträchtigung des Wohls wesentlich schwerer nachgewiesen werden könne, als die tatsächliche Beeinträchtigung der Entwicklung von Kindern und Jugendlichen. Wie dies zeigt, wird die Begriffswahl neben der beabsichtigten Vereinheitlichung eher zu neuen Spekulationen über mögliche Änderungen des Inhalts der Begriffe mit sich bringen. Insoweit sind die Landesmedienanstalten bzw. die KJM zur Vermeidung von fehlerhaften Interpretationen aufgerufen, durch Satzungen bzw. Richtlinien den Maßstab der Beurteilung für die freiwilligen Selbstkontrolleinrichtungen festzulegen.

Schließlich ist auch die nun verwendete Begriffswahl nicht wirklich überzeugend. So bleibt die beibehaltene Unterscheidung zwischen Gefährdung und Beeinträchtigung Jugendlicher erhalten. Greift man zur Auslegung des Gefährdungsbegriffs auf die polizeirechtliche Definition des Gefahrenbegriffs zurück, so ist darunter das Erfordernis eines unmittelbar bevorstehenden Schadenseintritts zu verstehen.[500] Unter einer Beeinträchtigung (der Entwicklung oder Erziehung von Jugendlichen) kann dann aber nur ein bereits eingetretener Schaden, also die Verwirklichung des Gefahrenrisikos verstanden werden.[501] Es ist daher nicht verständlich, weshalb ein möglicher bevorstehender Schadenseintritt schwerer wiegen soll und zu einer größeren Beschränkung der Rundfunkfreiheit, nämlich einem Ausstrahlungsverbot bei jugendgefährdenden Angeboten gem. § 4 Abs. 1 Nr. 11 i.V.m. Abs.1 Nr. 2 JMStV führen soll, während eine tatsächliche

---

[497] Amtl. Begr., BayLT-Drs. 14/10246, S. 17.

[498] Ebenso *Liesching*, NJW 2002, 3281 (3285); *Bornemann*, NJW 2003, 787 (789); a.A. *Kreile/Diesbach*, ZUM 2002, 849 (851 f.), die eine begriffliche Änderung annehmen.

[499] *Kreile/Diesbach*, ZUM 2002, 849 (851 f.).

[500] *Berner/Köhler*, PAG (2000), Art. 2 Rn. 10; *Schumann*, JMS-Report 3/1999, S. 1, der die Gefährdung als Durchgangsstadium zur Schädigung begreift.

[501] Dem Begriff der Beeinträchtigung entspricht im Polizeirecht an sich wohl der Begriff der „Störung". Unter Störung versteht man die „wirklich gewordene Gefahr", *Berner/Köhler*, PAG (2000), Art. 2 Rn. 11.

(Entwicklungs- bzw. Jugend-)Beeinträchtigung lediglich durch Sendezeitbeschränkungen verhindert werden soll. Aus diesem Grund darf auch künftig bei der Begriffsdeutung nicht auf den Gefahrenbegriff des Polizeirechts abgestellt werden. Die Begriffe des RStV wurden bereits in der Vergangenheit – der eigentlichen Begrifflichkeit zuwider aber entsprechend den tatsächlich bestehenden Gefahren für Kinder und Jugendliche – zweckmäßig dahingehend gedeutet, dass die Gefahrenlage, die unter den Begriff der Gefährdung fällt, schwerer wiegt, als jene, die unter den Begriff der Beeinträchtigung subsumiert wird. Unter einer Beeinträchtigung wird dabei die Hemmung, Störung und Schädigung, welche von einer Sendung ausgeht, verstanden.[502] Von dieser Klassifizierung wurde auch durch die Schaffung des JMStV nicht abgewichen. Selbst wenn die begriffliche Schwäche[503] durch den JMStV nicht behoben wurde, bleibt es letztlich bei der beabsichtigten Rechtsanwendung, dass letztlich eine (schwerer wiegende) Jugendgefährdung durch das Ausstrahlungsverbot und eine Entwicklungsbeeinträchtigung durch die Sendezeitbeschränkung verhindert werden soll.

Nachdem das JuSchG die Regelungen des GjSM und des JÖSchG fast wörtlich übernimmt, findet sich im JMStV nunmehr eine Bezugnahme auf das JuSchG, die dem bisherigen Verweis im RStV auf das JÖSchG inhaltlich entspricht. Gleich geblieben ist im Ergebnis, dass weiterhin Filme, die für 16-Jährige nicht freigegeben sind, nur zwischen 22.00 Uhr und 6.00 Uhr, und Filme, die für 18-Jährige nicht freigegeben sind, nur zwischen 23.00 Uhr und 6.00 Uhr ausgestrahlt werden dürfen.[504] Bei Angeboten, die für 12-Jährige nicht freigegeben sind, ist künftig weiterhin bei der Wahl der Sendezeit dem Wohl von Kindern Rechnung zu tragen. Hierbei wird im Staatsvertrag am Begriff des „Wohls" von Kindern und Jugendlichen beibehalten und insoweit nicht auch auf die Entwicklung von Kindern abgestellt. Diese Ungenauigkeit bestätigt das so eben bereits gefundene Ergebnis, dass der Gesetzgeber den Begriff des Wohls von Kindern und Jugendlichen mit der Entwicklung und Erziehung gleichsetzt und somit durch die teilweise neue Begriffswahl keinen Einfluss auf die bisherige Beurteilungspraxis ausüben wollte.

---

[502] Zum Begriff der Beeinträchtigung vgl. *Beucher/Leyendecker/v.* Rosenberg (1999), § 3 RStV Rn. 61 f. Das körperliche Wohl von Kindern und Jugendlichen können insbesondere Sendungen beeinträchtigen, welche „die Nerven überreizen, übermäßige Belastungen hervorrufen, die Fantasie über Gebühr erregen, die charakterliche, sittliche (einschließlich religiöse) oder geistige Erziehung hemmen, stören oder schädigen, zu falschen oder abträglichen Lebenserwartungen verführen oder die Erziehung zu verantwortungsbewussten Menschen in der Gesellschaft hindern." *Hartstein/Ring/Kreile/Dörr/Stettner* (2003) § 3 Rn. 57.

[503] Auf die begrifflichen Ungenauigkeiten des § 3 RStV haben bereits früher *Kreile/Detjen*, ZUM 1994, 78 (83), hingewiesen.

[504] Kriterium für die Einschätzung der FSK ist dabei die Eignung des Filmes zur Beeinträchtigung der Entwicklung von Kindern und Jugendlichen oder ihrer Erziehung zu einer eigenverantwortlichen und gemeinschaftsfähigen Persönlichkeit, wobei auch Nachahmungseffekte, die jugendgefährdende Darstellungen im Fernsehen bewirken können, zur Annahme einer entwicklungsbeeinträchtigenden (bzw. jugendbeeinträchtigenden) Sendung führen können. Detailliert zur Praxis der FSK hinsichtlich der Altersfreigaben vgl. die *FSK* (2003).

Neu im JMStV ist schließlich das Berichterstatterprivileg für Nachrichtensendungen und Sendungen zum politischen Zeitgeschehen im Rundfunk, wenn gerade an der Form der Darstellung oder Berichterstattung ein berechtigtes Interesse besteht. Als Grund für die Aufnahme dieser Regelung in § 5 Abs. 6 JMStV wird in der amtlichen Begründung zum JMStV[505] ausgeführt, dass eine solche Darstellung möglich sein muss, um dem Informationsbedürfnis der Bevölkerung Rechnung zu tragen;[506] andererseits dürfen jedoch diese Angebote nicht in reißerischer Form dargestellt werden, sondern es muss das berechtigte Interesse gerade auch an der konkret vorgenommenen Darstellung oder Berichterstattung bestehen.[507] Der Gesetzgeber hat hiermit zum Ausdruck gebracht, dass sich Boulevardmagazine und Infotainment-Sendungen nicht auf das Nachrichtenprivileg berufen dürfen. Diese sind auch weiterhin verpflichtet, mit ihren Beiträgen Kinder und Jugendliche nicht in ihrer Entwicklung und Erziehung zu beeinträchtigen. An der Ausnahmemöglichkeit des § 3 Abs. 7 RStV hat sich in § 9 Abs. 1 JMStV lediglich geändert, dass diese Ausnahme nun nicht mehr ausschließlich von der jeweils zuständigen Landesmedienanstalt, sondern von der KJM und den anerkannten Einrichtungen der Selbstkontrolle gewährt werden kann.

8.2 Einschätzungsprärogative trotz fehlenden Wirkungszusammenhangs

Die Regelungen über Sendezeitbeschränkungen greifen in die Programmautonomie der Rundfunkveranstalter hinsichtlich der zeitlichen Platzierung der Sendung im Programm ein und beschränken somit die Rundfunkfreiheit des Art. 5 Abs. 1 S. 2 GG. Bevor zu prüfen ist, ob ein derartiger Eingriff verfassungsgemäß ist, ist zunächst zu klären, ob mit der Sendezeitbeschränkung ein legitimer Zweck verfolgt wird. Hierbei ist zu untersuchen, ob der Gesetzgeber überhaupt Jugendschutzmaßnahmen wie die Sendezeitbeschränkung ergreifen darf, wenn – wie vorliegend – nicht sicher ist, ob von den mit Sendezeitbeschränkungen belegten und als jugend- bzw. entwicklungsbeeinträchtigend bezeichneten Sendungen auch tatsächlich Gefahren für Kinder und Jugendliche ausgehen. Erst wenn geklärt ist, ob der Gesetzgeber Maßnahmen ergreifen darf, ist in einem zweiten Schritt die Verfassungsmäßigkeit der ergriffenen Maßnahmen zu überprüfen.

Voraussetzung ist also, dass von den mit Sendezeitbeschränkungen belegten Sendungen stets oder wenigstens typischerweise Gefahren für Kinder und Jugendliche ausgehen,[508]

---

[505] BayLT-Drs. 14/10246, S. 18.

[506] Insbesondere die nachrichtenbezogenen Formen der Kriegsberichterstattung über den Golfkrieg, wie sie seit März 2003 im Fernsehen erfolgen, sind typische Fälle des § 5 Abs. 6 JMStV. Vgl. zur „Gratwanderung" bei der Kriegsberichterstattung Frankfurter Rundschau v. 31.03.2003, S. 15.

[507] Kritisch sind im Fall der Kriegsberichterstattung die menschenunwürdigen Darstellungen zu sehen. Hierbei handelt es sich nicht um entwicklungsbeeinträchtigende Angebote, die unter die Ausnahmemöglichkeit des § 5 Abs. 6 JMStV fallen, sondern um absolut unzulässige Sendungen gem. § 4 Abs. 1 S. 1 Nr. 8 JMStV.

[508] BVerfGE 30, 336 (354), *Schulze-Fielitz*, in: *Dreier*, GG (1996), Art. 5 I, II Rn. 117.

so dass es einer gesetzlichen Regelung überhaupt bedarf. Zwischen der Ausstrahlung einer Sendung und einer Beeinträchtigung der Persönlichkeitsentwicklung von Kindern und Jugendlichen muss somit die Möglichkeit eines Wirkungszusammenhangs bestehen. Die negative Wirkung von beispielsweise Gewalt und pornographischen Darstellungen auf Kinder und Jugendliche ist – wie ebenfalls bereits ausgeführt[509] – nicht abschließend geklärt. Jedoch kann daraus nicht geschlossen werden, dass der „normale", aber vor allem auch der gefährdungsgeneigte Jugendliche[510] durch entsprechende Darstellungen im Fernsehen nicht beeinträchtigt bzw. gefährdet werden kann – insbesondere, da das Fernsehen gerade den Anspruch der öffentlichen Meinungsbildung erhebt. Da es sich beim Kinder- und Jugendschutz nach der Rechtsprechung des Bundesverfassungsgerichts um „ein Ziel von bedeutsamem Rang und ein wichtiges Gemeinschaftsanliegen"[511] und somit um ein hochwertiges, sensibles Rechtsgut mit Verfassungsrang handelt,[512] kann die Gefahrenschwelle gegenüber der Gefährdung eines „normalen" Rechtsgutes vorverlagert werden.[513] Die Bedeutung des Jugendschutzes für die Gesellschaft rechtfertigt es, dass von dem Nachweis einer „an Sicherheit grenzenden Wahrscheinlichkeit" des Gefahreneintritts im Rahmen der Gefahrenprognose abzusehen ist.[514] Aufgrund der wissenschaftlich ungeklärten Situation und den nicht auszuschließenden negativen Wirkungen von gewaltverherrlichenden und pornographischen Sendungen im Fernsehen auf Kinder und Jugendliche befindet auch das Bundesverfassungsgericht[515] Jugendschutzmaßnahmen für grundsätzlich notwendig. Nachdem die Ergebnisse der Wirkungsforschung[516] bestätigen, dass eine Beeinträchtigung von Kindern und Jugendlichen durch gewalthaltige und sexuelle Inhalte nicht von vornherein ausgeschlossen werden kann, ist dies für die Bejahung einer möglichen Beeinträchtigung auch bei fehlender Kausalität ausreichend, um einen Handlungsbedarf für den Gesetzgeber zu eröffnen.[517] Der Gesetzgeber ist also gefordert, die Gefahren für Kinder und Jugendliche durch den Konsum bestimmter Fernsehsendungen im Wege

---

[509] Vgl. 1. Teil: 1.2.2.

[510] Bei der Beurteilung der Jugendbeeinträchtigung wird – wie bereits unter 2. Teil: 7.4.2 ausgeführt – auf den „Jugendlichen schlechthin, einschließlich des gefährdungsgeneigten Jugendlichen" abgestellt, vgl. BVerwGE 39, 197 (205 f.); ebenso *Wendt*, in: *v. Münch/Kunig*, GG (1999), Art. 5 Rn. 80; *Schulze-Fielitz*, in: *Dreier*, GG (1996), Art. 5 I, II Rn. 117; a.A. BVerwGE 25, 318 (321 ff.), dort wird nur vom durchschnittlichen Jugendlichen gesprochen.

[511] BVerfGE 30, 336 (348); 77, 346 (356); 83, 130 (139).

[512] Vgl. 2. Teil: 5.

[513] Vgl. 2. Teil: 7.4.2.

[514] Vgl. hierzu Fn. 476.

[515] BVerfGE 83, 130 (141 f.).

[516] Vgl. zu den widersprüchlichen empirischen Befunden zum Thema „Jugendgefährdung durch Fernsehangebote" 1. Teil: 1.2.2.

[517] *Schumann*, JMS-Report 3/1999, S. 1.

einer Prognoseentscheidung abzuschätzen und entsprechende Regelungen zur Verwirklichung des Jugendschutzes zu treffen.

8.3 Geeignetheit der Sendezeitbeschränkung trotz zeitlichen Wandels

Teile der Literatur[518] betrachten die vom Gesetzgeber gewählte Jugendschutzmaßnahme der Sendezeitbeschränkung für nicht mehr zeitgemäß und somit auch nicht mehr für ein geeignetes bzw. zwecktaugliches Mittel. Sie fordern einheitliche Zeitgrenzen europaweit, welche sich am untersten Zeitmaß der einzelnen Länder orientieren sollen.[519] Als Grund hierfür wird die heute regelmäßig früher einsetzende Reife von Kindern und Jugendlichen genannt. Im Übrigen sei das Jugendalter als Entwicklungsabschnitt nicht durch Altersgrenzen bestimmbar, da die Gruppe der Jugendlichen ganz verschiedenartige Persönlichkeiten umfasse, und insoweit erhebliche individuelle Unterschiede in der Entwicklung bestünden.[520] Da die Reifeentwicklung unterschiedlich verlaufe, erscheine eine starre Festlegung von Altersgrenzen für den Zugang zu Medien nicht sinnvoll.[521]

Die unterschiedlich verlaufende Reifeentwicklung von Kindern und Jugendlichen ist jedoch kein aktuelles Phänomen. Der Gesetzgeber muss, um effektiven Jugendschutz sicherzustellen, auch generalisieren. Eine effektive und realisierbare Alternative zu den Sendezeitgrenzen wird von den Kritikern jedoch nicht angeboten, vielmehr besinnen sich selbst diese mangels besserer Lösung immer wieder auf die – wenn auch modifizierten – Alters- und Sendezeitgrenzen zurück.[522]

Unter der verfassungsrechtlich erforderlichen Geeignetheit wird im allgemeinen verstanden, dass das vom Staat gewählte Mittel zur Erreichung des konkreten Zwecks überhaupt tauglich ist; hiervon werden lediglich Fälle evidenter Mittelverfehlung erfasst.[523] § 5 Abs. 4 JMStV (bisher: § 3 Abs. 2 S. 1 Hs. 2, S. 3, Abs. 3 S. 1 RStV) geht von der Vermutung aus, dass eine Sendezeit zwischen 23.00 Uhr und 6.00 Uhr Gewähr dafür bietet, dass Kinder und Jugendliche die fraglichen Sendungen üblicherweise nicht wahrnehmen. Wie bereits dargestellt, gilt beim Fernsehverhalten von Kindern und Jugendlichen immer noch der Grundsatz, dass das Kind in der Regel umso früher ins

[518] *Köhne*, MMR 2002, XXI (XXII) m.w.N.; internationale Regelungen fordert *v. Gottberg*, tv diskurs 1/1997, 28 ff. Einrichtungen wie der Arbeitskreis Europäischer Jugendmedienschutz untersuchen die verschiedenen Jugendbilder in Europa, vgl. *Gangloff* (2001), S. 25.

[519] Zum Jugendmedienschutz in Deutschland und in Europa vgl. *Liesching* (2000); *v. Gottberg*, tv diskurs 1/1997, 28 ff.; *Gangloff* (2001), S. 22 f., 104 ff.

[520] BGHSt 36, 37 (39) m.w.N.

[521] *Gangloff* (2001), S. 20 f., der auch auf die Unterschiede bei der Filmauswahl durch männliche und weibliche Kinder und Jugendliche hinweist. Zur unterschiedlichen Fernsehnutzung bei Jungen und Mädchen vgl. auch *Feierabend/Simon*, MP 2000, 159 (161).

[522] *Köhne*, MMR 2002, XXI (XXII).

[523] *Dreier*, GG (1996), Vorb. Rn. 92 m.w.N.

Bett geht, je jünger es ist.[524] Entsprechend dieser Grundregel hat der Gesetzgeber bisher im Rundfunk- und nunmehr im Jugendmedienschutz-Staatsvertrag die Ausstrahlungszeiten im Fernsehen für entwicklungsbeeinträchtigende Sendungen nach Altersfreigaben gestaffelt. Die Sendezeitbeschränkungen orientieren sich zweckmäßigerweise am Fernsehverhalten der Kinder und Jugendlichen, welches ab 22.00 Uhr bzw. 23.00 Uhr erheblich abnimmt.[525] Bei dieser zeitlichen Bewertung wird auch berücksichtigt, dass Kinder und Jugendliche tagsüber üblicherweise die Sendungen eher allein und unbeaufsichtigt dagegen abends eher im Beisein der Eltern wahrnehmen.[526]

Durch die Altersstaffelung (12-Jährige, 16-Jährige und 18-Jährige) wird weiter auf die Entwicklungsphasen von Kindern und Jugendlichen konkret Bezug genommen.[527] Aufgrund der Sendezeit-/Altersbeschränkungen kann daher überwiegend verhindert oder zumindest erschwert werden, dass Kinder und Jugendliche für sie ungeeignete Sendungen wahrnehmen, wodurch effektiver Jugendschutz ermöglicht wird. Den individuellen Unterschieden in der Entwicklung von Kindern und Jugendlichen kann bei einem gesetzlich vorgegebenen Sendezeitensystem nicht im Einzelnen Rechnung getragen werden. Diese nicht berücksichtigbaren Entwicklungsunterschiede können insbesondere nicht – wie teilweise gefordert – zu einer Herabsetzung der Altersgrenzen oder Änderung der Sendezeitgrenzen führen. Da der Jugendschutz neben dem „normalen“ Jugendlichen eben auch den unreifen Jugendlichen schützt, kann bei den Sendezeitgrenzen zum Schutz der sich eher langsam entwickelnden Kinder und Jugendlichen auch bereits weiter entwickelten Kindern und Jugendlichen der Konsum von Fernsehsendungen verwehrt werden.

Bereits die im 2. Praxistest befragten Eltern haben vorgetragen, dass sie Jugendschutzregelungen um so erforderlicher halten, je jünger die Kinder sind. Es ist daher nicht verständlich, weshalb gerade die 12-Jährigen und Jüngeren keiner konkret festgelegten Sendezeitregelung unterliegen sollten.[528] Sinnvoll wäre es, wenn Veranstalter bei der Wahl der Ausstrahlungszeit von Sendungen, die für 12 Jährige nicht geeignet sind, nicht nur auf das Wohl von Kindern Rücksicht nehmen müssten, sondern ihnen bei dieser Entscheidung feste Zeitgrenzen an die Hand gegeben würden. Gerade bei den bis 12-Jährigen sind die Gefahren schwerwiegender, da Kinder dieses Alters Fiktion und Realität noch nicht ausreichend trennen können.[529] Auch durch den neuen JMStV wurde

---

[524] Vgl. hierzu auch 1. Teil: 1.1.

[525] Die ARD hat sich darüber hinaus in ihren eigenen Jugendschutzrichtlinien freiwillig verpflichtet, ihre Programme so zu gestalten, dass sie bis 22.00 Uhr keinerlei mögliche Jugendbeeinträchtigung beinhalten.

[526] So *Liesching* (2002), S. 154, der von einem gemeinsamen Fernsehen bei der Ausstrahlung im Hauptabendprogramm (ab 20.00 Uhr) ausgeht.

[527] Vgl. 1. Teil: 1.2.2.1.

[528] Vgl. hierzu 1. Teil: 1.3.3.3. Durch die vage Formulierung sollte der FSF ein Spielraum und Flexibilität bei der Beurteilung von jugendbeeinträchtigenden Sendungen verbleiben.

[529] Vgl. 1. Teil: 1.2.2.1.

das Manko des Fehlens einer ausdrücklichen Zeitgrenze für die Ausstrahlung von für Kinder bis 12 Jahren nicht geeigneten Sendungen im Fernsehen nicht behoben.[530]

Die bereits gesetzlich geregelten Sendezeitgrenzen stellen trotz des zeitlichen Wandels – insbesondere der sich wandelnden Einstellung zu Sex und Gewalt – auch derzeit noch ein geeignetes Mittel zur Verhinderung von möglichen Entwicklungsbeeinträchtigungen bei Kindern und Jugendlichen dar. Jedoch sollte für Sendungen, die für Kinder unter 12 Jahren nicht geeignet sind, eine feste Sendezeitbeschränkung auf den Zeitraum von 20.00 Uhr bis 6.00 Uhr, entsprechend der in Ziff. 5.5 JuSchRiL aufgestellten Vermutung, in den JMStV übernommen werden.[531] Eine derartige feste Zeitgrenze würde mögliche Unsicherheiten der Rundfunkveranstalter beseitigen, was unter der bisherigen Vorgabe, dem Wohl von Kindern und Jugendlichen bei der Wahl der Sendezeit Rechnung zu tragen sei, zu verstehen. Eine feste Zeitgrenze wäre auch für Eltern bei der Unterstützung ihrer Erziehungsverantwortung eine Hilfestellung.

8.4 Erforderlichkeit der allgemeinen Sendezeitbeschränkung

8.4.1 Umfang der Sendezeitbeschränkung

Die Erforderlichkeitsprüfung verlangt, dass es kein milderes Mittel gibt, welches bei gleicher Effektivität eine weniger intensive Grundrechtseinschränkung nach sich zieht.[532] Beim Ausspruch einer Sendezeitbeschränkung stellt sich in diesem Zusammenhang die Frage, ob es auf den Gesamteindruck eines Filmes als Bewertungsgrundlage ankommt, oder ob vielmehr die Intensität einzelner jugendgefährdender Szenen entscheidend ist. Für Letzteres spricht, dass nicht auszuschließen ist, dass Kinder und Jugendliche durch so genanntes „Zapping" lediglich Teile eines Filmes und mithin gerade die desorientierenden Segmente eines Filmes rezipieren, die zwar im Handlungskontext relativiert werden, von deren Relativierung der Jugendliche aber nicht mehr erfährt, da er bereits ein anderes Programm gewählt hat.[533] Das Argument, dass ein Eingriff in die im Rahmen der Rundfunkfreiheit nach Art. 5 Abs. 1 S. 2 Alt. 2 GG gewährleistete Programmautonomie mangels Erforderlichkeit unverhältnismäßig wäre, wenn die möglicherweise nur Sekunden dauernden drastischen Darstellungen eines im Übrigen harmlosen 90-minütigen Spielfilms zu einer engen Begrenzung des Ausstrahlungszeitpunktes führen würde, kann nicht gefolgt werden. Sollte die Ausstrahlung lediglich eines nur wenige Sekunden dauernden Teils einer Sendung zu einer Jugend- bzw. Entwicklungsbeeinträchtigung von Kindern und Jugendlichen führen, steht es dem Gesetzgeber frei, die erforderlichen Maßnahmen zur Verhinderung

[530] Vgl. zum hieraus resultierenden Problem der Programmankündigung für Sendungen, die für 12-Jährige entwicklungsbeeinträchtigend sind 2. Teil: 12.2.1.

[531] So bereits im Rahmen des 4. RÄStV für den RStV gefordert: *Voß*, JMS-Report 3/1998, S. 7 (8).

[532] *Dreier*, GG (1996), Vorb. Rn. 93, spricht von „Interventionsminimum".

[533] Vgl. *Liesching* (2002), S. 155; VG Frankfurt, ZUM 1996, 990.

dieser Beeinträchtigung zu treffen. Im Übrigen bestünde für den Rundfunkveranstalter bei lediglich kurzen aber für den Jugendschutz ausschlaggebenden Sequenzen die Möglichkeit, diese herauszuschneiden oder den Film entsprechend der Sendezeitgrenzen auszustrahlen. Nicht ausreichend als ein gleich effektives milderes Jugendschutzinstrument kann dagegen angenommen werden, dass eine jugendbeeinträchtigende Sendung, die für die Einschätzung ausschlaggebenden jugendbeeinträchtigenden Sequenzen im Rahmen der Sendezeitgrenzen – also zwischen 22.00 Uhr bzw. 23.00 Uhr und 6.00 Uhr ausstrahlt –, der Film insgesamt jedoch bereits vor 22.00 Uhr bzw. 23.00 Uhr beginnt oder über die 6.00 Uhr-Zeitgrenze hinaus ausgestrahlt wird. Die Sendezeitgrenze gilt also für die gesamte Sendung, nicht nur für die relevanten jugendbeeinträchtigenden Szenen.[534] Der Sendebeginn eines als entwicklungsbeeinträchtigend eingeschätzten Films muss ebenso wie der Rest des Films nach der Sendezeitgrenze ausgestrahlt werden.[535] Der Film darf als Ganzes nur innerhalb der Zeitgrenzen von 22.00 Uhr bzw. 23.00 Uhr bis jeweils 6.00 Uhr ausgestrahlt werden.

Grund hierfür ist neben dem Wortlaut vor allem die Tatsache, dass zumeist die jugendbeeinträchtigende Wirkung einer Sendung nicht an einzelnen Szenen festgemacht werden kann, sondern der Gesamteindruck zu dieser Beurteilung führt. Denn in der Regel wird gerade nicht die einzelne Szene zu einer Bewertung des Films als entwicklungsbeeinträchtigend führen, sondern die Aneinanderreihung derartiger beeinträchtigender Sequenzen. Das alleinige Abstellen auf einzelne Passagen einer Sendung wird für sich genommen in der Regeln nicht ausschlaggebend sein. Gerade die Summe noch nicht jugend- bzw. entwicklungsbeeinträchtigender Szenen kann dazu führen, den Film in Gänze als jugend- bzw. entwicklungsbeeinträchtigend zu werten (Summenproblem). Eine Sendung, die in ihrem Verlauf eine deutliche Zäsur erfährt,[536] nachdem sie zunächst über längere Zeit hinweg jugendbeeinträchtigende Inhalte dargestellt hat, die erst gegen Ende des Programms in einen relativierenden Kontext gestellt werden, macht deutlich, dass nicht nur einzelne Szenen, sondern auch einzelne Bestandteile sowie der Gesamteindruck eines Werks bei der Bewertung berücksichtigt werden müssen. Hierbei darf nicht nur darauf abgestellt werden, dass Kinder sich den Film vollständig ansehen, sondern vor allem, welche Wirkung ein Film hat, wenn Kinder „zu früh“ aus-, „zu spät“ in den Film hinein oder öfters hinein- und wieder herausschalten. Erst bei Berücksichtigung sämtlicher Gefährdungspotentiale kann eine Entscheidung für oder gegen eine Sendezeitbeschränkung getroffen werden.

---

534 *Hertel*, in: *Hahn/Vesting* (2003), § 3 RStV Rn. 79; *Hesse* (1999), S. 91 Rn. 28. Dies spricht auch dafür, dass in der Regel vereinzelte Schnitte nicht zu einer im Wesentlichen nicht mehr mit der entwicklungsbeeinträchtigenden Sendung inhaltsgleichen Sendung führen werden.

535 *Hartstein/Ring/Kreile/Dörr/Stettner* (2003), § 3 Rn. 59; *Beucher/Leyendecker/v. Rosenberg* (1999), § 3 RStV Rn. 64; *Ory*, NJW 1987, 2967 (2972). Die BLM hat daher bspw. die Ausstrahlung einer Folge des Sendeformats „Freekshow“ des Senders MTV beanstandet, da sie wenige Minuten vor der ausgesprochenen Sendezeitgrenze um 23.00 Uhr ausgestrahlt wurde.

536 So geschildert bei *Liesching* (2002), S. 155.

Es würde auch dem Zweck des Jugendschutzes zuwiderlaufen, wenn Kinder aufgrund eines bereits vor den Sendezeitgrenzen ausgestrahlten Films dazu verleitet würden, sich diesen auch über die Zeitgrenze hinweg weiter anzusehen. Durch eine derartige Regelung würde der Erziehungsauftrag der Eltern, die ihre Kinder zu bestimmten Uhrzeiten ins Bett bringen wollen, konterkariert. Der Staat hat durch seinen Jugendschutzauftrag aber gerade die Eltern bei einer effektiven Erziehung ihrer Kinder zu unterstützen.[537]

8.4.2 Erforderlichkeit trotz sonstiger Vorsorgealternativen

Gegen die Effektivität der Sendezeitbeschränkung wird ferner zunehmend eingewandt, dass die Jugendschutz-Vorsperre[538] einen durchgreifenderen Schutz von Kindern und Jugendlichen sicherstellen würde. Die Vorsperre ist jedoch noch nicht allgemein eingeführt. Sie wird ausschließlich im Pay-TV angewandt und war bis zum In-Kraft-Treten des JMStV auch dort noch in der Erprobungsphase, die erst durch den 6. RÄStV nochmals bis 31.12.2005 (§ 53 a RStV) verlängert wurde, da eine gesicherte Beurteilung der Jugendschutzeignung der Vorsperre im Pay-TV (§ 3 Abs. 5 RStV) noch nicht abschließend möglich war.[539] Auch wenn diese Verlängerungsregelung nun nicht in den JMStV mitaufgenommen, sondern § 53a RStV aufgehoben wurde, so ist der Amtlichen Begründung zum JMStV zu entnehmen, dass die Vorsperre zwar in den JMStV als Regelfall übernommen wurde, jedoch ausdrücklich vorbehaltlich der Ergebnisse der fünfjährigen Evaluierungsphase, auf welche sich Bund und Länder geeinigt haben.[540] Darüber hinaus verbleibt den Landesmedienanstalten gem. § 9 Abs. 2 JMStV die Möglichkeit, eine empirische Untersuchung zur Effektivität der Vorsperreinrichtung bereits früher zu beauftragen. Nachdem eine der Sendezeitbeschränkung vergleichbare Effektivität der Vorsperre derzeit – wie der 2. Praxistest ergeben hat – noch abgesprochen werden muss,[541] werden die Landesmedienanstalten auch weiterhin auf Einhaltung der verkürzten Sendezeitbeschränkungen in der Jugendschutzsatzung gem. § 9 Abs. 2 JMStV bestehen und können im Free-TV an den Sendezeit- und Altersgrenzen festhalten.

Selbst eine besser funktionierende Vorsperre wird – ebenso wenig wie die Sendezeitbeschränkung – vollkommen sicherstellen können, dass Kinder und Jugendliche nicht doch jugendgefährdende bzw. entwicklungsbeeinträchtigende Sendungen wahrnehmen. Grund hierfür ist nicht nur der zum Teil verantwortungslose Umgang der Eltern mit dem PIN-Code[542] sowie die Kreativität der Kinder und Jugendlichen beim „Knacken“

---

537 Vgl. 2. Teil: 6.1.

538 Vgl. hierzu 1. Teil: 1.3 und 2. Teil: 11.

539 *Bornemann*, K&R 2002, 301 (303).

540 Amtl. Begr., BayLT-Drs. 14/10246, S. 30 und 26.

541 Vgl. 1. Teil: 1.3.3.1.

542 Vgl. die Ergebnisse des 2. Praxistest im 1. Teil: 1.3.3.1.

des PIN-Codes, sondern auch die Tatsache, dass auch Veranstalter sich teilweise nicht an die Verschlüsselung entsprechend jugendbeeinträchtigender Sendungen halten. Aus diesem Grund erscheint die Sendezeitbeschränkung immer noch als das effektivste und gleichzeitig mildeste Mittel zur möglichst umfassenden Sicherstellung des Jugendschutzes im Fernsehen und ist gleichzeitig nicht entbehrlich, angesichts der bisher vorhandenen ebenfalls nur einen eingeschränkten Jugendschutz ermöglichenden Jugendschutzvorrichtungen – welche insbesondere gegenwärtig ausschließlich im Pay-TV angewandt wird.

Zwar stellt die Kennzeichnungspflicht, auf welche noch eingegangen wird,[543] einen wesentlich geringeren Eingriff in die Programmfreiheit der Rundfunkveranstalter dar, jedoch ist auch die Wirksamkeit der Kennzeichnungspflicht gegenüber der Sendezeitbeschränkung angesichts des mit ihr verbundenen „Verbotene-Frucht-Effekts" bei weitem geringer. Die Kennzeichnungspflicht in Deutschland ist bisher ausschließlich mit anderen Jugendschutzinstrumenten, wie der Sendezeitbeschränkung, gekoppelt.

8.5 Angemessenheit der Sendezeitbeschränkung – Ausnahmeregelungen

Die Verhältnismäßigkeit im engeren Sinn oder auch Angemessenheit bzw. Zumutbarkeit fordert eine adäquate Zweck-Mittel-Relation und zielt auf einen angemessenen Ausgleich zwischen der Schwere der grundrechtlichen Beeinträchtigung der Rundfunkfreiheit und der Bedeutung des mit der Jugendschutzmaßnahme verfolgten öffentlichen Belanges.[544] Im Rahmen der Angemessenheitsprüfung ist somit eine Güterabwägung zwischen den kollidierenden Rechtsgütern des Jugendschutzes und der Rundfunkfreiheit vorzunehmen. Der Gesetzgeber hat durch die Wahl der Sendezeitbeschränkung anstelle eines vollständigen Ausstrahlungsverbots die Interessen der Anbieter berücksichtigt. Auch die Staffelung der Sendezeiten, welche die Entwicklung der Kinder berücksichtigt, trägt der Rundfunkfreiheit insoweit Rechnung, als es nicht sämtliche entwicklungsbeeinträchtigenden Sendungen in die Nachtzeit ab 23.00 Uhr verbannt, sondern – in einem gestaffelten System – teilweise die Ausstrahlung auch früher zulässt. Schließlich kann von einem Ausgleich im Rahmen der praktischen Konkordanz der zu berücksichtigenden Interessen gesprochen werden, da der JMStV ebenso wie bisher der RStV den Rundfunkveranstaltern die Möglichkeit eröffnet, Ausnahmen von den Sendezeitschranken zu beantragen.

Von den Sendezeitgrenzen des § 5 Abs. 2 JMStV (bisher § 3 Abs. 2 S. 3 RStV) können die Landesmedienanstalten bzw. die KJM und die anerkannten Selbstkontrolleinrichtungen in Richtlinien oder für den Einzelfall Ausnahmen gestatten. Dies gilt gem. § 9 Abs. 1 S. 2 JMStV (bisher § 3 Abs. 7 S. 1 Hs. 2 RStV) vor allem bei Filmen, deren Bewertung durch die FSK länger als 15 Jahre zurückliegt. Hiermit trägt der Staats-

---

[543] Vgl. hierzu 2. Teil: 13.

[544] Vgl. 2. Teil: 7.4.2.

vertragsgeber zum einen dem Moral- und Wertewandel in der Gesellschaft Rechnung[545] und berücksichtigt zum anderen die Interessen der Veranstalter an einer zeitlich unbegrenzten Ausstrahlung der nicht mehr beeinträchtigenden Sendungen. Von der Möglichkeit Richtlinien zu erlassen, hatten die Landesmedienanstalten[546] mit den Jugendschutzrichtlinien[547] bisher Gebrauch gemacht. Gem. Ziff. 4.1 JuSchRiL konnten Filme, die vor dem 01.01.1970 erst ab 16 Jahren freigegeben worden waren, stets ab 6.00 Uhr ausgestrahlt werden, wenn deren Einstufung auf der Darstellung des Verhältnisses der Geschlechter zueinander beruhte. Filme, bei denen diese Bewertung länger als 15 Jahre zurücklag, dürften unter den selben Bedingungen ab 20.00 Uhr gesendet werden. Dies gilt jedoch in beiden Fällen nicht, wenn die Filme zugleich durch Darstellungen von Sex und Gewalt geprägt waren. Hintergrund hierfür war, dass es Bewertungskriterien wie Gewalt gibt, die auch heute noch Geltung beanspruchen und nicht automatisch durch Zeitablauf ihre Gültigkeit verlieren.[548] Daher war in allen übrigen Fällen gem. Ziff. 4.2 JuSchRiL ein Ausnahmeantrag bei der zuständigen Landesmedienanstalt zu stellen.[549]

Das Wort „können" in § 9 Abs. 1 JMStV (bisher § 3 Abs. 7 S. 1 RStV) suggeriert, dass bei einer Einzelfallentscheidung ein Ermessen der Landesmedienanstalt bzw. der KJM oder der anerkannten Selbstkontrolleinrichtung bestehen würde. Angesichts der die Rundfunkfreiheit beschränkenden Wirkung der Sendezeitgrenze als Jugendschutzmaßnahme, muss es sich jedoch bei der Einzelfallentscheidung des § 3 Abs. 7 S. 1 RStV insoweit um eine gebundene Entscheidung handeln,[550] als die Ausnahmegenehmigung zu erteilen ist, wenn die sachliche Rechtfertigung der aus der Alterseinstufung durch die FSK resultierende Ausstrahlungsbeschränkung entfallen ist.[551] Den Landesmedienanstalten bzw. der KJM oder den anerkannten Selbstkontrolleinrichtungen steht in diesem Fall kein Ermessen zu.[552]

---

[545] *Hartstein/Ring/Kreile/Dörr/Stettner* (2003), § 3 Rn. 75; *Hertel*, in: *Hahn/Vesting* (2003), § 3 RStV Rn. 108.

[546] Der Richtlinienerlass durch die KJM und die anerkannten Selbstkontrolleinrichtungen ist nach dem Wortlaut des § 9 Abs. 1 JMStV ausschließlich auf Antrag eines privaten Rundfunkveranstalters zulässig. Es wird daher abzuwarten sein, ob die KJM und die anerkannten Selbstkontrolleinrichtungen entsprechende Richtlinien erlassen.

[547] Die Gemeinsamen Richtlinien der Landesmedienanstalten zur Gewährleistung des Jugendschutzes (Jugendschutzrichtlinien – JuSchRiL), abgedruckt in: *BLM*, Rechtsgrundlagen (2002), 3.2.7.

[548] Bei Gewaltdarstellungen ist vielmehr sogar eine Sensibilisierung in der Bevölkerung feststellbar, vgl. *Hartstein/Ring/Kreile/Dörr/Stettner* (2003), § 3 Rn. 75.

[549] Zur Neuüberprüfung durch die öffentlich-rechtlichen Rundfunkanstalten und die Landesmedienanstalten vgl. *Hertel*, in: *Hahn/Vesting* (2003), § 3 RStV Rn. 109 ff.

[550] *Beucher/Leyendecker/v. Rosenberg* (1999), § 3 RStV Rn. 84.

[551] *Beucher/Leyendecker/v. Rosenberg* (1999), § 3 RStV Rn. 84.

[552] *Liesching* (2002), S. 156.

8.6 Umgehungspraxis versus Untermaßverbot

Bei der Verpflichtung, effektiven Jugendschutz zu gewährleisten, steht dem Gesetzgeber ein Einschätzungsspielraum hinsichtlich der zu ergreifenden Maßnahmen zu. Bei der Schaffung gesetzlicher Regelungen zum Jugendschutz hat der Gesetzgeber jedoch nicht ausschließlich das Übermaßverbot[553] bzw. Verhältnismäßigkeitsprinzip zu beachten, also zu berücksichtigen, ob die geltende Regelung in ihrer Einschränkung der Rundfunkfreiheit als Abwehrrecht[554] zu weit geht, sondern auch zu prüfen, ob dem vom Bundesverfassungsgericht so genannten Untermaßverbot[555] ausreichend Rechnung getragen wurde. Hierbei ist zu untersuchen, ob die gesetzliche Vorkehrung in Form der Sendezeitbeschränkung auch ausreicht, um dem Jugendschutzauftrag der Verfassung nachzukommen.

Zweifel an der ausreichenden Gewährleistung des Jugendschutzes durch die Bestimmung der Sendezeitbeschränkung wurden insoweit angemeldet, als auch nach 22.00 Uhr bzw. 23.00 Uhr noch Kinder und Jugendliche vor dem Fernseher sitzen sowie als Veranstalter sich oftmals nicht an die gesetzlichen Sendezeitgrenzen halten. Aber auch der Empfang von ausländischen entwicklungsbeeinträchtigenden Programmen rund um die Uhr über Satellit wird als Argument gegen die Sendezeitbegrenzung zum Schutz von Kindern und Jugendlichen vorgetragen. Schließlich bestünde die Gefahr der Umgehung der Sendezeitbeschränkungen durch Aufzeichnung der nächtlich ausgestrahlten Sendung mittels Videorekorder.

8.6.1 „Kinder sehen auch nachts fern“

Gegen eine unter Jugendschutzgesichtspunkten hinreichende Effektivität der Regelungen zur Sendezeitbeschränkung wird der Einwand vorgetragen, dass auch nach 22.00 Uhr bzw. 23.00 Uhr noch Kinder und Jugendliche vor dem Fernsehapparat sitzen.[556] Auch wenn die Mehrheit der drei- bis 13-Jährigen nach 22.00 Uhr nicht mehr fern sieht und es nach 23.00 Uhr nur noch eine kleine Anzahl von Kindern ist, die vor dem Fernsehgerät sitzt, bietet die Sendezeitbeschränkung keinen 100%-igen Kinder- und Jugendschutz. Durch Sendezeitbeschränkungen kann nicht ausgeschlossen werden, dass Kinder für sie möglicherweise ungeeignete Sendungen sehen. So kann man oben aus Tabelle 1 im 1. Teil: 1.1 erkennen, dass im Jahr 2001 in der Zeit von 22.00 Uhr bis 23.00 Uhr immerhin noch durchschnittlich 10,6 % der Kinder, also 840.000 Kinder,

---

[553] *Dreier*, GG (1996), Vorb. 91.

[554] *Isensee/Axer* (1998), S. 52.

[555] BVerfGE 88, 203 (254); *Hobro-Klatte*, ZUM 1998, 812 (818); Das Untermaßverbot wird als „dem Staat aufgegebenes Schutzminimum“ verstanden, vgl. hierzu *Dreier*, GG (1996), Vorb. 64.

[556] *Gangloff* (2001), S. 18, 23.

eine Minute vor dem Bildschirm saßen – auch wenn es sich hierbei vor allem um die älteren Kinder, die Zehn- bis 13-Jährigen, handelte.[557]

Ein vollumfänglicher Jugendschutz ist aber von vornherein nicht möglich. Ein solcher absoluter Schutz ist auch von der Verfassung nicht vorgeschrieben. Der Staat ist nicht verpflichtet und regelmäßig auch nicht in der Lage, jegliche sittliche Gefährdung abzuwehren.[558] Es ist vielmehr eine Balance mit anderen Staatsaufgaben zu vollziehen. Die Schutzpflicht des Staates ist lediglich verletzt, wenn der Staat keinerlei oder offensichtlich vollkommen ungeeignete Schutzvorkehrungen vorsieht.[559] Bei der Erfüllung seiner Schutzpflicht besitzt der Gesetzgeber einen beträchtlichen Entscheidungsspielraum. Er hat vorliegend mit den Sendezeitgrenzen eine differenzierende, zeitbegrenzte Lösung gefunden. Entscheidend ist hierbei, dass die Sendezeitbeschränkung den überwiegenden Anteil von Kindern und Jugendlichen vor der Wahrnehmung von für sie ungeeigneten Angeboten schützt.

Das Argument, eine vollständige Abschirmung von Kindern und Jugendlichen vor jugendbeeinträchtigenden Sendungen wäre pädagogisch auch nicht sinnvoll, da der Umgang mit problematischen Inhalten dazu führen solle, Widerstandskräfte gegen die Gefahren der heutigen Zivilisation rechtzeitig zu entwickeln und das „seelische Immunsystem" gegen sittliche Infektionen zu stärken,[560] überzeugt dagegen nicht. Denn Bewertungen durch die Bundesprüfstelle gem. § 14 JuSchG, welche für die Sendezeitgrenzen über § 5 Abs. 4 JMStV maßgeblich sind, berücksichtigen in der Regel[561] bereits, ob Sendungen dazu dienen, Kinder und Jugendliche auf das Leben und damit zusammenhängende Gefahren vorzubereiten. Aus diesem Grund sollte daher immer, wenn von einer jugend- bzw. entwicklungsbeeinträchtigenden Wirkung auszugehen ist, eine solche Sendung von den betroffenen Kindern gerade nicht konsumiert werden, damit sich die Gefahr der Entwicklungsbeeinträchtigung durch die Wahrnehmung der Sendung nicht realisiert.

---

[557] Vgl. *Ridder*, MP 2000, 213 (216). Eine Analyse der Fernsehnutzung 1999 von Drei- bis 13-Jährigen findet sich bei *Feierabend/Simon*, MP 2000, 159 ff.

[558] *Isensee/Axer* (1998), S. 74.

[559] BVerfGE 92, 26 (46); 77, 170 (214 f.).

[560] So *Isensee/Axer* (1998), S. 49. Das BVerfG hat hierzu ausgeführt, dass auch Jugendliche nur dann zu mündigen Staatsbürgern werden können, „wenn ihre Kritikfähigkeit in Auseinandersetzung mit unterschiedlichen Meinungen gestärkt wird. Das gilt in besonderem Maße für die Auseinandersetzung mit der jüngeren deutschen Geschichte. Die Vermittlung des historischen Geschehens und die kritische Auseinandersetzung mit abweichenden Meinungen können die Jugend sehr viel wirksamer vor Anfälligkeit für verzerrende Geschichtsdarstellungen schützen als eine Indizierung, die solchen Meinungen sogar eine unberechtigte Anziehungskraft verleihen könnte", vgl. BVerfGE 90, 1 (21).

[561] Das Fehlen einer entsprechenden Berücksichtigung wurde vom Bundesverfassungsgericht eben gerade in BVerfGE 90, 1 (21) beanstandet.

8.6.2 Nichtbeachtung der Sendezeiten durch die Veranstalter

Im Rahmen des Untermaßverbots kann auch eingewandt werden, dass es vielfältige Umgehungsmöglichkeiten gebe, die die Effizienz der Sendezeitbeschränkung fraglich erscheinen lassen. So kann mit der gesetzlichen Sendezeitbeschränkung nicht verhindert werden, dass Veranstalter sich über die zeitlichen Vorgaben hinwegsetzen und entwicklungsbeeinträchtigende Sendungen auch außerhalb der Sendezeiten ausstrahlen.[562] Die Abhängigkeit der Entwicklung von Kindern und Jugendlichen vom Wohlverhalten der Veranstalter wird gegen die Zweckmäßigkeit der allgemeinen Sendezeitbeschränkung ins Feld geführt. Es ist zwar richtig, dass Sendezeitgrenzen nicht verhindern können, dass die Sender unzulässigerweise ungeeignete Inhalte außerhalb der Sendezeitgrenzen ausstrahlen, so dass diese von Kindern gesehen werden. Jedoch ist die Gefahr, dass gegen eine gesetzliche Einschränkung verstoßen wird, jeder Verbotsregelung immanent; hierbei handelt es sich nicht um eine der Sendezeitbeschränkung innewohnende Besonderheit. Der demokratische Rechtsstaat ist fortwährend davon abhängig, dass die Gesetze eingehalten werden. Die gesetzlichen Vorschriften werden selbstverständlich nicht dadurch überflüssig, dass sie nicht stets und von jedem Veranstalter eingehalten werden. Vielmehr spricht die Gefahr möglicher Verstöße der Veranstalter gerade dafür, dass es neben den Bestimmungen über die Sendezeitbeschränkungen auch Aufsichts- und Kontrollinstanzen – wie die Landesmedienanstalten – geben muss, die eine möglichst umfassende Kontrolle über die Einhaltung dieser Vorschriften durch die privaten Rundfunkveranstalter gewährleisten, damit sich diese an die gesetzlichen Vorgaben halten. Im Rahmen des bisherigen Kontroll- und Aufsichtssystems, welchem noch § 3 Abs. 2 RStV zugrunde lag, war durch die Landesmedienanstalten als Aufsichtsinstanzen sichergestellt, dass Veranstalter bei Verstößen mit (finanziellen) Folgen bis hin zum Entzug der Sendegenehmigung rechnen mussten. Selbstverständlich kann durch keine Aufsichtsinstanz verhindert werden, dass es unter den Veranstaltern eben auch „schwarze Schafe" geben kann. Der Gesetzgeber hat somit trotz möglicher Verstöße der Veranstalter gegen die Sendezeitgrenzen das Untermaßverbot mit der Regelung der Sendezeitgrenzen beachtet.

Allerdings stellt sich die Frage, ob das seit April 2003 geltende selbstregulierende System dem Schutzauftrag ebenfalls gerecht wird. Nachdem sich die Veranstalter lediglich einer Kontrolle der durch die von ihnen finanzierten Selbstkontrolleinrichtungen gegenüber sehen, bestehen möglicherweise Zweifel an der Effektivität der Selbstkontrolle und somit an der Beachtung der Sendezeitbeschränkung durch die Veranstalter. Denn eine Beanstandung durch die Landesmedienanstalten haben die Veranstalter so lange nicht zu befürchten, solange sie sich einer freiwilligen Selbstkontrolleinrichtung angeschlossen haben und deren Vorgaben beachten. Die KJM kann gem. § 19 Abs. 5 JMStV lediglich dann, wenn die Anerkennungsvoraussetzungen der Selbstkontrolleinrichtungen nachträglich entfallen oder sich die Spruchpraxis der Einrichtung nicht im

---

[562] Vgl. hierzu die Tabelle 2: Auflistung der beanstandeten Verstöße gegen § 3 RStV aufgrund rechtsaufsichtlicher Empfehlungen der GSJP in den Jahren 1998 – 2002 im 1. Teil: 1.2.1.1.

Einklang mit dem geltenden Jugendschutzrecht befindet, die Anerkennung der Selbstkontrolleinrichtung widerrufen, jedoch in der Regel nicht den Rundfunkveranstalter für den Verstoß gegen die Sendezeitgrenzen selbst haftbar machen.[563] Angesichts fehlender empirischer Erfahrungen über das System der regulierten Selbstregulierung im Bereich des Jugendschutzes wird die fünfjährige Evaluierungsphase, welche der Gesetzgeber aufgrund seiner Einschätzungsprärogative zunächst vorgesehen hat, abzuwarten sein, um beurteilen zu können, ob das neue Aufsichtssystem funktioniert und wie bisher gewährleistet, dass die Veranstalter sich überwiegend an die Sendezeitgrenzen halten.

8.6.3 Empfang ausländischer Programme über Satellit

Neben dem möglichen Fehlverhalten der Veranstalter wird auch vereinzelt eingewendet,[564] dass über Satellit durchaus gewaltverherrlichende sowie pornographische Inhalte ausländischer Veranstalter durch Kinder und Jugendliche wahrgenommen werden können, so dass es Makulatur sei, diese in Deutschland zu verbieten bzw. mit Sendezeitschranken zu versehen. Dieser Einwand, der nicht nur gegen die Sendezeitbeschränkung, sondern gegen alle nationalen reglementierenden Jugendschutzmaßnahmen vorgetragen werden kann, ist jedoch nicht überzeugend. Die Fernsehnutzung allgemein, wie auch speziell die Fernsehnutzung der Kinder und Jugendlichen, ist vor allem national und an die Muttersprache gebunden. Das Interesse an ausländischen Programmen ist gering und beschränkt sich im Wesentlichen auf die jeweilige Nationalitätengruppe unter den Zuschauern.[565] Der Anteil Drei- bis 13-jähriger deutscher Zuschauer macht bei den über 30 erfassten ausländischen Programmen in Deutschland insgesamt einen Marktanteil von weniger als 2 % aus. Das entspricht pro Tag durchschnittlich 10.000 Kindern. Bei den 14- bis 17-Jährigen liegt der Marktanteil zwar bei 4 %, dies entspricht aber wegen der geringeren Grundgesamtheit ebenfalls nur ca. 10.000 Kindern.[566] Somit stellt die Sendezeitbeschränkung trotz der Möglichkeit des Konsums ausländischer Programme durchaus eine zweckmäßige, wenn auch nicht allumfassende Maßnahme zum Schutze der Jugend dar, da nie ausgeschlossen werden kann, dass Kinder und Jugendliche vereinzelt für sie ungeeignete Angebote wahrnehmen.

---

[563] Etwas anderes gilt natürlich, wenn sich der Veranstalter über Vorgaben durch die Selbstkontrolleinrichtung bzw. ihm gegenüber ausgesprochene Sendezeitbeschränkungen hinweggesetzt. Auf eine Bewertung durch die Selbstkontrolleinrichtung kann er sich dagegen nach dem neuen JMStV ansonsten erlassen und muss daher nicht mit Bußgeldern rechnen.

[564] Vgl. *v. Gottberg*, tv diskurs 1/1997, S. 28 (28).

[565] Vgl. 1. Teil: 1.1. Die ausländischen Programme werden im Ausland (Sitzlandprinzip) lizenziert und müssen den Gesetzen des jeweiligen Landes entsprechen; hierbei berücksichtigen die jeweiligen Länder auch die ihrem Land eigenen Werte und Grundentscheidungen, den Jugendschutz betreffend. Die FSF ist gemeinsam mit der FSK in einer europäischen Arbeitsgruppe der Filmprüfstellen tätig, deren Zielsetzung eine künftige europäische Regelung im Jugendmedienschutz unter Berücksichtigung nationaler Besonderheiten ist, vgl. *FSK* (2003), S. 14. Zu den Jugendschutzregelungen in Europa vgl. *v. Gottberg*, tv diskurs 1/1997, 28 ff.

[566] Vgl. *Ridder*, MP 2000, 213 (218).

8.6.4 Umgehungsmöglichkeit Videorecorder

Neben den bereits genannten Umgehungsmöglichkeiten wird in der Regel auch die Programmierung mittels Videorecorder mit der Möglichkeit der zeitversetzten Rezeption einer indizierten Sendung gegen die Effektivität der Sendezeitbeschränkung als Mittel zum Schutz von Kindern und Jugendlichen eingewendet.[567] Natürlich ist es möglich, dass Kinder und Jugendliche für sie ungeeignete Sendungen wahrnehmen, weil sie diese mittels einer Programmierung ihres Videorecorders zeitversetzt ansehen. Jedoch führt – wie bereits mehrfach dargestellt – die Möglichkeit einer Umgehung nicht automatisch zur Ungeeignetheit dieser Jugendschutzmaßnahme. Vielmehr obliegt es in Fällen, in denen Eltern Kindern ermöglichen, über einen eigenen Fernseher oder sogar über einen eigenen Videorecorder zu verfügen, auch der Verantwortung der Eltern die jugendgerechte Verwendung dieser Geräte sicherzustellen. Dem Gesetzgeber ist es nicht möglich, angesichts der verfassungsrechtlichen Vorgaben einer möglichst geringen Beschränkung der Rundfunkfreiheit der Veranstalter und der Informationsfreiheit der erwachsenen Zuschauer, den Jugendschutz umfassender und effektiver durchzusetzen, wie dies derzeit durch die Sendezeitenregelung bei entwicklungsbeeinträchtigenden möglich ist. Die Eltern sind daher im Fall der Anschaffung eines Videorecorders gefordert, die Aufnahme von nach 22.00 Uhr bzw. 23.00 Uhr ausgestrahlten Sendungen zu unterbinden. Ermöglichen die Eltern durch die Anschaffung von „Umgehungstechnik“ in Form von Videogeräten ein Aushebeln der Sendezeitbeschränkung, stellt dies nicht die Funktionstauglichkeit der Sendezeitbeschränkung als geeignetes gesetzgeberisches Mittel zum Kinder- und Jugendschutz in Zweifel, sondern bestätigt das bereits aufgezeigte Bedürfnis nach einem Ineinandergreifen der unterschiedlichen Verantwortlichkeiten von Gesetzgeber, Veranstalter und Eltern zur Erzielung möglichst effektiven Jugendschutzes.[568]

8.7 Die Sendezeitbeschränkung und das Zensurverbot des Art. 5 Abs. 1 S. 3 GG

Schließlich muss berücksichtigt werden, dass die Beschränkungsmöglichkeiten der Rundfunkfreiheit – wie hier die Jugendschutzmaßnahme Sendezeitbeschränkung – aufgrund des Verfassungsgutes Jugendschutz wiederum durch das Zensurverbot des Art. 5 Abs. 1 S. 3 GG beschränkt werden. Das Grundgesetz konstatiert in Art. 5 Abs. 1 S. 3 apodiktisch: „Eine Zensur findet nicht statt.“ Art. 5 Abs. 1 S. 3 GG enthält kein eigenständiges Grundrecht, sondern stellt vielmehr eine Schranke der Beschränkungsmöglichkeiten des Art. 5 Abs. 2 GG (sog. Schranken-Schranke) dar. Das Zensurverbot verbietet jegliche präventive, formelle, staatliche Beschränkung der Grundrechte aus

[567] „Im Zeitalter des Videorekorders habe der Jugendschutz seine Wirkung verloren.“ So Münchner Merkur vom 17.07.2002, S. 24. *Gangloff* (2001), S. 18, 23 f., weist auch auf die Umgehungsmöglichkeit hin, einen älteren Bruder oder Freund zur Videothek zu schicken, um ein entsprechendes Video bzw. eine entsprechende DVD zu entleihen bzw. über den Versandhandel an problematische Inhalte zu gelangen.

[568] Hierzu *Isensee/Axer* (1998), S. 50.

Art. 5 Abs. 1 GG, wie das Abhängigmachung der Ausstrahlung einer bestimmten Sendung von einer staatlichen Vorprüfung oder Genehmigung. Es gilt ausnahmslos, weil bereits die Existenz eines derartigen Kontroll- und Genehmigungsverfahrens in unzulässiger Weise das Geistesleben lähmt.[569]

Das Zensurverbot kann auch dann nicht durch beschränkende Gesetze gemäß Art. 5 Abs. 2 GG durchbrochen werden, wenn es sich um Jugend- oder Ehrenschutz handelt.[570] Denn die in Art. 5 Abs. 2 GG vorgesehenen Grundrechtsschranken berechtigen nur zu repressivem Eingreifen der staatlichen Organe, nicht aber zu Ausnahmen vom Zensurverbot. Eine Abwägung mit anderen Grundrechtsgütern ist nicht möglich. Das Zensurverbot ist nach dem klaren Wortlaut eine absolute Eingriffsschranke,[571] an der sich staatliche Maßnahmen messen lassen müssen. Es soll die typischen Gefahren einer Präventivkontrolle bannen. Ist das Geisteswerk erst einmal an die Öffentlichkeit gelangt und vermag Wirkung auszuüben, gelten die allgemeinen Regeln über die Meinungs- und Pressefreiheit und ihre Schranken, wie sie sich aus Art. 5 Abs. 1 S. 1 und 2 sowie Abs. 2 GG ergeben. Diese Regelungen wären gegenstandslos, wenn das Zensurverbot auch die Nachzensur, d.h. Kontroll- und Repressivmaßnahmen, welche erst nach der Veröffentlichung eines Geisteswerkes einsetzen, umfasste. Die rechtliche Beurteilung und Ahndung von Äußerungen aller Art, wenn sie nachträglich und innerhalb des von Art. 5 Abs. 2 GG gezogenen Rahmens erfolgen, sind daher grundsätzlich zulässig[572] und nicht dem Zensurverbot zuzuordnen. Unter dem Zensur-

---

[569] Vgl. *v. Mangoldt/Klein/Starck*, GG (1999), Art. 5 I, II, Rn. 104, *Bethge* in: *Sachs*, GG (2003), Art. 5 Rn. 129 f.; BVerfGE 27, 88 (102); 33, 52 (72); *Schraut* (1993), S. 46 f.; Ausführliche Darstellungen zum Zensurverbot finden sich bei *Gucht* (2000); *Erdemir* (2000), S. 38 ff., 131 ff., 161.

[570] *Bethge*, in: *Sachs*, GG (2003), Rn. 131. Art. 5 Abs. 1 S. 3 GG unterliegt nicht dem Gesetzesvorbehalt des Art. 5 Abs. 2 GG. Dafür spricht auch bereits die apodiktische Formulierung des Zensurverbots, vgl. BVerfGE 33, 52 (72). Abzulehnen ist daher auch die Auffassung, eine Vorzensur zugunsten des Jugendschutzes sei zulässig, so *Noltenius* (1958), S. 134 f.

[571] *Bethge*, in: *Sachs*, GG (2003), § 5 Rn. 129; *Schulze-Fielitz*, in: *Dreier*, GG (1996), § 5 I, II Rn. 141.

[572] Zur Zulässigkeit der Nachzensur: BVerfGE 33, 52 (72); *Bethge*, in: *Sachs*, GG (2003), Art. 5 Rn. 132; *Wendt*, in: *v. Münch/Kunig*, GG (1999), Art. 5 Rn. 62; *Schroeder* (1992), S. 1; *Herzog* in: *Maunz/Dürig*, GG, (2002), Art. 5 I, II, Rn. 299. Die Nachzensur stellt zwar eine Beeinträchtigung des Art. 5 Abs. 1 GG dar, die aber über die Schranke des Art. 1 Abs. 2 GG gerechtfertigt sein kann. Zwar ist der Gegenauffassung, *Hoffmann-Riem* in: AK, GG (2001), Art. 5 I, II, Rn. 78 f.; *Löffler*, bis zur 3. Aufl. (1983) Rn. 143, 144 (seit der 4. Aufl. 1997, Rn. 146 vertritt auch *Löffler* nunmehr der Ansicht, dass repressive Maßnahmen gegen Druckwerke nicht unter das Zensurverbot fallen), die zusätzlich auch die Nachzensur von Art. 5 Abs. 1 S. 3 GG erfasst wissen möchte, zuzugestehen, dass eine systematisch ausgeübte Nachzensur, verbunden mit den Möglichkeiten moderner Datenspeicherung und Übermittlung, die Freiheit des Geisteslebens – dessen Lähmung das Zensurverbot verhindern soll – gleichfalls erheblich beeinträchtigen kann. Doch dürfen andererseits staatliche Stellen in einem Rechtsstaat nicht generell an einer nachträglichen Prüfung von Schriften, Filmen etc. gehindert sein; dies aber wäre die Konsequenz einer Erstreckung des Art. 5 Abs. 1 S. 3 GG auf die Nachzensur aufgrund seiner unbedingten Geltung. Vgl. auch *Degenhart* in: BK, GG (1999), Art. 5 Abs. 1 und 2 Rn. 916; *Isensee/Axer* (1998), S. 83 ff. „Das Verbot der Vorzensur ist gerade, dass durch sie nicht präventiv verhindert werden darf, was später repressiv vor Gericht verfolgt werden darf". Vgl. *Starck*, in: *v. Mangoldt/Klein/Starck*, GG (1999), Art. 5 I, II, Rn. 103.

begriff des Art. 5 Abs. 1 S. 3 GG wird daher heute nur noch die „Vorzensur" verstanden.[573]

Durch das Festlegen von Sendezeitbeschränkungen findet keine Zensur statt.[574] Durch die Sendezeitbeschränkung wird die Verbreitung der in Betracht kommenden Angebote nicht generell verboten, sondern nur der Rezeptionszeitpunkt beschränkt. Es handelt sich insofern also allenfalls um eine – als solche zulässige – „partielle Vorzensur".[575] Die Rezeptionsmöglichkeit wird für einen bestimmten Adressatenkreis (Kinder und Jugendliche) erschwert, bleibt dabei für Erwachsene aber uneingeschränkt in den Abendstunden möglich.[576] Nachdem die Kommunikationsinhalte der Öffentlichkeit nicht entzogen werden, kann auch keine lähmende Kommunikationsbehinderung eintreten.

Eine Zensur i.S.d. Art. 5 Abs. 1 S. 3 GG liegt im Übrigen auch dann nicht vor, wenn die Vorkontrolle nicht der Kommunikationskontrolle, sondern anderen Zwecken dient.[577] Dies ist anzunehmen, wenn die Regulierung der Verbreitung nicht zum völligen Verbot führt, wie z. B. bei Vertriebsbeschränkungen etwa für jugendgefährdende Schriften. Gleiches gilt für Sendezeitbeschränkungen im Fernsehen, wenn diese nicht von einer generellen Vorprüfung abhängig gemacht werden.[578]

8.8 Zwischenergebnis

Der JMStV führt hinsichtlich der allgemeinen Sendezeitbeschränkung im Fernsehen trotz neuer Begriffswahl (entwicklungsbeeinträchtigende Angebote und nicht wie bisher jugendbeeinträchtigende Sendungen), welche jedoch ersichtlich keine neue Beurteilungspraxis mit sich bringen soll, lediglich zu einer rechtlichen Neuerung in Form des Nachrichtenprivilegs. Die allgemeine Sendezeitbeschränkung ist und bleibt grundsätzlich ein verfassungsgemäßes Mittel des Jugendschutzes. Sie stellt zwar einen Eingriff in den Schutzbereich der Rundfunkfreiheit dar, dieser ist jedoch zugunsten des ebenfalls mit Verfassungsrang ausgestatteten Schutzguts des Jugendschutzes gerecht-

---

[573] BVerfGE 33, 52 (72); 47, 198 (236); 73, 118 (166), 83, 130 (155); 87, 209 (230); *Herrmann* (1994) § 5, Rn. 36; *Pieroth/Schlink* (2002), § 13 IV 2, Rn. 605; *Schulze-Fielitz*, in: *Dreier*, GG (1996), Art. 5 I, II, Rn. 139; *Bethge* in: *Sachs*, GG, (2003), Art. 5, Rn. 132; *Degenhart* in: BK, GG (1999), Art. 5 Abs. 1 und 2, Rn. 916; *Herzog*: in: *Maunz/Dürig*, GG, (2002), Art. 5 I, II, Rn. 298; a.A. *Hoffmann-Riem* in: AK (2001), Art. 5 I, II, Rn. 78 f., der die Begrenzung des Zensurverbots auf die Vorzensur als zu eng ansieht und auch die Nachzensur von Art. 5 Abs. 1 S. 3 GG umfasst wissen möchte. Zur historischen Entstehung des Zensurbegriffs vgl. *Hopf*, ZUM 2000, 739 (739 f.) m.w.N.

[574] Der Ausgleich zwischen Rundfunkfreiheit und Jugendschutz, der durch den Rundfunkstaatsvertrag erreicht werden soll, steht ständig in der Kritik, zum einen dem Jugendschutz zu wenig Wirksamkeit zu verschaffen, und zum anderen der Zensur Tür und Tor zu öffnen.

[575] So *Hobro-Klatte*, ZUM 1998, 812 (186).

[576] *Hobro-Klatte*, ZUM 1998, 812 (816), mit ähnlicher Argumentation zu § 6 JÖSchG vgl. *Weides*, NJW 1987, 224 (226).

[577] Vgl. hierzu ausführlich 2. Teil: 9.1.1.

[578] *Degenhart* in: BK, GG (1999), Art. 5 Abs. 1 und 2, Rn. 918; *Isensee/Axer* (1998), S. 83 ff.

fertigt. Bei der Abwägung der Interessen der Rundfunkveranstalter an der Ausübung ihrer Programmfreiheit und den Interessen der Kinder und Jugendlichen an einer ungestörten Persönlichkeitsentfaltung überwiegt bei der Verwendung von Sendezeitbeschränkungen angesichts der nachgewiesenen Effektivität der Jugendschutz. Die Rundfunkveranstalter werden lediglich in zeitlicher Hinsicht an der Ausübung ihrer Programmfreiheit gehindert. Eine Ausstrahlung der betreffenden Sendungen bleibt ihnen weiterhin möglich. Der Gesetzgeber hat durch die Staffelung der Sendezeiten nach Altersstufen den Rundfunkveranstaltern einen möglichst flexiblen Spielraum für die zeitliche Platzierung ihrer Sendungen belassen.

Um die Verfassungsmäßigkeit der Sendezeitgrenzen auch künftig bejahen zu können, ist das Fernsehverhalten von Kindern und Jugendlichen auf ihre zeitlichen Präferenzen hin, sowie der Entwicklungsstand von Kindern und Jugendlichen bei der Wahrnehmung von Gewalt im Fernsehen weiter zu beobachten. Diesbezügliche Änderungen sind gegebenenfalls vom Staatsvertragsgeber umzusetzen. Auch der Wandel der technischen Möglichkeiten ist bei der Verfassungsmäßigkeit von Sendezeitbeschränkungen künftig zu berücksichtigen. Derzeit sind die Sendezeitgrenzen des § 5 Abs. 4 JMStV (bisher § 3 Abs. 2 RStV) verfassungsgemäß. Lediglich der Schutz jüngerer Kinder (bis 12 Jahre), welche aufgrund ihres Entwicklungsstandes besonders schutzbedürftig sind, sollte den Staatsvertragsgeber veranlassen, auch zu Gunsten dieser unter 12-Jährigen feste Sendezeitgrenzen, insbesondere eine 20.00 Uhr-Grenze, im Staatsvertrag zu verankern, um gerade in diesem diffizilen Entwicklungsstadium von Kindern Unsicherheiten bei der Wahl der Sendezeit durch die Veranstalter zu vermeiden. Eine gesetzliche Vorgabe wird künftig um so nötiger, um so mehr die Kontrolle und Aufsicht den bewährten Händen der Landesmedienanstalten zugunsten einer regulierten Selbstkontrolle entzogen wird.

9 Das Ausstrahlungsverbot bei indizierten Sendungen

Bis zum 31.03.2000 konnten indizierte Filme im Fernsehen zwischen 23.00 Uhr und 6.00 Uhr gem. § 3 Abs. 3 S. 1 RStV a.F. ausgestrahlt werden. Seit dem 4. RÄStV war die Ausstrahlung indizierter Filme gem. § 3 Abs. 3 RStV verboten, stand jedoch unter einem Erlaubnisvorbehalt, falls die mögliche sittliche Gefährdung von Kindern und Jugendlichen im Einzelfall bei einer Ausstrahlung zwischen 23.00 Uhr und 6.00 Uhr nicht als schwer angesehen werden konnte. Schließlich ist seit 01.04.2003 gem. § 4 Abs. 1 S. 1 Nr. 11 und Abs. 2 S. 1 Nr. 2 JMStV eine Ausstrahlung indizierter Filme im Fernsehen gänzlich verboten. Unabhängig von einem etwaigen Erlaubnisvorbehalt stellt sich bei der Überprüfung der Vereinbarkeit eines Ausstrahlungsverbotes mit der Verfassung in erster Linie die Frage nach der Vereinbarkeit mit dem Zensurverbot des Grundgesetzes.

Um die Verfassungsmäßigkeit und insbesondere die Erforderlichkeit des seit dem 01.04.2003 gültigen absoluten Ausstrahlungsverbot für indizierte und im Wesentlichen inhaltsgleiche Filme überprüfen zu können, müssen zunächst die bis zum Jahr 2003 geltenden Bestimmungen auf ihre Verfassungsmäßigkeit, insbesondere auf ihre Effektivität zur Gewährleistung eines wirksamen Jugendschutzes hin überprüft werden. Hierzu soll zuerst nach einer kurzen Darstellung der bisher geltenden Regelung des § 3 Abs. 3 RStV das darin enthaltene Ausstrahlungsverbot mit Erlaubnisvorbehalt auf seine Vereinbarkeit mit dem Zensurverbot des Art. 5 Abs. 1 S. 3 GG überprüft werden. Daran anschließend wird die Verhältnismäßigkeit des Ausstrahlungsverbots mit Erlaubnisvorbehalt untersucht und die Umgehungspraxis dieser bisherigen Regelung im Rahmen des Untermaßverbots dargestellt. In einem zweiten Abschnitt wird auf die Verfassungsmäßigkeit der Neuregelung des § 4 Abs. 1 S. 1 Nr. 11 und Abs. 2 S. 1 Nr. 2 JMStV einzugehen sein.

9.1 Die frühere Regelung des § 3 Abs. 3 RStV

Durch den 4. Rundfunkänderungsstaatsvertrag (4. RÄStV) wurde erst im Jahr 2000 ein Ausstrahlungsverbot mit Erlaubnisvorbehalt[579] für indizierte Filme und mit diesen im Wesentlichen inhaltsgleiche Filme[580] in § 3 Abs. 3 RStV aufgenommen. Im Verhältnis

[579] So auch *Hartstein/Ring/Kreile/Dörr/Stettner* (2003), § 3 Rn. 63.

[580] Die wesentliche Inhaltsgleichheit ergibt sich aus dem jeweiligen Einzelfall. Wesentliche Inhaltsgleichheit liegt vor, wenn die Sendung gerade die Passagen enthält, die offenkundig zur Indizierung der entsprechenden Schrift geführt haben. *Hertel*, in: *Hahn/Vesting* (2003), § 3 RStV Rn. 85, ziehen hieraus zunächst den Umkehrschluss, dass die wesentliche Identität fehlt, wenn die für die Indizierung entscheidenden Passagen aufgrund der vorgenommenen Schnitte in der Sendung nicht mehr vorhanden oder nachträglich herausgenommen worden sind. Dieser Schluss ist jedoch nur zulässig, wenn sich die Indizierung ausschließlich auf einzelne Sequenzen stützt. Dies wird aber in der Regel nicht der Fall sein, da bei der Indizierungsentscheidung regelmäßig der Gesamteindruck der Sendung hinsichtlich seiner Wirkung auf Kinder und Jugendliche ausschlaggebend ist. In diesem Fall wird die wesentliche Inhaltsgleichheit stets dann vorliegen, wenn die für die Indizierung ausschlaggebenden Gesichtspunkte der Sendung auch nach den vorgenommenen Schnitten noch eine vergleichbare Gefährdungsintensität für Kinder und Jugendliche beinhalten. Vgl. hierzu auch 2. Teil: 8.4.1.

zu der bis zum Jahr 2000 geltenden Regelung stellte diese staatsvertragliche Änderung eine Verschärfung des Jugendschutzes dar.[581] Denn bis zum 4. RÄStV war die Ausstrahlung indizierter Filme gem. § 3 Abs. 3 S. 1 RStV a.F. zwischen 23.00 Uhr und 6.00 Uhr zulässig, sofern die mögliche sittliche Gefährdung von Kindern und Jugendlichen unter Berücksichtigung aller Umstände nicht als schwer angesehen werden konnte. Dazu war es gem. § 3 Abs. 3 S. 2 RStV a.F. ausreichend, dass die Programmanbieter die Gründe, die zu dieser Bewertung führten, schriftlich niederlegten und der jeweils zuständigen Landesmedienanstalt auf Verlangen vorlegten.[582] Infolge des 4. RÄStV wurde diese Regelung in § 3 Abs. 3 S. 1 RStV dahingehend verschärft, dass Sendungen stets unzulässig waren, wenn sie ganz oder im Wesentlichen mit den in der Liste nach § 1 GjSM[583] aufgenommenen Schriften inhaltsgleich waren. Erst auf Antrag des Veranstalters konnte die zuständige Landesmedienanstalt gem. § 3 Abs. 3 S. 2 RStV eine Ausstrahlung abweichend von § 3 Abs. 3 S. 1 RStV zwischen 23.00 Uhr und 6.00 Uhr gestatten, wenn die mögliche sittliche Gefährdung von Kindern und Jugendlichen unter Berücksichtigung aller Umstände nicht als schwer[584] angesehen werden konnte. Die Regelung des § 3 Abs. 3 RStV enthielt somit einen Verbotstatbestand, von dem nur auf Antrag Ausnahmen gestattet werden konnten, auch wenn das Kriterium für die Entscheidung weiterhin eine mögliche, nicht als schwer anzusehende sittliche Gefährdung von Kindern und Jugendlichen blieb. Der in § 3 Abs. 3 RStV genannte Begriff der schweren Jugendgefährdung war dabei nicht mit dem Tatbestand der „offensichtlich[585] schweren[586] Jugendgefährdung" im Sinne des § 3 Abs. 1 Nr. 3 RStV bzw. § 6 GjSM

---

[581] *Hertel*, in: *Hahn/Vesting* (2003), § 3 RStV Rn. 84.

[582] Zur Verfassungsmäßigkeit der bis zum Jahr 2000 geltenden Bestimmung vgl. *Isensee/Axer* (1998), S. 41 ff.

[583] § 1 Abs. 1 S. 1 GjSM regelte, dass Schriften, die geeignet sind, Kinder und Jugendliche sittlich zu gefährden, in eine Liste aufzunehmen waren. Dazu zählten nach § 1 Abs. 1 S. 2 GjSM vor allem unsittliche, verrohend wirkende, zu Gewalttätigkeit, Verbrechen oder Rassenhass anreizende sowie den Krieg verherrlichende Schriften. § 18 Abs. 1 S. 1 JuSchG regelt seit 01.04.2003, dass Träger- und Telemedien, die geeignet sind, die Entwicklung von Kindern und Jugendlichen oder ihrer Erziehung zu einer eigenverantwortlichen und gemeinschaftsfähigen Persönlichkeit zu gefährden, in eine Liste jugendgefährdender Medien aufzunehmen sind, wobei bei Aufzählung des § 18 Abs. 1 S. 2 JMStV der Wortlaut des § 1 Abs. 1 S. 2 GjSM mit Ausnahme der Kriegsverherrlichung übernommen wurde.

[584] Eine Gefährdung von Kindern und Jugendlichen ist insbesondere dann als schwer zu werten, wenn die Erziehung von Kindern und Jugendlichen zu sittlich verantwortungsbewussten Persönlichkeiten durch die Ausstrahlung der Sendung unmittelbar in Frage gestellt wird, vgl. *Hartstein/Ring/Kreile/Dörr/Stettner* (2003), § 3 Rn. 39; *Hertel*, in: *Hahn/Vesting* (2003), § 3 RStV Rn. 87. Sollte eine schwere Jugendgefährdung offensichtlich sein, galt bereits nach § 3 Abs. 1 Nr. 3 RStV ein absolutes Ausstrahlungsverbot, welches bei Verstößen durch die Ausstrahlung eines entsprechenden Filmes zur Verwirklichung des Straftatbestandes des § 49 a RStV führte. § 49 a RStV sah eine Freiheitsstrafe von bis zu einem Jahr oder eine Geldstrafe vor.

[585] Offensichtlich ist die Gefahr der sittlich schweren Gefährdung, wenn diese klar zu Tage tritt und deshalb jedem einsichtigen, für Jugenderziehung und Jugendschutz aufgeschlossenen Betrachter erkennbar wird, BVerfGE 77, 346 (358). Das Merkmal der Offensichtlichkeit betrifft die Erkennbarkeit.

[586] Das Merkmal der „Schwere" stellt eine inhaltliche Bewertungsfrage hinsichtlich der Jugendgefährdung dar. Die schwere Jugendgefährdung darf nach h. M. kein Auffangtatbestand für

gleichzusetzen, sondern war begrifflich vielmehr zwischen der so genannten einfachen Jugendgefährdung nach § 1 GjSM und der offensichtlich schweren Jugendgefährdung nach § 6 GjSM[587] einzuordnen.[588]

9.1.1 Das Ausstrahlungsverbot mit Erlaubnisvorbehalt und das Zensurverbot

Rundfunkveranstaltern war es also gem. § 3 Abs. 3 RStV verboten, indizierte und im Wesentlichen inhaltsgleiche Sendungen auszustrahlen, wenn nicht eine ausdrückliche Genehmigung der für sie zuständigen Landesmedienanstalt vorlag. Bei der Einführung eines generellen Ausstrahlungsverbots mit Erlaubnisvorbehalt, bei dem die Landesmedienanstalten mit der inhaltlichen Überprüfung von Sendungen privater Rundfunkveranstalter betraut worden waren, lag es zunächst nahe einen Verstoß gegen das Zensurverbot des Art. 5 Abs. 1 S. 3 GG anzunehmen.[589] Denn bei einem Verbot mit Erlaubnisvorbehalt handelt es sich in der Regel gerade um das Paradebeispiel einer Zensur.[590]

Ein Fall verbotener Vorzensur im Sinn des Art. 5 Abs. 1 S. 3 GG liegt aber, wie bereits dargestellt,[591] immer nur dann vor, wenn die Ausstrahlung einer bestimmten Sendung von einer staatlichen Vorprüfung oder Genehmigung abhängig gemacht wird. Unter das Zensurverbot fällt stets nur die formelle staatliche Vorzensur, welche die Veröffentlichung einer Meinungsäußerung von der Genehmigung einer staatlichen Stelle durch Einführung eines Verbotes mit Erlaubnisvorbehalt abhängig macht.[592] Denn durch das Zensurverbot soll eine umfassende und systematisch durchgeführte staatliche Kommunikationskontrolle verhindert werden, welche die Grundbedingungen freier Kommunikation beseitigen, das Geistesleben lähmen und zu Anpassung und Vorsicht

---

Sendungen sein, die unterhalb der Schwelle der §§ 131, 184 StGB liegen, aber sich thematisch mit Gewaltverherrlichung/Gewaltverharmlosung oder Pornographie beschäftigen. Vielmehr müssen eigenständige Gefährdungsmomente hinzukommen. Umgekehrt darf aber auch der Maßstab für die schwere Jugendgefährdung nicht oberhalb der Schwelle der §§ 131, 184 StGB angenommen werden. Die Gefährdung muss sich aus dem Gesamteindruck der Rundfunksendung oder aus besonders ins Auge springenden Einzelheiten ergeben, vgl. BVerfGE 77, 346 (358).

[587] Das Bundesverfassungsgericht hat ausdrücklich betont, dass mit dem unbestimmten Rechtsbegriff „offensichtliche Eignung, Kinder und Jugendliche sittlich schwer zu gefährden", wie er auch beispielsweise in § 6 Nr. 3 GjSM verwendet wird, eine ausreichende Normierung des Tatbestandes gefunden wurde, BVerfGE 22, 234 (237). Die Worte „offensichtlich" und „schwer" stellen klar, dass es nicht um Grenzfälle geht, sondern um Fälle, die jedem Unbefangenen erkennbar sind, BVerfGE 11, 234 (238); 77, 346 (358).

[588] Um eine einheitliche und transparente Beurteilung der indizierten Filme zu erreichen, hatte die GSJP ihren Bewertungsleitfaden mit Kriterien für die Bewertung indizierter Filme nach § 3 Abs. 3 RStV erweitert, vgl. *GSJP*, Bewertungsleitfaden für die Programmaufsicht im Rundfunk.

[589] Vgl. zur Verfassungsmäßigkeit des § 3 Abs. 3 RStV ausführlich *Hopf*, ZUM 2000, 739 ff.

[590] BVerfGE 33, 52 (74).

[591] Vgl. 2. Teil: 8.7.

[592] BVerfGE 33, 52 (71); 47, 198 (236); *Schraut* (1993), S. 46. Vgl. auch 2. Teil: 8.7.

führen würde.[593] Eine derart lähmende Kommunikationsbehinderung ist dann zu befürchten, „wenn zwar auf ein Genehmigungsverfahren verzichtet wird, aber staatliche Stellen zur inhaltlichen Überwachung der Kommunikation eingesetzt und ihnen etwa Aufgaben systematischer Gefahrenerforschung übertragen würden."[594] Maßnahmen zur Abwehr konkreter Rechtsgütergefährdungen sind dagegen erlaubt.[595] Keine Zensur i.S.d. Art. 5 Abs. 1 S. 3 GG liegt weiter vor, wenn die Vorkontrolle anderen Zwecken dient und das Verfahren nicht zum völligen Verbot führt. Dies wird nicht nur etwa bei Vertriebsbeschränkungen für jugendgefährdende Schriften und Sendezeitbeschränkungen stets angenommen, sondern Gleiches gilt auch beim Ausstrahlungsverbot mit Erlaubnisvorbehalt, solange die Verbreitung nicht von einer generellen Vorprüfung abhängig gemacht wird.[596] Nachdem die Ausnahmegenehmigung bei der zuständigen Landesmedienanstalt zu beantragen war, stellt sich zunächst die Frage, ob es sich bei den Landesmedienanstalten überhaupt um Adressaten des Zensurverbotes handeln kann.

9.1.1.1 Die Landesmedienanstalten als Adressat des Zensurverbots?

Adressat des Zensurverbots des Art. 5 Abs. 1 S. 3 GG ist ausschließlich der Staat.[597] Das Zensurverbot entfaltet keine Wirkung gegenüber Dritten. Damit können weder die Untersagung bestimmter Sendeinhalte durch die Geschäftsleitung eines privaten Rundfunkveranstalters[598] noch anstaltsinterne Kontrollmechanismen im öffentlich-rechtlichen Rundfunk[599] als Zensur i.S.d. Art. 5 Abs. 1 S. 3 GG verstanden werden, da es in diesen Fällen an einem Eingriff von außen durch den Staat fehlt. Neben der Tatsache, dass Zensur nur durch eine fremde Instanz und nicht durch den eigenen, internen Bereich ausgeübt werden kann, muss es sich für das Vorliegen von verbotener Zensur auch um eine planmäßige[600] Überprüfung von beabsichtigten oder bereits erfolgten Betätigungen der Grundfreiheiten des Art. 5 GG handeln. Rechtsstaatliche

---

593 BVerfGE 33, 52 (72). Vgl. auch 2. Teil: 8.7.

594 *Hoffmann-Riem*, in: AK, GG (2001), Art. 5 I, II Rn. 76 f.

595 *Hoffmann-Riem*, in: AK, GG (2001), Art. 5 I, II Rn. 76 f.

596 *Degenhart*, in: BK, GG (1999), Art. 5 Rn. 918; *Isensee/Axer* (1998), S. 83 ff.

597 Für Privatpersonen gilt das Zensurverbot nicht, vgl. *Jarass/Pieroth*, GG (1997), Art. 5 Rn. 52; *Degenhart*, in: BK, GG (1999), Art. 5 Rn. 919. *Bethge*, in: Sachs, GG (2003), Art. 5 Rn. 133; a.A. *Löffler*, NJW 1969, 2225 (2227), der annimmt, dass sich das Zensurverbot auch gegen nichtstaatliche Instanzen richtet, da dies ansonsten durch die Verlagerung staatlicher Aufgaben auf staatsunabhängige Institutionen zu einer Aushöhlung des Zensurverbots führen könnte.

598 *Schulze-Fielitz*, in: *Dreier*, GG (1996), Art. 5 I, II Rn. 141.

599 Der öffentlich-rechtliche Rundfunk unterliegt dem Prinzip der Staatsfreiheit. Maßnahmen des Intendanten, wie die Herausnahme bzw. Nichtannahme von geplanten Sendungen, sind von dessen Programmverantwortung umfasst. Er bzw. auch der Rundfunkrat werden in Ausübung grundrechtlicher Programmfunktionen tätig, so dass deren Kontrollbefugnisse schon deshalb nicht das Zensurverbot berühren können; Wesensmerkmal der Zensur ist, dass diese von außen an den Grundrechtsträger herangetragen wird, vgl. *Degenhart*, in: BK, GG (1999), Art. 5 Rn. 922.

600 *Degenhart*, in: BK, GG (1999), Art. 5 Rn. 929.

Einzeleingriffe eines staatlichen Organs sind gemäß Art. 5 Abs. 1 S. 3 GG jedoch beispielsweise dann erlaubt, wenn ein solcher Eingriff nicht die Folge einer permanenten Vorlagepflicht ist, sondern auf allgemeiner Kenntnis oder Klage eines Betroffenen (z.B. Unterlassungsentscheidung eines Gerichts) beruht und dem Schutz eines besonderen Rechtsgutes dient. Bei derartigen Entscheidungen vor der Sendung muss aber der Inhalt des Art. 5 GG sowie das Übermaßverbot besonders beachtet werden.[601]

Da das staatsgerichtete Zensurverbot lediglich Schutz vor Übergriffen staatlicher Stellen bietet, nicht aber vor den Kompetenzen der Landesmedienanstalten, die ihrer Stellung im Verfassungsgefüge nach – ebenso wie die öffentlich-rechtlichen Rundfunkanstalten[602] – im nichtstaatlichen, gesellschaftlich-politischen Bereich positioniert sind,[603] konnte die Neueinführung des § 3 Abs. 3 RStV schon aus diesem Grund nicht gegen Art. 5 Abs. 1 S. 3 GG verstoßen. Vielmehr bietet gerade die binnenpluralistische Organisationsstruktur der Landesmedienanstalten und öffentlich-rechtlichen Rundfunkanstalten und ihre feste Verankerung im gesellschaftlich-politischen Bereich die Gewähr für die Staatsfreiheit des Rundfunks.[604]

Die Landesmedienanstalten sind nach den Landesmediengesetzen rechtsfähige Anstalten des öffentlichen Rechts.[605] Sie besitzen das Recht der Selbstverwaltung.[606] Die organisationsrechtliche Verselbständigung der Landesmedienanstalten, welche den Zulassungs- und Aufsichtsgremien über den privaten Rundfunk Freiräume gegenüber Regierungs- und Verwaltungsstellen verschaffen soll, trägt dem Gebot der Staatsfreiheit des Rundfunks Rechnung. Die Landesmedienanstalten wurden als pluralistisch zusammengesetzte Instanz zur gesellschaftlichen Kontrolle der Programmtätigkeit privater Rundfunkveranstalter gebildet und gegenüber den Rundfunkunternehmungen

---

601 *Herrmann* (1994), § 5, Rn. 40.

602 Öffentlich-rechtliche Rundfunkanstalten sind trotz ihrer Rechtsform und der Erfüllung einer öffentlichen Aufgabe nicht dem staatlichen Bereich zuzuordnen. Sie sind selbst Träger der in Art. 5 Abs. 1 S. 2 GG verbürgten Rundfunkfreiheit. Die Rundfunkfreiheit schließt aber gerade jede staatliche Beherrschung und Einflussnahme aus, da sie in einer Gegenposition zum Staat steht, so dass sie gerade nicht Teil der staatlichen Organisation sein kann. Vgl. hierzu BVerfG NJW 1989, 382; *Gersdorf*, Staatsfreiheit (1991), S. 116. *Isensee/Axer* (1998), S. 83 Fn. 214: Eine anstaltsinterne Erlaubnis- oder Dispenserteilung bei den öffentlich-rechtlichen Rundfunkanstalten stellt somit von vornherein keine Zensur dar, weil es sich um eine autonome, nichtstaatliche Selbstkontrolle in Ausübung grundrechtlicher Freiheit handelt; vgl. *Bethge*, in: *Sachs*, GG (2003), Art. 5 Rn. 134; *Degenhart*, in: BK, GG (1999), Art. 5 I, II Rn. 746 f.; *Hermann* (1994), § 5 Rn. 39; Zur Grundrechtsfähigkeit von Landesmedienanstalten: SächsVerfGH, in: NJW 1997, 3015 f.; *Bethge*, NJW 1995, 557 ff.; *Bumke* (1995), S. 225 ff.; BVerfGE 73, 118 (166 f.).

603 *Gersdorf*, Rundfunkbegriff (1995), S. 102.

604 Vgl. zur Staatsfreiheit des Rundfunks Fn. 411.

605 Vgl. bspw. Art. 10 Abs. 1 S. 1 BayMG; zu den entsprechenden Vorschriften in den übrigen Landesmediengesetzen vgl. *Hesse* (1999), S. 214 Rn. 15 (insb. Fn. 37); *Gersdorf*, Staatsfreiheit (1991), S. 114 (insb. Fn. 256).

606 Vgl. bspw. Art. 10 Abs. 1 S. 2 BayMG; zu den entsprechenden Vorschriften in den übrigen Landesmediengesetzen vgl. *Gersdorf*, Staatsfreiheit (1991), S. 114 (insb. Fn. 257); *Hesse* (1999), S. 214 Rn. 17; *Bumke* (1995), S. 21.

mit effektiven Aufsichtskompetenzen ausgestattet.[607] Sie unterliegen selbst nicht der Fach-, sondern lediglich der Rechtsaufsicht des Staates; sie üben ihre Tätigkeit innerhalb der gesetzlichen Schranken unabhängig und in eigener Verantwortung aus.[608] Schwerpunktmäßig beschäftigen sich die Landesmedienanstalten mit der Kontrolle privater Rundfunkprogramme. Ihre Hauptaufgabe besteht in der Sicherung und Erhaltung der Meinungsvielfalt im privaten Rundfunk. Im Kernbereich erfüllen die Landesmedienanstalten also nicht-staatliche Aufgaben. Ihre externen Überwachungsfunktionen entsprechen insoweit denen der internen Kontrollinstanzen der öffentlich-rechtlichen Rundfunkanstalten, die ebenfalls staatsfrei sind.[609] Die Tatsache, dass die Landesmedienanstalten im Gegensatz zu den öffentlich-rechtlichen Rundfunkanstalten in der Regel[610] selbst keine Rundfunkprogramme gestalten und verbreiten, hat keine Bedeutung. Maßgeblich ist allein der gesellschaftliche Bezug ihres Aufgabenbereiches und nicht ihre Organisationsform als Anstalt des öffentlichen Rechts, welche sie ebenso wenig wie die öffentlich-rechtlichen Rundfunkanstalten zu einem Teil der Staatsverwaltung macht.[611] Die Zulassungs- und Aufsichtsfunktionen der Landesmedienanstalten beinhalten typischerweise nicht-staatliche, im gesellschaftlichen Bereich verankerte öffentliche Aufgaben, so dass die Wahrnehmung dieser Befugnisse auch nicht mit dem Grundsatz der Staatsfreiheit des Rundfunks in Konflikt geraten kann. Die Anstaltsform hat gegenüber der im gesellschaftlichen Bereich wurzelnden Sachaufgabe nur eine untergeordnete, dienende Funktion. Ihre Unabhängigkeit von staatlichen Stellen ist unter dem Gesichtspunkt der Staatsfreiheit des Rundfunks verfassungsrechtlich geboten.[612] Die Landesmedienanstalten gehören nicht zum Adressatenkreis des Zensurverbotes in Art. 5 Abs. 1 S. 3 GG, da sich dieses ausschließlich gegen den Staat richtet. Die Bestimmung des § 3 Abs. 3 RStV, welche bis 31.03.2003 galt und deren Einhaltung die Landesmedienanstalten beaufsichtigten, stellte jedoch keinen Verstoß gegen das Zensurverbot des Art. 5 Abs. 1 S. 3GG dar.[613]

---

[607] *Bethge*, JZ 1985, 308 (311).

[608] Vgl. hierzu auch bereits im .

[609] BVerfGE 73, 118 (165).

[610] Anders allein die Rechtslage in Bayern, wo aufgrund des in Art. 111 a BV statuierten öffentlich-rechtlichen Trägervorbehaltes privater Rundfunk nur in Form einer öffentlich-rechtlichen Dachkonstruktion möglich ist, die BLM also selbst Rundfunkveranstalter ist und auch sein muss. Vgl. hierzu *Stettner* (1999), S. 87 ff., 171 ff.

[611] Die Landesmedienanstalten zählen nicht zum Bereich der mittelbaren (Landes-) Staatsverwaltung. *Gersdorf*, Staatsfreiheit (1991), S. 117 ff., 127, zusammenfassend S. 375; *Bethge*, JZ 1985, 308 (311); a.A. *Wagner* (1990), S. 112 m.w.N., der die Landesmedienanstalten ohne weitere Begründung dem Bereich der mittelbaren (Landes-) Staatsverwaltung zuordnet.

[612] *Gersdorf*, Staatsfreiheit (1991), S. 128 f; *Bethge*, JZ 1985, 308 (311 f.).

[613] Den Landesmedienanstalten muss es darüber hinaus ohne Verstoß gegen das Zensurverbot möglich sein, eine angekündigte Ausstrahlung einer indizierten bzw. einer dieser im Wesentlichen inhaltsgleichen Sendung zu verhindern, um unmittelbar bevorstehende Gefahren nicht sehenden Auges dulden zu müssen, ohne einen Verstoß gegen das Zensurverbot auszulösen, vgl. zur Möglichkeit von Maßnahmen der Gefahrenabwehr bei der Ausstrahlung indizierter Filme *Hopf*, ZUM 2000, 739 (747).

9.1.1.2 Die Sondersituation in Bayern

Aufgrund des in Art. 111 a Bayerische Verfassung (BV) festgeschriebenen bayerischen Sondermodells nimmt die BLM unter den Landesmedienanstalten eine Sonderstellung ein, da sie selbst Rundfunkveranstalter ist.[614] Als Veranstalter konnte die BLM bei der Anwendung des § 3 Abs. 3 RStV nie Zensur ausüben, da es bereits an dem Zensurkriterium „Eingriff durch eine fremde Instanz" fehlte. Die BLM musste vielmehr als Veranstalter in Bayern durchaus in der Lage sein, Sendungen durch die von ihr genehmigten Rundfunkanbieter[615] nicht ausstrahlen zu lassen, um ihrer Rolle als verantwortlicher Veranstalter vollständig nachkommen zu können. Aus dieser Position folgte konsequent, dass sie im laufenden Programmbetrieb ohne Verstoß gegen das Zensurverbot jederzeit verlangen konnte, „dass ihr Anbieter Beiträge vor der Sendung vorlegen" (Art. 16 Abs. 1 S. 2 BayMG).[616] Zur Durchsetzung ihrer im Rahmen der Bestimmungen des BayMG entwickelten Programmvorstellungen hat die BLM ein umfassendes Anordnungsrecht nach Art. 16 Abs. 1 S. 1 BayMG gegenüber den Anbietern, welches eben auch die Befugnis der BLM umfasst, sich Beiträge vor der Sendung vorlegen zu lassen, ohne gegen das verfassungsrechtliche Zensurverbot zu verstoßen.[617] Ein Anfangsverdacht für einen möglichen Verstoß ist für das Vorlagerecht nicht erforderlich.[618] Als die neben dem Bayerischen Rundfunk (BR) für die Verwirklichung von Rundfunkfreiheit in Bayern verantwortliche Anstalt ist sie im Rahmen ihrer Zuständigkeit für alle zentralen Bereiche die Trägerin der Rundfunkfreiheit.[619] Ist ein Anbieter genehmigt, muss er nach Art. 2 Abs. 2 BayMG, § 3 Abs. 1 S. 1 HFS,[620] § 5

---

[614] Vgl. Fn. 610.

[615] Die Rundfunkveranstalter werden in Bayern aufgrund der Veranstalterstellung der BLM als Rundfunkanbieter bezeichnet.

[616] Zur möglichen Unzulässigkeit des neuen Aufsichtsmodells der „regulierten Selbstregulierung" in Bayern gegenüber lokalen und regionalen, von der BLM genehmigten Anbieter aufgrund des Trägerschaftsvorbehalts in Art. 111 a BV vgl. *Bethge*, in: BLM-Symposion Medienrecht 2001 (2002), S. 82.

[617] *Bornemann*, K&R 1999, 265 (266); *Stettner*, in: *Nawiasky/Schweiger/Knöpfle*, BV (2000), Art. 111 a, Rn. 17 m.w.N.; *Bornemann/Lörz*, BayMG (2002) Art. 16 Rn. 8. Während *Gersdorf*, Rundfunkbegriff (1995), S. 102, soweit geht, alle Landesmedienanstalten als nichtstaatliche Stellen als vom Geltungsbereich des (staatlichen) Zensurverbots ausgenommen anzusehen, problematisiert *Bumke*, (1995), S. 15, Art. 16 BayMG im Hinblick auf das Zensurverbot. Ebenso *Lerche*, in: *Rüth/Stern* (1984), S. 251.

[618] Nach ständiger Rechtsprechung des Bayerischen Verfassungsgerichtshofs hat das BayMG in verfassungskonformer Weise den Rahmen der öffentlich-rechtlichen Trägerschaft der BLM weit gespannt. Vgl. BayVerfGH Leitentscheidung vom 21.11.1986, wonach die BLM Vorabkontrollen nicht auf Fälle zu beschränken hat, in denen bereits (konkrete) Verdachtsgründe für Verstöße gegen gesetzliche Vorschriften, Satzungsbestimmungen, Richtlinien oder vertragliche Vereinbarungen vorliegen. Vgl. *Bornemann/Lörz*, BayMG (2002), Art. 16 Rn. 8. Die Praxis verfährt gleichwohl zurückhaltend mit dieser Möglichkeit.

[619] *Bethge* (1999), S. 33 ff.; *Stettner*, ZUM 1992, 456 (462 m.w.N.); *Bornemann/Lörz*, BayMG (2002), Art. 26 Rn. 23 m.w.N.; BayVerfGH, BayVBl. 1995, 339 mit Anm. von *Bornemann*.

[620] Satzung über die Nutzung von Hörfunkfrequenzen nach dem Bayerischen Mediengesetz (Hörfunksatzung – HFS) vom 09.10.1998 (StAnz. Nr. 42) geändert durch Satzung vom 01.03.1999 (StAnz. Nr. 9), abgedruckt in: *BLM*, Rechtsgrundlagen (2002), Nr. 3.2.2.

Abs. 1 S. 1 FSS[621] zwar grundsätzlich sein Angebot selbst und eigenverantwortlich gestalten. Die damit verbundenen Verpflichtungen der Anbieter setzen aber letztlich die Programmverantwortung der BLM durch und sind damit Ausfluss des Trägerschaftsvorbehalts.[622] Das bayerische Modell eines öffentlich-rechtlichen Rundfunks unter Einbeziehung Privater ist dem öffentlich-rechtlichen Anstaltsrundfunk nachgebildet.[623] § 3 Abs. 3 RStV stellte somit bereits aus formellen Gesichtspunkten keinen Verstoß gegen das Zensurverbot des Art. 5 Abs. 1 S. 3 GG dar, dennoch soll nachfolgend untersucht werden, ob das Ausstrahlungsverbot mit Erlaubnisvorbehalt überhaupt in materieller Hinsicht eine präventive Eingriffsmaßnahme im Sinne des Art. 5 Abs. 1 S. 3 GG verkörpert.

9.1.1.3 § 3 Abs. 3 RStV – Vor- oder Nachzensur?

Das Zensurverbot des Art. 5 Abs. 1 S. 3 GG enthält keine Legaldefinition des Zensurbegriffs. Das Grundgesetz überlässt vielmehr die Begriffsklärung der Rechtsprechung. Unter Zensur im Sinne des Art. 5 Abs. 1 S. 3 GG wird wie bereits unter 2. Teil: 8.7 dargestellt, ausschließlich die Vorzensur, also ein Verfahren verstanden, „vor dessen Abschluss ein Werk nicht veröffentlicht werden darf".[624] Ein Fall von unzulässiger Vorzensur liegt somit bei jeder einschränkenden Maßnahme bzw. jedem Verfahren vor, welches vor der Herstellung oder Verbreitung eines Geisteswerkes dieses (systematisch) von einer staatlichen Vorprüfung bzw. Genehmigung seines Inhalts abhängig macht,[625] – in dem Sinn, dass das Geisteswerk auf seinen Inhalt geprüft und zur Veröffentlichung freigegeben oder (endgültig) nicht freigegeben (= verboten) wird.[626] Kurz ausgedrückt schließt das Zensurverbot für den Bereich der Meinungsäußerungs- und -verbreitungsfreiheit sowie für den Bereich der Presse- und Rundfunkfreiheit jedes präventive Verbot mit – und selbstverständlich erst recht ohne – Erlaubnisvorbehalt aus.[627]

Neben der Tatsache, dass die Regelung des § 3 Abs. 3 RStV mangels eines staatlichen Eingriffs bereits keinen Verstoß gegen das Zensurverbot darstellte, fiel das Ausstrah-

---

621 Satzung über die Nutzung von Fernsehkanälen nach dem Bayerischen Mediengesetz (Fernsehsatzung – FSS) vom 17.12.1998 (StAnz. Nr. 53) geändert durch Satzung vom 17.05.2002 (StAnz. Nr. 21), abgedruckt in: *BLM*, Rechtsgrundlagen (2002), Nr. 3.2.1.

622 Rechtmäßige Anordnungen, Vorlagepflichten und Bescheide können daher insoweit nicht in die Rundfunkfreiheit der Anbieter eingreifen.

623 *Stettner*, ZUM 2001, 651 (654).

624 BVerfGE 87, 209 (230), ebenso: BVerfGE 33, 52 (71 ff.); 47, 198 (236 f.); 73, 118 (166); 83, 130 (155).

625 BVerfGE 33, 52 (72) „Bezogen auf Filmwerke bedeutet danach Zensur das generelle Verbot, ungeprüfte Filme der Öffentlichkeit zugänglich zu machen, verbunden mit dem Gebot, Filme, die öffentlich vorgeführt werden sollen, zuvor der zuständigen Behörde vorzulegen, die sie anhand von Zensurgrundsätzen prüft und je nach dem Ergebnis ihrer Prüfung die öffentliche Vorführung erlaubt oder verbietet". BVerfGE 73, 118 (166), *Herrmann* (1994), § 5 Rn. 36 m.w.N.

626 *Herrmann*, (1994), § 5 Rn. 36 m.w.N.

627 *Hopf*, ZUM 2000, 739 (740); *Schraut* (1993), S. 46.

lungsverbot mit Erlaubnisverbot auch bereits aus materiellen Gründen nicht unter das Zensurverbot des Art. 5 Abs. 1 S. 3 GG. Teilweise wurde die Ansicht vertreten,[628] dass es sich bei der Einführung eines Erlaubnis- oder Dispenserfordernisses vor Ausstrahlung einer indizierten Sendung durch die Landesmedienanstalten oder eine staatliche Stelle nie um ein präventives Vorgehen handeln und somit auch kein Verstoß gegen das verfassungsrechtlich geschützte Verbot der Vorzensur vorliegen könne. Zur Begründung wurde angeführt, dass „bei der Verwertung indizierter Schriften durch das Fernsehen [...] durch das vorherige Erlaubnis- bzw. Dispensverfahren nicht über den Zugang zur Öffentlichkeit überhaupt, sondern allein über eine bestimmte Form der Verbreitung entschieden“[629] werde. Aus diesem Grund könne die Entscheidung im Rahmen des Erlaubnisverfahrens bereits vom Tatbestand her nie Zensur sein. Die entsprechend indizierten Sendungen seien bereits als indiziertes Werk auf dem Markt. Durch das Ausstrahlungsverbot mit Erlaubnisvorbehalt des § 3 Abs. 3 RStV werde ein bereits bestehendes Verbreitungsverbot für die indizierte Schrift lediglich auf ein weiteres Medium erstreckt, so dass es sich um den zulässigen Fall der Nachzensur handle.[630]

Auf den ersten Blick scheint dieses Argument überzeugend. Jedoch würde es die Schlussfolgerung zulassen, dass Verbote mit Erlaubnisvorbehalt im Rundfunk begrifflich nie eine Vorzensur im Sinne des Art. 5 Abs. 1 S. 3 GG darstellen könnten, solange es einen Markt für Videos oder Kinofilme gibt. Eine derartige Interpretation des Zensurverbots verkennt jedoch, dass es sich bei Sendungen, die nicht vollständig identisch mit Video- oder Kinofilmen sind, nicht ausschließlich um den zulässigen Fall der Nachzensur handeln kann. Bei allen so im Rundfunk zum ersten Mal gesendeten Werken geht die obige Argumentation zu weit. Bei einem Werk, das nicht mehr im Wesentlichen mit einer indizierten Sendung inhaltsgleich ist, die in die Liste nach § 1 GjSM aufgenommen ist, handelt es sich um ein neues Werk, da gerade die Teile, welche die Indizierung veranlasst haben, herausgeschnitten wurden. In diesem Fall handelt es sich dann um ein neues Werk, welches noch nicht veröffentlicht wurde. Nachdem diese im Wesentlichen inhaltsgleichen Sendungen auf keinem anderen Markt, sondern nur im Fernsehen verbreitet werden, könnte es sich bei dem in § 3 Abs. 3 RStV enthaltenen Verbot mit Erlaubnisvorbehalt doch um einen Fall der Präventivzensur handeln.

Nachdem dem Rundfunkveranstalter aber durch die Regelung des § 3 RStV die Verantwortung über die Feststellung oblag,[631] ob die Sendung im Wesentlichen mit

---

[628] *Isensee/Axer* (1998), S. 83 ff. m.w.N.

[629] *Isensee/Axer* (1998), S. 84.

[630] *Jarass/Pieroth*, GG (2000), Art. 5 Rn. 52a, nimmt keine verfassungsrechtlich unzulässige Zensur an, wenn eine Kontrolle zu Zwecken des Jugendschutzes nur zu Verbreitungsbeschränkungen führt; so im Ergebnis ebenfalls BVerfGE 87, 209 (230 f.).

[631] Die GSJP hatte ursprünglich die Rechtsauffassung vertreten, dass bei der Frage der Inhaltsgleichheit von indizierten Filmen das gesamte Prüfungs- und Genehmigungsverfahren der Verantwortung der Landesmedienanstalten unterliegen müsste, während die FSF und die privaten Rundfunkveranstalter die

einer indizierten Sendung inhaltsgleich war oder nicht, lag aber letztlich ein Fall der Vorzensur nicht vor. Würde man annehmen, dass bei diesen Sendungen die zuständige Landesmedienanstalt die Pflicht zur Feststellung der Inhaltsgleichheit vorab zu treffen hätte, läge wohl in der Regel eine präventive Zensurmaßnahme vor, da dann alle auf indizierten Beiträgen beruhenden Sendungen stets vor ihrer Ausstrahlung vorgelegt werden müssten. Jedoch verbleibt es dabei, dass es sich bei den Landesmedienanstalten bereits aus formellen Gründen nicht um Adressaten des vor staatlichen Eingriffen schützenden Zensurverbotes handelt. Zur Vorlage einer Sendung, die der Rundfunkveranstalter als nicht wesentlich inhaltsgleich mit § 1 GjSM ansah, konnte er aber auf Grund des Gesetzeswortlauts des § 3 Abs. 3 RStV gerade nicht verpflichtet werden. Bejahte der Rundfunkveranstalter bei seiner Prüfung die wesentliche Inhaltsgleichheit, so war ein Antrag auf Ausstrahlung nach § 3 Abs. 3 S. 2 RStV bei der zuständigen Landesmedienanstalt zu stellen. Hierbei oblag dem Rundfunkveranstalter die Verantwortung, der Landesmedienanstalt gegenüber darzulegen, dass durch die Ausstrahlung keine schwere sittliche Gefährdung von Kindern und Jugendlichen möglich sei. Verneinte der Anbieter die wesentliche Inhaltsgleichheit, so strahlte er die Sendung aus. Stellte die zuständige Landesmedienanstalt bei der anschließenden Programmbeobachtung fest, dass nach ihrer Einschätzung der ausgestrahlte Film (trotz vorgenommener Änderungen) im Wesentlichen mit der indizierten Schrift inhaltsgleich war, konnte sie das Ordnungswidrigkeitenverfahren und auch das Bußgeldverfahren unabhängig davon einleiten, ob eine Ausnahmegenehmigung bei Stellung eines Antrags gewährt worden wäre.

Trotz der Einführung eines Ausstrahlungsverbotes mit Erlaubnisvorbehalt in § 3 Abs. 3 RStV mussten also stets nur solche Filme der zuständigen Landesmedienanstalt zur Vorabkontrolle vorgelegt werden, die zumindest von den Rundfunkveranstaltern als im Wesentlichen inhaltsgleich zu indizierten Sendungen beurteilt wurden. Die Fernsehveranstalter konnten somit selbst entscheiden, ob sie einen Film, den sie für nicht mehr im Wesentlichen inhaltsgleich mit der indizierten Fassung hielten, eigenverantwortlich ausstrahlten oder einen Antrag auf Prüfung der Inhaltsgleichheit bei der jeweils zuständigen Landesmedienanstalt stellten. Die Eingriffsmöglichkeit der Landesmedienanstalten war hierdurch auf die zulässige Nachzensur beschränkt. Das ausschließlich repressiv greifende Kontrollmittel konnte daher aus diesem Grund nicht zu einem Verstoß gegen des Zensurverbot des Art. 5 Abs. 1 S. 2 GG führen.

9.1.2 Verhältnismäßigkeit des Ausstrahlungsverbots mit Erlaubnisvorbehalt

Die Indizierungsentscheidung der Bundesprüfstelle für jugendgefährdende Schriften (BPjS) konnte durch die Transformation über § 3 Abs. 3 RStV im Rundfunkrecht Bindungswirkung entfalten. Unter den Begriff „indizierte Schriften" im Sinne des § 1

Ansicht teilten, dass die Überprüfung der wesentlichen Inhaltsgleichheit dem Veranstalter selbst oblag und die Landesmedienanstalt auf eine nachträgliche Kontrolle beschränkt gewesen wäre, vgl. *GSJP*, Jugendschutzbericht 2000/2001, S. 24.

GjSM fielen Kino- und Videofilme, aber nicht Rundfunksendungen, da diese der Gesetzgebungskompetenz der Länder unterfallen.[632] Obwohl der Prüfungsrahmen der BPjS (heute BPjM) nicht für Fernsehfilme bestand, wurde in der Vergangenheit wiederholt die Beurteilung ursprünglich ausschließlich für das Fernsehen produzierter Sendungen unter dem Vorwand beantragt, diese würden auch auf Video vermarktet werden. Auf diese Weise konnte die Zuständigkeit der bei der Beurteilung zumeist „strengeren"[633] Landesmedienanstalten teilweise umgangen werden.

Folge der Indizierung durch die BPjS und heute durch die BPjM war und ist ein Verbreitungs- und Werbeverbot, welches dazu führt, dass die indizierte Schrift, auf der die Sendung beruht, zwar weiterhin der Öffentlichkeit als Kino- und Videofilm zugänglich bleibt, jedoch im Fernsehen einem Verbreitungsverbot unterliegt, da bei diesen Sendungen über das Medium Fernsehen eine höhere Gefährdung für Kinder und Jugendliche zu erwarten ist. Der Rechtfertigungsbedarf eines solchen erheblichen Eingriffs in die Rundfunkfreiheit ist daher beim Ausstrahlungsverbot indizierter Sendungen im Fernsehen höher als bei Sendezeitbeschränkungen. Erwachsene werden bei einem Ausstrahlungsverbot zwar nicht in vollem Maße von der Kenntnisnahme indizierter Sendungen ausgeschlossen – der Videohandel bleibt verfügbar –, jedoch wird durch ein Ausstrahlungsverbot im Fernsehen eine der bedeutendsten Verbreitungsarten eliminiert.[634] Die Geeignetheit der Maßnahme eines Ausstrahlungsverbots (mit Erlaubnisvorbehalt) zum Schutz von Kindern und Jugendlichen vor indizierten Sendungen ist unzweifelhaft.[635]

Um den gegenüber der Rechtslage vor dem Jahre 2000 schwerer wiegenden Eingriff in die Rundfunkfreiheit durch § 3 Abs. 3 RStV verfassungsrechtlich zu rechtfertigen, war die Prognose zu begründen, dass ein Verbot mit Erlaubnismöglichkeit für den Kinder- und Jugendschutz erforderlich und als zweckdienlicher für die Verwirklichung eines effektiven Jugendschutzes einzuschätzen war, als die bis zu diesem Zeitpunkt geltende Regelung der Sendezeitbeschränkung, welche als milderes Mittel zu betrachten

---

[632] Auch das JÖSchG war auf Rundfunksendungen nicht anwendbar, da jenes ausschließlich den Zutritt zu öffentlich zugänglichen Örtlichkeiten bzw. den Zugang zu bespielten Videokassetten betraf. Zur Gesetzgebungskompetenz für den Rundfunk vgl. zur Gesetzgebungskompetenz 2. Teil: 4.

[633] In ca. einem Drittel der gestellten Ausnahmeanträge haben die Landesmedienanstalten eine strengere Entscheidung als die FSF getroffen. Dabei ging es in erster Linie um Gewaltdarstellungen im Tages- und Hauptabendprogramm. Beispielsweise wurden Anträge für indizierte Filme wie beispielsweise „American Fighter III – Die blutige Jagd", „Darkman – Der Mann mit der Gesichtsmaske", „Final Impact", „Harte Ziele", „Hard to Die", „Skinner – Lebend gehäutet", „Silent Hunter" gestellt. Die Ausstrahlung dieser Filme wurde von der FSF befürwortet, von den Landesmedienanstalten jedoch wegen überaus brutaler Gewaltdarstellungen nicht zugelassen.

[634] Das BVerfGE 30, 336 (349) hat aber bereits dargelegt, dass es aus Gründen des Jugendschutzes zulässig sein kann, eine ganze Vertriebart auch für den Konsum durch Erwachsene auszuschließen. Vgl. auch *Herzog*: in: *Maunz/Dürig*, GG (2002), Art. 5 Abs. I, II Rn. 285.

[635] *Dreier*, GG (1996), Vorb. Rn. 92.

gewesen wäre.[636] Die Verfassungsmäßigkeit der bis zum Jahr 2000 geltenden Regelung musste bezweifelt werden, denn die Sendezeitbeschränkungen führten dazu, dass in der Zeit von 23.00 Uhr bis 6.00 Uhr noch fernsehende Kinder und Jugendliche einer möglicherweise schweren Jugendgefährdung ausgesetzt waren.[637] Jugendgefährdungen wurden also billigend in Kauf genommen, so dass zu bestimmten Ausstrahlungszeiten dem Jugendschutz nicht ausreichend Rechnung getragen wurde. Die von Verfassungs wegen gebotene Abwägung zwischen der Rundfunkfreiheit und dem Jugendschutz berücksichtigte den Jugendschutz bei einer drohenden schweren Jugendgefährdung unverhältnismäßig gering.[638]

§ 3 Abs. 3 RStV war auf Grund der in der Öffentlichkeit erhobenen Forderungen[639] nach einem Ausstrahlungsverbot für indizierte Fernsehsendungen eingeführt worden, um die Folge einer möglichen gravierenden Jugendgefährdung zu vermeiden. So wurde mit § 3 Abs. 3 RStV bei indizierten Filmen dem Jugendschutz vor der Rundfunkfreiheit Vorrang eingeräumt, um eine gravierende Gefährdung der Persönlichkeit von Kindern und Jugendlichen zu verhindern. § 3 Abs. 5 RStV gewährte weiter die Möglichkeit der Erteilung einer Ausnahmegenehmigung und eröffnete somit den Ausgleich kollidierender Interessen im Einzelfall.[640] Der durch das Ausstrahlungsverbot bewirkte tiefere Einschnitt in die Programmautonomie der Sender wurde durch den Erlaubnisvorbehalt erheblich abgemindert.[641]

Zwar muss ein absolutes Ausstrahlungsverbot ultima ratio sein, jedoch stellte das Verbot mit Erlaubnisvorbehalt – insbesondere gegenüber dem Verbot mit Dispens-

---

[636] *Isensee/Axer* (1998), S. 80 ff.; a.A. *Liesching* (2002), S. 162 mit Hinweis auf die unveränderten Erkenntnisse im Bereich der Wirkungsforschung, dargestellt bei *Schwind* (2001), § 14 Rn. 13 ff.

[637] So auch *Isensee/Axer* (1998), S. 30 m.w.N. Die Sendezeitgrenzen können eine Kenntnisnahme durch Kinder und Jugendliche nicht vollständig ausschließen, vgl. 1. Teil: 1.1. Aus diesem Grund hat sich der Gesetzgeber für ein gestuftes Maßnahmensystem beim Jugendschutz entschieden und setzt die Sendezeitgrenzen lediglich bei entwicklungsbeeinträchtigenden, aber angesichts der drohenden erheblichen Gefahren nicht bei entwicklungsgefährdenden Sendungen ein.

[638] Darüber hinaus spricht für eine Verfassungswidrigkeit des § 3 Abs. 3 RStV a.F. auch das Argument, dass § 3 Abs. 3 RStV a.F. den in den europäischen Bestimmungen zum grenzüberschreitenden Rundfunk gesetzten Mindeststandard unterschritt; dies gilt zumindest im Vergleich mit dem europäischen Übereinkommen über das grenzüberschreitende Fernsehen vom 05.05.1989 (Europaratskonvention – BGBl. 1994 II S. 639), auch wenn dieses keinen Geltungs- und Anwendungsvorrang gegenüber innerstaatlichem Verfassungsrecht beanspruchen kann, da es nur auf grenzüberschreitende Fernsehprogramme anwendbar ist und zwischen den Mitgliedstaaten der Europäischen Union nicht gilt, vgl. *Isensee/Axer* (1998), S. 31 m.w.N.

[639] So bspw. die Kommission zur Wahrung der Belange der Kinder (Kinderkommission) des Deutschen Bundestages, vgl. *Isensee/Axer* (1998), S. 1 m.w.N.

[640] *Isensee/Axer* (1998), S. 53.

[641] Vgl. die amtl. Begr. zum 4. RÄStV, BayLT-Drs. 14/1832, S. 20: „Damit kann weiterhin die verfassungsrechtlich gebotene Abwägung zwischen den beiden Rechtsgütern der Meinungsfreiheit und des Jugendschutzes erfolgen“.

vorbehalt[642] – ein milderes Mittel dar. Ein Ausstrahlungsverbot indizierter oder im Wesentlichen inhaltsgleicher Sendungen ist verfassungsgemäß, wenn es durch einen Erlaubnis- oder Dispensvorbehalt[643] ein „Ventil"[644] enthält, wodurch im Einzelfall eine Rechtsgüterabwägung stattfinden kann. Eine solche Sicherung bot das Verbot mit Erlaubnisvorbehalt, wie es in § 3 Abs. 3 S. 2 RStV vorgesehen war, da der Sender einen Anspruch auf Genehmigung erhielt, die Sendung auszustrahlen, wenn im Einzelfall keine Gefährdung von Kindern und Jugendlichen vorlag. Das Verbot mit Erlaubnisvorbehalt wird idealtypisch als die für den Betroffenen günstigere Lösung verstanden, da sie bei Vorliegen der Voraussetzungen einen Anspruch auf Erteilung der Genehmigung gewährt.[645] Der Dispensvorbehalt dagegen sieht ein Ermessen vor, wodurch dem Antragsteller nur ein formelles Recht auf korrekte Ermessensbetätigung eröffnet ist und lediglich im Fall der Ermessensreduzierung auf Null ein konkreter Anspruch begründet wird. Angesichts der Tatsache, dass vom Ausstrahlungsverbot mit Erlaubnisvorbehalt nicht nur entwicklungsbeeinträchtigende, sondern jugendgefährdende Inhalte betroffen waren, die bereits indiziert wurden, war auch der Verhältnismäßigkeitsgrundsatz gewahrt. Das Ausstrahlungsverbot mit Erlaubnisvorbehalt stellte im Verhältnis zu seiner Effektivität bei der Verwirklichung des Jugendschutzes das mildeste Mittel dar, um Gefährdungen von Kindern und Jugendlichen zu verhindern.[646]

9.1.3 Umgehungspraxis versus Untermaßverbot

Mit dem Sendeverbot indizierter Filme hatte der Gesetzgeber ausdrücklich eine Verschärfung der Jugendschutzbestimmungen vornehmen wollen. Zwar konnte ein Verbot mit Erlaubnisvorbehalt die Ausstrahlung von indizierten oder im Wesentlichen inhaltsgleichen Sendungen und deren Rezeption durch Kinder und Jugendliche nicht gänzlich verhindern, nachdem es immer Rundfunkveranstalter gab, die Verbote missachten, oder Kinder und Jugendliche existieren, die auf anderen Wegen – beispielsweise über das Internet oder über vermeintlich erwachsene Dritte aus der Videothek – für sie ungeeignete bzw. gefährdende Inhalte wahrnehmen. Jedoch spricht diese Umgehungsmöglichkeit – wie bereits ausführlich für die Sendezeitbeschränkung dargelegt[647] – weder gegen die Geeignetheit noch gegen die Effektivität des Ausstrahlungsverbots mit Erlaubnisvorbehalt, da es nahezu jeder Verbotsregelung

---

[642] Vgl. zum Verbot mit Erlaubnis- bzw. zum Verbot mit Dispensvorbehalt ausführlich *Isensee/Axer* (1998), S. 82. Unter Verbot mit Dispensvorbehalt versteht man, dass die zuständige Stelle vom Verbot befreien kann, wenn dessen Aufrechterhaltung im Einzelfall unbillig wäre. Die Übergänge zwischen diesen beiden Rechtsfiguren sind fließend und lassen sich im Einzelfall nicht immer strikt unterscheiden.

[643] Allgemein zum Erlaubnis- und Dispensvorbehalt vgl. *Maurer* (2002), § 9 Rn. 51 ff.

[644] *Isensee/Axer* (1998), S. 81 f.

[645] *Maurer* (2002), § 9 Rn. 51 ff.

[646] Vgl. *Hertel*, in: *Hahn/Vesting* (2003); § 3 RStV Rn. 84 ff. halten die bis zum Jahr 2003 gültige Fassung des § 3 Abs. 3 RStV für verfassungsrechtlich (noch) vertretbar.

[647] Vgl. 2. Teil: 8.6.

immanent ist, dass sie im Einzelfall von den Betroffenen auch umgangen werden kann. Problematisch ist jedoch, ob die Regelung eines Ausstrahlungsverbots mit Erlaubnisvorbehalt auch hinsichtlich der im Wesentlichen inhaltsgleichen Filme zweckmäßig war und nicht nur in der Theorie, sondern auch in der Praxis zum beabsichtigten größeren Schutz vor den schweren jugendgefährdenden Folgen indizierter Sendungen führte – und somit auch tatsächlich insofern das Untermaßverbot berücksichtigt wurde.

In der praktischen Umsetzung des Ausstrahlungsverbots mit Erlaubnisvorbehalt wurden nämlich Probleme erkennbar. Ein privater Rundfunkveranstalter, der einen indizierten Film ausstrahlen wollte, hatte bis 31.03.2003 drei verschiedene Möglichkeiten vorzugehen: Zunächst konnte er einen Antrag bei der für ihn zuständigen Landesmedienanstalt stellen, um eine Ausnahmegenehmigung nach § 3 Abs. 3 RStV für den indizierten Film zu erhalten. Oder er konnte zweitens durch entsprechende Filmschnitte eine veränderte Version anfertigen, die im Wesentlichen nicht inhaltsgleich mit dem indizierten Film war und den veränderten Film ohne weiteres ausstrahlen. Schließlich konnte er eine (neue) Version produzieren, die im Wesentlichen nicht inhaltsgleich war, und diese von der Landesmedienanstalt mit Blick auf die Inhaltsgleichheit prüfen lassen. Diese dritte Möglichkeit wurde von den Rundfunkveranstaltern de facto nicht wahrgenommen.[648] Es konnte vielmehr festgestellt werden, dass die Anzahl der gesendeten, nicht mehr inhaltsgleichen Filme erheblich zugenommen hatte,[649] während die Zahl der Ausnahmeanträge nach § 3 Abs. 3 RStV für inhaltsgleiche indizierte Filme stark zurückgegangen war. Aus Sicht der Rundfunkveranstalter schien offenbar das Risiko der Ablehnung eines Ausnahmeantrags größer zu sein, als das Risiko einer nachträglichen Sanktion. Neben dieser Umgehungsmöglichkeit war aber auch zu beobachten, dass indizierte Sendungen, selbst wenn ihnen auch durch die FSK eine Jugendgefährdung attestiert wurde, auch noch der FSF vorgelegt wurden,[650] welche nach einigen Schnittauflagen[651] eine frühere Sendezeit bescheinigte. Diese Umgehungspraxis führte dazu, dass ursprünglich indizierte und möglicherweise schwer jugend-

[648] *GSJP*, Jugendschutzbericht 2000/2001, S. 25.

[649] In der Zeit vom 01.04.2000 bis Ende des Jahres 2001 wurden insgesamt mehr als 170 Filme ausgestrahlt, die aus Sicht der Programmveranstalter als nicht im Wesentlichen inhaltsgleich mit den ursprünglich indizierten Filmversionen anzusehen waren. Sämtliche Fälle wurden im Nachhinein von den Landesmedienanstalten geprüft. Von den 170 Filmen strahlte Premiere World 60, RTL II 55 und ProSieben 43 aus. Im Programmpaket von Premiere World wurden die 60 Filme jeweils ca. 10 mal wiederholt, so dass im Berichtszeitraum insgesamt 700 Sendetermine – davon 600 bei Premiere – (nicht mehr) inhaltsgleicher indizierter Filme festgestellt werden konnten. Vgl. hierzu auch 1. Teil: 1.2.1.1.

[650] Ein derartiges Vorgehen ist wiederholt bei Premiere aufgefallen, vgl. *Mundzeck*, Frankfurter Rundschau vom 11.11.2002, S. 14.

[651] Hierbei muss auch berücksichtigt werden, dass das „Entschärfen" eines jugendgefährdenden Filmes infolge entsprechender Schnitte zwar möglicherweise zur Tatbestandserfüllung einer nicht im Wesentlichen Inhaltsgleichheit mit dem indizierten Film führen kann; dies verbessert in der Regel aber gerade nicht den Inhalt bzw. die Verständlichkeit des Filmes. So wurde in wissenschaftlichen Untersuchungen bereits auf die psychischen Gefahren der „fehlenden Halbsekunde" bei zu kurzen Schnitten in Kinderprogrammen hingewiesen, so etwa von der Medienwirkungsforscherin Hertha *Sturm*, zitiert in: *Mundzeck*, Frankfurter Rundschau vom 11.11.2002, S. 14.

gefährdende Filme in wenig abgewandelter Form ausgestrahlt wurden, so dass das Regulierungsziel des § 3 Abs. 3 RStV ausgehöhlt worden war und der beabsichtige Zweck, die Vermeidung der Ausstrahlung schwer jugendgefährdender, indizierter Sendungen im Fernsehen, sich in der Praxis nicht erreichen ließ. Es wurde zwar versucht gegen dieses Verhalten der Rundfunkveranstalter mit erhöhten Kontrollen und entsprechend hohen Bußgeldern sowie durch das Abschöpfen von Werbeerlösen bei Verstößen zu reagieren. Schließlich hat der Gesetzgeber auf die Praxis durch die Einführung von § 4 Abs. 1 Nr. 11 und Abs. 2 Nr. 2 JMStV reagiert und das Ausstrahlungsverbot mit Erlaubnisvorbehalt in ein vollständiges Ausstrahlungsverbot umgestaltet.

9.2 Die Neuregelung des § 4 Abs. 1 S. 1 Nr. 11 und Abs. 2 S. 1 Nr. 2 JMStV

§ 4 Abs. 1 Nr. 11 JMStV sieht – angesichts der Erfahrungen in der Vergangenheit mit den zunächst geltenden Sendezeitbeschränkungen sowie dem bis 31.03.2003 geregelten Ausstrahlungsverbot mit Erlaubnisvorbehalt im Rundfunk – nun ein absolutes Verbot der Verbreitung der in den Teilen B und D der Liste nach § 18 JuSchG aufgenommenen Werke (indizierte Werke) oder mit diesen im Wesentlichen inhaltsgleichen Werken vor.[652] § 4 Abs. 2 Nr. 2 JMStV erfasst die öffentlichen und nicht-öffentlichen Teile[653] der Liste nach § 18 JuSchG, also indizierte Medien, die nicht bereits nach den Bestimmungen des StGB einem uneingeschränkten Verbreitungsverbot unterliegen. Auch deren Verbreitung ist außerhalb geschlossener Benutzergruppen bei Telemedien und somit im Rundfunk vollständig verboten. Somit ist die Ausstrahlung indizierter Sendungen im Fernsehen nach dem neuen § 4 Abs. 1 Nr. 11 und Abs. 2 S. 1 Nr. 2 JMStV absolut verboten.[654] Die Möglichkeit, eine Ausnahmegenehmigung – wie bisher gem. § 3 Abs. 3 S. 2 RStV – zu erteilen, existiert nicht mehr.[655]

Durch die Bestimmung des § 18 Abs. 3 JuSchG, nach der die Indizierung auch für geschnittene Versionen des indizierten Werks fortwirkt, wird den Umgehungsversuchen der Rundfunkveranstalter begegnet. Hiernach müssen indizierte Werke, selbst wenn es sich durch vorgenommene Schnitte nicht mehr um ein im Wesentlichen inhaltsgleiches

---

652 Durch die Einführung des § 16 JuSchG wirkt die Indizierung der Sendungen, welche in die Liste der jugendgefährdenden Medien nach § 18 JuSchG aufgenommen sind, im Gesetzgebungsbereich der Länder – also im Fernsehen – weiterhin nicht unmittelbar, sondern wird gem. § 4 Abs. 1 Nr. 11 und Abs. 2 Nr. 2 RStV die Indizierung in das Rundfunkrecht transformiert.

653 Es wurde mit § 24 Abs. 3 S. 2 JuSchG neu geregelt, dass von der Bekanntgabe der Aufnahme in die Liste jugendgefährdender Medien abzusehen ist, insbesondere wenn die Bekanntgabe der Wahrung des Jugendschutzes schaden würde. Aus diesem Grund gibt es einen öffentlichen und einen nicht öffentlichen Teil in der Liste jugendgefährdender Medien, § 18 Abs. 2 JuSchG.

654 Vgl. zur Neuregelung indizierter Angebote *Kreile/Diesbach*, ZUM 2002, 849 (851); *Bornemann* NJW 2003, 787 (789).

655 Lediglich in Telemedien können indizierte Angebote nach § 4 Abs. 2 S. 2 JMStV verbreitet werden, wenn sichergestellt ist, dass sie nur Erwachsenen zugänglich gemacht werden (geschlossene Benutzergruppe).

Werk handelt, stets zunächst der Bundesprüfstelle zur Freigabe vorgelegt werden. Erst wenn die Bundesprüfstelle die veränderte Fassung als unbedenklich klassifiziert hat, kann sie im Rundfunk verbreitet werden.[656] Damit ist sichergestellt, dass auch veränderte Fassungen eines ursprünglich indizierten Werkes nicht verbreitet werden dürfen, ohne dass eine nochmalige Kontrolle durch die Bundesprüfstelle vorgenommen wird. Bund und Länder sind sich einig, dass die Bundesprüfstelle die entsprechenden Voraussetzungen schaffen muss, damit eine Überprüfung veränderter Schnittfassungen von indizierten Werken in einem angemessenen Verfahren und in angemessener Frist erfolgen kann.[657]

Durch das absolute Ausstrahlungsverbot werden die Erfahrungen in der Praxis mit der Möglichkeit der Beantragung einer Ausnahmegenehmigung umgesetzt. Nachdem von dieser Möglichkeit immer mehr Abstand genommen und eine nachträgliche Beanstandung durch die Landesmedienanstalten von den Rundfunkveranstaltern in Kauf genommen worden war, war es logische Konsequenz, im Bereich der indizierten Sendungen die Ausstrahlung im Fernsehen vollständig auszuschließen, um Kinder und Jugendliche vor den möglichen schweren Gefahren effektiv schützen zu können. Indizierte Angebote im Fernsehen werden somit im Ergebnis den offensichtlich schwer jugendgefährdenden Sendungen im Fernsehen, bei denen gem. § 4 Abs. 2 Nr. 3 JMStV ein Ausstrahlungsverbot besteht, gleichgestellt.

Das Ausstrahlungsverbot als Umsetzung der verfassungsrechtlichen Staatsaufgabe Jugendschutz beschränkt zwar erheblich die Programmfreiheit der Anbieter, muss jedoch zulässig sein, wenn kein gleich wirksames Mittel vorhanden ist, um der Jugendgefährdung zu begegnen.[658] Nachdem keine zwecktauglichen Maßnahmen in Betracht kommen, wie die „Experimente" mit der Sendezeitbeschränkung bzw. dem Ausstrahlungsverbot mit Erlaubnisvorbehalt für indizierte und im Wesentlichen inhaltsgleiche Inhalte in der Vergangenheit gezeigt haben, ist ein allgemeines Ausstrahlungsverbot aus Gründen des Jugendschutzes verfassungsrechtlich zulässig.[659] Das Ausstrahlungsverbot von indizierten Sendungen berücksichtigt auch Änderungen aufgrund eines möglichen Wandels der gesellschaftlichen Vorstellungen über jugendgefährdende Inhalte, da eine zehn Jahre zurückliegende Indizierung gem. § 23 Abs. 4 JuSchG im vereinfachten

---

[656] Insbesondere im Bereich der Telemedien ist eine Weiterwirkung der Indizierung bei inhaltlichen Änderungen erforderlich, weil dort die Menschenwürde verletzende, rassenhetzerische, gewaltverherrlichende oder pornographische Angebote mit ständig wechselnden Bildern und Texten dargeboten werden, um den Betrachter zur wiederkehrenden Nutzung des Angebotes zu animieren, ohne dass sich der Gesamtcharakter des Angebots dadurch ändert. Anders als im Bereich der Trägermedien geht es also oft nicht um die Beurteilung von Schnitten an indizierten Fassungen, sondern um in rascher Zeitfolge wechselnde Inhalte bei gleichbleibendem jugendgefährdendem Gesamtcharakter.

[657] Derzeit sind ca. 3.000 Titel indiziert, vgl. *Kreile/Diesbach*, ZUM 2002, 849 (851 Fn. 19).

[658] *Isensee/Axer* (1998), S. 51.

[659] BVerfGE 30, 336 (348 f.).

Verfahren[660] zu einer Streichung aus der Liste der BPjM führen kann.[661] Das generelle Ausstrahlungsverbot verhindert auch nicht die Verbreitung neu überarbeiteter, durch Schnitte entschärfter Sendungen, wenn diese durch die BPjM als nicht schwer jugendgefährdend eingeschätzt wurde. Das absolute Ausstrahlungsverbot aller indizierten Sendungen im Rundfunk führt gleichfalls nicht zu einem vollständigen Ausschluss Erwachsener von diesen Filmen, da diese im Kino und in Videotheken verfügbar bleiben. Die Güterabwägung mit den Grundrechten der Rundfunk-, Informations- und Kunstfreiheit erfolgt hierbei bereits bei der Indizierungsentscheidung durch die BPjM. Insbesondere angesichts der bisherigen Erfahrungen mit dem (Umgehungs-)verhalten der Rundfunkveranstalter bei der Ausstrahlung von indizierten Sendungen sowie angesichts des neuen Aufsichtsmodells der regulierten Selbstregulierung ist es erforderlich gewesen, schwer jugendgefährdende Sendungen den Entscheidungen der Selbstkontrolleinrichtungen und insbesondere der Anbieter insoweit zu entziehen, als diese Sendungen ausdrücklich verboten sind, um Kinder und Jugendliche vor den durch die Ausstrahlung indizierter Filme drohenden schweren Gefährdungen für die Entwicklung und Erziehung zu schützen.

9.3 Schwer jugendgefährdende Fernsehsendungen ohne Indizierung

In den JMStV wurde zwar erfolgreich ein Ausstrahlungsverbot für indizierte schwer jugendgefährdende Filme aufgenommen, jedoch wurde die bereits im RStV vorhandene Regelungslücke für nicht indizierte, schwer jugendgefährdende Fernsehsendungen nicht geschlossen.[662] Nachdem eine Indizierung durch die Bundesprüfstelle für ausschließlich für das Fernsehen produzierte Sendungen gem. § 18 Abs. 1 S. 1 JuSchG nicht erfolgen darf, stellt sich die Frage, in welcher Weise solche schwer jugendgefährdenden Fernsehsendungen zu behandeln sind. Hierbei ist wie folgt zu differenzieren: Eine offensichtlich schwer jugendgefährdende Fernsehsendung unterliegt dem absoluten Ausstrahlungsverbot in § 4 Abs. 2 Nr. 3 JMStV (bisher: § 3 Abs. 1 Nr. 3 RStV). Indizierte schwer jugendgefährdende Sendungen dürfen ebenfalls – nunmehr – nach § 4 Abs. 1 Nr. 11 i.V.m. Abs. 2 Nr. 2 JMStV nicht im Fernsehen ausgestrahlt werden. Aus diesem Grund muss auch bei einer schwer jugendgefährdenden – nicht indizierten – Sendung, welche nicht der ausdrücklichen Indizierungsentscheidung des § 18 JuSchG

[660] Das vereinfachte Verfahren des § 23 Abs. 1 JuSchG regelt, dass die BPjM nicht in voller Besetzung, d.h. gem. § 19 Abs. 5 JuSchG mit 12 Mitgliedern, entscheiden muss, sondern eine Entscheidung durch den Vorsitzenden und zwei weitere Mitglieder ausreicht. Vgl. zur unbefriedigenden Rechtslage bis 31.03.2003 *Köhne*, AfP 2002, 201 ff.

[661] § 18 Abs. 7 S. 1 JuSchG sieht darüber hinaus vor, dass Medien aus der Liste jugendgefährdender Medien zu streichen sind, wenn die Voraussetzung für eine Aufnahme in die Liste nicht mehr vorliegen. Satz 2 besagt, dass nach Ablauf von 25 Jahren eine Aufnahme in die Liste stets ihre Wirkung verliert.

[662] Ebenso gesehen von *Bornemann*, NJW 2003, 787 (789).

gem. § 16 JuSchG unterliegt, zugunsten des Jugendschutzes von einem absoluten Ausstrahlungsverbot ausgegangen werden.[663]

Problematisch ist in diesem Zusammenhang, dass schwer jugendgefährdende Fernsehsendungen vollständig – also auch den Erwachsenen – entzogen würden und jenen auch nicht über einen anderen Markt verfügbar wären. Insoweit bedarf es daher einer Abwägung zwischen den Interessen der Rundfunkveranstalter, den Informationsinteressen der Zuschauer[664] und dem Jugendschutz. Aus Sicht des Jugendschutzes kann es keinen Unterschied machen, ob eine Sendung offensichtlich oder nicht offensichtlich schwer jugendgefährdend ist. Die Offensichtlichkeit der Jugendgefährdung bezieht sich ausschließlich auf die Erkennbarkeit für einen objektiven Dritten. Die Jugendgefährdung selbst bleibt in beiden Fällen dieselbe. Das Kriterium der Offensichtlichkeit kann lediglich beim subjektiven Element der Erkennbarkeit für den Anbieter insbesondere im Rahmen der Verwirklichung eines Ordnungswidrigkeitentatbestandes zum Tragen kommen. So macht sich der Anbieter, der eine offensichtlich schwer jugendgefährdende Sendung ausstrahlt gem. § 23 JMStV strafbar.

Bei einer nicht offensichtlich schwer jugendgefährdenden Sendung muss es letztlich aber erst recht zu einem absoluten Ausstrahlungsverbot kommen, da bei Ausstrahlen einer nicht offensichtlich schwer jugendgefährdenden Sendung für Kinder bzw. Jugendliche und deren Erziehungsberechtigte eben nicht (offensichtlich) erkennbar ist, dass es zu einer möglichen schweren Jugendgefährdung kommen kann und somit der Konsum dieser Sendung nicht für Kinder und Jugendliche geeignet ist. Das Fehlen der Offensichtlichkeit verstärkt die Gefahren für Jugendliche insoweit, als für verständige Eltern im Rahmen der Wahrnehmung ihrer Erziehungsaufgabe u.U. nicht hinreichend klar ist, ob eine Sendung schwer jugendgefährdend ist, wenn dies nicht offensichtlich, also für einen objektiven Dritten, erkennbar ist. Aus diesem Grund muss gerade bei nicht offensichtlich schwer jugendgefährdenden Sendungen der Gesetzgeber sicherstellen, dass diese nicht von Kindern und Jugendlichen gesehen werden, um dem Jugendschutz ausreichend Geltung zu verschaffen. Schließlich erscheint es nicht vertretbar, weshalb die Ausstrahlung von jugendgefährdenden oder (nicht offensichtlich) schwer jugendgefährdenden Inhalten bei Träger- und Telemedien[665] gem. § 18 Abs. 1 S. 1 JuSchG zur Indizierung mit der Folge eines absoluten Ausstrahlungsverbotes im Fernsehen (§ 4 Abs. 2 Nr. 2 JMStV) führt, während eine entsprechende Regelung für vergleichbare – nicht indizierte schwer jugendgefährdende – Angebote im Rundfunk

---

[663] Lediglich wie ein entwicklungsbeeinträchtigendes Angebot mit Sendezeitbeschränkung (§ 5 Abs. 4 JMStV) hat dagegen das VG München, Beschl. v. 24.10.2002 – 7 Cs 02.2100, den Fall der Ausstrahlung eines schwer (aber nicht offensichtlich schwer) jugendgefährdenden Fernsehbeitrags behandelt.

[664] Vgl. hierzu unter Informationsfreiheit 2. Teil: 15.2.2.

[665] Die Bestimmung des § 16 JuSchG besagt, dass Regelungen zu Telemedien, die in die Liste jugendgefährdender Medien nach § 18 JuSchG aufgenommen sind, dem Landesrecht vorbehalten bleiben. Hierbei handelt es sich insbesondere um Regelungen zu den Rechtsfolgen wie in § 4 Abs. 1 Nr. 11 JMStV, vgl. amtl. Begr. zu § 4 Abs. 1 Nr. 11 JMStV, BayLT-Drs. 14/10246, S. 17.

fehlt und diese Angebote daher womöglich nur als entwicklungsbeeinträchtigende Angebote mit Sendezeitbeschränkung gem. § 5 Abs. 4 JMStV behandelt werden. Gerade die große Reichweite des Massenmediums Rundfunk macht diese Unterscheidung nicht nachvollziehbar.

Festzustellen ist also, dass das Ausstrahlen von nicht offensichtlich schwer jugendgefährdenden Sendungen im Fernsehen verboten sein muss,[666] da allein das Fehlen der Offensichtlichkeit eine schwer jugendgefährdende Sendung nicht zu einer einfachen Jugendbeeinträchtigung i.S.d. § 5 Abs. 1 JMStV (§ 3 Abs. 2 S. 1 RStV) mit der Folge der grundsätzlichen Erlaubnis der Ausstrahlung nach 23.00 Uhr werden lässt. Vielmehr muss im Wege der Lückenschließung ein Verfahren gefunden werden, das in gewisser Weise der Indizierung bei Schriften entspricht. Es ist somit einerseits zur Erfüllung des verfassungsrechtlichen Jugendschutzauftrages und aufgrund der Wertungen des Gesetzgebers sowie andererseits unter Berücksichtigung der Tatsache, dass auch im JMStV (wie bereits im RStV) keine ausdrückliche Regelung getroffen wurde, erforderlich, künftig eine Bestimmung in den JMStV mit aufzunehmen, wonach nicht offensichtlich schwer jugendgefährdende Filme einem Ausstrahlungsverbot unterliegen. So lange dies nicht der Fall ist, muss in Analogie zu § 4 Abs. 2 S. 1 Nr. 2 und 3 JMStV eine Ausstrahlungsverbot gelten.

9.4 Zwischenergebnis

Die bis 31.03.2003 gültige Regelung des § 3 Abs. 3 RStV stellte einen zur Gewährleistung eines effektiven Jugendschutzes gerechtfertigten Eingriff in die Rundfunkfreiheit dar. Ein Verstoß gegen das Zensurverbot lag aus zwei Gründen bereits bei § 3 Abs. 3 RStV nicht vor. Zum ersten sah die den Landesmedienanstalten eingeräumte Möglichkeit des Verbots mit Erlaubnisvorbehalt kein generelles präventives Kontrollrecht vor, sondern bot lediglich eine Eingriffsmöglichkeit bei indizierten Sendungen sowie solchen, die vom Rundfunkveranstalter selbst als mit Sendungen im Sinne des § 1 GjSM im Wesentlichen bzw. vollständig inhaltsgleiche Sendungen angesehen wurden. Diese Sendungen durften bei einer erteilten Ausnahmegenehmigung ausschließlich zwischen 23.00 Uhr und 6.00 Uhr ausgestrahlt werden, wenn die Sendungen nicht als schwer jugendgefährdend betrachtet werden konnten. Zum zweiten konnte eine Verletzung des Zensurverbotes durch die Regelung des § 3 Abs. 3 RStV auch deshalb nicht angenommen werden, da die Landesmedienanstalten staatsfern handeln und es somit an einem staatlichen Eingriff im Sinne des Art. 5 Abs. 1 S. 3 GG fehlt. Die BLM ist darüber hinaus nicht nur staatsfern organisiert, sondern in ihrer Eigenschaft als Rundfunkveranstalter nie Adressat des Zensurverbotes, da interne Eingriffe keine Zensur im Sinne des Art. 5. Abs. 1 S. 3 GG darstellen. Eine Verletzung des Zensur-

---

666 Das Fehlen einer solchen Regelung widerspricht dem Verfassungsgebot, einen effektiven Jugendschutzes sicherzustellen, vgl. *Dörr/Cole* (2000), S. 19 ff.; *Bethge*, in: BLM-Symposion Medienrecht 2001 (2002), S. 61 (67).

verbotes konnte daher bei Anwendung der Regelung des § 3 Abs. 3 RStV unter keinem rechtlichem Gesichtspunkt vorliegen.

Die Neuregelung des § 4 Abs. 1 Nr. 11 i.V.m. Abs. 2 S. 1 Nr. 2 JMStV beinhaltet aus denselben Gründen keinen Verstoß gegen das Zensurverbot, im Übrigen wird auch das Vorschalten der Selbstkontrolleinrichtungen im System der regulierten Selbstregulierung dem Grundsatz der Staatsferne des Rundfunks in besonderer Weise Rechnung getragen. § 4 Abs. 1 Nr. 11 i.V.m. Abs. 2 S. 1 Nr. 2 JMStV setzt die mit dem bisherigen Ausstrahlungsverbot mit Erlaubnisvorbehalt zu konstatierenden, negativen Erfahrungen insoweit um, als sie künftig keine Ausnahmen vom Ausstrahlungsverbot mehr zulässt. Lediglich die BPjM kann auf Antrag – im Fall einer 10 Jahre alten Indizierung bereits im vereinfachten Verfahren – Indizierungen aus der Liste jugendgefährdender Medien streichen. Zu bemängeln ist allerdings, dass auch bei der Einführung des JMStV keine Regelung für schwer jugendgefährdende Fernsehsendungen in den JMStV aufgenommen wurden. Aber letztlich ist auch ohne ausdrückliche gesetzliche Regelung davon auszugehen, dass auch für nicht offensichtlich schwer jugendgefährdende Sendungen angesichts der von ihnen ausgehenden Gefahren für Kinder und Jugendliche ein Ausstrahlungsverbot bestehen muss; dies nicht zuletzt deswegen, da die fehlende Offensichtlichkeit der schweren Jugendgefährdung eine richtige Beurteilung durch die Eltern im Rahmen ihrer Erziehungspflicht wesentlich erschwert, wenn nicht unmöglich macht.

10 Die Sendezeitbeschränkung für sonstige Sendeformate

10.1 Änderungen durch den JMStV

10.1.1 Die frühere Regelung des § 3 Abs. 7 S. 2 RStV

Nach der seit April 2000 durch den 4. RÄStV neu eingeführten „Talkshow-Klausel" des § 3 Abs. 7 S. 2 RStV konnten die in der ARD[667] zusammengeschlossenen Landesrundfunkanstalten und das ZDF[668] sowie die Landesmedienanstalten im Einzelfall zeitliche Beschränkungen für Sendeformate vorsehen, wenn deren Ausgestaltung nach Thema, Themenbehandlung, Gestaltung oder Präsentation in einer Gesamtbewertung einem Verstoß nach § 3 Abs. 2 S. 1 Hs. 1 RStV, also einer Eignung zur Beeinträchtigung des körperlichen, geistigen oder seelischen Wohls von Kindern oder Jugendlichen, gleichkam.

Hintergrund für die im Jahr 2000 in den RStV aufgenommene Sendezeitbeschränkung für sonstige Sendeformate war die anhaltende Diskussion[669] über Verstöße gegen den Jugendschutz durch die (nach)mittägliche Ausstrahlung von Talkshow-Sendungen und damit einhergehend die Diskussion hinsichtlich der Wirksamkeit der Medienkontrolle, die durch die bisher geltenden Regelungen offensichtlich nur unzureichend umgesetzt werden konnte. Zwar unterlagen nach § 3 Abs. 2 S. 1 RStV einzelne jugendbeeinträchtigende Folgen von Sendeformaten Sendezeitbeschränkungen.[670] Jedoch war in der Literatur vor der Einführung des § 3 Abs. 7 S. 2 RStV strittig,[671] ob nicht nur eine einzelne Sendung, sondern auch ein komplettes Sendeformat, aufgrund des diesem zugrunde liegenden Konzepts, unter den § 3 Abs. 2 RStV subsumiert und somit insgesamt als jugendbeeinträchtigend beurteilt werden konnte. Vereinzelt wurde versucht, eine derartige Gestaltungsmöglichkeit über die analoge Anwendung der Regelung des § 3 Abs. 5 S. 2 RStV a.F. herzuleiten.[672] Zur Klarstellung gegenüber der

---

[667] Arbeitsgemeinschaft der öffentlich-rechtlichen Rundfunkanstalten der Bundesrepublik Deutschland (ARD).

[668] Zweites Deutsches Fernsehen (ZDF).

[669] Vgl. *v. Gottberg*, tv diskurs 5/1998, S. 38 f.; *ders.*, tv diskurs 10/1999, S. 80 ff.; *Graf*, tv diskurs, 6/1998, S. 72 ff.; *Schneider*, tv diskurs 7/1999, S. 62 ff.; *GSJP*, Bericht der Dokumentationsstelle Talkshow, 1999; *Stefen*, JMS-Report 3/1999, S. 53 und 58.

[670] Vgl. *Hertel*, in: *Hahn/Vesting* (2003), § 3 RStV Rn. 112.

[671] *Hobro-Klatte*, ZUM 1998, 812 ff., befürwortete durch eine (analoge) Anwendung des § 3 Abs. 5 S. 2 RStV a.F. bereits vor der Einführung des § 3 Abs. 7 S. 2 RStV eine Sendezeitbeschränkung für Talkshows. A.A. *Voß*, JMS-Report 3/1998, S. 7 (9), der vor dem 4. RÄStV mangels einer ausdrücklichen gesetzlichen Rechtsgrundlage keine Handlungsmöglichkeit für die Landesmedienanstalten annahm.

[672] Vgl. *Hobro-Klatte* in ZUM 1998, 812 ff. m.w.N.

bis zum Jahr 2000 gültigen Rechtslage wurde § 3 Abs. 7 S. 2 RStV geschaffen,[673] welcher auch seinen Eingang in § 8 Abs. 2 JMStV gefunden hat.

10.1.2 Die neue Regelung des § 8 Abs. 2 JMStV

In § 8 Abs. 2 JMStV heißt es – ähnlich wie bisher in § 3 Abs. 7 S. 2 RStV –, dass neben den in der ARD zusammengeschlossenen Landesrundfunkanstalten und dem ZDF die KJM oder von dieser hierfür anerkannte Einrichtungen der freiwilligen Selbstkontrolle für sonstige Sendeformate im Einzelfall zeitliche Beschränkungen vorsehen können, wenn deren Ausgestaltung nach Thema, Themenbehandlung, Gestaltung oder Präsentation in einer Gesamtbewertung geeignet ist, Kinder und Jugendliche in ihrer Entwicklung und Erziehung zu beeinträchtigen.

Der Wortlaut der seit dem 01.04.2003 gültigen Regelung des § 8 Abs. 2 JMStV unterscheidet sich von § 3 Abs. 7 S. 2 RStV in zwei Punkten. Es wird zum ersten nicht mehr darauf abgestellt, ob das Sendeformat einer Eignung zur Beeinträchtigung des körperlichen, geistigen oder seelischen Wohls von Kindern oder Jugendlichen gleichkommt, sondern darauf, ob das Sendeformat geeignet ist, Kinder und Jugendliche in ihrer Entwicklung und Erziehung zu beeinträchtigen. Diese Umstellung von der Jugendbeeinträchtigung hin zur Entwicklungsbeeinträchtigung hat jedoch keine inhaltliche Auswirkung auf die Bewertung des Sendeformates.[674] Die Regelung im JMStV ist insoweit auch klarer, da sie nicht mehr auf ein „Gleichkommen" mit einer Eignung zur Jugendbeeinträchtigung abstellt, sondern auf den Begriff des „Gleichkommens" vollständig verzichtet. Damit hat der Gesetzgeber auf die vielfach vorgetragenen Bedenken hinsichtlich der Formulierung „Gleichkommen" reagiert und den Spekulationen über die möglichen Begriffsdeutungen den Boden entzogen.[675]

Als zweite gravierende Änderung ist zu erwähnen, dass künftig nicht mehr die Landesmedienanstalten, sondern die KJM oder die von dieser anerkannten Selbstkontrolleinrichtungen für die Festlegung von Sendezeitbeschränkungen für Sendeformate privater Rundfunkveranstalter zuständig sind. Auf die mit dem JMStV beabsichtigte Zuständigkeitsverschiebung weg von den Kontrollinstanzen der Landesmedienanstalten, hin zur KJM und den Selbstkontrolleinrichtungen wurde bereits wiederholt[676] eingegangen.

10.2 Umfang der Sendezeitbeschränkung für sonstige Sendeformate

Durch die Regelung des § 8 Abs. 2 JMStV (bisher § 3 Abs. 7 S. 2 RStV) können Sendeformate insgesamt beurteilt und für das komplette Format eine Sendezeitbeschränkung

---

[673] Vgl. amtl. Begr. zum 4. RÄStV, BayLT-Drs. 14/1832, S. 21; *Hertel*, in: *Hahn/Vesting* (2003), § 3 RStV Rn. 112 f.

[674] Vgl. 2. Teil: 3.4.2 und 2. Teil: 8.1.3 Fn. 493.

[675] Vgl. zur Diskussion um den Wortlaut „Gleichkommen" *Liesching*, ZUM 2000, 298 (303 f.).

[676] Vgl. bspw. 2. Teil: 6.4.

ausgesprochen werden.[677] Der KJM und den Selbstkontrolleinrichtungen wird die Möglichkeit der präventiven zeitlichen Verlegung eines ganzen Sendeformats in das Abendprogramm eingeräumt. Die Sendezeitbeschränkung für Sendeformate erlaubt somit nicht nur repressive Maßnahmen bei jugend- bzw. entwicklungsbeeinträchtigenden Sendeformaten, sondern gestattet es auch, bereits im Vorfeld bestimmte Ausstrahlungszeiten für die künftige Ausstrahlung von kompletten Sendeformaten festzulegen.[678] Für den Ausspruch einer Sendezeitbeschränkung ist nach dem Wortlaut des § 8 Abs. 2 JMStV erforderlich, dass eine Gesamtbewertung der thematischen Ausgestaltung, der Themenbehandlung, der Gestaltung und der Präsentation des Sendeformats den Schluss zulässt, dass das Sendeformat zur Entwicklungsbeeinträchtigung von Kindern und Jugendlichen geeignet ist.[679] Der Wortlaut „im Einzelfall" in § 8 Abs. 2 JMStV besagt nicht, dass lediglich die Bewertung einer Einzelfolge erfolgen darf, sondern dass im Gegensatz zu einer Regelung in Form von Richtlinien bei Sendeformaten eine Einzelfallentscheidung zu treffen ist.[680]

„Ob es sich bei der konkreten Einzelfolge um eine Folge handelt, die keine jugendschutzrelevanten Inhalte aufweist, ist unerheblich."[681] Dies besagt die amtliche Begründung zum § 3 Abs. 7 S. 2 RStV, durch dessen Einführung der Gesetzgeber insbesondere den Besonderheiten der Ausstrahlung von neuen Sendeformaten und dem vor allem bei Fernsehserien, Talk- und Gerichtsshows[682] aufgetretenen Summenproblem im Fernsehen gerecht werden wollte. Der tägliche Konsum beispielsweise einer Serie im Fernsehen kann zwar, betrachtet man jede einzelne Folge für sich, noch die Bewertung zulassen, dass diese einzelne Folge keine die Jugend beeinträchtigende Wirkung hat, jedoch gleichzeitig auch zu der Annahme führen, dass das Format als Ganzes durch die Besonderheit des täglichen Konsums durchaus in der Summe eine Jugend- bzw. Entwicklungsbeeinträchtigung auslösen kann. Durch die regelmäßige Wahrnehmung dieser Formate im Fernsehen verstärkt sich die Wirkung einzelner Sendungen und die

677 Amtl. Begr. zum 4. RÄStV, BayLT-Drs. 14/1832, S. 21; *Hertel*, in: *Hahn/Vesting* (2003), § 3 RStV Rn. 112.

678 Vgl. amtl. Begr. zum 4. RÄStV, BayLT-Drs. 14/1832, S. 21. Für eine präventive Eingriffsmöglichkeit bereits nach dem bis zum Jahr 2000 gültigen Recht sprach sich *Hobro-Klatte*, ZUM 1998, 812 ff., aus.

679 *Hertel*, in: *Hahn/Vesting* (2003), § 3 RStV Rn. 113, spricht von den Aspekten „der thematischen Auswahl, der Präsentation und Anmutung, des zwischenmenschlichen Umgangs vor der Kamera und nicht zuletzt von der mit dem Format verfolgten 'message'", wobei diese wiederum in Bezug auf ihre Relevanz zum Jugendschutz bewertet werden müsse.

680 Amtl. Begr., BayLT-Drs. 14/1832, S. 21: „Nach dieser Regelung können die Landesmedienanstalten nunmehr ein komplettes Sendeformat (etwa eine Talkshow-Reihe) insgesamt bewerten und sind nicht auf die Bewertung einer einzelnen Folge angewiesen." So auch *Liesching* (2002), S. 157 f.; *Hertel*, in: *Hahn/Vesting* (2003), § 3 RStV Rn. 114.

681 Vgl. amtl. Begr. zum 4. RÄStV, BayLT-Drs. 14/1832, S. 21.

682 Aber nicht nur bei Talk- und Gerichtsshows ist die Sendezeitbeschränkung für ein komplettes Sendeformat ein sinnvolles Jugendschutzinstrument; so hat die BLM bspw. eine Sendezeitbeschränkung für das Sendeformat „Jackass" des Senders MTV für den Zeitraum von 22.00 Uhr bis 6.00 Uhr angeordnet.

Aufarbeitungsmöglichkeiten in der Zwischenzeit verringern sich. Aus Gründen des Jugendmedienschutzes ist wegen dieser Rezeptionsbedingungen im Fernsehen die Gesamtwirkung eines Formates zu prüfen.[683] Aus diesem Grund wurde die Sendezeitbeschränkung für sonstige Sendeformate in § 8 Abs. 2 JMStV (bisher § 3 Abs. 7 S. 2 RStV) zur Vermeidung dieses Summenproblems und zur Unterdrückung von Sozialisationseffekten aufgenommen.[684]

Durch die Möglichkeit, ein Sendeformat mit einer Sendezeitbeschränkung belegen zu können, wird in den Kern der Rundfunkfreiheit,[685] die Programmautonomie der Rundfunkveranstalter, eingegriffen, da sich die Rundfunkfreiheit nicht nur auf „seriöse" Berichterstattung im Sinne der Wiedergabe von Tatsachen erstreckt,[686] sondern vielmehr auf jede Sendung, also auch auf Unterhaltungs-Formate und auf Talkshow-Folgen. Problematisch bei der verfassungsrechtlichen Rechtfertigung dieses Eingriffs[687] in die Rundfunkfreiheit der Veranstalter ist, dass bei einer Sendezeitbeschränkung für ein komplettes Format aufgrund einzelner jugendbeeinträchtigender Folgen auch einzelne Sendungen erfasst werden können, die für sich genommen keine Sendezeitbeschränkung rechtfertigen würden. Angesichts der vielfältigen Prüfverfahren und Beanstandungen[688] wegen jugendschutzrelevanter Inhalte in Talkshows durch die Landesmedienanstalten besteht allerdings kein Zweifel am Bedürfnis für eine Regelung dieses Themenbereichs.[689] Bei der Überprüfung der Verfassungsmäßigkeit der Sendezeitbeschränkung für Sendeformate ist daher nachfolgend zunächst – angesichts der präventiven Wirkung dieser Jugendschutzmaßnahme – auf die Vereinbarkeit mit dem Zensurverbot. Anschließend sollen die Bedenken hinsichtlich des Umfangs der Regelung des § 3 Abs. 7 S. 2 RStV bzw. § 8 Abs. 2 JMStV dargestellt werden und hierbei insbesondere die Unterschiede der Regelungen des § 8 Abs. 2 JMStV (bisher § 3 Abs. 7 S. 2 RStV) zu § 22 JuSchG für periodische Träger- und Telemedien (bisher § 7 GjSM für periodische Schriften) hinsichtlich einer Befristung der ausgesprochenen

---

683 *Hobro-Klatte*, ZUM 1998, 812 (818). Zur Möglichkeit, mit Sendezeitbeschränkungen auf die Besonderheiten der Fernsehrezeption einzugehen, vgl. amtl. Begr. zum RStV 1991, abgedr. in: *Hartstein/Ring/Kreile/Dörr/Stettner* (2003), § 3 vor Rn. 1.

684 *Hobro-Klatte*, ZUM 1998, 812 (818).

685 BVerfGE 90, 60 (87); 95, 220 (234); *Wendt*, in: *v. Münch/Kunig*, GG (1999), Art. 5 Rn. 46.

686 BVerfGE 12, 205 (260); 35, 202 (222); 59, 231 (258); 95, 220 (234).

687 Einen Eingriff nahm auch bereits *Hobro-Klatte* in ZUM 1998, 812 (813) an, wobei dieser die Sendezeitbeschränkung für Talkshow-Formate noch auf § 3 Abs. 5 S. 2 RStV a.F. stützte.

688 Vgl. 1. Teil: 1.2.1.1 und dort vor allem Tabelle 2: Auflistung der beanstandeten Verstöße gegen § 3 RStV aufgrund rechtsaufsichtlicher Empfehlungen der GSJP in den Jahren 1998 – 2002; aber auch zu den einzelnen geprüften Talkshow-Folgen *GSJP*, Bericht der Dokumentationsstelle Talkshows, 1999; *GSJP*, Jugendschutzbericht 1997-2000; *GSJP*, Jugendschutzbericht 1997-2000 und *GSJP*, Jugendschutzbericht 2000/2001. So wurden 1999 zu Zeiten der Talkshow-Hochphase 2/3 aller Beanstandungen wegen Verstößen gegen die Jugendschutzbestimmungen des RStV gegenüber Talkshows ausgesprochen.

689 Zu diesem Ergebnis kommt auch *Liesching*, ZUM 2000, 298 (302).

Sendezeitbeschränkung und hinsichtlich der Grundlage für die prognostische Gesamtbewertung herausgearbeitet werden.

10.3 Die Sendezeitbeschränkung für Sendeformate und das Zensurverbot

Die Beanstandung einer konkreten Sendung, welche mit dem Ausspruch von Sendezeitbeschränkungen grundsätzlich verbunden werden kann, stellt stets nur einen nachträglichen Eingriff dar, weil der Verstoß bereits eingetreten ist. Das Festlegen einer Sendezeitbeschränkung für ein Sendeformat, das auch in die Zukunft wirkt, ermöglicht dagegen eine zumindest auch vorbeugende Maßnahme gegenüber künftiger Folgen. Der Ausspruch einer solchen Sendezeitbeschränkung setzt zwar in der Regel ebenfalls zunächst einen Verstoß voraus; ein solcher ist aber nach dem Gesetzeswortlaut nicht zwingend erforderlich.[690] Die Sendezeitbeschränkung für Sendeformate kann vor allem im Bereich der (Talkshow-)Serien auftretende Verstöße verhindern. Trotz ihres (auch) präventiven Charakters handelte es sich bei der Sendezeitbeschränkung für ein Sendeformat nicht um einen Verstoß gegen das Zensurverbot,[691] da die Landesmedienanstalten als staatsfreie Einrichtungen keine Adressaten des Zensurverbots sind.[692] Nichts anderes kann für die nunmehr zuständige KJM und die Selbstkontrolleinrichtungen gelten. Das Zensurverbot soll ausschließlich vor staatlichen Zensureingriffen schützen. Nicht nur bei den Landesmedienanstalten, sondern auch bei einem Tätigwerden der KJM und erst recht der Selbstkontrolleinrichtungen fehlt es aber an einer „Staatlichkeit" des Eingriffs.

Darüber hinaus fehlt aber auch der materielle Zensurcharakter im Sinne des Art. 5 Abs. 1 S. 3 GG, nachdem die Anbieter durch eine Sendezeitbeschränkung nicht daran gehindert werden, das Sendeformat zu einem späteren Zeitpunkt auszustrahlen. Zensur beinhaltet hierbei nach dem engen, auf Filmwerke bezogenen Zensurbegriff des Bundesverfassungsgerichts bei Filmen nur das „generelle Verbot, ungeprüfte Filme der Öffentlichkeit zugänglich zu machen"[693] – bei gleichzeitig hiermit korrespondierender Verpflichtung zur Einholung einer behördlichen Erlaubnis. Kontrollmaßnahmen im Filmbereich zu Zwecken des Jugendschutzes,[694] welche nur zu einer Verbreitungsbeschränkung führen, verstoßen dagegen nach vorherrschender Meinung nicht gegen das Zensurverbot.[695] Dies kann aber nur dann gelten, wenn die Medieninhalte für

---

690 So *Hartstein/Ring/Kreile/Dörr/Stettner* (2003) § 3 Rn. 78.

691 Vgl. 2. Teil: 8.7.

692 Vgl. 2. Teil: 9.1.1.1.

693 BVerfGE 33, 52 (72).

694 Der Zweck der Sendezeitbeschränkung kann bei der Prüfung der Zensureigenschaft jedoch nicht berücksichtigt werden, da Zensur keine Beschränkungsmöglichkeit vorsieht.

695 BVerfGE 87, 209 (230 f.); *Jarass/Pieroth*, GG (2000), Art. 5 Rn. 52a; *Weides*, NJW 1987, 224 (226); *Liesching* (2002), S. 158.

Erwachsene darüber hinaus frei zugänglich bleiben.[696] Nachdem Art. 5 Abs. 1 S. 3 GG den Begriff der „partiellen Vorzensur“[697] nicht kennt, ist dem Bundesverfassungsgericht[698] zuzustimmen, dass sich beschränkende Kontrollmaßnahmen in Form von partiellen Verbreitungsbeschränkungen, die sich ausschließlich gegen die Anwesenheit von Kindern und Jugendlichen bei der Rezeption von Fernsehsendungen richten, nicht zu einer Zensur führen.[699] Würde man die partielle Verbreitungsbeschränkung jugendgefährdender Inhalte dem absoluten Zensurverbot unterwerfen, würde man die ebenfalls mit Verfassungsrang geschützten Belange des Jugendschutzes gänzlich untergraben. Soweit beschränkende staatliche Maßnahmen ausschließlich das Ziel verfolgen, die Grundlage für die Erfüllung von Aufgaben zum Jugendschutz zu schaffen und gerade dadurch Kinder und Jugendliche von der Wahrnehmung sie gefährdender Inhalte ausgeschlossen werden, kann hierin keine planmäßige Überwachung des Geisteslebens[700] im Sinne des Zensurbegriffs gesehen werden, welche zu dessen Lähmung führen kann. Ansonsten – würde man diesen Gedanken weiterverfolgen – könnte man eine Zensur selbst darin erblicken, dass Eltern ihren Kindern Bücher, Zeitschriften oder bestimmte Fernsehsendungen vorenthalten, die sie für ungeeignet erachten, um ihrer Erziehungsaufgabe nach Art. 6 GG nachkommen.[701] Um die Annahme einer Zensur zu verneinen und eine lediglich partielle Verbreitungsbeschränkung bejahen zu können, müssen die Medieninhalte, wie Talkshowsendungen, für Erwachsene gleichsam als Kern der Öffentlichkeit frei erreichbar bleiben. Auf der Grundlage der gesetzlichen Vermutung des § 5 Abs. 4 JMStV (bisher § 3 Abs. 2 S. 1 Hs. 2 RStV)[702] ist anzunehmen, dass Kinder und Jugendliche zu bestimmten Uhrzeiten nicht mehr vor dem Fernsehgerät sitzen – Erwachsene hingegen schon, wenn auch sicher weniger Erwachsene nach 23.00 Uhr fernsehen. Eine präventive Sendezeitbeschränkung bei Talkshows hat somit ausschließlich einschränkende Wirkung hinsichtlich der Wahrnehmung durch Kinder und Jugendliche; Erwachsenen steht es frei, sich die Formate auch nachts anzusehen.

---

[696] So *Liesching* (2002), S. 158, der dies bei Filmveranstaltungen im Hinblick auf § 6 Abs. 1 JÖSchG annimmt.

[697] *Liesching*, ZUM 2000, 298 (299).

[698] BVerfGE 87, 209 (230).

[699] *Hobro-Klatte*, ZUM 1998, 812 (816).

[700] BVerfGE 33, 52 (72). Vgl. auch *Liesching*, ZUM 2000, 298 (299).

[701] BVerfGE 7, 320 (323 ff.); *Bullinger*, in: *Löffler* (1997), § 1 LPG Rn. 166.

[702] Gemäß § 5 Abs. 4 JMStV (§ 3 Abs. 2 S. 1 RStV) wird dies bei Sendungen zwischen 23.00 Uhr und 6.00 Uhr vermutet, vgl. hierzu auch 1. Teil: 1.1. Aktuelle Daten können auch unter http://www.mediendaten.de/gesamt/fernsehen/nutzung/nutz-SW-Mo-Fr.html (zuletzt besucht am 27.05.2003) abgerufen werden.

10.3.1 Sendezeitbeschränkung bei Nachmittags-Talkshows und das Zensurverbot

Von Seiten der Rundfunkveranstalter wurde hiergegen aber vorgetragen, dass es aufgrund zielgruppenorientierter, ökonomischer Zwänge, welche die Programmplanung zumindest im Bereich des privaten Rundfunks beherrschen, an der Realität vorbeiginge, wollte man in der zeitlichen Verlagerung einer Nachmittagstalkshow in die späten Abendstunden keine – auch für erwachsene Zuschauer – erschwerte zensurgleiche Rezeptionsmöglichkeit erblicken.[703] Im Ergebnis führe die Sendezeitbeschränkung zu einem präventiven und unbefristeten Ausschluss des Talkshow-Sendeformats aus der dem Zuschauerinteresse entsprechenden Zeitschiene und damit faktisch mit einer hohen Wahrscheinlichkeit zu einer gänzlichen anbieterseitigen Herausnahme aus dem Programmangebot.[704] Dass solche faktischen Beschränkungsmöglichkeiten durch Kontrollmaßnahmen einer Zensur gleichkommen und insoweit gegen Art. 5 Abs. 1 S. 3 GG verstoßen können, hat das Bundesverfassungsgericht bereits anerkannt.[705] Bei Nachmittags-Talkshows besteht nach Ansicht der Rundfunkveranstalter nicht nur die vage Möglichkeit, sondern unter Berücksichtigung der zielgruppenorientierten Programmschemata die an Sicherheit grenzende Wahrscheinlichkeit, dass sie sich allein durch die unbefristete zeitliche Beschränkung eines Talkshowformates gemäß § 8 Abs. 2 JMStV aufgrund erheblicher wirtschaftlicher Risiken[706] der Möglichkeit einer Ausstrahlung beraubt sehen – und mithin auch der Zuschauer keine Möglichkeit der Rezeption mehr haben wird.[707] Daher könnte man auch unter Beachtung der seit jeher engen Auslegung des Art. 5 Abs. 1 S. 3 GG durch das Bundesverfassungsgericht[708] zu der Ansicht gelangen, dass der Ausschlusscharakter des Zensurverbotes durch § 8 Abs. 2 JMStV (bisher § 3 Abs. 7 S. 2 RStV) im konkreten Einzelfall der Nachmittags-Talkshow bejaht werden könnte.[709]

Das Argument der ökonomischen Zwänge der Anbieter überzeugt jedoch nicht, denn die Veranstalter haben in erster Linie dafür zu sorgen, dass ihr Programm Kinder und Jugendliche nicht beeinträchtigt, da sie ansonsten gegen gesetzliche Bestimmungen verstoßen. Die Anbieter erhalten in der Regel darüber hinaus zunächst einige „Vorwarnungen“ in Form von Beanstandungen einzelner Sendungen, bevor über ein ganzes Talkshow-Format eine Sendezeitbeschränkung verhängt wird. Im Übrigen steht es den Anbieter frei, nach einer gewissen Wohlverhaltensphase sich an die zuständige

---

703 *Hobro-Klatte*, ZUM 1998, 812 (816) vertritt die Ansicht, dass Sendezeitbeschränkungen zu Jugendschutzzwecken keine Zensur darstellen.

704 Vgl. Liesching, ZUM 2000, 298 (299); *ders.* (2002), S. 159.

705 BVerfGE 87, 209 (232 f.).

706 Vgl. hierzu die Gedanken in BVerfGE 33, 52 (73, 76 und 88 ff.).

707 Klarstellend sei hier nochmals darauf hingewiesen, dass das Zensurverbot nur die Meinungsverbreitung, also den Programmveranstalter schützt, hingegen nicht etwa die Informationsfreiheit des Fernsehzuschauers, vgl. BVerfGE 27, 88 (102).

708 BVerfGE 27, 88 (102); 33, 52 (72); 73, 118 (166); 83, 130 (155); 87, 209 (230).

709 So *Liesching*, ZUM 2000, 298 ff.

Landesmedienanstalt zu wenden, mit der Maßgabe die Sendezeitbeschränkung hinsichtlich künftiger Folgen aufzuheben. Die Tatsache, dass die Regelung des § 8 Abs. 2 JMStV keinen Richtlinienerlass, sondern explizit eine Einzelfallbewertung vorsieht, verdeutlicht weiter, dass die Regelung des § 8 Abs. 2 JMStV die Vorgaben des Zensurverbotes durchaus berücksichtigt. Bei der Anordnung einer Sendezeitbeschränkung für ein Sendeformat ist im Rahmen der Einzelfallbewertung zu entscheiden, ob im konkreten Fall für ein Sendeformat eine Sendezeitbeschränkung ohne Verletzung des Zensurverbotes ausgesprochen werden kann. Aus diesem und dem bereits genannten formellen Grund verstößt die vorgenommene Formulierung des § 8 Abs. 2 JMStV (bisher § 3 Abs. 7 S. 2 RStV) nicht gegen das Zensurverbot.

10.3.2 Wirkung auch für künftige Sendefolgen – Vor- oder Nachzensur?

Weiter ist der Vorwurf zu überprüfen, ob durch die Sendezeitbeschränkung für Sendeformate hinsichtlich einzelner künftiger Folgen eine präventive Zensur und nicht lediglich der zulässige Fall der Nachzensur vorliegt. Erfassen soll das Verbot nach Art. 5 Abs. 1 S. 3 GG nur die Vorzensur im Sinne einschränkender Maßnahmen vor der Herstellung oder Verbreitung eines Geisteswerkes, insbesondere das Abhängigmachen von behördlicher Vorprüfung und Genehmigung seines Inhalts.[710] Nach § 8 Abs. 2 JMStV (bisher § 3 Abs. 7 S. 2 RStV) können die KJM und die Selbstkontrolleinrichtungen (bisher die Landesmedienanstalten) dazu auffordern, ein komplettes Sendeformat ungeachtet der Inhalte der Einzelfolgen zukünftig gegebenenfalls im Abendprogramm auszustrahlen.[711] Nachdem eine solche Sendezeitbeschränkung die Wahrnehmung weiterer Episoden durch Kinder und Jugendliche regelmäßig mit Blickrichtung auf die Zukunft verhindern soll,[712] könnte man zu dem Schluss kommen, dass eine präventive Vorzensurmaßnahme vorliegt – zumal, wenn aufgrund programmplanerischer Zwänge auf eine Ausstrahlung des Sendeformates dann im Gesamten verzichtet wird. Freilich bedarf die künftige Ausstrahlung von Talkshowsendungen keiner formellen Genehmigung im Sinne einer präventiven Vorschaltung eines behördlichen Verfahrens, vor dessen Abschluss das Werk nicht publiziert werden darf.[713] Im Hinblick auf die Präventivwirkung der Zensur kann jedoch nicht entscheidend sein, ob der Programmveranstalter zur Vorlage einzelner Sendungen im Rahmen eines vorgeschalteten Prüfverfahrens verpflichtet wird, oder statt dessen durch eine gesamtbewertende behördliche Prognose bezüglich des Ausstrahlungszeitpunktes auf den späten Abend beschränkt wird. Der Unterschied besteht hier lediglich im fehlenden Vorlageakt, der

[710] BVerfGE 33, 52 (72); 73, 118 (166); *Liesching* (2002), S. 159; BVerfGE 83, 130 (155); 87, 209 (230).

[711] Amtl. Begr. zum 4. RÄStV, abgedruckt in: *Hartstein/Ring/Kreile/Dörr/Stettner* (2003), § 3 vor Rn. 1.

[712] Gemäß § 5 Abs. 4 JMStV (bisher § 2 Abs. 2 S. 1 RStV) wird dies bei Sendungen zwischen 23.00 Uhr und 6.00 Uhr vermutet.

[713] So, wie bereits dargelegt, die Definition von Zensur, vgl. BVerfGE 83, 130 (154); 87, 209 (230).

aber gerade nur aufgrund der pauschalen Vorbewertung einer gesamten inhaltlichen Sendekonzeption überflüssig ist.[714]

Insoweit zeigt sich allerdings eine Parallele zur Möglichkeit der Vorausindizierung periodischer Schriften gemäß § 22 Abs. 1 JuSchG (bisher § 7 GjSM),[715] wonach auf die Dauer von drei bis zwölf Monaten eine periodische Druckschrift in die Liste jugendgefährdender Medien aufgenommen werden konnte, wenn innerhalb von zwölf Monaten mehr als zwei ihrer Ausgaben in die Liste aufgenommen worden waren. Bei der Vorausindizierung im Sinne des § 22 Abs. 1 JuSchG ist auf das periodisch erscheinende Trägermedium als solches und nicht auf die Einzelfolgen abzustellen. Anknüpfungspunkt sind die gemäß der Vorschrift zwingend im Wege der „Nachzensur" erfolgten (mindestens) drei Indizierungen von Einzelfolgen.[716] Erst darauf aufbauend wird die Gesamtkonzeption des Formates einer jugendschutzrechtlichen Einordnung zugeführt. Hierdurch enthält § 22 JuSchG lediglich einen repressiven Charakter und unterfällt nicht dem Vorzensurverbot.[717]

Zwar ist eine entsprechende Verknüpfung der Maßnahme der Zwangsverlegung eines Sendeformats in das späte Abendprogramm mit vorherigen behördlichen Entscheidungen bezüglich einzelner Sendefolgen, etwa im Wege formeller Beanstandungen, nach dem Wortlaut des § 8 Abs. 2 JMStV (bisher § 3 Abs. 7 S. 2 RStV) nicht vorgesehen. Vielmehr muss lediglich auf der Grundlage einer prognostizierenden Gesamtbewertung die Notwendigkeit einer zukünftigen zeitlichen Verlegung des Talkshow-Formats in das späte Abendprogramm festgestellt werden. Jedoch sollen dabei nach der amtlichen Begründung bisherige Einzelfolgen Berücksichtigung finden.[718] Genau wie bei § 22 Abs. 1 JuSchG (bisher § 7 GjSM) geht es also um die wertende Betrachtung des Medienformats im Ganzen auf der Grundlage bereits verbreiteter Einzelausgaben bzw. Episoden,[719] so dass auch insoweit von einer nachträglichen und nicht von einer Vorkontrolle im Sinne des Zensurverbotes auszugehen ist.

---

[714] Liesching, ZUM 2000, 298 (300).

[715] Die Vorschrift des § 7 GjSM lautete: „Eine periodische Druckschrift kann auf Dauer von drei bis zwölf Monaten in die Liste aufgenommen werden, wenn innerhalb von zwölf Monaten mehr als zwei ihrer Nummern in die Liste aufgenommen worden sind." Die gilt nicht für Tageszeitung und politische Zeitschriften. Das GjSM ist abgedruckt in: *Scholz* (1999), S. 47.

[716] *Gödel*, in: *Löffler* (1997), BT Jschutz, § 7 GjS Rn. 2.

[717] Auch das GjSM enthielt ausschließlich Ermächtigungsgrundlagen für repressive Maßnahmen, vgl. BVerfGE 83, 130 (155). Ausführlich zur Verfassungsmäßigkeit der präventiven Sendezeitbeschränkungen für Talkshows nach dem RStV *Liesching*, ZUM 2000, 298 ff. und *Hobro-Klatte*, ZUM 1998, 812 ff.; *Liesching* (2002), S. 158 f., *Dörr/Cole* (2001), S. 55.

[718] In der amtl. Begr. zum 4. RÄStV, BayLT-Drs. 14/1832, S. 21, heißt es, dass ein Sendeformat mit einer Sendezeitbeschränkung belegt werden kann, wenn „in der Vergangenheit bei einzelnen Sendungen jugendschutzrelevante Inhalte" aufgetreten sind.

[719] Insoweit ist die amtl. Begr. zum 4. RÄStV, BayLT-Drs. 14/1832, S. 21, missverständlich, als sie besagt, dass § 3 Abs. 7 S. 2 RStV eine Regelung für die Landesmedienanstalten ermögliche, „nicht nur repressive Maßnahmen bei einem Verstoß ergreifen zu können, sondern bereits im Vorfeld der Ausstrahlung dem Jugendschutz zur Geltung zu verhelfen."

10.4 Verhältnismäßigkeit der Sendezeitbeschränkung für Sendeformate

§ 8 Abs. 2 JMStV (bisher § 3 Abs. 7 S. 2 RStV) ist als gesetzliche Jugendschutzregelung i.S.d. Art. 5 Abs. 2 GG zu qualifizieren, die eine mögliche Entwicklungsbeeinträchtigung entsprechend § 5 Abs. 1 JMStV (bisher durch einen ausdrücklichen Verweis auf § 3 Abs. 2 S. 1 Hs. 1 RStV) voraussetzt. Jedoch reicht die Feststellung, dass es sich um eine gesetzliche Bestimmung zum Schutz der Jugend handelt, für sich allein zur Rechtfertigung einer Grundrechtseinschränkung nicht aus.[720] Es bedarf vielmehr einer materiellen Wertung, bei der zu prüfen ist, ob die gesetzliche Regelung der Bedeutung der in Art. 5 Abs. 1 GG garantierten Rechte auch ausreichend Rechnung trägt und den rechtsstaatlichen Grundsatz der Verhältnismäßigkeit beachtet.[721]

Die Geeignetheit von Sendezeitbeschränkungen als Mittel zur Verhinderung von kinder- und jugendbeeinträchtigenden Wirkungen ist zu bejahen.[722] In der durch § 8 Abs. 2 JMStV (bisher § 3 Abs. 7 S. 2 RStV) geschaffenen Möglichkeit vorgreifender Maßnahmen gegen Sendeformate ist auch grundsätzlich ein der Zweckerreichung im Sinne eines effektiven Jugendschutzes dienliches Mittel zu erblicken, da dadurch Kinder und Jugendliche gemäß der gesetzlichen Vermutung des § 8 Abs. 4 JMStV (bisher § 3 Abs. 2 S. 1 RStV) von der Wahrnehmung sie beeinträchtigender Inhalte abgehalten werden.[723]

Die Vorschrift des § 8 Abs. 2 JMStV (bisher § 3 Abs. 7 S. 2 RStV) sieht den Ausspruch einer zeitlich unbegrenzt fortdauernden Sendezeitbeschränkung vor, wenn diese erst einmal festgesetzt wurde. Im Gegensatz zu § 22 JuSchG, aufgrund welcher periodische Träger- oder Telemedien lediglich für die Dauer von drei bis zwölf Monaten in die Liste jugendgefährdender Schriften aufgenommen werden können, wurde eine zeitliche Begrenzung bei Sendeformaten nicht im JMStV verankert. Weiter ist auch in der Neuregelung über die Anordnung von Sendezeitbeschränkungen für ein Sendeformat nicht ausdrücklich festgelegt, auf welche Grundlage sich die prognostische Gesamtbewertung hinsichtlich der künftigen zeitlichen Verlegung des Sendeformats stützen muss. In § 22 JuSchG heißt es dagegen, dass innerhalb von zwölf Monaten mehr als zwei Einzelausgaben der periodischen Trägermedien oder Telemedien bereits in die Liste jugendgefährdender Schriften aufgenommen sein müssen. Eine vergleichbare Vorschrift enthält § 8 Abs. 2 JMStV jedoch nicht. Schließlich genügte nach dem Wortlaut der bisher gültigen Vorschrift des § 3 Abs. 7 S. 2 RStV sogar, dass Programminhalte einem Verstoß gegen § 3 Abs. 2 S. 1 Hs. 1 RStV, also einer Jugendbeeinträchtigung, lediglich „gleichkommen" mussten. Eine nähere Definition, was in § 3 Abs. 7 S. 2 RStV unter „Gleichkommen" zu verstehen war, konnte dem RStV ebenso wenig entnommen werden wie eine Begründung dafür, weshalb bereits ein „Gleichkommen" ausreichen

---

[720] BVerfGE 30, 336 (353).

[721] BVerfGE 30, 336 (353).

[722] So auch *Isensee/Axer* (1998), S. 47 ff.; *Liesching*, ZUM 2000, 298 (301).

[723] *Liesching*, ZUM 2000, 298 (301 f.).

sollte.[724] Auf diese Diskussion kommt es jedoch künftig nicht mehr an, da nunmehr erst die Möglichkeit des Ausspruchs einer Sendezeitbeschränkung eröffnet wird, soweit ein Format eine Eignung zur Entwicklungsbeeinträchtigung besitzt – ein „Gleichkommen" reicht nicht mehr aus.

10.4.1 Bewertungsgrundlage für die Prognoseentscheidung

Wegen der in § 8 Abs. 2 JMStV (bisher § 3 Abs. 7 S. 2 RStV) geforderten Gesamtbewertung[725] ist eine generelle Sendezeitbeschränkung nicht bereits deswegen unverhältnismäßig, weil einzelne Sendungen nicht jugendgefährdend wirken. Jedoch ist zumindest eine hinreichend sicher festgestellte Jugendgefährdung notwendig, denn allein eine generelle Sendezeitbeschränkung auf teilweise „Entgleisungen" zu stützen, die keine Gesamtbetrachtung beispielsweise einer Talkshow rechtfertigen, wäre unverhältnismäßig.[726] Besondere praktische Schwierigkeiten bei der Feststellung der Eignung zur Entwicklungsbeeinträchtigung des § 8 Abs. 2 JMStV ergeben sich für Fernsehsendungen wie beispielsweise Talkshows deshalb, weil sie – etwa im Vergleich zu Fernsehspielfilmen – keinen feststehenden Inhalt haben, der auf seine Jugendverträglichkeit geprüft werden kann, sondern statt dessen Gesprächsrunden zu mehr oder weniger bestimmbaren Themen wiedergeben. Will man ein Format generell, d.h. insgesamt und unabhängig vom speziellen Thema der einzelnen Sendung, mit einer Sendezeitbeschränkung belegen, muss die Feststellung anhand des grundlegenden Konzepts des Formats erfolgen. Fraglich ist jedoch, inwieweit ein solches Konzept eine taugliche Beurteilungsgrundlage liefern kann, da es kraft Natur der Sache auf einem relativ hohen Abstraktionsniveau beruhen wird. Es bietet sich an, das Konzept anhand der konkreten Umsetzung (also der einzelnen Sendungen) nachzuvollziehen. Aus diesem Grund wäre eine Regelung, welche einen Richtlinienerlass für Sendezeitbeschränkungen von Sendeformaten eröffnet,[727] nicht mehr verfassungsgemäß, da der konkrete Einzelfall bzw. die möglichen Wirkungen der Sendezeitbeschränkung auf das konkrete Format nicht mehr berücksichtigt werden könnten.

Bei § 8 Abs. 2 JMStV (bisher § 3 Abs. 7 S. 2 RStV) ist also eine doppelte Prognoseentscheidung vorzunehmen. Zunächst muss geprüft werden, wie das Format nach seinem Konzept in den einzelnen Sendungen umgesetzt wird und wie diese dann voraussichtlich konkret aussehen werden. Hierbei ist zu berücksichtigen, welche Zielgruppe angesprochen wird, ob sich eine besondere Themenwahl abzeichnet und ob eine bestimmte Art und Weise der Themenbehandlung erwartet wird. Anschließend ist zu prüfen, ob aufgrund des Konzepts des Formats und seiner erwarteten Umsetzung nach wirkungspsychologisch fundierten Maßstäben eine künftige Entwicklungsbeeinträchti-

---

[724] Kritisch hierzu *Kreile/Detjen*, ZUM 1994, 78 (83).

[725] *Hertel*, in *Hahn/Vesting* (2003), § 3 RStV Rn. 113.

[726] *Hobro-Klatte*, ZUM 1998, 812 (818).

[727] Eine Regelung, nach der bspw. generell Gerichtsshows auf den Abend „verbannt" würden, wäre daher mangels einer dahingehenden Ermächtigungsgrundlage unzulässig.

gung i.S.d. § 5 Abs. 1 JMStV wahrscheinlich ist. Es hat folglich für die Bewertungsentscheidung eine Prognose der Entwicklungsbeeinträchtigung zu erfolgen. Gerade dem Aspekt der Art und Weise der Themenbehandlung ist besondere Bedeutung beizumessen, denn allein die Themenstellung kann kein ausreichender Indikator der Gefährdungstauglichkeit eines Sendeformats sein. Entscheidend ist die dramaturgische oder programmlich-redaktionelle Aufbereitung des Formates, die sich bei einer Talkshow beispielsweise zwischen den Extremen des konstruktiven, konfliktlösenden Gesprächs und der affektiven, schlagwortartigen Konfliktzuspitzung bewegen kann. Daran anschließen muss sich eine Überprüfung der Prognose, die erforderlich ist, um die – wegen der vorläufigen Bewertung künftiger Entwicklungen – auf unsicherer Basis getroffenen Feststellungen zu erhärten. Es ist also zu prüfen, ob die Prognose anhand typischer ausgestrahlter Einzelsendungen bestätigt wird.[728]

10.4.2 Formulierungsunterschiede in § 8 Abs. 2 JMStV und § 22 JuSchG

Durch die Formulierung des § 8 Abs. 2 JMStV (bisher § 3 Abs. 7 S. 2 RStV) wird im Gegensatz zu § 22 JuSchG (bisher § 7 GjSM) nicht eindeutig erkennbar, wo die Güterabwägung[729] zwischen dem Interesse an effektivem Jugendschutz und der Rundfunkfreiheit ihren Niederschlag gefunden hat.[730] Bei der Regelung des § 22 JuSchG wird dies im Gegensatz zu § 8 Abs. 2 JMStV dadurch sichtbar, dass das JuSchG eine Vorausindizierung auf die Höchstdauer von zwölf Monaten begrenzt und die Indizierung mehr als zwei Einzelausgaben des periodischen Telemediums voraussetzt. Auch die Beschränkung der Vorschrift des § 22 Abs. 1 S. 1 und des § 22 Abs. 2 S. 1 JuSchG durch ihren jeweiligen Satz 2, durch welchen Tageszeitungen und politische Zeitschriften von dem Regelungsbereich der Vorschrift ausgenommen werden, bestätigt, dass ein verhältnismäßiger Ausgleich zwischen Pressefreiheit und Jugendschutz herbeigeführt wurde. § 22 JuSchG (bisher § 7 GjSM) ist insbesondere bzw. gerade wegen dieser genannten Einschränkungen trotz des intensiven Eingriffs in die Grundrechte des Art. 5 Abs. 1 GG verfassungskonform.[731]

Problematisch erscheint deshalb der – wenn auch durch die Sendezeitbeschränkung weniger gravierend anmutende – Eingriff bei Sendezeitbeschränkungen von Sendeformaten im Fernsehen gem. § 8 Abs. 2 JMStV angesichts des gänzlichen Verzichts auf gesetzgeberische Eingrenzungen (insbesondere hinsichtlich der Dauer der Maßnahme und der tatsächlichen Voraussetzungen für den Ausspruch der Sendezeitbeschränkung).

---

[728] *Hobro-Klatte*, ZUM 1998, 812 (817); *Liesching*, ZUM 2000, 298 (302).

[729] Vgl. BVerfGE 30, 336 (348); „Erforderlich ist eine Güterabwägung zwischen der Forderung nach umfassendem Grundrechtsschutz und dem verfassungsrechtlich herausgehobenen Interesse an einem effektiven Jugendschutz", vgl. *Jarass/Pieroth*, GG (2000), Art. 5 Rn. 49.

[730] So auch *Liesching*, ZUM 2000, 298 (302 ff.).

[731] *Liesching*, ZUM 2000, 298 (302). Die Rechtsprechung hält selbst präventiv-generalisierende Regelungen für bestimmte Vertriebsarten für zulässig, wenn der Jugendschutz andernfalls nicht sichergestellt werden kann, BVerfGE 30, 336 (349).

Während § 22 JuSchG eine Verknüpfung der Vorausindizierung mit insgesamt mindestens drei bereits erfolgten Einzelindizierungen vornimmt, fordert § 8 Abs. 2 JMStV lediglich eine „Gesamtbewertung" ohne weitere bzw. nähere Bestimmung. Zwar ist augenscheinlich, dass sich diese nicht schon in der Feststellung gelegentlicher „Entgleisungen" erschöpfen darf;[732] gleichwohl wurde gerade dies durch den Wortlaut des § 3 Abs. 7 S. 2 RStV nicht ausgeschlossen, nachdem der Rundfunkstaatsvertragsgeber ursprünglich sogar von einem „Gleichkommen" mit einem Verstoß gegen § 3 Abs. 2 S. 1 Hs. 1 RStV sprach und dies für ausreichend hielt. Was konkret unter „Gleichkommen" zu verstehen war,[733] konnte dem Gesetz zwar nicht entnommen werden, jedoch kam die Literatur unter Zugrundelegung der medienpolitischen Diskussion[734] zu dem Schluss, dass durch § 3 Abs. 7 S. 2 RStV beispielsweise bereits Verstöße gegen die selbst auferlegten Verhaltensgrundsätze[735] des VPRT für Talkshows im Tagesprogramm Grundlage der Gesamtbewertung sein konnten,[736] wobei – unter verfassungsrechtlichen Gesichtspunkten – die Grenzen des Art. 20 Abs. 3 GG, also die des Gesetzesvorbehaltes, beachtet werden mussten.[737] Durch die Änderung des Wortlauts im § 8 Abs. 2 JMStV hat sich aber nunmehr die Diskussion zum Begriff des „Gleichkommens" insoweit erledigt. Einen Ausgleich zwischen den Belangen des Jugendschutzes und der beeinträchtigten Programmfreiheit der Sender schafft der Gesetzgeber, indem er eine Einzelfallbetrachtung vorsieht.[738]

---

[732] *Hobro-Klatte* ZUM 1998, 812 (818).

[733] Die amtl. Begr. zu Nr. 4 e) bb) beschränkt sich auf die Feststellung, dass nunmehr die Landesmedienanstalten ein komplettes Sendeformat „insgesamt bewerten" können, vgl. *Hartstein/Ring/Kreile/Dörr/Stettner* (2003), § 3 vor Rn. 1; *Liesching*, ZUM 2000, 298 (302).

[734] Vgl. *ALM*, Medienregulierung im Wandel, Pressemitteilung v. 23.03.1999.

[735] Die Verhaltsgrundsätze für Talkshows im Tagesprogramm dienen der Einhaltung jugendschützender und medienethischer Grundsätze, abgedr. in: epd medien Nr. 58, 29.07.1998, S. 24 ff. Zur Effizienz der Verhaltensgrundsätze konstatierte die Gesamtkonferenz der Landesmedienanstalten, dass, nachdem die freiwilligen Verhaltensgrundsätze des VPRT zunächst positive Wirkung gezeigt hatten, kurze Zeit später wieder eine deutliche Zunahme problematischer Sendungen beobachtet werden konnte, vgl. *ALM*, Medienregulierung im Wandel, Pressemitteilung v. 23.03.1999.

[736] Die Einhaltung der Verhaltensgrundsätze des VPRT zu Talkshows im Tagesprogramm wurde von der Programmaufsicht durch die Landesmedienanstalten jedoch nicht erfasst. Die Verhängung von Bußgeldern oder die bloße Beanstandung von Sendungen fand lediglich nur bei Verstößen gegen die Bestimmungen des RStV bzw. der Landesrundfunkgesetze statt (§§ 38 Abs. 1, 49 Abs. 1, 4 RStV). Auch aus Ziff. 1.2 JuSchRiL ergab sich dies eindeutig: „Die Landesmedienanstalten beaufsichtigen im Rahmen ihrer jeweiligen Zuständigkeit die Einhaltung der Jugendschutzbestimmungen des Rundfunkstaatsvertrages". Daher konnte die Sendezeitbeschränkung einer Talkshow nicht allein auf die Grundlage einer Verletzung der Verhaltensgrundsätze der VPRT gestützt werden. Vielmehr musste zugleich ein Verstoß gegen die Bestimmungen des RStV vorliegen. So auch Liesching, ZUM 2000, 298 (302).

[737] *Liesching*, ZUM 2000, 298 (302); *Jarass/Pieroth*, GG (2000), Art. 20 Rn. 33.

[738] Von der Literatur wurde weiter gerügt, dass Unwägbarkeiten durch den Begriff der Jugendbeeinträchtigung bzw. jetzt der Entwicklungsbeeinträchtigung geschaffen worden seien, *Liesching*, JMS-Report 1/1998, S. 1 ff.

Die Bestimmung des § 8 Abs. 2 JMStV (bisher § 3 Abs. 7 S. 2 RStV) ist jedoch verfassungskonform auszulegen. Lassen der Wortlaut, der Gesamtzusammenhang der einschlägigen Regelung und der Sinn und Zweck eines Gesetzes mehrere Deutungen zu, von denen jedenfalls eine zu einem verfassungsgemäßen Ergebnis führt, so ist diese geboten.[739] Jedoch dürfen hierbei keinesfalls der Normtext und das Normziel unberücksichtigt bleiben.[740] Nachdem die Regelung des § 8 Abs. 2 JMStV lediglich „im Einzelfall" eine zeitliche Beschränkung vorsieht, ist eine Deutung der Regelung dahingehend möglich, dass nur in besonderen Ausnahmefällen die Anordnung präventiver Sendezeitbeschränkungen zulässig ist, eben nur dann, wenn die zuständige Selbstkontrolleinrichtung oder die KJM (bisher die Landesmedienanstalten) nach wiederholten Verstößen einzelner Folgen gegen § 5 Abs. 1, 4 JMStV und aufgrund der innerhalb eines überschaubaren Zeitraumes erfolgten Beanstandungen dieser Einzelfolgen zu der Überzeugung gelangen durften, dass auch in naher Zukunft keine Änderung des überwiegend entwicklungsbeeinträchtigenden Charakters des Sendeformates zu erwarten ist. Eine solche enge Auslegung des § 8 Abs. 2 JMStV (§ 3 Abs. 7 S. 2 RStV) würde die Norm weder grundlegend neu bestimmen, noch ihr Ziel in einem „wesentlichen Punkt"[741] verfehlen.[742] Wie aus der amtlichen Begründung zu entnehmen ist, knüpft auch der Gesetzgeber für den Fall einer präventiven Sendezeitbeschränkung daran an, dass bereits einzelne Sendungen in der Vergangenheit jugendschutzrelevante Inhalte aufgewiesen haben.[743] Daher entspricht diese Auslegung der gesetzgeberischen Intention, ohne diese auszuhöhlen oder gar zu umgehen. Freilich muss sich die Anzahl der bereits erforderlichen Verstöße für eine Gesamtbewertung am Einzelfall orientieren. So kann die Beanstandung und die Anordnung einer Sendezeitbeschränkung einer Vielzahl von Einzelfällen mit der Sendezeitbeschränkung für das diese Einzelfälle betreffende Format verbunden werden. Der Wortlaut des § 8 Abs. 2 JMStV hebt den Einzelfallcharakter der beschränkenden Maßnahme deutlich hervor und lässt des Weiteren durch die formulierten strikten Erfordernisse an eine „Gesamtbewertung" eine hinreichend sichere Gefährdungsprognose zu.

10.4.3 Ermessensentscheidung

In § 8 Abs. 2 JMStV (bisher § 3 Abs. 7 S. 2 RStV) heißt es, dass für sonstige Sendeformate zeitliche Beschränkungen vorgesehen werden „können". Präventive Sendezeitbeschränkungen stehen somit im Ermessen der Landesmedienanstalten.[744] Zwar müssen maßgebliche Kriterien für eine Ermessenausübung nicht ausdrücklich im Wortlaut der

---

[739] BVerfGE 95, 64 (93); 93, 37 (81); 69, 1 (55); *Jarass/Pieroth*, GG (2000), Art. 20 Rn. 23 b.

[740] BVerfGE 95, 64 (93).

[741] BVerfGE 8, 71 (78 f.).

[742] *Liesching*, ZUM 2000, 298 (303).

[743] Amtl. Begr. zum 4. RÄStV Nr. 4 Buchst. e) bb), abgedr. in: *Hartstein/Ring/Kreile/Dörr/Stettner* (2003), § 3 vor Rn. 1.

[744] *Hertel*, in: *Hahn/Vesting* (2003), § 3 RStV Rn. 114.

Norm angegeben sein, jedoch ist gerade dann erforderlich, dass sich diese im Wege der Auslegung ermitteln lassen.[745] Da § 8 Abs. 2 JMStV keine Ermessensrichtlinien enthält, sondern sich vielmehr in der Konkretisierung der Beurteilung des Sendeformats nach Thema, Themenbehandlung, Gestaltung oder Präsentation erschöpft, ist eine verfassungskonforme vorzunehmen. Die aufgrund der Programmfreiheit des Art. 5 Abs. 1 S. 2 Alt. 2 GG gebotene Eingrenzung der Ermächtigungsgrundlage für „präventive" Sendezeitbeschränkungen eröffnet nur einen sehr engen Spielraum, im Rahmen dessen das vom Gesetzgeber eingeräumte Ermessen ausgeübt werden darf.[746]

Neben einer Abwägung der widerstreitenden Verfassungsgüter des Jugendschutzes und der Programmfreiheit der Rundfunkveranstalter ist im Hinblick auf den vorgreifenden Charakter des § 8 Abs. 2 JMStV in besonderem Maße dem Grundsatz der Verhältnismäßigkeit Rechnung zu tragen.[747] Teilweise[748] wird vertreten, dass die Anordnung einer präventiven Sendezeitbeschränkung bereits dann als ermessensfehlerhaft zu erachten sei, wenn diese ohne eine Befristung im Sinne des § 36 Abs. 2 Nr. 1 VwVfG erfolge. Dies kann jedoch angesichts des Verzichts auf eine ausdrücklich gesetzlich geregelte Befristung nicht richtig sein. Stellt man beispielsweise fest, dass alle bisher ausgestrahlten Folgen eines Formates offensichtlich geeignet sind, Kinder und Jugendliche schwer zu gefährden und damit unzulässige Sendungen nach § 4 Abs. 2 S. 1 Nr. 3 JMStV (bisher § 3 Abs. 1 Nr. 3 RStV) darstellen, kann im Einzelfall auch eine unbefristete Sendezeitbeschränkung für ein Format verhältnismäßig sein. Daher verbieten sich diesbezüglich pauschale Äußerungen. Es ist stets eine Bewertung und Abwägung im konkreten Einzelfall vorzunehmen. Hierfür schafft § 8 Abs. 2 JMStV durch seine Formulierung Raum. Insbesondere werden vor Ausspruch einer Sendezeitbeschränkung für ein komplette Sendeformat die Aufsichtsinstanzen zunächst – als milderes Mittel – auf den Anbieter einwirken, das entwicklungsbeeinträchtigende Format unter Berücksichtigung der Jugendschutzbestimmungen und -interessen künftig abzuändern.

10.5 Bestimmtheit der Regelung – Wesentlichkeitstheorie

Art. 80 Abs. 1 S. 2 GG besagt, dass Inhalt, Zweck und Ausmaß der erteilten Ermächtigung im Gesetz bestimmt werden müssen. „Das Bestimmtheitsgebot des Art. 80 Abs. 1 S. 2 soll sicherstellen, dass der Gesetzesvorbehalt nicht durch Globalermächtigungen zur Farce wird."[749] Auch wenn eine verfassungskonforme Auslegung des § 8 Abs. 2 JMStV möglich ist, muss beachtet werden, dass nach Art. 5 Abs. 2 GG die Rundfunk-

---

745 *Stelkens/Bonk/Sachs* (2001), § 40 Rn. 16.

746 Der Ermessensspielraum kann sich sogar auf eine Einschreitungspflicht verdichten (Ermessensreduzierung auf Null), vgl. *Hertel*, in: *Hahn/Vesting* (2003), § 3 RStV Rn. 114.

747 *Stelkens/Bonk/Sachs* (2001), § 40 Rn. 18.

748 *Liesching*, ZUM 2000, 298 (304).

749 *Kisker*, NJW 1977, 1313 (1314).

freiheit lediglich in gesetzlichen Bestimmungen ihre Schranken finden kann. Ist eine Regelung aber dem Gesetz vorbehalten, muss in dem Gesetz alles „Wesentliche“ bestimmt werden, da sonst der Exekutive ein Handlungsspielraum zufallen würde, der ihr nach dem Grundgedanken des Vorbehaltes des Gesetzes gerade nicht zukommen soll.[750] Der Gesetzgeber darf seine Aufgaben nicht anderen Stellen innerhalb oder außerhalb der Staatsorganisation zur mehr oder weniger freien Verfügung überlassen,[751] dies auch nicht dadurch, dass er eine Ermächtigungsnorm wie die der „Talkshow-Klausel“ des § 8 Abs. 2 JMStV zu vage und unbestimmt fasst. Denn gerade die Unbestimmtheit bedeutet der Sache nach eine Verlagerung der Entscheidungsmacht auf die Exekutive.[752]

Fraglich ist jedoch, was „wesentlich“ ist.[753] Das Bundesverfassungsgericht versteht als „wesentlich“ im grundrechtsrelevanten Bereich in der Regel das, was „wesentlich für die Verwirklichung der Grundrechte“[754] ist. Somit wäre im Hinblick auf die Programmautonomie der Rundfunkveranstalter und insbesondere in Anbetracht der ökonomischen Zwänge bei der konzeptionellen Programmplanung nach teilweise[755] vertretener Ansicht von großer Relevanz, auf welcher konkreten Bewertungsgrundlage und in welchem zeitlichen Ausmaß die Rechtsfolge der Sendezeitbeschränkung auferlegt werden darf. Hierzu trifft § 8 Abs. 2 JMStV aber keine ausdrückliche Regelung, was teilweise für die Unvereinbarkeit mit dem Parlamentsvorbehalt[756] und die Verfassungswidrigkeit jener Regelung vorgetragen wird. Diese Schlussfolgerung muss aber dahingehend eingeschränkt werden, dass auch durch die Wesentlichkeitstheorie[757] und den Grundsatz des Gesetzesvorbehalts nicht ausgeschlossen wird, dass das Gesetz der Exekutive Ermessen einräumt sowie Beurteilungs- oder Gestaltungsspielräume zugesteht. Gerade dadurch, dass im Bereich des Gesetzesvorbehaltes dem Gesetzgeber die ausschließliche Entscheidungsvollmacht eingeräumt wird, sei es primär auch seine Sache, über Art und Ausmaß der Ermächtigungen zu befinden.[758] Der Gesetzgeber

---

[750] BVerfGE 49, 89 (126); 77, 170 (230).

[751] *Kisker*, NJW 1977, 1313 (1314).

[752] *Ossenbühl*, in: HBStR, § 62 Rn. 23.

[753] Zur Kritik an der Offenheit des Wesentlichkeitsbegriffs: *Kisker*, NJW 1977, 1313 (1314).

[754] BVerfGE 34, 165 (192); 47, 46 (79).

[755] *Liesching*, ZUM 2000, 298 (304).

[756] Zum Parlamentsvorbehalt vgl. *Ladeur*, in: *Hahn/Vesting* (2003) § 46 RStV Rn. 7.

[757] *Liesching*, ZUM 2000, 298 (304); *Ossenbühl*, in: HBStR, § 62 Rn. 46.

[758] *Badura* (1996), D Rn. 56; Liesching zieht insoweit einen Vergleich mit dem Gewerberecht, in dem die Behörde eine Gewerbeuntersagung wegen Unzuverlässigkeit auf eine prognostische Entscheidung stützen muss, *Liesching*, ZUM 2000, 298 (305). „Auch hierbei ist bei einem Gewerbetreibenden im Hinblick auf seine Rechte aus Art. 12, 14 GG wesentlich, unter welchen Voraussetzungen ihm wegen Unzuverlässigkeit im Sinne des § 35 Abs. 1 GewO die Ausübung seines Gewerbes untersagt werden kann. In beiden Fällen enthält die behördliche Entscheidung prognostische Elemente.“ Zur Bestimmtheit der Vorschrift des § 3 Abs. 7 S. 2 RStV vgl. *Hobro-Klatte*, ZUM 1998, 812 (818).

überlässt den Prognosemaßstab daher richtigerweise der Exekutive. Eine solche Delegation ist mit dem aus der richtig verstandenen Wesentlichkeitstheorie resultierenden Parlamentsvorbehalt insofern vereinbar, als daraus lediglich das verfassungsrechtliche Postulat abgeleitet werden kann, den Entscheidungsbereich der Verwaltung zu umreißen, hingegen nicht diesen bis in das Detail auszugestalten.[759] Also wird durch § 8 Abs. 2 JMStV (bisher § 3 Abs. 7 S. 2 RStV) sowohl der Wesentlichkeitstheorie als auch dem Erfordernis eines flexiblen und effektiven Handelns der Rundfunkaufsicht Rechnung getragen.[760]

10.6 Zwischenergebnis

§ 8 Abs. 2 JMStV stellt ebenso wie bisher § 3 Abs. 7 S. 2 RStV keinen Verstoß gegen das Zensurverbot des Grundgesetzes dar, denn weder die KJM und die anerkannten Selbstkontrolleinrichtungen noch bisher die Landesmedienanstalten können Adressat des Zensurverbotes sein. Somit scheidet bereits aus formellen Gründen ein Verstoß gegen das Zensurverbot aus. Darüber hinaus ist aber auch materiell nicht von einer präventiven Zensurwirkung durch die Sendezeitbeschränkung für ein Sendeformat auszugehen, da die Sendezeitbeschränkung nur eine Verbreitungsbeschränkung darstellt, welche Erwachsene nicht vollständig vom Konsum derartiger Formate ausschließt. Das Argument, dass sich bestimmte Formate im Nachmittagsprogramm besser vermarkten lassen und daher eine Verlegung auf das späte Abendprogramm einem Verbot des Sendeformats in der Praxis gleichkäme, wird durch die Einzelfallprüfung, welche § 8 Abs. 2 JMStV (bisher § 3 Abs. 7 S. 2 RStV) vorsieht, entsprechend berücksichtigt, so dass zensurgleiche Wirkungen nicht beobachtet werden können. Auch die Tatsache, dass künftige Einzelfolgen durch die Sendezeitbeschränkung betroffen sind, erlaubt nicht die Bejahung einer Vorzensur, da es lediglich um die nachträgliche Beurteilung des Gesamtformats anhand von bereits ausgestrahlten Einzelfolgen geht.[761] Die Sendezeitbeschränkung des § 8 Abs. 2 JMStV (bisher § 3 Abs. 7 S. 2 RStV) ist verfassungsgemäß und hinreichend bestimmt.[762]

---

[759] *Ossenbühl*, in: HBStR, § 62 Rn. 43.

[760] *Liesching*, ZUM 2000, 298 (305).

[761] Vgl. hierzu bereits die entsprechenden Ausführungen unter 2. Teil: 8.

[762] Nähere Einzelheiten zu den Voraussetzungen im Sinne des 3 8 Abs. 2 JMStV können die Landesmedienanstalten (durch die KJM) auch über die Vorschrift des § 15 Abs. 2 JMStV regeln.

11 Vorsperre und Verschlüsselung in digital verbreiteten Programmen

Im Rahmen der Verfassungsmäßigkeitsprüfung der Regelungen zur Vorsperrmöglichkeit im digitalen Fernsehen ist zunächst auf die Änderungen durch den JMStV einzugehen, wobei hier insbesondere die Richtlinien und Satzungsbefugnisse zu untersuchen sein werden. In diesem Zusammenhang sollen zunächst die Unterschiede zwischen der Kindersperre und der Vorsperre dargestellt werden, bevor die Vorsperre auf ihre Geeignetheit – mit oder ohne verkürzte Sendezeitbeschränkung – überprüft wird. Des Weiteren ist insbesondere bei der Angemessenheit der Vorsperre auf die Beschränkungen bei kinderlosen Haushalten einzugehen, sowie die Zumutbarkeit der Vorsperre mit verkürzter Sendezeitbeschränkung gegenüber Rundfunkveranstaltern und die fehlende Vorsperrmöglichkeit für indizierte Angebote näher zu beleuchten.

11.1 Die Jugendschutz-Vorsperre im digitalen Fernsehen

§ 3 Abs. 2 S. 1 Hs. 2 RStV besagte, dass Rundfunkveranstalter neben der Sendezeit auch auf andere Weise Vorsorge treffen konnten, damit Kinder und Jugendliche der betroffenen Altersstufen jugendbeeinträchtigende Sendungen üblicherweise nicht wahrnehmen konnten. In § 3 Abs. 5 RStV hieß es hierzu weiter, dass die Landesmedienanstalten für digital verbreitete Programme des privaten Fernsehens durch übereinstimmende Satzungen festlegen konnten, unter welchen Voraussetzungen von den Sendezeitbeschränkungen gem. § 3 Abs. 2 und 3 RStV ganz oder teilweise abgewichen werden durfte, sofern der Rundfunkveranstalter jene Sendungen nur mit einer allein für diese verwandten Technik verschlüsselte und vorsperrte; hierbei war vom Rundfunkveranstalter sicherzustellen, dass die Freischaltung durch den Nutzer nur für die Dauer der jeweiligen Sendung oder des jeweiligen Films möglich war. Die Anforderungen an die Verschlüsselung und Vorsperrung von Sendungen zur Gewährleistung eines effektiven Jugendschutzes hatten die Landesmedienanstalten in der JSS[763] geregelt.

Die Satzungsbefugnis der Landesmedienanstalten nach § 3 Abs. 5 RStV für digital verbreitete Programme des privaten Fernsehens wurde auch in § 9 Abs. 2 JMStV beibehalten. Hiernach können die Landesmedienanstalten auch künftig durch übereinstimmende Satzungen festlegen, unter welchen Voraussetzungen ein Rundfunkveranstalter seine Verpflichtung nach § 5 JMStV erfüllt. In § 5 Abs. 1 JMStV ist geregelt, dass Anbieter von entwicklungsbeeinträchtigenden Angeboten dafür Sorge zu tragen haben, dass Kinder und Jugendliche der betroffenen Altersstufen diese Angebote üblicherweise nicht wahrnehmen, wobei § 5 Abs. 3 Nr. 1 JMStV besagt, dass der Anbieter seiner Pflicht aus Absatz 1 dadurch entsprechen kann, dass er durch technische oder sonstige

[763] Vgl. Fn. 103.

Mittel[764] die Wahrnehmung des Angebots durch Kinder oder Jugendliche der betroffenen Altersstufe unmöglich macht oder wesentlich erschwert.

Neben der Sendezeitbeschränkung kommen somit als Mittel zum Schutz vor entwicklungsbeeinträchtigenden Angeboten auch weitere Instrumente des Jugendschutzes in Betracht, insbesondere die Verschlüsselung und Vorsperre dieser Angebote im digitalen Fernsehen. Die Entwicklung von Decodern mit Jugendschutz-Vorsperre im digitalen Fernsehen wurde erforderlich, da die Pay-TV-Veranstalter aufgrund ihrer Konkurrenzsituation zum kostenfreien Free-TV nach Jugendschutz-Alternativen zu den herkömmlichen Sendezeitbeschränkungen suchten. Man bemühte sich, im digital verbreiteten Fernsehen andere, ähnlich wirksame Jugendschutzvorkehrungen möglich zu machen und praxistauglich zu gestalten, um auf diesem Wege nicht mehr an die Sendezeitbeschränkungen des Free-TV gebunden zu sein bzw. diese zumindest zu lockern. Digitale Programmbouquets in Form von Pay-TV würden sich nämlich – so die marktwirtschaftlichen Überlegungen – beim Verbraucher nur durchsetzen, wenn jene gegenüber dem umfangreichen Free-TV-Angebot einen Mehrwert böten. Als Mehrwert kann zum einen das weitgefächerte, auf die Nachfrage des Nutzers abgestimmte Angebot bezeichnet werden. Jedoch als mindestens so bedeutender Mehrwert des Pay-TV gegenüber dem Free-TV ist zu bewerten, dass die Pay-TV-Angebote zu jeder gewünschten Zeit empfangen bzw. abgerufen werden können (Zeitsouveränität).[765] Die Verfügbarkeit der Inhalte rund um die Uhr birgt jedoch gleichzeitig die Gefahr, dass Kinder und Jugendliche an für sie nicht geeignete entwicklungsbeeinträchtigende Sendungen gelangen. Dies spräche dafür, dass auch im Pay-TV die Sendezeitgrenzen des Free-TV einzuhalten wären. Um jedoch die Zeitflexibilität im Pay-TV zu erhalten, wurde die Vorsperre entwickelt, welche sicherstellen soll, dass Kinder und Jugendliche für sie nicht geeignete Angebote nicht wahrnehmen können. Jedoch blieb das Dilemma, ob neben der Vorsperre die Sendzeitbeschränkungen entfallen können oder ob neben der Vorsperre bestimmte Zeitgrenzen bestehen bleiben müssen.[766]

Der Anfang April 2000 in Kraft getretene 4. RÄStV sah erstmals[767] ausdrücklich die Möglichkeit vor, auf andere Weise als durch Sendezeitbeschränkungen Vorsorge zum Schutz von Kindern und Jugendlichen zu treffen und ermächtigte die Landesmedienanstalten für digital verbreitete Programme durch übereinstimmende Satzungen festzulegen, in welcher Form von den Sendezeitbeschränkungen des Rundfunkstaatsvertrags

---

[764] Durch „sonstige technische Maßnahmen“ soll nach Art. 22 Ab. 2 EG-FernsehRiL dafür gesorgt werden, dass entwicklungsbeeinträchtigende Sendungen von Minderjährigen üblicherweise nicht gesehen werden.

[765] Vgl. *Ridder*, MP 2000, 213 (218); *Hess/Gorny*, ZUM 1999, 881 (881); *Hertel*, in: *Hahn/Vesting* (2003), § 3 RStV Rn. 9.

[766] Vgl. hierzu 2. Teil: 11.4; *Hertel*, in: *Hahn/Vesting* (2003), § 3 RStV Rn. 10.

[767] Vgl. *Hess/Gorny*, ZUM 1999, 881 ff. zu den rechtlichen und methodischen Problemen bei der Einführung und Anwendung veranstalterseitiger Vorsperrsysteme vor der Einführung der Regelung des § 3 Abs. 5 RStV.

für das Free-TV abgewichen werden durfte. Den Landesmedienanstalten wurde mit dieser Regelung im RStV ein großer Wertungs- und Gestaltungsspielraum eingeräumt. Neben der Entscheidung über die Anforderungen an die Vorsperre regelten sie, ob die zusätzlichen Sendezeitbeschränkungen ganz oder teilweise bei Verwendung einer satzungsentsprechenden Vorsperre aufgehoben werden. Die zunächst normierte Befristung in § 53 a RStV für die Geltung der Regelungen zur Vorsperre bis 31.12.2002 wurde durch den 6. RÄStV bis 31.12.2005 verlängert. Mit dieser dreijährigen Verlängerung der Regelungen zur Vorsperre wurde das Ergebnis des 2. Praxistestes[768] umgesetzt und zum einen bestätigt, dass die bisherigen Maßnahmen und Erfahrungen mit der Vorsperre vielversprechend sind; zum anderen wurde aber auch deutlich gemacht, dass die bisherigen Erfahrungen noch nicht ausreichend[769] belegen, dass die Vorsperre derzeit einen den Sendezeitbeschränkungen vergleichbaren ausreichenden Jugendschutz sicherstellen kann. Aus diesem Grund wurde die Regelung der Vorsperre zunächst noch unter Beibehaltung der besonderen, für das digitale Fernsehen vorgesehenen „verkürzten" Sendezeitbeschränkungen verlängert, um weitere Erfahrungen zur Verbesserung und Effizienzsteigerung der Vorsperre zu sammeln und umzusetzen. Der 2. Praxistest hat bereits Anregungen zu möglichen Verbesserungsvorschlägen geliefert. So soll beispielsweise eine Identität zwischen dem PIN-Code zur Aufhebung der Vorsperre und dem Code für den entgeltpflichtigen Einzelabruf von Filmen im Rahmen des Pay-Per-View-Verfahrens dazu führen, dass Eltern vernünftiger mit der Weitergabe des PIN-Codes umgehen, was voraussichtlich durch den Kostenfaktor des Pay-Per-View-Angebotes gefördert werden könnte. Zwar wurde gem. § 25 Abs. 1 Nr. 1 d) JMStV die Regelung des § 53a RStV aufgehoben und die Vorsperre als Regelmodell in den JMStV aufgenommen, jedoch lediglich vorbehaltlich der Ergebnisse der fünfjährigen Evaluierungsphase des JMStV, wie der Amtlichen Begründung unter Hinweis auf die Satzungsbefugnis der Landesmedienanstalten gem. § 9 Abs. 2 JMStV zu entnehmen ist.[770]

---

[768] Vgl. zum 2. Praxistest 1. Teil: 1.3.3 und im Einzelnen: *Schorb/Theunert* (2001); zum 1. Praxistest vgl. *Schorb/Theunert* (1998); *Grell*, JMS-Report 4/2001, S. 4 f. A.A. *Belz*, MMR 2001, 561 (562), die aus dem 2. Praxistest schließt, dass an den Sendezeitgrenzen im digitalen Fernsehen angesichts der attestierten Akzeptanz und Praktikabilität nicht mehr festgehalten werden müsse.

[769] Unter der „verkürzten" Sendezeitbeschränkung versteht man die im digitalen Fernsehen nach § 5 Abs. 1 und 2 JSS geltende – von den allgemeinen Sendezeitbeschränkungen des Free-TV abweichende – Sendzeitbeschränkung auf den Zeitraum von 20.00 Uhr bis 6.00 Uhr für Sendungen, die aufgrund ihrer entwicklungsbeeinträchtigenden Wirkung nicht für Kinder und Jugendliche unter 18 Jahren geeignet sind.

[770] BayLT-Drs. 14/10246, S: 30, 20.

11.2 Die Jugendschutzsatzung und die Satzungsbefugnis des JMStV

In der JSS wurden bisher die genauen Anforderungen an die Vorsperrung (§ 3 JSS)[771] sowie an die Freischaltung (§ 4 JSS) formuliert. Darüber hinaus wurden die Abweichungen von den Sendezeitbeschränkungen für Filme mit einer FSK-Altersfreigabe ab 16 bzw. ab 18 Jahren in § 5 Abs. 1 und 2 JSS konkretisiert. Für Filme, die entgeltpflichtig einzeln abgerufen werden konnten („Pay-Per-View"), galten dagegen gem. § 5 Abs. 3 JSS keine Sendezeitbeschränkungen. Nur für indizierte Filme mit Ausnahmegenehmigung im digitalen Fernsehen behielten die Sendezeitgrenzen gem. § 6 JSS auch im entgeltpflichtigen Einzelabruf Gültigkeit.[772] Seit 01.04.2003 besteht bei indizierten Sendungen gem. § 4 Abs. 1 Nr. 11, Abs. 2 Nr. 2 JMStV ein absolutes Ausstrahlungsverbot, welches auch im digitalen Fernsehen gilt, so dass § 6 JSS durch § 1 Nr. 3 der Satzung zur Änderung der JSS aufgehoben wurde.[773] Ansonsten wurden die bisherigen Regelungen der JSS durch die Änderungssatzung zur JSS lediglich an die neue Rechtslage des JMStV angepasst. Inhaltlich hat sich jedoch an den Anforderungen an eine Vorsperreinrichtung nichts geändert.

Nach § 3 Abs. 5 RStV bestand eine Befugnis zum Erlass übereinstimmender Satzungen in Jugendschutzfragen konkret für die Jugendschutz-Vorsperre, welche auch weiterhin gem. § 9 Abs. 2 JMStV ausdrücklich den Landesmedienanstalten zusteht. Die Satzungsbefugnis des neuen § 15 Abs. 2 JMStV enthält darüber hinaus auch keine gegenständliche Beschränkung, sondern ermächtigt zur konkretisierenden Regelung aller Bestimmungen des JMStV. Genauer gesagt, werden die Organe der Landesmedienanstalten

---

[771] Unter einer Vorsperrung i.S.d. § 3 Abs. 1 JSS versteht man „eine technische Vorkehrung, mittels derer der Anbieter eines Programms einzelne Sendungen nur mit einer allein für diese verwandten Technik dergestalt verschlüsselt, dass die gesperrte Sendung ohne individuelle Freischaltung durch den Nutzer weder für den direkten Fernsehempfang noch für die Aufzeichnung optisch oder akustisch wahrnehmbar ist." Gem. § 3 Abs. 2 Nr. 1 und 2 JSS muss bei digital verbreiteten Programmen „die Vorsperrung zusätzlich zu einer etwaigen allgemeinen Verschlüsselung, mittels derer der generelle Zugang zu dem betreffenden Programmangebot beschränkt wird, erfolgen und sich in ihrer Ausgestaltung von dieser unterscheiden." Die Freischaltung darf weiter nur „hinsichtlich einer konkreten Sendung und nur für deren Dauer" erfolgen. „Wird während der Sendung auf ein anderes Programm umgeschaltet, so kann die Rückkehr zu der freigeschalteten Sendung ohne erneute Entsperrung erfolgen. Nachfolgende vorgesperrte Sendungen dürfen ohne erneute Freischaltung nicht zugänglich sein." Mit diesen Bestimmungen wird zum einen der gesetzlichen Anforderung des § 3 Abs. 5 S. 2 RStV Rechnung getragen, welche die Freischaltung durch den Nutzer auf die Dauer der jeweiligen Sendung oder des jeweiligen Films begrenzt. Zum anderen finden die bereits vor In-Kraft-Treten des § 3 Abs. 5 RStV erhobenen Bedenken gegen weniger strenge technische Sperrmodelle Berücksichtigung. *Liesching* (2002), S. 157. Zu den Mängeln der d-box vgl. *Schorb/Theunert* (1998) S. 66 ff.; *Mohr*, JMS-Report 5/1999, S. 5 ff.; *Schorb/Theunert* (2001), S. 17 f.

[772] GSJP, Jugendschutzbericht 2000/2001, S. 29 f.

[773] Satzung zur Änderung der Satzung zur Gewährleistung des Jugendschutzes in digital verbreiteten privaten Fernsehangeboten vom 12.12.2002 (StAnz. 51), vgl. Fn. 103. Diese Satzungsänderung war aus zwei Gründen nötig. Zum einen war die Satzung gem. § 8 Abs. 2 JSS bis zum 31.12.2002 befristet und zum anderen musste der Satzungstext an die Änderungen durch den JMStV angepasst werden. Im Rahmen dieser Anpassung durch die Satzung vom 12.12.2002 wurde jedoch versäumt diese ebenfalls an die Änderungen durch das JuSchG anzugleichen, welches die Regelungen des JÖSchG und GjSM, auf welche in § 5 JSS Bezug genommen wird, ersetzt.

zum Erlass übereinstimmender Satzungen und Richtlinien zur Durchführung des JMStV ermächtigt. Gemeinsame Richtlinien zur Durchführung der Jugendschutzvorschriften des § 3 RStV konnten die Landesmedienanstalten auch schon bisher nach § 46 RStV erlassen.[774] In der rechtswissenschaftlichen Literatur bestand jedoch Uneinigkeit darüber, ob es sich hierbei um sog. normkonkretisierende[775] Richtlinien, welche einer gerichtlichen Überprüfung entzogen sind, oder lediglich um norminterpretierende[776] Richtlinien handelte. Es stellte sich dabei insbesondere die Frage, inwieweit die Richtlinien Außenwirkung entfalten und die Rechtsprechung binden konnten.[777] § 19 Abs. 2 JMStV stellt nunmehr klar, dass die freiwilligen Selbstkontrolleinrichtungen an die Satzungen und Richtlinien der Landesmedienanstalten gebunden sind. Die in der Literatur strittige Frage, ob (verwaltungsinterne) Richtlinien Rechtssatzqualität haben, ist angesichts der Bestimmung des § 19 Abs. 2 JMStV insoweit geklärt, als künftig nicht nur die übereinstimmenden Satzungen, sondern auch die Richtlinien zum „geltenden Jugendschutzrecht" des § 19 Abs. 5 JMStV zählen und somit ein Verstoß gegen diese Richtlinien die Widerrufsmöglichkeit für die Anerkennung einer freiwilligen Selbstkontrolleinrichtung des § 19 Abs. 5 JMStV eröffnet. Hält sich die freiwillige Selbstkontrolleinrichtung künftig nicht an die von den Landemedienanstalten erlassenen Richtlinien und Satzungen, riskiert sie den entschädigungslosen[778] Widerruf ihrer Anerkennung. Da die Satzungs- und Richtlinien-Kompetenz allgemein dazu berechtigt, Bestimmungen „zur Durchführung dieses Staatsvertrages" zu erlassen, besteht hierdurch ein grundsätzlich weiter Regulierungsspielraum für die Landesmedienanstalten, im Konkreten für die Organe der Landesmedienanstalten. So können im Rahmen der gesetzlichen Bestimmung auch unbestimmte Rechtsbegriffe, wie beispielsweise der Begriff der Entwicklungsbeeinträchtigung „normkonkretisierend" verbindlich definiert werden.

Das Verhältnis zu den „Richtlinien" in § 8 JMStV, mit denen neben der KJM die anerkannten Selbstkontrolleinrichtungen Sendezeitbeschränkungen für Filme vorsehen können, auf die das Jugendschutzgesetz keine Anwendung findet, ist noch unklar.

---

[774] Hierbei muss ein gemeinsamer Text zwischen den Landesmedienanstalten gefunden werden, vgl. *Bornemann/Lörz*, BayMG (2002), Art. 12 Rn. 17, und das Benehmen mit den in der ARD zusammengeschlossenen Landesrundfunkanstalten sowie dem ZDF hergestellt werden, vgl. *Hartstein/Ring/Kreile/Dörr/Stettner* (2003), § 16 Rn. 3 RStV.

[775] *Herkströter*, ZUM 1992, 395 (397); *von der Horst*, ZUM 1994, 239 (241); *Oberländer*, ZUM 2001, 487 ff.

[776] *Beucher/Leyendecker/v. Rosenberg* (1999), § 46 Rn. 3; *Hesse* (1999), S. 104 Rn. 55; *Ladeur*, in: *Hahn/Vesting* (2003), § 46 RStV Rn. 6.

[777] „Die Richtlinien der Landesmedienanstalten enthalten als Verwaltungsinternum insoweit rechtliche Auswirkungen, als sie zu einer Selbstbindung der Verwaltung führen", *Hartstein/Ring/Kreile/Dörr/Stettner* (2003), § 46 Rn. 2; a.A. *Oberländer*, ZUM 2001, 487 ff., die annimmt, dass die gemeinsamen Richtlinien als normkonkretisierende Verwaltungsvorschriften von den Landesmedienanstalten zu behandeln sind, welche die Rundfunkveranstalter und die Gerichte als letztverbindlich zu beachten haben.

[778] Vgl. § 19 Abs. 5 S. 2 JMStV.

Wegen der unterschiedlichen funktionellen Zuständigkeit – nämlich der Selbstkontrolle und der KJM im Fall des § 8 JMStV, sowie der Organe der Landesmedienanstalten im Fall des § 15 Abs. 2 JMStV – sind die Sendezeitbeschränkungen im Sinne des § 8 JMStV nicht durch Richtlinien nach § 15 Abs. 2 JMStV regelbar. Jedoch spricht für eine die Selbstkontrolle bindende Richtlinienkompetenz der KJM, dass solange es bundesweite Fernsehveranstalter gibt, die keiner Selbstkontrolleinrichtung angeschlossen sind, auch für diese der Erlass einer Richtlinie nach § 8 JMStV möglich sein muss, welche schon aus Gleichheitsgesichtspunkten auch bindend im Sinne des § 19 Abs. 2 JMStV für die freiwilligen Selbstkontrolleinrichtungen zu sein hat. Denn es kann nicht sein, dass von einer hoheitlich handelnden Stelle im Rahmen einer gesetzlichen Befugnis eine Richtlinie erlassen wird, die dann durch „konkurrierende" Richtlinien der privaten freiwilligen Selbstkontrolleinrichtungen unterlaufen wird.[779]

Trotz der Einführung der regulierten Selbstregulierung ist es also dabei geblieben, dass die Landesmedienanstalten weiterhin für den Erlass einer Satzung für das digitale Fernsehen ausdrücklich gem. § 9 Abs. 2 JMStV berufen sind. Weiter können die Landesmedienanstalten gem. § 15 Abs. 2 JMStV normkonkretisierende Satzungen und Richtlinien zur Durchführung des JMStV erlassen. Die KJM und die freiwilligen Selbstkontrolleinrichtungen sind für Einzelfallregelungen zur Festlegung von Sendezeitbeschränkungen für sonstige Sendeformate gem. § 8 Abs. 2 JMStV, für Richtlinien- und Einzelfallregelungen zu Inhalten außerhalb des JuSchG gem. § 8 Abs. 1 JMStV[780] sowie für Ausnahmeregelungen in Form von Richtlinien und Einzelfallregelungen nach § 9 Abs. 1 JMStV zuständig.

11.3 Geeignetheit der Vorsperre im Verhältnis zur Kindersperre

Die zunächst entwickelte, aber für ungeeignet befundene Kindersperre,[781] welche von den Eltern extra aktiviert werden musste, konnte für Kinder und Jugendliche keinen ausreichenden Schutz vor für diese ungeeigneten Inhalten bieten, da die Kindersperre vorausgesetzt hat, dass die Eltern sich für den Fernsehkonsum und die Erziehung ihres Kindes interessieren. Mit der Kindersperre konnte nicht sicher gestellt werden, dass die Eltern ihre Erziehungs- und Aufsichtspflichten tatsächlich ausreichend wahrnehmen.

---

779 Vgl. *Oberländer*, ZUM 2001, 487 ff.

780 Nach § 8 Abs. 1 JMStV können die öffentlich-rechtlichen Rundfunkanstalten, die KJM sowie die anerkannten Selbstkontrolleinrichtungen jeweils in Richtlinien oder für den Einzelfall für Filme, auf die das JuSchG keine Anwendung findet, zeitliche Beschränkungen vorsehen, um den Besonderheiten der Ausstrahlung von Filmen im Fernsehen, vor allem bei Fernsehserien, gerecht zu werden. Vgl. im Einzelnen hierzu BayLT-Drs. 14/10246, S. 19 f.

781 Vgl. zur Kindersperre 1. Teil: 1.3.1; *Schorb/Theunert* (1998); *Hertel*, in: *Hahn/Vesting* (2003), § 3 RStV Rn. 11. Zum in den USA eingesetzten V(iolence)-Chip, bei welchem ebenfalls die Eltern entscheiden, ob sie die Sperre aktivieren oder nicht, vgl. *Hess/Gorny*, ZUM 1999, 881 (887); *Ridder*, MP 2000, 213 (218 f.); *Hasebrink*, MP 1998, 454 (457); *Gesellensetter*, AfP 2001, 369 (372). Gegen die Einführung eines V-Chips als technische Vorkehrung zum Jugendschutz haben sich übereinstimmend auch der VPRT und die DLM ausgesprochen, vgl. *ALM*, Pressemitteilung v. 20.05.1999.

Nachdem der Jugendschutz Pflichtaufgabe des Staates ist und einen besonders hohen Stellenwert in Deutschland einnimmt, durfte der Staat die Verwirklichung des Jugendschutzes nicht vollständig den Eltern überlassen. Die Gefahr, dass Eltern die Sperre aus Nachlässigkeit oder aus anderen Gründen nicht aktivieren, und somit auch Kindern freier Zugang zu allen Sendungen ermöglicht würde, war zu groß. Zwar besteht auch bei der Vorsperre die Gefahr, dass der PIN-Code in die Hände der Kinder gerät,[782] jedoch ist es erfahrungsgemäß wahrscheinlicher, dass eine gebotene Handlung, welche Eigeninitiative wie die Aktivierung der Kindersperre voraussetzt, unterbleibt, als dass ein bereits vorinstallierter Schutzmechanismus wie die Vorsperre zur Anwendung kommt.[783] Dementsprechend hat auch der erste Praxistest ergeben, dass das Aktivieren von Sperrvorkehrungen im Sinne des Jugendschutzes ein mühevolles und erfolgloses Unterfangen ist.[784] Es bleibt daher bei der Vermutung, dass es wesentlich unwahrscheinlicher ist, dass Eltern ihren Kindern den PIN-Code bewusst zugänglich machen, als dass sie den PIN-Code aus den verschiedensten Gründen versäumen würden, zu installieren bzw. eine eigene „Sperrauswahl" ungeeigneter Sendungen für ihre Kinder zu treffen. Diese Vermutung wurde auch durch den 2. Praxistest größtenteils belegt.[785] Hierbei wurde festgestellt, dass die Vorsperre gegenüber der Kindersperre zur Erzielung eines möglichst umfassenden Jugendschutzes bei weitem effektiver ist.

Der Staat muss angesichts seiner Verpflichtung zur Gewährleistung des Jugendschutzes die Rundfunkveranstalter als Verursacher einer möglichen Entwicklungsbeeinträchtigung von Kindern und Jugendlichen dazu verpflichten, für einen ausreichenden Schutz zu sorgen. Nicht ausreichend und somit kein geeignetes Mittel für einen effektiven Jugendschutz ist die Zusicherung der Rundfunkveranstalter, ein Decoder für den Empfang von Pay-TV würde nur an Erwachsene verkauft werden, da hierdurch weiterhin die häusliche Missbrauchsmöglichkeit bestünde, nachdem nicht gewährleistet werden könne, dass die Eltern ihren Kindern zu Hause nicht den Decoder überließen bzw. volljährige Geschwister und Freunde ihren minderjährigen Geschwistern und Freunden diese zur Verfügung stellten. Ein persönlicher Kontakt mit dem Kunden, wie er beispielsweise bei Kinovorführungen beim Kartenverkauf stattfindet, erfolgt bei der Ausstrahlung des Pay-TV-Programms nicht, selbst wenn der Verkauf von Decodern ausschließlich an Erwachsene erfolgt.[786]

Zwar ist auch bei Sendezeitbeschränkungen nicht sichergestellt, dass Eltern ihre Kinder nicht auch nach 22.00 Uhr bzw. 23.00 Uhr noch fernsehen lassen. Selbst das Ausstrahlungsverbot schließt nicht aus, dass sich Rundfunkveranstalter nicht an dieses halten.

---

782 Kritisch zur Einführung der Vorsperre vgl. *Hess/Gorny*, ZUM 1999, 881 (888); *Theunert/Schorb*, MP 1998, 446 ff.

783 *Gesellensetter*, AfP 2001, 369 (372).

784 Vgl. *Schorb/Theunert* (1998), S. 79.

785 Vgl. *Schorb/Theunert* (2001), S. 138 ff.

786 Vgl. *Hartstein/Ring/Kreile/Dörr/Stettner* (2003), § 49 Rn. 21.

Ein vollständiger Schutz kann also, wie bereits dargelegt, auch durch andere Jugendschutzmaßnahmen nicht gewährleistet werden. Häusliche Missbrauchsmöglichkeiten können darüber hinaus bei jedem Medium eintreten.[787] Auch bei jugendgefährdenden Büchern und Schriften, die der Händler an Erwachsene vertreibt, besteht die Möglichkeit des anschließenden häuslichen Missbrauchs der Lektüre. Auch insoweit ist von der Gefahr einer verbotswidrigen Weitergabe an Kinder auszugehen. Das Argument, dass in diesen Fällen ein Augenkontakt zwischen Händler und Kunden stattfindet,[788] ist dabei vollkommen irrelevant, da dieser gleichermaßen nicht ausschließen kann, dass die Erwachsenen ihren Kindern zu Hause die ungeeigneten Inhalte nicht doch zur Verfügung stellen.

Angesichts der Tatsache, dass die Vorsperre wesentlich besser funktioniert als die Kindersicherung und ein umfassender Jugendschutz wohl angesichts ideenreicher Umgehungsmöglichkeiten nie sichergestellt werden kann, könnte man zu der Schlussfolgerung kommen, dass die Vorsperre ein geeignetes Jugendschutzinstrument darstellt. Voraussetzung hierfür ist jedoch eine hinreichende Praktikabilität und Effizient der Vorsperre. Die Praktikabilität wurde der Vorsperre größtenteils durch den 2. Praxistest attestiert.[789] Jedoch ergab die Studie auch, dass die Vorsperre bei älteren Kindern und Jugendlichen keinen ausreichend effektiven Jugendschutz gewährleisten könne, da jene durch ihre Eltern in der Regel den PIN-Code erfahren hätten. Die Ineffizienz der Vorsperre gegenüber über des 14-Jährigen hat schließlich dazu geführt, dass durch den 6. RÄStV die Erprobung der Vorsperreinrichtung mit den im digitalen Fernsehen bestehenden „besonderen" Sendezeitbeschränkungen zunächst bis 31.05.2003 gem. § 53a RStV verlängert wurde, um die Effektivität der Vorsperre weiter zu perfektionieren. In den JMStV wurde nun zwar die Möglichkeit der senderseitigen Vorsperre als Regelfall durch die Streichung der Vorschrift des § 53 a RStV durch § 25 Ab. 1 Nr. 1 d) JMStV aufgenommen, jedoch an der Satzungskompetenz der Landesmedienanstalten gem. § 9 Abs. 2 JMStV festgehalten und insoweit in der Amtlichen Begründung zum JMStV festgeschrieben, dass die Vorsperre lediglich vorbehaltlich der Ergebnisse der fünfjährigen Evaluierungsphase des JMStV Geltung beanspruchen könne. Somit wurde letztlich die Erprobungsphase des § 53 a RStV, welche ursprünglich bis zum 31.12.2005 fortdauern sollte, zwar nicht ausdrücklich, aber doch mittelbar bis zum 31.03.2008 um zwei Jahre und drei Monate verlängert; insofern also beibehalten.

Der JMStV sieht vor, dass Anbieter durch entsprechende technische oder sonstige Mittel (etwa durch entsprechende Software oder Jugendschutzprogramme) entwicklungsbeeinträchtigende Angebote vor dem unerlaubten Zugriff durch Kinder oder Jugendliche unmöglich machen oder zumindest wesentlich erschweren müssen. Dabei ist nicht unbedingt sicherzustellen, dass der Zugriff von Kindern oder Jugendlichen der

---

[787] *Hartstein/Ring/Kreile/Dörr/Stettner* (2003), § 49 Rn. 21; *Gesellensetter*, AfP 2001, 369 (372).

[788] Vgl. *Ramberg*, ZUM 1994, 140 (141 f.).

[789] Vgl. 1. Teil: 1.3.3.1. Kritisch zur Vorsperre *Ridder*, MP 2000, 213 (221).

betroffenen Altersstufe keinesfalls erfolgen kann. Der Gesetzestext sieht vielmehr vor, dass auch eine wesentliche Erschwerung ausreicht, da kaum mit absoluter Gewissheit ausgeschlossen werden kann, dass Kinder oder Jugendliche unberechtigt Zugriff erhalten. Insofern können an die Vorsperre geringere Anforderungen gestellt werden, als an eine geschlossene Benutzergruppe nach § 4 Abs. 2 S. 2 JMStV zu stellen sind. Denn § 4 Abs. 2 S. 2 JMStV fordert, dass derartige Angebote ausschließlich Erwachsenen zugänglich gemacht werden dürfen, ihre Wahrnehmung durch Kinder und Jugendliche also ausgeschlossen sein muss.

Die Effektivität des Jugendschutzinstruments „Vorsperre" zeigt sich letztlich daran, ob es die meisten Heranwachsenden zuverlässig von bestimmten für sie ungeeigneten Fernsehangeboten fern hält. Bei der Vorsperre ist diese Effektivität in entscheidendem Maße davon abhängig, dass der PIN-Code, der zu ihrer Aufhebung benötigt wird, den im Haushalt lebenden Minderjährigen unzugänglich bleibt. Wie die Erwachsenen tatsächlich mit dem PIN-Code umgehen, hängt – wie die Praxis zeigt – entscheidend vom Alter der Kinder ab. Der 2. Praxistest hat ergeben, dass die Vorsperre nur für Kinder bis zum 14. Lebensjahr ein zuverlässiges Jugendschutzinstrument darstellt, da der PIN-Code lediglich vor Kindern bis 14 Jahren überwiegend geheim gehalten wird.[790] Unter den 14- bis 15-Jährigen kennt dagegen bereits jeder Fünfte den PIN-Code und bei den 16- bis 17-Jährigen steigt der Anteil derjenigen, denen die Eltern den PIN-Code überlassen, sogar auf 40 %.

Allein durch die Vorsperre werden gefährdete Jugendlichen ab 14 Jahren also derzeit nicht ausreichend geschützt.[791] „Um diese gefährdeten Heranwachsenden von bestimmten Fernsehangeboten fernzuhalten, sind im Sinne eines funktionierenden Minderheitenschutzes Regulierungen notwendig, die die mangelnde elterliche Verantwortung von außen korrigieren können."[792] Dies ist umso notwendiger, als gerade in den betroffenen Familien – bei Erwachsenen, wie bei Kindern – ein bedenklicher Fernsehumgang festzustellen ist: Es handelt sich vorrangig um Vielseher mit Vorlieben für jugendschutzrelevante Angebote.[793] Bereits der 2. Praxistest hat Verbesserungsvorschläge für eine effektivere Jugendschutz-Vorsperre benannt. So sollte künftig der PIN-Code für das Entsperren der Vorsperreinrichtung mit der Bestellnummer für Pay-Per-View-Angebote verknüpft werden. Gerade in Familien, in denen der Umgang mit dem PIN-Code von mangelnder Verantwortung gegenüber den im Haushalt lebenden Kindern und Jugendlichen zeugt, könnte dieser zusätzliche „monetäre Druck" greifen, denn Eltern nutzen diese extra zu bezahlenden Angebote, erlauben aber regelmäßig ihren Kindern keine eigenmächtigen Bestellungen. Die Gefahr, dass der Fernsehkonsum der im Haushalt lebenden Kinder und Jugendlichen zusätzliche Kosten verursacht,

---

[790] *GSJP*, Jugendschutzbericht 2000/2001, S. 74 ff.

[791] *GSJP*, Jugendschutzbericht 2000/2001, S. 76.

[792] *GSJP*, Jugendschutzbericht 2000/2001, S. 56 f.

[793] *Schorb/Theunert* (2001), S. 92.

könnte also durchaus zu einem sorgfältigeren Umgang der Eltern mit dem PIN-Code für das Auflösen der Vorsperre führen,[794] reicht jedoch als alleinige Verbesserungsmaßnahme noch nicht aus.

Nach dem bisherigen Stand ist der Einsatz einer Vorsperre folglich noch kein ausreichendes Jugendschutzinstrument, nachdem es über 14-Jährige nicht hinreichend vor für sie ungeeigneten Inhalten schützen kann. Zwar bietet auch die allgemeine Sendezeitbeschränkung keinen vollständigen Schutz vor entwicklungsbeeinträchtigenden Angeboten, jedoch hat der 2. Praxistest ergeben, dass die Vorsperre bisher noch nicht den Schutzumfang der Sendezeitbeschränkung erreicht hat.

11.4 Geeignetheit der Vorsperre mit verkürzter Sendezeitbeschränkung

Nachdem die Vorsperre bisher also noch keinen geeigneten Schutz für Kinder und Jugendliche bietet, ist zu prüfen, ob die zusätzlich im digitalen Pay-TV geltenden verkürzten Sendezeitbeschränkungen dazu führen, dass die so ergänzte Vorsperre ein geeignetes Jugendschutzinstrument darstellt. Im digitalen Pay-TV gelten entsprechend der JSS andere Sendezeitgrenzen als für das Free-TV. So können Sendungen mit einer Freigabe ab 16 Jahren, welche im Free-TV erst ab 22.00 Uhr gezeigt werden dürfen, den ganzen Tag und Sendungen mit einer Freigabe ab 18 Jahren, welche im Free-TV erst ab 23.00 Uhr zu sehen sind, bereits ab 20.00 Uhr ausgestrahlt werden.

Gem. § 5 Abs. 1 JMStV haben Anbieter, sofern sie Angebote verbreiten oder zugänglich machen, die geeignet sind, die Entwicklung von Kindern oder Jugendlichen zu einer eigenverantwortlichen und gemeinschaftsfähigen Persönlichkeit zu beeinträchtigen, dafür Sorge zu tragen, dass Kinder oder Jugendliche der betroffenen Altersstufen jene Angebote üblicherweise nicht wahrnehmen. Nachdem empirische Untersuchungen – auch für das Pay-TV – die gesetzliche Vermutung bestätigen, dass die Hauptfernsehzeit von Kindern und Jugendlichen auf den Zeitraum von 18.00 Uhr bis 21.00 Uhr fällt und erst nach 22.00 Uhr kaum noch unter 16-Jährige und nach 23.00 Uhr kaum noch unter 18-Jährige vor den Fernsehgeräten sitzen, ist nicht nachvollziehbar, weshalb beim digitalen Fernsehen – angesichts der für über 14-Jährigen ungeeigneten Vorsperre – andere Sendezeitgrenzen gelten sollen, als für das Free-TV.

Gerade nachdem die Hauptfernsehzeit von Kindern und Jugendlichen als die zwischen 18.00 Uhr und 21.00 Uhr identifiziert wurde und der Praxistest ergeben hat, dass die Vorsperre für über 14-Jährige keinen ausreichenden Schutz bietet, ist nicht verständlich, weshalb gerade die Sendezeitgrenzen für 16- und 18-Jährige verändert werden, nachdem diese doch ausweislich des 2. Praxistests gerade Schutz benötigen würden. Wenn die Vorsperre aber zum Teil nicht hinreichend effektiv ist, wie dies für ältere Kinder durch den 2. Praxistest bewiesen wurde, dann kann hinsichtlich der älteren

[794] *Schorb/Theunert* (2001), S. 93, 162.

Kinder und Jugendlichen auch keine andere Sendezeitgrenze gelten, als dies im Free-TV gilt.[795]

Hintergrund für die Aufrechterhaltung der verkürzten Sendezeitbeschränkung auf den Zeitraum von 20.00 Uhr bis 6.00 Uhr für Filme, die für Kinder und Jugendliche unter 18 Jahren nicht geeignet sind, ist somit in erster Linie nicht die Steigerung der Effizienz des Jugendschutzes im digitalen Fernsehen, sondern vielmehr wird mit dieser Regelung der im Pay-TV geltenden „verkürzten" Sendezeitbeschränkung ein „Kompromiss" zwischen Gesetzgeber und den Landesmedienanstalten eingegangen, um hierdurch neben einem möglichst effektiven Jugendschutz gerade auch einen Anreiz für das digitale Fernsehen zu schaffen, die Vorsperre weiter zu verbessern. Dem Gesetzgeber steht bei der Wahl der Jugendschutzmittel zur Umsetzung des Verfassungsauftrags Jugendschutz, wie bereits wiederholt dargestellt,[796] ein weiter Beurteilungsspielraum zur Verfügung. Letztlich überschreitet er diesen nur, wenn er entweder überhaupt nicht handelt oder völlig ungeeignete Mittel wählt. Bei der Vorsperre handelt es sich zwar um ein den allgemeinen Sendezeitbeschränkungen vergleichbar geeignetes Jugendschutzinstrument für Kinder unter 14 Jahren, jedoch kann bei Jugendlichen über 14-Jährigen diese Effektivität nicht mehr festgestellt werden. Angesichts der Tatsache, dass bei der verkürzten Sendezeitbeschränkung gerade lediglich die bereits vom Schutz der Vorsperre berücksichtigten Kinder bis 14 Jahren „zusätzlich" geschützt werden, kann die verkürzte Sendezeitbeschränkung kein geeignetes Mittel zum Jugendschutz darstellen.

Aus Jugendschutzgründen müsste neben der Vorsperre an den allgemeinen Sendezeitbeschränkungen in Form der 22.00 Uhr- und 23.00 Uhr-Zeitgrenze festgehalten werden. Der Gesetzgeber hat sich jedoch gerade noch innerhalb seines Beurteilungsspielraums gehalten, wenn er aus Gründen der Erprobung und Perfektionierung der Vorsperre durch die Anbieter – was nicht zuletzt auch erhebliche finanzielle Mittel der Anbieter erfordert – zur Schaffung von Alternativen zur Sendezeitbeschränkung, für einen Erprobungszeitraum der Programmfreiheit der Rundfunkveranstaltern gegenüber dem Jugendschutz einen gewissen Spielraum eingeräumt hat.

Damit handelt es sich bei der Vorsperre mit verkürzter Sendezeitbeschränkung um ein für unter 14-Jährige sehr effektives Jugendschutzinstrument, welches für über 14 Jahren erheblich an Effizienz erheblich verliert. Dieses Defizit muss zügig zumindest bis zum Ablauf der fünfjährigen Evaluierungsphase des JMStV behoben werden, andernfalls müsste auch im Pay-TV an den allgemeinen Sendezeitbeschränkungen festgehalten werden. Die Vorsperre könnte jedoch gerade jetzt – angesichts der Konvergenz der Medien – möglicherweise durch die Bemühungen der Internetbranche zur Entwicklung von Schutzsystemen, welche sicherstellen, dass entsprechende Programme ausschließlich von Erwachsenen innerhalb geschlossener Benutzergruppen genutzt werden,

[795] Zur Verfassungsmäßigkeit dieser Ungleichbehandlung von Free- und Pay-TV vgl. 2. Teil: 20.2.2.

[796] Vgl. 2. Teil: 7.4.2.

positive Synergien erhalten. Letztlich ist also die Vorsperre mit verkürzter Sendezeitbeschränkung trotz ihrer Defizite in der Effizienz verfassungsgemäß, da sie nicht zu unvertretbaren Ergebnissen im Bereich des Jugendschutzes während der Erprobungsphase führt – solange weiterhin Verbesserungen entwickelt und umgesetzt werden.

11.5 Erforderlichkeit der Vorsperre mit verkürzter Sendezeitbeschränkung

Die Vorsperre mit verkürzter Sendezeitbeschränkung ist gegenüber den sonst zur Verfügung stehenden Optionen (reguläre Sendezeitbeschränkung oder Ausstrahlungsverbot) ein durchaus milderes Mittel zur Verwirklichung des Jugendschutzes unter hinreichender Berücksichtigung der Programmautonomie der Rundfunkveranstalter. So bietet sie trotz noch nicht abgeschlossener Verbesserung eine Alternative zu den Sendezeitbeschränkungen, selbst wenn diese bis zur endgültigen Ausgereiftheit der Vorsperre noch in verkürzter Form auch bei der Vorsperre Geltung behalten. Der Eingriff in die Rundfunkfreiheit war bis 31.03.2003 aufgrund des weiten Beurteilungsspielraums des Gesetzgebers – trotz eines fehlenden Nachweises der vollständigen Geeignetheit der Vorsperre für über 14-Jährige – nicht zuletzt deshalb verhältnismäßig, da durch die in § 3 Abs. 9 RStV vorgesehene Überprüfung der Norm im Jugendschutzbericht und das automatische Außerkrafttreten des § 3 Abs. 5 RStV am 31.12.2005 gem. § 53 a RStV der Eingriff relativiert wurde.[797] Nachdem durch den 2. Praxistest belegt wurde, dass die Vorsperre insbesondere bei über 14-Jährigen weiterhin noch ungenügenden Schutz bietet, ist nicht verständlich, weshalb das Berichtserfordernis und die zeitliche Befristung der Vorsperre gem. § 53 a RStV nicht auch in den JMStV ausdrücklich mitaufgenommen, sondern vielmehr ersatzlos gem. § 25 Abs. 1 Nr. 12 JMStV gestrichen wurden. Hier sind die Landesmedienanstalten gefordert gem. § 9 Abs. 2 JMStV in ihrer Satzung Berichtserfordernisse und -fristen festzulegen, auch wenn die Vorsperre lediglich vorbehaltlich der Ergebnisse der fünfjährigen Evaluierungsphase des JMStV als Regelmodell[798] in den JMStV aufgenommen wurde und somit spätestens[799] bis 31.03.2008 auf seine Effektivität hin überprüft werden wird.

11.6 Keine Ausnahmemöglichkeit gegenüber kinderlosen Haushalten

Ein entscheidender Vorteil der Vorsperre ist, dass die Sender – im Sinne des Verursacherprinzips – die Verantwortung für diese Jugendschutzvorkehrung selbst wahrnehmen. Auch aus pädagogischer Sicht birgt die senderseitige Vorsperre einen

---

[797] So auch *Bornemann/Lörz*, BayMG (2002), Art. 6 Rn. 48.

[798] BayLT-Drs. 14/10246, S. 30.

[799] Letztlich können die Landesmedienanstalten gem. § 9 Abs. 2 JMStV auch bereits frühere Berichtsfristen vorgeben und Praxistests durchführen lassen, wenn sie eine entsprechende Klausel in die JSS mitaufnehmen. Darüber hinaus erstattet die KJM gem. § 17 Abs. 3 JMStV den Gremien der Landesmedienanstalten, den für den Jugendschutz zuständigen obersten Landesbehörden und den für den Jugendschutz zuständigen obersten Bundesbehörden erstmalig zwei Jahre nach ihrer Konstituierung und danach alle zwei Jahre einen Bericht über die Durchführung der Bestimmungen des JMStV. Auch hierbei muss über die Effektivität(ssteigerung) der Vorsperrvorrichtung berichtet werden.

großen Vorteil: Wer eine vorgesperrte Sendung sehen will, muss den Handgriff der Entsperrung vollziehen. Durch diesen Zwang zur Entsperrung werden auch Eltern mit geringem Problembewusstsein für den Fernsehkonsum ihrer Kinder jeweils mit der Tatsache konfrontiert, dass diese Sendung Kindern und Jugendlichen schaden kann. Eine generelle Freischaltung für Haushalte ohne (bzw. zeitweise ohne) Kinder widerspräche dagegen dem Prinzip der Senderverantwortung und somit auch der Logik der Vorsperre. Denn in diesem Fall könnten die Zuschauer wiederum in eigener Verantwortung entscheiden, ob sie sich als Haushalt mit oder ohne Kinder definieren. Die senderseitige Vorsperre würde unter der Hand wieder auf das Niveau der bereits früher entwickelten und als unzureichend bewerteten Kindersperre reduziert. Das Desinteresse vieler Eltern und auch ihr Wunsch nach Konfliktvermeidung darf im Blick auf den Medienumgang ihrer Kinder nicht unterschätzt werden.[800] Aus diesem Grund darf es auch keine Ausnahmen bei der grundsätzlichen Handhabung mit der veranstalterseitigen Vorsperre geben.

11.7 Keine Vorsperrmöglichkeit für indizierte Angebote

§ 3 Abs. 3 RStV ließ für den Bereich der mit indizierten Schriften inhaltsgleichen Sendungen den gebotenen Jugendschutz ausschließlich durch Beachtung von Sendezeitbeschränkungen zu. Für die unter Jugendschutzgesichtspunkten besonders „gefährlichen" Filme hielt der RStV bisher jegliche Vorsorge „auf andere Weise" für unzureichend und folglich den Schutz durch die Sendezeitbeschränkung für zuverlässiger.[801] Der JMStV sieht für indizierte Sendungen nun keine Ausnahmemöglichkeit mehr vor – weder im Free- noch im Pay-TV, vgl. § 11 Abs. 1 Nr. 11 i.V.m. Abs. 2 Nr. 2 JMStV. Nicht zuletzt aus diesem Grund, sondern auch angesichts der bereits dargelegten Ergebnisse des 2. Praxistestes bezüglich des nachlässigen Umgangs der Eltern mit den PIN-Codes bestehen Zweifel an der Geeignetheit und Effektivität der Vorsperre – als alleinigem Schutzinstrument vor jugendgefährdenden Inhalten. Angesichts der Absicht, eine Vorsorge auf andere Weise als durch Sendezeitbeschränkungen zu entwickeln, erscheint es erforderlich, über einen Erprobungszeitraum hinweg neue technische Möglichkeiten zu testen. Aus diesem Grund kann sich die Testregelung durchaus in Verbindung mit den Sendezeitbeschränkungen als ein geeignetes und zwecktaugliches Mittel für den Jugendschutz vor entwicklungsbeeinträchtigenden, nicht aber vor entwicklungsgefährdenden Angeboten darstellen. Denn ein unzureichender Schutz vor entwicklungsgefährdenden Angeboten kann nicht verfassungsgemäß sein, da es hierbei möglicherweise zu unvertretbaren Ergebnissen im Bereich des Jugendschutzes während des Erprobungszeitraumes kommen könnte.

---

[800] *GSJP*, Jugendschutzbericht 2000/2001, S. 28 f.

[801] BVerwG ZUM 1998, 584 (587).

11.8 Zwischenergebnis

Im Ergebnis kann derzeit noch nicht davon ausgegangen werden, dass es neben den Sendezeitbeschränkungen gleich wirksame sonstige Mittel im Sinne des § 5 Abs. 3 Nr. 1 JMStV gibt, Kinder und Jugendliche vor entwicklungsbeeinträchtigenden Angeboten zu schützen.[802] Die Vorsperre ist lediglich bei Kindern und Jugendlichen bis 14 Jahren ein der Sendezeitbegrenzung vergleichbares, weitgehend effektives Jugendschutzinstrument zur Vermeidung der Wahrnehmung von entwicklungsbeeinträchtigenden Sendungen. Bei den über 14-Jährigen lässt die Geeignetheit und Zweckmäßigkeit der Jugendschutz-Vorsperre jedoch entscheidend nach, da Eltern ihren Kindern ab diesem Alter häufig den PIN-Code zum vermeintlich eigenverantwortlichen Gebrauch zur Verfügung stellen. Die bei Verwendung der Vorsperre im digitalen Fernsehen für die erst ab 18 Jahren freigegebenen Filme geltende Sendezeitgrenze zwischen 20.00 Uhr und 6.00 Uhr ist nicht verfassungskonform, da sie die empirischen Untersuchungen zum Fernsehverhalten von Kindern und Jugendlichen nicht ausreichend berücksichtigt. Auf diese Weise kann das Manko der Vorsperre zum Schutz von über 14-Jährigen nur unzureichend ausgeglichen werden. Lediglich die Tatsache, dass es sich bei der Vorsperre um ein noch nicht voll ausgereiftes Jugendschutzinstrument handelt, welches weiter von den Anbietern verbessert und perfektioniert werden soll, lässt es angesichts des weiten Beurteilungsspielraums des Gesetzgebers und der Abwägung der für Jugendlichen durch entwicklungsbeeinträchtigende Angebote ausgehenden möglichen Gefahren als gerechtfertigt erscheinen, für eine weitere Erprobungsphase – spätestens bis 31.03.2008 – den unzureichenden, aber sich stetig verbessernden Schutz sehenden Auges zu dulden.

[802] So auch *Hertel*, in: *Hahn/Vesting* (2003), § 3 RStV Rn. 80.

12 Sendezeitbeschränkung für Programmankündigungen

12.1 Änderungen durch den JMStV

Nach § 3 Abs. 6 RStV durften Programmankündigungen mit Bewegtbildern für Sendungen, die gem. § 3 Abs. 2, 3 und 5 RStV Sendezeitbeschränkungen unterlagen, nur zu diesen Zeiten ausgestrahlt werden. Die Erweiterung des Werbeverbots in § 3 Abs. 6 RStV auch auf digitale Programme wurde mit dem 5. RÄStV[803] eingeführt. Danach müssen unverschlüsselte Programmankündigungen mit Bewegtbildern zu Sendungen, die nach Absatz 5 verschlüsselt oder vorgesperrt gesendet werden, zu den Sendezeiten ausgestrahlt werden, die für die angekündigte vorgesperrte Sendung gegolten hätten, wenn diese nicht verschlüsselt und vorgesperrt ausgestrahlt werden würde. In § 10 Abs. 1 JMStV heißt es nunmehr kurz: „§ 5 Abs. 4 und 5 gilt für unverschlüsselte und nicht vorgesperrte Programmankündigungen mit Bewegtbildern entsprechend.“ Die amtliche Begründung stellt hierzu klar, dass § 10 Abs. 1 JMStV den Grundsatz enthält, „dass eine Programmankündigung mit Bewegtbildern der entsprechenden Einstufung des Angebotes selbst nach § 5 Abs. 4 und 5 folgt und damit den gleichen Beschränkungen unterliegt.“[804] Das heißt, auch nach § 10 Abs. 1 JMStV müssen künftig weiterhin Programmankündigungen, die selbst keine Entwicklungsbeeinträchtigung für Kinder und Jugendliche beinhalten, aufgrund der Anreizwirkung für die spätere Kenntnisnahme des angekündigten entwicklungsbeeinträchtigenden Films unter den Bedingungen gesendet werden, die für die angekündigte Sendung selbst gelten. Ausnahmen von den Sendezeitgrenzen gelten gem. § 9 Abs. 2 JMStV i.V.m. der JSS nur für verschlüsselte und vorgesperrte Programmankündigungen mit Bewegtbildern. Wie bisher gilt also das Prinzip, dass unabhängig vom – möglicherweise ebenfalls entwicklungsbeeinträchtigenden – Inhalt der Programmankündigung selbst, welche insofern direkt unter den Regelungsbereich von § 5 Abs. 1, 4 und 5 JMStV fallen würde, eine Programmankündigung für eine entwicklungsbeeinträchtigende Sendung stets nur zu den Bedingungen – Sendezeitbeschränkung bzw. Vorsperrung und Verschlüsselung – ausgestrahlt werden darf, die für die entwicklungsbeeinträchtigende Sendung selbst gelten.

12.2 Verhältnismäßigkeit der Sendezeitbeschränkung für Programmankündigungen

Durch das Verbot, auf Filme, die erst ab 16 Jahren bzw. 18 Jahren freigegeben sind, vor 22.00 Uhr bzw. 23.00 Uhr unverschlüsselt hinzuweisen, wird in die freie Programmgestaltung der Rundfunkveranstalter eingegriffen. Dieser Eingriff findet jedoch seine Rechtfertigung in den gesetzlichen Bestimmungen zum Schutz der Jugend, zu denen die

---

[803] Vgl. zum 5. RÄStV vom 01.01.2001 *Hartstein/Ring/Kreile/Dörr/Stettner* (2003), § 3 Rn. 8a und vor Rn. 1.

[804] Amtl. Begr. zu § 10 JMStV, BayLT-Drs. 14/10246, S. 20.

Regelung des § 10 Abs. 1 JMStV (bisher § 3 Abs. 6 S. 2 RStV) zählt. Der Jugendschutz als verfassungsrechtlich bedeutsames Interesse berechtigt den Gesetzgeber dazu, Regelungen zu erlassen, durch welche Kindern und Jugendlichen drohende Gefahren abgewehrt werden.[805] Der Gesetzgeber kann hierbei Maßnahmen treffen, durch die der freie Zugang Jugendlicher zu entwicklungsbeeinträchtigenden Sendungen unterbunden wird.[806]

Bei der Geeignetheitsprüfung des § 10 Abs. 1 JMStV kann auf die amtliche Begründung zum 5. RÄStV[807] zurückgegriffen werden, die besagt, dass § 3 Abs. 6 S. 2 RStV lediglich eine Klarstellung im Hinblick auf Programmankündigungen für Sendungen, die jugendbeeinträchtigend sind, darstelle. Bereits vor dem 5. RÄStV, welcher die Regelung für Programmankündigungen auch ausdrücklich auf digitale Angebote erstreckte, hatte die Rechtsprechung[808] angenommen, dass ein Rundfunkveranstalter für Filme in seinem Programm, die erst ab 16 bzw. 18 Jahren freigegeben waren, außerhalb der Sendezeitbeschränkungen, die für diese Filme selbst galten, nicht durch unverschlüsselte Ankündigungen mit Bewegtbildern (Trailern) werben durfte. Für Rundfunkveranstalter, die „auf andere Weise" Vorsorge für den Jugendschutz getroffen hatten, sollten bereits nach § 3 Abs. 4 RStV a.F. diejenigen Beschränkungen, die für die Sendungen selbst gegolten hätten, auch bezüglich ihrer Ankündigungen verbindlich sein.[809] Dies kann damit begründet werden, dass bereits § 3 Abs. 4 RStV a.F. auch auf unverschlüsselt ausgestrahlte Bewegtbild-Programmankündigungen für verschlüsselt ausgestrahlte Filme anzuwenden war, da mit der Verschlüsselung der Film nicht seinen Charakter als Film, der generell Sendezeitbeschränkungen unterliegt, verliert.[810]

Gegen die Geeignetheit des § 10 Abs. 1 i.V.m. § 5 Abs. 4, 5 JMStV könnte voreilig eingewendet werden, dass die Anreizwirkung nur bei frei empfangbaren Rundfunksendungen und nicht bei codiert ausgestrahlten Programmen bestehe, da bei derart vorgesperrten Sendungen zwar ein Anreiz entstehen könne, die Sendung zu sehen, diese

[805] Gefahren drohen dabei nach der Rspr. des BVerfG „auf sittlichem Gebiet von allen Druck-, Ton- und Bilderzeugnissen, die Gewalttätigkeiten oder Verbrechen glorifizieren, Rassenhass provozieren, den Krieg verherrlichen oder sexuelle Vorgänge in grob schamverletzender Weise darstellen und deshalb zu erheblichen, schwer oder gar nicht korrigierbaren Fehlentwicklungen führen können", BVerfGE 30, 336 (347); ebenso BVerwG ZUM 1998, 584 (588) = BVerwG NJW 1998, 2690 (2692) = BVerwG K&R 1998, 309 (312) = BVerwGE 106, 216 (226).

[806] BVerfGE 30, 336 (347); BVerwG ZUM 1998, 584 (588) = BVerwG NJW 1998, 2690 (2692) = BVerwG K&R 1998, 309 (312) = BVerwGE 106, 216 (226).

[807] Die amtl. Begr. zum 5. RÄStV ist abgedruckt in: *Hartstein/Ring/Kreile/Dörr/Stettner* (2003), § 3 vor Rn. 1 sowie abrufbar unter: http://www.artikel5.de/gesetze/rstv-5-bg.html (zuletzt besucht am 27.05.2003).

[808] BVerwG ZUM 1998, 584 ff. = BVerwGE 106, 216 ff. sowie OLG Hamburg ZUM 1996, 337 f.; a.A. *Schumann*, ZUM 1998, 909 ff., *Schumann*, ZUM 1996, 301 ff.

[809] BVerwG ZUM 1998, 584 ff.; kritisch zu diesem Urteil des BVerwG *Schumann*, ZUM 1998, 909 ff., der den Jugendschutz durch die vorgesperrte beworbene Sendung als ausreichend erachtet.

[810] OLG Hamburg ZUM 1996, 337 (337); a.A. *Schumann*, ZUM 1998, 909 ff.

aber aufgrund der Codierung gerade nicht angesehen werden könne.[811] Nachdem die Vorsperre aber – wie soeben unter 2. Teil: 11 dargestellt – noch keine überlegene und damit vorrangige Vorsorge „auf andere Weise" darstellt,[812] sondern vielmehr bei Sendungen auf der Grundlage indizierter Schriften sogar als nicht effektiv und geeignet zum Schutz von Kindern und Jugendlichen angesehen wird,[813] kann dieses Argument nicht überzeugen. Ein umfassender Schutz ist angesichts des Einfallsreichtums der Kinder und Jugendlichen und dem Umgang der Eltern mit dem PIN-Code nicht zu gewährleisten. Im Übrigen könnte das Argument – es werde für Sendungen geworben, welche Kinder angesichts der angeblich effektiven Jugendschutzmaßnahmen nicht wahrnehmen können – auch bei der Sendzeitbeschränkung eingewendet werden, da die Anreizwirkung, unterstellt die Sendezeitbeschränkung ist ein geeignetes Jugendschutzmittel, auch dann ins Leere gehen müsste, säßen Kinder tatsächlich nie nach 22.00 Uhr bzw. 23.00 Uhr vor dem Fernseher. Eine Programmankündigung beabsichtigt aber gerade, diejenigen, die sich die Sendung nicht ansehen wollen und diejenigen, die nichts von der Ausstrahlung der Sendung wissen, zur Rezeption anzuregen. Dieser Anreiz einer Programmankündigung vor 22.00 Uhr könnte auch Kinder dazu verleiten, sich über die Sendezeiten und Vorsperreinrichtungen hinwegzusetzen, um entwicklungsbeeinträchtigende Sendungen wahrzunehmen.

Das Bundesverwaltungsgericht geht daher davon aus, dass durch derartige Programmankündigungen Anreize für Kinder und Jugendliche geschaffen werden, die zu ihrem Schutz eingeführten Sendezeitregelungen zu missachten sowie die Vorsperreinrichtungen zu umgehen.[814] Der Gesetzgeber beabsichtigt in erster Linie zu verhindern, dass der – auf welche Weise auch immer – gestaltete Jugendschutz im Fernsehen durch Trailerwerbung unterlaufen und ausgehöhlt wird.[815] Denn das Bestreben des Gesetzgebers ist erkennbar darauf gerichtet, dass „Kinder und Jugendliche nach Möglichkeit gar nicht erst auf Sendungen aufmerksam gemacht werden, die unter Jugendschutzgesichtspunkten problematisch sind."[816] Der Jugendschutz im Fernsehen erfüllt nach Ansicht der BVerwG zwei Funktionen. Zum einen soll er durch entsprechende Vorgaben für die Rundfunkveranstalter die Eltern in ihrer Erziehungsaufgabe unterstützen. Zum anderen

---

[811] So plädieren *Schumann*, ZUM 1996, 301 (302) und *Waldenberger*, MMR 2002, 413 (414), dafür, dass anstelle eines vollständigen Verbots der Werbung für jugendgefährdende Medien, § 15 Abs. 1 Nr. 6 JuSchG (bisher § 5 Abs. 2 GjSM) es darauf ankommen müsse, dass Jugendliche daran gehindert sind, an für sie ungeeignete Medien zu gelangen, anstatt die Werbung für diese weitgehend zu untersagen. Dieses Argument wird auch von Gegnern des Tabakwerbeverbots (Art. 13 EG-FernsehRiL) angeführt und kann nicht überzeugen, da hierbei der Sinn und Zweck von Werbung verkannt wird, der nun mal gerade durch die Anreizschaffung und -förderung zum Konsum des Beworbenen „verführen" soll.

[812] *Hertel*, in: *Hahn/Vesting* (2003), § 3 RStV Rn. 80.

[813] BVerwG ZUM 1998, 584 (587).

[814] BVerwG ZUM 1998, 584 (587); vgl. auch *Hartstein/Ring/Kreile/Dörr/Stettner* (2003), § 3 Rn. 72; OLG Hamburg ZUM 1996, 337 (338).

[815] BVerwG ZUM 1998, 584 (587).

[816] BVerwG ZUM 1998, 584 (587).

soll er aber auch „dem Umstand Rechnung tragen, dass es soziale Bindungen gibt, in denen erzieherisches Handeln nicht oder nur unzureichend stattfindet.“[817] Beiden Zielen dient die Sendezeitbeschränkung für Programmankündigungen.

Die Bestimmung in § 10 Abs. 1 JMStV stellt insoweit eine ergänzende Vorschrift dar, welche die Sendezeitbeschränkung auf „neutrale“, d.h. gerade nicht selbständig jugendgefährdende Programmankündigungen mit Bewegtbildern erstreckt. Denn Programmankündigungen, die selbst entwicklungsbeeinträchtigende Inhalte aufweisen, stellen bereits unmittelbar einen Verstoß gegen § 5 Abs. 1 JMStV dar. Ein wirkungsvoller Jugendschutz verlangt auch den Ausschluss der so genannten neutralen Programmankündigung, die an sich nicht entwicklungsbeeinträchtigend ist und auch nicht auf den jugendgefährdenden Charakter des angebotenen Erzeugnisses hinweist.[818] „Eine derartige Werbung muss nämlich notwendigerweise auch den geschützten Kreis der Jugendlichen erreichen und übt in diesem Falle einen werbeimmanenten, dem Jugendschutz zuwiderlaufenden Anreiz aus.“[819] Eine neutrale Werbung macht außerdem Jugendliche auf das Vorhandensein von Sendungen mit jugendgefährdendem Inhalt aufmerksam und vergrößert für Jugendliche die Möglichkeit, derartige Angebote wahrzunehmen.

Der Gesetzgeber will die Anreize, die aus einer Programmankündigung resultieren, unterbinden. Gegen die Geeignetheit der Bestimmung des § 10 Abs. 1 JMStV könnte weiter vorgetragen werden, dass bereits aus den oft detaillierten Programmankündigungen und -informationen in Fernsehzeitschriften die Gefahr resultiere, dass Kinder und Jugendliche dazu verleitet würden, für sie ungeeignete Inhalte zu rezipieren. Hiergegen muss jedoch eingewandt werden, dass Fernsehtrailerwerbung diesen Effekt noch erheblich verstärkt und der Gesetzgeber zwar einen möglichst effektiven Jugendschutz gewährleisten, jedoch auch nicht jegliche Gefahren für Kinder und Jugendliche ausschließen kann und muss. Bei der Sendezeitbeschränkung für Programmankündigungen handelt es sich auch um das mildeste Mittel zur Verwirklichung eines möglichst effektiven Jugendschutzes. Schließlich werden Programmankündigungen für entsprechend entwicklungsbeeinträchtigende Angebote auf diese Weise nicht vollständig verboten, wie dies bei Tabakwerbung gem. Art. 13 EG-FernsehRiL der Fall ist. Auf die bereits dargestellten Ausführungen zur Erforderlichkeit der allgemeinen Sendezeitbeschränkung kann verwiesen werden.[820]

Die Sendezeitbeschränkung für Programmankündigungen muss schließlich auch einer Abwägung zwischen den Interessen der Rundfunkanbieter und dem Jugendschutz

---

[817] BVerwG ZUM 1998, 584 (587).

[818] BVerwG ZUM 1998, 584 (588). Die Auswahl unter den Mitteln, den Gefahren einer Entwicklungsbeeinträchtigung bei Kindern und Jugendlichen zu begegnen, obliegt dem Gesetzgeber, vgl. BVerfGE 30, 336 (347 f.).

[819] BVerwG ZUM 1998, 584 (588).

[820] Vgl. 2. Teil: 8.4.

standhalten, nachdem es sich auch bei der Werbung in Form einer Programmankündigung um Programm und somit um einen Eingriff in die Programmfreiheit der Rundfunkveranstalter handelt.[821] Das in § 10 Abs. 1 JMStV normierte Verbot, Filme, die für Kinder und Jugendliche unter 16 bzw. 18 Jahren nicht geeignet sind, vor 22.00 Uhr bzw. 23.00 Uhr mit Bewegtbildern anzukündigen, dient den Belangen effektiven Jugendschutzes.[822] Die Effektivität des Jugendschutzes würde grundlegend in Frage gestellt, wenn Pay-TV-Anbieter berechtigt wären, für entwicklungsbeeinträchtigende Filme vor 22.00 Uhr unverschlüsselt zu werben. Hinter die Belange des Jugendschutzes müssen die wirtschaftlichen Interessen der Rundfunkveranstalter daran zurücktreten, durch unverschlüsselt ausgestrahlte Programmankündigungen beispielsweise Abonnenten zu gewinnen.

Im Übrigen käme es auch zu einer Verletzung des Gleichheitssatzes, „wäre erlaubt, außerhalb der vorgeschriebenen Sendezeiten mit Bewegtbildern für Sendungen jugendgefährdenden Inhalts unverschlüsselt zu werben: Ein sachlicher Grund dafür, diesen Vorteil Rundfunkveranstaltern vorzuenthalten, die derartige Sendungen unverschlüsselt zu den vorgeschriebenen Zeiten bringen, ist nicht zu erkennen."[823] Der Schutz der Jugend ist nach der Wertung des Grundgesetzes ein Ziel von bedeutendem Rang und ein wichtiges Gemeinschaftsanliegen.[824] Der Jugendschutz bedarf daher wirkungsvoller Präventivmaßnahmen zur Verwirklichung seiner Ziele.[825] Dazu zählt, wie bereits dargelegt, insbesondere die Sendezeitbeschränkung für entwicklungsbeeinträchtigende Filme, welche erst für 16- bzw. 18 Jährige durch die FSK freigegeben sind.[826]

12.2.1 Programmankündigungen für Sendungen mit einer Freigabe ab 12 Jahren?

Bisher normierte § 3 Abs. 6 RStV, dass Programmankündigungen mit Bewegtbildern für Sendungen, die nach § 3 Abs. 2, 3 und 5 RStV Sendezeitbeschränkungen unterlagen, nur zu diesen Zeiten ausgestrahlt werden durften. Nachdem es für Filme, die für Kinder und Jugendliche unter 12 Jahren nicht geeignet sind, keine feststehende Zeitgrenze im RStV gab, außer dass Veranstalter bei der Wahl der Sendezeit dem Wohl jüngerer Kinder Rechnung tragen sollten, hätte man zu dem Schluss kommen können, dass (diesbezügliche) Programmankündigungen zu jeder Uhrzeit möglich gewesen seien. Nach der Regelung des § 10 Abs. 1 JMStV gilt nunmehr § 5 Abs. 4 und 5 JMStV für Programmankündigungen mit Bewegtbildern entsprechend. Also muss auch bei Programmankündigungen für Sendungen, welche für Kinder und Jugendliche unter 12 Jahren nicht geeignet sind, das Wohl dieser Kinder und Jugendlichen bei der Wahl der

---

[821] Vgl. v. *Mangoldt/Klein/Starck*, GG (1999), Art. 5 Rn. 149; *Jarass*, NJW 1982, 1933 (1838 f.).

[822] Dies wurde in BVerwG ZUM 1998, 584 (588) bereits für § 3 Abs. 4 RStV a.F. festgesellt.

[823] OLG Hamburg ZUM 1996, 337 (338).

[824] BVerfGE 30, 336 (348).

[825] BVerfGE 30, 336 (350).

[826] OLG Hamburg ZUM 1996, 337 (338).

Sendezeit für die Programmankündigung berücksichtigt werden. Wird ein für unter 12-Jährige nicht geeigneter Film entsprechend Ziff. 5.5 JuSchRiL nach 20.00 Uhr ausgestrahlt, gilt dies auch für die Programmankündigung. Nach der Neuregelung des § 10 Abs. 1 JMStV, welche laut amtlicher Begründung[827] besagt, dass die Sendezeiten der Programmankündigung den Sendezeiten der Sendung folgen müssen, wobei ausdrücklich auf die Regelungen des § 5 Abs. 4 und 5 JMStV Bezug genommen wird, müssen Programmveranstalter auch bei Programmankündigungen, die für Kinder unter 12 Jahren nicht geeignet sind, bei der Wahl der Sendezeit dem Wohl der Kinder Rechnung tragen. Sollte bereits eine Sendezeitbeschränkung für die Sendung selbst durch die Landesmedienanstalt, die KJM oder die Selbstkontrolleinrichtung ausgesprochen worden sein, muss diese auch gegenüber der Programmankündigung Wirkung entfalten. Dies gilt auch, wenn eine Sendezeitbeschränkung für die Programmankündigung nicht ausdrücklich beim Ausspruch der Sendezeitbeschränkung für die Sendung selbst erfolgt ist.[828] In Ziff. 3.2 JuSchRiL wurde darüber hinausgehend von den Programmanbietern allgemein Sorgfalt bei der Platzierung von Programmankündigungen eingefordert. Die Richtlinien legten insofern fest, dass Programmanbieter auch bei der Ankündigung von Sendungen, die nicht den Sendezeitbeschränkungen nach § 3 Abs. 2 und 3 RStV unterlagen, Rücksicht auf die Belange des Jugendschutzes zu nehmen hatten. Eine entsprechende Regelung sollte auch in die nunmehr zu erlassenden Richtlinien mitaufgenommen werden.

12.2.2 Umgehung des Werbeverbots durch Ausstrahlung von „Imagewerbung“

Bei der Anwendung des § 3 Abs. 6 RStV stellte sich die Frage, ob diese Vorschrift auch auf eine so genannte „Imagewerbung“ eines Senders angewendet werden konnte, bei der es nicht darum geht eine bestimmte Sendung oder einen bestimmten Film zu bewerben, sondern vielmehr darum, ein komplettes Programm bzw. einen kompletten Sender zu bewerben. Bei dieser Art von Imagewerbung soll durch Zusammenschneiden aus unterschiedlichen einzelnen kurzen Sendesegmenten ein Werbeeffekt für das komplette Programm erreicht werden. Durch diese Art von Werbung soll ein Image des Senders bzw. des Programms vermittelt werden.

Nach § 3 Abs. 6 RStV galten für Programmankündigungen mit Bewegtbildern – unabhängig von der Eignung der in der Ankündigung selbst verwendeten Bilder zur Jugendbeeinträchtigung dieselben Sendezeitbeschränkungen wie für die angekündigte Sendung selbst, es sei denn, die Programmankündigung war ihrerseits vorgesperrt. Angesichts des Wortlauts von § 3 Abs. 6 S. 2 RStV war von Veranstalterseite verschiedentlich vorgetragen worden, dass nur eine Programmankündigung für eine einzelne bestimmte Sendung – nicht dagegen eine Imagewerbung für ein komplettes Programm –

---

[827] BayLT-Drs. 14/10246, S. 20.

[828] Es ist den Landesmedienanstalten aber zu empfehlen, mit dem Ausspruch einer Sendezeitbeschränkung für einen für Kinder und Jugendliche unter 12 Jahren nicht geeigneten Film den Ausspruch einer Sendezeitbeschränkung für eine entsprechende Programmankündigung zu verbinden.

den Tatbestand erfüllen könne. Zunächst ist hierzu festzuhalten, dass § 3 Abs. 6 S. 1 RStV von Sendungen im Plural sprach. Der Begriff der „Sendung" ist gesetzlich nicht im RStV definiert, wobei aber einzelne Landesmediengesetze eine Definition enthalten. So besagt beispielsweise § 2 Nr. 3 des Landesmediengesetzes Baden-Württemberg (LMedienG),[829] dass eine Sendung als ein einzelner, in sich geschlossener, zeitlich begrenzter Teil eines Rundfunkprogramms verstanden wird, wobei der Begriff des Rundfunkprogramms in § 3 Nr. 2 LMedienG wiederum als eine planvolle und zeitlich geordnete Folge von Rundfunksendungen eines Veranstalters definiert wird. Ähnlich ist die Definition in § 2 Abs. 1 und 2 des Bremischen Landesmediengesetzes (BremLG).[830] Diese im Wege des Zirkelschlusses gefundenen und daher wenig hilfreichen Definitionen der Sendung und des Rundfunkfunkprogramms lassen aber zumindest den Schluss zu, dass eine gewisse Mehrzahl von Sendungen sich zum Programm zusammenfügt. Eine Imagewerbung, die wiederum ein Programm bewirbt, welches sich seinerseits aus verschiedenen Sendungen zusammensetzt, bewirbt somit zumindest – meist eben auch gerade durch Ausschnitte aus verschiedenen Sendungen des Programms – auch die verschiedenen Sendungen. Eine Programmankündigung, die nicht lediglich für eine einzelne spezielle Sendung des nachfolgenden Programms, sondern für eine Mehrheit von Sendungen in einem konkreten nachfolgenden Programm erfolgt, muss folglich auch unter § 3 Abs. 6 S. 1 oder 2 RStV subsumiert werden können. Auch der mit § 3 Abs. 6 RStV bezweckte effektive Jugendschutz bestätigt dieses Ergebnis. Durch § 3 Abs. 6 RStV soll jeglicher Anreiz für Kinder und Jugendliche, Sendungen zu konsumieren, welche für sie ungeeignet oder sogar gefährlich sind, verhindert werden.

Problematisch ist jedoch die Zuordnung zu Sendezeitbeschränkungen unterliegenden Sendungen im nachfolgenden Programm, wenn beispielsweise ein Familienprogramm beworben würde, in dem nur vereinzelt Filme jugendbeeinträchtigend sind, und bei der Imagewerbung nicht klar wäre, dass konkret und gezielt für gerade diese Sendungen geworben wird. Denn gesetzliche Voraussetzung des § 3 Abs. 6 RStV ist, dass sich die Programmankündigung mit Bewegtbildern auf Sendungen mit Sendezeitbeschränkungen bezieht. Kann man dagegen davon ausgehen, dass alle Filme eines bestimmten Programms jugendbeeinträchtigende Inhalte enthalten und den relevanten Zeitgrenzen unterliegen, wie dies wohl beispielsweise bei Beate Uhse-TV[831] ist, so unterfiel eine

[829] Landesmediengesetz Baden-Württemberg vom 19.07.1999 (BGBl. S. 273, ber. S. 387), geändert durch das Gesetz zur Änderung des Landesmediengesetzes, des Landespressegesetzes und des Datenschutzgesetzes vom 04.02.2003 (BGBl. S. 108), abrufbar unter: http://www.lfk.de/gesetzeundrichtlinien/landesmediengesetz/main.html (zuletzt besucht am 27.05.2003).

[830] Bremisches Landesmediengesetz vom 22. Juni 1993 (Brem.GBl. S. 203 ff.), zuletzt geändert durch Gesetz zur Änderung des Bremischen Landesmediengesetzes vom 19. Dezember 2000 (Brem.GBl. S. 483), abrufbar unter: http://www.bremische-landesmedienanstalt.de/landesm/index.html (zuletzt besucht am 27.05.2003).

[831] So wurde bspw. am 25.03.2001 um ca. 19:30 Uhr im Programm von Premiere World (Kanal Sport 1) ein Trailer für Beate Uhse TV ausgestrahlt. Der Trailer wies zwar nicht explizit auf einen bestimmten Film zu einer bestimmten Uhrzeit hin, sondern diente als „Imagewerbung" für das gesamte Programm

Programmankündigung mit Ausschnitten aus diesem Programm, die Interesse am Programm erwecken sollten, bereits unter die Bestimmung des § 3 Abs. 6 S. 1 oder 2 RStV, selbst wenn aufgrund des Zusammenschnitts nicht eindeutig feststellbar war, für welche konkreten Sendungen geworben wurde.

In § 10 Abs. 1 JMStV wurde nun zu Recht nicht mehr an dem ungenauen Wortlaut des § 3 Abs. 6 S. 1 und S. 2 RStV festgehalten, sondern eine allgemeinere Formulierung gewählt. Die neue Formulierung – „§ 5 Abs. 4 und 5 gilt für unverschlüsselte und vorgesperrte Programmankündigungen mit Bewegtbildern entsprechend" –, stellt den Grundsatz auf, dass eine Programmankündigung mit Bewegtbildern stets der entsprechenden Einstufung des Angebots selbst nach § 5 Abs. 4 und 5 JMStV folgt und damit den gleichen Beschränkungen unterliegt.[832] Aus obigen Gründen aber letztlich auch aufgrund der Änderung des Wortlauts im JMStV muss die Sendezeitbeschränkung für Programmankündigungen nach § 10 Abs.1 JMStV stets auch für Imagewerbung eingreifen. Denn soweit ein komplettes Programm – wie bei Beate Uhse TV – Sendezeiten unterliegt bzw. vorgesperrt ausgestrahlt wird – muss auch eine Imagewerbung für dieses Programm diesen Vorgaben entsprechen.

Nicht unerwähnt soll in diesem Zusammenhang bleiben, dass besonders problematisch bei Programmankündigungen und dem Aspekt des Anreizes für Kinder und Jugendliche die „Massierung"[833] durch die Ausstrahlung mehrerer Trailer in Folge, insbesondere bei actionreichen und schnellgeschnittenen Trailern zu sehen ist. Hierbei tritt der bereits angesprochene Summeneffekt auf, welcher die Wirkung problematischer Inhalte verstärkt, und im Rahmen von Programmankündigungen auch den Anreiz späterer Rezeption vergrößern kann. Auch die Kontextlosigkeit der Trailer, die oft Verwirrung hervorruft, kann zu einer kognitiven Überforderung jüngerer Rezipienten führen.[834] Aus diesem Grund ist es auch künftig wichtig, dass Richtlinien geschaffen werden, die wie bisher in Nr. 3.2 JuSchRiL regeln, was Anbieter bei der Ausstrahlung von Programmankündigungen zu beachten haben.

---

von Beate Uhse TV. Aufgrund des Programmprofils von Beate Uhse TV musste angenommen werden, dass die präsentierten Bilder aus Filmen stammen, die entweder eine Altersfreigabe ab 16 Jahren bzw. nicht unter 18 Jahre hatten oder mit solchen Filmen vergleichbar waren, auch wenn dies angesichts der kurzen Ausschnitte nicht nachweisbar war. Die Besonderheit des Programms „Beate Uhse TV" besteht darin, dass es grundsätzlich jugendungeeignete Inhalte enthält, was sich bereits daraus ergibt, dass in der Regel alle Sendungen, die vor 23.00 Uhr beginnen, nur mit Vorsperre angeboten werden. Die Ausstrahlung der Imagewerbung wurde aus diesem Grund wegen Verstoßes gegen § 3 Abs. 6 RStV beanstandet, vgl. Tabelle 2: Auflistung der beanstandeten Verstöße gegen § 3 RStV aufgrund rechtsaufsichtlicher Empfehlungen der GSJP in den Jahren 1998 – 2002 im 1. Teil: 1.2.1.1.

832 Vgl. amtl. Begr., BayLT-Drs. 14/10246, S. 20.

833 *GSJP*, Jugendschutzbericht 2000/2001, S. 31 f.

834 Dass in der Praxis selten Verstöße mit rechtsaufsichtlichen Maßnahmen geahndet werden, liegt vor allem daran, dass Trailerverstöße häufig Hand in Hand mit Sendezeitverstößen der Filme selbst gehen. Wenn bereits die Ausstrahlung des Filmes beanstandet wird, wird in der Regel die Trailerausstrahlung nicht zusätzlich moniert, vgl. *GSJP*, Jugendschutzbericht 2000/2001, S. 31 f.

12.3 Jugendschutz in der Werbung und im Teleshopping, § 6 JMStV

§ 6 JMStV enthält Bestimmungen über den Schutz von Kindern und Jugendlichen in der Werbung. Zusätzlich zu den allgemeinen Beschränkungen der §§ 4 und 5 JMStV, die für sämtliche Angebote und damit auch für die Werbung gelten, werden in § 6 JMStV weitergehende Anforderungen gestellt. § 6 Abs. 1 S. 1 JMStV bestimmt zunächst, dass Angebote, die indiziert sind, nicht frei beworben werden dürfen. Vielmehr ist vorgeschrieben, dass auch für die Werbung die Beschränkungen gelten, die auch für das Angebot selbst aufgrund seiner Indizierung durch die Bundesprüfstelle eingreifen. Diese Regelung entspricht im Grundsatz § 10 Abs. 1 JMStV, so dass auf diese Ausführungen verwiesen werden kann. Aus § 6 Abs. 1 S. 1 JMStV muss sich in einem „Erst-Recht-Schluss" ergeben, dass erst recht unzulässige Sendungen nicht beworben werden dürfen. Denn die Unzulässigkeit der Sendung haftet dementsprechend auch der Programmankündigung an.

§ 6 Abs. 1 S. 2 JMStV bestimmt in Übereinstimmung mit der bisherigen Rechtslage, dass die Liste der jugendgefährdenden Medien nicht zu Werbezwecken veröffentlicht werden darf. Damit soll verhindert werden, dass mit der Indizierung selbst Werbung für Angebote gemacht wird, die Kindern oder Jugendlichen nicht zugänglich gemacht werden dürfen. Gleiches gilt für § 6 Abs. 1 S. 3 JMStV, der dieses Verbot auf Hinweise ausweitet, dass ein entsprechendes Angebot für eine Indizierung überprüft wurde. Auch damit soll vermieden werden, dass aufgrund des Indizierungsverfahrens Kinder oder Jugendliche darauf hingewiesen werden, dass es sich möglicherweise um ein jugendgefährdendes Angebot handelt.

§ 6 Abs. 2 JMStV entspricht im Wesentlichen Art. 16 Abs. 1 EG-FernsehRiL. Die dortigen für das Fernsehen geltenden Regelungen werden nunmehr auch für alle Angebote von Telemedien und den gesamten Rundfunk verbindlich, was angesichts der beabsichtigten Konvergenz der Medien gerechtfertigt erscheint.[835] § 6 Abs. 3 JMStV enthält ein Trennungsgebot für Werbung zu sonstigen Programminhalten, die Kinder oder Jugendliche ansprechen. Danach muss der Anbieter sicherstellen, dass im Umfeld seines ansonsten für Kinder oder Jugendliche ausgerichteten Programms keine entwicklungsbeeinträchtigende Werbung verbreitet wird.

§ 6 Abs. 4 JMStV bestimmt weiter, dass Werbung, die sich an Kinder oder Jugendliche richtet und bei denen Kinder oder Jugendliche als Darsteller eingesetzt werden, nicht deren Entwicklungsfähigkeit beeinträchtigen darf. Diese Klausel stellt sicher, dass über den Anwendungsbereich von § 6 Abs. 1 und 2 JMStV hinaus diese spezielle Form der Werbung nicht Interessen der Kinder und Jugendlichen schaden oder deren Unerfahrenheit ausnutzen darf.[836] § 6 Abs. 5 JMStV setzt Art. 15 EG-FernsehRiL um und erstreckt sie auf sämtliche Angebote von Rundfunk und Telemedien. Die Erweiterung auf Tabakerzeugnisse erfolgt in Umsetzung des Art. 13 EG-FernsehRiL und erstreckt diese

[835] Amtl. Beg. zu § 6 Abs. 2 JMStV, BayLT-Drs. 14/10246, S. 18.

[836] Amtl. Beg. zu § 6 Abs. 4 JMStV, BayLT-Drs. 14/10246, S. 18 f.

Bestimmung auf alle Angebote einschließlich des Rundfunks und der Telemedien. § 6 Abs. 6 S. 1 JMStV schließlich erklärt die Absätze 1 bis 5 des § 6 JMStV für Teleshopping ebenfalls für anwendbar. Entsprechend Art. 16 Abs. 1 Buchst. b EG-FernsehRiL enthält § 6 Abs. 6 S. 2 JMStV das Verbot, dass Kinder oder Jugendliche durch Werbung nicht dazu angehalten werden dürfen, Kauf- oder Miet- bzw. Pachtverträge für Waren oder Dienstleistungen zu schließen.

12.4 Zwischenergebnis

§ 10 Abs. 1 JMStV (bisher § 3 Abs. 6 RStV) regelt, dass Programmankündigungen den Sendezeitgrenzen unterliegen, welche für die Sendungen selbst gelten. Programmankündigungen für verschlüsselte und vorgesperrte Sendungen müssen entweder ebenfalls verschlüsselt und vorgesperrt oder, sollten sie unverschlüsselt ausgestrahlt werden, zu den Sendezeiten ausgestrahlt werden, denen die angekündigten, entwicklungsbeeinträchtigenden Sendungen bei einer unverschlüsselten Ausstrahlung unterliegen würden. Indizierte Sendungen und unzulässige Sendungen dürfen gem. § 6 JMStV nicht beworben werden. Imagewerbungen für Programme, die überwiegend entwicklungsbeeinträchtigende Sendungen ausstrahlen, unterliegen denselben Bedingungen (Vorsperre oder Sendezeitbeschränkung) wie die von ihnen beworbenen Programme. An der Verfassungsmäßigkeit der Regelung zu den Programmankündigungen bestehen unter Bezugnahme auf die Prüfung der Verfassungsmäßigkeit der Sendezeitbeschränkungen und der Vorsperre keine Bedenken. Lediglich im Rahmen der Vorsperre muss selbstverständlich auf die dort geäußerten Kritikpunkte und die Vorläufigkeit der Bestimmung verwiesen werden.

13 Die Kennzeichnungspflicht

Mit § 3 Abs. 4 RStV, eingeführt durch den 4. RÄStV, wurde die Regelung der Kennzeichnungspflicht aus Art. 22 Abs. 3 der EG-FernsehRiL in deutsches Recht transformiert. § 3 Abs. 4 RStV regelte, dass Sendungen, die nach § 3 Abs. 2 und 3 RStV erst zwischen 22.00 Uhr und 6.00 Uhr verbreitet werden durften, durch akustische Zeichen angekündigt oder durch optische Mittel während der gesamten Sendung kenntlich gemacht werden mussten. In § 10 Abs. 2 JMStV heißt es nun fast wörtlich, wie bereits in § 3 Abs. 4 RStV, dass Sendungen, für die eine entwicklungsbeeinträchtigende Wirkung auf Kinder und Jugendliche unter 16 Jahren anzunehmen ist, durch akustische Zeichen angekündigt oder durch optische Mittel während der gesamten Sendung als ungeeignet für die entsprechende Altersstufe kenntlich gemacht werden müssen. Nicht vorgeschrieben ist, wie die Kennzeichnung im Detail auszusehen hat.[837] Die privaten Veranstalter und die Landesmedienanstalten haben sich auf einen akustischen Hinweis geeinigt: „Die nachfolgende Sendung ist für Zuschauer unter 16 (bzw. 18) Jahren nicht geeignet." Das ARD verwendet anstelle des Wortes „Zuschauer" den Begriff „Jugendliche".[838] Die Kennzeichnungspflicht dient in erster Linie der Förderung der Medienkompetenz der Zuseher. Sie soll insbesondere die Eltern bei ihrem Erziehungsauftrag unterstützen. Verstöße gegen die Kennzeichnungspflicht seitens der Rundfunkveranstalter sind bislang, soweit ersichtlich, nicht aufgetreten.

Die Kennzeichnungspflicht stellt zwar lediglich einen geringen Eingriff in die Rundfunkfreiheit der Veranstalter dar, muss sich jedoch – auch als Umsetzung von sekundärem Gemeinschaftsrecht – an den deutschen Grundrechten und somit an ihrer Zwecktauglichkeit messen lassen.[839] Im Rahmen der Überprüfung der Verfassungsmäßigkeit der Kennzeichnungspflicht entwicklungsbeeinträchtigender Sendungen soll nachfolgend untersucht werden, ob durch die ausdrückliche Kennzeichnung jugendbeeinträchtigender Sendungen mit einem auffälligen Jugendschutzhinweis nicht ein zusätzlicher Anreiz für Jugendliche geschaffen wird, sich gerade diese Sendung anzusehen, anstatt hierdurch vom Konsum der Sendungen abgehalten zu werden. Neben dieser Frage der Geeignetheit, muss jedoch auch im Rahmen der Erforderlichkeitsprüfung geklärt werden, ob durch die Kennzeichnung entwicklungsbeeinträchtigender Sendungen Zweifel an der Notwendigkeit und Erforderlichkeit gängiger Vorsorgemaßnahmen, wie beispielsweise den Sendezeitgrenzen, entstehen. Schließlich soll im Rahmen der Angemessenheitsprüfung der zumutbare Umfang der Kennzeichnungspflicht dargestellt werden. Ob es einer Kennzeichnung vorgesperrter Sendungen

---

[837] Die in der ARD zusammengeschlossenen Landesrundfunkanstalten, das ZDF und die Landesmedienanstalten sollten jedoch eine einheitliche Handhabung und eine Form wählen, die zusätzliche Werbeeffekte für jugendgefährdende Sendungen vermeidet. Vgl. die amtl. Begr. zum 4. RÄStV, *Hartstein/Ring/Kreile/Dörr/Stettner* (2003), § 3 vor Rn. 1.

[838] Vgl. zum Entscheidungsprozess hinsichtlich des Kennzeichnungstextes den Jugendschutzbericht der *GSJP* 2000/2001, S. 25.

[839] *Isensee/Axer* (1998), S. 77 f. m.w.N.

entgegen der gesetzlichen Regelung bedarf, soll im Rahmen der Überprüfung des Untermaßverbotes untersucht werden.

13.1 Verfassungsmäßigkeit trotz „Verbotene-Frucht-Effekts"

Durch die Kennzeichnungspflicht sollen vordringlich Eltern darauf aufmerksam gemacht werden, dass die gekennzeichnete Sendung für Jugendliche unter 16 Jahren bzw. unter 18 Jahren nicht geeignet ist. Die Einführung der Kennzeichnungspflicht beruht auf Erfahrungen, die im Ausland bereits mit entsprechenden Regelungen gewonnen werden konnten.[840] Auch der 2. Praxistest hat für das Pay-TV ergeben, dass die Ungeeignetheitsansage von den befragten Rezipienten durchschnittlich als gut bewertet wird.[841] Mehr als drei Viertel der (befragten) Bevölkerung schätzt sie als sinnvoll ein.[842] Grund für diese positive Einstellung gegenüber der Kennzeichnungspflicht ist an erster Stelle, dass es keiner Mitwirkung des Verbrauchers bedarf. Aber auch für die Rundfunkveranstalter stellt die Kennzeichnungspflicht lediglich einen relativ kleinen Eingriff in die Rundfunkfreiheit dar. Dieser geringe Eingriff in die Rundfunkfreiheit ist unter Verhältnismäßigkeitsgesichtspunkten als unproblematisch zu bewerten, da die Kennzeichnung nicht dazu führt, dass die entsprechend jugendgefährdende bzw. jugendbeeinträchtigende Sendung aufgrund der Größe des optischen Symbols nicht mehr wahrnehmbar ist. Der Eingriff in die Rundfunkfreiheit durch die Kennzeichnungspflicht lässt sich daher grundsätzlich aus den gleichen Gründen rechtfertigen, wie die Sendezeitbeschränkung – sofern allerdings die Kennzeichnungspflicht auch ein zwecktaugliches Mittel zur Gewährleistung des Jugendschutzes darstellt.[843]

Zwar dienen optische und akustische Kennzeichnungen lediglich als zusätzliches Instrument zum Schutz von Kindern und Jugendlichen neben der Sendezeitbeschränkung. Ein Eingriff muss jedoch – unabhängig von seinem Ausmaß – auch zweckmäßig für die Umsetzung des Schutzzwecks sein. Unter Jugendschutzexperten ist die Effektivität einer solchen Kennzeichnung wegen des so genannten „Verbotene-Frucht-Effekts" nach wie vor umstritten. Es wird insofern von den Gegnern der Kennzeichnungspflicht eingewendet, es bestehe das Risiko, dass die Kennzeichnung – ähnlich wie die Programmankündigung eines entwicklungsbeeinträchtigenden Angebotes[844] –

---

[840] *Hartstein/Ring/Kreile/Dörr/Stettner* (2003), § 3 Rn. 67 mit einem Hinweis zu den Erfahrungen in Österreich und den USA; *Ring*, ZUM 2000, 177 (180); *Ridder*, MP 2000, 213 (213); *Millies*, tv today, 13/1999, S. 14 (16).

[841] Vgl. hierzu bereits unter 1. Teil: 1.3.3; ausführlicher unter *Schorb/Theunert* (2001), S. 84 ff.

[842] *GSJP*, Jugendschutzbericht 2000/2001, S. 26; *Schorb/Theunert* (2001), S. 84 ff.; tz vom 10.06.1999, S. 17.

[843] So auch *Isensee/Axer* (1998), S. 85, die jedoch auf die Tauglichkeit der Kennzeichnungspflicht als Jugendschutzinstrument angesichts des möglichen „Verbotene-Frucht-Effekts" mit keinem Wort eingehen.

[844] Vgl. 2. Teil: 12.2.

gerade erst Anreize für Kinder und Jugendliche schaffe, das „Verbotene" zu sehen.[845] Die Ankündigung, die nachfolgende Sendung sei für Zuschauer [bzw. Jugendliche] unter 16 (bzw. 18) Jahren nicht geeignet, kann den Effekt haben, dass sich Jugendliche und Kinder, die während der Ankündigung vorm Fernsehgerät sitzen, geradezu ermutigt und provoziert fühlen, diese „verbotene" Sendung anzusehen. Die Kennzeichnung kann von den Kindern und Jugendlichen also in Umkehrung ihrer eigentlichen Schutzfunktion dazu genutzt werden, um gerade ungeeignete Sendungen herauszufiltern. Hiergegen kann aber zugunsten der Kennzeichnungspflicht eingewendet werden,[846] dass die Kennzeichnung vor allem für Eltern bestimmt ist und der „Verbotene-Frucht-Effekt" bei der verwendeten akustischen Kennzeichnung geringer ist, als bei der fortlaufenden optischen Kennzeichnung während der Ausstrahlung der Sendung.[847] Im Übrigen erfolgt die Kennzeichnung zeitlich direkt vor dem Film, so dass in der Regel angesichts der Sendezeitbeschränkung des beworbenen Films (22.00 Uhr oder 23.00 Uhr)bereits kaum mehr Kinder und Jugendliche vor dem Fernseher sitzen.

Gegen das Argument, dass die Kennzeichnung vor allem Eltern dienen soll, kann wiederum vorgetragen werden, dass verantwortungsvolle Eltern, die sich von dieser Kennzeichnung angesprochen fühlen, dieselbe nicht benötigten, da sie als fürsorgliche Eltern ihre Kinder zumeist von einem Fernseh-Konsum derartiger Sendungen abhalten würden. Eltern, die dagegen über die Fernsehgewohnheiten ihrer Kinder nicht informiert sind oder sein wollen und kein diesbezügliches Erziehungskonzept haben, interessieren sich in der Regel wohl auch nicht für die Kennzeichnungen, so dass dieses Instrument an jenen Eltern als eigentlichem Adressatenkreis der Kennzeichnung vorbeigeht.[848] Jugendschutzmaßnahmen müssen aber vordringlich auch gerade dort greifen, wo Kinder alleine vorm Fernseher sitzen und sich niemand um das jugendgerechte Programm kümmert. Jedoch können hiergegen andererseits die Erfahrungen des 2. Praxistests zur Ungeeignetheitsansage[849] vorgetragen werden. Denn Eltern sahen den Hinweis überwiegend als Unterstützung ihres Erziehungsauftrags an. Die Kennzeich-

---

[845] Ein solcher Effekt konnte beispielsweise in den USA beobachtet werden, nachdem auf gewalthaltigen Videospielen und gewaltverherrlichenden Musikproduktionen (CDs) ein Warnaufkleber befestigt werden musste, welcher Jugendlichen geradezu als „Gütesiegel" diente und zu einem unbeabsichtigten Boom dieser Produkte unter Jugendlichen führte, vgl. *Ridder*, MP 2000, 213 (213). *Millies*, tv today, 13/1999, S. 14 ff.

[846] So auch von *Hartstein/Ring/Kreile/Dörr/Stettner* (2003), § 3 Rn. 67.

[847] *Millies*, tv today, 13/1999, S. 14 ff., fragt sich, wenn die Kennzeichnungspflicht vorrangig der Medienkompetenz der Eltern dienen soll, weshalb dann nicht auch bereits vor 22.00 Uhr eine Kennzeichnung von bestimmten Filmen und Sendungen, wie beispielsweise Talkshows etc. erfolgen sollte. Hiergegen muss jedoch eingewandt werden, dass Kinder und Jugendliche tagsüber zumeist alleine vor dem Fernseher sitzen und hierdurch der Effekt für Kinder, etwas Verbotenes konsumieren zu können, überwiegen würde. Angesichts der zeitlichen Platzierung der Kennzeichnung nicht vor 22.00 Uhr bzw. 23.00 Uhr wird dem „Verbotene-Frucht-Effekt" unter Berücksichtigung des Fernsehverhaltens von Kindern und Jugendlichen am effektivsten entgegengewirkt. Vgl. zum Fernsehverhalten 1. Teil: 1.1.

[848] *Ridder*, MP 2000, 213 (213).

[849] Vgl. 1. Teil: 1.3.3.2.

nung diente manchen Eltern als eine Art Beweis, um die Kinder zu überzeugen, dass die elterliche Erziehung keine Willkür sei.[850]

Bei der Formulierung des Kennzeichnungstextes im Sinne des § 10 Abs. 2 JMStV (bisher § 3 Abs. 4 RStV) musste somit dem „Verbotene-Frucht-Effekt" begegnet werden. Aus diesem Grund wurde eine einheitliche Formulierung des Kennzeichnungstextes gewählt. Denn durch die einheitliche Kennzeichnung eines Filmes sollte nicht der mit der Regelung zur Sendezeitbeschränkung von Programmankündigungen gem. § 10 Abs. 1 JMStV (bzw. § 3 Abs. 6 RStV) beabsichtigte Zweck – keine Anreize für Kinder zu schaffen, entwicklungsbeeinträchtigende Angebote zu sehen – unterlaufen werden. Aus diesem Grund darf eine Kennzeichnung selbstverständlich vor allem nicht zweckentfremdend reißerisch wirken.[851]

Jedenfalls werden aber diese möglicherweise „werbenden" Effekte der Kennzeichnungspflicht erst zu einer Uhrzeit ausgestrahlt, zu der – unterstrichen durch die bisherigen Ausführungen – anzunehmen ist, dass keine Kinder mehr vor den Fernsehapparaten sitzen. Der „Verbotene-Frucht-Effekt" erreicht demnach nur Kinder, die zu diesen speziellen Zeiten noch fernsehen. Im Übrigen ist es jeder „Verbotsnorm" immanent, dass durch ihre Schaffung unter Umständen bei einem Teil des Adressatenkreises gerade erst ein besonderer Anreiz zum Übertreten der Norm begründet wird. Allein die Gefahr durch den Ausspruch eines Verbots für „pathologische Fälle" eine Verbotsüberschreitung zu induzieren, kann nicht von vornherein jegliche Normfestsetzung verhindern, denn diese Gefahr wäre, wie bereits ausgeführt, jeder reglementierenden Norm wesensimmanent. Es sind daher nur die Vor- und Nachteile einer entsprechenden Normfestsetzung – hier also in Gestalt der Kennzeichnungspflicht – miteinander abzuwägen. Auch wenn durch die Kennzeichnung gegebenenfalls Kinder zur Wahrnehmung von entwicklungsbeeinträchtigenden Sendungen motiviert werden können, muss doch auch besonders positiv an der Kennzeichnungspflicht bewertet werden, dass diese Maßnahme, Medienkompetenz auf Seiten der Eltern schafft. Daher stellt die Kennzeichnungspflicht, welche lediglich zu Uhrzeiten gesendet wird, zu denen in der Regel kaum Kinder mehr vor dem Fernseher sitzen sollten, zur leichteren Umsetzung der Erziehungsverantwortung der Eltern, welche der Gesetzgeber durch seine Jugendschutzinstrumente fördern und unterstützen soll, ein durchaus akzeptiertes und effektives zusätzliches Mittel zur Durchsetzung und Förderung des Jugendschutzes dar.[852]

---

[850] Vgl. 1. Teil: 1.3.3.2.

[851] So auch die amtl. Begr., BayLT-Drs. 14/1832, S. 20, die besagt, dass die Kennzeichnungspflicht auch „zusätzliche Werbeeffekte für jugendgefährdende Sendungen vermeiden hilft".

[852] Dies nennt *Liesching* (2002), S. 163, „Flankenschutz für Erziehungsprozesse".

13.2 Ergänzung oder Ersatz für bewährte Jugendschutzinstrumente?

Bei der Einführung der Kennzeichnungspflicht bestand auf Seiten der Landesmedienanstalten[853] zunächst die Sorge, dass möglicherweise durch die Einführung der Kennzeichnungspflicht andere, bewährte Instrumente des Jugendschutzes – wie beispielsweise die Sendezeitbeschränkung – verdrängt werden sollten. Diese Sorge resultierte aus der Erfahrung, dass bereits früher versucht worden war, die Förderung von Medienkompetenz und die Umsetzung des Verfassungsauftrages zur Verwirklichung effektiven Jugendschutzes gegeneinander auszuspielen, so als seien sie einander ersetzende und nicht wechselseitig ergänzende Komponenten.[854] Die Kennzeichnungspflicht des § 10 Abs. 2 JMStV (bisher § 3 Abs. 4 RStV) kann jedoch keine der bereits bewährten Jugendschutzvorkehrungen ersetzende Vorschrift darstellen, sondern lediglich eine die übrigen, weitreichenderen Jugendschutzmaßnahmen unterstützende und ergänzende Maßnahme sein.

Auf den ersten Blick erscheint es unlogisch, dass durch die Sendezeitgrenzen einerseits – wie unter 2. Teil: 8 dargestellt – eine hinreichende Vorsorge getroffen ist, dass Kinder und Jugendliche für sie ungeeignete Beiträge nicht wahrnehmen, es aber andererseits daneben für notwendig erachtet wird, explizit darauf hinzuweisen, dass Kinder und Jugendliche den Beitrag nicht ansehen sollen. Nachdem aber auch bereits die Umgehungsmöglichkeiten[855] aufgezeigt wurden, zeigt ein zweiter Blick, dass es sich nicht um alternative Maßnahmen, sondern um sich gegenseitig unterstützende, ergänzende Bestimmungen handelt, denen es um die Verwirklichung eines bestmöglichen Jugendschutzes geht. Diese doppelte Vorsorge entspricht auch den Vorgaben des Art. 22 Abs. 2 und Abs. 3 EG-FernsehRiL, welche Bestimmungen ausdrücklich für unverschlüsselte Programme i.S.d. Art. 22 Abs. 2 EG-FernsehRiL, die einer Sendezeitbeschränkung unterliegen, die Kennzeichnungspflicht nach Art. 22 Abs. 3 EG-FernsehRiL als zusätzliches Jugendschutzmittel vorsieht.

Wie bereits oben ausgeführt, sehen zwar die meisten Kinder nach 22.00 Uhr bzw. 23.00 Uhr nicht mehr fern, jedoch sitzen zu diesen Uhrzeiten trotzdem auch noch einige Kinder (oft auch gemeinsam mit den Eltern) vor dem Fernsehgerät.[856] Mit der Kennzeichnungspflicht wird ein ergänzendes Instrument zur Verfügung gestellt, das vor allem darauf abzielt, die Erziehungsverantwortung den Eltern ins Bewusstsein zu rufen, und darüber hinaus geeignet ist, die Medienkompetenz von Eltern und Kindern zu fördern.[857]

---

853 *GSJP*, Jugendschutzbericht 2000/2001, S. 32.

854 *GSJP*, Jugendschutzbericht 2000/2001, S. 32 f.

855 Vgl. 2. Teil: 8.6.

856 Vgl. 1. Teil: 1.1.

857 *GSJP*, Jugendschutzbericht 2000/2001, S. 33.

13.3 Akustische Zeichen zu Beginn oder optische Mittel während der Sendung?

Die Kennzeichnungspflicht des Art. 22 Abs. 3 EG-FernsehRiL, welche gem. § 10 Abs. 2 JMStV (bisher § 3 Abs. 4 RStV) in Deutschland umgesetzt wurde, beinhaltet zwei Kennzeichnungsalternativen: Die Ankündigung der Sendung durch akustische Zeichen zu Beginn oder die Kennzeichnung durch optische Mittel während der gesamten Sendung.[858] Bei der Umsetzung der Regelung im Fernsehen wurde ausschließlich von der ersten Alternative – einem akustischen Hinweis zu Beginn der entwicklungsbeeinträchtigenden Sendung – Gebrauch gemacht. In anderen europäischen Ländern wird teilweise die optische Kennzeichnung während der gesamten Sendung beibehalten.[859] Von dieser Möglichkeit wurde in Deutschland bisher aus Gründen des soeben geschilderten, mit der Kennzeichnungspflicht einhergehenden „Verbotene-Frucht-Effekts" Abstand genommen. Der Anreiz, der von optischen oder akustischen Hinweisen ausgeht, sollte durch die kurze Ankündigung zu Beginn der Sendung minimiert werden. Kritiker[860] der akustischen Kennzeichnung verkennen, dass die Kennzeichnungspflicht des § 10 Abs. 2 JMStV in erster Linie zur Erziehungsunterstützung der Eltern und der Förderung deren Medienkompetenz dient. Nachdem diese Hilfestellung auch nur von Eltern wahrgenommen wird, die sich um ihre Kinder sorgen und kümmern, ist bei diesen Eltern auch eine einmalige Kennzeichnung zu Beginn der Sendung ausreichend.

Bei Eltern, die sich nicht um das Fernsehverhalten ihrer Kinder kümmern (können), wird auch ein während der Sendung ausgestrahlter Hinweis keine andere Wirkung haben, als möglicherweise noch fernsehende Kinder zum fortgesetzten Konsum für sie ungeeigneter Inhalte anzustiften. In der Regel werden gerade die Eltern, die sich nicht um den Fernsehkonsum ihrer Kinder Gedanken machen, auch nicht mit ihren Kindern vor dem Fernseher sitzen und gemeinsam über den Zugang zu bestimmten Sendungen entscheiden, sondern in diesen Fällen wird das Kind von vornherein alleine fernsehen. Die Kennzeichnungspflicht, wie sie zur Zeit als akustischer Hinweis zu Beginn der Sendung umgesetzt wird, bietet somit auch kein dauerhaftes Merkmal, welches Kinder und Jugendliche beim „Zapping" gezielt suchen könnten. Der „Anlockfaktor" der akustischen Ankündigung einer entwicklungsbeeinträchtigenden Sendung zu deren Beginn kann daher als relativ gering bewertet werden. Zwar bleibt ein gewisses Risiko bestehen, jedoch überwiegt hier das Schaffen von Transparenz für die Eltern. Der Staat ist zwar zur Umsetzung eines effektiven Jugendschutzes verpflichtet, jedoch kann und muss er keinen umfassenden „100%-sicheren" Schutz von Kindern und Jugendlichen

[858] 54 % der nach einer Umfrage des Forsa-Instituts befragten Bevölkerung halten ein durchgehend eingeblendetes Symbol, 34 % dagegen einen Warnton vor Beginn des Filmes für ausreichend, vgl. tz v. 10.06.1999, S. 17.

[859] Vgl. *Ridder*, MP 2000, 213 (213); Zur Kennzeichnung in Frankreich vgl. *v. Gottberg*, tv diskurs 5/1998, S. 10 ff.; *v. Gottberg*, tv diskurs 1/1997, 28 ff.

[860] Kritisch *Liesching* (2002) S. 163.

bieten, sondern einen möglichst zweckmäßigen unter gleichzeitiger Berücksichtigung der Anbieterinteressen, aber auch der Erziehungsaufgabe der Eltern.

13.4 Kennzeichnung vorgesperrter Sendungen?

Es stellt sich weiter die Frage, ob die Kennzeichnungsverpflichtung des § 10 Abs. 2 JMStV (bisher § 3 Abs. 4 RStV) auch für vorgesperrte Sendungen gilt. Während § 3 Abs. 4 RStV formulierte, dass Sendungen, die nach den vorstehenden Bestimmungen nur zwischen 22.00 Uhr und 6.00 Uhr verbreitet werden durften, gekennzeichnet werden mussten, regelt § 10 Abs. 2 JMStV, dass Sendungen, für die eine entwicklungsbeeinträchtigende Wirkung auf Kinder oder Jugendliche unter 16 Jahren anzunehmen ist, mit einer Kennzeichnung versehen werden müssen.

Eine Kennzeichnungspflicht vorgesperrter digital ausgestrahlter Sendungen gem. § 3 Abs. 5 RStV wurde bis zum 31.03.2003 unter Bezugnahme auf den Wortlaut des § 3 Abs. 4 RStV abgelehnt. § 3 Abs. 4 RStV habe sich nach dem Wortlaut ausschließlich auf Sendungen bezogen, die „nach den vorstehenden Bestimmungen", also § 3 Abs. 2 und 3 RStV Sendezeitgrenzen unterlagen. Die § 3 Abs. 4 RStV systematisch nachfolgende Bestimmung des § 3 Abs. 5 RStV konnte somit nicht miteinbezogen werden. Dieses „Wortlaut"-Argument überzeugt jedoch nicht. So haben die Überlegungen zu den Sendezeitbeschränkungen von Programmankündigungen zu digitalen Sendungen[861] gezeigt, dass durch die Vorsperrung digitaler Sendungen diesen die Eignung zur Jugendbeeinträchtigung vom Grundsatz her erhalten und somit auch ein Bedürfnis für die dafür vorgesehene Sendezeitbeschränkung bestehen bleibt. Zwar ist es richtig, dass § 3 Abs. 4 RStV lediglich auf die „vorstehenden" Bestimmungen verwiesen hat. Diese Bezugnahme galt jedoch nicht nur hinsichtlich Sendungen, die Sendezeitgrenzen unterlagen, sondern gem. § 3 Abs. 2 S. 1 RStV auch für Sendungen, bei denen auf andere Weise – nämlich durch Vorsperre – Vorsorge für den Jugendschutz getroffen wurde. Daher ist nicht einzusehen, weshalb der Verweis auf jugendbeeinträchtigende Sendungen des § 3 Abs. 2 und 3 RStV nicht auch vorgesperrte Sendungen erfassen sollte, die schließlich in § 3 Abs. 2 S. 1 RStV über die Klausel „auf andere Weise" mitumfasst waren.

Gegen eine Kennzeichnungspflicht von vorgesperrten Sendungen sprach letztlich aber, dass mit § 3 Abs. 4 RStV ausdrücklich Art. 22 Abs. 3 EG-FernsehRiL umgesetzt werden sollte,[862] welcher besagt, dass lediglich Programme, die in unverschlüsselter Form gesendet werden, gekennzeichnet werden müssen. Schließlich ist eine Kennzeichnungspflicht vorgesperrter Sendungen derzeit auch nicht erforderlich,[863] da angesichts

[861] Vgl. 2. Teil: 12.2.

[862] Letztlich können die Mitgliedstaaten aber gem. Art. 3 Abs. 1 EG-FernsehRiL Fernsehveranstaltern, die ihrer Rechtshoheit unterworfen sind, verpflichten, strengeren oder ausführlicheren Bestimmungen in den von der EG-FernsehRiL erfassten Bereichen nachzukommen.

[863] *Hertel*, in: *Hahn/Vesting* (2003), § 3 RStV Rn. 102.

des technischen Entschlüsselungsvorgang bereits eine ausreichende Sensibilisierung für den Jugendschutz gewährleistet wird.[864] So erscheint bei der Abfrage des PIN-Codes das Wort „Jugendschutz" auf dem Bildschirm sowie die Altersfreigabe. Dennoch wäre es für die Landesmedienanstalten möglich gewesen, in der JSS zusätzlich eine konkrete Regelung zur Kennzeichnung vorgesperrter entwicklungsbeeinträchtigender Sendungen vorzusehen,[865] nachdem sie gem. § 3 Abs. 5 RStV festlegen konnten, unter welchen Voraussetzungen im digitalen Fernsehen von den Sendezeitbeschränkungen abgewichen werden konnte.

Der Wortlaut der Regelung des § 10 Abs. 2 JMStV unterscheidet nicht zwischen vorgesperrten und nicht vorgesperrten Sendungen. § 10 Abs. 2 JMStV schreibt nach dem Wortlaut die Kennzeichnungspflicht vielmehr für alle Sendungen vor, für die eine entwicklungsbeeinträchtigende Wirkung auf Kinder und Jugendliche unter 16 Jahren anzunehmen ist. Jedoch heißt es in der amtlichen Begründung, dass durch § 10 Abs. 2 JMStV nur der bisherigen Rechtslage des § 3 Abs. 4 RStV entsprochen und insofern die Regelung lediglich an die Systematik des Staatsvertrags angepasst werden sollte. Weiter wird in der amtlichen Begründung ausdrücklich festgehalten, dass entwicklungsbeeinträchtigende Sendungen in Übereinstimmung mit Art. 22 Abs. 3 EG-FernsehRiL zu kennzeichnen sind. Nach Art. 22 Abs. 3 EG-FernsehRiL müssen aber wiederum nur die unverschlüsselten Programme gekennzeichnet werden. Dennoch bleibt auch nach der neuen Regelung die Möglichkeit für die Landesmedienanstalten gem. § 9 Abs. 2 JMStV bestehen, in einer übereinstimmenden Jugendschutzsatzung eine Regelung für die Kennzeichnung vorgesperrter Sendungen zu treffen. Die Option, eine strengere nationale Regelung zu treffen, sieht auch Art. 3 Abs. 1 EG-FernsehRiL ausdrücklich vor, solange diese strengere Regelung nicht gegen die EG-FernsehRiL verstößt.[866]

In der Praxis wird aber – wie bereits dargestellt – im Rahmen der Jugendschutz-Vorsperre bei der Abfrage des PIN-Codes kenntlich gemacht, dass es sich um eine jugendschutzrelevante Sendung handelt, nachdem auf dem Bildschirm das Wort „Jugendschutz" eingeblendet und die konkrete Altersfreigabe ab 16 Jahren bzw. ab 18 Jahren angegeben wird. Zwar entspricht diese Vorgehensweise in der Praxis nicht dem Wortlaut des § 10 Abs. 2 JMStV (bzw. § 3 Abs. 4 RStV), der eine akustische Ankündigung zu Beginn oder die Kennzeichnung während des gesamten Films vorsieht; jedoch entspricht der bei vorgesperrten Sendungen bereits verwendete Hinweis dem Gesetzeszweck der Kennzeichnungspflicht und trägt diesem Regelungszweck ausreichend Rechnung,[867] so dass derzeit im digitalen Fernsehen ohne eine entsprechende gesetz-

---

[864] *Hartstein/Ring/Kreile/Dörr/Stettner* (2003), § 3 Rn. 70; *Hertel*, in: *Hahn/Vesting* (2003), § 3 RStV Rn. 102.

[865] So im Ergebnis auch *Hertel*, in: *Hahn/Vesting* (2003), § 3 RStV Rn. 102.

[866] EuGH ZUM 1997, 198 (200).

[867] *Hartstein/Ring/Kreile/Dörr/Stettner* (2003), § 3 Rn. 70.

liche Regelung der mit der Kennzeichnungspflicht verbundenen Jugendschutzzweck erfüllt wird.

13.5 Zwischenergebnis

Die Kennzeichnung einer entwicklungsbeeinträchtigenden Sendung zu deren Beginn mittels akustischem Hinweis hat sich innerhalb kürzester Zeit etabliert. Gegen ihre Verfassungsmäßigkeit bestehen trotz des mit ihr verbundenen „Verbotene-Frucht-Effekts" angesichts des Ausstrahlungszeitpunkts und ihrer die Medienkompetenz der Eltern unterstützenden Wirkung keine Bedenken. Der Eingriff in die Rundfunkfreiheit der Veranstalter ist darüber hinaus als äußerst gering zu werten und angesichts des Verfassungsgutes Jugendschutz gerechtfertigt. Die Kennzeichnungspflicht stellt eine das bereits bewährte Jugendschutzinstrument der Sendezeitgrenze unterstützende Maßnahme zugunsten des Jugendschutzes und zur Förderung der Medienkompetenz der Eltern dar. Da mit der Kennzeichnungspflicht des § 10 Abs. 2 JMStV die Regelung des Art. 22 Abs. 3 EG-FernsehRiL umgesetzt wird, welche lediglich eine Kennzeichnung von unverschlüsselten Programmen vorsieht, müsste eine ausdrückliche Regelung der Kennzeichnungspflicht von verschlüsselten und vorgesperrten Programmen in die JSS mit aufgenommen werden. Die Möglichkeit ergibt sich aus Art. 3 Abs. 1 EG-FernsehRiL. Durch den derzeit in der Praxis vorgesehenen optischen Hinweis bei der Entschlüsselung der Jugendschutz-Vorsperre wird jedoch dem Jugendschutz auch im digitalen Fernsehen ausreichend Rechnung getragen.

14 Das Pornographieverbot

Die Diskussion über das Pornographieverbot ist alt und trotzdem stets hochaktuell.[868] Sie hat im Laufe der Zeit jedoch einen Wandel widerfahren. So ging es zunächst in den 60iger Jahren um eine Liberalisierung des Strafrechts als Folge der Umwälzung konventioneller Sexualmoral, wohingegen es bei der heutigen Diskussion um den Konflikt zwischen effektivem Jugendschutz einerseits und kommerziellen Interessen in den privaten Medien – insbesondere im Pay-TV – andererseits geht.[869] Aber auch der Wandel der gesellschaftlichen Moralvorstellungen bleibt weiterhin ein Thema.[870] Während in § 3 Abs. 1 Nr. 4 RStV a.F. noch ausdrücklich auf den Straftatbestand der Verbreitung pornographischer Darstellungen (§ 184 StGB) Bezug genommen und in der seit dem Jahr 2000 geltenden Fassung des § 3 Abs. 1 Nr. 1 RStV im Wortlaut allgemein auf die Bestimmungen des StGB verwiesen wurde, spricht § 4 Abs. 1 S. 1 Nr. 10 i.V.m. Abs. 2 S. 1 Nr. 1 JMStV seit dem 01.04.2003 ein absolutes Pornographieverbot im Fernsehen aus[871] – ohne im Gesetzeswortlaut ausdrücklich einen Bezug zum Strafrecht herzustellen. Jedoch bleibt der Verweis auf das Strafrecht in der amtlichen Begründung zum JMStV[872] nicht aus. So heißt es dort, dass § 4 Abs. 1 S. 1 Nr. 10 JMStV die Verbreitung von pornographischen Inhalten nach § 184 Abs. 3 StGB verbietet und § 4 Abs. 2 S. 1 Nr. 1 JMStV pornographische Darstellungen gem. § 184 Abs. 1 und 2 StGB, die nicht bereits unter § 4 Abs. 1 JMStV fallen, erfasst. Das rundfunkrechtliche Pornographieverbot nimmt somit auch weiterhin auf das strafrechtliche Pornographieverbot des § 184 StGB Bezug.[873]

Um die Verfassungsmäßigkeit des Pornographieverbots im Fernsehen untersuchen zu können, müssen zunächst einige Fragen des Umfangs des Pornographieverbots geklärt werden. Hierbei soll zunächst kurz dargestellt werden, ob und inwieweit das Pornographieverbot im Fernsehen durch den 4. RÄStV und den JMStV, insbesondere in Bezug auf seine Verweisung auf das strafrechtliche Pornographieverbot des § 184 StGB, Änderungen widerfahren hat. In diesem Zusammenhang wird auch darauf

---

[868] Vgl. zur aktuellen Diskussion über das Thema Pornographieverbot im Fernsehen insb. *Ricker* (2003); *Liesching*, MMR 2003, 156 ff.; *Albrecht/Hotter* (2002); epd medien Nr. 84, 26.10.2002, S. 17 f.; Blickpunkt: Film v. 05.08.2002, S. 40; *Liesching*, JMS-Report 1/2002, S. 3 f.; epd medien Nr. 15, 27.02.2002, S. 17 *Ring*, epd medien Nr. 49, 23.06.2001, S. 26 ff.; *Gersdorf*, epd medien, Nr. 46/47, 13.06.2001, S. 21 ff.; *Ladeur*, AfP 2001, 471 ff.

[869] *Albrecht/Hotter* (2002), S. 14.

[870] *Hertel*, in: *Hahn/Vesting* (2003), § 3 RStV Rn. 43; *Gersdorf*, epd medien, Nr. 46/47, 13.06.2001, S. 21 ff.

[871] So auch *Bornemann*, NJW 2003, 787 (789); kritisch hierzu *Kreile/Diesbach*, ZUM 2002, 849 (851). Das ausdrückliche Pornographieverbot entspricht im Ergebnis der Regelung des Art. 22 Abs. 1 EG-FernsehRiL.

[872] BayLT-Drs. 14/10246, S. 17.

[873] A.A. *Bornemann*, NJW 2003, 787 (789), der trotz der Bezugnahme in der amtl. Begr. auf § 184 StGB davon ausgeht, dass im JMStV die vom BVerwG für bedeutsam gehaltene Verweisung auf § 184 StGB bewusst fallen gelassen wurde.

einzugehen sein, ob § 184 Abs. 2 StGB ein absolutes Sendeverbot im Rundfunk für alle pornographischen Filme enthält, d.h. als speziellere Norm für den gesamten Bereich des Rundfunks der Vorschrift des § 184 Abs. 1 StGB vorgeht, oder ob § 184 Abs. 2 StGB möglicherweise nur pornographische Live-Sendungen regelt, was dann dazu führen würde, dass für das Pornographieverbot im Rundfunk die Tatbestandsvoraussetzungen des § 184 Abs. 1 StGB erfüllt sein müssten. Um die Verfassungsmäßigkeit des Pornographieverbots zu überprüfen, ist weiter zu klären, ob mit dem Verbot von Pornographie, mit welchem in die Rundfunkfreiheit der Anbieter eingegriffen wird, ein von Verfassungs wegen zulässiger Schutzzweck verfolgt wird. Hierfür wird vor allem auch die Reichweite des Pornographiebegriffs zu beleuchten sein. Ein besonderes Augenmerk soll dabei darauf gerichtet werden, dass in jüngster Zeit Bestrebungen unternommen wurden, vom Schutzzweck her einen jugendschutzorientierten Pornographiebegriff zu definieren.

Im Rahmen der Verhältnismäßigkeitsprüfung wird zu untersuchen sein, ob das Pornographieverbot trotz fehlenden nachweisbaren Wirkungszusammenhangs bezüglich einer Jugendgefährdung und des Wahrnehmens von Pornographie durch Kinder und Jugendliche ein geeignetes Mittel zur Realisierung des Jugendschutzes darstellt. Im Rahmen der Erforderlichkeit des Pornographieverbots ist zu klären, ob es sich bei der Ausstrahlung von Pornographie mittels Vorsperre bzw. mittels der vom Bundesverwaltungsgericht vorgeschlagenen „effektiven Barriere“ nicht um ein milderes, gleich effektives Mittel zur Verwirklichung des Jugendschutzes handelt. Nachdem Anbieter bereits darum bemüht sind, ihre Rundfunkangebote als Mediendienste gem. § 20 Abs. 2 S. 3 RStV für rundfunkrechtlich unbedenklich bestätigen zu lassen,[874] um von der durch den JMStV geschaffenen Ausnahme für Telemedien in geschlossenen Benutzergruppen profitieren zu können,[875] soll auch auf die Erforderlichkeit des Pornographieverbots bei near-video-on-demand-Angeboten eingegangen und schließlich die Ausnahmemöglichkeit des § 4 Abs. 2 S. 2 JMStV dargestellt werden. Zuletzt wird die Angemessenheit des Pornographieverbots behandelt.

14.1 Änderungen des Pornographieverbots durch den 4. RÄStV und den JMStV

§ 3 Abs. 1 Nr. 1 RStV erklärte Sendungen im Fernsehen für unzulässig, wenn sie gegen Bestimmungen des StGB verstoßen.[876] Hierunter fielen insbesondere die in § 3 Abs. 1

---

[874] So bspw. Erotic Media GmbH vgl. epd medien Nr. 84, 26.10.2002, S. 17 f.

[875] Auf diese Möglichkeit, Angebote als Tele- oder Mediendienst auszugestalten, um innerhalb geschlossener Benutzergruppen Pornographie verbreiten zu dürfen, haben bereits *Kreile/Diesbach*, ZUM 2002, 849 (851) hingewiesen.

[876] Daneben erfüllte ein Verstoß gegen § 3 Abs. 1 Nr. 1 RStV in bundesweit verbreitetem Rundfunk den Ordnungswidrigkeitstatbestand des § 49 Abs. 1 Nr. 1 RStV. Ein Verstoß konnte gemäß § 49 Abs. 2 RStV mit einer Geldbuße von bis zu € 500.000,- geahndet werden.

Nr. 1, 2, und 4 RStV a.F. noch ausdrücklich genannten Straftatbestände der §§ 130,[877] 131 StGB sowie das in § 184 StGB unter Strafe gestellte Pornographieverbot.[878] Zunächst stellte sich die Frage, ob durch die Neuformulierung des § 3 Abs. 1 Nr. 1 RStV durch den 4. RÄStV eine Änderung des Umfangs des Pornographieverbots im Fernsehen beabsichtigt war. Während § 3 Abs. 1 Nr. 4 RStV a.F ausdrücklich Sendungen für unzulässig erklärte, die „pornographisch sind (§ 184 StGB)", regelte § 3 Abs. 1 Nr. 1 RStV bis 31.03.2003, dass Sendungen unzulässig sind, wenn sie „gegen Bestimmungen des Strafgesetzbuches verstoßen". Nach In-Kraft-Treten des 4. RÄStV wurde von einigen Rundfunkveranstaltern vorgetragen, dass es durch die Neuformulierung des § 3 Abs. 1 Nr. 1 RStV zu einer Erleichterung der Verbreitung von Pornographie insoweit gekommen sei, als § 3 Abs. 1 Nr. 1 RStV nicht mehr für „einfache" Pornographie gelte.[879] Diese nicht weiter begründete und inzwischen wohl kaum mehr vertretene Ansicht[880] vermochte nicht zu überzeugen. § 3 Abs. 1 Nr. 1 RStV erfasste – wie auch bisher § 3 Abs. 1 Nr. 4 RStV a.F. – sowohl die „einfache" wie auch die „harte" Pornographie des § 184 StGB.[881] Dies belegt die Bezugnahme auf die §§ 130, 131, 184 StGB in der amtlichen Begründung zum 4. RÄStV.[882] Auch einfache Pornographie im Fernsehen verstieß bereits gegen § 184 StGB und war somit unzulässig nach § 3 Abs. 1 Nr. 1 RStV.

Die Unzulässigkeit war - wie bisher - bereits bei Erfüllung des objektiven Tatbestandes gegeben[883] und knüpfte nicht an die vorsätzliche oder fahrlässige Begehungsform oder sonstige Strafbarkeitsvoraussetzungen an. Durch die geänderte Formulierung in § 3 Abs. 1 Nr. 1 RStV sollte im Gegensatz zur bisherigen Regelung auf sämtliche Bestimmungen des StGB, nach denen die Ausstrahlung von Sendungen mit Strafe bedroht ist,

---

[877] Zu den Möglichkeiten und Risiken bei der Bekämpfung rechtradikaler Inhalte im Internet vgl. *Holznagel/Kussel*, MMR 2001, 347 ff.

[878] Vgl. amtl. Begr. zum 4. RÄStV, BayLT-Drs. 14/1832, S. 20, auch abgedr. in: *Hartstein/Ring/ Kreile/Dörr/Stettner* (2003), § 3 B 5, S. 8 f.

[879] Das Strafgesetzbuch unterscheidet zwischen der "einfachen" Pornographie in § 184 Abs. 1 und 2 StGB und der in § 184 Abs. 3 StGB geregelten "harten" Pornographie, wobei unter „harter" Pornographie pornographische Schriften verstanden werden, die Gewalttätigkeiten, den sexuellen Missbrauch von Kindern und sexuelle Handlungen von Menschen mit Tieren zum Gegenstand haben.

[880] Vgl. zu diesem Streitpunkt auch *GSJP*, Jugendschutzbericht 2000/2001, S. 14.

[881] *Ricker* (2003), S. 28; *Beucher/Leyendecker/v. Rosenberg* (1999), § 3 RStV Rn. 36; *Hartstein/Ring/ Kreile/Dörr/Stettner* (2003), § 3 Rn. 36.

[882] Amtl. Begr. zum 4. RÄStV, BayLT-Drs. 14/1832, S. 20.

[883] Zunächst war bei § 3 Abs. 1 Nr. 4 RStV a.F. strittig, ob das rundfunkrechtliche Pornographieverbot nur auf das Tatbestandsmerkmal „pornographisch" verweist, oder ob zusätzlich ein Tatbestandsmerkmal des § 184 Abs. 1 Nr. 1 bis 9 StGB hinzukommen musste, vgl. *Gersdorf*, Antrittsvorlesung (2001) F 4 f. = *Gersdorf*, epd medien, Nr. 46/47, 13.06.2001, S. 21 (22 f.). Vgl. BVerwG ZUM 2002, 567 (568 f., 574), zum Streitstand, dass es für die Bejahung des § 3 Abs. 1 Nr. 4 RStV a.F. nötig war, dass nicht nur eine Sendung im Sinne des § 184 StGB als „pornographisch" zu bezeichnen war, sondern darüber hinaus die in § 184 StGB näher beschriebenen objektiven Voraussetzungen einer Tathandlung erfüllt sein mussten. Ebenso VG München ZUM 2003, 160 (162); *Hertel*, in: *Hahn/Vesting* (2003), § 3 RStV Rn. 43.

verwiesen werden.[884] Durch die Änderung des 4. RÄStV sollte es insbesondere angesichts des grundsätzlichen Ansinnens des 4. RÄStV, die Jugendschutzbestimmungen im Fernsehen im Interesse eines effektiven Kinder- und Jugendschutzes zu verschärfen, zu keiner Einschränkung des Pornographieverbots im Rundfunk kommen.[885] Es blieb vielmehr dabei, dass die Ausstrahlung pornographischer Filme im Rundfunk nach dem RStV in jeglicher Form verboten war.[886]

Daran hat sich auch durch das In-Kraft-Treten des JMStV nichts geändert.[887] Zum einen wurde durch die Formulierung des § 4 Abs. 1 S. 1 Nr. 10 i.V.m. Abs. 2 Nr. 1 JMStV an dem ausdrücklichen und absoluten Ausstrahlungsverbot im Rundfunk festgehalten, da es in der amtlichen Begründung zum JMStV[888] heißt, dass § 4 Abs. 1 S. 1 Nr. 10 JMStV die Verbreitung von pornographischen Inhalten nach § 184 Abs. 3 StGB verbietet und § 4 Abs. 2 S. 1 Nr. 1 JMStV pornographische Darstellungen gem. § 184 Abs. 1 und 2 StGB erfasst, die nicht bereits unter § 4 Abs. 1 JMStV fallen. Eine Ausnahme vom absoluten Ausstrahlungsverbot von Pornographie existiert für den Bereich Rundfunk nicht. Auch weiterhin ist somit sowohl einfache als auch harte Pornographie im Fernsehen verboten. Lediglich in Telemedien kann innerhalb geschlossener Benutzergruppen gem. § 4 Abs. 2 S. 2 JMStV vom Verbot, einfache Pornographie auszustrahlen, abgewichen werden.[889]

Zum anderen bleibt es auch im JMStV beim Erfordernis des Vorliegens der objektiven Tatbestandsmerkmale des § 184 StGB. Dies ergibt sich aus der in der amtlichen Begründung[890] enthaltenen Bezugnahme des § 4 Abs. 1 Nrn. 1 bis 4, 6, 7 und 10 JMStV auf die Strafbestimmungen des Strafgesetzbuches.[891] Infolge des weiteren Hinweises, dass entsprechend der bisherigen Praxis damit klargestellt werden soll, dass in diesen Fällen ohne Verwirklichung der subjektiven Tatbestandsvoraussetzungen der entsprechenden Strafbestimmungen die Verbreitung eines entsprechenden Angebotes unzulässig sein soll und untersagt werden kann, kann jedoch geschlossen werden, dass die objektiven Tatbestandsmerkmale gegeben sein müssen. Dies gilt umso mehr, als die amtliche Begründung weiter darlegt, dass daneben bei Verwirklichung der gesamten – also wohl neben den objektiven, auch den subjektiven – Tatbestandsvoraussetzungen eine potenzielle Strafbarkeit nach dem Strafgesetzbuch unberührt bleibt und bei Vorliegen einer Strafbarkeit eine Ahndung nach den Bestimmungen über die

---

[884] BVerwG ZUM 2002, 567 (567); amtl. Begr. zum 4. RÄStV, BayLT-Drs. 14/1832, S. 20.

[885] So auch *Hartstein/Ring/Kreile/Dörr/Stettner* (2003), § 3 Rn. 8 f.

[886] *Ricker* (2003), S. 3; *Hartstein/Ring/Kreile/Dörr/Stettner* (2003), § 3 Rn. 36.

[887] So auch *Ricker* (2003), S. 3.

[888] BayLT-Drs. 14/10246, S. 17.

[889] Bisher war gem. § 12 Abs. 1 Nr. 1 4 MDStV das Anbieten pornographischer Inhalte in Mediendiensten unzulässig.

[890] BayLT-Drs. 14/10246, S. 16.

[891] A.A. *Bornemann*, NJW 2003, 787 (789).

Ordnungswidrigkeiten nach § 24 JMStV zurücktritt. Die § 23 (Strafbestimmung für das Ausstrahlen offensichtlich schwer jugendgefährdender Angebote) und § 24 JMStV (Ordnungswidrigkeitenvorschrift bei Verstoß gegen die Bestimmungen des JMStV) greifen also nur insoweit ein, als bei Erfüllung der objektiven Tatbestandsmerkmale der Strafbestimmungen die besonderen subjektiven Voraussetzungen und sonstigen Voraussetzungen des Strafgesetzbuchs für eine Strafbarkeit nicht gegeben sind.[892] Somit kann nur bei Vorliegen der objektiven Tatbestandsvoraussetzungen ein Verstoß nach den §§ 23 und 24 JMStV als Straftat oder Ordnungswidrigkeit geahndet werden. Schließlich kann hieraus jedoch auch darauf geschlossen werden, dass weiterhin das Vorliegen der objektiven Tatbestandsvoraussetzungen des § 184 StGB für das Vorliegen des absoluten Ausstrahlungsverbots von Pornographie im Rundfunk Voraussetzung ist.

14.2 Die Bedeutung von § 184 Abs. 2 StGB für den Rundfunk

Nachdem der Verweis auf das strafrechtliche Pornographieverbot im Rundfunk dazu führt, dass die Erfüllung des objektiven Tatbestands zur Verwirklichung des rundfunkrechtlichen Pornographieverbots erforderlich ist, herrscht Streit darüber, ob sich der Anwendungsbereich des § 184 Abs. 2 StGB, wonach bestraft wird, „wer eine pornographische Darbietung durch Rundfunk verbreitet", lediglich auf die Verbreitung pornographischer Live-Sendungen bezieht[893] oder auch auf die Ausstrahlung von Reproduktionen unter Verwendung von Ton- und Bildträgern.[894] Während § 184 Abs. 2 StGB stets bei Vorliegen eines pornographischen Inhalts ein umfassendes Pornographieverbot enthält, greift § 184 Abs. 1 StGB nur ein, wenn zu dem pornographischen Inhalt eines der zusätzlichen enumerativen Tatbestandsmerkmale gemäß § 184 Abs. 1 Nrn. 1 bis 9 StGB verwirklicht wird.[895]

---

[892] BayLT-Drs. 14/10246, S: 16.

[893] So die herrschende Auffassung, vgl. *Trödle/Fischer*, 2001, § 184 Rn. 32; *Lenckner/Perron*, in: *Schönke/Schröder* (2001), § 184 Rn. 51; *Schreibauer* (1999), S. 287 f.; *Mahrenholz*, ZUM 1998, 525 (526 f.); *Laufhütte*, in: *Jescheck/Ruß/Willms*, StGB (1988), § 184 Rn. 44 i.V.m. *v. Bubnoff*, in: *Jescheck/Ruß/Willms*, StGB (1988), § 131 Rn. 21; *Samson*, Gutachten, S. 37 ff.; *Beisel/Heinrich*, NJW 1996, 491 (492); *Erdemir* (2000), S. 145; *Schulz/Korte*, ZUM 2002, 719 (724); BVerwG ZUM 2002, 567 (569); *Schumann*, in: *Lenckner*-FS (1998), S. 565 (566); *Hertel*, in: *Hahn/Vesting*, (2003); § 3 RStV Rn. 43.

[894] So *Ory*, NJW 1987, 2967 (2968); *Reinwald*, ZUM 1997, 450 (461); VG München, ZUM 2003, 160 (162); VG Hamburg ZUM-RD 2001, 295 (296) = VG Hamburg, JMS-Report 2/2001, S. 1 (2); *Albrecht/Hotter* (2002), S. 54 ff, 161; *Ring*, epd medien Nr. 49 vom 23.06.2001, S. 26 f.; *Lackner/Kühl*, StGB (2001), § 184 Rn. 7; *Weigend*, ZUM 1994, 133 (133 Fn. 3). So äußerte sich auch Arno *Greetfeld*, Oberstaatsanwalt, StA b. d. OLG München, Zentralstellenleiter strafrechtlicher Jugendmedienschutz, anlässlich einer Diskussionsrunde während des BLM-Forums "Pornographieverbot im Rundfunk" am 19.04.2002. Vgl. auch Staatsanwaltschaft München (Az.: 467 Js 300251/98), Einstellungsverfügung v. 19.05.1999.

[895] Nach § 184 Abs. 1 Nr. 2 StGB wird u.a. bestraft, wer pornographische Schriften an einem Ort, der Personen unter 18 Jahren zugänglich ist oder von ihnen eingesehen werden kann, zugänglich macht. Für dieses Tatbestandsmerkmal reicht die bloße abstrakte Möglichkeit aus, dass die pornographische Darstellung von Minderjährigen wahrgenommen wird. So wird teilweise vertreten, dass unter Zugänglichmachen i.S.d. § 184 Abs. 1 Nr. 1 StGB verstanden werde, dass sich Jugendliche auch

14.2.1 Entstehungsgeschichte und Gesetzessystematik

Die Ansicht, dass § 184 Abs. 2 StGB nur Live-Darbietungen erfasse, wird in erster Linie mit der Entstehungsgeschichte der Vorschrift begründet.[896] § 184 Abs. 2 StGB wurde mit § 131 Abs. 2 StGB durch das 4. Strafrechtsreformgesetz vom 23.11.1973 (4. StrRG)[897] eingeführt. Anlass hierfür war das Bestreben, einschlägige Originalübertragungen in die Strafbarkeit einzubeziehen, nachdem es im Sonderausschuss für die Strafrechtsreform bezüglich der Notwendigkeit der Schaffung des § 131 Abs. 2 StGB hieß, dass Live-Sendungen, die vor der Ausstrahlung nicht aufgezeichnet sind, zwar keine Darstellungen im Sinne des § 131 Abs. 1 StGB seien, jedoch wie diese Darstellungen unter Strafe gestellt werden müssten.[898] Die zu § 131 Abs. 2 StGB angestellten Erwägungen sind auf § 184 Abs. 2 StGB gleichermaßen übertragbar. Nachdem in den Materialien des Gesetzgebungsverfahrens keine Anhaltspunkte vorhanden waren, welche die Annahme rechtfertigen würden, dass die mögliche Straflosigkeit des Verbreitens pornographischer Live-Sendungen den Gesetzgeber zu einer umfassenden und speziellen Regelung über das Ausstrahlen von Pornographie im Rundfunk veranlasst hätte, wird argumentiert, dass § 184 Abs. 2 StGB sich ausschließlich auf Live-Sendungen beziehe, um die (mögliche) Strafbarkeitslücke zu schließen.[899] Die Entstehungsgeschichte liefert jedoch auch hierfür mangels irgendwelcher Anhaltspunkte zu diesem Komplex kein überzeugendes Argument. Selbst wenn es das Motiv des Strafgesetzgebers war, eine erkannte oder vermutete Regelungslücke zu schließen, so ist aus diesem Motiv nicht ohne weiteres und schon gar nicht gegen den Wortlaut der dann geschaffenen Norm zu schließen, dass er keine Spezialnorm für den Rundfunk schaffen wollte. Der Gesetzesbegründung können nämlich auch keine Anhaltspunkte entnommen

---

tatsächlich zum Zeitpunkt der Ausstrahlung in der Nähe eines Fernsehgeräts befunden haben müssten, vgl. *Samson*, Gutachten, S. 41 f.; *Laufhütte*, in: *Jescheck/Ruß/Willms*, StGB (1988), § 184 Rn. 44; *Lenckner/Perron*, in: *Schönke/Schröder* (2001), § 184 Rn. 9; OLG Karlsruhe NJW 1984, 1975 (1976). Überzeugender ist jedoch die Ansicht, dass ein Zugänglichmachen stets bereits anzunehmen ist, wenn eine pornographische Darstellung in den Verfügungs- oder Wahrnehmungsbereich eines Minderjährigen gerät, so dass die Möglichkeit der unmittelbaren Kenntnisnahme besteht, vgl. *Ricker* (2003), S. 26 f. *Lackner/Kühl*, StGB (2001), § 184 Rn. 6 f.; *Ramberg*, ZUM 1994, 140 (140); *Weigend*, ZUM 1994, 133 (134), hält ein Zugänglichmachen sogar bereits für gegeben, wenn der Empfang nur mit Hilfe eines ausschließlich an Erwachsene abgegebenen Decoders möglich ist. Nach Ansicht des BVerwG ZUM 2002, 567 (570) wird dagegen angenommen, dass das Tatbestandsmerkmal nicht erfüllt ist, wenn Vorkehrungen getroffen werden, die den visuellen Zugang Minderjähriger zum Inhalt dieser Filme regelmäßig verhindern („effektive Barriere"), so auch *Lenckner/Perron*, in: *Schönke/Schröder* (2001), § 184 Rn. 15 i.V.m. Rn. 41 d; *Tröndle/Fischer* (2001) § 184 Rn. 13; *Schreibauer* (1999), S. 212 f. i.V.m. S. 197 ff., 274 f.; *Beisel/Heinrich*, JR 1996, 95 (96); *v. d. Horst*, ZUM 1993, 227 (228).

[896] *Lenckner/Perron*, in: *Schönke/Schröder* (2001), § 184 Rn. 51.

[897] BGBl. I 1725. Vgl. hierzu auch *Lenckner/Perron*, in: *Schönke/Schröder* (2001), vor § 174 Rn. 1 f.

[898] BVerwG ZUM 2002, 567 (569). Der Gesetzgeber wollte auf diese Weise sicherstellen, dass auch pornographische Live-Sendungen im Rundfunk vom Straftatbestand erfasst werden. Soweit nämlich Live-Darbietungen erfolgen, fehlt es stets an einem Ton- oder Bildträger, der zugänglich gemacht werden könnte. Vgl. auch *Samson*, Gutachten, S. 37 f.; *Lenckner/Perron*, in: *Schönke/Schröder* (2001), § 184 Rn. 51; *Schreibauer* (1999), S. 287.

[899] BVerwG ZUM 2002, 567 (569 f.).

werden, die besagen, dass der Gesetzgeber ausschließlich Live-Darbietungen regeln und gerade nicht ein umfassendes Pornographieverbot für den Rundfunk festschreiben wollte. Vielmehr spricht die Formulierung „Totalverbot" in den Beratungen des Sonderausschusses gerade dafür, dass wirklich ein solches Totalverbot für den Rundfunk geschaffen werden sollte.[900] Die Argumentation, der Begriff „Totalverbot" weise lediglich darauf hin, dass bei Live-Darbietungen im Gegensatz zu Aufzeichnungen mangels präventiver Eingriffsmöglichkeiten ein größerer Schutz erforderlich sei, ist nicht nachvollziehbar.[901] Dem Rundfunk kommt in seiner Eigenschaft als Massenkommunikationsmittel[902] eine besondere Breitenwirkung und Suggestivkraft zu. Hierbei ist die Unterscheidung von Live-Darbietungen und Aufzeichnungen in ihrer Wirkung wohl kaum erheblich und kann auch nicht die Annahme rechtfertigen, dass der Gesetzgeber mit § 184 Abs. 2 StGB einen unterschiedlichen strafrechtlichen Schutz vor Pornographie im Rundfunk bei Live-Sendungen und Aufzeichnungen schaffen wollte.

Für die Anwendbarkeit des § 184 Abs. 2 StGB ausschließlich auf Live-Sendungen wird teilweise mit der Gesetzessystematik argumentiert.[903] Die Verbreitung aufgezeichneter Sendungen sei bereits Gegenstand von § 184 Abs. 1 und Abs. 3 StGB, so dass insoweit kein Regelungsbedarf bestünde, eine Regelung also überflüssig sei.[904] Die größere Intensität des strafrechtlichen Schutzes vor dem Verbreiten pornographischer Live-Sendungen wird hierbei damit begründet, dass jener auf der Besonderheit beruhe, dass bei Originalübertragungen anders als bei Reproduktionen eine vorherige zuverlässige Kontrolle des Inhalts und Ablaufs nicht möglich sei.[905] Nachdem aber durch das Pornographieverbot in erster Linie Kinder und Jugendliche geschützt werden sollen, und es nicht Ziel ist, ein möglichst einfaches „Kontrollszenario" zu schaffen, ist diese Unterscheidung nicht nachvollziehbar. Denn unabhängig davon, ob Pornographie live oder aufgezeichnet ausgestrahlt wird, geht von ihr dieselbe Gefahr für die Entwicklung von Kindern und Jugendlichen aus. Auf die Überprüfbarkeit von möglichen Verstößen als Argument für die Ausgestaltung der Schwere der Strafbarkeit kann es angesichts der Schutzzwecke – Jugendschutz und Konfrontationsschutz[906] – nicht ankommen. Im übrigen wird fehlerhaft auf eine angeblich mögliche Vorabkontrolle bei Reproduktionen Bezug genommen, die angesichts des in Deutschland geltenden Zensurverbots in Art. 5 Abs. 1 S. 3 GG, welches eine präventive Zensur stets verbietet, gar nicht zulässig wäre.

---

[900] BVerwG ZUM 2002, 567 (570) m.w.N.

[901] So auch BVerwG ZUM 2002, 567 (570).

[902] Aus diesem Grund ist vielmehr bereits fraglich, ob von § 184 Abs. 1 StGB überhaupt Rundfunk erfasst wird, nachdem § 184 Abs. 1 StGB ursprünglich auf den Buchdruck und die Fotographie ausgerichtet war, vgl. *Albrecht/Hotter* (2002), 55 f.

[903] *Schreibauer* (1999), S. 287.

[904] *Schreibauer* (1999), S. 288.

[905] *Schreibauer* (1999), S. 287 Fn. 1060.

[906] Zum Schutzzweck ausführlich unter 2. Teil: 14.3.

Schließlich kann gegen das Argument möglicher Tatbestandsüberschneidungen eingewandt werden, dass es allgemein Konkurrenzregelungen nie bedürfte, wenn Überschneidungen nicht in vielen Bereichen entstehen und auch geduldet würden.[907]

14.2.2 Der Wortlaut und die teleologische Auslegung

Der ausdrückliche Wortlaut des § 184 Abs. 2 StGB, der allgemein von Rundfunk spricht und nicht etwa auf den Begriff „Live-Darbietungen" abstellt, spricht für eine Anwendbarkeit des § 184 Abs. 2 StGB auf Live-Darbietungen und Reproduktionen.[908] Unabhängig davon, ob man nun den Rundfunkbegriff des Grundgesetzes oder den des Rundfunkstaatsvertrages zugrunde legt, sind unter Rundfunk stets Aufzeichnungen und Live-Darbietungen zu verstehen.[909] Für diese Ansicht spricht darüber hinaus, dass unter die Definition „Bild- und Tonträger" des § 11 Abs. 3 StGB, auf welchen § 184 Abs. 1 verweist, unstreitig nur solche Sachen fallen, die technisch gespeichert bestimmte Ton- und Bildträger enthalten, die also durch technische Hilfsmittel dem Auge oder Ohr wahrnehmbar gemacht werden können, wie körperliche Magnet- und Videobänder.[910] Für die Tatsache, dass auf Rundfunksendungen stets § 184 Abs. 2 StGB anzuwenden ist, spricht vor allem auch die Tatsache, dass es sich bei Fernseh- und Hörfunksendungen um elektromagnetische Schwingungen handelt, die niemals körperliche Gegenstände sind, unabhängig davon, ob eine Darbietung mittels einer im Sendestudio aufgestellten Kamera gesendet wird oder ob eine zuvor gefilmte Darbietung zeitversetzt ausgestrahlt wird.[911]

Das Bundesverwaltungsgericht meint, bereits aus der Gegenüberstellung der Begriffe „Darbietung" in § 184 Abs. 2 StGB und „Darstellung" in der Definition des für § 184 Abs. 1 StGB maßgeblichen Schriftenbegriffs in § 11 Abs. 3 StGB für die Grundaussage bestätigende Erkenntnisse gewinnen zu können, dass ausschließlich Live-Darbietungen von § 184 Abs. 2 StGB umfasst seien. Das BVerwG greift hierbei auf eine Definition des Begriffs „Darbietung" in § 33 a GewO zurück, wonach unter einer Darbietung – im Unterschied zu einer Filmwiedergabe – eine unmittelbare Vorführung zu verstehen sei, bei der die Zuschauer zeitgleich Zeugen eines zeitgebundenen und insoweit nicht wiederholbaren Vorgangs werden. Das wesentliche Merkmal einer Darstellung bestehe darin, dass eine über ein Medium vermittelte Wiedergabe eines Vorgangs oder eines Zustandes erfolge.[912] Die gegenüber § 184 Abs. 2 StGB abweichende Bezeichnung des Regelungsgegenstandes sei Ausdruck eines sachlichen Unterschieds. Dem werde durch

---

[907] So auch *Albrecht/Hotter* (2002), S. 55.

[908] *Ring*, epd medien Nr. 49 vom 23.06.2001, S. 26 f.

[909] *Reinwald*, ZUM 1997, 450 (459 ff.).

[910] *Albrecht/Hotter* (2002), S. 54; *Reinwald*, ZUM 1997, 450 (459 ff.); *Tröndle/Fischer*, StGB (2001) § 11 Rn. 42.

[911] *Reinwald*, ZUM 1997, 450 (459 ff.); *Bornemann* (2001), S. 55.

[912] BVerwG ZUM 2002, 567 (569).

die Auslegung Rechnung getragen, nach der es bei § 184 Abs. 2 StGB um die zeitgleiche Verbreitung eines Vorgangs, also um Originalübertragungen, gehe.

Die Argumentation des BVerwG überzeugt nicht. Der Strafgesetzgeber hat in der speziell für den Rundfunk geschaffenen Verbotsnorm des § 184 Abs. 2 StGB an den zentralen rundfunkrechtlichen Begriff der „Darbietung" angeknüpft. Ein Abstellen auf eine Interpretation eines gewerberechtlichen Begriffs der Darbietung ist schon aus diesem Grund nicht nötig. Der Begriff der „Darbietung" ist wesentliches Merkmal der Rundfunkdefinition in § 2 Abs. 1 S. 1 (und S. 2) RStV. Er ist sogar so wesentlich, dass sich nach dem MDStV Mediendienste vom Rundfunk eben gerade durch das fehlende Merkmal der „Darbietung" unterscheiden.[913] Der rundfunkrechtliche Begriff der „Darbietung" bedeutet weder im Geltungsbereich des RStV noch im Geltungsbereich des MDStV eine Beschränkung auf Live-Darbietungen. Aus diesem Grund kann die Interpretation des Begriffs „Darbietung" durch das Bundesverwaltungsgericht nur als verfehlt bewertet werden.

Auffällig ist vielmehr, dass in der gesamten Bestimmung des § 184 Abs. 1 StGB kein einziges Mal der das Rundfunkrecht beherrschende Begriff der „Darbietung" enthalten ist, sondern es dort vielmehr stets um pornographische Schriften geht. Als Besonderheit der Schrift hat die Rechtsprechung anerkannt, dass es um eine Zusammenstellung von verkörperten Zeichen geht, die durch Augen oder Tastsinn wahrnehmbar sind und unmittelbar Worte, mittelbar Gedanken darstellen.[914] Dem so definierten Schriftenbegriff stellt § 11 Abs. 3 StGB „Ton- und Bildträger, Datenspeicher, Abbildungen u. a. Darstellungen in denjenigen Vorschriften gleich, die auf diesen Absatz verweisen." Sowohl Tonträger als auch Bildträger wie auch Datenspeicher sind Sachen, d. h. körperliche Gegenstände.[915] Aus der Formulierung „und andere Darstellungen" wird geschlossen, dass unter dem Begriff „Darstellung" als Oberbegriff jedes körperliche Gebilde verstanden wird, „das sinnlich wahrnehmbar einen gedanklichen Inhalt ausdrückt."[916] Da die „Verbreitung von Darbietungen aller Art in Wort, in Ton und in Bild unter Benutzung elektromagnetischer Schwingungen" (§ 2 Abs. 1 S. 1 RStV)

---

913 Amtl. Begr. zu § 2 MDStV, BayLT-Drs. 13/7716, S. 9.

914 BGHSt 13, 375 ff.; *Tröndle/Fischer* (2001), § 11 Rn. 34; ähnlich *Lackner/Kühl*, StGB (2001), § 11 Rn. 27. Von einer generellen Nichtanwendbarkeit des GjSM für Rundfunksendungen gehen aus *Beucher/Leyendecker/v. Rosenberg* (1999), § 3 RStV Rn. 69, § 49 RStV Rn. 17; *Hartstein/Ring/Kreile/Dörr/Stettner* (2003) § 3 Rn. 21 m.w.N.; *Gounalakis*, NJW 1997, 2993 (2996 Fn. 64); *Kreile/Detjen*, ZUM 1994, 78 (79); *Landmann*, NJW 1996, 3309 (3309 ff.); *Reinwald*, ZUM 1997, 450 ff.; *Schraut* (1993), S. 72 f.; *Bornemann* (2001), S. 54; a.A. *Beisel/Heinrich*, NJW 1996, 491 ff.; *Erdemir* (2000), S. 101 f.; *Brockhorst-Reetz* (1989), S. 96 ff.

915 Vgl. *Tröndle/Fischer* (2001), § 11 Rn. 44 f.

916 *Tröndle/Fischer* (2001), § 11 Rn. 48; ähnlich *Lackner/Kühl*, StGB (2001), § 11 Rn. 28. Dies deckt sich mit der Rechtsprechung des BGH, NJW 1999, 1979 (1980): „Pornographische Schriften verbreitet, wer sie ihrer Substanz nach – also körperlich (BGHSt 18, 63 (64) = NJW 1963, 60) – einem größeren Personenkreis zugänglich macht, wobei dieser nach Zahl und Individualität unbestimmt oder jedenfalls so groß sein muss, dass er für den Täter nicht mehr kontrollierbar ist" (BGHSt 13, 257 = NJW 1959, 2125).

niemals das Verbreiten einer Sache, d. h. eines körperlichen Gegenstands ist,[917] – unabhängig davon, ob die Live-Darbietung von einer im Studio aufgestellten Kamera zeitgleich gesendet oder gewissermaßen auf ein Trägermedium zwischengespeichert und zeitversetzt ausgestrahlt wird – , kann man über Rundfunk keine Schriften und keine „anderen Darstellungen“ im Sinne des § 184 Abs. 1 i.V.m. § 11 Abs. 3 StGB verbreiten.[918] Im Übrigen wäre der Bundesgesetzgeber für eine derartige Regelung des Rundfunkwesens unzuständig. Durch die unkörperliche Verbreitung mittels elektromagnetischer Schwingungen wird keine Schrift oder ein dieser gleichgestelltes Video(band), sondern allenfalls deren Inhalt verbreitet.[919] Nach allem kann man jedenfalls feststellen, dass die Darbietung des § 184 Abs. 2 StGB im Gegensatz zur Darstellung kein körperlicher Gegenstand ist, und somit alle unkörperlichen Darbietungen – gleich ob Reproduktionen oder Live-Darbietungen – unter den Begriff der Darbietung des § 184 Abs. 2 StGB fallen.

Bei § 184 Abs. 1 StGB handelt es sich auch nicht um ein lex specialis, so dass sich die spezifische Bedeutung des Absatzes 2 auf Live-Darbietungen beschränken müsste.[920] Vielmehr fallen sämtliche Darbietungen, die im Rundfunk erfolgen, unter die Sondervorschrift des § 184 Abs. 2 StGB, wofür bereits dessen Wortlaut spricht. Im Übrigen verwendet § 184 Abs. 2 StGB als Tathandlung das „Verbreiten“,[921] ein Begriff, der

[917] Fernsehsendungen werden körperlos ausgestrahlt, unabhängig davon, dass regelmäßig in den Sendeunternehmen körperliche Ton- und Bildaufzeichnungen vorhanden sind. Vergleichbar ist dies mit elektronischem Strom, der auch keine Sache im Sinn des Strafrechts war, was zur Schaffung des Straftatbestandes des § 248 c StGB führte, um die Entziehung von elektrischer Energie unter Strafe zu stellen. Auch bei Fernsehsendungen handelt es sich nicht um körperliche Sachen i.S.d. StGB, sondern um elektromagnetische Wellen. Dies führt zu einer Strafbarkeit nach § 184 Abs. 2 StGB im Falle des Senden von Pornographie. Die Anwendung von § 184 Abs. 1 StGB auf die Ausstrahlung von Fernsehsendungen ist dagegen ausgeschlossen. Auch bezüglich der Datenspeicher liegt ein Verbreiten von Datenträgern im Sinne von § 11 Abs. 3 StGB nach herrschender Meinung ebenfalls nur dann vor, wenn eine körperliche Übergabe des Datenträgers stattfindet. Die bloße elektronische Übermittlung des Inhalts des Datenträgers, welche der Übertragung einer Fernsehsendung vergleichbar ist, ist hierzu nicht ausreichend. *Tröndle/Fischer*, StGB (2001), § 11 Rn. 46; *Reinwald*, ZUM 1997, S. 450 ff.

[918] So *Ory*, NJW 1987, 2967 (2968); *Reinwald*, ZUM 1997, 450 (460 f.); *Albrecht/Hotter* (2002), S. 54 ff.; *Bornemann* (2001), S. 54 f.; VG Hamburg ZUM-RD 2001, 295 (296); *Lackner/Kühl*, StGB (2001), § 184 Rn. 7; *Weigend*, ZUM 1994, 133 (133 Fn. 3); *Altenhain*, in: *Roßnagel* (2000) § 8 MDStV Rn. 11. Dies gilt selbst dann, wenn an die Antennen- oder Kabelsteckdose oder den Satellitenreceiver ein Videorecorder angeschlossen ist, der die Fernsehsendung aufzeichnet. Der Bundesgesetzgeber hatte in § 1 Abs. 2 S. 3 GjSM ausdrücklich klargestellt, dass Rundfunksendungen von dem Gesetz nicht erfasst werden. Allerdings hat er dabei die „Ausnahmetechnik“ gewählt und nicht erkannt, dass der Schriftenbegriff durch die unkörperliche Verbreitung mittels Funkwellen nie erfüllt sein kann, so dass es keine entsprechenden Regelung bedurfte. Nun heißt es auch in § 1 Abs. 2 und 3 JuSchG, dass nur Träger- und Telemedien, die nicht Rundfunk i.S.d. § 2 RStV sind, vom JuSchG umfasst sind.

[919] *Bornemann* (2001), S. 54, verweist auf § 120 Abs. 1 Nr. 2 OWiG, bei welchem der Gesetzgeber sehr genau zwischen der Verbreitung von (körperlichen) Schriften und (unkörperlichen) Erklärungen mit entsprechendem Inhalt unterscheidet.

[920] So aber *Lackner/Kühl*, StGB (2001), § 184 Rn. 7.

[921] Verbreiten bedeutet das Ausstrahlen bzw. das Aussenden einer Rundfunksendung, *Tröndle/Fischer*, § 184, Rn. 32; *Schreibauer* (1999) S. 288; *Hartstein/Ring/Kreile/Dörr/Stettner* (2003) § 49 a RStV Rn. 7,

weiter gefasst ist, als derjenige der strafbaren Verhaltensweisen nach § 184 Abs. 1 Nrn. 1 und 2 StGB, wobei bei diesen in erster Linie die Tathandlung des Zugänglichmachens relevant ist.[922] Schließlich besteht kein nachvollziehbarer Grund, die Übertragung mittels Bild- und Tonträgers anders zu behandeln als eine Live-Übertragung.[923] § 184 Abs. 2 StGB verwendet als Tatobjekt nicht den Begriff der Schriften – wie § 184 Abs. 1 StGB –, sondern den der Darbietungen.

Schließlich spricht auch der Sinn und Zweck der Regelung des § 184 Abs. 2 StGB dafür, dass § 184 Abs. 2 StGB den Rundfunk in seiner Gesamtheit betrifft. Im Bereich des Rundfunks ist die Gefährdungslage gerade wegen der Massenwirksamkeit des Verbreitungsmediums um ein Vielfaches höher, als dies z.B. im Bereich des Einzelhandels oder der Einzelausgabe von pornographischen Videofilmen in Videotheken der Fall ist. Dies hat der Bundesgesetzgeber bei Erlass des StGB erkannt und nach § 184 Abs. 2 StGB die Verbreitung einer pornographischen Darbietung durch Rundfunk unter Strafe gestellt, ohne dies von einer besonderen Art und Weise der Verbreitung in zeitlicher oder technischer Hinsicht abhängig zu machen. Die Einschränkung, der Tatbestand des § 184 Abs. 2 StGB sei nur auf Live-Sendungen anwendbar, lässt sich dem Gesetzeswortlaut nicht entnehmen und entspricht auch nicht dessen Sinn und Zweck. Der Versuch, den § 184 Abs. 1 StGB lediglich auf Reproduktionen anzuwenden, überzeugt nicht, da diese über Rundfunk verbreiteten und vom Zuschauer empfangenen Sendungen nicht mit Schriften i.S.v. §§ 184 Abs. 1, 11 Abs. 3 StGB gleichgesetzt werden können. Hinzu kommt, dass über die Verweisung in § 3 Abs. 1 Nr. 1 RStV auf das StGB und somit auch auf § 184 Abs. 2 StGB pornographische Darbietungen im Rundfunk bereits vor der Geltung des § 4 Abs. 1 S. 1 Nr. 10 i.V.m. Abs. 4 S. 1 Nr. 1 JMStV ohne Einschränkungen stets unzulässig waren.[924]

14.3 Der Schutzzweck des Pornographieverbots

Dem Pornographieverbot des § 4 Abs. 1 S. 1 Nr. 10 i.V.m. Abs. 2 S. 1 Nr. 1 JMStV kann der Schutzzweck ebenso wie bisher dem § 3 Abs. 1 RStV nicht ohne weiteres entnommen werden. Eine Verkürzung ausschließlich auf den Jugendschutz als Schutzzweck erscheint nicht zulässig.[925] Denn über die – bisher ausdrückliche und im JMStV

---

gleichgültig, ob dies über Kabel oder Satellit erfolgt. Erforderlich ist jedoch stets der – zumindest potentielle – Empfang der Sendung, *Hartstein/Ring/Kreile/Dörr/Stettner* (2003) § 49 a RStV Rn. 7.

[922] VG Hamburg JMS-Report 2/2001, S. 1 (2). Zugänglichmachen i.S.d. § 184 Abs. 1 Nr. StGB ist anzunehmen, wenn eine pornographische Darstellung in den Verfügungs- oder Wahrnehmungsbereich eines Minderjährigen gerät, so dass dieser die Möglichkeit der unmittelbaren Kenntnisnahme erhält.

[923] VG Hamburg JMS-Report 2/2001, S. 1 (2). Diese Ansicht ebenfalls teilend *Albrecht/Hotter* (2002), S. 55.

[924] So auch *Lackner/Kühl*, StGB (2001), § 184 Rn. 7; *Ory*, NJW 1987, 2967 (2968); *Reinwald*, ZUM 1997, 450 (460 ff.); *Ring*, epd medien 2001 Nr. 49, 23.06.2001, 26 (26); ausführlich hierzu *Albrecht/Hotter* (2002), S. 54 ff.

[925] Denn in § 3 RStV wurde bereits in der Überschrift darauf hingewiesen, dass diese Vorschrift den Jugendschutz, aber auch unzulässige Sendungen regelt. Auch der JMStV heißt Staatsvertrag über den

stillschweigende – Verweisung auf die Bestimmung des § 184 StGB ist konsequenterweise auf den Schutzzweck des strafrechtlichen Pornographieverbots abzustellen. Als Schutzgut des § 184 StGB a.F. (Verbreitung unzüchtiger Schriften) wurde das Scham- und Sittlichkeitsempfinden der Allgemeinheit bezeichnet.[926] Heute dient § 184 StGB nicht mehr der Bestrafung bloßer Unmoral bzw. der Aufrechterhaltung bestimmter Moralvorstellungen, sondern dem Schutz konkreter Rechtsgüter;[927] nämlich dem Kinder- und Jugendschutz, welcher im Vordergrund der Strafvorschrift steht,[928] und dem Schutz Erwachsener vor ungewollter Konfrontation mit Pornographie.[929] Der selbstbestimmte Bezug von pornographischem Material durch Erwachsene ist also gerade nicht Schutzgutgegenstand des § 184 StGB.[930] Der „Konsum" von Pornographie ist erwachsenen Menschen in der Regel solange freigestellt, wie keine gravierenden Gefahren für andere Rechtsgüter drohen.[931] Bei dieser grundsätzlichen Akzeptanz der Freiheit des Zugangs zu Pornographie für Erwachsene müssen jedoch Beschränkungen im Zugang aus Gründen „praktischer Konkordanz"[932] in Kauf genommen werden, um vor allem dem Jugendschutz – als hochwertigem Rechtgut – besser Rechnung tragen zu können.[933] Das Recht von Kindern, Jugendlichen und Erwachsenen auf sexuelle Selbstbestimmung folgt aus dem allgemeinen Persönlichkeitsrecht (Art. 2 Abs. 1 i.V.m. Art. 1 Abs. 1 GG).[934] Es ist legitim, wenn der Gesetzgeber dieses Recht zu schützen sucht.

Schutz der Menschenwürde und den Jugendschutz im Rundfunk und Telemedien und hat als Überschrift des § 4 JMStV den Begriff „unzulässige Angebote" gewählt.

926 *Laufhütte*, in: *Jescheck/Ruß/Willms*, StGB (1988), § 184 Rn. 4.

927 Moral und Sittlichkeit können keine relevanten Schutzgüter des Pornographieverbots sein, da das Grundgesetz dem Gesetzgeber verwehrt, verbindliche Vorgaben des guten Geschmacks und des generellen Verbots von Unerwünschtem zu erstellen. Moralisches und sittliches Verhalten kann nur erzwungen werden, wenn es von verfassungsgemäßen Rechtsvorschriften ausdrücklich gefordert wird. Das Pornographieverbot muss somit dem Schutz eines bestimmten Rechtsguts dienen. Vgl. hierzu auch *Gersdorf*, Antrittsvorlesung (2001), F 8 = *ders.*, epd medien, Nr. 46/47, 13.06.2001, S. 21 (24 f.). Hintergrund ist hierfür der mit dem StGB beabsichtigte Rechtsgüterschutz und die Generalprävention, vgl. *Albrecht/Hotter* (2002), S. 21.

928 *Hörnle*, NJW 2002, 1008 (1008).

929 BVerwGE ZUM 2002, 567 (572). Der Schutzzweck des § 184 StGB wurde daher auch schon als Schutz der „Unmündigen" und „Unwilligen" bezeichnet, so BVerfGE 47, 109 (110); ZUM-RD 2001, 295 (298); *Albrecht/Hotter* (2002), S. 22; *Gersdorf*, Antrittsvorlesung 2001, S. 8 F 8 = *ders.*, epd medien Nr. 46/47, 13.06.2001, S. 21 (23).

930 *Gersdorf*, Antrittsvorlesung 2001, S. 4 F 5.

931 ZUM-RD 2001, 295 (298). Ohne einschränkende Regelungen bestünde die Gefahr, dass viele Sender im Kampf um Zuschauerquoten immer mehr „aufreizende" Sendungen ausstrahlen würden, so dass eine Konfrontation mit Pornographie im Rundfunk unumgänglich würde. Dies soll wiederum aus jugendschutz- und konfrontationsorientierten Überlegungen durch das grundsätzliche Pornographieverbot verhindert werden.

932 *Albrecht/Hotter* (2002), S. 22; ZUM-RD 2001, 295 (298 f.).

933 *Hörnle*, NJW 2002, 1008 (1008) m.w.N.

934 BVerfGE 47, 46 (73); 83, 130 (140); *Dörr/Cole* (2001), S. 50; *Gersdorf*, Antrittsvorlesung 2001, S. 4 F 9.

Gegen den Schutzzweck, auch Erwachsene vor ungewollter Konfrontation mit Pornographie zu bewahren, wird allerdings vielfach eingewendet, dass Erwachsene durch einfaches Umschalten der Pornographie entgehen könnten.[935] Dieses Verhalten setzt jedoch zwangsläufig die vorherige Kenntnisnahme des pornographischen Inhalts voraus, wohingegen durch das Pornographieverbot bereits vermieden werden soll, dass der Bürger sich mit der Frage auseinandersetzen muss, ob er pornographische Inhalte wahrnehmen möchte.[936]

Das Konfrontationsverbot legitimiert sich aus der Zielsetzung der Menschenwürde, des Persönlichkeitsschutzes und des Schutzes der Privatsphäre, insbesondere dem Recht auf sexuelle Selbstbestimmung,[937] aber auch aus dem Gesichtspunkt der öffentlichen Ordnung,[938] die im Zusammenhang mit sensiblen Sachverhalten wie Sexualität (und deren Gebrauch als Konfrontationsmittel) durchaus gefährdet sein kann. Auch der Kinder- und Jugendschutz nimmt – wie bereits ausgeführt – Verfassungsrang ein. Er stellt den primären Schutzzweck des Pornographieverbotes dar. Kinder und Jugendliche haben ein Recht auf Entfaltung ihrer Persönlichkeit. Sie bedürfen des Schutzes und der Hilfe, um sich zu eigenverantwortlichen Persönlichkeiten innerhalb der sozialen Gemeinschaft zu entwickeln. Dies gilt gerade auch für die Bewahrung vor sexuellen Gefahren.

14.4 Der Pornographiebegriff

14.4.1 Der traditionelle Pornographiebegriff

Für die Unzulässigkeit einer Sendung nach § 3 Abs. 1 Nr. 4 RStV a.F., § 3 Abs. 1 Nr. 1 StGB oder § 4 Abs. 1 S. 1 Nr. 10, Abs. 2 S. 1 Nr. 1 JMStV kam und kommt es wegen der Bezugnahme auf den objektiven Tatbestand des § 184 StGB – ausdrücklich oder zumindest in der amtlichen Begründung[939] – darauf an, ob die Voraussetzungen des strafrechtlichen Pornographiebegriffs erfüllt sind.[940] Der Begriff „Pornographie" ist weder in den Mediengesetzen noch im Strafgesetzbuch legaldefiniert.[941] Vor dem

---

[935] So *Samson*, Gutachten, S. 102.

[936] ZUM-RD 2001, 295 (298); *Gersdorf*, Antrittsvorlesung 2001, S. 4 F 9.

[937] *Albrecht/Hotter* (2002), S. 27. Vgl. zur Privatheit der Sexualsphäre und zum Recht auf sexuelle Selbstbestimmung, welche als Schutzgüter beide in den Bereich des Persönlichkeitsrechts fallen, *Jarass/Pieroth*, GG (2000), § 2 Rn. 29. Verstöße gegen das Recht auf sexuelle Selbstbestimmung sind gem. §§ 174 ff StGB unter Strafe gestellt.

[938] Vgl. *v. Münch/Kunig*, GG (1999), Art. 2 Rn. 26.

[939] BVerwG ZUM 2002, 567 (571); VG Hamburg ZUM-RD 2001, 295 (296); vgl. amtl. Begr., BayLT-Drs. 14/10246, S. 17.

[940] BVerwG ZUM 2002, 567 (568, 571); VG München ZUM 2003, 160 (162).

[941] Das Pornographieverbot im Fernsehen in Art. 22 Abs. 1 EG-FernsehRiL und in Art. 7 Abs. 1 S. 2 Buchst. a Europaratskonvention setzt ebenfalls den Begriff „Pornographie" voraus, ohne diesen zu definieren. Ausführlich zum Pornographiebegriff und zur EG-FernsehRiL vgl. *Ulrich* (2000), S. 15 ff.

Hintergrund, dass bisher nicht erwiesen ist, worin die jugendgefährdenden Eigenschaften der Pornographie zu sehen sind, verwundert es wenig, dass auch hinsichtlich der Bestimmung des Pornographiebegriffs bzw. des Vorliegens einer pornographischen Sendung keine Einigkeit besteht.[942]

Im Jahr 1973 hatte der Gesetzgeber den Tatbestand der „Verbreitung unzüchtiger Schriften“,[943] durch die Regelung des § 184 StGB ersetzt und dabei den Begriff „pornographische Schriften“ gewählt. Hintergrund hierfür waren die Bedenken wegen der Unbestimmtheit des Begriffs „unzüchtig“.[944] Der Gesetzgeber hat bei der Neugestaltung des § 184 StGB bewusst auf eine Definition verzichtet und der Rechtsprechung die Ausfüllung des normativen Begriffs Pornographie überlassen.[945] Die zu § 184 StGB ergangene Rechtsprechung knüpft an die Kriterien und Grundsätze an, die der BGH in der Entscheidung „Fanny Hill“[946] bereits bei der Bestimmung des ursprünglich verwandten Begriffs der „unzüchtigen Schriften“ zugrunde gelegt hat.[947] Danach gelten Darstellungen als pornographisch, wenn sie unter „Hintansetzung sonstiger menschlicher Bezüge sexuelle Vorgänge in grob aufdringlicher, anreißerischer Weise in den Vordergrund rücken und ausschließlich oder überwiegend auf die Erregung sexueller Reize abzielen“[948] und dabei die im Einklang mit allgemeinen gesellschaftlichen Wertvorstellungen gezogenen Grenzen des sexuellen Anstandes eindeutig überschreiten.[949] „Für die Beurteilung maßgebend ist der auf dem jeweiligen – d.h. zeitbedingten und dem Wandel unterworfenen – Kulturstand beruhende Grundbestand gemeinsamer Anschauungen auf sexuellem Gebiet.“[950] Hierdurch wird zum Ausdruck gebracht, dass der Pornographiebegriff stets einem gesellschaftlichen Wandel unterliegt.[951]

---

[942] Noch weniger verwundert, dass auf europäischer Ebene die unterschiedlichen nationalen Anschauungen und Wertvorstellungen der Mitgliedsstaaten bei der Auslegung von Begriffen wie Pornographie zu deutlich abweichenden Ergebnissen geführt haben, vgl. *Ulrich* (2000), S. 112 ff.; *Helberger*, ZUM 1998, 50 (51); *Weigend*, ZUM 1994, 133 (134 ff.); *Liesching* (2002), S. 191 ff.; *Albrecht/Hotter* (2002), S. 93 ff.

[943] Unzüchtig war eine Schrift, wenn ihr Inhalt objektiv geeignet war, das Scham- und Sittlichkeitsgefühl des normal empfindenden Menschen in geschlechtlicher Beziehung gröblich zu verletzen, vgl. *Laufhütte*, in: *Jescheck/Ruß/Willms*, StGB (1988), § 184 Rn. 4; *Mahrenholz*, ZUM 1998, 525 (525).

[944] *Tröndle/Fischer* (2001), § 184 Rn. 5 m.w.N.

[945] VG Hamburg ZUM-RD 2001, 295 (298).

[946] BGHSt 23, 40 (43 f.).

[947] *Lackner/Kühl*, StGB (2001), § 184 Rn. 2; *Herkströter*, AfP 1992, 23 (25).

[948] BGHSt 37, 55 (59 f.); ebenso BVerwG ZUM 2002, 567 (571); VG München ZUM 2001, 160 (163); *Ricker* (2003), S. 28 m.w.N.; *Hartstein/Ring/Kreile/Dörr/Stettner* (2003), § 3 Rn. 36; *Albrecht/Hotter* (2002), S. 28 m.w.N.

[949] BVerwG ZUM 2002, 567 (571).

[950] *Lackner/Kühl*, StGB (2001), § 184 Rn. 2. Eine Definition von Pornographie ohne ein Eingehen auf sexualethische Maßstäbe scheint daher wohl kaum möglich, vgl. VG Hamburg JMS-Report 2/2001, S. 1 (5) = VG Hamburg ZUM-RD 2001, 295 (300). Dies scheint auch der Grund für die unterschiedlichen Ansichten zum Pornographiebegriff auf europäischer Ebene. Denn die sexuellen Anschauungen auf sexuellem Gebiet variieren stark in den europäischen Mitgliedstaaten. Dies macht einen

Nicht ausschlaggebend ist für die Bejahung des Pornographiebegriffs, ob Darstellungen des nackten menschlichen Körpers und Schilderungen sexueller Vorgänge als solche in einer Sendung enthalten sind.[952] Denn das Zeigen der primären Geschlechtsteile stellt nur eines von vielen Indizien für das Vorliegen von Pornographie dar, ist jedoch nicht eine unabdingbare Voraussetzung hierfür. Entscheidend ist vielmehr eine Gesamtbewertung[953] der pornographischen Darstellung. Erst eine auf die sexuelle Stimulierung[954] reduzierte und der Lebenswirklichkeit widersprechende, aufdringlich vergröbernde, verzerrende, unrealistische oder anreißerische Darstellungsweise, die ohne Sinnzusammenhang mit anderen Lebensäußerungen bleibt oder gedankliche Inhalte zum bloßen Vorwand für provozierende Sexualität nimmt, ist das wesentliche Charakteristikum für Pornographie.[955] Die Verabsolutierung sexuellen Lustgewinns und die Entmenschlichung der Sexualität durch deren Vergröberung, welche zur Reduzierung des Menschen auf ein physiologisches Reiz-Reaktions-Wesen[956] und/oder die Degradierung des Mitmenschen zum bloßen Objekt geschlechtlicher Begierde beitragen, sind weitere Indizien.[957] In formaler Sicht relevant ist die überdeutliche und

---

unterschiedlichen Schutzumfang des Pornographiebegriffs verständlich und auch zweckmäßig. Zum Pornographiebegriff in Europa vgl. *Weigend*, ZUM 1994, 133 (134 ff.).

[951] BVerwG ZUM 2002, 567 (571). So auch *Knoll*, BPS-Aktuell 1998, 11 (11 ff.), der für die Beurteilung von Pornographie auf den gesellschaftlichen Minimalkonsens, der entweder traditionell, naturrechtlich oder christlich begründet ist, abstellt. Eine Definition der einfachen Pornographie sei daher nicht möglich. Feste Kriterien könnten nur bei der „harten" Pornographie bestehen.

[952] *Lackner/Kühl*, StGB (2001), § 184 Rn. 2; *Hartstein/Ring/Kreile/Dörr/Stettner* (2003) § 3 Rn. 36; *Beucher/Leyendecker/v. Rosenberg* (1999), § 3 RStV Rn. 38.

[953] *Schumann*, in: *Lenckner*-FS (1998), S. 565 (575), OLG Frankfurt JZ 1974, 516 (516); OLG Düsseldorf NJW 1984, 1977 (1977 f.); *Lenckner/Perron*, in: *Schönke/Schröder* (2001), § 184 Rn. 5; A.A. *Schroeder* (1992), S. 31 (Fn. 20).

[954] *Samson*, Gutachten, S. 102 ff., ein Befürworter des jugendschutzorientierten Pornographiebegriffs (vgl. hierzu 2. Teil: 14.4.2), vertritt die These, dass Pornographie voraussetze, dass die Darstellung zu sexueller Erregung beim Betrachter führen müsse, da die verfehlte Werthaltung nur so auf einem besonders wirksamen und subtilen Weg transportiert werde („lerntheoretischer Belohnungseffekt"). Er fordert weiter, dass gem. Art. 103 Abs. 2 GG die Grundwertung gesellschaftlich praktisch unbestritten sein müsse. *Samson* verkennt hierbei jedoch, dass Pornographie gerade vor der verfehlten Werthaltung schützt, welche bereits durch das Medium Fernsehen transportiert wird; der Auslösung einer tatsächlichen Erregung bedarf es nicht.

[955] *Lackner/Kühl*, StGB (2001), § 184 Rn. 2; *Schroeder* (1992), S. 16 ff.; a.A. *Schumann*, in: *Lenckner*-FS (1998), S. 565 (577), der lediglich darauf abstellt, dass „das Entstehen von Einstellungen zu verhindern" ist, „die dem von der Anerkennung der Menschenwürde bestimmten Menschenbild des Grundgesetzes widersprechen." Ein Bewahren vor einer „Überbewertung" von Sexualität sei nicht vom Jugendschutz erfasst.

[956] *Mahrenholz*, ZUM 1998, 525 (527), sieht Pornographie bei der Ausstrahlung von Sendungen als gegeben an, in denen sexuelle Vorgänge in einer Weise dargestellt werden, die die Unverfügbarkeit und Freiheit, Autonomie und Personenqualität des Individuums verletzen (Art. 2 Abs. 1 i.V.m. Art. 1 Abs. 1 GG). Das sind Filme, in denen der Mensch depersonalisiert und seine Gleichwertigkeit mit Anderen geleugnet oder verächtlich behandelt wird.

[957] *Lenckner/Perron*, in: *Schönke/Schröder* (2001), § 184 Rn. 4; *Tröndle/Fischer*, StGB (2001), § 184 Rn. 7. *Albrecht/Hotter* (2002), S. 29; *Schumann*, in: *Lenckner*-FS (1998), S. 565 (573); OLG Karlsruhe NJW 1987, 1957 (1957); VG Hamburg JMS-Report 2/2001, S. 1 (4 f., 9); *Lenckner/Perron*, in:

detaillierte Darstellung sexueller Vorgänge und deren aufdringliche und unverfremdete Vermittlung. Ergänzend werden aber auch als typische Merkmale von Pornographie das Fehlen jeden sozialen Wertes der Darstellung, die Flucht in eine Märchenwelt unaufhörlichen Genusses, die Fiktion der unerschöpflichen Potenz des Mannes und der unerschöpflichen Hingabebereitschaft der Frau,[958] der fehlende Bezug zum wirklichen individuellen oder gesellschaftlichen Leben,[959] die Beschränkung auf den Lustgewinn als einziges Ziel sowie die fortschreitende Eskalation der Darstellung durch eine Aneinanderreihung von Szenen mit sexuell immer stärker provozierenden Reizen genannt.[960] Es handelt sich somit um die Dimensionen der Darstellungsart, des Darstellungsinhalts, der Bewertung sowie der Zielsetzung, aus denen heraus sich Pornographie zu bestimmen hat.[961] Die GSJP hatte in ihrem Bewertungsleitfaden[962] für die Programmaufsicht neben den Themenkomplexen „Gewalt", „Werte und Normen" und „indizierte Sendungen" auch Bewertungshilfen für die Bereiche „Pornographie" und „Sexualität" vorgelegt. Der Bewertungsleitfaden schaffte somit zusätzliche Transparenz. Die Landesmedienanstalten bzw. die KJM können auch künftig gem. § 15 JMStV in Satzungen und Richtlinien Kriterien und Merkmale zur Durchführung des Staatsvertrags, insbesondere zur Definition unbestimmter Rechtsbegriffe, regeln.

14.4.2 Bedarf es eines „neuen" jugendschutzorientierten Pornographiebegriffs?

Jüngst wurde wiederholt versucht, den Begriff der Pornographie von seiner Schutzrichtung her enger auszulegen und hierbei zusätzliche einschränkende Merkmale einzuführen.[963] Nach dieser Auffassung soll es für das Vorliegen von Pornographie allein

---

Schönke/Schröder (2001), § 184 Rn. 4; *Schroeder* (1992), S. 18 (Fn. 20); *Maurach/Schroeder/Maiwald* (1995), § 23 I Rn. 6. Kritisch *Herkströter*, AfP 1992, 23 (25 f.), *Ladeur*, ZUM 1989, 155 (159), die kennzeichnend für einen Pornofilm das Verschwinden des Subjekts durch die Aufhebung des Unterschieds zwischen Akteur und Betrachter halten.

[958] *Hartstein/Ring/Kreile/Dörr/Stettner* (2003) § 3 Rn. 36; *Beucher/Leyendecker/v. Rosenberg* (1999), § 3 RStV Rn. 38; Ricker (2003), S. 28 f.; a.A. *Samson*, Gutachten, S. 112, hält die unbeschränkte Potenz des Mannes und die unermüdliche Hingabebereitschaft der Frau für kein brauchbares Definitionsmerkmal des Pornographiebegriffs, da der Zusammenhang zwischen verfehlter Information und verfehlter Werthaltigkeit im Bereich der Sexualität durch die Realität in Form von praktischen Erfahrungen widerlegt würde. Hierbei verkennt *Samson* jedoch, dass v.a. Kinder weder die Fähigkeit besitzen, diesen Schluss zu ziehen, noch i.d.R. über derartige (sexuelle) Erfahrungen verfügen.

[959] *Hartstein/Ring/Kreile/Dörr/Stettner* (2003) § 3 Rn. 36; *Beucher/Leyendecker/v. Rosenberg* (1999), § 3 RStV Rn. 38. A.A. *Samson*, Gutachten, S. 118, sieht entgegen der herrschenden Meinung sexuelle Handlungen, welche ohne eine Rahmengeschichte dargestellt werden, nicht als Pornographie an, da gerade die Einbettung sexueller Handlungen in eine ansprechende Geschichte die Gefahr der Entstehung moralischer Fehlhaltungen erhöhe.

[960] BGHSt 37, 55 (64); *Lenckner*, in: *Schönke/Schröder* (2001), § 184 Rn. 4.

[961] *Albrecht/Hotter* (2002), S. 30.

[962] Vgl. *GSJP*, Bewertungsleitfaden für die Programmaufsicht im Rundfunk.

[963] *Schumann*, in: *Lenckner*-FS (1998), S. 565 (576 ff.), hält den Begriff „pornographisch" nur für erfüllt, wenn Sendungen neben Sexualdarstellungen auch weitere Kriterien, wie die Verletzung der Menschenwürde erfüllen und in diesen Sendungen die Menschenwürdeverletzung in ihrer Gesamttendenz gebilligt werde. Aus dem Bestimmtheitsprinzip, dem Prinzip der Vorhersehbarkeit strafbaren Ver-

oder jedenfalls bei den dem Jugendschutz dienenden Tatbeständen des § 184 StGB darauf ankommen, ob durch die Darstellung die Gefahr einer Entwicklung sexueller Fehlhaltungen bei Jugendlichen hervorgerufen werde.[964] Die Vertreter, die einen jugendschutzorientierten Pornographiebegriff befürworten, sehen auch das primäre Ziel des § 184 StGB im Jugendschutz und schließen daraus, dass das Interesse am Schutz vor ungewollter Konfrontation mit Pornographie nicht weiter gehen könne als der Jugendschutz. § 184 StGB könne also Erwachsene nur vor der Konfrontation mit jugendgefährdender Pornographie schützen.[965] Es sei daher eine rechtsgutorientierte Auslegung des Tatbestandes geboten. Danach sei nur schwer jugendgefährdende Pornographie inkriminierbar, es könnten insbesondere bloß solche Tathandlungen erfasst werden, die tatsächlich Jugendschutzbelange zu beeinträchtigen in der Lage wären.

Diese ausschließlich durch den Gedanken des Jugendschutzes geprägte Auslegung des Pornographiebegriffs wird dem Inhalt des Pornographieverbotes nicht gerecht.[966] Denn das Pornographieverbot schützt historisch[967] – wie bereits dargelegt[968] – nicht nur die Jugend, sondern auch die Erwachsenen vor ungewollter Konfrontation mit Pornographie.[969] Daher ist der Pornographiebegriff für alle Tatbestände des § 184 StGB einheitlich in dem traditionellen, beide Strafzwecke gleichermaßen entsprechenden Sinn auszulegen.[970] Die historische Auslegung offenbart, dass der Gesetzgeber mit dem in Rede stehenden Tatbestandsmerkmal nicht wesentlich von der Definition abweichen wollte, die in der Rechtsprechung zum Tatbestandsmerkmal „unzüchtig" in § 184 a.F. StGB entwickelt worden war.[971] Es ist daher auch nicht bedenklich, Begriffsbestimmungselemente, die zur früheren Rechtslage entwickelt worden waren, zu übernehmen. Die Wahl des neuen Begriffs „Pornographie" sollte lediglich zur Vereinfachung einer

---

haltens und dem Prinzip der Gewaltenteilung schließt *Samson*, Gutachten, S. 102 ff, 114 ff., dass Pornographie stets nur zu bejahen sei, wenn ein Verhalten propagiert werde, welches Werthaltungen vermittle, die vom Strafgesetzgeber im Abschnitt über die Straftaten gegen die sexuelle Selbstbestimmung rechtlich missbilligt werden oder die in sonstiger Weise dem Grundgedanken des Rechts auf sexuelle Selbstbestimmung widersprechen, wie z.B. im Fall der in § 184 Abs. 3 StGB dargestellten Inhalte. Der Pornographiebegriff sei nur erfüllt, wo Inhalte transportiert werden, die kraft gesetzlicher Definition den Pornographiebegriff – also nur der harten Pornographie – ausmachen. Hierbei verkennt *Samson*, dass das Gebot der Verhältnismäßigkeit im engeren Sinne insbesondere nicht verlangt, dass das Verbot pornographischer Sendungen nur bei schwerer Jugendgefährdung und in den Fällen so genannter „harter" Pornographie zulässig ist, vgl. BVerwG ZUM 2002, 567 (571 ff.).

964 *Schumann*, in: *Lenckner*-FS (1998), S. 565 (576 ff.); *Samson*, Gutachten, S. 102 ff. *Schreibauer* (1999), S. 126 ff.; *Mahrenholz*, ZUM 1998, 525 ff.

965 *Schumann*, in: *Lenckner*-FS (1998), S. 565 (570); *Schroeder* (1992), S. 32 ff.

966 So auch ausdrücklich das BVerwG, ZUM 2002, 567 (572).

967 Vgl. BVerfGE 47, 109 (110).

968 Vgl. 2. Teil: 14.1.

969 BVerwG, ZUM 2002, 567 (572).

970 BVerwG, ZUM 2002, 567 (572).

971 BVerwG ZUM 567 (572) m.w.N.

Definitionsfindung führen, jedoch nicht eine grundlegend neue Begriffsbestimmung beinhalten.[972] Die Erweiterung der Definition um die Merkmale der Vernachlässigung sonstiger menschlicher Bezüge und der Aufdringlichkeit der Darstellung stellt keinen Widerspruch zur Entstehungsgeschichte dar, sondern eine zutreffende Weiterentwicklung der Definition.

Sowohl eine grammatikalische als auch eine gesetzessystematische Betrachtung des Pornographieverbots bestätigt, dass § 184 StGB von einem einheitlichen, nicht allein auf den Jugendschutz bezogenen Pornographiebegriff ausgeht.[973] Bei allen Tatbeständen des § 184 StGB wird der Tatgegenstand jeweils übereinstimmend als „pornographisch" bezeichnet, was bereits grammatikalisch für ein einheitliches Verständnis des Pornographiebegriffs spricht, und anschließend erst die unterschiedlichen Tathandlungen formuliert – wobei die Unterschiede zwischen den Tatbeständen in den Tathandlungen, nicht aber im Tatgegenstand liegen. Die unterschiedlichen Zwecke der Strafdrohungen und somit die unterschiedlichen Schutzgüter, zu denen auch der Jugendschutz gehört, kommen in den Beschreibungen der Tathandlungen zum Ausdruck und nicht in der Bezeichnung des Tatgegenstandes als „pornographisch".[974] Eine Beschränkung einzig auf den Jugendschutz war nicht gewollt.[975]

Im Übrigen könnte auch aus dem Gedanken des Jugendschutzes als zentralem Schutzzweck der Norm des § 184 StGB keineswegs abgeleitet werden, dass erst Jugendbeeinträchtigungen von einiger Erheblichkeit in den Geltungsbereich der Norm fallen würden. § 15 Abs. 2 Nr. 1 JuSchG (bisher § 6 Nr. 1 und 2 GjSM) erklärt, dass den Vertriebsbeschränkungen des § 15 Abs. 1 JuSchG – auch ohne dass es einer Bekanntmachung in der Liste jugendgefährdender Medien bedarf – schwer jugendgefährdende Trägermedien, die einen in § 184 StGB bezeichneten Inhalt aufweisen, unterliegen.[976] Jedoch kann man daraus nicht ableiten, dass der Gesetzgeber erst bei einer schweren Jugendgefährdung Pornographie begrifflich für gegeben hält. Vielmehr hat der Gesetzgeber Pornographie gänzlich verboten, da er annimmt, dass von Pornographie stets auch eine offensichtlich schwere Jugendgefährdung ausgeht,[977] diese aber begrifflich nicht

---

[972] *Tröndle/Fischer* (2001), § 184 Rn. 5 m.w.N.

[973] VG München ZUM 2003, 160 (164); BVerwG ZUM 2002, 567 (572).

[974] VG München ZUM 2003, 160 (164); BVerwG ZUM 2002, 567 (572), welches ausführlich auf § 6 Nr. 2 GjSM eingeht und festhält, dass § 6 GjSM zwar pornographische Schriften als potenziell jugendgefährdend ansieht, dass jene Bestimmung aber die Jugendgefährdung nicht als Voraussetzung für das Vorliegen von Pornographie fordert.

[975] VG München ZUM 2003, 160 (164); BVerwG ZUM 2002, 567 (572).

[976] § 15 Abs. 2 JuSchG hat die Regelungen des § 6 Nrn. 1 und 2 GjSM übernommen, BT Drs. 14/9013, S. 13.

[977] § 3 Abs. 1 Nr. 3 RStV war schließlich kein Auffangtatbestand für § 3 Abs. 1 Nr. 1 RStV. Bei einer sexuellen Darstellung, die nicht als pornographisch bewertet werden konnte, mussten für die Annahme einer schweren Jugendgefährdung i.S.d. § 3 Abs. 1 Nr. 3 RStV zusätzliche, eigenständig zu bewertende Elemente, als die, die bei der Frage der Pornographie zu prüfen waren, hinzutreten und diese Elemente

vorausgesetzt wird.[978] Diese Einschätzung liegt im Fall der Ungewissheit über den konkreten Umfang der Schutzbedürftigkeit des Rechtsgutes durchaus im Rahmen der gesetzgeberischen Einschätzungsprärogative. Daher scheidet die Möglichkeit aus, Pornographie über das tatsächliche Vorliegen einer Gefährdungslage zu bestimmen.[979]

Der im Strafrecht maßgebliche Pornographiebegriff gilt auch im Bereich des Rundfunks.[980] Zwar verfolgt der RStV auch den Zweck, die EG-FernsehRiL in nationales Recht umzusetzen. Nach Art. 22 Abs. 1 S. 1 EG-FernsehRiL haben die Mitgliedstaaten angemessene Maßnahmen zu ergreifen, um zu gewährleisten, dass Sendungen von Fernsehveranstaltern, die ihrer Rechtshoheit unterworfen sind, keine Programme enthalten, die die Entwicklung von Minderjährigen ernsthaft beeinträchtigen können, insbesondere solche, die Pornographie oder grundlose Gewalttätigkeiten zeigen. Daraus kann aber nicht geschlossen werden, dass im Zusammenhang mit der Ausstrahlung von Fernsehprogrammen der Pornographiebegriff eine offensichtlich schwere Jugendgefährdung voraussetzt.[981] Eine solche Auslegung verbietet sich schon deshalb, weil sich jener Bestimmung nur die gemeinschaftliche Wertung entnehmen lässt, dass Pornographie die körperliche, geistige und sittliche Entwicklung Minderjähriger ernsthaft beeinträchtigen kann, nicht aber, dass der Pornographiebegriff auf die Gefahr einer solchen Beeinträchtigung zu beschränken ist bzw. diese begrifflich voraussetzt.[982] Art. 22 Abs. 1 S. 1 EG-FernsehRiL belässt es vielmehr für die Definition des Begriffs „Pornographie" bei den Definitionen der einzelnen Sendestaaten,[983] welche die nationalen gesellschaftlichen Anschauungen und Wertewandlungen auf sexuellem Gebiet berücksichtigen können, verbietet aber im Fall des Vorliegens von Pornographie stets die Ausstrahlung. Der Schluss, Sexualdarstellungen, die nicht schwer jugendgefährdend sind, könnten auch nicht pornographisch im Sinne des Rundfunkrechts sein, findet im Gesetzeswortlaut keine Stütze. Ganz im Gegenteil zeigt der Wortlaut des § 4 Abs. 2 S. 1 Nr. 1 JMStV (bisher § 3 Abs. 1 Nr. 1 RStV), dass dieser leer laufen würde, würde man die Schlussfolgerung befürworten, dass Pornographie bereits von § 4 Abs. 2

---

mussten die Bewertung der schweren Jugendgefährdung rechtfertigen, *Hartstein/Ring/Kreile/Dörr/Stettner* (2003) § 3 Rn. 40.

978 VG Hamburg JMS-Report 2/2001, S. 1 (6).

979 VG Hamburg JMS-Report 2/2001, S. 1 (3 f.).

980 VG München ZUM 2003, 160 (164); BVerwG ZUM 2002, 567 (572).

981 Von Vertretern des jugendschutzorientierten Pornographiebegriffs wird auf das Wort „insbesondere" in Art. 22 Abs. 1, 2, 22 a EG-FernsehRiL Bezug genommen und Pornographie für ein Fallbeispiel der offensichtlich schwer jugendgefährdenden Sendung gehalten, welche eine schwere Jugendgefährdung voraussetzt, *Weigend*, ZUM 1994, 133 (139). Dies widerspricht aber gerade dem ausdrücklichen Wortlaut des Art. 22 Abs. 1 EG-FernsehRiL, welcher Anwendungsvorrang vor nationalem Recht genießt, vgl. Fn. 169. *Ulrich* (2002), S. 77 ff., 137, geht sogar soweit, nur solche Darstellungen als pornographisch zu werten, die menschenwürdeverletzende Inhalte propagieren.

982 BVerwG ZUM 2002, 567 (573).

983 BVerwG ZUM 2002, 567 (573); VG München ZUM 2003, 160 (164); *Weigend*, ZUM 1994, 133 (134).

S. 1 Nr. 3 JMStV (bisher § 3 Abs. 1 Nr. 3 RStV) umfasst wäre. Die Vorschrift des § 4 Abs. 2 S. 1 Nr. 3 JMStV belegt, dass sich die Zielrichtung des in § 4 Abs. 2 S. 1 Nr. 1 JMStV (bzw. § 3 Abs. 1 Nr. 1 RStV) enthaltenen Pornographieverbots nicht nur auf den Jugendschutz beschränkt, sondern auch der Schutz vor ungewollter Konfrontation mit Pornographie vom Gesetzgeber gewollt ist.

Der jugendschutzorientierte Pornographiebegriff ist nach der derzeitigen Gesetzeslage auch bereits systematisch nicht haltbar, da unter die genannte Definition wohl bei konsequenter Anwendung nur Fälle von beispielsweise Gewalttätigkeiten im Rahmen der sog. „harten" Pornographie fallen würden,[984] die als besonders schwere Fälle aber bereits von § 184 Abs. 3 und 4 StGB erfasst sind. Eine Unterscheidung zwischen der so genannten „einfachen" Pornographie nach § 184 Abs. 1 und Abs. 2 StGB und der „harten" Pornographie nach § 184 Abs. 3 und 4 StGB würde somit unterlaufen.[985] Eine Beschränkung auf so genannte „harte" Pornographie enthält das strafrechtliche Verbot der Verbreitung von Pornographie im Rundfunk in § 184 StGB gerade nicht.[986] Der Gesetzgeber geht somit von einem einheitlichen Pornographiebegriff aus.

14.5 Geeignetheit des Pornographieverbots

Das absolute Pornographieverbot im Fernsehen (§ 4 Abs. 1 Nr. 10 i.V.m. Abs. 2 S. 1 Nr. 1 JMStV) greift in das von der Rundfunkfreiheit des Art. 5 Abs. 2 S. 2 GG gewährleistete Recht des Verbreitens von Sendungen ein.[987] Ein Fernsehveranstalter kann sich grundsätzlich für jede Sendung – auch pornographischen Inhalts – auf den Schutz des Grundrechts der Rundfunkfreiheit berufen.[988] Die Feststellung, dass es sich beim rundfunkrechtlichen Pornographieverbot um eine Bestimmung zum Schutz der Jugend handelt, reicht für sich allein zur Rechtfertigung des Grundrechtseingriffs ebenso wenig aus wie das Recht der Erwachsenen auf sexuelle Selbstbestimmung und freie Entfaltung ihrer Persönlichkeit, welche ihrerseits das Recht des Konfrontationsschutzes[989] mit umfassen.[990] Es ist vielmehr eine Abwägung der widerstreitenden Belange erforderlich.[991] Es bedarf ebenfalls der materiellen Prüfung, ob das Pornographieverbot der

---

[984] So auch *Lenckner/Perron*, in: *Schönke/Schröder* (2001), § 184 Rn. 4.

[985] *Lenckner/Perron*, in: *Schönke/Schröder* (2001), § 184 Rn. 4. So nun auch die Unterscheidung in § 4 Abs. 1 S. 1 Nr. 10 und Abs. 2 S. 1 Nr. 1 JMStV.

[986] Dafür spricht insbesondere, dass der Gesetzgeber Sodomie als Handlung entkriminalisiert hat, andererseits deren Darstellung und Verbreitung weiterhin unter Strafandrohung stellt, *Albrecht/Hotter* (2002), S. 40.

[987] BVerwG ZUM 2002, 567 (573).

[988] Vgl. 2. Teil: 7.2; BVerwG ZUM 2002, 567 (573); BVerfGE 83, 130 (139).

[989] Bei der Prüfung der Verfassungsmäßigkeit soll angesichts des Themas „Jugendschutz im Fernsehen" lediglich auf die Rechtfertigung des absoluten Ausstrahlungsverbot von Pornographie vor dem Hintergrund des Jugendschutzes eingegangen werden.

[990] BVerwG ZUM 2002, 567 (573).

[991] *Gersdorf*, Antrittsvorlesung 2001, S. 10 F 10. BVerfGE 83, 130 (143).

Bedeutung der Rundfunkfreiheit ausreichend Rechnung trägt und den rechtsstaatlichen Grundsatz der Verhältnismäßigkeit beachtet.[992] Dabei ist zu berücksichtigen, dass die Auswahl des Mittels, mit dem Gefahren für Jugendliche abgewendet werden sollen, – wie bereits ausgeführt wurde – zunächst dem Gesetzgeber obliegt.[993] Diesem steht auch hinsichtlich der Einschätzung und der Prognose der drohenden Gefahren, denen mit der Regelung begegnet werden soll, ein Beurteilungsspielraum zu. Dies gilt gleichermaßen für die Beurteilung der Geeignetheit und Erforderlichkeit des gewählten Mittels zur Erreichung des erstrebten Ziels und der Angemessenheit der Maßnahme.[994]

Der Gesetzgeber war aufgrund der Pflichtaufgabe Jugendschutz dazu grundsätzlich berechtigt, ein Ausstrahlungsverbot für pornographische Filme vorzusehen, um der Jugend drohende Gefahren abzuwenden.[995] Dies gilt umso mehr, als es sich beim Jugendschutz um ein besonders hoch zu bewertendes Rechtsgut handelt.[996] Derartige Gefahren drohen nach der Auffassung der Rechtsprechung auf sittlichem Gebiet u.a. von allen Druck-, Bild- und Tonerzeugnissen, die sexuelle Vorgänge in grob schamverletzender Weise darstellen und deshalb zu erheblichen, schwer oder gar nicht korrigierbaren Fehlentwicklungen führen können.[997] Der Gesetzgeber kann deshalb Maßnahmen treffen, durch die der freie Zugang Minderjähriger zu solchen Erzeugnissen unterbunden wird – hierfür stellt das Ausstrahlungsverbot ein geeignetes Mittel dar.[998]

Verfassungsrechtliche Bedenken lassen sich nicht daraus herleiten, dass die Wirkungszusammenhänge von Pornographie – wie unter 1. Teil: 1.2.2.3 dargestellt – in Bezug auf die Entwicklung von Kindern und Jugendlichen wissenschaftlich nicht voll geklärt sind. Wenn der Gesetzgeber in einer solch wissenschaftlich ungeklärten Situation einschlägige Schutzvorschriften für notwendig erachtet, ist dies in Anbetracht der hohen Bedeutung der bedrohten Rechtsgüter verfassungsrechtlich nicht zu beanstanden.[999] Die dem Gesetzgeber insoweit zustehende Einschätzungsprärogative in Form einer Gefahrenprognose[1000] beinhaltet das Abschätzen der Gefahrenlagen und Risiken sowie

---

[992] BVerwG ZUM 2002, 567 (573).

[993] BVerwG ZUM 2002, 567 (573); BVerfG ZUM 1991, 310 (313).

[994] BVerwG ZUM 2002, 567 (573).

[995] BVerwG ZUM 2002, 567 (573). Auf die Rechtfertigung des Pornographieverbots aus Gründen des Konfrontationsschutzes soll hier angesichts des Umfangs und des Themas dieser Untersuchung „Jugendschutz im Fernsehen" nicht weiter eingegangen werden.

[996] BGHSt 37, 55 (63); BVerfGE 30, 336 (348); 77, 346 (356); BVerfG NJW 1986, 1241.

[997] BVerwG ZUM 2002, 567 (573).

[998] BVerwGE 106, 216 (226); BVerfGE 30, 336 (347).

[999] BVerfGE 83, 130 (141 f.) – ZUM 1991, 310 (313); BVerfGE 49, 89 (131 f.).

[1000] *Albrecht/Hotter* (2002), S. 25, vgl. zur Unsicherheit bei der Wirkung von Cannabis BVerfG 90, 145 (172 f.).

die Entscheidung, ob und welche Maßnahmen er ergreifen will.[1001] Der Entscheidungsspielraum wäre nur überschritten, wenn die von ihm getroffene Wertung widerlegt wäre,[1002] also nach dem Stand der Wissenschaft eine Gefährdung von Kindern und Jugendlichen vernünftigerweise ausgeschlossen werden könnte; was jedoch nicht der Fall ist. Denn bei der Feststellung einer Gefährdungslage genügt es, dass nicht sicher ist, dass Pornographie Kinder in ihrer Entwicklung und in ihrem Sexualverhalten nicht negativ beeinflussen kann.[1003] Ein positiver Nachweis ist nicht erforderlich.

Es wird nach wie vor vermutet, dass Jugendliche durch den Konsum jugendgefährdender Medien in ihrer sozialen und (sexual)psychologischen Entwicklung Schäden erleiden können, auch wenn wissenschaftlich eindeutig gesicherte Erkenntnisse über die möglichen Folgen von Pornographie auf Jugendliche fehlen.[1004] Unabhängig von den tatsächlich nachweisbaren Wirkungen pornographischer Sendungen, hat die bisherige Wirkungsforschung zumindest ergeben, dass nicht ausgeschlossen werden kann, dass Gewalt- und Pornographiedarstellungen bei Kindern und Jugendlichen, insbesondere wenn sie in instabilen sozialen Verhältnissen aufwachsen, zu sozialethischer Desorientierung führen können.[1005]

Aus dem Gedanken des Jugendschutzes als zentralem Schutzgut des § 184 StGB kann dagegen nicht abgeleitet werden, dass erst Beeinträchtigungen von einiger Erheblichkeit in den Geltungsbereich der Norm fallen, denn der Gesetzgeber hat sich legitimerweise dafür entschieden, pornographisches Material im Fernsehen immer und unabhängig von der Art der Pornographie und deren Intensität als Kinder und Jugendliche beeinträchti-

---

[1001] BVerfGE 30, 336 (347 ff.).

[1002] BVerwG ZUM 2002, 567 (573). A.A. *Gersdorf*, Antrittsvorlesung 2001, S. 6 F 10 = *ders.*, epd medien Nr. 46/47, 13.06.2001, S. 21 (26 f.), der ausführt, dass der Staat gerade kein absolutes Pornographieverbot erlassen durfte, da nach dem wissenschaftlichen Stand nicht erwiesen sei, dass von pornographischen Inhalten auch tatsächlich eine Gefahr ausgehe. Der Staat würde ansonsten mit der Aufgaben- und Rollenzuweisung an die Eltern im Art. 6 GG brechen, denn Eltern müsste es freistehen – aus welchen Motiven auch immer –, sich bewusst dafür entscheiden zu können, ihren Kindern zumindest ab einem bestimmten Alter den Konsum von pornographischen Sendungen zu erlauben. Hierbei verkennt *Gersdorf* jedoch, dass bei ungeklärten Gefahrensituationen dem Gesetzgeber eine weite Beurteilungsfreiheit zusteht, insbesondere zum Schutz derjenigen Kinder, um deren Wohl sich die Eltern nicht kümmern (können).

[1003] „Mit dem Konzept des Gefährdungsstrafrechts wird zum Ausdruck gebracht, dass der Gesetzgeber es (aus Gründen der Beweisprobleme oder weil aus präventiven Erwägungen bereits an vor dem Schadenseintritt liegenden Risikohandlungen angeknüpft werden soll) unterlässt, den Eintritt von Schäden im Falle hochrangiger Rechtsgüter wie dem Jugendschutz für die Strafbarkeit zu verlangen. Derartige Erwägungen sind grundsätzlich legitim, jedenfalls durch die verfassungsrechtliche Rechtsprechung akzeptiert." *Albrecht/Hotter* (2002), S. 26; so auch *Dörr/Cole* (2001), S. 27 f. „Wie der Gesetzgeber seine Aufgabe erfüllen will, ist Sache seiner eigenen Entscheidung", vgl. BVerfGE 57, 295 (321).

[1004] Vgl. 1. Teil: 1.2.2.3; ebenso *Albrecht/Hotter* (2002), S. 24.

[1005] Zum Stand der Wirkungsforschung siehe 1. Teil: 1.2.2.3.

gend einzustufen.[1006] Angesichts der diagnostizierten Gefahrenlage war der Staatsvertragsgeber durchaus befugt, die mögliche Gefährdung abzuschätzen und zu entscheiden, dass er diesbezügliche Maßnahmen ergreifen will. Auf das Ausmaß der möglichen Gefährdung kann es, wenn die Gefährdung selbst zweifelhaft ist, nicht mehr ankommen.[1007] Das Pornographieverbot ist daher ein geeignetes Mittel zur Vermeidung möglicher bestehender Gefährdungen für Jugendliche.

14.6 Erforderlichkeit des absoluten Pornographieverbots

Bereits nach Art. 22 Abs. 1 EG-FernsehRiL war der Gesetzgeber aufgefordert, angemessene Maßnahmen zu ergreifen, um zu gewährleisten, dass Sendungen von Fernsehveranstaltern, die ihrer Rechtshoheit unterworfen sind, keinerlei Programme enthalten, die die körperliche, geistige und sittliche Entwicklung von Minderjährigen ernsthaft beeinträchtigen können, insbesondere solche, die Pornographie oder grundlose Gewalttätigkeiten zeigen. Konsequenz der Qualifizierung des Gemeinschaftsrechts als „autonome Rechtsordnung" ist dessen unmittelbare Wirkung gegenüber wie auch immer gearteten innerstaatlichen Rechtsvorschriften der Mitgliedstaaten.[1008] „Gemeinschaftsrecht kann den Bürgern und Unternehmen unmittelbar Pflichten auferlegen und Rechte verleihen."[1009] Dass diese unmittelbare Wirkung nach der Rechtsprechung des EuGH auch nicht umgesetztem Richtlinienrecht zukommen kann, ist inzwischen allgemein akzeptiert.[1010] Das BVerfG geht ebenso wie der EuGH in ständiger Rechtsprechung von einem „Anwendungsvorrang" des Gemeinschaftsrechts vor nationalem Recht aus.[1011] Vorliegend wurde bereits mit § 3 Abs. 1 Nr. 1 RStV und nun mit § 4 Abs. 1 S. 1 Nr. 10 i.V.m. Abs. 2 S. 1 Nr. 1 JMStV das absolute Pornographieverbot in nationales Recht transformiert.[1012] Unter Berücksichtigung der europäischen Vorgaben

---

[1006] Vgl. 2. Teil: 14.4.2. Dies entspricht für den Bereich des Fernsehens auch dem Wortlaut des Art. 22 Abs. 1 EG-FernsehRiL, der besagt, dass die Mitgliedstaaten angemessene Maßnahmen ergreifen, um zu gewährleisten, dass Sendungen von Fernsehveranstaltern, die ihrer Rechtshoheit unterworfen sind, keinerlei Programme enthalten, die die körperliche, geistige und sittliche Entwicklung von Minderjährigen ernsthaft beeinträchtigen können, insbesondere solche, die Pornographie oder grundlose Gewalttätigkeiten zeigen. Auch hier wird nicht zwischen einfacher und harter Pornographie unterschieden. Vereinzelt wird jedoch in den übrigen Mitgliedstaaten vertreten, dass lediglich harte Pornographie unter Art. 22 Abs. 1 EG-FernsehRiL als „kleinster gemeinsamer Nenner" falle, vgl. *Ulrich* (2000), S. 114 ff.

[1007] Im Ergebnis so *Ring*, epd Nr. 49, 23.06.2001, S. 26 f.

[1008] *Hirsch*, NJW 2000, 1817 (1818).

[1009] *Hirsch*, NJW 2000, 1817 (1818).

[1010] *Hirsch*, NJW 2000, 1817 (1818).

[1011] Vgl. das Urteil des EuGH vom 11.01.2000 (Tanja Kreil, Az.: C-285/98), abrufbar unter: http://www.curia.eu.int/jurisp/cgi-bin/form.pl?lang=de (zuletzt besucht am 02.06.2003) und EuGH Slg. 1964, 1251 (Costa/ENEL); Slg. 1978, 629 (Simmenthal); ebenso: BVerfGE 85, 191 (204); 75, 223 (245); *Hirsch*, NJW 2000, 1817 (1818).

[1012] Streit herrscht jedoch darüber, was unter Pornographie im Sinne des Art. 22 Abs. 1 EG-FernsehRiL zu verstehen ist, da die Anschauungen auf sexuellem Gebiet in den europäischen Mitgliedstaaten stark auseinandergehen vgl. *Ulrich* (2002), S. 77 ff.; *Weigend*, ZUM 1994, 133 (134 ff.) .

sind vom absoluten Pornographieverbot gem. § 22 Abs. 1 EG-FernsehRiL keine Ausnahmen möglich. Lediglich bei – nicht pornographischen bzw. nicht ernsthaft – beeinträchtigenden Sendungen, kann nach Art. 22 Abs. 2 EG-FernsehRiL durch Sendezeitbeschränkungen oder durch sonstige technische Maßnahmen dafür gesorgt werden, dass diese Sendungen von Minderjährigen im Sendebereich üblicherweise nicht gesehen oder gehört werden.[1013]

Der Gesetzgeber war jedoch bereits angesichts der von ihm getroffenen Gefahrenprognose nicht gehalten, ein anderes, milderes Mittel als das Ausstrahlungsverbot für (einfache und harte) Pornographie zu wählen, welches das Grundrecht der Rundfunkfreiheit nicht oder weniger stark einschränkt. Insbesondere bestand keine Verpflichtung, das Ausstrahlen pornographischer Sendungen nur in der Zeit zwischen 6.00 Uhr und 23.00 Uhr zu untersagen. In der Unterscheidung von Sendungen, die generell unzulässig sind, und solchen, die (lediglich) Sendezeitbeschränkungen unterliegen, kommt die Einschätzung des Gesetzgebers zum Ausdruck, dass die Ausstrahlung von unzulässigen Sendungen wegen der von diesen ausgehenden besonderen Gefährdung überhaupt nicht zu verantworten ist. Diese Bewertung hält sich im Rahmen der dem Gesetzgeber zukommenden Beurteilungsfreiheit[1014] und entspricht den europäischen Vorgaben des Art. 22 Abs. 1 EG-FernsehRiL. Indem der Gesetzgeber für pornographische Sendungen nicht das mildere Mittel einer Sendezeitbeschränkung gewählt hat, schließt er das Risiko aus, dass Minderjährige zu bestimmten Uhrzeiten auf pornographische Sendungen Zugriff haben. Die dieser Einschätzung zugrunde liegende Annahme, dass die Gefahr der Wahrnehmung pornographischer Sendungen durch – wenn auch verhältnismäßig wenige – Minderjährige bei einer Sendezeit zwischen 23.00 Uhr und 6.00 Uhr besteht, kann angesichts der empirischen Ergebnisse nicht beanstandet werden.[1015] Der Eingriff in den Schutzbereich des Art. 5 Abs. 1 S. 2 GG ist daher gerechtfertigt, da die Rundfunkfreiheit letztlich dort ihre Grenzen findet, wo strafbare Handlungen vorgenommen und somit andere Rechtsgüter verletzt werden.[1016]

Im Rahmen der Überprüfung der Erforderlichkeit des absoluten Pornographieverbots im Fernsehen wird weiter untersucht werden, ob die Vorsperrmöglichkeit im digitalen Fernsehen ein milderes Mittel zur Gewährleistung des Jugendschutzes darstellt und somit das absolute Pornographieverbot verfassungswidrig wäre.[1017] Als zweites wird

---

[1013] A.A. gegen den ausdrücklichen Wortlaut *Liesching* (2002), S. 186.

[1014] BVerwG ZUM 2002, 567 (573). Das BVerwG übersieht jedoch, dass bereits aufgrund des Anwendungsvorrangs des Art. 22 Abs. 1 EG-FernsehRiL ein absolutes Ausstrahlungsverbot für Pornographie im Fernsehen beachtet werden muss, vgl. Urteil des EuGH vom 11.01.2000 (Tanja Kreil, Az.: C-285/98), abrufbar unter: http://www.curia.eu.int/jurisp/cgi-bin/form.pl?lang=de (zuletzt besucht am 02.06.2003) und EuGH Slg. 1964, 1251 (Costa/ENEL); Slg. 1978, 629 (Simmenthal); ebenso: BVerfGE 85, 191 (204); 75, 223 (245); *Hirsch*, NJW 2000, 1817 (1818).

[1015] BVerwG ZUM 2002, 567 (573). Dies entspricht insbesondere auch den ausdrücklichen Vorgaben des Art. 22 Abs. 1 EG-FernsehRiL. Vgl. zum Fernsehverhalten von Kindern und Jugendlichen 1. Teil: 1.1.

[1016] *Hahn/Vesting* (2003), § 3 RStV Rn. 37.

[1017] So angenommen von *Gersdorf*, Antrittsvorlesung 2001, S. 8 F 9.

auf die Ansicht des Bundesverwaltungsgerichts[1018] eingegangen werden, welches im Fall des Vorliegens einer effektiven Barriere nach der Rechtslage vor dem 01.04.2003 eine Ausnahmemöglichkeit vom Pornographieverbot im Rundfunk für zulässig und möglich erachtet. Schließlich soll angesichts der aktuellen Entwicklungen, Anträge auf Unbedenklichkeitsbescheinigungen bei den Landesmedienanstalten zu stellen,[1019] um als Mediendienst unter die Ausnahmemöglichkeit des § 5 Abs. 2 S. 2 JMStV zu fallen, die Qualifizierung der near-video-on-demand- und video-on-demand-Angebote als Rundfunk oder Telemedium untersucht und schließlich auf die Ausnahmemöglichkeit vom Pornographieverbot für geschlossene Benutzergruppen in Telemedien eingegangen werden.

14.6.1 Die Vorsperre als milderes Mittel im digitalen Fernsehen?

Bis zur Einführung des JMStV wurde wiederholt vertreten,[1020] dass im Bereich des digitalen Fernsehens ein Ausstrahlungsverbot pornographischer Sendungen nicht erforderlich sei, da es durch die bisher vorhandenen Vorsperr- und Freischalttechniken ein milderes Mittel gäbe, welches verhindern könnte, dass Kinder und Jugendliche Pornographie im Fernsehen wahrnehmen könnten, sowie dass Erwachsene ungewollt mit Pornographie konfrontiert würden.

Durch die Vorsperre kann jedoch – wie der 2. Praxistest ergeben hat – gerade nicht sichergestellt werden, dass Kinder und Jugendliche nicht an den PIN-Code gelangen und so für sie ungeeignete Programme nicht wahrnehmen können. Auch gegenüber Erwachsenen schützt die Vorsperre nicht vor ungewollter Konfrontation, nachdem angesichts der Regelung des § 4 Abs. 1 Nr. 10 i.V.m. Abs. 2 Nr. 1 JMStV Erwachsene auch im Pay-TV nicht mit pornographischen Sendungen rechnen müssen. Insoweit überzeugen auch nicht die Argumente, dass ein Erwachsener sich in Programmzeitschriften erkundigen und gegebenenfalls das Programm einfach durch Umschalten wechseln könnte.

Der Gesetzgeber hat vielmehr im Rahmen seines Beurteilungsspielraums die Bewertung getroffen, dass pornographische Sendungen angesichts der von ihnen ausgehenden möglichen schweren Gefährdung sowohl im Free-TV als auch im Pay-TV absolut

---

[1018] BVerwG ZUM 2002, 567 ff.

[1019] Gem. § 20 Abs. 2 S. 3 RStV sind Anbieter berechtigt, bei der zuständigen Landesmedienanstalt einen Antrag auf rundfunkrechtliche Unbedenklichkeit zu stellen. Sollten Mediendienste als Rundfunk zuzuordnen sein, bedürfen die Anbieter einer Zulassung/Genehmigung ihres Rundfunkangebots nach Landesrecht, § 20 Abs. 2, S. 1 RStV. Die Zuordnung als Rundfunk oder Mediendienst erfolgt im Einvernehmen mit allen Landesmedienanstalten. Vgl. allgemein hierzu *Schulz*, in: *Hahn/Vesting* (2003), § 20 Rn. 59 ff.

[1020] *Gersdorf*, Antrittsvorlesung 2001, S. 8 F 9; Staatsanwaltschaft Leipzig, Einstellungsverfügung v. 05.10.2001 (301 Js 54065/01), abgedr. in: tv diskurs 1/2002, Nr. 19, S. 94, die annimmt, dass § 184 Abs. 2 StGB bei verschlüsselten Sendungen nicht verwirklicht sei. Das BVerwG ZUM 2002, 567 ff. vertrat zu § 3 Abs. 1 Nr. 1 RStV die Auffassung der Zulässigkeit von Pornographie im Fernsehen nur bei Vorliegen einer effektiven Barriere und hat zur Klärung, ob es sich bei der Vorsperre um eine solche handelt, den Rechtsstreit an das VG München zurückverwiesen.

unzulässig sind. Die Jugendschutzinstrumente – Sendezeitbeschränkung[1021] und Vorsperre – können beide die mögliche schwere Gefährdung von Kindern und Jugendlichen nicht abschließend verhindern und kommen daher als gleich effektive, mildere Mittel nicht in Betracht. Wie bereits ausführlich dargestellt,[1022] bieten beide Jugendschutzinstrumente keinen vollkommenen Schutz davor, dass die entsprechend gesicherten Angebote nicht von Kindern wahrgenommen werden. Der Gesetzgeber hat deswegen bei der Wahl des absoluten Ausstrahlungsverbotes von pornographischen Sendungen diese aufgrund der getroffenen Gefahrenprognose als besonders gefährlich für die Entwicklung von Kindern und Jugendlichen eingestuft und daher gerade keine Ausnahmen vorgesehen. Aus diesem Grund kann das absolute Pornographieverbot im Rundfunk auch nicht auf unvorgesperrte Sendungen beschränkt werden. Vielmehr gilt das Pornographieverbot im Rundfunk nach § 4 Abs. 1 S. 1 Nr. 10 i.V.m. Abs. 2 S. 1 Nr. 1 JMStV ohne Ausnahme. Die bisher eingesetzte Vorsperre kann nicht dazu führen, dass Pornographie im digitalen Fernsehen ausgestrahlt werden darf.[1023]

Für ein unbeschränktes Verbot im Fernsehen trotz des Einsatzes von Vorsperreinrichtungen spricht insbesondere auch, dass mit § 3 Abs. 5 RStV für digitale Programme des privaten Fernsehens die Möglichkeit eingeführt wurde, von den Sendezeitbeschränkungen des § 3 Abs. 2 und 3 RStV abzuweichen, wenn eine Sendung verschlüsselt und mit Vorsperre versehen wird und die Freischaltung nur für die Dauer der Sendung erfolgt. Eine derartige Ausnahmemöglichkeit wurde für die Ausstrahlung pornographischer Sendungen aber gerade nicht festgelegt.[1024] Eine vergleichbare Regelung enthält nun § 9 Abs. 2 JMStV. Darüber hinaus wurde zwar für Telemedien explizit eine Ausnahme für geschlossene Benutzergruppen mit in den JMStV aufgenommen, eine derartige Ausnahmemöglichkeit aber für den Bereich des Rundfunks gerade nicht vorgesehen.

Die gesetzgeberische Entscheidung ist auch nicht deshalb fehlerhaft, weil sie für verschlüsselte Sendungen keine Ausnahme von dem Ausstrahlungsverbot vorsieht, denn auch bei einer Codierung ist nicht ausgeschlossen, dass Minderjährige pornographische Sendungen wahrnehmen und Erwachsene mit Pornographie konfrontiert werden.[1025] Ein

---

[1021] Das Ausstrahlen pornographischer Filme im Fernsehen zur Nachtzeit hat das BVerwG ZUM 2002, 567 (570) ausdrücklich als wirksame Maßnahme zum Schutz von Kindern und Jugendlichen abgelehnt. Berücksichtigt man dies, kann aber auch die „Vorsorge auf andere Weise" in Form der Vorsperre, welche derzeit einen noch unvollkommeneren Schutz bietet, keine effektive Barriere darstellen.

[1022] Vgl. zu den Umgehungsmöglichkeiten 2. Teil: 8.6 und 11.3.

[1023] So auch das BVerwG ZUM 2002, 567 (570).

[1024] So auch *Ricker* (2003), S. 33. Zur Unzulänglichkeit der Vorsperre für offensichtlich schwer jugendgefährdende bzw. indizierte Sendungen vgl. *Albrecht/Hotter* (2002), S. 61; *Ring*, ZUM 2000, 177 (180).

[1025] *Ricker* (2003), S. 37 f.; *Schorb/Theunert* (2001), S. 138 ff., epd medien Nr. 15 27.02.2002, S.17. A.A. *Gersdorf*, Antrittsvorlesung 2001, S. 4 F 9 = *ders.*, epd medien Nr. 46/46, 13.06.2001, S. 21 (25), der bei der Vorsperre im digitalen Fernsehen annimmt, dass der Zuschauer die Möglichkeit des Um- und Ausschalten habe, das Informieren des Rezipienten über Programmzeitschriften genutzt werden könne und im Übrigen „der Abonnent bereits auf Grund der besonderen werblichen Hinweise des milderes Mittel muss der Gesetzgeber nur bei gleicher Effektivität bevorzugt wählen.[1026] Wenn der Gesetzgeber ein Risiko für die Entwicklung von Kindern und Jugendlichen nicht eingehen will, überschreitet er mit einem absoluten Ausstrahlungsverbot die Grenzen des ihm zustehenden Wertungsrahmens nicht. Dies gilt umso mehr, als die Ausstrahlung von Pornographie im Rundfunk gem. § 184 Abs. 2 StGB unter Strafe gestellt ist. Die Gesamtabwägung zwischen der Schwere des Eingriffs in die Rundfunkfreiheit und dem Gewicht sowie der Dringlichkeit des ihn rechtfertigenden Grundes ergibt, dass die Grenze der Zumutbarkeit gewahrt ist.

Bereits aufgrund des Anwendungsvorrangs[1027] des Gemeinschaftsrechts aus Art. 22 Abs. 1 EG-FernsehRiL gilt ein Ausstrahlungsverbot für Pornographie im Fernsehen zulassen. Die Sendezeitbeschränkung und die sonstigen technischen Maßnahmen des Art. 22 Abs. 2 EG-FernsehRiL – wie beispielsweise die Vorsperre – sind gerade nur als Jugendschutzinstrumente für entwicklungsbeeinträchtigende Inhalte, die nicht pornographisch nach Art. 22 Abs. 1 EG-FernsehRiL sind, europarechtlich zulässig. Eine Ausnahme vom Pornographieverbot bei Verwendung einer Vorsperre würde also bereits aus diesem Grund der EG-FernsehRiL widersprechen.

14.6.2 Die Ausnahme der „effektiven Barriere“ des Bundesverwaltungsgerichts

Das Bundesverwaltungsgericht vertrat zu § 3 Abs. 1 Nr. 1 RStV in seiner Entscheidung vom 20.02.2002 die Ansicht,[1028] dass eine Ausnahme vom Pornographieverbot im Rundfunk gelten müsste, wenn die pornographische Sendung durch eine Codierung verschlüsselt werde und sichergestellt sei, dass die Codierungsvorrichtung nicht an Jugendliche abgegeben werde.[1029] Zu dieser Meinung gelangte das BVerwG, indem es nicht von einem absoluten Ausstrahlungsverbot für Pornographie im Rundfunk gem. § 184 Abs. 2 StGB, sondern durch eine Beschränkung dieser Vorschrift auf Live-Sendungen,[1030] von dem Erfordernis des „Zugänglichmachens“ nach § 184 Abs. 1 Nrn. 1 oder 2 StGB[1031] ausging. Bei allen Filmen, die im häuslichen Bereich empfangen werden, gelangen diese dadurch in Räumlichkeiten, die Minderjährigen zugänglich

Veranstalters damit rechnen muss, dass zu bestimmten Sendezeiten pornographische Sendungen ausgestrahlt werden.“

1026 *Dreier*, GG (1996), Vorb. Rn. 93.

1027 Urteil des EuGH vom 11.01.2000 (Tanja Kreil, Az.: C-285/98), abrufbar unter: http://www.curia.eu.int/jurisp/cgi-bin/form.pl?lang=de (zuletzt besucht am 02.06.2003) und EuGH Slg. 1964, 1251 (Costa/ENEL); Slg. 1978, 629 (Simmenthal); ebenso: BVerfGE 85, 191 (204); 75, 223 (245); *Hirsch*, NJW 2000, 1817 (1818).

1028 BVerwG ZUM 2002, 567 (568 f.); ähnlich: *Schumann*, in: *Lenckner*-FS (1998), S. 565 (566);.

1029 *Albrecht/Hotter* (2002), S. 58. So aber *Lenckner/Perron*, in: *Schönke/Schröder* (2001), § 184 Rn. 51.

1030 Vgl. zur Anwendbarkeit von § 184 Abs. 2 StGB 2. Teil: 14.2.

1031 Zum Begriff des Zugänglichmachens vgl. Fn. 922.

sind.[1032] Für dieses Tatbestandsmerkmal reicht aus, dass die bloße abstrakte Möglichkeit besteht, dass die pornographische Darstellung von Minderjährigen wahrgenommen werden kann,[1033] was stets bei der Ausstrahlung von pornographischen Fernsehfilmen anzunehmen ist.[1034]

Das Tatbestandsmerkmal des „Zugänglichmachens" sah das BVerwG dann nicht als erfüllt an, wenn Vorkehrungen getroffen wurden, „die den visuellen Zugang Minderjähriger zu dem Inhalt dieser Filme regelmäßig verhindern."[1035] Hierzu forderte das BVerwG, dass zwischen der pornographischen Darstellung und dem Minderjährigen eine „effektive Barriere" bestehen müsse, die der Rezipient zu überwinden habe, um die Darstellung wahrnehmen zu können.[1036] Ein Zugänglichmachen würde demnach nicht vorliegen, „wenn pornographische Filme in verschlüsselter Form unter Anwendung im System angelegter effektiver Sicherungsmaßnahmen gegen unbefugte Wahrnehmung ausgestrahlt werden, so dass deren unverzerrter Empfang den Einsatz entsprechender Decodiereinrichtungen voraussetzt."[1037] Die Anforderungen, die das BVerwG an eine solche „effektive Barriere" stellte, gingen jedoch noch weiter. Neben der Verschlüsselung mittels allgemeiner Codierung der Sendung forderte das BVerwG für das Vorliegen einer effektiven Barriere in Form einer Vorsperreinrichtung, dass eine zuverlässige Alterskontrolle anhand von amtlichen Lichtbildausweisen mit persönlichem Kontakt zu erfolgen habe, die es nur einem Erwachsenen erlaube, einen Abonnentenvertrag abzuschließen sowie eine Sicherung, dass die Decodiereinrichtungen tatsächlich nur an die volljährigen Kunden gelange.[1038] Die bloße Versicherung des

---

[1032] Vgl. VG München ZUM 2003, 160 (162); BVerwG ZUM 2002, 567 (570); *Lenckner/Perron*, in: *Schönke/Schröder* (2001), § 184 Rn. 9; *Lackner/Kühl*, StGB (2001) § 183 Rn. 6; *Schreibbauer* (1999), S. 212 m.w.N.

[1033] BVerwG ZUM 2002, 567 (570); *Lenckner/Perron*, in: *Schönke/Schröder* (2001), § 184 Rn. 51; *Lackner/Kühl*, StGB (2001) § 183 Rn. 6; *Ramberg*, ZUM 1994, 140 (140).

[1034] BVerwG ZUM 2002, 567 (570); VG München ZUM 2003, 160 (162). A.A *Samson*, Gutachten, S. 41 f.; *Laufhütte*, in: *Jescheck/Ruß/Willms*, StGB (1988), § 184 Rn. 44; *Lenckner/Perron*, in: *Schönke/Schröder* (2001), § 184 Rn. 9; OLG Karlsruhe NJW 1984, 1975 (1976), die vertraten, dass sich Jugendliche auch tatsächlich zum Zeitpunkt der Ausstrahlung der Sendung in der Nähe eines Fernsehgeräts befunden haben mussten. Vgl. auch ausführlich Fn. 895.

[1035] BVerwG ZUM 2002, 567 (570); *Lenckner/Perron*, in: *Schönke/Schröder* (2001), § 184 Rn. 9 f.; *Schreibbauer* (1999), S. 195; a.A. *Tröndle/Fischer*, GG (2003), § 184 Rn. 32; *Lackner/Kühl*, StGB (2001) § 183 Rn. 6; *Ramberg*, ZUM 1994, 140 (140); *Weigend*, ZUM 1994, 133 (134).

[1036] BVerwG ZUM 2002, 567 (570).

[1037] BVerwG ZUM 2002, 567 (570 f.); *Lenckner/Perron*, in: *Schönke/Schröder* (2001), § 184 Rn. 15; *Tröndle/Fischer*, GG (2001), § 184 Rn. 13; *Schreibauer*, S. 212 f. i.V.m. S. 195 ff.; *Beisel/Heinrich*, JR 1996, 95 (96); *v. d. Horst*, ZUM 1993, 227 (229 f.); a.A. *Lackner/Kühl*, StGB (2001) § 183 Rn. 6; *Ramberg*, ZUM 1994, 140 ff., der trotz Decodiereinrichtung eine Strafbarkeit annahm. Bei der Auslegung des Tatbestandsmerkmals „Zugänglichmachen" dürfe nicht vernachlässigt werden, dass der Jugendschutz im Fernsehen auch dem Umstand Rechnung zu tragen habe, dass es soziale Bindungen gebe, in denen erzieherisches Handeln nicht oder nur unzureichend stattfinde, BVerwG ZUM 2002, 567 (571); VG München ZUM 2003, 160 (163). Die erforderlichen Wahrnehmungshindernisse müssten gerade auch den Defiziten im häuslichen Bereich Rechnung tragen.

[1038] BVerwG ZUM 2002, 567 (570 f) ebenso VG München ZUM 2003, 160 (163).

Veranstalters, er mache die Decodiereinrichtungen nur Erwachsenen zugänglich, reicht insoweit nicht aus. Neben der Vorlage eines amtlichen Ausweises mit persönlichem Kontakt setzte das BVerwG als dritte Vorkehrung zum Schutz von Minderjährigen voraus, dass zusätzlich zumindest eine weitere im System angelegte effektive Vorkehrung getroffen werden müsse, die es Minderjährigen regelmäßig unmöglich mache, die in Rede stehenden Filme wahrnehmen zu können.[1039]

Eine effektive Barriere sollte es nach Ansicht des BVerwG Minderjährigen „regelmäßig" unmöglich machen, pornographische Inhalte im Rundfunk wahrzunehmen.[1040] Die im digitalen Fernsehen angewandte Vorsperre konnte und kann daher nicht geeignet sein, Minderjährige vor der Wahrnehmung von Pornographie zu schützen.[1041] Für die Schaffung einer Ausnahme von der Unzulässigkeit der Ausstrahlung pornographischer Filme muss es aus Gründen des Jugendschutzes gänzlich unmöglich sein, dass Minderjährige pornographische Filme im Rundfunk wahrnehmen können.[1042] Eine effektive Barriere kann nur dann ein gleich effektives, aber milderes Mittel zum absoluten Pornographieverbot darstellen, wenn es wie das absolute Ausstrahlungsverbot in nahezu 100 % der Fälle die Wahrnehmung von Pornographie im Fernsehen durch Kinder und Jugendliche verhindert. Weder die Vorsperre noch die bisher von Anbietern[1043] vorgeschlagenen Schutzmechanismen stellen eine derartige effektive Barriere dar, denn es fehlt stets eine zusätzlich im System angelegte, effektive Vorkehrung, welche es Minderjährigen regelmäßig unmöglich macht, pornographische Angebote wahrzunehmen.[1044] Auch die Verknüpfung des PIN-Codes der Jugendschutz-Vorsperre mit dem PIN-Code des Pay-Per-View-Verfahrens stellt zwar einen förderlichen monetären Effekt zur Geheimhaltung durch die Eltern dar,[1045] jedoch wird auch auf diesem Weg nicht jeglicher Kontakt von Kindern und Jugendlichen mit pornographischen Angeboten ausgeschlossen. Die Kosten entstehen vielmehr erst im Nachhinein, also nach einem Konsum der pornographischen Sendung. Auch eine Sanktion der Eltern greift erst, wenn die Kinder die pornographischen Inhalte bereits wahrgenommen haben.

Indem das Bundesverwaltungsgericht zur Feststellung, ob es sich bei der Vorsperre um eine solche effektive Barriere handelt, den Rechtsstreit an das Verwaltungsgericht München zurückverwiesen hat, verkennt es, dass durch die Vorsperre bereits nach

---

1039 BVerwG ZUM 2002, 567 (570 f); ebenso VG München ZUM 2003, 160 (163).

1040 BVerwG ZUM 2002, 567 (570).

1041 Vgl. 2. Teil: 14.6.1.

1042 *Ricker* (2003), S. 36 f.

1043 Vgl. epd medien Nr. 84, 26.10.2002, S. 17 f.

1044 Vgl. hierzu ausführlich *Ricker* (2003), S. 37 f. Bei dem Anruf im Call-Center findet keinerlei Alterskontrolle statt, sondern es wird lediglich der PIN-Code erfragt. Vgl. zur fehlenden Geheimhaltung des PIN-Codes durch die Eltern gegenüber Jugendlichen *Schorb/Theunert* (2001), S. 91 ff.

1045 Vgl. hierzu 1. Teil: 1.3.3.1

Einschätzung des Rundfunkstaatsvertragsgebers ausdrücklich nicht um ein wirksames Mittel zum Schutz vor Pornographie handeln kann, nachdem mit der Vorsperre gem. § 3 Abs. 5 RStV nur von § 3 Abs. 2 und 3 RStV, nicht jedoch von § 3 Abs. 1 (insb. Nr. 1) RStV abgewichen werden durfte. Somit kam die Vorsperre, selbst wenn man der Ansicht des Bundesverwaltungsgericht folgen würde, bereits aus diesem Grund – letztlich aber auch, da ihre Effektivität angesichts der Ergebnisse des 2. Praxistests bestritten werden muss – nicht als effektive Barriere nach der alten Rechtslage des RStV in Betracht. Diese Diskussion ist jedoch spätestens seit In-Kraft-Treten des JMStV hinfällig.

Denn der Gesetzgeber hat zum einen – trotz Kenntnis des Urteils des BVerwG vom 20.02.2002 – durch die Formulierung in § 5 Abs. 3 Nr. 1 und § 9 Abs. 2 JMStV auch weiterhin ausdrücklich nur bei der Ausstrahlung von entwicklungsbeeinträchtigenden Angeboten nach § 5 JMStV die Vorsperre als Jugendschutzinstrument zugelassen; jedoch nicht bei unzulässigen Sendungen i.S.d. § 4 JMStV. Zum anderen ist der Staatsvertragsgeber jedoch noch weiter gegangen, indem er nun selbst für indizierte und im Wesentlichen inhaltsgleiche Filme ein absolutes Ausstrahlungsverbot ohne Ausnahmemöglichkeiten vorsieht. Die Vorsperre i.S.d. § 9 Abs. 2 JMStV lässt also lediglich Ausnahmen von Sendezeitbeschränkungen, nicht jedoch Ausnahmen von Sendeverboten zu.[1046] Der Staatsvertraggeber hat sich schließlich – in Kenntnis des Bundesverwaltungsgerichtsurteils vom 20.02.2002[1047] – auch gegen eine Ausnahmemöglichkeit von der Unzulässigkeit pornographischer Sendungen im Rundfunk entschieden,[1048] indem er eine Ausnahme vom Pornographieverbot lediglich für den Bereich der Telemedien innerhalb geschlossener Benutzergruppen ausdrücklich in den JMStV mitaufgenommen hat. Bei geschlossenen Benutzergruppen hat der Anbieter sicherzustellen, dass ausschließlich Erwachsenen Zugang zu den Angeboten gewährt wird. Auch nach dem JMStV verbleibt es bei einem absoluten Ausstrahlungsverbot von Pornographie im Fernsehen, welches ein erforderliches Jugendschutzinstrument darstellt.[1049]

Nicht verständlich ist, weshalb das Bundesverwaltungsgericht zwar bei der Klärung des Pornographiebegriffs auf Art. 22 Abs. 1 EG-FernsehRiL Bezug nimmt,[1050] diese Bestimmung jedoch nicht bei der Prüfung der Möglichkeit von Ausnahmen vom Pornographieverbot anwendet; unter europarechtlichen Gesichtspunkten erscheint dies jedenfalls höchst fragwürdig. Denn hinsichtlich der Möglichkeit des Einsatzes einer effektiven Barriere kann aus europarechtlicher Sicht nichts anderes als hinsichtlich der Vorsperre gelten. Art. 22 Abs. 1 EG-FernsehRiL sieht ausdrücklich keine Ausnahmen vom Pornographieverbot vor. Zwar sieht Art. 3 Abs. 1 EG-FernsehRiL die Möglichkeit

---

[1046] *Ricker* (2003), S. 35.

[1047] BVerwG ZUM 2002, 567 ff.

[1048] *Kreile/Diesbach*, ZUM 2002, 849 (850), *Ricker* (2003), S. 39.

[1049] *Ricker* (2003), S. 42.

[1050] BVerwG ZUM 2002, 567 (572 f.).

vor, strengere Regelungen auf nationaler Ebene zu treffen, ein geringer Schutz ist jedoch nicht zulässig.

14.6.3 Ausnahmemöglichkeit vom Pornographieverbot bei Telemedien

Nicht zuletzt aufgrund des absoluten Ausstrahlungsverbots von Pornographie im Fernsehen versuchen einige Anbieter seit In-Kraft-Treten des JMStV über die Erteilung einer Unbedenklichkeitsbescheinigung gem. § 20 Abs. 2 S. 3 RStV, welche bestätigen soll, dass es sich bei ihren pornographischen Angeboten nicht um Rundfunk, sondern Mediendienste handelt, von der Ausnahmemöglichkeit des § 4 Abs. 2 S. 2 JMStV Gebrauch zu machen.[1051] Die Einstufung eines Angebots als Rundfunk oder Telemedium entscheidet also künftig darüber, ob einfache Pornographie als verkaufswirksames Mittel – nach dem Grundsatz „sex sells" – eingesetzt werden darf oder nicht.[1052] Diese unterschiedliche Behandlung von Rundfunk und Telemedien wird dem beabsichtigten Grundsatz der „Konvergenz der Medien" kaum gerecht. Eine Folge dieser Differenzierung wird also sein, dass die privaten Anbieter künftig verstärkt versuchen, ihre Angebote als Tele- oder Mediendienst zu qualifizieren, um über die Ausnahmemöglichkeit der geschlossenen Benutzergruppe einfache Pornographie verbreiten zu dürfen.[1053] Die entscheidende Frage wird also auch weiterhin die Abgrenzung[1054] von Rundfunk und Mediendiensten sein. Hierbei ist insbesondere die Einordnung der near-video-on-demand- und video-on-demand-Angebote von besonderer Bedeutung.

[1051] So hat bspw. die Erotic Media GmbH am 22.10.2002 einen Antrag bei der Medienanstalt Berlin-Brandenburg (MABB) auf Erteilung einer Unbedenklichkeitsbescheinigung für „zwei bundesweit verfügbare Erotikkanäle", deren Ausstrahlung über die digitale Premiere-Plattform erfolgen soll, gestellt, wobei unter dem vom Antragsteller verwendeten Begriff der Vollerotik pornographische Filme umfasst sind, vgl. epd medien Nr. 84, 26.10.2002, S. 17 f. Bei dem „Erotischen Quartett" im Programm von Premiere (vgl. Fn. 2), bei welchem der Zuschauer im Wege des „Split Screen" (einem sog. geteilten Bildschirm) zwischen Erotikclips und drei Erotikfilmen, welche einzeln wohl nicht unter den Begriff der Pornographie fallen, „hin- und herschalten" kann, stellt sich die Frage des Vorliegens von Pornographie möglicherweise aufgrund des bereits angesprochenen „Summenproblems". Denn, wenn der Zuschauer zwischen drei erotischen Filmen so hin und herschalten kann, dass ausschließlich sexuelle Szenen ohne jegliche Handlung aneinandergereiht werden können, könnten die erotischen (für sich genommen nicht pornographischen) Filme (durch die Möglichkeit der Auswahl) zu einer insg. pornographischen Sendung werden, um nur einen weiteren problematischen Grenzfall aufzuzeigen.

[1052] Die Entscheidung über die Zuordnung eines Angebotes als Mediendienst oder Rundfunk wird gem. § 20 Abs. 2 S. 2 RStV im Einvernehmen mit allen Landesmedienanstalten getroffen. § 20 Abs. 2 RStV gilt auch für die Anwendung des JMStV, vgl. *Schulz/Held* (2003), S. 5.

[1053] Pay-TV-Veranstalter sind der Ansicht, dass der Pay-Per-View-Bereich nicht mit rundfunkrechtlichen Maßstäben gemessen werden sollte, sondern vielmehr als Teledienst einzuordnen sei, da Pay-Per-View-Angebote keine öffentlich zugänglichen Angebote darstellen, so Georg *Kofler*, Geschäftsführer von Premiere World, vgl. Blickpunkt: Film vom 05.08.2002, S. 40; vgl. auch „Der Schlüssel zum Porno... . Warten auf die Sex-Premiere", in: tz vom 29.10.2002, S. 19.

[1054] Vgl. zu den einzelnen Begriffsbestimmungen auch 2. Teil: 3.3.

14.6.4 Ausnahmemöglichkeit für Telemedien bei einer geschlossenen Benutzergruppe

Während hinsichtlich „harter" Pornographie gemäß § 4 Abs. 1 Nr. 10 JMStV ein absolutes Ausstrahlungsverbot sowohl im Rundfunk als auch für Telemedien gilt,[1055] ist das Ausstrahlen einfacher Pornographie nur im Bereich des Rundfunks gem. § 4 Abs. 2 Nr. 1 JMStV absolut verboten, während seit 01.04.2003 für Telemedien mit § 4 Abs. 2 S. 1 Nr. 1 i.V.m. § 4 Abs. 2 S. 2 JMStV nunmehr eine Ausnahme für geschlossene Benutzergruppen eingeführt wurde.[1056] Unter einer geschlossenen Benutzergruppe versteht man, dass von Seiten des Anbieters sichergestellt sein muss, dass die pornographischen Angebote nur Erwachsenen zugänglich gemacht werden.[1057] Nach der amtlichen Begründung zum JMStV muss für die Annahme einer geschlossenen Benutzergruppe gewährleistet werden, „dass Kinder und Jugendliche keinen Zugang haben, so dass diese Angebote nur Erwachsenen zur Verfügung stehen. Es muss also ein verlässliches Altersverifikationssystem[1058] die Verbreitung an oder den Zugriff durch Minderjährige hindern."[1059]

14.6.4.1 Die „geschlossene Benutzergruppe"

Im Gegensatz zur Formulierung in § 5 Abs. 3 JMStV, welche einem Anbieter die Möglichkeit gewährt, entwicklungsbeeinträchtigende Sendungen auszustrahlen, wenn durch technische oder sonstige Mittel die Wahrnehmung des Angebots durch Kinder

---

[1055] Mit der Regelung des § 4 Abs. 1 Nr. 9 JMStV, welcher die Darstellung von Kindern oder Jugendlichen in unnatürlich geschlechtsbetonter Körperhaltung verbietet, sollen solche Angebote erfasst werden, die zwar noch nicht die Schwelle der Pornographie erreichen, jedoch als Einstieg für entsprechende Angebote genutzt werden. Entsprechend der Systematik des Staatsvertrags gilt dieses Verbot absolut, d.h. auch für geschlossene Benutzergruppen in Telemedien. Dies ist auch anzunehmen, wenn hierfür eine virtuelle Darstellung verwendet wird. Die Regelung entspricht § 15 Abs. 2 Nr. 4 JuSchG.

[1056] Nach § 12 Abs. 1 Nr. 4 MDStV waren bisher pornographische Angebote vollständig unzulässig. Zur Strafbarkeit von Pornographie im Internet vgl. *Hörnle*, NJW 2002, 1008 (1009 ff.).

[1057] *Kreile/Diesbach*, ZUM 2002, 849 (850) vermuten, dass der Gesetzgeber durch die Ausnahmemöglichkeit des § 4 Abs. 2 JMStV auf das Urteil des BVerwG ZUM 2002, 567 ff., zur Frage des Pornographieverbots im Fernsehen Bezug nimmt.

[1058] Die bisher im Internet praktizierte Kontrolle der Personalausweisnummer bietet kein zuverlässiges Altersverifikationssystem (AVS), berücksichtigt man die einfachen Umgehungsmöglichkeiten, vgl. *Blask*, in internetWORLD v. 01.04.2003, S. 29; *jugendschutz.net*, Stellungnahme v. 10.02.2003, *ders.*, Stellungnahme v. 19.03.2003; A.A. LG Düsseldorf vom 31.01.2003 (XXXI 34/02, 70 Js 6582/01), abrufbar unter: http://www.jugendschutz.net/urteil-duesseldorf.pdf (zuletzt besucht am 02.06.2003). Zu den Verifikationssystemen im Internet vgl. *Schulz*, MMR 1998, 182 (185 ff.); *Langenfeld* (2003), S. 4 ff.; *Vielhaber*, MMR Beilage 9/2001, 16 (18); *Weinrich*, JMS-Report 3/2001, S. 5 f.; *jugendschutz.net*, „Rating und Filtering", S. 1 ff.; *v. Heyl/Schindler*, JMS-Report 1/2001, 5 (6 ff.).

[1059] BayLT-Drs. 14/10246, S. 17. Hierzu unterscheidet *Ricker* (2003), S. 49, dass es sich bei der geschlossenen Benutzergruppe nicht nur um eine umgrenzte Gruppe, sondern eine abgegrenzte Gruppe handeln muss, bei der durch die Abgrenzung Minderjährige absolut ausgeschlossen sind. Der Begriff der geschlossenen Benutzergruppe ist angesichts der Verwendung desselben Begriffs im Bereich des Gesetzes über den Datenschutz bei Telemedien (Teledienstedatenschutzgesetz – TDDSG) nicht sehr sinnvoll gewählt, vgl. *Schulz*, in: *Roßnagel* (2000), § 2 TDDSG Rn. 21, § 3 TDDSG, § 3 Rn. 52, 127. Zutreffender ist die von *Ricker* verwandte Bezeichnung der „geschlossenen Erwachsenengruppe".

oder Jugendliche der betroffenen Altersstufe unmöglich gemacht oder zumindest wesentlich erschwert wird, was in Telemedien gem. § 11 Abs. 1 Alt. 2 JMStV regelmäßig durch anerkannte Jugendschutzprogramme oder Jugendschutzprogrammierung erfolgt,[1060] besagt § 4 Abs. 2 JMStV, dass einfache Pornographie in Telemedien zulässig ist, wenn von Seiten des Anbieters sichergestellt ist, dass sie nur Erwachsenen zugänglich gemacht werden. Diese unterschiedlichen Formulierungen machen deutlich, dass die Voraussetzungen für die Zulässigkeit pornographischer Angebote in Telemedien entschieden strenger sind, als dies bei entwicklungsbeeinträchtigenden Angeboten der Fall ist. Es wird bei der Formulierung der geschlossenen Benutzergruppe darüber hinaus ausdrücklich darauf Wert gelegt, dass die Schutzvorkehrung von Seiten der Anbieter – und nicht wie bei § 11 Abs. 1 JMStV nach der amtlichen Begründung[1061] auch nutzerseitig –gewährleistet werden kann. Die Anbieter können die Verantwortung also nicht an die Eltern weitergeben.

Bei der Deutung der Formulierung der geschlossenen Benutzergruppe fordern die Anbieter einen möglichst weiten Spielraum.[1062] In diesem Rahmen wird nun auch vorgeschlagen, das Bundesverwaltungsgerichtsurteil vom 20.02.2002[1063] als Auslegungshilfe heranzuziehen. Der Begriff der geschlossenen Benutzergruppe soll dem der effektiven Barriere entsprechen. Danach soll unter einer effektiven Barriere verstanden werden, dass „Vorkehrungen getroffen werden, die den visuellen Zugang Minderjähriger zu dem Inhalt dieser Filme regelmäßig verhindern."[1064] Jedoch bedarf es keines Rückgriffs auf den Begriff der effektiven Barriere, nachdem der Begriff der geschlossenen Benutzergruppe in § 4 Abs. 1 S. 2 JMStV legaldefiniert wurde.[1065] Unter Berücksichtigung der amtlichen Begründung ist eine geschlossene Benutzergruppe nämlich nur anzunehmen, wenn sichergestellt ist, „dass Kinder oder Jugendliche keinen Zugang haben, sodass diese Angebote nur Erwachsenen zur Verfügung stehen. Es muss also ein verlässliches Altersverifikationssystem die Verbreitung an oder den Zugriff

---

[1060] § 11 Abs. 1 JMStV unterscheidet zwei verschiedene Schutzvorkehrungen. Zum einen die Jugendschutzprogramme, die Installation einer anbieterseitigen Zugangssperre für Kinder und Jugendliche, vgl. auch Fn. 490, und die Jugendschutzprogrammierung, eine nutzerseitig zu installierende Filtersoftware, bei welcher der Anbieter lediglich sein Angebot so einrichten muss, dass es den Nutzern möglich ist, nach negativen oder positiven Kriterien zu filtern. Die Jugendschutzprogrammierung ist der bisherigen Kindersperre vergleichbar und wirft, da sie die Übernahme der Verantwortung durch die Eltern voraussetzt, verfassungsrechtliche Bedenken angesichts ihrer Geeignetheit für einen effektiven Jugendschutz auf. Vgl. zu den Vor- und Nachteilen der beiden Alternativen und zu einer Interpretation der Anwendbarkeit der unterschiedlichen Systeme *Schulz/Held* (2003), S. 7 ff. m.w.N.

[1061] BayLT-Drs. 14/10246, S. 20.

[1062] So auch *Kreile/Diesbach*, ZUM 2002, 849 (851).

[1063] BVerwG ZUM 2002, 567 ff.

[1064] BVerwG ZUM 2002, 567 (570).

[1065] Eine Konkretisierung des Begriffs verbleibt aufgrund ihrer im JMStV enthaltenen Satzungs- und Richtlinienautonomie den Landesmedienanstalten (durch die KJM). Vgl. hierzu *Schulz/Held* (2003), S. 6 f., die konkrete Anforderungen, wie bspw. etwa Vertragsstrafen für die Weitergabe der PIN-Codes, nennen.

durch Minderjährige hindern."[1066] Hierdurch zeigt sich auch der am Wort „regelmäßig" festzumachende Unterschied zwischen dem Begriff der geschlossenen Benutzergruppe und der effektiven Barriere. Damit sind die Anforderungen an den Begriff der geschlossenen Benutzergruppe strenger als an den Begriff der effektiven Barriere.[1067]

Für das Vorliegen der Kriterien einer geschlossenen Benutzergruppe genügt es daher nicht sicherzustellen, dass ausschließlich einfache Pornographie ausgestrahlt wird,[1068] denn bereits aus § 4 Abs. 1 Nr. 10 JMStV ergibt sich, dass das Ausstrahlen harter Pornographie sowohl im Rundfunk als auch in Telemedien absolut verboten ist. Auch der Empfang über das Premiereabonnement mit Jugendschutz-Sperre genügt – wie bereits ausführlich dargestellt – den Anforderungen des § 4 Abs. 2 S. 2 JMStV nicht.[1069] Schließlich kann auch ein Post-Identverfahren,[1070] bei welchem der Kunde bei der Post seinen amtlichen Lichtbildausweis vorlegen muss, um zum Erhalt des PIN-Codes seine Volljährigkeit nachzuweisen, die Verbreitung pornographischer Inhalte an Minderjährige bzw. deren Zugriff auf pornographische Angebote nicht unterbinden. Beim Erwerb des PIN-Codes wird nämlich lediglich kontrolliert, dass dieser nur an Erwachsene abgegeben wird. Jedoch gewährleistet diese Hürde nichts anderes, was nicht auch beim Erwerb des Premiere-Abonnements überprüft wird. Jugendliche gelangen in der Regel trotzdem durch ihre Eltern zu Hause – wie der 2. Praxistest ergeben hat – an den PIN-Code. Die Vorlage eines Ausweises beim Erwerb (des Abonnements oder des PIN-Codes) führt zu keiner Überprüfung des tatsächlichen Nutzers.[1071] Nachdem aber nicht die Eltern, sondern der die pornographischen Fernseh-

---

[1066] BayLT-Drs. 14/10246, S. 17. Letztlich wird dies aber im Ergebnis dazu führen, dass als „Voraussetzungsminimum" die vom Bundesverwaltungsgericht vorgegebenen Maßstäbe für eine effektive Barriere vorliegen müssen. Ein darunter liegender Schutzrahmen ist in jedem Fall nicht ausreichend, *Ricker* (2003), S. 50.

[1067] Ähnlich *Bornemann*, NJW 2003, 787 (789), der das Fehlen einer geschlossenen Benutzergruppe bei jeder Durchlässigkeit des Sicherungssystems annimmt. *Schulz/Held* (2003), S. 6, gehen dagegen davon aus, dass sich die Schutzniveaus der effektiven Barriere und der geschlossenen Benutzergruppe entsprechen. *Kreile/Diesbach*, ZUM 2002, 849 (851 insb. Fn. 18) und *Hartstein/Ring/Kreile/Dörr/Stettner* JMStV (2003), Rn. 6 (insb. Fn. 13), werten die Hürde des verlässlichen Altersverifikationssystems für eine geschlossene Benutzergruppe dagegen deutlich geringer als die Voraussetzungen des Bundesverwaltungsgerichts für die Schaffung einer „effektiven Barriere".

[1068] So bietet Erotic Media GmbH bei ihrem Antrag auf Erteilung einer Unbedenklichkeitsbescheinigung an, durch einen so genannten Jugendschutzbeirat sicherzustellen, dass ausschließlich einfache Pornographie gesendet wird, epd medien Nr. 84, 26.10.2002, S. 18.

[1069] Das Freischalten des Angebots erfolgt, wenn bei einem Anruf im Call-Center ein PIN-Code genannt wird. Den für die Freischaltung erforderlichen PIN-Code kann man wiederum bei Postämtern gegen Vorlage eines Lichtbildausweises zur Kontrolle der Volljährigkeit (Post-Identverfahren) erhalten, vgl. epd medien Nr. 84, 26.10.2002, S. 17 f. Auch der Abonnementvertrag mit Premiere soll nur mit Erwachsenen geschlossen werden, deren Volljährigkeit durch den persönlichen Kontakt und die Vorlage eines amtlichen Ausweises sichergestellt werden soll. Der für die Freischaltung erforderliche PIN-Code kann jedoch durch einen Anruf im Call-Center ohne Alterskontrolle erhalten werden.

[1070] Noch weniger kann dann selbstverständlich eine Personalausweisnummernprüfung ausreichend sein, vgl. *Schulz/Held* (2003), S. 7.

[1071] *Ricker* (2003), S. 52.

filme ausstrahlende Rundfunkveranstalter die effektiven Hindernisse zu errichten hat, nachdem die von § 184 StGB missbilligte Gefahrenquelle von ihm gesetzt worden war,[1072] reichen die bisherigen Bemühungen nicht aus.

Ebenfalls nicht ausreichend ist – wie auch vom BVerwG bereits bestätigt – , dass mit einem ISDN-tauglichen Telefon der PIN-Code über die Tastatur eingegeben wird.[1073] Denn hierdurch wird nicht sichergestellt, dass Minderjährige nicht in den Besitz bzw. in die Kenntnis des zur Freischaltung der streitgegenständlichen Filme erforderlichen PIN-Codes gelangen. Auch die telefonische Freischaltung gewährleistet nicht, dass am anderen Ende der Telefonleitung kein Minderjähriger den PIN-Code eingibt.

Lediglich der mögliche Kosteneffekt durch die Identität des PIN-Codes der Jugendschutz-Vorsperre mit dem PIN-Code für das Pay-Per-View-Verfahren spricht auf den ersten Blick für eine Steigerung der Effizienz der Vorsperre. Dabei spekulieren die Rundfunkveranstalter darauf, dass sich Eltern insoweit um ihre Kindern kümmern, als sie ihnen aufgrund der möglicherweise entstehenden Kosten den PIN-Code nicht verraten, und im Falle, dass sich die Jugendlichen den PIN-Code verbotenerweise aneignen, es zu nachträglichen Sanktionen durch die Eltern kommt. Hiermit nehmen die Anbieter aber gerade die Gefährdung der Kinder und Jugendlichen zunächst billigend in Kauf und wälzen die Verantwortung, auf die mögliche Gefährdung zu reagieren, auf die Eltern ab. Durch die Kostenpflichtigkeit der Freischaltung ändert sich daher nicht viel an der Zugänglichkeit der Angebote für Minderjährige. Zwar stellt ein finanzieller Verlust in Höhe von gegenwärtig etwa € 9,50 pro Freischaltung grundsätzlich ein geeignetes Mittel dar, um den Eltern einen Anreiz zur besseren Kontrolle des PIN-Codes an die Hand zu geben. Es ist jedoch zum einen fraglich, ob Kosten in dieser Höhe – bei Premierebesitzern – tatsächlich auffallen, der richtigen Quelle zugeordnet und schließlich auch sanktioniert werden.[1074] Zum zweiten zeigt gerade diese Argumentation, dass selbst das Koppeln einer Vorsperre bzw. eines Post-Identverfahrens das Problem verfehlt. Denn an eine geschlossene Benutzergruppe wird gerade die Anforderung gestellt, Minderjährigen gänzlich die Möglichkeit zu nehmen, für sie ungeeignete Inhalte wahrzunehmen. Die genannten Schutzmechanismen können dies aber nachweislich nicht sicherstellen, sondern lassen vielmehr den Zugriff auf das geplante Angebot teilweise zu. Insoweit kann es sich also nicht um eine geschlossene Benutzergruppe i.S.d. § 4 Abs. 2 S. 2 JMStV handeln.[1075]

[1072] BVerwG ZUM 2002, 567 (571); VG München ZUM 2003, 160 (163). So auch der ausdrückliche Wortlaut der Bestimmung des § 4 Abs. 2 S. 2 JMStV, der die Verpflichtung dem Anbieter aufbürdet.

[1073] VG München ZUM 2003, 160 (163).

[1074] *Ricker* (2003), S. 53.

[1075] *Ricker* (2003), S. 53.

14.6.4.2 Abgrenzung zwischen Rundfunk und Telemedien

Die Ausnahme des § 4 Abs. 1 Nr. 2 JMStV gilt nur für geschlossene Benutzergruppen in Telemedien. Aus diesem Grund muss des weiteren geklärt werden, welche Angebote unter den Begriff „Rundfunk" und welche unter den Begriff „Telemedien" fallen. Nach § 3 Abs. 2 Nr. 1 JMStV sind Telemedien Teledienste i.S.d. Teledienstegesetzes[1076] und Mediendienste im Sinne des MDStV, soweit sie nicht Rundfunk i.S.d. RStV sind.[1077] Unter Mediendienst versteht man nach § 2 Abs. 1 MDStV das Angebot und die Nutzung von an die Allgemeinheit gerichteten Informations- und Kommunikationsdiensten in Text, Ton oder Bild, die unter Benutzung elektromagnetischer Schwingungen ohne Verbindungsleitung oder längs oder mittels eines Leiters verbreitet werden; es werden hierbei in § 2 Abs. 2 MDStV einzelne Beispiele für Mediendienste genannt, insbesondere in Nummer 4 die Abrufdienste, unter welche auch das „video-on-demand-Angebot"[1078] regelmäßig gezählt wird. Bei Abrufdiensten werden Text, Ton- oder Bilddarbietungen auf Anforderung aus elektronischen Speichern zur Nutzung übermittelt, wobei hiervon Telespiele und Datenübermittlung sowie Leistungsaustausch ausgenommen werden. Beispiele für Mediendienste sind Fernseheinkauf, Wetterservice oder Radiotext. Teledienst und Mediendienst haben gemeinsam, dass es sich um „Informations- und Kommunikationsdienste" handelt, unterscheiden sich aber dadurch, dass sich der Teledienst im Gegensatz zum Mediendienst nicht an die Allgemeinheit richtet.[1079]

Unter Rundfunk versteht man nach § 2 Abs. 1 S. 1 RStV „die für die Allgemeinheit bestimmte Veranstaltung und Verbreitung von Darbietungen aller Art in Wort, Ton und Bild unter Benutzung elektromagnetischer Schwingungen ohne Verbindungsleitung oder längs eines Leiters." Demnach handelt es sich beim Rundfunk ebenso wie bei Mediendiensten um Massenkommunikationsmittel, d.h. um Angebote, die sich an die Öffentlichkeit bzw. an die Allgemeinheit, also an eine unbestimmte Vielzahl von Empfängern richten[1080] und keine Interaktivität ermöglichen, sondern bei denen der Empfänger auf die Programmentscheidung des Anbieter angewiesen ist – dergestalt, dass er lediglich vor der Auswahlentscheidung des Ein- und Ausschaltens steht.[1081] Beide Medienarten unterscheiden sich aber im Wesentlichen dadurch, dass der Rund-

---

[1076] Teledienste sind nach § 2 des Art. 1 TDG im IuKDG legal definiert als alle elektronischen Informations- und Kommunikationsdienste, die für eine individuelle Nutzung von kombinierbaren Daten wie Zeichen, Bildern oder Tönen bestimmt sind und denen eine Übermittlung mittels Telekommunikation zu Grunde liegt.

[1077] Zur Abgrenzung zwischen Rundfunk, Mediendienst und Teledienst vgl. 2. Teil: 3.3 und Fn. 420.

[1078] *Beucher/Leyendecker/v. Rosenberg* (1999), § 2 MDStV Rn. 6.

[1079] *Beucher/Leyendecker/v. Rosenberg* (1999), § 2 MDStV Rn. 1.

[1080] *Hoffmann-Riem*, AfP 1996, 10 (10 f.); *Ory*, ZUM 1995, 852 (853); *Ricker/Schiwy* (1997), B I Rn. 36.

[1081] BVerfGE 74, 297 (353); *Ricker/Schiwy* (1997), B IV Rn. 237.

funk im Gegensatz zum Mediendienst eine Darbietung enthält.[1082] Das Merkmal der Darbietung wird weit verstanden.[1083] Der Begriff schließt gem. § 2 Abs. 1 S. 2 RStV Darbietungen mit ein, die verschlüsselt verbreitet werden oder gegen besonderes Entgelt empfangbar sind. Der Begriff der „Darbietung" setzt vor allem das Bestehen eines Einflusses des jeweiligen Angebotes auf die öffentliche Meinungsbildung, also so genannte Meindungsbildungsrelevanz voraus.[1084] Wegen der begrenzten Wirkung der Mediendienste des § 2 Abs. 2 Nrn. 1 bis 3 MDStV auf die öffentliche Meinungsbildung bzw. wegen ihrer geringen Suggestivkraft, ist es gerechtfertigt, bei diesen Angeboten vom Ordnungsrahmen des RStV, der für Angebote des Rundfunks gilt, abzuweichen.[1085] Zeichnet ein Angebot Meinungsbildungsrelevanz aus, handelt es sich in der Regel um Rundfunk.[1086] Eine rundfunkrechtlich relevante Darbietung liegt nicht vor, wenn der Inhalt des Angebots weder zur öffentlichen Meinungsbildung bestimmt noch geeignet ist.[1087] Als Indizien für das Vorliegen einer Darbietung im Sinne des Rundfunks hat das Bundesverfassungsgericht drei Merkmale benannt: „Aktualität, Suggestivkraft und Breitenwirkung",[1088] welche im Rahmen einer Gesamtbewertung Aufschluss darüber geben soll, ob individuelle Meinungsrelevanz anzunehmen ist oder nicht.[1089] Die Breiten- und Massenkommunikationswirkung besteht darin, dass einer unüberschaubaren Vielzahl von Menschen gleichzeitig Tatsachen und Meinungen vermittelt werden, wodurch letztlich ein Multiplikationseffekt eintritt.[1090]

1082 Ziff. 2.1.1 des 2. DLM-Strukturpapier (1998); *Hahn/Vesting* (2003), § 2 RStV Rn. 34, 45; *Schulz*, in: *Beucher/Leyendecker/v. Rosenberg* (1999), § 2 MDStV Rn. 1.

1083 BVerfGE 12, 205 (260 f.); 31, 314 (325 f.).

1084 Ziff. 2.1.1 des 2. DLM-Strukturpapier (1998); *Ricker* (2003), S. 9; *Ricker/Schiwy* (1997), B I Rn. 39 ff.; *Hahn/Vesting* (2003), § 2 RStV Rn. 54 ff.; BVerfGE 57, 295 (319); 73, 118 (156); *Hesse* (1999), S. 80 Rn. 9.

1085 *Beucher/Leyendecker/v. Rosenberg* (1999), § 2 MDStV Rn. 1; *Ricker* (2003), S. 7; *Ring* (2003) G II 1.300, S. 4; zu § 2.

1086 *Ricker* (2003), S. 9. Aufgrund der Meinungsbildungsrelevanz des Internets, wenn es sich als „Rundfunk via Internet" wie im Beispiel Big Brother darstellt, nimmt *Janik*, K&R 2001, 572 (575 ff.) deshalb an, dass es sich beim Internet insoweit um Rundfunk handeln müsse. Die rechtliche Zuordnung müsse daher aus einer Zuschauerperspektive und nicht nach den technischen Verbreitungswegen getroffen werden.

1087 Dies ist beispielsweise bei Polizeiverkehrshinweisen bzw. bei betriebstechnischen Mitteilungen der Fall, vgl. hierzu weitere Beispiele bei *Hartstein/Ring/Kreile/Dörr/Stettner* (2003), § 2 Rn. 8; *Ricker/Schiwy* (1997), B I Rn. 40 Fn. 253; *Ricker* (2003), S. 10.

1088 BVerfGE 90, 60 (87); *Hahn/Vesting* (2003), § 2 RStV Rn. 48.

1089 Ziff. 2.1.4 des 2. DLM-Strukturpapier.

1090 Ziff. 2.1.2 des 2. DLM-Strukturpapier.

14.6.4.3 Einordnung von Pornographie im Pay-TV als Rundfunk

Bei pornographischen Angeboten im Fernsehen – egal ob im Free- oder Pay-TV[1091] – kann die Breitenwirkung nicht abgestritten werden. Das Angebot im Pay-TV wird zwar nur den Abonnenten offeriert, jedoch kann das Abonnement jeder Volljährige erwerben. Denn auch im Pay-TV wird versucht, mit einer unüberschaubaren, möglichst großen Zahl von Menschen einen Abonnementvertrag zu schließen, um so von dem so eben beschriebenen Multiplikationseffekt profitiert zu können.[1092] Beim Pay-TV kommt es auch nicht zu einem gezielten Aussuchen von Abonnenten. Es findet keine Interaktivität statt, so dass es sich nicht um Individualkommunikation, sondern um Massenkommunikation handelt.[1093] Es wird vielmehr im digitalen Fernsehen ein Programm gestaltet, das dem „durchschnittlichen" Abonnenten gefallen soll, um hierdurch möglichst viele Kunden zu akquirieren.[1094]

Rundfunk zeichnet sich weiter dadurch aus, dass beim Rezipienten der Eindruck der Teilhabe erzeugt werden soll, indem die Aktualität der vermittelten Inhalte durch die Produktions- und Verbreitungstechnik ausgenutzt wird.[1095] Beim digitalen Fernsehen wird angesichts des vielfältigen Angebots das Kriterium der Aktualität erfüllt, auch wenn die Sendungen teilweise – so im near-video-on-demand-Verfahren – stündlich ausgestrahlt werden.[1096] Auch pornographischen Filmen kann schließlich aufgrund der von ihnen ausgehenden Suggestivkraft, der Eindruck der Authentizität der audiovisuellen Darstellung, der insbesondere durch die Kombination von Bewegtbild und Ton entsteht,[1097] keinesfalls die Meinungsbildungsrelevanz abgesprochen werden.[1098] Denn das Pornographieverbot beruht gerade auf der Annahme, dass von Pornographie eine für

---

[1091] Vgl. hierzu 2. Teil: 3.3 Fn. 422. Seit § 2 Abs. 1 S. 2 RStV ist ausdrücklich klargestellt, dass sowohl Free- als auch Pay-TV unter den Rundfunkbegriff fallen und es eben nicht auf darauf ankommt, ob die Filme verschlüsselt werden oder nicht, bzw. ob für die Rezeption ein Entgelt zu bezahlen ist, vgl. *Beucher/Leyendecker/v. Rosenberg* (1999), § 2 RStV Rn. 10.

[1092] Selbst wenn Angebote stündlich neu beginnend ausgestrahlt werden, werden die Rezipienten zwar weiter gestreut als bei herkömmlichen Angeboten, jedoch kann durch die einmalige Ausstrahlung des Films eine Vielzahl von Nutzern erreicht werden. Auch bei der Premiereplattform kann man nicht mehr von einer überschaubaren Rezipientenzahl ausgehen.

[1093] *Ricker/Schiwy* (1997), B IV Rn. 237 f.

[1094] Vgl. bspw. das von Erotic Media GmbH angekündigte pornographische Angebot (vgl. Fn. 1051), bei welchem der Rezipient über die vergleichsweise freie Wahl aufgrund der stündlichen Ausstrahlung hinaus keine Einwirkungsmöglichkeiten auf den ausgestrahlten Film hat, vgl. epd medien Nr. 84, 26.10.2002, S. 17 f. Es findet also keine Individual-, sondern eine Massenkommunikation statt.

[1095] Ziff. 2.1.2 des 2. DLM-Strukturpapier.

[1096] Bspw. Erotic Media GmbH möchte mit ihrem Programmvorhaben (vgl. Fn. 1051) monatlich 15 neue Filme anbieten, welche jeweils zur vollen Stunde zeitversetzt starten sollen, vgl. epd medien Nr. 84, 26.10.2002, S. 17 f. Hierbei handelt es sich um ein Angebot mit Aktualität, da das Angebot monatlich erneut wird.

[1097] Ziff. 2.1.2 des 2. DLM-Strukturpapier.

[1098] *Ricker* (2003), S. 7 f., 13.

Kinder und Jugendliche gefährliche Suggestivkraft ausgeht, die zu einer Gefährdung der Erziehung und Entwicklung von Kindern und Jugendlichen führen kann.

Pornographische Filme im digitalen Fernsehen wären danach stets als Rundfunk gem. § 2 Abs. 1 RStV zu bewerten. Teilweise wird jedoch vertreten,[1099] dass etwas anderes gelten müsse,[1100] wenn pornographische Filme im Fernsehen im Wege des Abrufdienstes angeboten würden. In solchen Fällen würde es sich gem. § 2 Abs. 2 Nr. 4 MDStV um einen Mediendienst handeln. Abrufdienste zeichnen sich besonders durch das Merkmal der Interaktivität aus, da sie erst auf die individuelle „Anforderung" das Angebot zur Nutzung übermitteln.[1101] Unter Interaktivität des Zuschauers mit dem Anbieter versteht man hierbei, dass der Nutzer stets zuerst die geplanten Angebote anfordern muss und diese ihm nur auf den Abruf hin aus dem elektronischen Speicher des Anbieters übermittelt werden. Die Interaktivität fehlt also, wenn der Zuschauer auf das Zusehen oder das Abschalten beschränkt bleibt und auf die Programmentscheidung des Senders angewiesen ist.[1102] Hierbei muss jedoch zwischen video-on-demand und near-video-on-demand unterschieden werden.

14.6.4.4 Near-video-on-demand und video-on-demand

Near-video-on-demand ist regelmäßig eine Variante des Pay-TV, bei welchem das Programm in kürzeren Abständen wiederholt gestartet wird, um hierdurch die Möglichkeit für den Zuschauer zu gewährleisten, zu verschiedenen Zeitpunkten auf das Programm Zugriff zu nehmen.[1103] Auf diese Weise kann der Rezipient in gewisser Weise innerhalb der gegebenen Grenzen selbst den Empfangszeitpunkt bestimmen.[1104] Aus diesem Grund wird vereinzelt vertreten, dass es sich bei near-video-on-demand nicht um Rundfunk, sondern um einen Teledienst handelt.[1105] Jedoch muss dagegen

---

[1099] *Beucher/Leyendecker/v. Rosenberg* (1999), § 2 RStV Rn. 6; *Ricker* (2003), S. 13; *Ricker/Schiwy* (1997), B I Rn. 64 ff, 74 ff.

[1100] Ziff. 2.2.2.4 des 2. DLM-Strukturpapier besagt, dass § 2 Abs. 2 Nr. 4 MDStV zwar Abrufdienste grundsätzlich – nach dem gegenwärtigen Stand der Technik – dem Rundfunkbegriff entzieht, dass dies aber nicht bedeute, dass an die Allgemeinheit gerichtete Abrufdienste in jedem Fall dem MDStV unterfallen, nachdem stets eine Gesamtbewertung des Angebots vorzunehmen ist. Vielmehr kommt es auch bei einem Abrufdienst darauf an, inwieweit er die drei Merkmale der Meinungsbildungsrelevanz erfüllt. A.A. *Beucher/Leyendecker/v. Rosenberg* (1999), § 2 RStV Rn. 9; *Ricker/Schiwy* (1997), B I Rn. 64 ff, 74 ff., wonach Abrufdienste per se unter das TDG fallen.

[1101] Ziff. 2.2.2.4 des 2. DLM-Strukturpapier.

[1102] BVerfGE 74, 297 (351 f.)

[1103] Bei dem Programmvorhaben von Erotic Media GmbH (vgl. Fn. 1051) sollen bspw. Pornofilme zeitversetzt zur vollen Stunde starten und der Zuschauer über einen Anruf beim Premiere-Call-Center für drei Stunden freigeschaltet werden, um das Angebot nutzen zu können, vgl. epd medien Nr. 84, 26.10.2002, S. 17 f.

[1104] Das BVerfGE 74, 297 (351 f.) hat entschieden, dass es auf den gleichzeitigen Empfang aller Rezipienten für die Bejahung von Rundfunk nicht ankommt.

[1105] *Kröger/Moss*, AfP 1997, 675 (678); *Beucher/Leyendecker/v. Rosenberg* (1999), § 2 RStV Rn. 10.

eingewendet werden, dass beim near-video-on-demand die Filme bereits vor dem Anruf des Zuschauers rund um die Uhr im Fernsehen ausgestrahlt werden. Der Telefonanruf des Rezipienten führt gerade nicht zum Abruf eines speziell gewünschten Films aus der Datenbank des Anbieters, sondern dient ausschließlich der Entschlüsselung des bereits laufenden, aber codierten Programms (sowie der Berechnung der für die Nutzung veranschlagten Kosten). Es fehlt also gerade an der Interaktivität, da der Rezipient keinen Einfluss auf das laufende Programm und die Programmentscheidung des Rundfunkveranstalters hat.[1106] Ansonsten unterscheiden sich near-video-on-demand-Angebote weder hinsichtlich ihrer Suggestivkraft, noch hinsichtlich ihrer Aktualität und Breitenwirkung von entsprechenden herkömmlichen Rundfunkangeboten.[1107] Near-video-on-demand ist daher stets als Rundfunk zu betrachten.[1108]

Anders ist es – so auch die herrschende Meinung[1109] – beim video-on-demand-Angebot, welches nicht unter den Begriff des Rundfunks, sondern nach dem derzeitigen Stand der Technik unter den Begriff der Telemedien fällt. Denn bei video-on-demand-Angeboten findet ein Abruf eines gewünschten Films von einem Server zu einer individuell festzulegenden Uhrzeit als Ausdruck der Interaktivität statt. Es kommt zu einer Interaktivität hinsichtlich des Zeitpunktes und des Angebotsinhalts, welches beim near-video-on-demand nicht ermöglicht wird. Video-on-demand-Angebote erscheinen daher eher der traditionellen Videothek vergleichbar. Auch wenn die Suggestivkraft des video-on-demand-Angebotes – insbesondere aus Sicht des Jugendschutzes – nicht bestritten werden kann, fehlt es bei diesem Abrufdienst – doch zumindest nach dem heutigen Stand der Technik – auch an der dem herkömmlichen Rundfunk eigenen Breitenwirkung.

14.7 Angemessenheit des Pornographieverbots

Der Gesetzgeber hat im Rahmen der Güterabwägung zwischen der Rundfunkfreiheit und dem Jugendschutz bei der Entscheidung, Pornographie im Fernsehen vollständig zu verbieten, bereits berücksichtigt, dass angesichts des besonders schützenswerten Bereichs des Kinder- und Jugendschutzes die Interessen der Rundfunkveranstalter zurücktreten müssen. Pornographie ist nicht vollständig verboten, lediglich das Verbreitungsfeld des Rundfunks ist abschließend untersagt. Der Gesetzgeber hat

---

1106 *Ricker* (2003), S. 14.

1107 Ziff. 2.2.2.4.1 des 2. DLM-Strukturpapier.

1108 Ziff. 2.2.2.4.1 des 2. DLM-Strukturpapier; *Hesse*, BayVBl. 1997, 132 (136); *Herrmann* (1994) § 2 Rn. 28; *Ricker/Schiwy* (1997), Kap. B Rn. 63; *Ring*, ZUM 1998, 358 (359); *Gersdorf*, AfP 1995, 565 (572 ff.); *ders.*, Rundfunkbegriff (1995), S. 158 ff.; *Eberle*, ZUM 1994, 530 (532); *Pieper*, ZUM 1995, 552 (555). Ausführlich dargestellt hat dies für das beabsichtigte Programmangebot von Erotic Media GmbH *Ricker* (2003).

1109 Ziff. 2.2.2.4.1 des 2. DLM-Strukturpapier; *Gersdorf*, Rundfunkbegriff (1995), S. 32; *Hoffmann-Riem*, AfP 1996, 9 (13) ; *Ring*, ZUM 1998, 358 (359). A.A. *Schreibauer* (1999), S. 288 f.; *Eberle*, ZUM 1994, 539 (532, 534).

angesichts der Ausnahmemöglichkeiten im Bereich der Telemedien berücksichtigt, dass Anbietern von Pornographie andere Vertriebswege zur Verfügung stehen. Jedoch ist der Gesetzgeber nicht verpflichtet, zum Schutz der Rundfunkfreiheit die Ausstrahlung von Pornographie im Fernsehen zu bestimmten Zeiten oder verschlüsselt zu erlauben. Angesichts des Massenmediums Fernsehen hat der Gesetzgeber in korrekter Weise von seinem Beurteilungsspielraum Gebrauch gemacht und dem Jugendschutz für den Bereich der Pornographie im Fernsehen den absoluten Vorrang vor den Interessen der Rundfunkveranstalter und – worauf noch einzugehen sein wird[1110] – den Interessen der volljährigen Zuschauer an der Rezeption von Pornographie im Rundfunk eingeräumt. Dies entspricht auch den Vorgaben des Art. 22 Abs. 1 EG-FernsehRiL. Das BVerwG hat in seiner Entscheidung vom 20.02.2002[1111] auch nicht entschieden, dass ein absolutes Pornographieverbot im Rundfunk verfassungswidrig wäre, es führt lediglich aus, dass der Gesetzgeber im Hinblick auf den Schutz der ungestörten sexuellen Entwicklung Minderjähriger berechtigt war, ein Ausstrahlungsverbot vorzusehen. Gerade im Fall der Verwirklichung von Straftatbeständen lässt sich anhand einer grundrechtsrelevanten Abwägung auch ein absolutes[1112] Sendeverbot rechtfertigen. Ein absolutes Ausstrahlungsverbot stellt zwar einen schwerwiegenden Eingriff in die Rundfunkfreiheit der Anbieter dar, muss jedoch angesichts der drohenden Gefahren für Kinder und Jugendliche und angesichts der europarechtlichen Vorgaben in Art. 22 Abs. 1 EG-FernsehRiL geduldet werden. Ein Verstoß gegen das Zensurverbot ist - wie bereits wiederholt vorgetragen – schon aus formellen Gründen[1113] nicht anzunehmen, aber auch materiell liegt keine präventiven Zensurmaßnahmen vor, da den Anbietern zunächst die Entscheidung darüber verbleibt, welche Angebote als pornographisch einzuschätzen sind – und erst im Nachhinein gegebenenfalls eine Beanstandung erfolgt.[1114] Das absolute Ausstrahlungsverbot von Pornographie im Fernsehen ist daher verfassungsgemäß.[1115]

[1110] Vgl. 2. Teil: 15.2.3.

[1111] BVerwG ZUM 2002, 567 ff.

[1112] Erwähnenswert ist, dass anders als bei § 131 StGB die Vorschrift des § 184 StGB für das Pornographieverbot kein Berichterstattungsprivileg vorsieht. In der Praxis wird sich dieser Unterschied kaum bemerkbar machen, da im Falle einer „Berichterstattung" regelmäßig schon der Tatbestand des § 184 StGB (wie auch des § 131 StGB) entfallen wird, da eine pornographische Darstellung ausschließlich oder überwiegend auf die Erregung eines sexuellen Reizes beim Betrachter abzielt und damit regelmäßig nicht unter den Begriff der Berichterstattung fallen wird. Ausführlich zu dieser Diskussion vgl. *Schulz/Korte* ZUM 2002, 719 (724 f.).

[1113] Vgl. 2. Teil: 9. Bei der Vorlage eines Films bei einer Selbstkontrolleinrichtung oder der zuständigen Landesmedienanstalten bzw. künftig der KJM zur Beurteilung einer Sendung auf den Verdacht von Pornographie fehlt es an einem staatlichen Eingriff.

[1114] Vgl. hierzu ausführlich unter 2. Teil: 9.1.1.

[1115] Die Verfassungswidrigkeit eines absoluten Pornographieverbots im Rundfunk vertritt *Gersdorf*, epd medien Nr. 46/47, 13.06.2001, S. 21 ff.

14.8 Zwischenergebnis

Das Pornographieverbot im Rundfunk nimmt auf das strafrechtliche Pornographieverbot Bezug. Demnach ist der Schutzzweck des Pornographieverbots der Jugendschutz, aber auch der Schutz Erwachsener vor ungewollter Konfrontation mit Pornographie. Das absolute Pornographieverbot ist verfassungsgemäß, auch wenn bisher keine eindeutigen wissenschaftlichen Ergebnisse der Forschung vorliegen, welche Wirkung Pornographie auf Kinder und Jugendliche hat. Zwar stellt das absolute Pornographieverbot einen schwerwiegenden Eingriff in die Rundfunkfreiheit dar, jedoch durfte der Gesetzgeber angesichts der empirisch ungeklärten Situation zur Wirkung von Pornographie eine Gefahrenprognose hinsichtlich des Einsatzes von entsprechenden Schutzmechanismen treffen, welche nicht zu beanstanden ist. Die Neuformulierung des Pornographieverbots im Rundfunk durch den 4. RÄStV und den JMStV hat zu keiner Beschränkung des absoluten Pornographieverbots im Rundfunkfunk geführt. Es ist weder auf „harte" Pornographie beschränkt, noch bedarf es des Nachweises einer offensichtlich schweren Jugendgefährdung. § 184 Abs. 2 StGB enthält ein umfassendes Ausstrahlungsverbot von Pornographie im Rundfunk, auf welches in § 4 Abs. 1 S. 1 Nr. 10 i.V.m. Abs. 2 S. 1 Nr. 1 JMStV zumindest in der amtlichen Begründung Bezug genommen wird. Es besteht kein Bedürfnis nach einem neuen jugendschutzorientierten Pornographiebegriff im Rundfunk, vielmehr ist auch weiterhin auf den traditionellen Pornographiebegriff abzustellen, welcher bei der Definition ausgehend vom Begriff der „unzüchtigen Schriften" den Wandel der gesellschaftlichen Moralvorstellungen, aber eben auch im Gegensatz zum jugendschutzorientierten Begriff beide Schutzzwecke des § 184 StGB ausreichend berücksichtigt. Die Vorsperre stellt gegenüber dem Ausstrahlungsverbot kein gleich effektives, milderes Mittel zur Verwirklichung effektiven Jugendschutzes dar. Bereits aufgrund des Anwendungsvorrangs des Art. 22 Abs. 1 EG-FernsehRiL ist eine Ausnahme vom absoluten Pornographieverbot durch sonstige technische Maßnahmen unzulässig. Nachdem ein absolutes Pornographieverbot im Rundfunk besteht, ist auch keine Ausnahme im Pay-TV bei Einsatz der Vorsperre oder einer effektiven Barriere zulässig. Die Ausnahme der geschlossenen Benutzergruppe gilt ausschließlich für Telemedien. Beim „near-video-on-demand-Verfahren" handelt es sich um Rundfunk, so dass auch insofern das absolute Pornographieverbot zu berücksichtigen ist. Video-on-demand-Verfahren unterfallen nach dem heutigen Stand der Technik dagegen nicht dem Rundfunkbegriff und können daher als Telemedien innerhalb geschlossener Benutzergruppen einfache Pornographie anbieten.

15 Informationsfreiheit, Art. 5 Abs. 1 S. 1 Hs. 2 GG

Die in Art. 5 Abs. 1 S. 1 Hs. 2 GG verankerte Informationsfreiheit gewährleistet das Recht, „sich aus allgemein zugänglichen Quellen ungehindert zu unterrichten." Diese Freiheit wurde im Grundgesetz als Reaktion auf die dem Nationalsozialismus eigene Informationsbeschränkung und staatliche Meinungsbeeinflussung sowie aufgrund der staatlichen Abhörverbote ausländischer Rundfunksender während des zweiten Weltkriegs verankert.[1116] Nachdem der JMStV (wie bisher § 3 RStV) Beschränkungen bei der Ausstrahlung von jugendbeeinträchtigenden und -gefährdenden Sendungen enthält, stellt sich die Frage, inwieweit hierdurch gegen das Recht, sich ungehindert aus allgemein zugänglichen Quellen zu unterrichten, verstoßen wird. Das Verhältnis der Informationsfreiheit zur Rundfunkfreiheit gestaltet sich hierbei unproblematisch. Da das Verhalten des Zuschauers als Konsument von Rundfunksendungen vom Schutzbereich der Informationsfreiheit erfasst wird, ergeben sich von vornherein keine Überschneidungen mit der Rundfunkfreiheit, deren Träger die Rundfunkveranstalter sind.[1117]

15.1 Schutzbereich der Informationsfreiheit

Die Informationsfreiheit steht gleichwertig neben der Meinungsfreiheit.[1118] Sie stellt wie diese nicht nur ein individuelles Freiheitsrecht dar, sondern dient darüber hinaus auch dem demokratischen Prinzip.[1119] Wesensbestimmend für die Informationsfreiheit sind somit zwei gleichberechtigte Komponenten.[1120] Die Informationsfreiheit beinhaltet eine objektiv-rechtliche Komponente, wonach sie dem in Art. 20 Abs. 1 GG verankerten Demokratieprinzip dient,[1121] denn „ein demokratischer Staat kann nicht ohne freie und möglichst gut informierte öffentliche Meinung bestehen."[1122] Daneben

---

[1116] BVerfGE 27, 71 (80, 84); *Herzog*: in: *Maunz/Dürig*, GG (2002), Art. 5 Abs. I, II Rn. 92; *v. Mangoldt/Klein/Starck*, GG (1999), Art. 5 Abs. 1, 2 Rn. 39.

[1117] Das BVerwG, ZUM 2002, 567 (574), prüft, ob durch beschränkende Maßnahmen des Gesetzgebers nicht nur in die Rundfunkfreiheit, sondern auch in die verfassungsrechtlich verbürgte Informationsfreiheit der Rundfunkunternehmen eingegriffen wird, kommt dann aber richtigerweise zu dem Schluss, dass insoweit die Rundfunkfreiheit des Art. 5 Abs. 1 S. 2 GG das spezielle Grundrecht sei. Zum Verhältnis der Informationsfreiheit zu anderen Grundrechten vgl. auch *Schmidt-Jortzig*, in: HBStR, § 141 Rn. 36 ff.

[1118] BVerfGE 27, 71 (71, 81); *v. Mangoldt/Klein/Starck*, GG (1999), Art. 5 Abs. 1, 2 Rn. 39. Die Informationsfreiheit wird nicht als Folge, sondern als Voraussetzung der Meinungsäußerungsfreiheit verstanden. Sie dient der verantwortlichen Meinungsbildung, vgl. *Herzog*: in: *Maunz/Dürig*, GG (2002), Art. 5 Abs. I, II Rn. 81 f.

[1119] BVerfGE 27, 71 (81 f.); 7, 198 (208 f.); *Herzog*: in: *Maunz/Dürig*, GG (2002), Art. 5 Abs. I, II Rn. 84 f.; *Jarass/Pieroth*, GG (2000), Art. 5 Rn. 11; *v. Mangoldt/Klein/Starck*, GG (1999), Art. 5 Abs. 1, 2 Rn. 41; *Schmidt-Jortzig*, in: HBStR § 141 Rn. 28 f.

[1120] *Herzog*: in: *Maunz/Dürig*, GG (2002), Art. 5 Abs. I, II Rn. 84 f.

[1121] Zur Bedeutung der Informationsfreiheit für das Demokratieprinzip vgl. BVerfGE 27, 71 (81 f.) und Art. 10 Abs. 1 EMRK sowie hierzu *Sporn*, ZUM 2000, 537 (537 ff. insb. Fn. 9).

[1122] BVerfGE 27, 71 (81).

weist die Informationsfreiheit aber auch eine individualrechtliche, aus Art. 2 Abs. 1 i.V.m. Art. 1 GG hergeleitete Komponente auf. „Es gehört zu den elementaren Bedürfnissen des Menschen, sich aus möglichst vielen Quellen zu unterrichten, das eigene Wissen zu erweitern und sich so als Persönlichkeit zu entfalten.“[1123] Träger der Informationsfreiheit ist jede natürliche oder juristische Person, die sich informieren will.[1124] Kurz gefasst, versteht man also unter der Informationsfreiheit, dass es jedermann möglich sein muss, sich aus allgemein zugänglichen Informationsquellen ungehindert, d.h. ohne staatlichen Einfluss, zu unterrichten.[1125]

15.1.1 Allgemein zugängliche Informationsquelle

Die Gewährleistung der Informationsfreiheit setzt zunächst eine Informationsquelle voraus. Dabei werden als Informationsquellen im Sinne des Art. 5 Abs. 1 S. 1 Hs. 2. GG alle denkbaren Träger von Informationen[1126] sowie der Gegenstand der Information selbst verstanden.[1127] Die Informationsfreiheit ist weit auszulegen.[1128] Der Begriff der Information umfasst gegenständlich jegliche Meinung im Sinne der Meinungsfreiheit und schließt darüber hinaus Tatsachen und Ereignisse als solche mit ein. Unwesentlich ist die Zielrichtung der Information, insbesondere ob sie sich auf private oder öffentliche Angelegenheiten bezieht.[1129] Es ist weiter unerheblich, ob die Information einen besonderen sachlichen oder wissenschaftlichen Anspruch aufweist. Unter den Begriff der Informationsquelle fallen vor allem die Massenkommunikationsmittel, wie Presse (bspw. Zeitungen), Rundfunk (bspw. Fernsehsendungen, Talkshows und Nachrichtensendungen), Film und Internet, aber auch andere Informationsquellen wie bspw. Flugblätter, Anschläge an Litfaßsäulen oder Handzettel.[1130] Dies gilt unabhängig davon, ob wertvolle, belanglose oder gar gefährliche – wie jugendgefährdende – Inhalte bzw. Meinungsäußerungen transportiert werden.

Unter Allgemeinzugänglichkeit der Information versteht die herrschende Meinung, dass „die Informationsquelle technisch geeignet und bestimmt ist, der Allgemeinheit, d.h.

[1123] BVerfGE 27, 71 (81).

[1124] *Schraut* (1993), S. 31.

[1125] *Herzog*: in: *Maunz/Dürig*, GG (2002), Art. 5 Abs. I, II Rn. 81; *v. Mangoldt/Klein/Starck*, GG (1999), Art. 5 Abs. 1, 2 Rn. 39.

[1126] *Jarass/Pieroth*, GG (2000), Art. 5 Rn. 11; *v. Mangoldt/Klein/Starck*, GG (1999), Art. 5 Abs. 1, 2 Rn. 42; *Bethge*, in: *Sachs*, GG (2003), Art. 5 Rn. 54.

[1127] Vgl. *v. Mangoldt/Klein/Starck*, GG (1999), Art. 5 Abs. 1, 2 Rn. 42 f.; *Herzog*: in: *Maunz/Dürig*, GG (2002), Art. 5 Abs. I, II Rn. 87; *Wendt*, in: *v. Münch/Kunig*, GG (1999) Art. 5 Rn. 22; *Jarass/Pieroth*, GG (2000), Art. 5 Rn. 12; *Hoffmann-Riem*, in: AK, GG (2001), Art. 5 Abs. 1, 2 Rn. 98.

[1128] *Herzog*: in: *Maunz/Dürig*, GG (2002), Art. 5 Abs. I, II Rn. 87; *Bethge*, in: *Sachs*, GG (2003), Art. 5 Rn. 54.

[1129] *Jarass/Pieroth*, GG (2000), Art. 5 Rn. 12, 14; *Wendt*, in: *v. Münch/Kunig*, GG (1999) Art. 5 Rn. 25.

[1130] *Herzog*: in: *Maunz/Dürig*, GG (2002), Art. 5 Abs. I, II Rn. 92.

einem individuell nicht bestimmbaren Personenkreis, Informationen zu verschaffen."[1131] Hierbei ist allein die objektive Tatsachenlage, nicht etwa deren rechtliche bzw. staatliche Bewertung entscheidend.[1132] Auf die Herkunft der Informationsquelle, insbesondere ob sie aus dem In- oder Ausland stammt, kommt es nicht an.[1133] Jedoch gewährleistet die Informationsfreiheit nicht die Unterrichtung aus Quellen, welche vom Urheber nur für einzelne Adressaten bestimmt wurden,[1134] sondern beschränkt sich eben auf allgemein zugänglichen Informationsquellen.[1135] Die Allgemeinzugänglichkeit wird angesichts des weiten Schutzbereichs der Informationsfreiheit auch nicht durch staatliche Maßnahmen beseitigt, selbst wenn diese die Zugänglichkeit tatsächlich hindern.[1136] Denn vor staatlichen Beschränkungen, welche nicht durch die Schranken des Art. 5 Abs. 2 GG gerechtfertigt sind, soll das Grundrecht der Informationsfreiheit gerade schützen.[1137] Bei jeder Rundfunksendung – egal ob pornographisch oder gewaltverherrlichend, Nachrichtensendung oder Talkshow – handelt es sich demnach um eine allgemein zugängliche Informationsquelle.[1138]

15.1.2 Ungehinderte Unterrichtung

Geschützt wird also durch Art. 5 Abs. 1 S. 1 Hs. 2 GG die Möglichkeit, sich ungehindert (aus den allgemein zugänglichen Informationsquellen) zu unterrichten. Unter Unterrichtung versteht man jegliche bewusste Kenntnisnahme von Informationen, gleich durch welche Wahrnehmungsart. Davon umfasst sind Informationsauf- bzw. -entgegennahme, die Informationsbeschaffung[1139] und die Informationsaufbereitung,

---

[1131] BVerfGE 27, 71 (71, 83); 33, 52 (65); *Herzog*: in: *Maunz/Dürig*, GG (2002), Art. 5 Abs. I, II Rn. 90; *Bethge*, in: *Sachs*, GG (2003), Art. 5 Rn. 55; *v. Mangoldt/Klein/Starck*, GG (1999), Art. 5 Abs. 1, 2 Rn. 45; *Schmidt-Jortzig*, in: HBStR § 141 Rn. 32 m.w.N.

[1132] BVerwGE 27, 71 (84); *Herzog*: in: *Maunz/Dürig*, GG (2002), Art. 5 Abs. I, II Rn. 89 f.

[1133] *Jarass/Pieroth* (Hrsg.), (1997), Art. 5 Rn. 13; BVerfGE 27, 71 (84); *Wendt*, in: *v. Münch/Kunig*, GG (1999), Art. 5 Rn. 23; *Hoffmann-Riem*, in: AK, GG (2001), Art. 5 Abs. 1, 2 Rn. 98. Geschützt wird daher sowohl der Bezug ausländischer Zeitungen wie auch der Empfang ausländischer Sender, vgl. *Herzog*: in: *Maunz/Dürig*, GG (2002), Art. 5 Abs. I, II Rn. 92; BVerfGE 90, 27 (27, 32).

[1134] Wie bspw. Tagesbücher, persönliche Briefe, Postkarten, Privatphotos, etc., vgl. *Schmidt-Jortzig*, in: HBStR, § 141 Rn. 33; *Wendt*, in: *v. Münch/Kunig*, GG (1999), Art. 5 Rn. 25.

[1135] Vgl. *v. Mangoldt/Klein/Starck*, GG (1999), Art. 5 Abs. 1, 2 Rn. 44.

[1136] BVerfGE 27, 71 (83); 33, 52 (65); *Herzog*: in: *Maunz/Dürig*, GG (2002), Art. 5 Abs. I, II Rn. 91; *Schmidt-Jortzig*, in: HBStR, § 141 Rn. 33; *Bethge*, in: *Sachs* (2003), Art. 5 Rn. 56 f.; *Wendt*, in: *v. Münch/Kunig*, GG (1999), Art. 5 Rn. 23; *Schulze-Fielitz*, in: *Dreier* (1996), Art. 5 I, II Rn. 58.

[1137] *Herzog*: in: *Maunz/Dürig*, GG (2002), Art. 5 Abs. I, II Rn. 91.

[1138] Für jugendgefährdende Schriften vgl. BVerfGE 30, 336 ff.; generell für Hörfunk- und Fernsehsendungen vgl. BVerfGE 90, 27 (32).

[1139] BVerfGE 27,71 (82 f.); 90, 27 (36 f.); *v. Mangoldt/Klein/Starck*, GG (1999), Art. 5 Abs. 1, 2 Rn. 50; *Schulze-Fielitz*, in: *Dreier*, GG (1996), Art. 5 I, II Rn. 62.

sowie die private Archivierung und Speicherung[1140] von Informationen, nicht aber deren Vervielfältigung.[1141]

Von einer ungehinderten Unterrichtung kann man nur sprechen, wenn die Unterrichtung von staatlicher Seite nicht verboten, verhindert oder erschwert wird, gleich ob die Hindernisse rechtlicher oder faktischer Natur sind, denn die Begrifflichkeit der allgemeinen Information bzw. Zugänglichkeit kann nicht durch staatliche Vorschriften eingeschränkt werden,[1142] da ansonsten das Grundrecht der Informationsfreiheit leer laufen würde. Die ungehinderte Unterrichtung aus einer allgemeinen Informationsquelle wird in der Regel auch nicht dadurch beeinträchtigt, dass der Bezug der Information von einer Gebühr abhängig gemacht wird.[1143]

Wegen der überragenden Bedeutung des Rundfunks für die öffentliche Meinungsbildung ist der Gesetzgeber zwar aus Art. 5 Abs. 1 S. 2 GG verpflichtet, eine positive Ordnung des Rundfunkwesens zu schaffen, die aus materiellen, organisatorischen und Verfahrensregelungen besteht. Dennoch eröffnet die Informationsfreiheit des Art. 5 Abs. 1 S. 1 Hs. 2 GG keinen Anspruch auf Errichtung bzw. Erschließung neuer Quellen und auf den allgemeinen Zugang zu ihnen.[1144] Das Grundrecht aus Art. 5 Abs. 1 S. 2 GG soll als reines Abwehrrecht dem Schutz vor staatlicher Informationsbeschränkung, nicht aber dem Zweck der staatlichen Bereitstellung von Informationen dienen.[1145] Das Bundesverwaltungsgericht hat hierzu bereits ausgeführt, dass ein Rundfunkteilnehmer von einer Rundfunkanstalt „zumindest in aller Regel nicht verlangen [könne], dass ihm die zuständige Rundfunkanstalt eine bestimmte Information“ oder ein bestimmtes Programm übermittelt,[1146] gleichzeitig jedoch offen gelassen, ob im Einzelfall eine Informationsübermittlungsverpflichtung „infolge der überragenden Bedeutung einer Information vielleicht doch möglich sein könnte.“[1147] Jedenfalls kann diese überragende

---

[1140] *Jarass/Pieroth*, GG (2000), Art. 5 Rn. 14; *v. Mangoldt/Klein/Starck*, GG (1999), Art. 5 Abs. 1, 2 Rn. 50; *Hoffmann-Riem*, in: AK, GG (2001), Art. 5 Abs. 1, 2 Rn. 108.

[1141] Die Vervielfältigung der Information fällt als Abgabe einer Meinung unter die Meinungsfreiheit des Art. 5 Abs. 1 S. 1 Hs. 1 GG vgl. *Jarass/Pieroth*, GG (2000), Art. 5 Rn. 14.

[1142] *Jarass/Pieroth*, GG (2000), Art. 5 Rn. 13; BVerfGE 27, 71 (83 f.); 27, 88 (99 ff.); 90, 27 (32); *v. Mangoldt/Klein/Starck*, GG (1999), Art. 5 Abs. 1, 2 Rn. 44, 55; A.A. *Herzog*: in: *Maunz/Dürig*, GG (2002), Art. 5 Abs. I, II Rn. 87.

[1143] So bspw. bei der Erhebung einer maßvollen (sozialadäquaten) Rundfunkgebühr, welche Ausnahmen für sozial schwächer gestellte Menschen beinhaltet, vgl. *Schmidt-Jortzig*, in: HBStR § 141 Rn. 35.

[1144] BVerfGE 103, 44 (60); *Herzog*: in: *Maunz/Dürig*, GG (2002), Art. 5 Abs. I, II Rn. 101; *Bethge*, in: *Sachs*, GG (2003), Art. 5 Rn. 60; *v. Mangoldt/Klein/Starck*, GG (1999), Art. 5 Abs. 1, 2 Rn. 49; *Wendt*, in: *v. Münch/Kunig*, GG (1999), Art. 5 Rn. 28; *Jarass/Pieroth*, GG (2000), Art. 5 Rn. 13 m.w.N.

[1145] *Degenhart*, in: BK, GG (1999), Art. 5 I, II Rn. 266; *Herzog*: in: *Maunz/Dürig*, GG (2002), Art. 5 I, II Rn. 101; *v. Mangoldt/Klein/Starck*, GG (1999), Art. 5 I, II Rn. 33; *Jarass/Pieroth*, GG (2000), Art. 5 Rn. 17; *Wendt*, in *v. Münch/Kunig*, GG (1999), Art. 5 Rn. 28.

[1146] BVerwG DÖV 1979, S. 102.

[1147] BVerwG DÖV 1979, 102; *Wendt*, in: *v. Münch/Kunig*, GG (1999), Art. 5 Rn. 28; *Jarass/Pieroth*, GG (2000), Art. 5 Rn. 17.

Bedeutung nicht für die Ausstrahlung von entwicklungs- (bzw. jugend-) beeinträchtigenden und jugendgefährdenden Sendungen und deren zeitlicher Platzierung im Programm gelten. Derartige Sendungen gehören regelmäßig nicht zu den Informationen mit herausragender Bedeutung. Dennoch muss es Rezipienten grundsätzlich möglich sein, sich über entwicklungsbeeinträchtigende und -gefährdende Angebote aus allgemein zugänglichen Quellen ungehindert innerhalb der Schranken des Art. 5 Abs. 2 GG zu unterrichten.

15.2 Verfassungsrechtliche Rechtfertigung des Eingriffs

Die Informationsfreiheit wird durch jede Maßnahme beeinträchtigt, welche die Informationsaufnahme verbietet oder erschwert.[1148] Damit wird in die Informationsfreiheit bereits eingegriffen, wenn eine bestimmte Informationsquelle bzw. ein entsprechendes Medium beschränkt wird;[1149] aber dies gilt auch schon bei einer bloßen Verzögerung des Informationszugangs, soweit jene nicht zumutbar ist.[1150] Dies ist aus der Tatsache zu folgern, dass der Zugang zur Informationsquelle „ungehindert" erfolgen soll. Demnach können sogar Behinderungen tatsächlicher Art, wie die Registrierung der Informationsaufnahme die Rechte aus Art. 5 Abs. 1 S. 1 Hs. 2 GG beeinträchtigen.[1151] Nachdem die materiellen Bestimmungen des JMStV (bzw. des § 3 RStV) gerade die Wahrnehmung von entwicklungsbeeinträchtigenden und –gefährdenden Inhalten durch Kinder und Jugendliche verhindern sollen, liegt ein Eingriff in die Informationsfreiheit der Kinder und Jugendlichen, aber auch der durch diese Regelungen indirekt betroffenen Erwachsenen vor, da auch sie die Inhalte nur zu bestimmten Uhrzeiten,[1152] vorgesperrt, gekennzeichnet oder gar nicht sehen können.[1153]

Die Schranken gem. Art. 5 Abs. 2 GG, wie die der „allgemeinen Gesetze" und des Jugendschutzes, beziehen sich auf alle in Art. 5 Abs. 1 GG normierten Grundrechte, also auch auf die Informationsfreiheit. Dies muss umso mehr gelten, als der Schutzbereich der Informationsfreiheit sehr weit gefasst ist.[1154] „Für die Informationsfreiheit wäre die Schranke des Art. 5 Abs. 2 GG gegenstandslos, wenn der Staat die Allgemein-

---

[1148] *Jarass/Pieroth*, GG (2000), Art. 5 Rn. 16.

[1149] BVerfGE 15, 288 (295); *Jarass/Pieroth*, GG (2000), Art. 5 Rn. 16.

[1150] BVerfGE 27, 88 (98 f.); *Schmidt-Jortzig*, in: HBStR §141 Rn. 34; *Jarass/Pieroth*, GG (2000), Art. 5 Rn. 16.

[1151] *Herzog*: in: *Maunz/Dürig*, GG (2002), Art. 5 I, II Rn. 101; *Schmidt-Jortzig*, in: HBStR §141 Rn. 34; *v. Mangoldt/Klein/Starck*, Art. 5 Abs. 1, 2 Rn. 56.

[1152] *Liesching*, ZUM 2000, 298 (299) nimmt einen Eingriff durch die Sendezeitbeschränkung für unverschlüsselte Programmankündigungen im Pay-TV für entwicklungsbeeinträchtigende Angebote an.

[1153] Das BVerfG ZUM 2002, 567 (574) bezweifelt dagegen (ohne Begründung) bereits das Vorliegen eines Eingriffs durch das Pornographieverbot in die Informationsfreiheit der Zuschauer. Insoweit geht das BVerfG wohl davon aus, dass es sich bei Pornographie angesichts des Ausstrahlungsverbotes um keine allgemein zugängliche Informationsquelle handelt.

[1154] *Schmidt-Jortzig*, in: HBStR §141 Rn. 40.

zugänglichkeit bestimmen und auf diesem Wege den Umfang des Grundrechts begrenzen könnte."[1155] Der JMStV (sowie bisher § 3 RStV) richtet sich nicht gegen eine Meinung als solche, sondern trifft meinungsneutral Regelungen zum Schutz der Kinder und Jugend. Es reicht jedoch nicht aus, dass es sich beim JMStV um ein Gesetz zum Schutz der Kinder und Jugendlichen handelt, welches in geeigneter und erforderlicher Weise Jugendschutzmaßnahmen regelt, vielmehr muss der Jugendschutz als Schutzzweck des JMStV in eine angemessene Wechselwirkung zu dem von diesem beschränkten Grundrecht der Informationsfreiheit gesetzt werden. Es hat also eine Abwägung zwischen den widerstreitenden Interessen der Informationsfreiheit und denen des Jugendschutzes zu erfolgen.

15.2.1 Sendezeitbeschränkungen und Vorsperre

Bei den Sendezeitregelungen für entwicklungsbeeinträchtigende Sendungen (§ 5 Abs. 4 JMStV, bisher § 3 Abs. 2 RStV), für deren Programmankündigungen (§ 10 Abs. 1 JMStV, bisher § 3 Abs. 6 RStV) sowie für ganze Sendeformate (§ 8 Abs. 2 JMStV, bisher § 3 Abs. 7 S. 2 RStV) handelt es sich zwar – wie bereits dargestellt[1156] – um geeignete und erforderliche Mittel zur Gewährleistung des Jugendschutzes, es stellt sich jedoch die Frage, ob der Gesetzgeber bei diesen Regelungen die Informationsinteressen der Zuschauer angemessen im Wege der Abwägung berücksichtigt hat.[1157] „Das verfassungsrechtlich bedeutsame Interesse an einer ungestörten Entwicklung der Jugend berechtigt den Gesetzgeber zu Regelungen, durch welche der Jugend drohende Gefahren abgewehrt werden."[1158] Er kann deshalb Maßnahmen treffen, durch die der freie Zugang Jugendlicher zu solchen Erzeugnissen unterbunden wird.[1159] Die Auswahl der Mittel, mit denen diesen Gefahren zu begegnen ist, obliegt dem Gesetzgeber.[1160] Er hat innerhalb des ihm zustehenden Beurteilungsrahmens Sendezeitbeschränkungen für entwicklungs- (bzw. jugend-) beeinträchtigende Sendungen bzw. Formate sowie Programmankündigungen dieser Beiträge vorgesehen und hierbei – wie bereits dargestellt – eine verfassungsgemäße Abwägung zwischen den Grundrechten der Rundfunkveranstalter aus der Programmfreiheit und dem Verfassungsgut des Kinder- und Jugendschutzes getroffen.

Hinsichtlich der Informationsinteressen der Zuschauer stellt die späte Sendezeit keine unzumutbare Einschränkung dar. Die zeitliche Limitierung führt nicht dazu, dass der Zuschauer die Sendungen überhaupt nicht mehr, sondern dass er diese lediglich zu bestimmten Zeiten wahrnehmen kann. Durch die Regelungen der §§ 5 Abs. 4, 8 Abs. 2

[1155] BVerfGE 27, 71 (84 f.).

[1156] Vgl. 2. Teil: 8, 10 und 12.

[1157] *Schmidt-Jortzig*, in: HBStR § 141 Rn. 47.

[1158] BVerfGE 30, 336 (347).

[1159] BVerfGE 30, 336 (347).

[1160] BVerfGE 30, 336 (347).

und 10 Abs. 1 JMStV (bisher § 3 Abs. 2, Abs. 4 und Abs. 7 S. 2 RStV) hat der Gesetzgeber auch nicht vorrangig das Informationsbedürfnis der Zuschauer hinsichtlich bestimmter Inhalte beschränken wollen, sondern Kinder und Jugendliche vor einem entsprechenden Konsum sie beeinträchtigender und gefährdender Sendungen zu schützen gesucht. Die Sendezeitgrenzen führen lediglich dazu, dass Erwachsene in ihrem Fernsehkonsum insoweit beschränkt werden, als sie auf die späte Sendezeit verwiesen sind. Die späte Sendezeit ist aber im Hinblick auf den mit ihr bezweckten Kinder- und Jugendschutz nicht als unangemessen anzusehen, denn die mit der Sendezeit verbundenen Beeinträchtigungen wiegen im Vergleich zu den möglichen Gefahren, die Kinder und Jugendlichen bei Sendungen zu jeder beliebigen Tageszeit drohen, relativ gering.[1161] Gerade durch die Sendezeitstaffelung hat der Gesetzgeber in das Informationsinteresse der Zuseher nur so weit eingegriffen, wie es für einen effektiven Jugendschutz unbedingt erforderlich ist. Auch über die bereits dargestellte[1162] Ausnahmemöglichkeit des § 9 Abs. 1 JMStV, insbesondere bei Angeboten, deren Bewertung länger als 15 Jahre zurückliegt, werden die Informationsbedürfnisse der Rezipienten berücksichtigt. Der Gesetzgeber hat darüber hinaus dem Informationsbedürfnis der Bevölkerung durch die Aufnahme der Regelung des § 5 Abs. 6 JMStV ergänzend Rechnung getragen.[1163] Hiernach gelten die Sendezeitbeschränkungen für entwicklungsbeeinträchtigende Angebote nicht für Nachrichtensendungen, für Sendungen zum politischen Zeitgeschehen im Rundfunk und für vergleichbare Angebote, soweit ein berechtigtes Interesse gerade an dieser Form der Darstellung oder Berichterstattung besteht.[1164] Durch das Mittel der Sendezeitbeschränkung werden der Kinder- und Jugendschutz einerseits und die Rundfunkfreiheit bzw. die Informationsinteressen der Erwachsenen andererseits in einen schonenden Ausgleich gebracht.[1165]

Nichts anderes kann für die Vorsperre (mit verkürzter Sendezeitbeschränkung) gelten. Durch die Vorsperre im digitalen Fernsehen wird es den Zuschauern ermöglicht durch Eingabe eines PIN-Codes und Entrichtung einer Gebühr, welche nicht durch den Staat, sondern durch die Pay-TV-Anbieter vergleichbar dem Kaufpreis für eine Zeitung erhoben wird, Informationen wahrzunehmen. Zwar berührt der PIN-Code den ungehinderten Zugang zur Information für die Zuschauer, jedoch rechtfertigt der Jugendschutz als hochwertiges Rechtsgut mit Verfassungsrang den Einsatz der Vorsperre mit den mit ihr einhergehenden Beschränkungen für die Informationswahrnehmung, um den Zugang für Kinder und Jugendliche zu Sendungen, die bei ihnen zu einer Entwicklungsbeeinträchtigung führen können, zu verhindern oder zumindest zu

---

[1161] So auch *Isensee/Axer* (1998), S. 52.

[1162] Vgl. 2. Teil: 8.5.

[1163] Amtl. Begr., BayLT-Drs. 14/10246, S. 18.

[1164] Vgl. hierzu auch die Ausführungen im 2. Teil: 8.1.3.

[1165] Im Ergebnis wurde dies sogar vom BVerwG ZUM 2002, 567 (574) für das absolute Sendeverbot bei Pornographie angenommen.

erschweren. Die Regelung ist hinsichtlich der Informationsfreiheit der Zuschauer nicht zu beanstanden.

15.2.2 Sendeverbot bei Indizierung und (offensichtlich) schwerer Jugendgefährdung

Das Ausstrahlungsverbot für indizierte und im Wesentlichen inhaltsgleiche Filme im Fernsehen in § 4 Abs. 1 Nr. 11 i.V.m. Abs. 2 S. 1 Nr. 2 JMStV (mit Erlaubnisvorbehalt bisher § 3 Abs. 3 RStV), welches einen schwerwiegenden Eingriff in die Informationsfreiheit der Rezipienten darstellt, ist angesichts des von indizierten Sendungen ausgehenden hohen Gefährdungspotentials für Kinder und Jugendliche gerechtfertigt.[1166] Wie bereits dargestellt,[1167] hatte der Gesetzgeber zunächst bis zum Jahr 2000 lediglich eine Sendezeitbeschränkung für indizierte und inhaltsgleiche Filme auf den Zeitraum von 23.00 Uhr bis 6.00 Uhr vorgesehen und eine hieraus resultierende Gefährdung verfassungswidrig in Kauf genommen. Aus diesem Grund hat der Gesetzgeber mit dem 4. RÄStV zunächst dahingehend reagiert, dass er angesichts der möglichen erheblichen Gefahren für Kinder und Jugendliche ein Ausstrahlungsverbot mit Erlaubnisvorbehalt für indizierte und im Wesentlichen inhaltsgleiche Sendungen im Fernsehen als gegenüber dem absoluten Ausstrahlungsverbot milderes Mittel in § 3 Abs. 3 RStV mit aufgenommen hat. Die Erfahrungen bei der praktischen Umsetzung dieser Regelung haben jedoch ergeben, dass auch auf diesem Weg eine mögliche schwere Gefährdung von Kindern und Jugendlichen nicht verhindert werden konnte.[1168]

Daher hat der Gesetzgeber nun aufgrund seines Verfassungsauftrags, einen effektiven Jugendschutz zu gewährleisten, erneut reagiert und in § 4 Abs. 1 Nr. 11 i.V.m. Abs. 2 S. 2 JMStV ein umfassendes Ausstrahlungsverbot vorgesehen. Hierbei hat er die Informationsinteressen der Zuschauer angesichts des Jugendschutzes, welchem ebenfalls Verfassungsrang innewohnt, zurücktreten lassen. „Der Gesetzgeber darf die in Art. 5 Abs. 1 GG garantierten Grundrechte durch eine präventiv-generalisierende Regelung für bestimmte Vertriebsarten einschränken, wenn ohne eine solche Regelung ein effektiver Jugendschutz nicht sichergestellt wäre."[1169] Der Gesetzgeber hat zunächst die milderen Mittel einer Sendezeitbeschränkung und eines Ausstrahlungsverbots mit Erlaubnisvorbehalt „getestet" und hierbei festgestellt, dass diese keinen effektiven Jugendschutz sicherstellen. Das Ausstrahlungsverbot des Art. 4 Abs. 1 Nr. 11 i.V.m. Abs. 2 S. 1 Nr. 2 JMStV verbietet die Ausstrahlung indizierter Sendungen lediglich für

---

[1166] A. A. *Castendyk*, MDR 1993, 192 (194), der darin einen Verstoß gegen das in Art. 5 Abs. 1 GG verankerte Recht der Erwachsenen auf ungehinderte Information ansieht, da gegen das Argument, Erwachsene könnten die indizierten Filme als Video kaufen oder ausleihen, einzuwenden sei, dass diese nach einiger Zeit weder in der Videothek noch im Handel erhältlich seien. Hiergegen muss jedoch eingewendet werden, dass die Informationsfreiheit nicht dazu dient, bestimmte jugendgefährdende Informationen dem Rezipienten dauerhaft über andere Vertriebswege zur Verfügung zu stellen, vgl. hierzu auch *Siegert*, MDR 1993, 415 (416).

[1167] Vgl. hierzu die Ausführungen zur Rundfunkfreiheit im 2. Teil: 9.

[1168] Vgl. hierzu 2. Teil: 9.1.3.

[1169] BVerfGE 30, 336 (349).

den Verbreitungsweg des Fernsehens. Andere Vertriebswege sind hiervon nicht erfasst. Der Staatsvertragsgeber hat letztlich auch für geschlossene Benutzergruppen bei Telemedien eine Ausnahme vom absoluten Ausstrahlungsverbot der in den Teilen A und C der Liste nach § 18 JuSchG aufgenommenen und im Wesentlichen inhaltsgleichen Werke sowie für offensichtlich schwer jugendgefährdende Sendungen i.S.d. § 4 Abs. 2 S. 1 Nr. 3 JMStV in § 4 Abs. 2 S. 2 JMStV vorgesehen und hiermit den Rezipienten die Möglichkeit der Informationswahrnehmung über den Vertriebsweg der Telemedien belassen. Da der Zuschauer somit – auch bei im Wesentlichen inhaltsgleichen Werken – auf andere Vertriebswege ausweichen kann, um die Informationen wahrzunehmen und ihm aus dem Grundrecht der Informationsfreiheit kein Anspruch auf einen bestimmten Verbreitungsweg zusteht,[1170] ist auch das Ausstrahlungsverbot von indizierten und inhaltsgleichen Sendungen ein in Bezug auf die Informationsfreiheit verhältnismäßiges Jugendschutzinstrument. Auch die bereits dargestellte[1171] Möglichkeit des § 23 Abs. 4 JuSchG, wonach die Bundesprüfstelle nach Ablauf von zehn Jahren seit Aufnahme eines Mediums in die Liste jugendgefährdender Medien die Streichung aus der Liste im vereinfachten Verfahren beschließen kann, ist ein zu Gunsten der Informationsfreiheit gewährtes ausgleichendes Kontrollmittel. Das Ausstrahlungsverbot indizierter, im Wesentlichen inhaltsgleicher Filme sowie offensichtlich schwer jugendgefährdender Sendungen im Fernsehen berücksichtigt demnach die Informationsfreiheit der Zuschauer angemessen.

Wie bereits ausführlich dargestellt,[1172] fehlt derzeit eine ausdrückliche Regelung für nicht offensichtlich schwer jugendgefährdende Filme, welche ausschließlich fürs Fernsehen produziert wurden. Angesichts der möglicherweise von diesen Sendungen ausgehenden schweren Gefährdung für Kinder und Jugendliche sowie der Vergleichbarkeit mit indizierten und offensichtlich schwer jugendgefährdenden Filmen ist ein absolutes Ausstrahlungsverbot als geeignetes und erforderliches Jugendschutzinstrument anzusehen.[1173] Im Rahmen der Angemessenheitsprüfung des absoluten Ausstrahlungsverbots sind die Interessen der erwachsenen Zuschauer aus der Informationsfreiheit mit den Interessen an einem effektiven Jugendschutz im Rahmen einer Abwägung in einem Ausgleich zu bringen. Problematisch stellt sich auf den ersten Blick allerdings die Tatsache dar, dass ausschließlich für das Fernsehen produzierte, nicht offensichtlich schwer jugendgefährdende Sendungen damit vollständig – also auch den Erwachsenen – entzogen würden und jenen somit auch nicht über einen anderen

---

[1170] *Herzog*: in: *Maunz/Dürig*, GG (2002), Art. 5 Abs. I, II Rn. 101; *Bethge*, in: *Sachs*, GG (2003), Art. 5 Rn. 60; *v. Mangoldt/Klein/Starck*, GG (1999), Art. 5 Abs. 1, 2 Rn. 49; *Wendt*, in: *v. Münch/Kunig*, GG (1999), Art. 5 Rn. 28; *Jarass/Pieroth*, GG (2000), Art. 5 Rn. 13 m.w.N.

[1171] Vgl. 2. Teil: 9.2.

[1172] Vgl. 2. Teil: 9.3.

[1173] A.A. BayVGH, Beschluss vom 17.03.2003 (Az.: 7 CS 02.2829, M 17 S 02.5298), S. 7, wonach nicht offensichtliche schwer jugendgefährdende Angebote den entwicklungsbeeinträchtigenden Angeboten gem. § 5 JMStV vergleichbar sind und daher lediglich Sendezeitgrenzen – und nicht einem Ausstrahlungsverbot – unterliegen.

Vertriebsweg zur Verfügung ständen. Diesen Interessen der Zuschauer steht gegenüber, dass aus Jugendschutzgesichtspunkten eine Sendung nicht weniger schwer gefährdend für Kinder und Jugendliche ist, nur weil das Merkmal der Offensichtlichkeit fehlt. Das Tatbestandsmerkmal der Offensichtlichkeit, welches für das gesetzlich ausdrücklich normierte Ausstrahlungsverbot in § 4 Abs. 2 Nr. 3 JMStV (bisher § 3 Abs. 1 Nr. 3 RStV) ausschlaggebend ist, bezieht sich jedoch ausschließlich auf die Erkennbarkeit für einen objektiven Dritten. Die Gefährdungslage selbst ist für Kinder und Jugendliche unabhängig von ihrer Offensichtlichkeit zumindest gleich bleibend schwer jugendgefährdend, wenn nicht sogar gefährlicher. Denn möglicherweise geht – aus Jugendschutzgesichtspunkten – von einer nicht offensichtlich schwer jugendgefährdenden Sendung eine höhere Gefahr aus, nachdem bei dieser für Eltern und erst recht für Kinder und Jugendliche eben nicht (offensichtlich) erkennbar ist, dass es zu einer möglichen schweren Jugendgefährdung kommen kann. Bei einer Ausstrahlung von schwer jugendgefährdenden Sendungen nach 23.00 Uhr würde der Gesetzgeber somit nicht nur eine schwere Jugendgefährdung bei den nach 23.00 Uhr noch vor den Fernsehgeräten sitzenden Kinder und Jugendlichen billigend in Kauf nehmen, sondern angesichts der Tatsache, dass Eltern derzeit nach 23.00 Uhr aufgrund der geltenden gesetzlichen Bestimmungen lediglich mit entwicklungsbeeinträchtigenden aber nicht mit schwer jugendgefährdenden Sendungen rechnen müssen, somit auch den Erziehungsauftrag der Eltern unterlaufen. Aus diesem Gründen muss gerade bei nicht offensichtlich schwer jugendgefährdenden Sendungen der Gesetzgeber sicherstellen, dass diese nicht von Kindern oder Jugendlichen wahrgenommen werden können, um dem Jugendschutz ausreichend Geltung zu verschaffen.

Für ein Ausstrahlungsverbot bei nicht offensichtlich schwer jugendgefährdenden Filmen spricht letztlich auch, dass für die Eintragung in die Liste jugendgefährdender Medien gem. § 18 Abs. 1 JuSchG bereits die Möglichkeit einer einfachen Jugendgefährdung ausreicht, ein indizierter – einfach jugendgefährdender – Film aber gem. § 4 Abs. 1 S. 1 Nr. 4 i.V.m. § 4 Abs. 2 S. 1 Nr. 2 JMStV stets zu einem absoluten Ausstrahlungsverbot im Fernsehen führt.

Gerade auch die große Reichweite des Massenmediums Rundfunk lässt ein absolutes Ausstrahlungsverbot analog § 4 Abs. 2 S. 1 Nr. 2 und 3 JMStV[1174] für schwer jugendgefährdende Sendungen aus Jugendschutzgesichtspunkten gegenüber den Informationsinteressen der Zuschauer als angemessen erscheinen. Der Staatsvertragsgeber sollte jedoch insoweit den JMStV nachbessern.

15.2.3 Pornographieverbot

Auch durch das Pornographieverbot des § 4 Abs. 1 Nr. 10 i.V.m. Abs. 2 Nr. 1 JMStV wird erheblich in die Informationsfreiheit des Art. 5 Abs. 1 S. 1 2. HS. GG eingegriffen. Wie bereits ausgeführt, schützt die Informationsfreiheit auch den Konsum pornogra-

[1174] A.A. BayVGH, Beschluss vom 17.03.2003 (Az.: 7 CS 02.2829, M 17 S 02.5298), S. 7, der keine Analogie zu § 3 Abs. 3 RStV annahm.

phischer Informationen. Pornographische Sendungen sind im Fernsehen gem. § 4 Abs. 1 Nr. 10 i.V.m. § 4 Abs. 2 S. 1 Nr. 1 JMStV (§ 3 Abs. 1 Nr. RStV) absolut verboten. Zu Gunsten des Informationsbedürfnisses der Zuseher gibt es im Fernsehen keine Ausnahme. Dennoch hat der Gesetzgeber bei der gesetzlichen Regelung des absoluten Ausstrahlungsverbots eine verfassungsgemäße Abwägung der widerstreitenden Interessen der Rundfunkveranstalter,[1175] der Rezipienten und den Regelungen des Jugendschutzes sowie des Konfrontationsschutzes getroffen. Er hat hierbei angesichts der möglicherweise erheblichen, drohenden Gefahren, welche er im Wege der Prognose abschätzen musste, zu Gunsten des Jugend- und Konfrontationsschutzes ausnahmslos Pornographie im Rundfunk verboten. Der Gesetzgeber hat hierbei pornographische Videos und Zeitschriften sowie Telemedien unter bestimmten Bedingungen den Erwachsenen offen gehalten. Der Gesetzgeber ist insofern auch – wie bereits ausgeführt – nicht verpflichtet, weitere Informationsquellen zu schaffen oder dem Rezipienten bestimmte Informationsquellen zur Verfügung zu stellen.[1176]

Folglich hat der Gesetzgeber zwar angesichts des weiten Schutzbereichs in die Informationsfreiheit der an Pornographie interessierten Erwachsenen mit der Regelung des § 4 Abs. 1 S. 1 Nr. 10 i.V.m. Abs. 2 S. 1 Nr. 1 JMStV (bzw. bisher § 3 Abs. 1 Nr. 1 RStV) eingegriffen;[1177] hierbei hat er aber im Rahmen der Güterabwägung die widerstreitenden Interessen berücksichtigt und den Belangen des Jugendschutzes und des Schutzes der Erwachsenen vor unerwünschter Konfrontation mit Pornographie den Vorrang eingeräumt, da auf andere Weise effektiver Jugendschutz nicht sicherzustellen ist.[1178] Es bleibt ihm unbenommen, den an Pornographie interessierten Erwachsenen auf andere Informationsquellen wie z.B. Videotheken oder den Erwerb von Kaufvideos zu verweisen. Auch über die Ausnahme der geschlossenen Benutzergruppe bei Telemedien für einfache Pornographie in § 4 Abs. 2 S. 2 Nr. 1 JMStV wurde die Informationsfreiheit der Rezipienten berücksichtigt und ein Vertriebsweg zur Rezeption durch erwachsene Zuschauer beibehalten.

Zwar handelt es sich beim Rundfunk und insbesondere beim Fernsehen um eine der wichtigsten Informationsquellen mit breiter Massenwirksamkeit, aber gerade diese Massenwirkung rechtfertigt es, die Verbreitung von möglicherweise schwer entwicklungsbeeinträchtigenden Informationen nur eingeschränkt zuzulassen und die Verbreitung von schwer jugendgefährdenden Inhalten und von Pornographie in diesem

---

[1175] Vgl. hierzu 2. Teil: 14.5.

[1176] *Herzog*: in: *Maunz/Dürig*, GG (2002), Art. 5 Abs. I, II Rn. 101; *Bethge*, in: *Sachs*, GG (2003), Art. 5 Rn. 60; *v. Mangoldt/Klein/Starck*, GG (1999), Art. 5 Abs. 1, 2 Rn. 49; *Wendt*, in: *v. Münch/Kunig*, GG (1999), Art. 5 Rn. 28; *Jarass/Pieroth*, GG (2000), Art. 5 Rn. 13 m.w.N.

[1177] So *Mahrenholz* ZUM 1998, 525 (526). Einen Eingriff in die Informationsfreiheit bereits bezweifelnd BVerwG ZUM 2002, 567 (574), so auch *Isensee/Axer* (1998), S. 54 ff.

[1178] *Mahrenholz* ZUM 1998, 525 (526).

Medium sogar völlig auszuschließen.[1179] Auch wenn Rundfunkveranstalter aus wirtschaftlichen Interessen und Teile der Bevölkerung diese restriktive Haltung des Gesetzgebers nicht mehr für zeitgemäß halten, ist angesichts der letztlich nicht eindeutigen wissenschaftlichen Erkenntnisse sowie einem in der Gesellschaft nicht einheitlichen Wertewandel die geltende Regelung aufgrund der Prognose des Gesetzgebers im Rahmen seines Beurteilungsspielraums verfassungsgemäß. Dem Informationsinteresse wird darüber hinaus beim Pornographiebegriff dahingehend Rechnung getragen, dass durch den nicht gesetzlich, sondern durch die Rechtsprechung definierten Begriff der Wandel der gesellschaftlichen Wertvorstellungen Berücksichtigung findet und somit inzwischen unproblematische Inhalte, wie Erotik, dem Interessierten zur Rezeption frei bleiben.

15.2.4 Die Informationsfreiheit und das Zensurverbot

Zwar stellen auch zensierte Informationen eine allgemein zugängliche Quelle im Sinne der Informationsfreiheit dar, denn ansonsten könnten staatliche Zensurmaßnahmen über die „Zugänglichkeit" als zentrales Grundrechtstatbestandsmerkmal beliebig verfügen.[1180] Jedoch findet das Zensurverbot dennoch auf die Informationsfreiheit keine Anwendung,[1181] da sich ein Rezipient im Gegensatz zum Hersteller nicht auf das Zensurverbot berufen kann.[1182] Vielmehr stellen sich für den Rezipienten Zensurmaßnahmen gegen von ihm benutzte Quellen als eine Beeinträchtigung seiner Informationsfreiheit dar.[1183] Die Eingriffe in die Informationsfreiheit durch die materiellen Jugendschutzregelungen des JMStV sind jedoch wie dargelegt verfassungsrechtlich gerechtfertigt. Selbst wenn man die Anwendbarkeit des Zensurverbots angesichts seiner besonderen Bedeutung für das Demokratieprinzip auch auf die Informationsfreiheit für geboten halten würde, läge ebenso wie bei der Prüfung innerhalb der Rundfunkfreiheit durch die Jugendschutzmaßnahmen des JMStV (bisher des § 3 RStV) kein Verstoß gegen das Zensurverbot vor.[1184]

[1179] Letztlich setzt die Gesetzgeber mit dem absoluten Pornographieverbot im Fernsehen die Vorgabe des Art. 22 Abs. 1 EG-FernsehRiL um.

[1180] *Schmidt-Jortzig*, in: HBStR, § 141 Rn. 45; *Erdemir* (2003), S. 58 f. m.w.N.

[1181] BVerfGE 27, 88 (102); *Herzog*: in: *Maunz/Dürig*, GG (2002), Art. 5 Abs. I, II Rn. 297 u. 301; ähnlich *v. Mangoldt/Klein/Starck*, GG (1999), Art. 5 Rn. 157; *Schulze-Fielitz*, in: *Dreier* (1996), Art. 5 I, II Rn. 141; *Gucht* (2000), S. 77 ff. m.w.N. A.A. *Schmidt*-Jortzig, in: HBStR, § 141 Rn. 44 f.; *Erdemir* (2000), S. 58 f. m.w.N.

[1182] Das Zensurverbot schützt „der Natur der Sache nach nur Akte der Meinungsäußerung und möglicherweise auch der Meinungsverbreitung, mithin den Hersteller und unter Umständen auch den Verbreiter eines Geisteswerks. Sein Leser oder Bezieher wird dagegen durch eine Zensurmaßnahme nur in seiner Informationsfreiheit betroffen, so dass er sich auf das für ihn nur als Reflex wirkende Zensurverbot nicht berufen kann", BVerfGE 27, 88 (102).

[1183] BVerfGE 27, 88 (102); *Herzog*: in: *Maunz/Dürig*, GG (2002), Art. 5 Abs. I, II Rn. 301; *v. Mangoldt/Klein/Starck*, GG (1999), Art. 5 Rn. 157.

[1184] Vgl. hierzu insb. 2. Teil: 8.7, 9 und 10.3.

15.3 Zwischenergebnis

Der Eingriff in die Informationsfreiheit durch die materiellen Jugendschutzbestimmungen des JMStV (bisher § 3 RStV) ist letztlich verfassungsrechtlich aus den selben Gründen gerechtfertigt, aus denen diese als Eingriffe in die Rundfunkfreiheit gerechtfertigt sind,[1185] da die Informationsfreiheit unter dem selben qualifizierten Gesetzesvorbehalt des Art. 5 Abs. 2 GG steht wie auch die Rundfunkfreiheit. Die Jugendschutzmaßnahmen des JMStV sind zwecktaugliche, erforderliche und verhältnismäßige Mittel zur Gewährleistung eines effektiven Jugendschutzes als legitimem Schutzgut. Der Gesetzgeber hat bei der Abwägung der Informationsfreiheit mit dem Verfassungsauftrag Jugendschutz berücksichtigt, dass sich die im JMStV enthaltenen präventiv-generalisierenden Regelungen auf den Vertriebsweg des Rundfunks beschränken. Insbesondere in den Fällen der Ausstrahlungsverbote wurde durch die Regelung des § 4 Abs. 2 S. 2 JMStV der Verbreitungsweg über die Telemedien innerhalb geschlossener Benutzergruppen offen gehalten. Lediglich für nicht offensichtlich schwer jugendgefährdende Fernsehsendungen fehlt eine ausdrückliche Regelung im JMStV, welche bis zu einer ausdrücklichen Regelung durch die Landesgesetzgeber, im Wege der Analogie zu § 4 Abs. 2 S. 1 Nr. 2 und 3 JMStV durch ein absolutes Ausstrahlungsverbot zu schließen ist.

[1185] BVerwG ZUM 2002, 567 (574).

16 Kunstfreiheit, Art. 5 Abs. 3 S. 1 GG

In Art. 5 Abs. 3 S. 1 GG ist normiert, dass Kunst und Wissenschaft, Forschung und Lehre frei sind. Die Kunstfreiheit wendet sich gegen staatliche Bevormundung, um der öffentlichen Gewalt keinen Einfluss auf die Kunst zu ermöglichen und eine klassifizierende Bewertung der Kunst durch den Staat als „gute" oder „schlechte" zu vermeiden.[1186] Art. 5 Abs. 3 S. 1 GG enthält die grundrechtliche Wertung,[1187] dass jede Gesellschaft, die sich als Kulturstaat versteht, verpflichtet ist, Kunst nicht nur zu schützen, sondern auch zu fördern.[1188] Die Kunstfreiheit als Grundrecht hat einen Doppelcharakter. Zum einen ist sie, ähnlich wie die Wissenschaftsfreiheit,[1189] auf den Schutz der schöpferischen Kraft bzw. Selbstverwirklichung des Künstlers, welche das menschliche Wesen entscheidend auszeichnet, gerichtet.[1190] Zum anderen ist vom Schutzbereich der Kunstfreiheit auch die Gewährleistung des Ausdrucksmittels selbst als Kommunikationsmedium zwischen Künstler und Betrachter, insofern ähnlich wie bei der Meinungsfreiheit, umfasst.[1191] Im Mittelpunkt der Kunstfreiheit steht somit der „individuelle künstlerische Schaffungsprozess und sein eventuelles Ergebnis."[1192]

16.1 Der Kunstbegriff

Die Bestimmung des Kunstbegriffs[1193] leidet darunter, dass eine Definition von Kunst, dem eigentlichen Wesen der Kunst widerspricht.[1194] Die Definition des Kunstbegriffs stellt sich als problematisch dar,[1195] ist aber zur Abgrenzung in der Rechtsanwendung

---

[1186] BVerfGE 75, 369 (377); *Pernice*, in: *Dreier*, GG (1996), Art. 5 III, Rn. 13; *Bethge*, in: *Sachs*, 2003 Art. 5 Rn. 187; *Bethge*, ZUM 1989, 492 (498 f.); *Isensee*, AfP, 1993, 619 (621).

[1187] BVerfGE 30, 173 (188). Zur „wertentscheidenden Grundsatznorm" vgl. auch *Scholz*, in *Maunz/Dürig*, GG (2002) Art. 5 III, Rn. 5.

[1188] *Pernice*, in: *Dreier*, GG (1996), Art. 5 III, Rn. 12 ff.; *Jarass/Pieroth*, GG (2000), Art. 5 Rn. 66. BVerfGE 36, 321 (331); 81, 108 (116); *Scholz*, in: *Maunz/Dürig*, GG (2002) Art. 5 III, Rn. 8, 40. Schon aus dem Begriff „Kulturstaat" ist zu entnehmen, dass Kunst und Staat sich nicht bereits begrifflich ausschließen. Vielmehr ist gerade der Schutz und die Pflege der Kunstfreiheit eine staatliche Aufgabe.

[1189] Der Schutz der Selbstverwirklichung des Künstlers ist zwar mit dem Schutz der Wissenschaftsfreiheit vergleichbar, jedoch steht bei der Wissenschaftsfreiheit die rationale Kreativität im Vordergrund, wogegen bei der Kunstfreiheit der emotional-kreative Vorgang entscheidend ist, *Pernice*, in: *Dreier*, GG (1996), Art. 5 III Rn. 12.

[1190] BVerfGE 30, 173 (190).

[1191] *Pernice*, in: *Dreier*, GG (1996), Art. 5 III, Rn. 12 f.; *Scholz*, in *Maunz/Dürig*, GG (2002) Art. 5 III, Rn. 13.

[1192] *Pernice*, in: *Dreier*, GG (1996), Art. 5 III, Rn. 1, So auch *Denninger*, in HBStR § 146 Rn. 17.

[1193] Ausführlich zum Kunstbegriff vgl. *Vlachopoulos* (1995), S. 77 ff.; *Pernice*, in: *Dreier*, GG (1996), Art. 5 III, Rn. 18; *Scholz*, in: *Maunz/Dürig*, GG (2002), Art. 5 Abs. III Rn. 22 ff.; *Erdemir* (2000), S. 23 ff.; *Isensee*, AfP 1993, 619 (622 ff.); *Geis*, NVwZ 1992, 25 (26).

[1194] *Jarass/Pieroth*, GG (2000), Art. 5 Rn. 67; *Pernice*, in: *Dreier*, GG (1996), Art. 5 III, Rn. 17.

[1195] Denn geht man beispielsweise von den Beuys'schen Thesen aus, dann ist „jeder Künstler" und „alles Kunst", so zitiert, in: *Erbel*, ZUM 1985, 283 (289).

nötig.[1196] Die Rechtsprechung ist deshalb zur Klärung des unbestimmten Rechtsbegriff gefordert.[1197]

Zunächst hat sich das Bundesverfassungsgericht bei der Bestimmung des Kunstbegriffs für eine Gesamtheit von Beurteilungsgesichtspunkten entschieden, die es selbst als die „der Kunst eigenen Strukturmerkmale"[1198] bezeichnet hat. Die vom Bundesverfassungsgericht insoweit gefundene Definition lautet: „Das Wesentliche der künstlerischen Betätigung ist die freie schöpferische Gestaltung, in der Eindrücke, Erfahrungen, Erlebnisse des Künstlers durch das Medium einer bestimmten Formensprache zu unmittelbarer Anschauung gebracht werden. Alle künstlerische Tätigkeit ist ein Ineinander von bewussten und unbewussten Vorgängen, die rational nicht aufzulösen sind. Beim künstlerischen Schaffen wirken Intuition, Phantasie und Kunstverstand zusammen; es ist primär nicht Mitteilung, sondern Ausdruck und zwar unmittelbarster Ausdruck der individuellen Persönlichkeit des Künstlers."[1199]

Inzwischen geht das Bundesverfassungsgericht von der „Unmöglichkeit, Kunst generell zu definieren"[1200] aus und unterstellt daher zur Vermeidung staatlichen Kunstrichtertums[1201] einen weiten offenen Kunstbegriff.[1202] Hierbei zieht es aber auch weiterhin den materiellen Kunstbegriff sowie zusätzlich einen „formal-typologischen" und einen „zeichentheoretischen" Kunstbegriff heran.[1203] Der formale Kunstbegriff, der nur auf

---

[1196] Aus der Tatsache, dass der Gesetzgeber nicht bestimmen darf, was „wahre", „echte" oder gar als „entartete" Kunst zu betrachten ist, lässt sich jedoch kein absolutes Definitionsverbot ableiten, *Pernice*, in: *Dreier*, GG (1996), Art. 5 III, Rn. 17; *Denninger*, in HBStR § 146 Rn. 2. Den Staat trifft letztlich richtigerweise nur ein Diskriminierungs- und Differenzierungsverbot, *Bethge*, ZUM 1989, 492 (499). Denn auch der Staat kann nur schützen, was definiert ist. Dies wurde von *Pernice*, in: *Dreier*, GG (1996), Art. 5 III, Rn. 17, als „Dilemma der Definition" bezeichnet. Vgl. zum Definitionsgebot weiter BVerfGE 67, 213 (225); 75, 369 (377); *v. Mangoldt/Klein/Starck*, GG (1999), Art. 5 Abs. 3 Rn. 275 f.; *Scholz*, in: *Maunz/Dürig*, GG (2002), Art. 5 Abs. III Rn. 25. Zur Lehre vom Definitionsverbot vgl. *Vlachopoulos* (1995), S. 78 ff.

[1197] *Scholz*, in: *Maunz/Dürig*, GG (2002), Art. 5 Abs. III Rn. 25; *Pernice*, in: *Dreier*, GG (1996), Art. 5 III, Rn. 17. Eine ausführliche kritische Auseinandersetzung mit der Rechtsprechung des BVerfG zur Kunstfreiheit findet sich bei *Henschel*, NJW 1990, 1937 ff. (m.w.N.); *Geis* NVwZ 1992, 25 ff.

[1198] BVerfGE 30, 173 (188). Zwar ist der Kunstbegriff auf bestimmte Kriterien einzuengen, jedoch muss hierbei wiederum eine „wertende Einengung des Kunstbegriffs" vermieden werden, *Pernice*, in: *Dreier*, GG (1996), Art. 5 III, Rn. 17; *Denninger*, in: HBStR, § 146 Rn. 1.

[1199] BVerfGE 30, 173 (188 f.); *Scholz*, in: *Maunz/Dürig*, GG (2002), Art. 5 Abs. III Rn. 28; auszugsweise auch in BVerfGE 67, 213 (226); 83, 130 (138) übernommen; *Pernice*, in: *Dreier*, GG (1996), Art. 5 III, Rn. 18, *Bethge*, in: *Sachs*, GG (2003) Art. 5 Rn. 186; kritisch zum Kunstbegriff: *Denninger*, in: HBStR, § 146 Rn. 3 ff.

[1200] BVerfGE 67, 213 (225); 75, 369 (377).

[1201] BGH NJW 86, 1272 (1274); *Scholz*, in: *Maunz/Dürig*, GG (2002), Art. 5 Abs. III Rn. 38; *Denninger*, in: HBStR, § 146 Rn. 3; *Isensee*, AfP, 1993, 619 (621).

[1202] *Bethge*, in: *Sachs*, GG (2003), Art. 5 Rn. 186; *Scholz*, in: *Maunz/Dürig*, GG (2002), Art. 5 Abs. III Rn. 28.

[1203] BVerfGE 67, 213 (225 ff.); *Pernice*, in: *Dreier*, GG (1996), Art. 5 III, Rn. 17 ff.; *Henschel*, NJW 1990, 1937 (1938 f.); *Pieroth/Schlink* (2002), Rn. 611 f.

die Tätigkeit und die Ergebnisse, also auf den Werktyp, wie etwa das Malen, Bildhauen, Dichten etc., sowie an die Formen des Theaters, der Musik usw. abstellt, ist jedoch nicht offen für neue avantgardistische Formen. Dennoch erleichtert er die Annäherung an einen praktikablen Kunstbegriff. Gleiches gilt für das Abstellen auf den dritten Ansatz des Bundesverfassungsgerichts, nämlich auf die intendierte Bedeutungsvielfalt und Interpretationsoffenheit der Darstellung im zeichentheoretischen Sinne. Das kennzeichnende Merkmal wird danach darin gesehen, dass Kunst aufgrund „der Mannigfaltigkeit ihres Aussagewertes möglich ist, der Darstellung im Wege einer fortgesetzten Interpretation immer weitreichende Bedeutung zu entnehmen, so dass sich eine praktisch unerschöpfliche, vielstufige Informationsvermittlung ergibt."[1204] Schließlich werden neben diesen drei Ansätzen des Bundesverfassungsgerichts zur Klärung, ob Kunst vorliegt, verschiedene weitere Indizien herangezogen. Als ein Indiz für das Vorliegen von Kunst wird so beispielsweise der Umstand erachtet, dass ein Urheber sein Werk selbst als Kunstwerk betrachtet.[1205] Auch kann bedeutsam sein, dass ein in Kunstfragen kompetenter Dritter das Werk für Kunst hält.[1206]

Ein Kunstwerk kann darüber hinaus einen politischen, religiösen oder sonstigen Zweck verfolgen.[1207] Keine bedeutsamen Unterscheidungs- bzw. Einordnungskriterien sind, „gut" oder „schlecht", „wertvoll" oder „wertlos", „schön" oder „hässlich", „richtig" oder „falsch" oder ähnliche Bewertungsmuster.[1208] Das „Niveau" eines Kunstwerks ist nicht von Bedeutung.[1209] Auch die Satire, die Parodie und die Persiflage fallen unter den Schutzbereich der Kunstfreiheitsgarantie.[1210] Als Kunst kommen insbesondere auch jugendbeeinträchtigende, schwer jugendgefährdende, gewaltverherrlichende und pornographische Werke in Betracht.[1211]

[1204] BVerfGE 67, 213 (227).

[1205] *Wendt*, in: *v. Münch/Kunig*, GG (1999), Art. 5 R. 91. Das Selbstverständnis des Künstlers sowie die Anerkennung durch Rezipienten und Sachverständige hat jedoch nur eine geringe indizielle Bedeutung, *Pernice*, in: *Dreier*, GG (1996), Art. 5 III, Rn. 23. *Jarass/Pieroth*, GG (2000), Art. 5 Rn. 67; a.A. *Scholz*, in: *Maunz/Dürig*, GG (2002), Art. 5 Abs. III Rn. 26.

[1206] *Jarass/Pieroth*, GG (2000), Art. 5 Rn. 67; *Wendt*, in: *v. Münch/Kunig*, GG (1999), Art. 5 R. 92; *v. Mangoldt/Klein/Starck*, GG (1999), Art. 5 Abs. 3 Rn. 281; *Schick*, JZ 1970, 645 (646 f.); A.A. *Scholz*, in: *Maunz/Dürig*, GG (2002), Art. 5 Abs. III Rn. 26.

[1207] *Scholz*, in: *Maunz/Dürig*, GG (2002), Art. 5 Abs. III Rn. 33 ff.

[1208] BVerfGE 75, 369 (377); *Bethge*, in: *Sachs*, GG (2003), Art. 5 Rn. 187.

[1209] BVerfGE 75, 369 (377); 81, 278 (291).

[1210] BVerfG NJW 1990, 1985 (1985 f.); BVerfGE 83, 130 (138).

[1211] BVerfGE 75, 369 (377); 81, 278 (291); 83, 130 (139); BVerwGE 91, 211 (213 f.); BGHSt 37, 55 (59). Keine Kunst wurde jedoch bspw. bei dem Sendeformat „Freakshow" des Senders MTV vom VG München in seiner Entscheidung vom 07.08.2002 (M 29 S 02.3205) selbst bei Zugrundelegung eines weiten Kunstbegriffs angenommen.

16.2 Schutzbereich der Kunstfreiheit

Der Schutzbereich des Art. 5 Abs. 3 S. 1 GG betrifft in gleicher Weise den Werkbereich wie auch den Wirkbereich als „unlösbare Einheit."[1212] Vom Werkbereich wird sowohl der Prozess des künstlerischen Schaffens, wie das Üben und die Vorbereitung, sowie der Schutz des Ergebnisses erfasst, d.h. egal ob das Werk „gelungen" oder „misslungen" ist.[1213] Geschützt sind dabei alle denkbaren Formen und Tätigkeiten, die die Kriterien der Kunst erfüllen, auch die eher atypischen Formen. Der Wirkbereich beinhaltet den Schutz der Produktion und Präsentation des Werks in der Sphäre der Kommunikation,[1214] wozu auch die Ausstrahlung einer Sendung durch das Fernsehen zu rechnen ist. Vom Wirkbereich sind also die Darbietung, Verbreitung, Vervielfältigung und Veröffentlichung des Kunstwerks umfasst.[1215] Der Wirkbereich ist daher der eigentliche Sektor, in welchem Kunst in Konflikt mit gegenläufigen Interessen geraten kann. „Der freie Zugang oder Anblick eines Kunstwerks ist Teil der in ihm angelegten Kommunikation mit der Öffentlichkeit und gehört damit zum Schutzbereich der Kunstfreiheitsgarantie."[1216] Auch die Werbung für ein Kunstwerk wird von der Kunstfreiheit umfasst.[1217]

Art. 5 Abs. 3 S. 1 GG schützt in erster Linie den Künstler selbst, als Hersteller des Werks, aber auch die Personen, die das Kunstwerk der Öffentlichkeit zugänglich machen, d.h. die in einer für die Verbreitung des Werks „unentbehrliche[n] Mittlerfunktion zwischen Künstler und Publikum" stehen, etwa einen Verleger,[1218] einen Filmproduzent[1219] oder den Geschäftsführer[1220] eines Buchverlags.[1221] Auch der Rundfunkveranstalter, der eine als Kunst zu qualifizierende Sendung ausstrahlt, ist Träger der Kunstfreiheit, unabhängig davon, ob der Rundfunk öffentlich-rechtlich oder

---

[1212] BVerfGE 30, 173 (189); ebenso BVerfGE 67, 213 (224); *Pernice*, in: *Dreier*, GG (1996), Art. 5 III, Rn. 24 f.; *Denninger*, in: HBStR, § 146 Rn. 18 ff.; *Bethge*, in: *Sachs*, GG (2003), Art. 5 Rn. 188.

[1213] *Denninger*, in: HBStR, § 146 Rn. 18 f.

[1214] *Pernice*, in: *Dreier*, GG (1996), Art. 5 III, Rn. 14; *Denninger*, in: HBStR, § 146 Rn. 20.

[1215] BVerfGE 30. 173 (191); 77, 240 (251).

[1216] *Pernice*, in: *Dreier*, GG (1996), Art. 5 III, Rn. 26.

[1217] BVerfGE 77, 240 (251). Nicht geschützt ist dagegen die wirtschaftliche Verwertung des Kunstwerks. Lediglich, wenn der Staat dadurch Einfluss auf Kunstinhalte nimmt oder eine freie künstlerische Betätigung durch die Reglementierung der wirtschaftlichen Vermarktung praktisch unmöglich macht, muss eine Ausnahme dieses Grundsatzes gelten. Vgl. *Scholz*, in: *Maunz/Dürig*, GG (2002), Art. 5 Abs. III Rn. 18; offen gelassen in BVerfGE 31, 229 (240); 49, 382 (389); *Jarass/Pieroth*, GG (2000), Art. 5 Rn. 68.

[1218] BVerfGE 30, 173 (191); *Pernice*, in: *Dreier*, GG (1996), Art. 5 III, Rn. 27; a.A. *Scholz*, in: *Maunz/Dürig*, GG (2002), Art. 5 Abs. III Rn. 47.

[1219] BGHZ 130, 205 (218).

[1220] BGHSt 37, 55 (62).

[1221] BVerfGE 30, 173 (191); ebenso BVerfGE 36, 321 (331); 81, 278 (292); *v. Mangoldt/Klein/Starck*, GG (1999), Art. 5 I, II Rn. 190; *Denninger*, in: HBStR § 146 Rn. 20 ff.; *Pernice*, in: *Dreier*, GG (1996), Art. 5 III, Rn.27; *Bethge*, in: *Sachs*, GG (2003), Art. 5 Rn. 191.

privatrechtlich organisiert ist.[1222] Neben natürlichen Personen, können über Art. 19 Abs. 3 GG auch juristische Personen, selbst öffentlich-rechtliche Anstalten (Museen, Theater etc.) Träger des Grundrechts sein.[1223] Jedoch ist derjenige, der Kunst lediglich nutzt, nicht Träger der Kunstfreiheit.[1224]

Die Ausstrahlung entwicklungsbeeinträchtigender, jugendgefährdender, pornographischer und gewaltverherrlichender Sendungen im Fernsehen kann daher bei Zugrundelegung des weiten Kunstbegriffs dem Wirkbereich der Kunstfreiheit, auf welchen sich die Rundfunkunternehmen berufen können, unterfallen – wobei es bei der Qualifikation einer Sendung als Kunst stets auf den konkreten Einzelfall ankommt.

16.3 Verfassungsrechtliche Rechtfertigung des Eingriffs

Sowohl die Sendezeitbeschränkung als auch das Ausstrahlungsverbot einer als Kunst qualifizierten Sendung greifen in das Grundrecht der Kunstfreiheit, genauer in deren Wirkbereich,[1225] ein und müssen sich daher an der Kunstfreiheit des Art. 5 Abs. 3 S. 1 GG messen lassen. Die Sendezeitregelung verbietet zwar die Ausstrahlung einer entwicklungsbeeinträchtigenden, aber gleichzeitig auch künstlerischen Sendung nicht vollständig, jedoch beschränkt sie die Rezeption des „Kunstwerks" unter zeitlichen Gesichtspunkten und steht somit der uneingeschränkten Wirkung entgegen.

Die Kunstfreiheit in Art. 5 Abs. 3 GG wird vorbehaltlos gewährt und unterliegt keinem ausdrücklichem Schrankenvorbehalt.[1226] Sie ist aus systematischen Gesichtspunkten auch weder den Schranken des Art. 5 Abs. 2 GG, noch denen des Art. 2 Abs. 1 GG unterworfen.[1227] Aus der Ablehnung der Übertragung der Schranken des Art. 5 Abs. 2

[1222] Zur Geltendmachung der Kunstfreiheit durch Rundfunkveranstalter *Rüfner*, in: HBStR, § 116 Rn. 74; *Herrmann*, (1994), § 5 Rn. 55.

[1223] *Pernice*, in: *Dreier*, GG (1996), Art. 5 III, Rn. 27; *Bethge*, in: *Sachs*, GG (2003) Art. 5 Rn. 191 f.; BVerfGE 30, 173 (191); *Scholz*, in: *Maunz/Dürig*, GG (2002), Art. 5 Abs. III Rn. 48.

[1224] BVerfG NJW 85, 263f.; kritisch *Denninger*, in: HBStR, § 146 Rn. 23. Nicht vom personellen Schutzbereich der Kunstfreiheit sind neben den Kunstrezipienten das Kunstpublikum und die Kunstkritiker umfasst, selbst wenn diese Inspiration oder Anstoß für den schöpferischen Prozess geben. *Eberl*, ZUM 1985, 283 (294). Das Spezifische der Kunstfreiheit sind Werk und Wirken, nicht die Reaktion, so *Pernice*, in: *Dreier*, GG (1996), Art. 5 III, Rn. 28.

[1225] So auch *Isensee/Axer* (1998), S. 59.

[1226] BVerfGE 30, 173 (191); 67, 213 (228); 83, 130 (139).

[1227] Unanwendbar ist insbesondere Art. 5 Abs. 2 GG, der lediglich die Grundrechte aus Art. 5 Abs. 1 GG beschränkt. Die systematische Trennung der Gewährleistungsbereiche in Art. 5 GG weist den Absatz 3 dieser Bestimmung gegenüber Absatz 1 als lex specialis aus und verbietet es deshalb, die Schranken des Absatz 2 auch auf die von Absatz 3 nachgenannten Bereiche anzuwenden. „Abzulehnen ist auch die Meinung, dass die Freiheit der Kunst gemäß Art. 2 Abs. 1 Halbsatz 2 GG durch die Rechte anderer, durch die verfassungsmäßige Ordnung und durch das Sittengesetz beschränkt sei. Diese Ansicht ist unvereinbar mit dem vom Bundesverfassungsgericht in ständiger Rechtsprechung anerkannten Verhältnis der Subsidiarität des Art. 2 Abs. 1 GG zur Spezialität der Einzelfreiheitsrechte." BVerfGE 30, 173 (191 f.); 67,213 (228); 83, 130 (139); *v. Mangoldt/Klein/Starck*, GG (1999) Art. 5 III Rn. 302; *Pernice*, in: *Dreier*, GG (1996), Art. 5 III Rn. 31; *Bethge*, in: *Sachs*, GG (2003), Art. 5 Rn. 195 und

und des Art. 2 Abs. 1 Hs. 2 GG folgt jedoch nicht, dass die Kunstfreiheit schrankenlos gewährleistet ist.[1228] Die Kunstfreiheit wird vielmehr durch die verfassungsimmanenten Schranken[1229] begrenzt, d.h. durch die Beschränkungen die sich aus der Verfassung selbst durch kollidierende Grundrechte ergeben.[1230] Somit vermögen Eingriffe in die Kunstfreiheit ausschließlich die kollidierenden Grundrechte Dritter und andere mit Verfassungsrang ausgestattete Rechtsgüter zu rechtfertigen.[1231] Materiell ist eine Abwägung der kollidierenden Güter notwendig[1232] bzw. der Grundsatz der Verhältnismäßigkeit zu beachten.[1233]

Für die Abwägung ist es grundsätzlich unerheblich, ob in den Werk- oder Wirkbereich der Kunstfreiheit eingegriffen wird.[1234] Werk- und Wirkbereich unterliegen demselben Prüfungsmaßstab für die verfassungsrechtliche Rechtfertigung, da beide von Verfassungs wegen in gleicher Weise gewährleistet werden. Beispielsweise bei Kunstäußerungen fallen Werk- und Wirkbereich sogar durchaus zusammen[1235] und können daher kaum getrennt werden. Obwohl also Werk- und Wirkbereich dem identischen Prüfungsmaßstab unterliegen, kann hieraus jedoch nicht geschlossen werden, dass alle Handlungen, die in den Schutzbereich der Kunstfreiheit fallen, desselben Schutzes bedürfen.[1236] Es kann für die Abwägung im Einzelfall von Bedeutung sein, dass wegen der unterschiedlichen Außenwirkung von Werk- und Wirkbereich eine tatsächliche Vermutung dafür spricht, dass die Kunstfreiheit im Werkbereich eher Vorrang genießt als im Wirkbereich.[1237] Danach sind also staatliche Eingriffe in die Kunstfreiheit um so weniger zulässig, je näher sie den Kern der Kunstfreiheit einschränken und je stärker sie

197; *Jarass/Pieroth*, GG (2000), Art. 5 Rn. 73; *Wendt*, in: *v. Münch/Kunig*, GG (1999), Art. 5 Rn. 95; *Hesse* (1995), Rn. 403.

1228 BVerfGE 30, 173 (193); *Scholz*, in: *Maunz/Dürig*, GG (2002), Art. 5 Abs. III Rn. 51.

1229 BVerfGE 30, 173 (193); 67, 213 (228); 77, 240 (253); 81, 278 (292 f.); 83, 130 (139); BVerwGE 91, 223 (224); *Scholz*, in: *Maunz/Dürig*, GG (2002), Art. 5 Abs. III Rn. 57; *Jarass/Pieroth*, GG (2000), Art. 5 Rn. 73, Vorb. 37 f. vor Art. 1; *Pernice*, in: *Dreier*, GG (1996), Art. 5 III Rn. 33; *Bethge*, in: *Sachs*, GG (2003), Art. 5 Rn. 198.

1230 BVerfGE 30, 173 (193).

1231 BVerfGE 30, 173 (193); 67, 213 (228); 77, 240 (253); BVerfGE 81, 278 (292 f.); 83, 130 (139); *Pernice*, in: *Dreier*, GG (1996), Art. 5 III Rn. 33; *Bethge*, in: *Sachs*, GG (2003), Art. 5 Rn. 198.

1232 BVerfGE 30, 173 (191ff); 77, 240 (253); 81, 278 (29); 83, 130 (143).

1233 BVerfGE 30, 173 (199); 83, 130 (143); *Scholz*, in: *Maunz/Dürig*, GG (2002), Art. 5 Abs. III Rn. 65 ff.

1234 Das Bundesverfassungsgericht lehnt eine nach Werk- und Wirkbereich trennende Stufentheorie für die Einschränkung der Kunstfreiheit in dem Sinne, dass für den Werkbereich ausschließlich die verfassungsrechtlich geschützten Rechtsgüter als Schranke heranzuziehen sind, während für den Wirkbereich die allgemeine Rechtsordnung maßgeblich ist, ab. Vgl. BVerfGE 77, 240 (254); ebenso seit der 4. Aufl. *Starck*, in: *v. Mangoldt/Klein/Starck*, GG (1999), Art. 5 III Rn. 304 f.; *Pernice*, in: *Dreier*, GG (1996), Art. 5 III Rn. 32 f.

1235 BVerfGE 77, 240 (254).

1236 BVerfGE 77, 240 (254).

1237 BVerfGE 77, 240 (254).

den Werkbereich berühren.[1238] „Die tatsächlichen Umstände, der Grad der Außenwirkung und die Stärke des Kunstbezugs beeinflussen lediglich die Gewichtung der verfassungsrechtlich geschützten Belange und damit das Abwägungsergebnis."[1239] Es ist stets das gesamte Kunstwerk in die Abwägung einzubeziehen.[1240] Sind mehrere Interpretationen eines Kunstwerks möglich, ist jene für die Beurteilung zugrunde zu legen, die andere Rechtsgüter am wenigsten beeinträchtigt.[1241]

Als verfassungsimmanente Schranken sind neben der absoluten Schranke der Menschenwürde, auch die weiteren Grundrechte und Verfassungsgüter, wie insbesondere das allgemeine Persönlichkeitsrecht,[1242] der Schutz der Jugend und das Elternrecht zu nennen. Das Bundesverfassungsgericht erstreckt die Abwägung dabei auf „Verfassungsbestimmungen aller Art."[1243] Die ursprünglich geforderte Bedingung, die betreffende Verfassungsbestimmung müsse ein „ebenfalls wesentliches Rechtsgut"[1244] schützen, ja „oberste Grundwerte der Verfassung",[1245] ist damit aufgegeben.[1246] Dennoch kann die Bedeutung des Rechtsguts durchaus bei der Abwägung berücksichtigt werden. Es hat eine Rechtsgüterabwägung zu erfolgen, bei der das Übermaßverbot und die Wechselwirkungsdoktrin ebenso zu berücksichtigen sind wie die Einzelfallgerechtigkeit. Das Bundesverfassungsgericht sieht im Schutz von Kindern und Jugendlichen vor sittlicher Gefährdung „nach einer vom Grundgesetz selbst getroffenen Wertung ein Ziel von bedeutendem Rang und ein wichtiges Gemeinschaftsanliegen."[1247] Kinder und Jugendliche bedürfen des Schutzes und der Hilfe, um sich zu eigenverantwortlichen Persönlichkeiten innerhalb der sozialen Gesellschaft zu entwickeln. Das gilt gerade auch für ihre Bewahrung vor sexuellen Gefahren und die Ermöglichung einer das Persönlichkeitsrecht achtenden Sexualerziehung.[1248] Der

---

[1238] BVerfGE 77, 240 (254).

[1239] BVerfGE 77, 240 (255).

[1240] BVerfGE 67, 213 (228 f.).

[1241] BVerfGE 67, 213 (229 f.).

[1242] Vgl. zum Verhältnis der Kunstfreiheit und dem Persönlichkeitsschutz *Isensee*, AfP 1993, 619 ff.

[1243] BVerfGE 81, 278 (292); *Pernice*, in: *Dreier*, GG (1996), Art. 5 III, Rn. 33.

[1244] BVerfGE 67, 213 (228).

[1245] BVerfGE 33, 52 (71).

[1246] *Pernice*, in: *Dreier*, GG (1996), Art. 5 III, Rn. 33: BVerfGE 81, 278 (292 f.).

[1247] BVerfGE 30, 336 (348); 77, 346 (356); 83, 130 (139). Vgl. 2. Teil: 5.

[1248] BVerfGE 47, 46 (72 f.). Dieser Gesichtspunkt berechtigt den Staat, von Kindern und Jugendlichen Einflüsse fernzuhalten, welche sich auf die Einstellung zum Geschlechtlichen und damit auf die Entwicklung ihrer Persönlichkeit nachteilig auswirken können." BVerfGE 83, 130 (139 f.); 7, 320 (323 f.); BVerwGE 77, 75 (83); *Jarass/Pieroth*, GG (1997), Art. 5 Rn. 74; *Pernice*, in: *Dreier*, GG (1996), Art. 5 III, Rn. 38.

Kinder- und Jugendschutz ist damit als kollidierendes Verfassungsgut geeignet, Eingriffe in die Kunstfreiheit grundsätzlich verfassungsrechtlich zu rechtfertigen.[1249]

Die Verfassungsgüter der Kunstfreiheitsgarantie und des Kinder- und Jugendschutz sind im Wege der praktischen Konkordanz zu einem schonenden Ausgleich zu bringen.[1250] Keinem der beiden Verfassungsgüter steht von vorne herein ein Vorrang zu.[1251] Erforderlich ist stets eine einzelfallbezogene Ermittlung und Gewichtung der betroffenen, von der Verfassung geschützten Belange.[1252] Für die Gewichtung der Kunstfreiheit kann dabei von Bedeutung sein, „in welchem Maße gefährdende Schilderungen in ein künstlerisches Konzept eingebunden sind. ... Sie wird um so eher Vorrang beanspruchen können, je mehr die den Jugendlichen gefährdenden Darstellungen künstlerisch gestaltet und in die Gesamtkonzeption des Kunstwerks eingebunden sind. ... Weiterhin kann für die Bestimmung des Gewichtes, das der Kunstfreiheit bei der Abwägung mit den Belangen des Jugendschutzes im Einzelfall beizumessen ist, auch dem Ansehen, das ein Werk beim Publikum genießt, individuelle Bedeutung zukommen. Echo und Wertschätzung, die es in Kritik und Wissenschaft gefunden hat, können Anhaltspunkte für die Beurteilung ergeben, ob der Kunstfreiheit Vorrang einzuräumen ist.“[1253] Dies beurteile sich nicht allein nach ästhetischen Kriterien, sondern auch nach dem Gewicht, welches dem Kunstwerk für die pluralistische Gesellschaft nach deren Vorstellungen über die Funktion der Kunst zukomme. Kunstwerke, die dem nicht hinreichend genügten, könnten gegenüber den Erfordernissen des Jugendschutzes keinen Vorrang beanspruchen, so dass die Kunstfreiheit regelmäßig konkurrierenden Rechtsgütern von Verfassungsrang zu weichen hätte.[1254] Zugunsten des Jugendschutzes ist folglich der schädigende Einfluss einer konkreten jugendgefährdenden Sendung für die Abwägung zu ermitteln,[1255] wobei zu beachten ist, dass dem Staat bei der Beurteilung der Jugendgefährdung eine Einschätzungsprärogative[1256] zukommt. In jedem Fall muss der Wesensgehalt der Kunstfreiheit gem. Art. 19 Abs. 2 GG gewahrt bleiben, so dass eine generelle Einschränkung des Werkbereichs aus Jugendschutz-

---

[1249] BVerwGE 91, 223 (225 f.); BVerfGE 83, 130 (139 f.); BGH, NJW 1990, 3026 (3028); *Pernice*, in: *Dreier*, GG (1996), Art. 5 III Rn. 33; kritisch *Herkströter*, AfP 1992, S. 23 (28).

[1250] BVerfGE 77, 240 (255); 83, 130 (143, 146 f.). Vgl. auch *Hesse* (1995), Rn. 317 ff.; *Lerche*, in: HBStR, § 122 Rn. 3 ff.

[1251] BVerfGE 83, 130 (146 f.); BVerwGE 91, 223 (225 f.); BGHSt 37, 55 (64).

[1252] BVerfGE 83, 130 (140 ff.); *Schumann*, JMS-Report 3/1999, 1 (2).

[1253] BVerfGE 83, 130 (148 f.). Ähnlich BVerwG NJW 1997, S. 602 (602 f.). Während bei der Einstufung als Kunst die Gestaltung, der Inhalt und die Wirkungen des Werks in werkgerechter Interpretation keine Berücksichtigung finden, sind diese Kriterien bei der Abwägung von Kunstfreiheit und Jugendschutz im Einzelfall zu berücksichtigen. *Pernice*, in: *Dreier*, GG (1996), Art. 5 III, Rn. 38. Ein entsprechendes „Echo“ wurde z.B. in der Entscheidung der Bundesprüfstelle vom 23.05.1997 zum Film „From dust till dawn“ bei der Abwägung zwischen Jugendschutz und Kunstfreiheit berücksichtigt.

[1254] *Bethge*, in: *Sachs*, GG (2003) Art. 5 Rn. 187; BVerfGE 83, 130 (149).

[1255] BVerfGE 83, 130 (147); BVerwGE 91, 211 (213), 91, 223 (224 ff.); *Vlachopoulos* (1995), S. 201 ff.

[1256] *Pernice*, in: *Dreier*, GG (1996), Art. 5 III, Rn. 38; BVerfGE 83, 130 (140 f., 147).

gründen nicht möglich erscheint.[1257] Immerhin kann aber die Verbreitung jugendgefährdender Kunstwerke an Jugendliche deshalb verboten werden.[1258] Als Mindestschutz verbleibt stets, dass der Staat keinen Einfluss auf die Inhalte der Kunst selbst nehmen darf.[1259]

16.3.1 Sendezeitbeschränkungen und Vorsperre

Der Eingriff in den Wirkbereich der Kunstfreiheit durch die Sendezeitbeschränkung reicht nicht besonders tief, da die Sendezeitbeschränkung die Ausstrahlung der indizierten Sendung nicht gänzlich verbietet, sondern die Rezeption lediglich auf eine bestimmte Zeit beschränkt. Sollte im Einzelfall ein Kunstwerk vorliegen, wird bereits durch die Sendezeitbeschränkung der Kunstfreiheit ausreichend Rechnung getragen, da das Kunstwerk trotz seiner entwicklungsbeeinträchtigenden Wirkung unter Berücksichtigung der zeitlichen Beschränkung auf die Rezipienten wirken kann.[1260] Bei der Wahl der Sendezeitbeschränkung für die Ausstrahlung entwicklungsbeeinträchtigender Angebote, welche ihrerseits, wie bereits ausführlich darlegt,[1261] eine grundsätzlich geeignete, erforderliche Maßnahme zur Erreichung effektiven Jugendschutzes darstellt, wurde insofern bei der Abwägung zwischen der Kunstfreiheit und dem Jugendschutz zur Herstellung praktischer Konkordanz ein angemessenes Mittel gewählt, welches in den Wirkungsbereich der Kunstfreiheit in zumutbarem Rahmen eingreift.[1262] Insbesondere sieht § 9 Abs. 1 S. 1 JMStV (bisher § 3 Abs. 5 RStV) auch die ergänzende Möglichkeit vor, in Richtlinien oder im Einzelfall Ausnahmen von der Sendezeitbestimmung des § 5 Abs. 1 JMStV (bisher § 3 Abs. 2 RStV) zu erteilen. Auf diesem Weg kann durch einen Antrag des Anbieters, in welchem dieser schildert, dass es sich bei der jugendbeeinträchtigenden Sendung um Kunst handelt, die eine von den Sendezeitengrenzen des § 5 Abs. 1 JMStV abweichende Sendezeit erforderlich mache, der Kunstfreiheitsgarantie Rechnung getragen werden.

Nichts anderes gilt für den Bereich der Vorsperre im digitalen Fernsehen. Denn auch durch die Zurverfügungstellung der Vorsperre mit verkürzter Sendezeitbeschränkung als ein zu den grundsätzlichen Sendezeitregelungen im Free-TV alternatives – geeignetes und erforderliches – Jugendschutzinstrument wurde den Verfassungsgütern der Kunstfreiheit und des Jugendschutzes zu einem angemessenen Ausgleich verholfen. Für den Künstler bleibt die Möglichkeit des Wirkens seiner Kunst – wenn auch nur nach Überwindung der Vorsperrmechanismen – und dem Jugendschutz wird Rechnung

---

[1257] *Jarass/Pieroth*, GG (1997), Art. 5 Rn. 74; *Starck*, in: *v. Mangoldt/Klein/Starck*, GG (1999), Art. 5 III Rn. 314; *Scholz*, in: *Maunz/Dürig*, GG (2002), Art. 5 Abs. III Rn. 70.

[1258] BVerfGE 30, 336 (350); *Scholz*, in: *Maunz/Dürig*, GG (2002), Art. 5 Abs. III Rn. 70.

[1259] *Frenzel*, AfP 2002, 191 (194), geht weiter, in dem er „in dubio pro arte" annimmt.

[1260] So sehen das auch *Herkströter*, AfP 1992, 23 (31) und *Isensee/Axer* (1998), S. 64.

[1261] Vgl. 2. Teil: 8, 10 und 12.

[1262] So auch bereits *Herkströter*, AfP 1992, 23 (31), der eine Sendezeitbeschränkung auf den Zeitraum 23.00 Uhr bis 6.00 Uhr für angemessen hält.

getragen, indem zumindest Kindern (wenn auch noch nicht ausreichend bei den über 14-Jährigen) durch die Vorsperre die Möglichkeit genommen wird, bestimmte für sie ungeeignete Inhalte wahrzunehmen. Die Wirkung der Kunst bleibt somit möglich. Für den Künstler besteht jedoch kein Anspruch auf bestimmte Vertriebs- bzw. Veröffentlichungswege für seine Werke.

16.3.2 Ausstrahlungsverbot bei indizierten Sendungen

Bei indizierten Sendungen wird in der Regel bereits der Schutzbereich der Kunstfreiheit trotz Heranziehung des weiten Kunstbegriffs nur selten berührt sein, da eine Indizierung des der Sendung zugrundeliegenden Mediums nach § 18 Abs. 3 Nr. 2 JuSchG (bisher § 1 Abs. 2 Nr. 2 GjSM) nicht erfolgen darf, wenn das Medium der Kunst dient.[1263] Sowohl bei (einfach) jugendgefährdenden gem. § 18 Abs. 1 JuSchG (bisher § 1 GjSM) als auch bei offensichtlich schwer jugendgefährdenden Sendungen gem. § 15 Abs. 2 JuSchG (bisher § 6 Nrn. 1 und 2 GjSM) prüft die Bundesprüfstelle[1264] in ihren Entscheidungen stets den Kunstvorbehalt. Selbst wenn die Bestimmung des § 18 Abs. 3 Nr. 2 JuSchG (§ 1 Abs. 2 Nr. 2 GjSM) bei § 15 Abs. 2 JuSchG (§ 6 GjSM) nicht eingreifen sollte, so wird der Kunstvorbehalt dennoch bei der Abwägung zwischen den konkurrierenden Schutzgütern der Kunstfreiheit i.S.d. Art. 5 Abs. 3 S. 1 GG und des Jugendschutzes berücksichtigt.[1265]

Mit dem Kunstvorbehalt des § 18 Abs. 3 Nr. 2 JuSchG hat der Gesetzgeber der Kunstfreiheit Rechnung getragen und ihr insoweit auf den ersten Blick stets vor dem Jugendschutz Vorrang eingeräumt. Dieser pauschale Vorrang der kunstvollen Sendungen vor dem Jugendschutz gem. § 18 Abs. 3 Nr. 2 JuSchG ist insbesondere aus Gleichheitsgesichtspunkten äußerst bedenklich; dies gilt umso mehr, da der Jugendschutz eine immanente Schranke der Kunstfreiheit bildet. Ein absoluter Vorrang der Kunstfreiheit bei den „schlicht" jugendgefährdenden Schriften ist daher ebenso wenig statthaft,[1266] wie ein generelles Übergewicht des Jugendschutzes bei den offensichtlich schwer

---

[1263] Obwohl damit der Wortlaut des Kunstvorbehalt des § 18 Abs. 3 Nr. 2 (§ 1 Abs. 2 Nr. 2 GjSM) von dem Wortlaut des Art. 5 Abs. 3 S. 1 GG abweicht, hat das BVerwG 77, 75 (82), „dieselbe gegenständliche Reichweite" beider Vorschriften angenommen.

[1264] Gegen einen unüberprüfbaren Beurteilungsspielraum der Bundesprüfstelle vgl. BVerwGE 91, 211 (213) = BVerwG AfP 1993, 601 (602), welches die Entscheidung der Bundesprüfstelle als sachverständige Äußerung wertet; *Frenzel*, AfP 2002, 191 (193 f.) m.w.N.; *Hobro-Klatte*, ZUM 1998, 812 (817); *Geis*, NVwZ 1992, 25 (31); offen gelassen hat dies noch BVerfGE 83, 130 (148). *Hobro-Klatte*, ZUM 1998, 812 (817); zur Lehre vom Beurteilungsspielraum allgemein vgl. *Maurer* (2002), § 7 Rn. 20.

[1265] BVerwG ZUM 1991, 319. So auch bereits *Herkströter*, AfP 1992, 23 (31), der ein Ausstrahlungsverbot unter Berücksichtigung der Kunstfreiheit im Einzelfall (Kunstklausel) für angemessen hält.

[1266] Auch die Aufnahme „schlicht" jugendgefährdender Schriften in die Liste jugendgefährdender Schriften setzt nach § 1 Abs. 2 Nr. 2 GjSM eine Abwägung mit der Kunstfreiheit voraus, BVerwGE 91, 223 (224 f.) = BVerwG AfP 1993, 603 (604 f.). A.A. noch BVerwGE 77, 75 (83 f.); BVerwGE ZUM 1988, 142 (144).

jugendgefährdenden Schriften.[1267] Vielmehr schließt der Kunstvorbehalt „eine Indizierung nicht von vornherein aus, erfordert aber die Herstellung eines angemessenen Ausgleichs und zu diesem Zweck die Abwägung zwischen den durch das GjS konkret geregelten Belangen des Jugendschutzes auf der einen Seite und den Belangen der Kunstfreiheit, Art. 5 Abs. 3 S. 1 GG, auf der anderen Seite."[1268] Dies setzt zunächst eine „umfassende Ermittlung der widerstreitenden Belange" mit dem „Ziel der Optimierung des gebotenen Ausgleichs" voraus.[1269]

Der Kunstvorbehalt des JuSchG wirkt sich auch auf die Ausstrahlung einer Sendung im Fernsehen aus, da das Ausstrahlungsverbot des § 4 Abs. 1 S. 1 Nr. 11 i.V.m. Abs. 2 S. 1 Nr. 2 JMStV an die Entscheidungen der Bundesprüfstelle anknüpft. Angesichts des durch die Bundesprüfstelle bereits hinreichend beachteten Kunstvorbehalts entsteht regelmäßig[1270] kein Konflikt mit der Kunstfreiheit. Im Bereich des Fernsehens kann daher – aufgrund der Zugrundelegung der Entscheidung der Bundesprüfstelle, welche den Kunstvorbehalt des § 18 Abs. 3 Nr. 2 JuSchG bereits vorrangig berücksichtigt – gem. § 4 Abs. 1 S. 1 Nr. 11 i.V.m. Abs. 2 S. 1 Nr. 2 JMStV dem Jugendschutz durch das absolute Ausstrahlungsverbot Vorrang vor der Kunstfreiheit einräumt werden. Dies ist wegen des möglichen hohen Gefährdungspotentials durch die Ausstrahlung schwer jugendgefährdender Sendungen im Fernsehen und dem Jugendschutz als einem hohem Verfassungsgut angesichts des dem Gesetzgeber zustehenden Entscheidungsspielraums gerechtfertigt.

Bisher war – nach der alten Rechtslage des § 3 Abs. 3 RStV mit seinem Ausstrahlungsverbot mit Erlaubnisvorbehalt – die angemessene Berücksichtigung der mit dem Jugendschutz konkurrierenden Kunstfreiheit gänzlich unproblematisch, da die Landesmedienanstalten gemäß § 3 Abs. 3 S. 2 RStV auf Antrag des Rundfunkveranstalters eine Ausstrahlung der indizierten oder wesentlich inhaltsgleichen Sendung abweichend von § 3 Abs. 3 S. 1 RStV zwischen 23.00 Uhr und 06.00 Uhr gestatten konnten, wenn die mögliche sittliche Gefährdung von Kindern oder Jugendlichen unter Berücksichtigung aller Umstände – bei dieser Prüfung war auch die Kunstfreiheit durch die Landes-

---

[1267] BVerwG ZUM 1988, 142.

[1268] BVerwG ZUM 1998, 947 (950). So auch BVerwG ZUM 1997, 941 (942); BVerwGE 91, 211.

[1269] Vgl. zur Abwägung der Belange des Jugendschutzes und der Kunstfreiheit durch die Bundesprüfstelle BVerwG ZUM 1998, 947 (951 f.); BVerwG ZUM 1997, 941 (942); BVerwGE 91, 211 ff.; *Geis*, NVwZ 1992, 25 (27 ff.).

[1270] So ist es nicht undenkbar, dass eine Entscheidung der Bundesprüfstelle im Einzelfall einmal nicht gesetzes- und verfassungskonform ist. Nicht berücksichtigt wurde bisher, dass Filme, die lediglich auf einer indizierten Schrift beruhen, in einem neuen Medium möglicherweise anders zu bewerten sind. Denn bei den bisherigen Entscheidungen durch die BPjS war der Umstand, der Ausstrahlung im Fernsehen, mangels bisheriger Zuständigkeit nicht berücksichtigt. *Isensee/Axer* (1998), S. 59 ff., nennen dies den nicht berücksichtigten „neuen Aggregatszustand". Auch nicht einbezogen ist, dass gegebenenfalls eine neue Bewertung bei inhaltlichen Veränderungen durch Schnitte erfolgen könnte. Durch den JMStV hat sich diese Problematik insoweit geklärt, als nunmehr ausschließlich die BPjM für indizierte Sendungen zuständig ist und daher Schnittveränderungen dieser vorzulegen sind.

medienanstalten zu berücksichtigen[1271] – nicht als schwer angesehen werden konnte. Inzwischen wurde der Erlaubnisvorbehalt mangels effektiver jugendschützender Wirkung in ein absolutes Ausstrahlungsverbot abgeändert. Gem. § 4 Abs. 1 S. 1 Nr. 11 i.V.m. Abs. 2 S. 1 Nr. 2 JMStV sind nun indizierte und im Wesentlichen inhaltsgleiche Sendungen im Fernsehen – ohne eine Prüfung im Einzelfall – ausdrücklich verboten, wobei die nicht mit einem absoluten Verbreitungsverbot belegten Medien der Liste jugendgefährdender Medien (§ 18 Abs. 2 Nrn. 1 und 3 JuSchG) zumindest innerhalb geschlossener Benutzergruppen in Telemedien zugänglich gemacht werden dürfen.

Problematischer ist die neue Rechtslage insoweit, als sie im Rundfunk ein absolutes Ausstrahlungsverbot ohne Ausnahmemöglichkeit vorsieht. Nachdem die Folge der Indizierung durch die Bundesprüfstelle bisher ausschließlich Vertriebs- und Werbebeschränkungen waren,[1272] wurden auch ausschließlich diese Folgen bei der Beurteilung im Rahmen der Abwägung zwischen Kunstfreiheit und Jugendschutz berücksichtigt. Nicht berücksichtigt bei der Abwägungsentscheidung mangels Zuständigkeit war von der Bundesprüfstelle bisher die Tatsache, dass der Film durch die Aufnahme in die Liste jugendgefährdender Medien einem absoluten Ausstrahlungsverbot (früher mit Erlaubnisvorbehalt) im Fernsehen unterlag. Dies muss aber künftig angesichts der neuen Regelung des § 4 Abs. 3 JMStV, mit welcher der Staatsvertragsgeber das Ausstrahlungsverbot sogar nach wesentlichen inhaltlichen Änderungen bis zu einer gegenteiligen Entscheidung der BPjM fortwirken lässt, bereits bei einer erstmaligen Prüfung durch die BPjM, ob eine Sendung dem Kunstvorbehalt unterliegt, berücksichtigt werden. Die Bundesprüfstelle hat bei der Entscheidung über die Aufnahme in die Liste jugendgefährdender Medien demnach künftig stets eine Einzelfallabwägung zwischen den Jugendschutzinteressen und der Kunstfreiheit durch die BPjM zu erfolgen, bei welcher sämtliche Folgen der Indizierung – somit auch das absolute Ausstrahlungsverbot im Fernsehen – Berücksichtigung finden müssen. Letztlich wird dies dadurch gewährleistet, dass die KJM gem. § 16 S. 2 Nr. 7 JMStV zur Stellungnahme zu Indizierungsanträgen bei der BPjM und für Anträge bei der BPjM auf Indizierung zuständig ist. Auf diese Weise wird bei der Indizierung durch die BPjM

1271 Auf Grund der Formulierung „unter Berücksichtigung aller Umstände" war bei § 3 Abs. 3 RStV auch eine Abwägung im Einzelfall zwischen der Kunstfreiheit und dem Jugendschutz durch die Landesmedienanstalt (nicht nur durch die BPjS gem. § 1 Abs. 2 Nr. 2 GjSM, vgl. hierzu BVerwGE ZUM 1998, 947 (951)) vorzunehmen. Dabei stellte die Prüfung im Rahmen des § 3 Abs. 3 RStV, dass eine schwere sittliche Gefährdung von Kindern oder Jugendlichen gerade nicht vorlag, ein eigenständiges Prüfungsverfahren dar, welches nicht identisch war, mit dem des GjSM, vgl. *Hartstein/Ring/Kreile/Dörr/Stettner* (2003), § 3 Rn. 17. Bei der Ausnahmegenehmigung des § 3 Abs. 3 RStV musste daher ebenfalls Art. 5 Abs. 3 S. 1 GG, als grundgesetzlich geschütztes und durch den Jugendschutz beschränktes Grundrecht, geprüft werden (verfassungsimmanente Kollision). Für eine derartige eigene Entscheidungsbefugnis sprachen vor allem auch die unterschiedlichen Rechtsfolgen der Verfahren nach dem GjSM (Verbreitungs- und Werbebeschränkungen) und dem RStV (vollständiges Sendeverbot auch gegenüber Erwachsenen). Dies muss künftig bei den Entscheidungen durch die BPjM berücksichtigt werden.

1272 BVerwG ZUM 1998, 947 (951).

gem. § 21 Abs. 6 JuSchG auch die Folge des Ausstrahlungsverbots für den Bereich des Fernsehens berücksichtigt.

Für die Beurteilung der Jugendgefährdung hat der Gesetzgeber mangels wissenschaftlich geklärter Erkenntnisse über die Wirkung von Gewalt und Sex im Fernsehen eine Einschätzungsprärogative, von der er bei den Regelungen des § 18 Abs. 3 Nr. 2 JuSchG und § 4 Abs. 1 S. 1 Nr. 11 i.V.m. Abs. 2 S. 1 Nr. 2 JMStV Gebrauch gemacht hat. Gestaltung, Inhalt und Wirkung des Kunstwerks in werkgerechter Interpretation sind zwar bei der Einstufung als Kunst[1273] nicht entscheidend,[1274] wohl aber bei der Abwägung von Kunstfreiheit und Jugendschutz im Einzelfall von Seiten der Bundesprüfstelle zu würdigen. Nachdem sich das Ausstrahlungsverbot mit Erlaubnisvorbehalt in der Praxis als nicht effektiv zur Sicherstellung des Jugendschutzes herausgestellt hat, wurde im JMStV verfassungsrechtlich gerechtfertigt das absolute Ausstrahlungsverbot ohne Ausnahmemöglichkeit für indizierte und im Wesentlichen inhaltsgleiche Sendungen im Fernsehen und in Telemedien außerhalb geschlossener Benutzergruppen eingeführt. Die Kunstfreiheit findet ausreichende Berücksichtigung im Rahmen der Einzellfallabwägung der Bundesprüfstelle. Hierdurch wird zwar mittelbar der Wirkbereich der Kunstfreiheit hinsichtlich des Verbreitungsweges Fernsehen beschränkt, jedoch ist dies zur Sicherstellung des Jugendschutzes, wie die Erfahrungen in der Vergangenheit bewiesen haben, erforderlich wie zumutbar. Letztlich wird bei den Beschränkungen der künstlerischen, aber eben auch schwer jugendgefährdenden Sendung auch nicht auf den „Inhalt" der Kunst abgestellt, sondern einzig auf die Jugendgefährlichkeit des Angebots. Dem Künstler bleiben als Wirkbereich andere Verbreitungs- und Darstellungswege potenziell offen.

16.3.3 Pornographieverbot

In der Vergangenheit wurde vertreten, dass sich Kunst und Pornographie ausschließen, da Kunst nicht pornographisch sein könne (Exklusivitätsthese),[1275] nachdem Kunst das Sexuelle nie unter Ausklammerung aller sonstigen menschlichen Bezüge darstellen,[1276] sondern vielmehr das Sexuelle durch die künstlerische Gestaltung so „durchgeistigt" würde, dass es zum dienenden Bestandteil einer künstlerischen Aussage würde.[1277] Die Rechtsprechung hat aber inzwischen entschieden, dass sich Kunst und Pornographie nicht gegenseitig ausschließen.[1278] Auch Pornographie kann die Tatbestandsvoraus-

---

[1273] Nach der BVerfGE 83, 130 (138) ist bereits alles Kunst, was sich darstellt als „freie schöpferische Gestaltung, in der Erfahrungen, Eindrücke oder Phantasien des Urhebers zum Ausdruck kommen".

[1274] Vgl. 2. Teil: 16.1.

[1275] Zur Exklusivitätsthese BGHSt NJW 1965, 983 f. Vgl. auch *Lenckner/Perron*, in: *Schönke/Schröder* (2001), § 184 Rn. 5 a.

[1276] LG Stuttgart ZUM 1989, 365.

[1277] LG Stuttgart ZUM 1989, 365.

[1278] BVerfGE 83, 130 (139); BGH NJW 1990, 3026 (3027); BGHSt 37, 55 (57 ff.).

setzungen des materielle wie formellen, aber auch zeichentheoretischen Kunstbegriffs des Bundesverfassungsgerichts erfüllen.

Aus diesem Grund muss die Kunstfreiheit beim absoluten Ausstrahlungsverbot im Fernsehen im Rahmen einer Abwägung entsprechende Berücksichtigung finden.[1279] Unabhängig davon, ob sich aus Art. 5 Abs. 3 GG ein Rechtfertigungsgrund[1280] ergibt oder ob die Kunstfreiheit als ein „gesamttatbewertendes Merkmal"[1281] im Rahmen der Strafbarkeit des § 184 StGB anzusehen ist, so ist in jedem Fall stets eine Einzelfallabwägung bei der Einstufung eines Filmes als pornographisch und/oder künstlerisch vorzunehmen.[1282] Hierbei muss zunächst die reine „Nur-Pornographie" von der pornographischen Kunst abgegrenzt werden.[1283] Soweit die Pornographie zugleich Kunst ist, kann im Anschluss die Frage nach der rechtfertigenden Wirkung des Kunstelements gestellt werden.[1284] Im Rahmen der vorzunehmenden Abwägung hat weder die Kunstfreiheit noch der Jugendschutz pauschalen Vorrang.[1285] Die Abwägung sollte vielmehr darauf gerichtet werden, in welchem Maß die fragliche Handlung künstlerisch gestaltet und in die Gesamtkonzeption des Kunstwerks eingebettet ist. Das Ansehen eines Werkes, seine Wertschätzung in Kritik und Wissenschaft kann auch bei der Bewertung Berücksichtigung finden. Aber auch das Maß einer möglichen Jugendgefährdung, die Akzeptanz erotischer Darstellungen als sozialpsychologisches Problem und das Vorliegen von so genannter harter oder nur einfacher Pornographie werden als Abwägungsgesichtspunkte genannt.[1286]

Angesichts des Jugendschutzes als grundrechtsimmanenter Schranke des Art. 5 Abs. 3 GG und der jeweils im Einzelfall vorzunehmenden Abwägung ist – unter Berücksichtigung der bereits im Rahmen der Rundfunkfreiheit dargestellten Angemessenheitsprüfung[1287] – der Eingriff in die Kunstfreiheit durch das absolute Ausstrahlungsverbot im Fernsehen gerechtfertigt.

[1279] BVerfGE 83, 130 (146 f.). *Herkströter*, AfP 1992, 23 (31), fordert die Einfügung einer ausdrücklichen Kunstklausel im Fall eines absoluten Sendeverbots.

[1280] Hierzu ausführlich *Lenckner/Perron*, in: *Schönke/Schröder* (2001), § 184 Rn. 5 a.

[1281] *Liesching/v. Münch*, AfP 1999, 37 (41).

[1282] *Albrecht/Hotter* (2002), S. 64.

[1283] *Lenckner/Perron*, in: *Schönke/Schröder* (2001), § 184 Rn. 5 a; *Albrecht/Hotter* (2002), S. 64. Aber gerade dies ist angesichts der bereits unter 2. Teil: 14.4 dargestellten Schwierigkeit, Pornographie von „Nicht-Pornographie" abzugrenzen, schwierig. Auf die Abgrenzungsproblematik weist auch *Frenzel*, AfP 2002, 191 (192 f.), hin.

[1284] *Lenckner/Perron*, in: *Schönke/Schröder* (2001), § 184 Rn. 5 a.

[1285] BVerfGE 83, 130 (143).

[1286] BGHSt 37, 55 (60); BVerfGE 83, 130 (143). Jedoch weisen *Albrecht/Hotter* (2002), S. 64, darauf hin, dass in der praktischen Anwendung ein Konflikt zwischen dem Jugendschutz und der Kunstfreiheit nur selten auftreten werde, da es heute im Schwerpunkt um eine kommerzielle Nutzung von Pornographie, der weniger an der künstlerischen Verbreitung, als an Einschaltquoten gelegen ist, gehe.

[1287] Vgl. 2. Teil: 14.7.

16.4 Zwischenergebnis

Die Regelungen der Sendezeitbeschränkungen, der Vorsperre sowie der Ausstrahlungsverbote bei einer schweren Jugendgefährdung für die Verbreitung indizierter oder im Wesentlichen inhaltsgleicher, als Kunst qualifizierter Sendungen, aber auch pornographischer Sendungen durch den JMStV (bisher RStV) sind mit der Garantie der Kunstfreiheit in Art. 5 Abs. 3 S. 1 GG vereinbar. Der Eingriff ist durch das kollidierende Verfassungsgut des Jugendschutzes gerechtfertigt. Beim Ausstrahlungsverbot von indizierten und im Wesentlichen inhaltsgleichen Sendungen wird der Kunstfreiheit im Rahmen der Einzelfallabwägung, welche die Bundesprüfstelle im Rahmen der Indizierungsentscheidung unter maßgeblicher Berücksichtigung der Stellungnahme der KJM gem. § 16 S. 2 Nr. 7 JMStV i.V.m. § 21 Abs. 6 JuSchG vornimmt, Rechnung getragen. Beim Pornographieverbot findet eine Abwägung zwischen den Kunst- und Jugendschutzbelangen bereits bei der Einstufung einer Sendung als pornographisch statt.

17 Die Menschenwürde, Art. 1 Abs. 1 S. 1 GG

„Die Würde des Menschen ist unantastbar." So heißt es in Art. 1 Abs. 1 S. 1 GG. „Sie zu achten und zu schützen, ist Verpflichtung aller staatlichen Gewalt". Dies ist in Art. 1 Abs. 1 S. 2 GG festgelegt. Nach der Wertordnung wie auch der Systematik des Grundgesetzes ist die Menschenwürde in Art. 1 Abs. 1 S. 1 GG der „oberste Wert im grundrechtlichen Wertesystem."[1288] Mit der Unantastbarkeitsformulierung entzieht der Verfassungsgeber die Menschenwürdegarantie dem grundrechtlichen Abwägungsprozess.[1289] Die Menschenwürde unterliegt als solche keinerlei Beschränkungsmöglichkeit.[1290] Weder der Wortlaut noch der Sinn des Art. 1 Abs. 1 GG lassen es zu, dass die Menschenwürde zugunsten eines anderen Grundrechts zurückzutreten hat.[1291] Die Menschenwürde ist sowohl gegen Eingriffe des Staates als auch gegen Eingriffe Dritter von Seiten des Staates zu schützen.[1292]

Das Bundesverfassungsgericht geht hierbei davon aus, dass sich der Begriff der „Würde des Menschen" gar nicht generell bestimmen lässt, sondern dass stets eine Bestimmung in Ansehung des konkreten Einzelfalls zu erfolgen habe.[1293] Es wird daher auf eine positive Begriffsbestimmung verzichtet.[1294] Demgegenüber vermögen allgemeine Formeln, wie die der negativen Definition der Objektdegradierung des Menschen, wonach es der Menschenwürde widerspreche, den Menschen zum bloßen Objekt herabzuwürdigen (so genannte Objektformel),[1295] lediglich Grundrichtungen anzugeben, in denen Würdeverletzungen regelmäßig anzunehmen sind.[1296]

[1288] *Hartstein/Ring/Kreile/Dörr/Stettner* (2003), § 41 Rn. 5; BVerfGE 27, 1 (6); 6, 32 (41); BVerfGE 32, 98 (108).

[1289] Vgl. BVerfGE 6, 32 (41); 30, 1 (25); 93, 266 (293); *Höfling*, in: *Sachs*, GG (2003), Art. 1 Rn. 10; *v. Mangoldt/Klein/Starck*, GG (1999), Art. 1 Abs. 1 Rn. 29.

[1290] *Höfling*, in: *Sachs*, GG (2003), Art. 1 Rn 10 f.; *v. Mangoldt/Klein/Starck*, GG (1999), Art. 1 Abs. 1 Rn. 30.

[1291] *Dörr/Cole* (2000), S. 36. A.A. *Landmann*, in: *Eberle/Rudolf/Wasserburg* (2003), S. 272, der fehlerhaft davon ausgeht, dass zwischen der Menschenwürde und der Rundfunkfreiheit ein angemessener Interessenausgleich stattzufinden hat.

[1292] BVerfGE 6, 32 (41). Vgl. zum Drittschutzcharakter der Menschenwürde BVerwG NJW 1982, 664 (664).

[1293] BVerfGE 30, 1 (25); *v. Münch/Kunig*, GG (1999), Art. 1 Rn. 22; *Frotscher* (2000), S. 38.

[1294] *Höfling*, in: *Sachs*, GG (2003), Art. 1 Rn. 12; *v. Mangoldt/Klein/Starck*, GG (1999), Art. 1 Abs. 1 Rn. 16.

[1295] Vgl. zur Objektformel BVerfGE 9, 89 (95); 27, 1 (6) m.w.N.; 30, 1 (25f.); 96, 375 (399); 50, 166 (175); 63, 133 (142); BVerwG NJW 1982, 664 (664); *Höfling*, in: *Sachs*, GG (2003), Art. 1 Rn. 13; *Maunz/Dürig*, GG (2002), Art. 1 Abs. 1 GG Rn. 28; *v. Mangoldt/Klein/Starck*, GG (1999), Art. 1 Abs. 1 Rn. 16; *v. Münch/Kunig*, GG (1999), Art. 1 Rn. 22 f.; *Frotscher* (2000), S. 36.

[1296] BVerfGE 30, 1 (25). So wurde bspw. vom BVerwG NJW 1982, 664 (664 f.) eine Menschenwürdeverletzung einer in einer Peep-Show auftretenden Frau angenommen. Im zweiten Peep-Show-Urteil (BVerwG NVwZ 1990, 668 ff.) wurde die Menschenwürdeverletzung offen gelassen und vielmehr ausschließlich darauf abgestellt, dass die Erlaubnis zum Betrieb einer Peep-Show gegen die guten Sitten verstößt. Zu beiden Entscheidungen vgl. *Discher*, JuS 1991, 642 ff.

Bisher stand neben einzelnen Beanstandungen der Rundfunkaufsicht, welche die aufdringliche Konfrontation einzelner Personen in extremen Lebenssituationen mit der laufenden Kamera im Rahmen der Berichterstattung zum Gegenstand hatten,[1297] vor allem das ab März 2000 ausgestrahlte Sendeformat „Big Brother“[1298] sowie deren Folgekonzepte (sog. Reality-Formate) im Mittelpunkt der Diskussion um die Wahrung der Menschenwürde im Fernsehen. Allerdings haben auch die aus diesem Anlass in Auftrag gegebenen rechtswissenschaftlichen Untersuchungen[1299] kaum zu einer konkreten Beantwortung der Frage geführt, wann eine Fernsehsendung die Menschenwürde verletzt.

Immerhin wird nahezu einhellig gefordert, dass aufgrund der Unbestimmtheit des Begriffs der Menschenwürde eine erhebliche Verletzungsintensität vorliegen muss, die den absoluten Kernbereich menschlicher Existenz umfasst[1300] und lediglich dann erreicht sein soll, „wenn Menschen wiederholt oder in systematischer und zielgerichteter Weise herabgewürdigt werden oder in einem Einzelfall mit Menschen in schlechterdings unerträglicher Weise umgegangen wird“.[1301] Eine darin liegende Relativierung der Subjektqualität des Menschen sei etwa anzunehmen, wenn die Rundfunksendung nahe legt oder befürwortet, dass Menschen wie Tiere oder Sachen behandelt werden, ebenso wenn sie „von einem überlegenen Akteur aus Gründen wirtschaftlichen Erwerbsstrebens in eine für sie unentrinnbare Situation gebracht werden, die sie weder vollständig durchschauen noch als freier Akteur beherrschen können, der sie mithin ausgeliefert sind.“[1302] Das Recht auf eigenverantwortliche Selbstbestimmung[1303] und

---

1297 Vgl. zum Auftreten menschenwürdeverletzender Beiträge im Fernsehen auch Tabelle 2: Auflistung der beanstandeten Verstöße gegen § 3 RStV aufgrund rechtsaufsichtlicher Empfehlungen der GSJP in den Jahren 1998 – 2002, woraus zu entnehmen ist, dass in den letzten 5 Jahren lediglich zwei Fälle (beide im Jahr 2002) beanstandet wurden.

1298 Bei diesem Format wurde jedoch im Ergebnis keine Menschenwürdeverletzung angenommen, vgl. *Frotscher* (2000), S. 39 ff.; *ders.*, ZUM 2001, 555 (558 ff.); *Dörr/Cole* (2000), S. 54 ff.; *dies.*, K&R 2000, 369 ff.; *Gersdorf* (2000), S. 11 ff.; *Hartwig*, JZ 2000, 967 ff.; *Huster*, NJW 2000, 3477ff. A.A. *Hinrichs*, NJW 2000, 2173 ff., die nicht überzeugend aufgrund einer angeblichen Kommerzialisierung des Intimlebens der Kandidaten unter Bezugnahe auf das erste Peep-Show-Urteil (BVerwG NJW 1982, 664 ff.) eine Menschenwürdeverletzung annimmt; ebenfalls für eine Handlungspflicht gegenüber dem Format Big Brother im Vorfeld *Schmitt Glaeser*, ZRP 2000, 395 ff. Zur gleichgelagerten Problematik bei Unterhaltungssendungen, wie insb. Talkshows, vgl. auch *Di Fabio* (2000), S. 52.

1299 *Frotscher* (2000); *Dörr/Cole* (2000); *Gersdorf* (2000); *Di Fabio* (1999).

1300 *Höfling*, in *Sachs*, GG (2003), Art. 1 Rn. 16; *Jarass/Pieroth*, GG (2000), Art. 1 Rn. 10 m.w.N.

1301 *Liesching* (2002), S. 151; *Di Fabio* (2000), S. 50; ähnlich *Hartstein/Ring/Kreile/Dörr/Stettner* (2003) § 2 a Rn. 10; *Dörr/Cole* (2000), S. 49 f. Die Peep-Show-Entscheidung führt hierzu aus, dass eine „entwürdigende, objekthafte Rolle zugewiesen“ sein muss, so dass der Mensch wie eine Ware als Teil eines „mechanisierten und automatisierten Geschäftsvorganges“ behandelt wird; vgl. hierzu das zweite Peep-Show-Urteil des BVerwG NVwZ 1990, 668 ff. Zur Diskussion über die Menschenwürde als moralische Wertentscheidung im Nachgang zum ersten Peep-Show-Urteil des BVerwG NJW 1982, 664 ff., vgl. *v. Olshausen*, NJW 1982, 2221 ff.; *Hoerster*, JuS 1983, 93 ff; *ders.*, JuS 1983, 647; *Wildanger-Hofmeister*, JuS 1983, 407; *Heid*, JuS 1983, 408; *Gronimus*, JuS 1985, 174 ff. Zum zweiten Peep-Show-Urteil vgl. auch *Discher*, JuS 1991, 642 ff.

1302 *Liesching* (2002), S. 151; *Dörr/Cole* (2000) S. 50 f.; *Di Fabio* (2000), S. 51.

Individualität[1304] muss gewahrt bleiben.[1305] Dabei liegt nicht bereits in jeder Kommerzialisierung des Menschen schlechthin eine Verletzung der Menschenwürde. Hinzutreten muss ein weiterer, besonders herabwürdigender Zusammenhang, namentlich die Anprangerung, Zurschaustellung oder Verächtlichmachung, welche den sozialen Achtungsanspruch des Menschen zu verletzen geeignet ist.[1306] Trotz derartiger Konkretisierungsversuche, welche ihrerseits nicht ohne die Verwendung unbestimmter Rechtsbegriffe auskommen, ist darüber hinaus allgemein zu fordern, lediglich in Extremfällen einen Verstoß gegen Art. 1 Abs. 1 GG anzunehmen und im Übrigen behutsam mit der Menschenwürdegarantie umzugehen.[1307] Dies ergibt sich schon aus ihrer Unantastbarkeit, welche sie keiner Abwägung mit anderen Grundrechten, insb. Art. 5 GG zugänglich macht.[1308]

17.1 Die frühere Regelung des § 3 Abs. 1 Nr. 4 und Nr. 5 RStV

17.1.1 Das Berichterstattungsprivileg und die Menschenwürde, § 3 Abs. 1 Nr. 4 RStV

§ 3 Abs. 1 Nr. 4 RStV besagte, dass Sendungen unzulässig sind, wenn sie Menschen, die sterben oder schweren körperlichen oder seelischen Leiden ausgesetzt sind oder waren, in einer die Menschenwürde verletzenden Weise darstellen und ein entsprechendes tatsächliches Geschehen wiedergeben, ohne dass ein überwiegendes berechtigtes Interesse gerade an dieser Form der Berichterstattung vorliegt.[1309] Diese Formulierung wurde in der Literatur wiederholt kritisiert,[1310] da sie den Eindruck erweckte, dass Menschenwürdeverletzungen bei einem „berechtigten Interesse" an der Berichter-

[1303] Das BVerfGE 45, 187 (227) sieht in der Menschenwürde die Vorstellung des Menschen als geistiges sittliches Wesen, „das darauf angelegt ist, in Freiheit sich selbst zu bestimmen und sich zu entfalten." Vgl. auch *Maunz/Dürig*, GG (2002), Art. 1 Abs. 1 Rn. 18.

[1304] BVerfGE 49, 286 (298); *Maunz/Dürig*, GG (2002), Art. 1 Abs. 1 Rn. 18.

[1305] Das Recht auf Selbstbestimmung der Akteure, bei einem Format wie „Big Brother" teilzunehmen, gerät jedoch, mit der zu schützenden Menschenwürde der Akteure durch den Staat in Konflikt. Daher darf die durch den Staat zu schützende Menschenwürde erst greifen, wenn das durch sie festgeschriebene Minimum der Achtung der Beteiligten als eigenständige selbstbestimmungsfähige Person durch Manipulationen der für die Sendungen Verantwortlichen unterschritten wird. So bspw. *Fink*, AfP 2001, 189 (193); *Dörr/Cole* (2000), S. 90; *Dörr*, epd medien Nr. 55, 12.07.2000, S. 5 (8).

[1306] *Liesching* (2002), S. 151; *Di Fabio* (2000), S. 51; *Dörr/Cole* (2000), S. 50.

[1307] BVerfGE 93, 266 (293).

[1308] BVerfGE 93, 266 (293), 75, 369 (380).

[1309] Weiter wird geregelt, dass eine Einwilligung in die Menschenwürdeverletzung unbeachtlich ist. Diese Regelung entspricht der bisher im RStV und MDStV enthaltenen Bestimmungen und der Rechtsprechung. Angesicht der Unantastbarkeit und Unverfügbarkeit der Menschenwürde ist auch eine Einwilligung des Verletzten unerheblich. Daher kann auch nicht entscheidend sein, dass sich jemand freiwillig in eine menschenwürdeverletzende Situation bringt.

[1310] *Liesching*, JMS-Report 1/1998, S. 1 (3) kritisiert dies bereits im § 3 Abs. 1 Nr. 6 RStV a.F. Zur Kritik an der Formulierung des § 3 Abs. 4 RStV vgl. *Bornemann* (2001), S. 56; *Bornemann*, K&R 2002, 301 (306); *Fink*, AfP 2001, 189 (191); *Dörr/Cole* (2000), S. 46; *Liesching* (2002), S. 149; *Hartstein/Ring/Kreile/Dörr/Stettner* (2003), § 3 Rn. 41 ff.; § 49 Rn. 19; § 2a Rn. 7.

stattungsform gerechtfertigt seien. Nachdem die Menschenwürde jedoch schrankenlos gewährt wird, wäre ein derartiger Inhalt nicht verfassungsgemäß. Die Menschenwürde ist vielmehr unantastbar und nicht abwägungsfähig,[1311] der Staat ist seinerseits von Verfassungswegen stets gehalten, bei einer Verletzung der Menschenwürde einzugreifen. Eine Ausnahme von der Staatspflicht, die Menschenwürde zu schützen, kann es auch für den staatsfreien Rundfunk trotz einiger weniger anderslautender Stellungnahmen[1312] nicht geben.[1313] Denn die Programmfreiheit als „Kern der Rundfunkfreiheit"[1314] ist zwar für das Funktionieren eines demokratischen Staates von besonders schützenswerter Bedeutung; trotzdem besteht die Schutzpflicht der Wahrung der Menschenwürde auch gegenüber dem Rundfunk, da Art. 1 Abs. 1 GG umfassend und ausnahmslos gilt.[1315] Es darf daher keine Räume geben, in denen der Staat von der Pflicht, die Menschenwürde zu schützen, freigestellt ist. Eine Abwägungsfähigkeit mit anderen Grundrechten fehlt der Menschenwürde gerade.[1316] Wenn demnach eine Fernsehsendung unter Berücksichtigung aller Umstände die Menschenwürde verletzt, muss die staatliche Gewalt ohne Abwägung eingreifen. „Die Eingriffspflicht kann also weder durch die Grundrechte des Art. 5 Abs. 1 GG noch durch das aus dem Verhältnismäßigkeitsgrundsatz abzuleitende Übermaßverbot hinfällig werden."[1317]

Irrelevant ist dabei, ob die Verletzung von dritter, von staatlicher Seite oder von dem Verletzten selbst ausgeht, so dass auch der Hinweis darauf, dass eine Einwilligung des Verletzten vorliegt, unerheblich ist.[1318] Dem Selbstbestimmungsrecht kann kein

---

[1311] Vgl. BVerfGE 93, 266 (293); 75, 369 (380); 30, 1 (25); 6, 32 (41); *Höfling*, in: *Sachs*, GG (2003), Art. 1 Rn. 10; *v. Mangoldt/Klein/Starck*, GG (1999), Art. 1 Abs. 1 Rn. 29. Ebenso *Hartstein/Ring/Kreile/ Dörr/Stettner* (2003), § 3 Rn. 41, § 49 Rn. 19; *Bornemann* (2001), S. 56 und *Dörr/Cole* (2000), S. 18, 36 ff m.w.N., 43 ff.; vgl. ferner BVerfGE 93, 266 (293). A.A. *Landmann*, in: *Eberle/Rudorf/Wasserburg* (2003), S. 271 f.

[1312] Vgl. *Kammann*, epd medien Nr. 7, v. 29.01.2000, S. 3 ff., der in Verkennung von Wortlaut, Funktion und Bedeutung des Art. 1 GG behauptet, dass die Würde des Menschen zu achten und zu schützen, Interpretationssache sei.

[1313] BVerfGE 6, 32 (41); 30, 1 (25); 93, 266 (293); *Höfling*, in: *Sachs*, GG (2003), Art. 1 Rn. 10; *v. Mangoldt/Klein/Starck*, GG (1999), Art. 1 Abs. 1 Rn. 29; *Dörr/Cole* (2000), S. 44; *dies.*, K&R 2000, 369 (375); Di *Fabio*, (2000), S. 65.

[1314] Vgl. hierzu 2. Teil: 7.2; BVerfGE 59, 231 (258); 87, 181 (201); 90, 60 (87), 97, 298 (310); *Hermann* (1994) § 7 Rn. 35.

[1315] A.A. *Landmann*, in: *Eberle/Rudolf/Wasserburg* (2003), S. 272. Zu den rechtlichen Wechselwirkungen zwischen Programmfreiheit und Menschenwürde vgl. *Fink*, AfP 2001, 189 (190 f.); *Dörr*, epd medien Nr. 55, v. 12.07.2000, S. 5 (5 ff.). Zur Drittwirkung der Menschenwürde allg. vgl. *v. Münch/Kunig*, GG (1999), Art. 1 Rn. 27 f.

[1316] Gerade aus diesem Grund ist es aber auch stets besonders wichtig, exakt zu prüfen, ob überhaupt eine Beeinträchtigung der Menschenwürde unter Berücksichtigung der Gesamtumstände im Einzelfall anzunehmen ist. Im Fall von Big Brother wurde durch die Einholung vielfältiger Gutachten ein Menschenwürdeverstoß abgelehnt, vgl.: Fn. 1298.

[1317] *Dörr* (2000), S. 44.

[1318] Vgl. *Jarass/Pieroth*, GG (2000), Art. 1 Rn. 12; *v. Münch/Kunig*, GG (1999), Art. 1 Rn. 4, 26; *Hartstein/Ring/Kreile/Dörr/Stettner* (2003), § 3 Rn. 43. Das Recht auf Selbstbestimmung versus

Vorrang vor dem Schutz der Menschenwürde eingeräumt werden, da die Menschenwürde – so das BVerfG[1319] – als unverfügbarer Wert auch für seinen Träger nicht zur Disposition steht. Die Verletzung der Menschenwürde ist mit keinerlei Rechtfertigung hinnehmbar. Auf ein berechtigtes Interesse an einer bestimmten Form der Berichterstattung kann es somit bei Annahme einer die Menschenwürde verletzenden Darstellung nie ankommen.[1320] Eine Sendung, die Menschen mit ihren schweren körperlichen oder seelischen Leiden darstellt oder sterbende Menschen zeigt, darf daher auch vor dem Hintergrund eines etwaigen berechtigten Berichterstattungsinteresses nur gezeigt werden, so lange die jeweilige Darstellung gerade noch nicht in einer die Menschenwürde verletzenden Weise erfolgt.[1321] Die Formulierung des § 3 Abs. 1 Nr. 4 RStV war daher völlig verunglückt. Die Regelung des § 3 Abs. 1 Nr. 4 RStV erschien angesichts der Regelung des § 3 Abs. 1 Nr. 5 RStV im übrigen überflüssig, weil der Anwendungsbereich des § 3 Abs. 1 Nr. 4 RStV in der Auffangnorm des § 3 Abs. 1 Nr. 5 RStV gänzlich aufging.[1322]

17.1.2 Die Menschenwürdeverletzung in sonstiger Weise, § 3 Abs. 1 Nr. 5 RStV

Der durch den 4. RÄStV im Jahr 2000 in Kraft getretene Tatbestand der Verletzung der Menschenwürde in sonstiger Weise in § 3 Abs. 1 Nr. 5 RStV erweckte jedoch ebenfalls erhebliche Zweifel an seiner Verfassungsmäßigkeit.[1323] Das BVerfG hat zur Bestimmtheit des Begriffs der Menschenwürde zu § 131 StGB ausgeführt, dass das Merkmal „in einer die Menschenwürde verletzenden Weise" dem verfassungsrechtlichen Bestimmtheitsgebot nur genüge, soweit die Schilderung „des Grausamen und Unmenschlichen eines Vorgangs darauf angelegt ist, beim Betrachter eine Einstellung zu erzeugen oder zu verstärken, die den fundamentalen Wert- und Achtungsanspruch leugnet, der jedem Menschen zukommt."[1324] Die Verletzung der Menschenwürde wird folglich nur im Kontext mit den weiteren Tatbestandsmerkmalen, namentlich der Schilderung des Grausamen und Unmenschlichen eines Vorgangs, auf eine hinreichend konkrete Ebene geführt, welche die Reichweite der Norm in ihrer Gesamtheit erkennbar werden

Unverzichtbarkeit der Menschenwürde diskutiert *Hinrichs*, NJW 2000, 2173 ff. A.A. *Huster*, NJW 2000, 3477 ff. *Schulz*, M&K 2000, 354 (68) erkennt einen Menschenwürdeschutz gegen sich selbst nicht an.

1319 BVerfGE 45, 187 (229).

1320 *Hartstein/Ring/Kreile/Dörr/Stettner* (2003), § 3 Rn. 41, haben angenommen, dass im Zusammenspiel zwischen § 3 Abs. 1 Nr. 4 und Abs. 1 Nr. 5 unter Berücksichtigung von Art. 1 GG eine Berichterstattung immer nur insoweit zulässig ist, wenn sie die Menschenwürde nicht verletzt. Vgl. auch *Liesching* (2002), S. 149.

1321 *Hartstein/Ring/Kreile/Dörr/Stettner* (2003), § 3 Rn. 41 ff.

1322 *Liesching* (2002), S. 149, *Hartstein/Ring/Kreile/Dörr/Stettner* (2003), § 2a Rn. 7.

1323 *Bornemann* (2001), S. 56 f.; *Fink*, AfP 2001, 189 (191); *Dörr/Cole* (2000), S. 46; *Liesching* (2002), S. 149; *Hartstein/Ring/Kreile/Dörr/Stettner* (2003), § 3 Rn. 41 ff.; § 49 Rn. 19; § 2a Rn. 7.

1324 BVerfGE 87, 209 (228).

lässt.[1325] An solchen Bezugspunkten für eine verfassungskonforme Auslegung fehlte es indes bei § 3 Abs. 1 Nr. 5 RStV. Insbesondere führte der Wortlaut „in sonstiger Weise“ zu keiner Konkretisierung der Menschenwürdeverletzung, sondern schien diese in nicht nachvollziehbarer Weise mit den § 3 Abs. 1 Nrn. 1 bis 4 RStV zu verknüpfen.[1326]

Es bleibt die Frage, wie die Formulierung „in sonstiger Weise“ auszulegen war. Nach der amtlichen Begründung handelte es sich bei § 3 Abs. 1 Nr. 5 RStV um eine „Auffangklausel, wonach Sendungen auch dann unzulässig sind, wenn sie keine Verstöße gegen § 3 Abs. 1 Nrn. 1 bis 4 RStV enthalten, jedoch in sonstiger Weise die Menschenwürde verletzen.“[1327] Hier lag der Schluss nahe, dass nach dem Willen des Gesetzgebers auch die nach dem § 3 Nrn. 1 bis 4 RStV unzulässigen Sendeinhalte im Kern menschenwürdeverletzenden Charakter aufweisen mussten. Dies konnte aber schon deshalb nicht zutreffen, weil § 3 Abs. 1 Nr. 1 RStV auf alle Normen des StGB verwies. Auch die offensichtliche Eignung zur sittlich schweren Jugendgefährdung im Sinne des § 3 Abs. 1 Nr. 3 RStV begründete nicht per se einen Verstoß gegen Art. 1 Abs. 1 GG, da für die Beurteilung einer Desorientierung von Kindern und Jugendlichen sämtliche Verfassungswerte und nicht lediglich die Achtung der Menschenwürde maßgeblich war.[1328] Folglich konnte sich die Formulierung „in sonstiger Weise“ ausschließlich auf den Tatbestand des § 3 Abs. 1 Nr. 4 RStV beziehen, der den speziellen Fall einer Menschenwürdeverletzung im Bereich non-fiktionaler Darstellungen im Rundfunk regelte.

17.2 Die neue Regelung des § 4 Abs. 1 Nr. 8 JMStV

Während in § 18 Abs. 2 Nr. 3 JuSchG noch wörtlich an der Formulierung des § 3 Abs. 1 Nr. 4 RStV für Trägermedien festgehalten und somit weiterhin der Eindruck erweckt wird, dass Menschenwürdeverstöße unter bestimmten Gesichtspunkten zulässig seien, wurde in der Neuregelung des § 4 Abs.1 Nr. 8 JMStV diese Ungenauigkeit im Wortlaut behoben. § 4 Abs.1 Nr. 8 JMStV erklärt nunmehr jedes Angebot, dass gegen die Menschenwürde verstößt, für unzulässig und benennt als Beispiel, in welchem die Menschenwürde verletzt sei, die Fälle, in denen durch die Darstellung von Menschen, die sterben oder schweren körperlichen oder seelischen Leiden ausgesetzt sind oder waren, ohne dass ein berechtigtes Interesse gerade für diese Form der Darstellung oder Berichterstattung vorliegt. Durch die gewählte Formulierung und das Zusammenführen der Nummern 4 und 5 des § 3 Abs. 1 RStV in § 4 Abs. 1 Nr. 8 JMStV konnten

---

[1325] *Liesching* (2002), S. 150, *ders.*, JMS-Report 1/1998, S. 1 (1).

[1326] Amtl. Begr. BayLT-Drs. 14/1832, S. 20.

[1327] BayLT-Drs. 14/1832, S. 20.

[1328] *Liesching* (2002), S. 152.

zumindest die verfassungsrechtlich äußerst bedenklichen[1329] Formulierungsdefizite des § 3 Abs. 1 Nrn. 4 und 5 RStV behoben werden.[1330]

Jedoch ist nicht klar, weshalb auch in § 4 Abs. 1 Nr. 8 JMStV die „Reality-Klausel" des § 3 Abs. 1 Nr. 4 RStV aufrecht erhalten wurde. Die Darstellung oder Berichterstattung von bzw. über Menschen, die sterben oder schweren körperlichen oder seelischen Leiden ausgesetzt sind oder waren, darf selbstverständlich angesichts Art. 1 Abs. 1 GG stets nur in einer die Menschenwürde respektierenden Weise erfolgen. Unter die „Reality-Klausel" fallen neben den sog. Reality-TV-Sendungen, auch Sendungen dokumentarischen Inhalts und Nachrichtensendungen, hingegen keine fiktionalen Darstellungen.[1331] Ein Grund für die Beibehaltung einer ausdrücklichen „Reality-Klausel" in § 4 Abs. 1 Nr. 8 JMStV könnte sein, dass das Fernsehen nicht alleine eine von der Wirklichkeit verschiedene Medienrealität erzeugt, sondern mit dem abgebildeten Geschehen verschwimmt. Es muss daher bei der Bewertung von Darstellungen im Fernsehen anders als bei anderen Medien berücksichtigt werden, inwieweit die Menschenwürde dabei noch durch den Vermittlungseffekt des Mediums einen Schutz erfährt. Je mehr sich das Fernsehen aber der Realität annähert, desto weniger ist dies der Fall.

Eine Sendung, die sich „Reality-TV" nennt, kann sich nur in verringertem Maße darauf berufen, nicht Wirklichkeit selbst, sondern davon abstrahierte Botschaften zu vermitteln. Immer wenn also das Fernsehen seine Medieneigenschaft zurückdrängt und den Eindruck unmittelbaren Dabeiseins erzeugt, muss es die Menschenwürde in dem verstärkten Maße achten, welches im unmittelbaren Verhältnis von Menschen untereinander gilt. Je unmittelbarer dieses Verhältnis ist, desto mehr hat der Mensch Anspruch darauf, in seiner Vielfältigkeit geachtet zu werden, desto weniger darf er als bloßes Objekt kommerzialisiert werden.[1332] Dies müsste aber dazu führen, das eine „Reality-TV-Klausel" besonders strenge Maßstäbe an die begriffliche Bestimmung der Menschenwürdegarantie anlegt und nicht wie bei der ursprünglichen Klausel in § 3 Abs. 1 Nr. 4 RStV eine Formulierung wählt, die den Eindruck erweckt, dass Eingriffe in die Menschenwürde bei einem Berichterstattungsinteresse, welches zumeist gerade bei Reality-TV bestehen mag, gerechtfertigt seien. Auch wenn dieses Formulierungsdefizit nun beseitigt wurde, zeigt gerade die Berichterstattung über den Krieg im Irak, welcher auch als „Medienkrieg"[1333] bezeichnet wurde, dass auch ein Berichterstattungsinteresse nicht jede Darstellung rechtfertigen kann. Gerade bei Nachrichten, welche einen

---

[1329] Vgl. 2. Teil: 17.1.

[1330] So auch *Bornemann* NJW 2003, 787 (788).

[1331] *Hartstein/Ring/Kreile/Dörr/Stettner* (2003), § 3 Rn. 41; *Liesching* (2002), S. 149. Fiktionale Darstellungen, welche gegen die Menschenwürde verstoßen waren bisher nicht nach § 3 Abs. 1 Nr. 4 RStV, sondern nach § 3 Abs. 1 Nr. 5 RStV unzulässig. Nunmehr sind jegliche Darstellungen, die die Menschenwürde verletzen, stets nach § 4 Abs. 1 Nr. 8 JMStV unzulässig.

[1332] *Kreile/Detjen*, ZUM 1994, 78 (82).

[1333] Vgl. Frankfurter Rundschau v. 31.03.2003, S. 15.

besonderen Wahrheitsgehalt vermitteln, muss beachtet werden, dass in Zeiten eines „Medienkrieges“ nur spezielle Nachrichten von den kriegsführenden Parteien an die Presse weitergegeben werden.

17.3 Zwischenergebnis

Durch die Neuregelung des § 4 Abs. 1 Nr. 8 JMStV konnten die Formulierungsdefizite des § 3 Abs. 1 Nrn. 4 und 5 RStV behoben werden. Das Festhalten an der Reality-Klausel in § 4 Abs. 1 Nr. 8 JMStV war nicht erforderlich. Ein Verstoß gegen die Menschenwürdegarantie des Art. 1 Abs. 1 GG kann im JMStV, anders als noch bei der Regelung des § 3 Abs. 1 Nrn. 4 und 5 RStV, nicht konstatiert werden.

18 Elternrecht, Art. 6 Abs. 2 S. 1 GG

„Pflege und Erziehung der Kinder sind das natürliche Recht der Eltern und die zuvörderst ihnen obliegende Pflicht.“ Das in Art. 6 Abs. 2 S. 1 GG so festgelegte Elternrecht stellt nicht nur als Grundrecht ein Abwehrrecht gegen den Staat dar,[1334] sondern beinhaltet auch eine Grundpflicht der Eltern.[1335] Dieser Umstand unterscheidet das Elternrecht von den anderen Grundrechten.[1336] „Die Pflicht ist nicht eine das Recht begrenzende Schranke, sondern ein wesensbestimmender Bestandteil des Elternrechts, das insoweit treffender als Elternverantwortung bezeichnet werden kann.“[1337] Dabei dient die Elternverantwortung maßgeblich dem Wohl des Kindes und ist somit „wesentlich ein Recht im Interesse des Kindes“,[1338] so dass man beim Elternrecht auch von einem „treuhänderischen“ Recht sprechen kann.[1339] Art. 6 Abs. 2 GG umfasst die Pflege, d.h. die Sorge für das körperliche Wohl, die Erziehung und die seelische und geistige Entwicklung minderjähriger Kinder.[1340] Das Elternrecht schließt „die umfassende Verantwortung für die Lebens- und Entwicklungsbedingungen des Kindes“[1341] mit ein. „Das Kind bedarf des Schutzes und der Hilfe, um sich zu einer eigenverantwortlichen Persönlichkeit innerhalb der Gesellschaft zu entwickeln.“[1342] Grenzen des Schutzbereichs des Elternrechts ergeben sich aus der Pflichtbindung, da die Pflicht der Eltern sich auf den gleichen Bereich wie ihr Recht erstreckt.

Träger des Grundrechts sind die Eltern.[1343] Den Kindern erwächst aus dem Elternrecht ein Anspruch auf Pflege, Erziehung und Beaufsichtigung durch die Eltern,[1344] allerdings

---

[1334] *Gröschner*, in: *Dreier*, GG (1996), Art. 6 Rn. 65; *Badura*, in: *Maunz/Dürig* (2002), Art. 6 Abs. 2, 3 Rn. 97.

[1335] BVerfGE 59, 360 (376); 61, 358 (371); 24, 119 (143); *Gröschner*, in: *Dreier*, GG (1996), Art. 6 Rn. 68 ff.; *Jarass/Pieroth*, GG (2000), Art. 6 Rn. 28.

[1336] BVerfGE 24, 119 (143).

[1337] BVerfGE 24, 119 (143), ähnlich: BVerfGE 56, 363 (382); 57, 361 (383); 68, 176 (190); 72, 155 (172); *Gröschner*, in: *Dreier*, GG (1996), Art. 6 Rn. 68; *Jarass/Pieroth*, GG (2000), Art. 6 Rn. 28.

[1338] BVerfGE 72, 122 (137).

[1339] BVerfGE 59, 360 (377); 61, 358 (372); 64, 180 (189); 84, 168 (180); *Gröschner*, in: *Dreier*, GG (1996), Art. 6 Rn. 69; *Badura*, in: *Maunz/Dürig* (2002), Art. 6 Abs. 2, 3 Rn. 94.

[1340] Die im Elternrecht wurzelnden Rechtsbefugnisse nehmen mit fortschreitendem Alter des Kindes ab und erlöschen mit der Volljährigkeit des Kindes, vgl. BVerfGE 59, 360 (382); 72, 122 (137); *Badura*, in: *Maunz/Dürig* (2002), Art. 6 Abs. 2, 3 Rn. 94.

[1341] *Zacher*, in: HBStR, §134 Rn. 65; ebenso *Gröschner*, in: *Dreier*, GG (1996), Art. 6 Rn. 78; *Coester-Waltjen*, in: *v. Münch/Kunig*, GG (1999), Art. 6 Rn. 63; BVerfGE 57, 361 (383).

[1342] BVerfGE 24, 119 (144); 57, 361 (383); *Badura*, in: *Maunz/Dürig* (2002), Art. 6 Abs. 2, 3 Rn. 96.

[1343] Einschließlich der Adoptiveltern, vgl. BVerfGE 24, 119 (150), nicht aber der Pflegeeltern, vgl. BVerfGE 79, 51 (60).

[1344] BVerfGE 68, 256 (269); a.A.: *Badura*, in: *Maunz/Dürig* (2002), Art. 6 Abs. 2, 3 Rn. 95.

nicht auch gegenüber dem Staat auf Gewährleistung des Jugendschutzes.[1345] Der Verfassungsauftrag des Staates für effektiven Jugendschutz ergibt sich – wie bereits ausführlich dargelegt[1346] – aus dem allgemeinen Persönlichkeitsrecht des Kindes aus Art. 2 Abs. 1 und Art. 1 Abs. 1 GG. Vom Elternrecht ist auch die Befugnis erfasst, die Lektüre[1347] und den Fernsehkonsum der Kinder zu bestimmen. Die Eltern haben hierbei die Aufgabe, ihre Kinder unter anderem vor sittlichen und seelischen Gefahren, welche der Fernsehkonsum möglicherweise mit sich bringen kann, zu schützen.

Eingriffe in das Elternrecht sind sowohl bei staatlichen Maßnahmen, die das Elternrecht im Verhältnis zum Kind beschränken, als auch bei Beschränkungen im Verhältnis der Eltern untereinander anzunehmen. Allerdings ist Art. 6 Abs. 2 S. 1 GG auf die nähere Ausgestaltung durch den Gesetzgeber angewiesen und zwar sowohl im Hinblick auf das Verhältnis der Eltern zum Kind als auch der Eltern untereinander.[1348] Sonstige Beeinträchtigungen in das Elternrecht können durch das Wächteramt der staatlichen Gemeinschaft gemäß Art. 6 Abs. 2 S. 2 GG gerechtfertigt sein.[1349] Aus dem Gesetzesvorbehalt folgt jedoch, dass von der Ermächtigung des Art. 6 Abs. 2 S. 2 GG nur durch oder aufgrund eines Gesetzes Gebrauch gemacht werden darf.[1350] Darüber hinaus darf das Wächteramt nur zum Wohl des Kindes ausgeübt werden. Auch hier gilt der Grundsatz der Verhältnismäßigkeit: „Der Staat muß daher nach Möglichkeit zunächst versuchen, durch helfende, unterstützende, auf Herstellung oder Wiederherstellung eines verantwortungsgerechten Verhaltens der natürlichen Eltern gerichtete Maßnahmen sein Ziel zu erreichen."[1351] Für den Bereich des Rundfunks beinhaltet das Elternrecht des Art. 6 Abs. 2 GG zwar einen Abwehranspruch gegen unzulässige staatliche Eingriffe in die elterliche Erziehung;[1352] es gewährt jedoch den Eltern keinen Anspruch auf Empfang bestimmter Sendungen, die Gegenstand ihrer pädagogischen Entscheidung werden könnten.[1353]

[1345] Vgl. 2. Teil: 5, wonach sich die Verpflichtung des Staates, Kinder und Jugendliche zu schützen, bereits aus dem allgemeinen Persönlichkeitsrecht ergibt. Ebenso *Jarass/Pieroth*, GG (2000), Art. 6 Rn. 31. A.A. BGHSt 37, 55 (63), der einen Verfassungsauftrag des Staates aus dem Wächteramt i.V.m. dem allgemeinen Persönlichkeitsrecht herleitet.

[1346] Vgl. hierzu 2. Teil: 5.

[1347] *Jarass/Pieroth*, GG (2000), Art. 6 Rn. 29.

[1348] BVerfGE 84, 168 (180); *Badura*, in: *Maunz/Dürig* (2002), Art. 6 Abs. 2, 3 Rn. 97. Ihre Rechtsstellung darf unter Berücksichtigung der unterschiedlichen tatsächlichen Verhältnisse differenziert ausgestaltet werden, vgl. BVerfGE 92, 158 (178 f.).

[1349] BVerfGE 61, 358 (372).

[1350] *Badura*, in: *Maunz/Dürig* (2002), Art. 6 Abs. 2, 3 Rn. 98.

[1351] BVerfGE 24, 119 (145); so auch *Jarass/Pieroth*, GG (2000), Art. 6 Rn. 36.

[1352] BVerfGE 4, 52 (57); *Gröschner*, in: *Dreier*, GG (1996), Art. 6 Rn. 65; *Badura*, in: *Maunz/Dürig* (2002), Art. 6 Abs. 2, 3 Rn. 109.

[1353] *Isensee/Axer* (1998), S.65.

Der JMStV (bisher der RStV) greift zwar in die Programmautonomie der Sender ein, jedoch nicht zugleich in das Elternrecht der Zuschauer. Die Vorkehrungen des JMStV dienen gerade nicht der „Bevormundung“ oder Beschränkung der Eltern, sondern richten sich zum Schutz der Kinder und Jugendlichen an die Medien. Erst in zweiter Linie richten sich manche Maßnahmen des JMStV auch an die Eltern. So soll die Kennzeichnung von entwicklungsbeeinträchtigenden Sendungen Eltern durch Schaffung von Medienkompetenz bei ihrer Erziehungsaufgabe helfen.[1354] Selbst wenn es also in Grenzfällen zu einer Kollision zwischen dem Elternrecht und den staatlichen Vorkehrungen des Jugendschutzes kommt, lassen sich diese staatlichen Maßnahmen als Ausfluss des staatlichen Schutzauftrages rechtfertigen, der es dem Staat gestattet, das konsensfähige ethische Minimum mit den ihm verfügbaren, beschränkten Befugnissen zu fördern. Es ist hierbei für den Gesetzgeber nahezu unvermeidbar und daher legitim, bei solchen Maßnahmen um der Gleichheit und der Praktikabilität willen zu generalisieren und zu typisieren.[1355]

Das absolute Pornographieverbot im Fernsehen greift unter den Jugendschutzmaßnahmen des JMStV am stärksten in das Elternrecht ein. Von Gegnern des absoluten Pornographieverbots wird hierbei als besonders relevant angemerkt,[1356] dass im Gegensatz zur Rechtslage nach dem JuSchG nicht nur Werbe- und Verbreitungsbeschränkungen bestünden, sondern vielmehr der Bezug pornographischer Inhalte im Fernsehen nicht nur durch Kinder und Jugendliche, sondern auch durch Erwachsene eingeschränkt werde. Ein generelles Pornographieverbot im Rundfunk sei nicht erforderlich und daher verfassungswidrig,[1357] da in den Fälle, in denen Jugendliche pornographische Sendungen ansehen würden, dies mit der Einwilligung der Eltern geschehe.[1358] Das Recht, Kindern den „Konsum“ von Pornographie zu gestatten, sei ein Teil des elterlichen Erziehungsrechts aus Art. 6 Abs. 2 S. 1 GG, welches der Regelungskompetenz des Staates vorgehen müsse.

Diese Argumentation kann jedoch nicht überzeugen, da diese Ansicht den ebenfalls Verfassungsrang innehabenden Kinder- und Jugendschutz nicht ausreichend berücksichtigt. § 184 Abs. 6 StGB sieht zwar ein sog. Erzieherprivileg vor (wenn auch nur für § 184 Abs. 1 Nr. 1 StGB, der nach der hier vertretenen Ansicht im Bereich des Rund-

[1354] Zu den Verantwortlichkeiten vgl. 2. Teil: 6.1.

[1355] BVerwGE 19, 94 (98): „Der Gesetzgeber durfte nach den von den Jugendbehörden gemachten Erfahrungen davon ausgehen, daß bestimmte öffentliche Veranstaltungen einen schädlichen Einfluß auf Jugendliche haben können und daß hiergegen als einzige wirksame Maßnahme zum Schutz vor Gefährdungen in Betracht kommt, Jugendliche generell vom Besuch solcher Veranstaltungen auszuschließen. Eine individuelle Prüfung in dem Sinne, ob die Eltern im Einzelfall die Gefährdung erkennen und ihr durch eigene Mittel entgegenwirken, ist nicht durchführbar.“

[1356] So auch *Gersdorf*, Antrittsvorlesung 2001, S. 4 F 9, der annimmt, dass die Entscheidung über den Konsum von Pornographie im Fernsehen Sache der Eltern und nicht des Staates ist, insbesondere, da nicht sicher sei, dass von Pornographie tatsächlich eine Gefahr ausgehe.

[1357] *Gersdorf*, Antrittsvorlesung 2001, S. 4 F 9.

[1358] *Gersdorf*, Antrittsvorlesung 2001, S. 4 F 9.

funks gerade von § 184 Abs. 2 StGB als lex specialis verdrängt wird), welches zum Teil damit begründet wird, dass mit den Mitteln des Strafrechts möglichst nicht in die Intimsphäre der Familie eingegriffen werden soll.[1359] Das Erzieherprivileg des § 184 Abs. 4 StGB, welches nicht erst einen Rechtfertigungsgrund darstellt, sondern bereits den Tatbestand des § 184 Abs. 1 Nr. 1 StGB ausschließt, hat der Gesetzgeber eingeführt, um sicherzustellen, dass die Entscheidungsfreiheit des Erziehers bei der Auswahl der dem Jugendlichen zu überlassenden, bei § 184 Abs. 1 Nr. 1 StGB in Rede stehenden Schriften nicht durch strafrechtliche Verbote eingeschränkt ist.[1360] Diese Privilegierung kann auch auf den Gedanken zurückgeführt werden, dass der Gesetzgeber wegen der Abstraktheit der Gefahren, die bei Konsum von Pornographie für Jugendliche angenommen werden, nicht die den Eltern durch Art. 6 Abs. 2 GG garantierte Entscheidungsfreiheit in der Erziehung durch Normen des Strafrechts in solchen Bereichen einschränken wollte, die gemeinhin dem erzieherischen Ermessen in der Familie unterliegen.[1361] Keinesfalls ist deshalb mit § 184 Abs. 6 S. 1 StGB eine gesetzgeberische Billigung derartiger Verhaltensweisen verbunden. Entscheidend ist jedenfalls, dass dieses Erzieherprivileg ausschließlich nur bei Schriften gilt.[1362] Die Schranken, die durch §§ 225 sowie 176 StGB gesetzt werden, werden hiervon selbstverständlich nicht berührt.[1363]

Das Erzieherprivileg ändert jedoch nichts an der staatlichen Verfassungsaufgabe des Jugendschutzes. Die Grundrechtskollision zwischen Elternrecht und Medienfreiheit, hat somit der Staat aufzulösen.[1364] Die Auflösung der Kollision muss sich am Wohl des

---

[1359] *Albrecht/Hotter* (2002), S. 84.

[1360] *Laufhütte*, in: *Jescheck/Ruß/Willms*, StGB (1988), § 184 Rn. 22.

[1361] *Lenckner/Perron*, in: *Schönke/Schröder* (2001), § 184 Rn. 9 b; *Laufhütte*, in: *Jescheck/Ruß/Willms*, StGB (1988), § 184 Rn. 22; Albrecht/*Hotter* (2002), S. 84.

[1362] Für das Fehlen eines Erfordernisses der Indizierung von Schriften tritt *Frenzel*, AfP 2002, 191 (194 f.) ein. Er führt aus, dass die Annahme einer Gefährdungslage, die einen passiven und labilen jugendlichen Rezipienten voraussetzt, beim Konsum von Literatur heute kaum mehr dem realen Leseverhalten der Jugendlichen entspreche.

[1363] Unter der Voraussetzung schädigender Auswirkungen des „Konsums" von Pornographie auf die soziale und psychologische Entwicklung von jungen Menschen käme eine solche Auffassung einer Teilaufhebung des strafrechtlichen Verbots aus § 171 StGB gleich, mit dem die Verletzung der Fürsorge- und Erziehungspflicht im Falle erheblicher Schädigungen für die psychische Entwicklung inkriminiert wird. Auch die Erfüllung der Tatbestände der Kindesmisshandlung bzw. Kindesvernachlässigung (wenn durch den aufgezwungenen „Konsum" von Pornographie das Tatbestandsmerkmal des „Quälens" verwirklicht wird), die grobe Vernachlässigung von Schutzbefohlenen unter 18 Jahren (§ 225 StGB) und der sexuelle Missbrauch von Kindern (wenn auf ein Kind mittels Vorzeigens pornographischen Inhalts oder durch entsprechende Reden einwirkt wird, § 176 Abs. 3 Nr. 3 StGB) kämen – unter Berücksichtigung der besonderen Tatumstände – nach Ansicht von *Albrecht/Hotter* (2002), S. 85, in Betracht. Jedenfalls bedeute die Vorführung von Pornographie immer eine Gratwanderung, die, soweit ersichtlich, weder aus pädagogischer noch aus strafrechtlicher Sicht bislang als unproblematisch betrachtet worden ist.

[1364] *Isensee/Axer* (1998), S. 71.

Kindes ausrichten.[1365] Ein Eingriff in das Elternrecht des Art. 6 Abs. 2 GG durch die materiellen Jugendschutzbestimmungen des JMStV (bzw. § 3 RStV) ist aus den bereits bei den anderen Grundrechten dargestellten Jugendschutzgründen verfassungsrechtlich gerechtfertigt. Der Eingriff in das Elternrecht ist aus diesem Grund zumutbar.

Schließlich trägt der JMStV (bisher § 3 RStV) durch sein gestaffeltes Maßnahmen-System dafür Vorsorge, den Erziehungsauftrag der Eltern so gering wie möglich bei der Erfüllung der Staatsaufgabe Jugendschutz einzuschränken. Eltern sind darüber hinaus – wie der 2. Praxistest ergeben hat[1366] – auf die Hilfestellung des Staates aus Orientierungs- und Unterstützungsgründen angewiesen.[1367] Es kommt durch das derzeitige System des JMStV zu einer unterstützenden Aufgabenteilung zwischen allen Verantwortlichen – den Eltern, den Anbietern und dem Staat.[1368]

[1365] Vgl. auch BVerfGE 55, 171 (179); *Isensee*, in: HBStR § 111 Rn. 16.

[1366] Vgl. 1. Teil: 1.3.3.

[1367] Vgl. zur Verantwortung für den Jugendschutz im Fernsehen zwischen Eltern und staatlicher Verantwortung: 2. Teil: 6.1.

[1368] So auch gesehen und befürwortet von der befragten Bevölkerung im 2. Praxistest, vgl. *Schorb/ Theunert* (2001), S. 78 ff., 157 ff.

19 Berufsfreiheit, Art. 12 Abs. 1 S. 1 GG

Die Berufsfreiheit des Art. 12 Abs. 1 S. 1 GG schützt auch die Ausstrahlung von Rundfunkprogrammen, da die Tätigkeit des Rundfunkveranstalters als Beruf im Sinne des Art. 12 Abs. 1 S. 1 GG zu qualifizieren ist.[1369] Das Grundrecht der Berufsfreiheit steht zum Grundrecht der Rundfunkfreiheit in Idealkonkurrenz, so dass beide Grundrechte nebeneinander anwendbar sind.[1370] Das Grundrecht des Art. 12 Abs. 1 S. 1 GG beinhaltet vier Teilgarantien: die freie Wahl der Ausbildungsstätte, die Freiheit der Berufswahl, die freie Wahl des Arbeitsplatzes und schließlich die unter dem ausdrücklichen Vorbehalt der gesetzlichen Regelung stehende Freiheit der Berufsausübung.[1371] Die ersten drei Teilgarantien, insbesondere die Freiheit der Berufswahl des Art. 12 Abs. 1 S. 1 GG, sind durch die Regelungen des JMStV (bzw. § 3 RStV) nicht berührt. Das Ausstrahlungsverbot, die Sendezeitbeschränkung, die Kennzeichnungspflicht und die Vorsperre regeln vielmehr die Modalitäten der Ausübung des Berufs des Rundfunkveranstalters[1372] und stellen hierdurch einen Eingriff in das Grundrecht der Berufsausübungsfreiheit des Rundfunkveranstalters dar. Regelungen der Berufsausübung sind nach Art. 12 Abs. 1 S. 2 GG nur zulässig, wenn sie durch hinreichende Gründe des Allgemeinwohls gerechtfertigt werden, wenn die gewählten Mittel zur Erreichung des verfolgten Zwecks geeignet und auch erforderlich sind und wenn bei einer Gesamtabwägung zwischen der Schwere des Eingriffs und dem Gewicht der ihn rechtfertigenden Gründe die Grenze der Zumutbarkeit noch gewahrt ist.[1373]

Die materiellen Jugendschutzregelungen des JMStV (§ 3 RStV) sind unter Bezugnahme auf die bereits wiederholt dargestellten Belange des Jugendschutzes als gerechtfertigt anzusehen. Sie sind geeignet und erforderlich, um einer Gefährdung von Kindern und Jugendlichen in ihrer Persönlichkeitsentwicklung zu begegnen. Sie sind darüber hinaus angemessen, da sie sich durch vernünftige Erwägungen des Gemeinwohls – den Verfassungsauftrag des Kinder- und Jugendschutzes – begründen. Hierzu kann auf die Ausführungen zur verfassungsrechtlichen Rechtfertigung des Eingriffs durch die verschiedenen Jugendschutzmaßnahmen des JMStV in die Programmfreiheit der Rundfunkveranstalter verwiesen werden.[1374] Zwar können auch Berufsausübungsregelungen auf das Recht zur freien Berufswahl zurückwirken, wenn sie wegen ihrer Folgen eine

---

[1369] *Scholz*, in: *Maunz/Dürig*, GG (2002), Art. 12 Rn. 165 ff., der ausführlich zur Problematik der Rundfunkberufe insb. hinsichtlich der Zulässigkeit privater Rundfunkveranstaltungen, bzw. zu den Grenzen des öffentlich-rechtlichen Rundfunkmonopols Stellung nimmt.

[1370] *Breuer*, in: HBStR, § 147 Rn. 99, 101; *Wendt*, in: *v. Münch/Kunig*, GG (1999), Art. 5 Rn. 115; *Scholz*, in: *Maunz/Dürig*, GG (2002), Art. 12 Rn. 167; *Tettinger*, in: *Sachs*, GG (2003), Art. 12 Rn. 167; *Schulze-Fielitz*, in: *Dreier*, GG (1996), Art. 5 I, II Rn. 245.

[1371] *Breuer*, in: HBStR, § 147 Rn. 32.

[1372] Zur Freiheit der Berufswahl und Berufsausübung vgl. *Tettinger*, in: *Sachs*, GG (2003), Art. 12 Rn. 55 ff.; *Breuer*, in HBStR, § 147 Rn. 56 ff.

[1373] BVerwG ZUM 2002, 567 (574); so auch BVerfGE 68, 155 (171) m.w.N.

[1374] Vgl. 2. Teil: 8 bis 14.

sinnvolle Ausübung eines Berufs faktisch unmöglich machen.[1375] Hierfür sind jedoch bei den Jugendschutzmaßnahmen des JMStV keine Anhaltspunkte erkennbar.[1376]

Zwar können Sendezeitbeschränkungen für ganze Sendeformate, wie Nachmittagstalkshows, dazu führen, dass die Formate schließlich vollkommen eingestellt werden, jedoch führt dies nicht zu einem ungerechtfertigten Eingriff in die Berufsausübungsfreiheit der Rundfunkveranstalter. Angesichts des hohen Verfassungsgutes des Jugendschutzes sind geringfügige Beschränkungen der Berufsausübungsfreiheit der Rundfunkveranstalter durch Sendezeitbeschränkungen zumutbar.

Auch durch die entsprechenden Regelungen für das Pay-TV in Form von Sendezeitbeschränkungen für Programmankündigungen wird kein unverhältnismäßiger Eingriff in die Berufsfreiheit der Rundfunkveranstalter vorgenommen.[1377] So stehen den Rundfunkveranstaltern trotz der Sendezeitbeschränkungen für Programmankündigungen im digitalen Fernsehen alternative Werbemethoden zur Verfügung.[1378] Einerseits kann durch Plakate und Zeitungsanzeigen in anderen Medien geworben werden,[1379] andererseits können die Anbieter gem. § 10 Abs. 1 JMStV (bisher gem. § 3 Abs. 6 S. 2 RStV) im eigenen Programm entweder nach 22.00 Uhr bzw. 23.00 Uhr Programmankündigungen unvorgesperrt ausstrahlen oder bereits zu einem früheren Zeitpunkt mit Einsatz der Vorsperre. Der Schutz der Jugend vor Pornographie[1380] berechtigt den Gesetzgeber ebenfalls zur Beschränkung der Berufsausübungsfreiheit.[1381] Insoweit gilt nichts anderes, als im Zusammenhang mit dem Eingriff in die Rundfunkfreiheit bereits dargestellt wurde.[1382]

1375 BVerwGE 106, 216 (227); BVerwG ZUM 2002, 567 (574); BVerfGE 61, 291 (309); 36, 47 (58).

1376 So entschieden für das Pornographieverbot in BVerwG ZUM 2002, 567 (574).

1377 So bereits entschieden in BVerwGE 106, 216 (227).

1378 BVerwGE 106, 216 (227).

1379 BVerwGE 106, 216 (227); *Mahrenholz* ZUM 1998, 525 (526).

1380 Selbst wenn für den Schutz Erwachsener vor ungewollter Konfrontation etwas anderes gelten mag, so ist der Schutzzweck des Jugendschutzes für den Eingriff in die Berufsausübung der Rundfunkveranstalter als Rechtfertigung bereits ausreichend, vgl. BVerfGE 47, 109 (117 f.).

1381 BVerwG ZUM 2002, 567 (574); BVerfGE 47, 109 (117 f.).

1382 BVerwG ZUM 567 (574). Allgemein zur Rechtfertigung von Berufsausübungsregelungen aus vernünftigen Erwägungen des Gemeinwohls und zur Stufentheorie vgl. BVerfGE 7, 377 (405 f.); *Breuer*, in: HBStR, § 148 Rn. 20 ff.

20 Gleichheitssatz, Art. 3 Abs. 1 GG

„Alle Menschen sind vor dem Gesetz gleich." So lautet der Allgemeine Gleichheitssatz des Art. 3 Abs. 1 GG. Darunter versteht man das Willkürverbot,[1383] welches besagt, „weder wesentlich Gleiches willkürlich ungleich, noch wesentlich Ungleiches willkürlich gleich zu behandeln."[1384] Positiv ausgedrückt enthält der Gleichheitssatz des Art. 3 Abs. 1 GG also das Gebot, „Gleiches gleich, Ungleiches seiner Eigenart entsprechend verschieden zu behandeln."[1385] Art. 3 Abs. 1 GG ist nach der neuen Formel des BVerfG, welche seit 1980 ständige Rechtsprechung ist, immer dann verletzt, „wenn eine Gruppe von Normadressaten im Vergleich zu anderen Normadressaten anders behandelt wird, obwohl zwischen beiden Gruppen keine Unterschiede von solcher Art und solchem Gewicht bestehen, dass sie die ungleiche Behandlung rechtfertigen könnten."[1386] Im Rahmen des Gleichheitssatzes ist daher stets zunächst zu prüfen, ob eine Ungleichbehandlung gleicher Sachverhalte vorliegt und anschließend, ob es für diese Ungleichbehandlung einen sachlichen[1387] Rechtfertigungsgrund gibt.

Die Jugendschutzregelungen des JMStV (bisher RStV) geben in Bezug auf eine mögliche Verletzung des Gleichheitssatzes in zweifacher Hinsicht Anlass zu Bedenken. So wird auch im JMStV weiterhin zwischen privatem und öffentlich-rechtlichem Rundfunk unterschieden, was insbesondere bei Verstoßen gegen den JMStV zu unterschiedlichen Folgen führt. Auf weitere Ungleichbehandlungen berufen sich die Pay-TV-Veranstalter, da sie vorgeblich zum einen gegenüber ausländischen Anbietern digitaler Programme und zum anderen gegenüber inländischen Free-TV-Veranstaltern durch das zusätzliche Erfordernis von Sendezeitbeschränkungen trotz des Einsatzes der veranstalterseitigen Vorsperre benachteiligt würden.

20.1 Privater und öffentlich-rechtlicher Rundfunk

20.1.1 Ungleichbehandlung bei Verstößen gegen die materiellen Jugendschutzregeln

Bereits im RStV wurde zwischen Vorschriften für den öffentlich-rechtlichen (II. Abschnitt des RStV) und Vorschriften für den privaten Rundfunk (III. Abschnitt des RStV) unterschieden. Obwohl es sich bei der Vorschrift des § 3 RStV zwar um eine Allgemeine Vorschrift des I. Abschnitts des RStV handelte, welche sowohl für den öffentlich-rechtlichen als auch für den privaten Rundfunk Geltung beanspruchte,

[1383] Das Willkürverbot ist ein fundamentales Rechtsprinzip, vgl. BVerfGE 55, 72 (89 f.); 78, 232 (248).

[1384] BVerfGE 4, 144 (155); ähnlich auch *Heun*, in: *Dreier*, GG (1996), Art. 3 Rn. 17.

[1385] *Heun*, in: *Dreier*, GG (1996), Art. 3 Rn. 17.

[1386] BVerfGE 55, 72 (88); 60, 123 (133 f.); 74, 9 (24); 81, 1 (8); 81, 108 (181), 81, 156 (205); 81, 228 (236); 82, 60 (86); 82, 126 (146); 83, 238 (337); 83, 395 (401); 84, 133 (157); 84, 197 (199); 84, 348 (359). Vgl. hierzu auch *Herzog*: in: *Maunz/Dürig*, GG (2002), Anhang zu Art. 3 Rn. 6; *Stettner*, BayVBl. 1988, 545 (550).

[1387] Zur Objektivierung des Gleichheitssatzes vgl. *Stettner*, BayVBl. 1988, 545 (550).

wurden Verstöße nach dem Wortlaut des III. Abschnitt des RStV gegen diese Jugendschutzbestimmung in § 49 RStV[1388] als Ordnungswidrigkeit und in § 49 a RStV[1389] als Straftatbestand nur im Bereich des privaten Rundfunks sanktioniert.[1390] Darüber hinaus mussten bisher private Rundfunkveranstalter den wirtschaftlichen Vorteil, den sie durch die Begehung einer rechtswidrigen Tat erlangt hatten, gem. Ziffer 7.3 der OwiRL[1391] zuzüglich zum Bußgeld zurückerstatten (Vorteilsabschöpfung),[1392] während die öffentlich-rechtlichen Anstalten diesen Vorteil behalten konnten.[1393]

Bei der Einführung des JMStV wurde wiederholt gefordert,[1394] diese Ungleichbehandlung insoweit zu beheben, als der JMStV nach seiner Begründung sowohl für den privaten wie auch für den öffentlich-rechtlichen Rundfunk gelten sollte. Jedoch finden sich auch im JMStV eine Vielzahl von Vorschriften, die nicht für den öffentlich-rechtlichen Rundfunk gelten (IV. bis VI. Abschnitt). Insbesondere der VI. Abschnitt mit den Vorschriften zur „Ahndung von Verstößen der Anbieter mit Ausnahme des öffentlich-rechtlichen Rundfunks", welcher die Strafbestimmung des § 23 JMStV und die Bestimmung über Ordnungswidrigkeiten des § 24 JMStV enthält, wird auch künftig nur bei Verstößen durch private Rundfunkveranstalter zu Sanktionen führen. Verstöße im öffentlich-rechtlichen Rundfunk bleiben auch weiterhin sanktionslos, während

---

[1388] § 49 Abs. 1 Nr. 1 bis Nr. 11 RStV sah für Verstöße gegen § 3 RStV den Tatbestand einer Ordnungswidrigkeit nach seinem ausdrücklichen Wortlaut nur als erfüllt an, wenn ein „Veranstalter von bundesweit verbreitetem privaten Rundfunk" vorsätzlich oder fahrlässig eine der genannten Ordnungswidrigkeiten beging. Für private Veranstalter landesweit oder regional und lokal verbreiteten Rundfunks enthalten die entsprechenden Landesmediengesetze dem RStV vergleichbare Bußgeldtatbestände, vgl. bspw. § 37 Abs. 1 BayMG (Bayern), § 51 Abs. 1 LMedienG (Baden-Württemberg), § 43 Abs. 1 S. 1 Nr. 2 SächsPRG (Sachsen).

[1389] Eine Anwendbarkeit des § 49 a RStV für Mitarbeiter des privaten wie des öffentlich-rechtlichen Rundfunks wegen der Bezugnahme auf § 3 Abs. 1 Nr. 3 RStV wurde angenommen von *Albrecht/Hotter* (2002), S. 76; *Hartstein/Ring/Kreile/Dörr/Stettner* (2003), § 49 a Rn. 3. Dies hätte sich bereits daraus ergeben, dass es sich bei § 49a RStV um ein Jedermann-Delikt handelte. Aber auch aus Gesichtspunkten der Gleichbehandlung sowie mit Blick auf den Zweck der Vorschrift und den Wortlaut der Bestimmung, in der lediglich von „Täter" und nicht von „Veranstalter von bundesweit verbreitetem privaten Rundfunk" die Rede war, sollte eine potenzielle Strafbarkeit für Mitarbeiter des privaten wie des öffentlich-rechtlichen Rundfunks vorgesehen sein.

[1390] Zur unterschiedlichen Behandlung privater Rundfunkveranstalter und öffentlich-rechtlicher Rundfunkanstalten durch den RStV im Hinblick auf die Ordnungswidrigkeiten vgl. *Hartstein/Ring/Kreile/Dörr/Stettner* (2003) § 49 Rn. 7; *Degenhart*, ZUM 1997, S. 153 ff. *Degenhart* bejaht einen Gleichheitsverstoß infolge der mit § 49 RStV verbundenen Ungleichbehandlung privater Rundfunkveranstalter und öffentlich-rechtlicher Rundfunkanstalten.

[1391] Anwendungs- und Auslegungsregeln der Landesmedienanstalten zur Durchführung von Ordnungswidrigkeitenverfahren nach dem Rundfunkstaatsvertrag (OWiRL), abgedruckt in: *BLM*, Rechtsgrundlagen (2002), Nr. 3.5.7, S. 258 ff.

[1392] *Degenhart*, ZUM 1997, 153 (154).

[1393] Es ist nicht verständlich, warum öffentlich-rechtliche Anstalten rechtswidrige Einnahmen aus Jugendschutzverstößen behalten dürften, während diese bei privaten Veranstaltern über das Ordnungswidrigkeitenrecht abgeschöpft würden, *Bornemann* (2001), S. 27; *Degenhart*, ZUM 1997, 153 (166).

[1394] *Ring*, in: BLM-Symposion Medienrecht 2001 (2002), S. 10 f.

private Anbieter gem. § 24 Abs. 3 JMStV mit Geldbußen bis zu € 500.000,00[1395] zu rechnen haben. Zwar wird durch den JMStV versucht, die divergierenden Bestimmungen der unterschiedlichen Medien – Rundfunk und Telemedien – insbesondere hinsichtlich der Aufsichtszuständigkeit einheitlich zu regeln, jedoch hat dies nicht dazu geführt, dass die Ungleichbehandlung zwischen öffentlich-rechtlichem Rundfunk und privaten Rundfunk innerhalb des dualen Rundfunksystems ebenfalls beseitigt wurde.[1396] Während nach dem JMStV die Aufsichtszuständigkeit für den privaten Rundfunk und Telemedien in der zentralen KJM zusammengefasst wurde, bleiben die in der binnenpluralen Struktur des öffentlich-rechtlichen Rundfunks verankerten Aufsichtsgremien für den öffentlich-rechtlichen Rundfunk zuständig.[1397] Abstimmungspflichten zwischen den privaten Rundfunkveranstaltern und dem öffentlich-rechtlichen Rundfunk, welche nach dem RStV galten, wurden sogar teilweise abgebaut, wie beispielsweise die Abstimmungsverpflichtung beim Erlass von Jugendschutzrichtlinien. Es stellt sich also die Frage, ob es für diese Ungleichbehandlung einen sachlichen Rechtfertigungsgrund gibt.

20.1.2 Fehlen eines sachlichen Rechtfertigungsgrundes

Der Gleichheitssatz verbietet, wie bereits dargelegt, wesentlich Gleiches willkürlich ungleich zu behandeln. Der Rundfunkstaatsvertrag sieht für gleiche Sachverhalte, Verstöße gegen die Jugendschutzbestimmungen des JMStV durch öffentlich-rechtliche Rundfunkanstalten und private Rundfunkveranstalter, unterschiedliche Rechtsfolgen vor.[1398] Diese ermittelte Ungleichbehandlung bedarf einer sachlichen Rechtfertigung. Allgemein vertrat das Bundesverfassungsgericht zunächst die Ansicht, dass bei einer Ungleichbehandlung ausschließlich darauf abzustellen sei, ob sich ein vernünftiger, aus der Natur der Sache ergebender oder sonst wie sachlich einleuchtender Grund für die konkrete gesetzliche Ungleichbehandlung finden lässt.[1399] Inzwischen zieht das Bundesverfassungsgericht in immer stärkerem Maße in Ergänzung der Willkürformel[1400] die so genannte „neue Formel" heran.[1401] Danach ist der Gleichbehandlungsgrundsatz verletzt, wenn eine Gruppe von Normadressaten im Vergleich zu anderen

[1395] Einen Bußgeldkatalog enthielten bisher die Anwendungs- und Auslegungsregeln der Landesmedienanstalten zur Durchführung von Ordnungswidrigkeitenverfahren nach dem Rundfunkstaatsvertrag (OWiRL). Gem. § 15 Abs. 2 JMStV erlassen auch weiterhin die nach Landesrecht zuständigen Organe der Landesmedienanstalten übereinstimmende Satzungen und Richtlinien zur Durchführung des JMStV. Für die Entscheidung über Ordnungswidrigkeiten nach § 24 JMStV ist gem. § 16 Abs. 1 Nr. 8 JMStV die KJM zuständig.

[1396] So auch *Bornemann*, NJW 2003, 787 (787).

[1397] Vgl. hierzu *Bornemann/Lörz*, BayMG (2002), Art. 12 Rn. 5 f.; Art. 37 Rn. 8 m.w.N.

[1398] *Degenhart*, ZUM 1997, 153 (153 ff.); *Isensee/Axer* (1998), S. 67.

[1399] *Jarass/Pieroth*, GG (2000), Art. 3 Rn. 12; *Osterloh*, in: *Sachs*, GG (2003), Art. 3 Rn. 8 m.w.N.

[1400] *Heun*, in: *Dreier*, GG (1996), Art. 3 Rn. 17; Zur Willkürformel vgl. auch *Kirchhof*, in: HBStR, § 124 Rn. 236 ff.; *Osterloh*, in: *Sachs*, GG (2003), Art. 3 Rn. 8 ff.

[1401] Vgl. Fn. 1386.

Normadressaten anders behandelt wird, obwohl zwischen beiden Gruppen keine Unterschiede von solcher Art und solchem Gewicht bestehen, dass sie die ungleiche Behandlungen rechtfertigen können.[1402] „Das Bundesverfassungsgericht differenziert bei den Anforderungen an die verfassungsrechtliche Rechtfertigung von Ungleichbehandlungen nach der Intensität, mit der eine Ungleichbehandlung den Betroffenen beeinträchtigt."[1403]

Für den öffentlich-rechtlichen und den privaten Rundfunk gilt Gleichheit vor dem Gesetz. Die Jugendschutzbestimmungen des § 1- 10 JMStV (bisher des § 3 RStV) gelten unterschiedslos für den Kinder- und Jugendschutz in allen Einrichtungen des dualen Rundfunksystems. Hierbei kommt es nicht darauf an, ob dieser in öffentlich- oder privatrechtlicher Form organisiert wird, in beiden Fällen sind die gesetzlichen Bestimmungen in gleicher Weise einzuhalten. Auch die öffentlich-rechtlichen Anstalten sind kraft ihres grundrechtlichen Status „staatsfrei" – rechtsfähig und autonom in ihrer Programmgestaltung.[1404] Für die Ungleichbehandlung, dass ein Normverstoß, gegen den auch die öffentlich-rechtlichen Rundfunkanstalten nicht gefeit sind, nur bei privaten mit Geldbußen geahndet werden darf, ist daher jedenfalls keine Rechtfertigung in Form eines sachlichen Grundes ersichtlich. „Dieser ist stets vonnöten, unabhängig davon, ob die Willkürformel oder die neue Formel zum Zuge kommt."[1405]

Die amtlichen Begründungen zum RStV und zum JMStV lassen nicht erkennen, dass im Gesetzgebungsverfahren eine Auseinandersetzung mit der Frage der unterschiedlichen Behandlung öffentlich-rechtlicher und privater Rundfunkveranstalter stattgefunden hätte.[1406] Auch wenn das duale Rundfunksystem[1407] für private und öffentlich-rechtliche

---

[1402] BVerfGE 55, 72 (88).

[1403] *Isensee/Axer* (1998), S. 67.

[1404] *Isensee/Axer* (1998), S. 68.

[1405] *Isensee/Axer* (1998), S. 68.

[1406] *Bornemann* (2001), S. 27.

[1407] Die private und die öffentlich-rechtliche Rundfunkanstalt stehen in Deutschland in einem „verfassungsrechtlich determinierten Nebeneinander", das als „duale Rundfunkordnung" bezeichnet wird. In dieser sollen die öffentlich-rechtlichen Rundfunkanstalten im Dienste des Gemeinwohls „kompensatorisch Defizite und Grenzen des privatwirtschaftlich organisierten Rundfunkunternehmermarktes ausgleichen", vgl. *Schulze-Fielitz* in: *Dreier*, GG (1996), Art. 5 I, II Rn. 40. Zum dualen Rundfunksystem vgl. BVerfGE 73, 118 (170 f.); 74, 297 (324 ff.); *Schmitt Glaeser*, DVBl. 1987, 14 ff.; *ders.*, DÖV 1987, 837 ff. Unter den Begriff der Rundfunkfreiheit fallen daher aufgrund der in Deutschland verfassungsrechtlich festgelegten dualen Rundfunkordnung sowohl die öffentlich-rechtlichen als auch die privatrechtlichen Veranstalterformen. Während dem gebührenfinanzierten, binnenpluralistisch strukturierten und zur Ausgewogenheit verpflichteten öffentlich-rechtlichen Anstaltsfunk die unerlässliche Grundversorgung obliegt, werden dem privaten Rundfunk größere Freiräume ermöglicht, als er nur verpflichtet ist, einen Grundstandard gleichgewichteter Vielfalt zu gewährleisten. Der Gesetzgeber ist verpflichtet, die Grundversorgung der Bevölkerung durch die Gewährleistung der erforderlichen technischen, organisatorischen, personellen und finanziellen Voraussetzungen für den öffentlichen Rundfunk zu schaffen und zu sichern, wobei zwischen Grundversorgung, Bestandsgarantie und staatlicher Finanzierungspflicht eine eindeutige gegenseitige Abhängigkeit besteht, vgl. *Bethge*, in *Sachs*, GG (2003), Art. 5 Rn. 90 ff. Die programmliche Binnenpluralität soll durch eine organisa-

Rundfunkveranstalter grundsätzlich unterschiedliche Vorgaben vorsieht, ist nicht nachvollziehbar, weshalb das Ordnungswidrigkeitenrecht eine unterschiedliche Behandlung nach sich zieht. So unterscheidet beispielsweise das Strafrecht in § 184 Abs. 2, § 130 Abs. 2 und § 131 Abs. 2 StGB nicht zwischen privaten und öffentlich-rechtlichen Rundfunkveranstaltern, sondern behandelt gleichartige Verstöße gleich.[1408] Das duale Rundfunksystem geht von einer Gleichwertigkeit des privaten und öffentlichen Rundfunks aus, welcher sich letztlich auch im JMStV (bisher im RStV) manifestiert, da die allgemeinen Jugendschutzbestimmungen ausdrücklich auch für die öffentlich-rechtlichen Rundfunkanstalten gelten. Es ist jedoch nicht ersichtlich, weshalb ein Verstoß gegen eine Jugendschutzbestimmung durch einen privaten Rundfunkveranstalter härter als durch einen öffentlich-rechtlichen Rundfunkveranstalter geahndet werden darf. Dies um so mehr, als Kinder natürlich auch die öffentlich-rechtlichen Programme sehen.

Als sachgerechter Grund kämen somit die spezifischen Strukturen der öffentlich-rechtlichen Träger über Binnenpluralismus und Staatsaufsicht in Frage, wenn hierdurch die Gefahr der Normverletzung ausgeschaltet oder jedenfalls für kompensatorische Sanktionen gesorgt würde. Dies ist jedoch nicht der Fall. Auf den ersten Blick mag zwar die binnenplurale Organisationsstruktur der öffentlich-rechtlichen Sender ein hohes Maß interner Kontrolle und Ausgewogenheit gewährleisten, da die gesetzliche Verankerung von Kompetenzen zwischen den Organen der Anstalten ein inneres System von „Checks and Balances“ herstellt, das einen weitgehenden Verzicht auf äußere Kontrolle und Einflussnahme rechtfertigt. Die innere Struktur privater Rundfunkveranstalter hingegen kann gesetzlich nur sehr bedingt geregelt werden. Das Bundesverfassungsgericht hat in seinem 4. Rundfunkurteil im Hinblick auf die Anforderungen an die Gewährleistung von Meinungsvielfalt festgestellt, dass „eine geringere Intensität und Effektivität einer externen Kontrolle privaten Rundfunks durch die dazu berufenen Gremien gegenüber der Kontrolle durch die entsprechenden Organe der öffentlich-rechtlichen Anstalten“[1409] durchaus mit Art. 5 GG vereinbar und hinzunehmen sei.[1410]

Jedoch kann auch bei den öffentlich-rechtlichen Anstalten nicht dafür garantiert werden, dass ein Normverstoß ausgeschlossen ist.[1411] Gremien der Binnen- und der Außen-

---

torische Binnenpluralität in der Rundfunkanstalt gewährleistet werden, indem mindestens ein Gremium aus Vertretern repräsentativer gesellschaftlicher Organisationen wie der Parteien, Kirchen und Gewerkschaften zusammengesetzt ist. Zum Grundversorgungsauftrag des öffentlich-rechtlichen Rundfunks vgl. *Jarass/Pieroth*, GG (2000), Art. 5 GG Rn. 38; *Libertus*, MP 1991, 452 ff. BVerfGE 74, 297 (324 ff.); 83, 238 (297 ff.).

[1408] Vgl. *Dreher/Tröndle* (1995) Rn. 33.

[1409] BVerfGE 73, 118 (170 f.).

[1410] *Kreile/Detjen*, ZUM 1994, 78 (86f.) nehmen ausführlich zur Bestimmtheit der Regelungen des § 3 RStV Stellung.

[1411] *Isensee/Axer* (1998), S. 68: Die Erfahrung zeigt lediglich, dass bisher weniger Normverletzungen vorgekommen sind als im privaten Sektor; doch das zeigt nur, dass sich eine Sanktion seltener aktualisiert, nicht aber dass sie schlechthin überflüssig ist.

kontrolle finden sich auch im privaten Rundfunkbereich. Es sind im öffentlichen Rundfunk Zweifel angebracht, ob die gesetzlich vorgesehenen Kontrollmechanismen effektiv greifen. Vor allem im Bereich der Aufsicht ist dies zu bezweifeln.[1412] Somit besteht kein Grund für die Ungleichbehandlung. Es bleibt verborgen, weshalb durch den JMStV bei den öffentlich-rechtlichen Rundfunkanstalten auf die Einhaltung der Vorschriften vertraut werden soll, bei den privaten Rundfunkveranstaltern jedoch ein Sanktionsmechanismus nötig erachtet wird. Dies ist um so verwerflicher, als durch den JMStV und die Neustrukturierung der Aufsicht in Form der regulierten Selbstregulierung nunmehr der Jugendschutz im privaten Rundfunk weiter verbessert werden soll. Es ist auch nicht ausreichend, dass die Versuchung, die Norm zu unterlaufen, in dem einen Sektor angesichts möglicher finanzieller Vorteile größer ist, als im anderen. Schließlich müssten die öffentlich-rechtlichen Anstalten, würden sie sich stets gesetzesgetreu verhalten, auch nicht mit Sanktionen rechnen. Oder überspitzt ausgedrückt: Ginge der Gesetzgeber tatsächlich von der Idealvorstellung aus, dass eine Sanktionierung gegenüber öffentlich-rechtlichen Rundfunkanstalten nicht erforderlich sei, da sich jene im Zweifel gesetzesgetreu verhalten würden, bedürfte es dann in letzter Konsequenz überhaupt einer Einbeziehung des öffentlich-rechtlichen Rundfunks in den Geltungsbereich des JMStV? Muss sich nicht vielmehr jede Normfestsetzung ohne Regelung eines entsprechenden Sanktionierungsmechanismus die Frage nach ihrer Sinnhaftigkeit gefallen lassen? Die Bußgeldsanktion macht insofern jedenfalls für den Normadressaten Sinn, selbst wenn sie nicht in Bescheiden aktualisiert wird. Sie dient der Prävention und stärkt so auch das Vertrauen der Allgemeinheit in die Stabilität der Rechtsnormen. Dieses Vertrauen ist im Kinder- und Jugendschutz für das gesamte duale System geboten. Es gibt keinen sachlichen Grund dafür, die öffentlich-rechtlichen Rundfunkanstalten von der Sanktion auszunehmen, so dass diesbezüglich ein Verstoß gegen Art. 3 Abs. 1 GG vorliegt.[1413] Angesicht der Überschrift zum VI. Abschnitt gilt auch die Strafbestimmung ausdrücklich nicht für den öffentlich-rechtlichen Rundfunk. Gerade auch hierfür ist kein Grund ersichtlich.

Aber gerade die Praxis zeigt, die Notwendigkeit eines einheitlichen Schutzniveaus in allen Online-Medien ohne Rücksicht auf den Verbreitungsweg, aber auch ohne Rücksicht auf die rechtliche Organisationsform. Es ist nicht nachvollziehbar, weshalb die öffentlich-rechtlichen Rundfunkanstalten nicht unter die gemeinsame Aufsicht fallen und warum nicht zumindest an dem bisher erreichten Standard einer vereinheitlichten Abstimmung unter den Landesmedienanstalten und Landesrundfunkanstalten festgehalten wurde. Angesichts des seit den Jahren 2001/2002 deutlich reduzierten Werbemarkts kann diese Ungleichbehandlung auch erhebliche Auswirkungen haben. Die öffentlich-rechtlichen Anstalten haben durch den derzeitigen Vorteil der Ahndungs-

---

[1412] *Isensee/Axer* (1998), S. 68 Fn. 177: Erster Teil, II, 1 – Kritik an der Ungleichbehandlung bei *Hartstein/Ring/Kreile/Dörr/Stettner* (2003), § 49 Rn. 7.

[1413] Ausführlich hat sich mit der Ungleichbehandlung von privatem und öffentlich-rechtlichen Rundfunk befasst *Degenhart*, ZUM 1997, 153 (153 ff.).

freiheit im Wettbewerb um höhere Einschaltquoten die Möglichkeit, den Kinder- und Jugendschutz „laxer" handhaben zu können.[1414] Diese bereits im RStV bestandene verfassungswidrige Ungleichbehandlung wurde im JMStV beibehalten und ist daher ebenfalls verfassungswidrig.

20.2 Das Erfordernis der Vorsperre im Pay-TV und der Gleichheitssatz

20.2.1 Die Vorsperre als Inländerdiskriminierung

Problematisch an der Verpflichtung zur senderseitigen Vorsperre bei privaten Anbietern digitaler Fernsehprogramme ist, dass eine Übertragung von digitalem Fernsehen ausländischer Rundfunkveranstalter innerhalb der Europäischen Union nicht über die d-box, sondern über den Decoder des jeweiligen Veranstalters erfolgen darf, welcher den Privilegien des so genannten Sendestaatsprinzips unterfällt.[1415] Wenn ein Programm nach den nationalen (insb. Jugendschutz-)Bestimmungen des Mitgliedstaates der Europäischen Union (EU) zugelassen ist, darf es über das Territorium des Zulassungsstaates hinaus in der EU ausgestrahlt werden. Dies ist in § 52 Abs. 1 RStV geregelt. Beschränkungen durch den Empfangsstaat müssen sich am Gemeinschaftsrecht messen lassen[1416] und dürfen insbesondere die in Art. 49 EGV festgeschriebene Dienstleistungsfreiheit nicht verletzen.[1417] Vergleicht man die europäischen Jugendschutzbestimmungen mit den in Deutschland geltenden,[1418] so fällt auf, dass in keinem anderen Land der Gemeinschaft auf nationaler Ebene eine Vorsperre durch den Anbieter selbst gefordert wird.[1419] Auf europäischer Ebene wird in der EG-FernsehRiL lediglich ein in jedem Mitgliedsstaat zu gewährender einheitlicher Mindeststandard festgelegt, der in Art. 22 Abs. 2 EG-FernsehRiL beschreibt, dass die Mitgliedstaaten angemessene Maßnahmen ergreifen müssen, um zu gewährleisten, dass Sendungen von Fernsehveranstaltern, die ihrer Rechtshoheit unterworfen sind, keinerlei Programme enthalten, die die körper-

---

[1414] *Isensee/Axer* (1998), S. 68.

[1415] Gem. Art. 2 Abs. 1 EG-FernsehRiL hat jeder Mitgliedstaat dafür zu sorgen, dass alle Fernsehsendungen, die von seiner Rechtshoheit unterworfenen Fernsehveranstaltern gesendet werden, den Vorschriften des Rechtssystems entsprechen, die auf für die Allgemeinheit bestimmte Sendungen in diesem Mitgliedstaat anwendbar sind.

[1416] Vgl. dazu *Helberger*, ZUM 1998, 50 (50); *Gesellensetter*, AfP 2001, 369 (372). Zum Anwendungsvorrang des Gemeinschaftsrechts vgl. Fn. 169.

[1417] Wie aus der Einleitung zur EG-FernsehRiL zu entnehmen ist, stellt die Fernsehtätigkeit regelmäßig eine Dienstleistung im Sinne des Art. 49 EGV dar.

[1418] Allgemein vgl. *v. Gottberg*, tv diskurs 1/1997, 28 ff.; *Gangloff* (2001), S. 104 ff.; *Köhne*, MMR 2002, S. XXI ff.; *Hasebrink*, in: *GSJP*, Jugendschutzbericht 2000/2001, S. 85 ff.; *Liesching* (2002), S. 185 ff. Zur Vorsperre vgl. Beispiele bei *Hess/Gorny*, ZUM 1999, 881 (888) m.w.N. Zur unterschiedlichen Handhabung von Pornographie vgl. *Liesching*, MMR 2003, 156 ff.; *Albrecht*/Hotter (2002), S. 93 ff.; *Weigend*, ZUM 1994, 133 ff.

[1419] *Hess/Gorny*, ZUM 1999, 881 (888); *Gesellensetter*, AfP 2001, 369 (372). *Hasebrink*, in: *GSJP*, Jugendschutzbericht 2000/2001, S. 85 (93) behauptet, dass das System der Vorsperre weltweit einmalig sei, da in der Regel der Kindersperre vergleichbare technische Lösungen praktiziert würden.

liche, geistige und sittliche Entwicklung von Minderjährigen beeinträchtigen können, es sei denn es wird durch die Wahl der Sendezeit oder durch sonstige technische Maßnahmen dafür gesorgt, dass solche Sendungen von Minderjährigen im Sendebereich üblicherweise nicht gesehen oder gehört werden. Alles Weitere regeln die Mitgliedstaaten auf nationaler Ebene. Eine detaillierte einheitliche europäische Regelung zum Jugendschutz existiert nicht.[1420] Nachdem es beim Jugendschutz auf eine Gefährdungsmöglichkeit von Kindern und Jugendlichen ankomme, wird gerade vor diesem Hintergrund vereinzelt argumentiert,[1421] dass eine Obergrenze auf europäischer Ebene festzulegen sei, um eine Ungleichbehandlung von Kindern und Jugendlichen in Europa zu vermeiden.

Im Hinblick auf den verfassungsrechtlichen Gleichheitssatz bedeutet die gesetzliche Vorgabe einer anbieterseitigen Vorsperre zwar zunächst eine Schlechterstellung der deutschen Anbieter im Vergleich zu ihren europäischen Wettbewerbern und damit eine potenzielle Inländerdiskriminierung.[1422] Diese Ungleichbehandlung wird insbesondere wieder seit dem In-Kraft-Treten des JMStV diskutiert, da dort nun auch die Behandlung von Internetangeboten geregelt wird, und das Ausland teilweise die nach deutschem Recht jugendschutzrelevanten Inhalte überhaupt nicht als problematisch, geschweige denn als rechtswidrig einstuft.[1423]

Eine solche Schlechterstellung bedarf angesichts des in Art. 3 Abs. 1 GG verankerten Gleichheitssatzes der Rechtfertigung. Bereits Art. 3 Abs. 1 EG-FernsehRiL stellt es den Mitgliedsstaaten anheim, in den von der Richtlinie erfassten Bereichen strengere Bestimmungen für diejenigen Fernsehveranstalter zu erlassen, die ihrer eigenen Rechtshoheit unterstehen.[1424] Als sachlicher Rechtfertigungsgrund für die Ungleichbehandlung zwischen inländischen und ausländischen Rundfunkveranstaltern ist jedenfalls die Gewährleistung eines effektiven Jugendschutzes zu nennen. Wenn eine abgeschwächte Form der Vorsperre, wie sie im (europäischen) Ausland praktiziert wird, in gleichem Maße den Schutz der Jugend gewährleisten könnte, so läge möglicherweise ein Verstoß gegen den verfassungsrechtlichen Gleichheitssatz vor.

[1420] Diese wird gefordert von *Köhne*, MMR 2002, XXI (XXI).

[1421] *Köhne*, MMR 2002, XXI (XXI ff.) befürwortet, nachdem sich die liberaleren Länder strengeren Reglementierungen anderer Länder nicht unterwerfen werden, eine Auflösung der Jugendmedienschutzbehörden in den einzelnen europäischen Ländern. Stattdessen soll eine gemeinsame Institution mit einer Zuständigkeit für den gesamten EU-Raum aufgebaut werden.

[1422] So auch *Gesellensetter*, AfP 2001, 369 (372). Ausführlich zum Gleichheitssatz und zur Inländerdiskriminierung *Schilling*, JZ 1994, 8 ff. m.w.N.

[1423] Vgl. hierzu auch *Waldenberger* in MMR 2002, 413f. (414), der diese Fragen aufwirft, jedoch keine Antworten bietet.

[1424] Vgl. EuGH, ZUM 1997, 198 (201); *Helberger*, ZUM 1998, 50 ff. A.A. *Gesellensetter*, AfP 2001, 369 (372).

Aus bereits oben dargelegten Gründen zur Effektivität der Kindersperre und der Vorsperre[1425] muss dies aber verneint werden. Die nachweisbar schwächere Nutzung von eigenhändig zu programmierenden Kindersicherungen wird – wie bereits anhand der Kindersperre dargestellt wurde[1426] – den hohen Anforderungen an einen effektiven Jugendschutz nicht gerecht. Auch die Tatsache, dass in unterschiedlichen Nationen verschiedene Ansichten darüber existieren, wovor die jeweilige Jugend zu schützen sei,[1427] sowie das Argument, dass in Deutschland entsprechende Programme ausländischer Anbieter von Kindern und Jugendlichen konsumiert werden können,[1428] die den deutschen Standards nicht genügen, kann nur schwerlich als Beleg dafür dienen, den Standard des Jugendschutzes in Deutschland generell auf dieses Niveau herunterzusetzen.[1429] Gerade auch vor dem Hintergrund, dass § 3 Abs. 5 RStV als Übergangsvorschrift konzipiert war und durch den JMStV zwar fortwirkt, jedoch weiterhin nur in einer Phase der Erprobung bzw. „Bewährung“ gilt, ist es zumutbar und gerechtfertigt, den relativ einfachen Mechanismus der Vorsperre von den deutschen privaten Anbietern digitalen Fernsehens zu fordern.

20.2.2 Vorsperre mit Sendezeitgrenzen – Ungleichbehandlung gegenüber dem Free-TV

Es stellt sich ergänzend die Frage, inwieweit das Erfordernis einer Sendezeitbeschränkung von vorgesperrten Pay-TV-Angeboten zu einer Ungleichbehandlung gegenüber Free-TV-Angeboten führen kann. So wird von den Pay-TV-Anbietern immer wieder gefordert, dass die verkürzten Sendezeitbeschränkungen für den Bereich des Pay-TV gänzlich abzuschaffen seien, da die Pay-TV-Anbieter bereits durch die Einrichtung der Vorsperre dem Jugendschutz nachkommen würden.[1430] Hiergegen muss jedoch nach obigen Ausführungen eingewandt werden, dass die Vorsperre noch nicht zu einem vollständigen Ausschluss der Kinder und Jugendlichen von der Wahrnehmung für sie ungeeigneter Inhalte führt. Der 2. Praxistest hat ergeben, dass die Vorsperre noch nicht zur vollständigen Zufriedenheit und Effektivität funktioniert. Eine Ungleichbehandlung ist im Übrigen aber schon deshalb nicht anzunehmen, da es den Pay-TV-Anbietern nach dem JMStV (bisher RStV) frei steht, die Sendungen zu den selben Zeiten auszustrahlen, wie dies durch die Free-TV-Anbieter erfolgt.

[1425] Vgl. hierzu 1. Teil: 1.3.

[1426] Vgl. 1. Teil: 1.3.1.

[1427] Vgl. hierzu 1. Teil: 1.2.2.1.

[1428] Vgl. hierzu das Fernsehverhalten von Kindern in 1. Teil: 1.1, welches sich sprachgebunden und damit nationalitätsbezogen verhält.

[1429] So auch *Gesellensetter*, AfP 2001, 369 (372).

[1430] Bspw. *Belz*, MMR 2001, 561 (562).

Die Frage nach der verfassungsrechtlichen Ungleichbehandlung stellt sich eher insoweit,[1431] als vorgesperrte Pay-TV-Angebote, trotz der noch nicht voll ausgereiften Vorsperre, einer weniger strengen – verkürzten – Sendezeitbeschränkung als die Free-TV-Angebote unterliegen. Nachdem die Vorsperre kein Garant dafür sein kann, dass insbesondere ältere Kinder und Jugendliche für sie ungeeignete Inhalte wahrnehmen können und im Pay-TV kein anderes Fernsehverhalten von Kindern und Jugendlichen anzunehmen ist, als im Free-TV, stellt die verkürzte Sendezeitbeschränkung ein Besserstellung der Pay-TV-Anbieter dar. Aus Jugendschutzgesichtspunkten müssten sich die Pay-TV-Anbieter trotz Vorsperre ebenfalls an die Sendezeitbeschränkungen des Free-TV halten. Die Regelung in der JSS, wonach im Pay-TV eine verkürzte Sendezeitgrenze gelte, wurde geschaffen, um den Pay-TV-Anbietern hierdurch einen Anreiz für die kostenintensive Entwicklung und stetige Verbesserung der Jugendschutz-Vorsperre zu schaffen. Aus diesem Grund wurde von den Landesmedienanstalten in der Jugendschutzsatzung eine Kompromisslösung gewählt, welche aber im Ergebnis dem Gleichbehandlungsgrundsatz nicht standhält.

20.3 Zwischenergebnis

Die Ahndung von Verstößen gegen die materiellen Jugendschutzbestimmungen des JMStV gem. §§ 23 f. JMStV verletzt – wie bereits die entsprechende Regelung im RStV – den Gleichheitssatz des Art. 3 Abs. 1 S. 1 GG. Die Vorsperre führt zwar zu einer Benachteiligung von deutschen Pay-TV-Anbietern gegenüber ausländischen Rundfunkveranstaltern oder inländischen Free-TV-Anbietern, ist jedoch gerechtfertig. Dies gilt nicht zuletzt, da Art. 3 Abs. 1 EG-FernsehRiL die Möglichkeit für die Mitgliedstaaten bietet, strengere Regelungen zum Schutz von Minderjährigen zu erlassen. Die im Pay-TV geltende verkürzte Sendezeitbeschränkung stellt ihrerseits angesichts der Tatsache, dass die Vorsperre noch keinen vollständigen Jugendschutz garantiert, eine Ungleichbehandlung zum Nachteil der Free-TV-Anbieter dar, welche allenfalls aus Erprobungsgründen für einen begrenzten Zeitraum zur Schaffung alternativer Jugendschutzmittel hinnehmbar erscheint.

[1431] Nachdem die Vorsperrmöglichkeit nur für private Anbieter digitaler Programme gilt, könnte sich auch insoweit eine Ungleichbehandlung von öffentlich-rechtlichem und privaten Rundfunk ergeben. Vgl. zum Diskussionsstand *Ring*, ZUM 2000, 177 (181).

3. Teil: Zusammenfassung der Ergebnisse

1 Bewertung und Ausblick

Mit dem Jugendmedienschutz-Staatsvertrag haben die Landesgesetzgeber den Jugendschutz in Rundfunk und Telemedien grundlegend umgestaltet. Zum einen werden die rechtlichen Anforderungen an den Jugendschutz im Rundfunk sowie in Medien- und Telediensten in einem Gesetzeswerk zusammengefasst. Zum anderen wird ein neues System der regulierten Selbstregulierung eingeführt, welches die Selbstkontrolle stärkt, aber auch der gebotenen Aufsicht über die Selbstkontrolle durch die KJM Rechnung trägt. Es wird sich in der fünfjährigen Evaluierungsphase zeigen, inwieweit der dem neuen System der regulierten Selbstregulierung entgegengebrachte Vertrauensvorschuss erfüllt wird. Ob sich der Jugendmedienschutz-Staatsvertrag wie von der bayerischen Staatsministerin Christa Stewens auf den Medientagen München 2002 angekündigt, als „Meilenstein“ und „Dreh- und Angelpunkt für einen wirksamen und effizienten Jugendschutz“[1432] erweisen wird, ist fraglich. Diesbezügliche Zweifel sind nicht nur aufgrund der immensen Eile, mit der dieser Staatsvertrag ins Leben gerufen wurde, sondern insbesondere auch angesichts der Tatsache angebracht, dass einige bereits zu Zeiten des Rundfunkstaatsvertrags mit der Verfassung nicht in Einklang zu bringende Regelungen – wie die Ungleichbehandlung des öffentlich-rechtlichen und privaten Rundfunks bei Verstößen gegen die Jugendschutzbestimmungen –, aber auch bestehende Ungenauigkeiten – wie die Begriffswahl der Entwicklungsbeeinträchtigung und -gefährdung – durch die neuen Regelungen nicht behoben wurden.

Der Versuch einer Reform des Jugendmedienschutzes ist als solcher sicher grundsätzlich zu begrüßen. Eine Vereinheitlichung der materiellen Jugendschutzbestimmungen für Rundfunk, Mediendienste und Telemedien ist nicht erst seit der Diskussion um die Ausstrahlung des Formats von „Big Brother“ im Fernsehen und im Internet sinnvoll. Auch die Zusammenfassung der Aufsichtszuständigkeit über die unterschiedlichen Medien in einer zentralen Kommission für den Jugendmedienschutz (KJM) erscheint erstrebenswert. Die materiellen Anforderungen an den Jugendschutz im Rundfunk sind durch den JMStV gegenüber dem bisherigen § 3 RStV teils sogar verschärft worden. So wurde zum einen die Ausstrahlung indizierter und im Wesentlichen inhaltsgleicher Filme im Fernsehen generell verboten sowie zum zweiten das absolute Pornographieverbot im Fernsehen – auch im Bereich des Pay-TV – aufrechterhalten. Die vom Bundesverwaltungsgericht in seiner Entscheidung vom 20.02.2002 vorgesehene Ausnahme vom Pornographieverbot im Fernsehen bei Vorliegen einer effektiven Barriere wurde vom Landesgesetzgeber ausdrücklich nicht in den JMStV mitaufgenommen. Lediglich in geschlossenen Benutzergruppen schafft der § 4 Abs. 2 S. 2 JMStV eine Ausnahmemöglichkeit vom Pornographieverbot in Telemedien.

[1432] Vgl. epd medien vom 19.10.2002, Nr. 82, S. 13.

Die vorliegende Untersuchung hat ergeben, dass das umfangreiche und gestaffelte Jugendschutzinstrumentarium des JMStV (wie bisher des RStV) überwiegend verfassungsgemäß ist. Eingriffe durch die materiellen Jugendschutzbestimmungen in die Rundfunk-, Informations-, Kunst- und Berufsfreiheit sowie in das Elternrecht sind verfassungsrechtlich angesichts des hohen Rechtsguts des Kinder- und Jugendschutzes gerechtfertigt.

Letztlich fordert das neue Aufsichtssystem vor allem die Anbieter heraus, indem es diese zu einem selbstverantwortlichen Verhalten bei der Einhaltung der materiellen Jugendschutzbestimmungen verpflichtet. Es wird sich zeigen, ob die Anbieter von der Vorlagemöglichkeit bei den Selbstkontrolleinrichtungen Gebrauch machen, und inwieweit die von den Anbietern finanzierten Selbstkontrolleinrichtungen ihrem durch den JMStV aufgebürdeten Jugendschutzauftrag gerecht werden. Eine Stärkung der Selbstkontrolle ist grundsätzlich sinnvoll; allerdings wird abzuwarten sein, ob und inwieweit dieses neue System der regulierten Selbstregulierung in der Praxis funktioniert und effektiven Jugendschutz gewährleisten kann. Weiter sind die Landemedienanstalten, insoweit vertreten durch ihr Organ, die KJM, gefordert, durch klare und umfassende Richtlinien und Satzungen den Selbstkontrolleinrichtungen einen Rahmen zur Ausübung ihres Beurteilungsspielraums an die Hand zu geben.

2 Zusammenfassende Thesen

1. Das Fernsehen gehört zu den unentbehrlichsten Massenkommunikationsmitteln und übt einen erheblichen Einfluss auf die öffentliche Meinungsbildung aus. Gerade Kinder und Jugendliche, die täglich durchschnittlich 3 Stunden zumeist alleine fernsehen, werden durch dieses Medium in ihrer Entwicklung entscheidend geprägt. Nachdem in den Jahren 1998 bis 2002 die gegenüber den Anbietern beanstandeten Verstöße gegen die Jugendschutzvorschriften des § 3 RStV kontinuierlich zugenommen haben und sich gezeigt hat, dass solche Verstöße keinesfalls nur im digitalen Fernsehen bei Kanälen wie Beate Uhse-TV, sondern ebenso bei Spielfilmen, Serien, Talk- und Psychoshows, Magazinbeiträgen, Musikvideos, in Trailern und sogar in Nachrichten auftreten, wurde und wird die Erforderlichkeit effektiven Jugendmedienschutzes zur Vermeidung von Fehlentwicklungen von Kindern und Jugendlichen unübersehbar. Nicht zuletzt der zunehmende Einfluss durch die vielfältigen Medien bereits im Kindesalter lassen einen flexiblen und alle Medien umfassenden Jugendschutz dringend erforderlich erscheinen.

2. Der Jugendmedienschutz im Fernsehen genießt breite Akzeptanz in der Bevölkerung. Die eingesetzten Jugendschutzmaßnahmen – die Kennzeichnungspflicht, die Sendezeitgrenzen und die Vorsperre – werden von der Bevölkerung als sinnvoll akzeptiert und als Orientierungshilfe von den Eltern verstanden. Die bisher geltenden Bestimmungen des § 3 RStV und nunmehr des JMStV bieten ein gestuftes und umfangreiches Instrumentarium an Jugendschutzmaßnahmen, wodurch nicht nur der Fernsehkonsum von Kindern und Jugendlichen vor für diese

ungeeigneten Inhalten reglementiert werden, sondern darüber hinaus auch eine Hilfestellung für die Eltern bei der Erfüllung ihres Erziehungsauftrags geleistet werden kann.

3. Die Gesetzgebungskompetenz für den Jugendschutz im Fernsehen ist Ländersache. Dies ergibt sich bereits aus Art. 30, 70 GG kraft Sachnähe zur Landeskompetenz für den Rundfunk. Selbst bei Annahme einer konkurrierenden Gesetzgebungskompetenz gem. Art. 74 Abs. 1 Nr. 7 GG des Bundes sind die Länder zur Gesetzgebung befugt, da insofern der Bund von der konkurrierenden Kompetenz nach Art. 72 Abs. 2 GG keinen Gebrauch machen darf. Im Rahmen der Schaffung des JuSchG und des JMStV wurde die Kompetenz für den Bereich des Jugendschutzes in Telemedien ausdrücklich den Ländern übertragen.

4. Der Kinder- und Jugendschutz ist ein Ziel von bedeutsamem Rang und ein wichtiges Gemeinschaftsanliegen. Der Jugendschutz setzt als solcher den Medienfreiheiten des Art. 5 Abs. 1 S. 2 GG gem. Art. 5 Abs. 2 GG Schranken. Darüber hinaus beinhaltet der Jugendschutz aber auch einen Verfassungsauftrag des Staates, welcher aus dem Allgemeinen Persönlichkeitsrecht der Kinder und Jugendlichen gem. Art. 2 Abs. 1 i.V.m. Art. 1 Abs. 1 GG resultiert. Der Staat ist hiernach verpflicht, Kinder und Jugendliche vor Gefahren für ihre Entwicklung zu bewahren. Kindern und Jugendlichen muss es möglich sein, sich in körperlicher, geistiger und seelischer Hinsicht zu selbstbestimmten und selbstverantwortlichen Menschen zu entwickeln. Hierzu zählt auch die Befähigung der Kinder und Jugendlichen zum Umgang mit den Medien, insbesondere dem Rundfunk. Der Jugendschutzauftrag darf jedoch nicht in Gestalt der generellen Bevormundung der Eltern zum reinen Selbstzweck pervertieren. Der Staat muss vielmehr vor allem dort, wo Eltern bei der Kindererziehung versagen, hilfeleistend eingreifen.

5. Der Gesetzgeber hat bei der Verwirklichung seines Schutzauftrags die Belange des Jugendschutzes und die Programmautonomie der Anbieter in einen angemessenen Ausgleich gebracht. Dem Gesetzgeber kommt hierbei ein Beurteilungsspielraum zu, da die Wirkung von Gewalt und Pornographie auf Kinder und Jugendliche trotz vielfältiger empirischer Untersuchungen ungeklärt ist. Im Hinblick auf das Zensurverbot und auf die überragende Bedeutung der Rundfunkfreiheit für die freie Meinungsbildung ist eine staatsfreie Kontrolle bei der verfahrensmäßigen Ausgestaltung des Jugendschutzes unverzichtbar.

6. Die Eltern, die Anbieter und der Staat stehen in einer gemeinsamen Verantwortung für den Jugendschutz im Fernsehen. Durch den JMStV wird dem Grundsatz des Vorrangs der Selbstregulierung vor der Fremdregulierung durch das neue Aufsichtsmodell regulierter Selbstregulierung in besonderer Weise Rechnung getragen. Neben der Vereinheitlichung der Aufsichtszuständigkeit für den Jugendschutz in Rundfunk und elektronischen Online-Medien durch den JMStV wird durch die Anerkennung der Selbstkontrolleinrichtungen eine Vorverlagerung des Jugendschutzes sowie eine Stärkung der Eigenverantwortung der Anbieter

gefördert. Kritisch zu betrachten ist die Überprüfbarkeit der Entscheidungen der Selbstkontrolle durch die KJM, da den anerkannten Selbstkontrolleinrichtungen ein von Seiten der KJM nicht überprüfbarer Beurteilungsspielraum zusteht. Hierbei ist der JMStV so zu interpretieren, dass die Letztverantwortung für den Jugendschutz angesichts des Verfassungsauftrags des Staates bei der KJM als Organ der Landesmedienanstalten verbleiben muss. Eine vollständige Abgabe der Verantwortung wäre selbst bei einer funktionierenden Selbstkontrolle verfassungsrechtlich nicht zulässig. Es ist vielmehr unabdingbar, dass ein ausbalanciertes Verhältnis zwischen präventiver Kontrolle durch die anerkannten freiwilligen Selbstkontrolleinrichtungen sowie repressiver Kontrolle über die Selbstkontrolle durch die KJM geschaffen wird. Die Landesmedienanstalten (durch ihr Organ, die KJM) haben im Rahmen ihrer Satzungs- und Richtlinienkompetenz Rahmenbestimmungen zur Durchführung des JMStV, insbesondere zur Anerkennung der Selbstkontrolleinrichtungen, aber auch als Grundlage für den Beurteilungsrahmen der Selbstkontrolle zu schaffen. An diese Satzungen und Richtlinien sind die freiwilligen Selbstkontrolleinrichtungen bei der Umsetzung effektiven Jugendschutzes gebunden.

7. Die materiellen Bestimmungen des JMStV knüpfen für den Bereich des Fernsehens in weiten Teilen an die bisherigen Regelungen des § 3 RStV an. Der im JMStV neu verwandte Begriff der „Entwicklungsbeeinträchtigung" ist mit dem Begriff der „Jugendbeeinträchtigung" des RStV identisch und eröffnet keinen neuen Beurteilungsspielraum. Bei der Vereinheitlichung der materiellen Jugendschutzregelungen im Rundfunk und in Telemedien wurde den Besonderheiten im Bereich des Fernsehens Rechnung getragen. So wurde nicht nur an einem absoluten Pornographieverbot im Bereich des Rundfunks festgehalten, sondern insoweit auch bei indizierten und im Wesentlichen inhaltsgleichen Filmen der bisher in § 3 Abs. 3 RStV vorgesehene Erlaubnisvorbehalt zu Gunsten eines absoluten Sendeverbots aufgehoben. Hierdurch wurden die materiellen Bestimmungen im Rundfunk verschärft. Dagegen ist bei Telemedien eine Ausnahmemöglichkeit von eben diesen Ausstrahlungsverboten innerhalb geschlossener Benutzgruppen geschaffen worden.

8. Das bisher in § 3 Abs. 1 Nrn. 4 und 5 RStV vorhandene Formulierungsdefizit, menschenunwürdige Berichterstattung sei in bestimmten Fällen zulässig, wurde durch § 4 Abs. 1 S. 1 Nr. 8 JMStV behoben. Während § 15 Abs. 2 Nr. 3 JuSchG in verfassungswidriger Weise noch den Eindruck erweckt, dass eine Menschenwürdeverletzung durch das Berichterstatterprivileg gedeckt sein könnte, statuiert nunmehr § 4 Abs. 1 S. 1 Nr. 8 JMStV angesichts der Unantastbarkeit der Menschenwürdegarantie verfassungsgemäß, dass Angebote, die gegen die Menschenwürde verstoßen, stets unzulässig sind. Auch das Formulierungsmanko in § 3 Abs. 1 Nr. 5 RStV in Gestalt der Bezugnahme auf eine Menschenwürdeverletzung „in sonstiger Weise" konnte durch § 4 Abs. 1 S. 1 Nr. 8 JMStV behoben werden.

9. Die Sendezeitbeschränkungen für entwicklungsbeeinträchtigende Angebote stellen sowohl nach § 5 Abs. 4 JMStV als auch bisher nach § 3 Abs. 2 RStV ein verfas-

sungsgemäßes Jugendschutzinstrument dar. Die Staffelung der Sendezeitgrenzen entspricht dem Fernsehnutzungsverhalten der Kinder, welche zwar überwiegend zwischen 18.00 Uhr und 21.00 Uhr vor dem Fernsehgerät sitzen, jedoch nach 22.00 Uhr und erst recht nach 23.00 Uhr kaum mehr fernsehen. Die Altersabstufung stellt auf die kognitiven und strukturierenden Fähigkeiten von Kindern und Jugendlichen – variierend nach den unterschiedlichen Entwicklungsphasen – ab. Der Gesetzgeber hat aufgrund einer von ihm zu treffenden Gefahrenprognose das Risiko von Entwicklungsbeeinträchtigungen bewertet und in diesem Zusammenhang durch die Staffelung der Sendezeiten nach Altersgrenzen und das zu Gunsten der Informationsfreiheit der Zuschauer eingeführte Nachrichtenprivileg in § 5 Abs. 6 JMStV ein trotz zeitlichen Wandels derzeit noch geeignetes, erforderliches und zumutbares Jugendschutzmittel eingesetzt. Lediglich ergänzende konkrete Sendezeitgrenzen für Kinder und Jugendliche unter 16 Jahren – wie beispielsweise eine 20.00-Uhr-Grenze für unter 12 Jährige – wären angesichts der gerade in diesem Alter bestehenden Entwicklungsunterschiede sinnvoll und würde die Eltern bei ihrer Erziehungsaufgabe unterstützen. Da der Staat gleichzeitig keinen allumfassenden Jugendschutz sicherstellen kann, ist in der Regelung der Sendezeitbeschränkung, trotz vorhandener Umgehungsmöglichkeiten, wie etwa durch die nächtliche Programmierung des Videorekorders, kein Verstoß gegen das Untermaßverbot zu sehen.

10. Die Sendezeitbeschränkung für sonstige Sendeformate ist ein verfassungsgemäßes Mittel, welches nicht gegen das Zensurverbot verstößt. Zwar können hierdurch auch nicht entwicklungsbeeinträchtigende Einzelfolgen mit einer Sendezeit belegt werden; dies ist jedoch angesichts einer im Einzelfall vorgenommenen Interessenabwägung, welche sich an bereits ausgestrahlten Folgen orientiert, gerechtfertigt.

11. Bereits das in § 3 Abs. 3 RStV geregelte Ausstrahlungsverbot mit Erlaubnisvorbehalt für indizierte Filme und im Wesentlich inhaltsgleiche Filme verstieß nicht gegen das Zensurverbot des Art. 5 Abs. 1 S. 3 GG. Denn durch das Ausstrahlungsverbot konnte durch die staatsfern organisierten Landesmedienanstalten weder ein staatlicher Eingriff vorgenommen werden, noch war von einer präventiven Kontrolle auszugehen, nachdem die Anbieter zunächst selbst zu entscheiden hatten, welche Filme ihres Erachtens als im Wesentlichen inhaltsgleich anzusehen waren und deshalb noch oder nicht mehr ausgestrahlt werden konnten. Die Landesmedienanstalten wurden erst im nachhinein – also repressiv – tätig. Nachdem in der praktischen Anwendung des § 3 Abs. 3 RStV a.F. festgestellt werden musste, dass sich das Ausstrahlungsverbot mit Erlaubnisvorbehalt als wenig effektiv erwies, da es den Anbietern die Wahl der Einholung einer Ausnahmegenehmigung überließ, ist nunmehr durch § 4 Abs. 1 S. 1 Nr. 11 i.V.m. Abs. 2 S. 1 Nr. 2 JMStV ein absolutes Ausstrahlungsverbot für indizierte und diesen im Wesentlichen inhaltsgleiche Angebote vorgesehen. Dieses stellt ein geeignetes, erforderliches und zumutbares Mittel des Jugendschutzes dar, welches gleichfalls nicht gegen das Zensurverbot verstößt. Der Eingriff in die Rundfunkfreiheit der

Anbieter sowie in die Informationsfreiheit der volljährigen Rezipienten ist für den Vertriebsweg des Rundfunks – angesichts des hochwertigen Rechtsgutes des Jugendschutzes und der möglicherweise durch schwer jugendgefährdende Angebote drohenden Gefahren für Kinder und Jugendliche – gerechtfertigt. Anbietern bzw. volljährigen Rezipienten verbleibt aufgrund des JMStV die Möglichkeit, innerhalb geschlossener Benutzergruppen vergleichbare Angebote in Telemedien zu verbreiten bzw. wahrzunehmen.

12. Zwar gelten im Fernsehen für entwicklungsbeeinträchtigende Angebote Sendezeitgrenzen sowie für offensichtlich schwer jugendgefährdende, indizierte und pornographische Angebote Ausstrahlungsverbote, jedoch existiert für nicht offensichtlich schwer jugendgefährdende und ausschließlich für das Fernsehen produzierte Sendungen keine vergleichbare ausdrückliche Regelung. Diese Regelungslücke wurde auch durch den JMStV nicht behoben. Bis der Gesetzgeber eine ausdrückliche Regelung findet, muss angesichts der mit einer offensichtlich schwer jugendgefährdenden bzw. indizierten Sendung vergleichbaren Gefährdungslage für Kinder und Jugendliche analog § 4 Abs. 2 S. 1 Nr. 2 und Nr. 3 JMStV auch bei nicht offensichtlich, aber trotzdem schwer jugendgefährdenden Fernsehsendungen ein Ausstrahlungsverbot – wenn auch ohne die Folge des § 23 JMStV bei einem entsprechenden Verstoß – gelten.

13. Die Vorsperre ist ein zum Schutz von Kindern durchaus praktikables, aber zum Schutz von Jugendlichen noch nicht voll funktionstaugliches Instrument des Jugendmedienschutzes im digitalen Fernsehen, da der PIN-Code durch die Eltern lediglich vor jüngeren Kindern geheim gehalten wird. Eine Kombinierung des PIN-Codes für jugendgefährdende Filme mit dem PIN-Code für Filme im Pay-Per-View-Verfahren könnte – durch den monetären Effekt – zu einer Verbesserung der Schutzwirkung führen. Auch wenn die Vorsperre durch den JMStV nunmehr als Regelmodell vorgesehen wird, gilt sie nur vorbehaltlich der Ergebnisse der fünfjährigen Evaluierungsphase des JMStV als alternatives Jugendschutzinstrument im digitalen Fernsehen. Da die Vorsperre jedoch noch kein der Sendezeitbeschränkung vergleichbar effektives Jugendschutzinstrument ist, wurde in der JSS festgelegt, dass trotz Vorsperre eine verkürzte Sendezeitgrenze gelte. Die Effizienz dieser verkürzten Sendezeitgrenze muss jedoch angesichts des tatsächlichen Fernsehverhaltens von Kindern und Jugendlichen bezweifelt werden. Die derzeit geltende Vorsperr-Regelung findet ihre Rechtfertigung ausschließlich im Beurteilungsspielraum des Gesetzgebers, wonach dieser bei der Wahl der Jugendschutzmittel neben einer Gefahrenprognose die Interessen an einem effektiven Jugendschutz mit der Programmfreiheit der Rundfunkveranstalter in einem angemessen Ausgleich setzen muss. Während der Evaluierungsphase des JMStV stellt die Kompromisslösung ein verhältnismäßiges Mittel dar, insbesondere da möglicherweise durch das Erfordernis der geschlossenen Benutzergruppe im Internet Synergieeffekte für die Verbesserung der Vorsperre eintreten können.

14. Die Vorsperre mit verkürzter Sendezeitbeschränkung stellt eine aus Jugendschutzgründen gerechtfertigte Inländerdiskriminierung dar. Eine Ungleichbehandlung von Free- und Pay-TV innerhalb Deutschlands ist jedoch sachlich nicht gerechtfertigt. Während im Bereich des Pay-TV Filme, die erst ab 18 Jahren freigegeben sind, bei Einsatz der Vorsperre bereits ab 20.00 Uhr ausgestrahlt werden können, dürfen die Free-TV-Anbieter von der Möglichkeit der Vorsperre mit verkürzter Sendezeitbeschränkung keinen Gebrauch machen. Für sie verbleibt es bei den regulären Sendezeiten des § 5 Abs. 4 JMStV. Dieser Wettbewerbsvorteil, der den Pay-TV-Anbietern gewährt wird, ist nicht mit dem Gleichheitssatz vereinbar.

15. Programmankündigungen unterliegen denselben Sendezeitgrenzen, die für die Sendungen gelten, die sie ankündigen. Wird die angekündigte Sendung vorgesperrt ausgestrahlt, ist auch die Programmankündigung vorzusperren bzw. zu der Sendezeit auszustrahlen, zu der die vorgesperrte Sendung ohne Vorsperre ausgestrahlt werden müsste. Programmankündigungen für Sendungen, welche erst ab 12 Jahren freigegeben sind, müssen bei der Sendezeit der Programmankündigung die Sendezeit berücksichtigen, die auch für die Ausstrahlung der Sendung unter Berücksichtigung des Wohls von Kindern und Jugendlichen gewählt wird. Bei einer Imagewerbung, welche selbst nicht entwicklungsbeeinträchtigend ist und keine konkreten entwicklungsbeeinträchtigenden Filme ankündigt, jedoch auf ein insgesamt als entwicklungsbeeinträchtigend zu bewertendes Programm verweist, ist bei der Wahl der Sendezeit zu berücksichtigen, welchen Sendezeiten das beworbene Programm regelmäßig unterliegt.

16. Trotz eines nicht abzustreitenden „Verbotene-Frucht-Effekts", welcher von der Kennzeichnungspflicht von jugendschutzrelevanten Sendungen ausgeht, stellt die Kennzeichnungspflicht ein die übrigen Jugendschutzmaßnahmen des JMStV ergänzendes verfassungsrechtliches Jugendschutzinstrument dar. Die Kennzeichnungspflicht dient durch die Begründung von Medienkompetenz vorwiegend den Eltern als Hilfestellung bei ihrem Erziehungsauftrag aus Art. 6 Abs. 2 S. 1 GG. Auch wenn die Kennzeichnungspflicht bei Verwendung der Vorsperre im digitalen Fernsehen derzeit nicht ausdrücklich gesetzlich verankert ist, wird durch das Erfordernis der Eingabe des Jugendschutz-PIN-Codes darauf hingewiesen, dass es sich bei der nachfolgenden Sendung, um eine für Kinder und Jugendliche ungeeignete Sendung handelt.

17. Das Pornographieverbot nimmt auch im JMStV weiterhin auf das strafrechtliche Pornographieverbot Bezug. § 184 Abs. 2 StGB enthält ein umfassendes Ausstrahlungsverbot von Pornographie im Rundfunk und ist nicht ausschließlich auf Live-Sendungen beschränkt. Der Gesetzgeber hat im Strafrecht und im Rundfunk einen einheitlichen Pornographiebegriff verwendet, welcher sowohl die einfache, als auch die harte Pornographie umfasst. Es besteht kein Bedürfnis nach einem neuen jugendschutzorientierten Pornographiebegriff; es ist vielmehr weiterhin auf den traditionellen Pornographiebegriff, wie er sich aus dem Begriff der „unzüchtigen

Schriften" heraus entwickelt hat, abzustellen. Der Schutzzweck des Pornographieverbotes umfasst vor allem den Jugendschutz, aber auch den Schutz Erwachsener vor ungewollter Konfrontation mit Pornographie. Das absolute Pornographieverbot im Fernsehen ist trotz der empirisch ungeklärten Wirkung von Pornographie auf Kinder und Jugendliche aufgrund der vom Gesetzgeber angestellten Gefahrenprognose verfassungsgemäß. Nachdem im Rundfunk nicht vom absoluten Ausstrahlungsverbot abgewichen werden darf, kann auch der Einsatz der Vorsperre oder einer anderen „effektiven Barriere" im digitalen Pay-TV nicht zu einer Ausstrahlung von Pornographie führen; dies gilt nicht zuletzt aufgrund der europarechtlichen Vorgaben des Art. 22 Abs. 1 EG-FernsehRiL. Die Ausnahme in § 4 Abs. 2 S. 2 JMStV, welche das Zugänglichmachen von Pornographie innerhalb geschlossener Benutzergruppen zulässt, gilt nur in Telemedien. Beim near-video-on-demand-Verfahren handelt es sich im Gegensatz zum video-on-demand-Verfahren um Rundfunk, so dass bei diesem Pornographie nicht zulässig ist.

18. Bei der Einstufung einer Sendung als schwer jugendgefährdend oder pornographisch (mit der entsprechenden Konsequenz eines absoluten Ausstrahlungsverbots) ist die Sendung auf ihren Kunstgehalt hin zu untersuchen; bei Vorliegen einer künstlerischen Sendung ist zwingend eine Einzelfallabwägung zwischen der Kunstfreiheit und den Belangen des Jugendschutzes vorzunehmen.

19. Die bereits im RStV enthaltene Ungleichbehandlung in der Sanktionierung von Verstößen gegen die materiellen Jugendschutzbestimmungen, welche beim öffentlich-rechtlichen Rundfunk sanktionslos bleiben, während im privaten Rundfunk eine Bußgeldbewehrung sowie die Möglichkeit der Gewinnabschöpfung vorgesehen ist, wurde auch im JMStV aufrecht erhalten, ohne dass eine verfassungsrechtliche Rechtfertigung hierfür ersichtlich wäre.

Literaturverzeichnis

Albrecht, Hans-Jörg/Hotter, Imke: Rundfunk und Pornographieverbot – Eine (auch rechtsvergleichende) Untersuchung zur Reichweite des Pornographieverbots im Rundfunk im weiteren Sinne, Rechtsgutachten, BLM-Schriftenreihe Band 68, 2002 [zitiert: Albrecht/Hotter (2002)]

Arbeitsgemeinschaft der Landesmedienanstalten (ALM): Medienregulierung im Wandel – Zum Rang und zur Rolle der Landesmedienanstalten. Ein Positionspapier der ALM, Pressemitteilung vom 23.03.1999, abrufbar unter: http://www.alm.de/aktuelles/presse/positio10.htm (zuletzt besucht am 27.05.2003) [zitiert: ALM, Medienregulierung im Wandel, Pressemitteilung v. 23.03.1999]

Arbeitsgemeinschaft der Landesmedienanstalten (ALM): Ergebnisse der 116. Direktorenkonferenz der Landesmedienanstalten (DLM) am 17./18.05.1999, Pressemitteilung vom 20.05.1999, abrufbar unter: http://www.alm.de/aktuelles/presse/p200599.htm (zuletzt besucht am 27.05.2003) [zitiert: ALM, Pressemitteilung v. 20.05.1999]

Arbeitsgemeinschaft der Landesmedienanstalten (ALM): Stellungnahme der Direktorenkonferenz der Landesmedienanstalten (DLM) und der Arbeitsgemeinschaft der Landesmedienanstalten (ALM) aus Anlass der Anhörung zum Entwurf des Jugendmedienschutz-Staatsvertrags am 18.06.2002 in der Landesvertretung Niedersachsen/Schleswig-Holstein in Berlin, abrufbar unter: www.alm.de/aktuelles/position/positio0207.htm (zuletzt besucht am 26.05.2003) [zitiert: ALM, Stellungnahme zum JMStV, 18.06.2002]

Badura, Peter: Staatsrecht. Systematische Erläuterungen des Grundgesetzes für die Bundesrepublik Deutschland, 2. Aufl. 1996 [zitiert: Badura (1996)]

Bayerische Landeszentrale für neue Medien (BLM): Verstoß gegen die Programmgrundsätze in der Morgensendung „Bendel & Co" bei Radio Energy, München beanstandet, Pressemitteilung vom 19.03.1998, abrufbar unter: www.blm.de/aktuell/presse/980319b.htm (zuletzt besucht am 27.05.2003) [zitiert: BLM, Pressemitteilung v. 19.03.1998].

Bayerische Landeszentrale für neue Medien (BLM): BLM-Symposion Medienrecht 1998 – Rundfunkfreiheit in Bayern, BLM-Schriftenreihe Band 51, 1999 [zitiert: Redner, in: BLM-Symposion Medienrecht 1998 (1999)]

Bayerische Landeszentrale für neue Medien (BLM): „Reality Soaps und vergleichbare Formate", 2001, abrufbar unter: http://www.blm.de/jugendschutz/js_in_blm/reality soaps.pdf (zuletzt besucht am 02.06.2003) [BLM, „Reality Soaps und vergleichbare Formate" (2001)]

Bayerische Landeszentrale für neue Medien (BLM): BLM-Symposion Medienrecht 2001 – Zwischen Intendantenbefugnis und Zensurverbot: Jugendschutz in privaten

Rundfunkangeboten in Bayern, BLM-Schriftenreihe Band 71, 2002 [zitiert: Redner, in: BLM-Symposion Medienrecht 2001 (2002)]

Bayerische Landeszentrale für neue Medien (BLM): Private Rundfunkangebote in Bayern, Rechtsgrundlagen, 5. Aufl. 1999 und 6. Aufl. 2002 [zitiert: BLM, Rechtsgrundlagen (1999 oder 2002)]

Bayerischer Landtag: Amtliche Begründung zum 4. RÄStV, Drs. 14/1832 vom 12.10.1999, S. 19 ff., abrufbar unter: http://www.bayern.landtag.de/ElanTextAblage/Drucksachen/Basisdrucksachen/0000001000/0000001387.doc (zuletzt besucht am 02.06.2003) [zitiert: amtl. Begr., BayLT-Drs. 14/1832]

Bayerischer Landtag: Amtliche Begründung zum JMStV, Drs. 14/10246 vom 08.10.2002, S. 14 ff., abrufbar unter: http://www.bayern.landtag.de/ElanTextAblage/Drucksachen/Basisdrucksachen/0000005500/0000005534.doc (zuletzt besucht am 02.06.2003) [zitiert: amtl. Begr., BayLT-Drs. 14/10246]

Beisel, Daniel/Heinrich, Bernd: Die Strafbarkeit der Ausstrahlung pornographischer Sendungen in codierter Form durch das Fernsehen, JR 1996, 95 ff.

Beisel, Daniel/Heinrich, Bernd: Die Strafbarkeit der Ausstrahlung jugendgefährdender Fernsehsendungen, NJW 1996, 491 ff.

Belz, Dorothee: Technischer Fortschritt erfordert Modernisierung des Jugendmedienschutzes, MMR 2001, 561 f.

Berner, Georg/Köhler, Gerd Michael: Polizeiaufgabengesetz, Handkommentar, 16. Aufl. 2000 [zitiert: Berner/Köhler, PAG (2000)]

Bethge, Herbert: Grundrechtsverwirklichung und Grundrechtssicherung durch Organisation und Verfahren, NJW 1982, 1 ff.

Bethge, Herbert: Der verfassungsrechtliche Stellenwert der Werbung im öffentlich-rechtlichen Rundfunk, MP 1983, 690 ff.

Bethge, Herbert: Verfassungsrechtsprobleme der Privatfunkgesetzgebung, JZ 1985, 308 ff.

Bethge, Herbert: Mephistos Beitrag zur Erhaltung der Kunstfreiheit, ZUM 1989, 492 ff.

Bethge, Herbert: Grundrechtsschutz für die Medienpolizei? Zur Grundrechtsträgerschaft der Landesmedienanstalten, NJW 1995, 557 ff.

Bethge, Herbert: Der verfassungsrechtliche Status der Bayerischen Landeszentrale für neue Medien, Rechtsgutachten, BLM-Schriftenreihe Bd. 57, 1999 [zitiert: Bethge (1999)]

Bethge, Herbert: Die Freiheit des privaten Rundfunks – Eine Bestandsaufnahme, DÖV 2002, 673 ff.

Beucher, Klaus/Leyendecker, Klaus/von Rosenberg, Oliver: Mediengesetze. Rundfunk, Mediendienste, Teledienste, Kommentar zum Rundfunkstaatsvertrag, Mediendienste-Staatsvertrag, Teledienstegesetz und Teledienstedatenschutzgesetz, 1999 [zitiert: Beucher/Leyendecker/v. Rosenberg (1999)]

Blask, Falko: Die Porno-Nummer. Die Aufhebung eines Urteils gegen einen Erotik-Webmaster durch ein Düsseldorfer Gericht hat die Debatte um Altersverifikationssysteme (AVS) im Internet neu entfacht, internetWORLD, Ausgabe vom 01.04.2003, S. 29.

Bornemann, Roland: Funktionenteilung und Verantwortung in einem alternativen öffentlich-rechtlichen Rundfunkmodell, ZUM 1995, 832 ff.

Bornemann, Roland: Private Rundfunkangebote in Bayern, K&R 1999, 265 ff.

Bornemann, Roland: Ordnungswidrigkeiten in Rundfunk und Mediendiensten, 2001 [zitiert: Bornemann (2001)]

Bornemann, Roland: Der Sechste Rundfunkänderungsstaatsvertrag - ein Überblick, K&R, 2002, 301 ff.

Bornemann, Roland: Der Soldat James Ryan und der Jugendschutz (Anmerkung zu VG Berlin, Urteil vom 27.6.2002 – VG 27 A 398/01, K&R 2002, 499), K&R 2002, 474 ff.

Bornemann, Roland: Der Jugendmedienschutz-Staatsvertrag der Länder, NJW 2003, 787 ff.

Bornemann, Roland/Lörz, Nikolaus: Bayerisches Mediengesetz, Loseblattkommentar, Stand: Dez. 2002 [zitiert: Bornemann/Lörz, BayMG (2002)]

Brockhorst-Reetz, Bettina: Repressive Maßnahmen zum Schutze der Jugend im Bereich der Medien Film, Video und Fernsehen, 1989 [Brockhorst-Reetz (1989)]

Bueckling, Adrian: Bundeskompetenz für direktstrahlende TV-Satelliten?, ZUM 1985, 144 ff.

Bumke, Ulrike: Die öffentliche Aufgabe der Landesmedienanstalten. Verfassungs- und organisationsrechtliche Überlegungen zur Rechtsstellung einer verselbständigten Verwaltungseinheit, 1995 [zitiert: Bumke (1995)]

Bullinger, Martin: Satellitenrundfunk im Bundesstaat, AfP 1985, 1 ff.

Calliess, Christian: Inhalt, Dogmatik und Grenzen der Selbstregulierung im Medienrecht, AfP 2002, 465 ff.

Castendyk, Oliver: Jugendschutz im Fernsehen – zweiter Akt, MDR 1993, 192 ff.

Degenhart, Christoph: Rundfunkaufsicht und Wettbewerbsgleichheit im dualen Rundfunksystem – Verfassungsfragen des § 49 (§ 32 a.F.) RfStV, ZUM 1997, S. 153 ff.

Degenhart, Christoph: Bonner Kommentar, Grundgesetz, Bd. 1, Stand: April 1999 [zitiert: Degenhart, in: BK, GG (1999)]

Denninger, Erhard/Hoffmann-Riem, Wolfgang/Schneider, Hans-Peter/Stein, Ekkehart: Kommentar zum Grundgesetz für die Bundesrepublik Deutschland, 3. Aufl., Stand: 2001 [zitiert: Autor, in: AK, GG (2001)]

Deutscher Bundestag: Amtliche Begründung zum JuSchG, Drs. 14/9013 vom 13.05.2002, S. 13 ff., abrufbar unter: http://dip.bundestag.de/btd/14/090/1409013.pdf (zuletzt besucht am 02.06.2003) [zitiert: amtl. Begr., BT-Drs. 14/9013]

Di Fabio, Udo: Der Schutz der Menschenwürde durch Allgemeine Programmgrundsätze, Rechtsgutachten, BLM-Schriftenreihe Band 60, 2000 [zitiert: Di Fabio (2000)]

Direktorenkonferenz der Landesmedienanstalten (DLM): Zweites Strukturpapier zur Unterscheidung von Rundfunk und Mediendiensten, Stand: Dezember 1998, abgedruckt in: BLM, Private Rundfunkangebote in Bayern, Rechtsgrundlagen, 6. Aufl. 2002 [zitiert: 2. DLM-Strukturpapier (1998)]

Discher, Thomas: Die Peep-Show-Urteile des BVerwG (BVerwGE 64, 274, und BVerwG, NVwZ 1990, 668), JuS 1991, 642 ff.

Dörr, Dieter: Rundfunkföderalismus auf dem Prüfstand, ZUM 1996, 617 ff.

Dörr, Dieter: Farbe bekennen. Menschenwürde als Grenze der Programmfreiheit, epd medien Nr. 55, vom 12.07.2000, S. 55 ff.

Dörr, Dieter/Cole, Mark D.: Big Brother und die Menschenwürde. Die Menschenwürde und die Programmfreiheit am Beispiel eines neuen Sendeformats, 2000 [zitiert: Dörr/Cole (2000)]

Dörr, Dieter/Cole, Mark D.: „Big Brother" – oder: Menschenwürde als Grenze der Programmfreiheit, K&R 2000, 369 ff.

Dörr, Dieter/Cole Mark D.: Jugendschutz in den elektronischen Medien – Bestandsaufnahme und Reformabsichten. Eine Untersuchung der verfassungsrechtlichen Vorgaben unter besonderer Berücksichtigung der Situation im Rundfunk, BLM-Schriftenreihe Bd. 67, 2001 [zitiert: Dörr/Cole (2001)]

Dreier, Horst: Grundgesetz, Kommentar, Bd. I, 1996, Bd. II, 1998 [zitiert: Autor, in: Dreier, GG (1996) bzw.(1998)]

Eberle, Carl-Eugen: Schriftliche Stellungnahme des Zweiten Deutschen Fernsehens zur Anhörung der Arbeitsgruppe „Rundfunkbegriff" der Rundfunkreferenten der Länder am 15. Juni 1994, ZUM 1994, 530 ff.

Eberle, Carl-Eugen/Rudolf, Walter/Wasserburg, Klaus: Mainzer Rechtshandbuch der Neuen Medien (2003) [zitiert: Autor, in: Eberle/Rudolf/Wasserburg (2003)]

Engel-Flechsig, Stefan/Maennel, Frithjof A./Tettenborn, Alexander: Das neue Informations- und Kommunikationsdienste-Gesetz, NJW 1997, S. 2981 ff.

Engels, Stefan: Kinder- und Jugendschutz in der Verfassung – Verankerung, Funktion und Verhältnis zum Elternrecht, AöR 1997, 212 ff.

Engels, Stefan: Das Recht der Fernsehwerbung für Kinder. Rechtliche Regulierung der Fernsehwerbung unter Aspekten des Kinder- und Jugendschutzes, 1997 [zitiert: Engels (1997)]

Erbel, Günter: Kunst und Recht, ZUM 1985, 283 ff.

Erdemir, Murad: Filmzensur und Filmverbot. Eine Untersuchung zu den verfassungsrechtlichen Anforderungen an die strafrechtliche Filmkontrolle im Erwachsenenbereich, 2000 [zitiert: Erdemir (2000)]

Eyermann, Erich/Fröhler, Ludwig: Verwaltungsgerichtsordnung, 11. Aufl. 2000 [zitiert: Eyermann/Fröhler, VwGO (2000)]

Fechner, Frank: Medienrecht, 2001 [zitiert: Fechner (2001)]

Feierabend, Sabine/Klingler, Walter: Kinder und Medien 1999 – Ergebnisse der Studie KIM 99 zur Mediennutzung von Kindern, MP 1999, 610 ff.

Feierabend, Sabine/Klingler, Walter: Was Kinder sehen – Eine Analyse der Fernsehnutzung von Drei- bis 13-Jährigen 2001, MP 2002, 221 ff.

Feierabend, Sabine/Simon, Erk: Was Kinder sehen – Eine Analyse der Fernsehnutzung 1999 von Drei- bis 13-Jährigen, MP 2000, 159 ff.

Feierabend, Sabine/Simon, Erk: Was Kinder sehen – Eine Analyse der Fernsehnutzung 2000 von Drei- bis 13-Jährigen, MP 2001, 176 f.

Fink, Udo: Programmfreiheit und Menschenwürde, AfP 2001, S. 189 ff.

Forster, Edith: Kein Zigarettenrauch vor „Lilo & Stitch". Das neue Jugendschutzgesetz und seine Auswirkungen, Blickpunkt: Film, Ausgabe vom 12.08.2002, S. 14

Freiwillige Selbstkontrolle der Filmwirtschaft (FSK): Broschüre der FSK Freiwillige Selbstkontrolle der Filmwirtschaft 2003, zu beziehen unter: fsk@spio-fsk.de [zitiert: FSK (2003)]

Frenzel, Eike Michael: Von Josefine Mutzenbacher zu American Psycho. Das Jugendschutzgesetz 2002 und das Ende des Gesetzes über die Verbreitung jugendgefährdender Schriften und Medieninhalte?, AfP 2002, 191 ff.

Frotscher, Werner: „Big Brother" und das deutsche Rundfunkrecht. Eine verfassungsrechtliche Untersuchung zu der Frage, ob das Format „Big Brother" gegen die in § 41 Abs. 1 des Rundfunkstaatsvertrages (RfStV), § 13 Abs. 1 des Hessischen Privatrundfunkgesetzes (HPRG) niedergelegten Programmgrundsätze verstößt, unveröffentlichtes Gutachten, 2000 [zitiert: Frotscher (2000)]

Frotscher, Werner: Zlatko und Caroline. Der verfassungsrechtliche Schutz der menschlichen Würde und Persönlichkeit in der Medienberichterstattung, ZUM 2001, 555 ff.

Fuehr, Herbert: „Gut geschützt" Bundestag gegen Verschärfung – Mehr Selbstkontrolle, Nürnberger Nachrichten, Ausgabe vom 18.01.2003, S. 4

Gabriel-Bräutigam, Karin: Rundfunkkompetenz und Rundfunkfreiheit. Eine Untersuchung über das Verhältnis der Rundfunkhoheit der Länder zu den Gesetzgebungszuständigkeiten des Bundes, 1990 [zitiert: Gabriel-Bräutigam (1990)]

Gangloff, Tilmann P.: Ich sehe was, was du nicht siehst. Medien in Europa: Perspektiven des Jugendschutzes, 2001 [zitiert: Gangloff (2001)]

Geis, Max-Emanuel: Josefine Mutzenbacher und die Kontrolle der Verwaltung, NVwZ 1992, 25 ff.

Gemeinsame Stelle Jugendschutz, Programm, Medienkompetenz und Bürgermedien (GSJP): Bericht der Dokumentationsstelle Talkshows (Pressemitteilung der ALM vom 23.03.1999), abrufbar unter: http://www.alm.de/aktuelles/presse/gsjp.htm (zuletzt besucht am 27.05.2003) [zitiert: GSJP, Dokumentationsstelle Talkshows, 1999]

Gemeinsame Stelle Jugendschutz, Programm, Medienkompetenz und Bürgermedien (GSJP): Jahresbericht 1997-2000 (2000) [zitiert: GSJP, Jugendschutzbericht 1997-2000]

Gemeinsame Stelle Jugendschutz, Programm, Medienkompetenz und Bürgermedien (GSJP): Jugendschutzbericht 2000/2001 der Landesmedienanstalten: Bestandsaufnahme und Perspektiven, Schriftenreihe der Landesmedienanstalten, 2002 [zitiert: GSJP, Jugendschutzbericht 2000/2001]

Gemeinsame Stelle Jugendschutz, Programm, Medienkompetenz und Bürgermedien (GSJP): Bewertungsleitfaden für die Programmaufsicht im Rundfunk, Stand: Januar 2002, abgedruckt in: BLM-Symposion Medienrecht 2001 (2002), Anhang, S. 123 ff.; abrufbar auch unter: http://www.blm.de/jugendschutz/allgemeines/pdf/bewertungsleitfaden02.pdf (zuletzt besucht am 27.05.2003) [zitiert: GSJP, Bewertungsleitfaden für die Programmaufsicht im Rundfunk]

Gemeinsame Stelle Jugendschutz, Programm, Medienkompetenz und Bürgermedien (GSJP): Jugendschutzbericht 2002 der Landesmedienanstalten, 1. Halbjahr, abrufbar unter: http://www.blm.de/jugendschutz/pdf/Jugendschutzbericht%201_02.pdf (zuletzt besucht am 02.06.2003) [zitiert: GSJP, Jugendschutzbericht 1. Hj. 2002]

Gemeinsame Stelle Jugendschutz, Programm, Medienkompetenz und Bürgermedien (GSJP): Jugendschutzbericht 2002 der Landesmedienanstalten, 2. Halbjahr, abrufbar unter: http://www.blm.de/jugendschutz/pdf/Jugendschutzbericht%202_02.pdf (zuletzt besucht am 02.06.2003) [zitiert: GSJP, Jugendschutzbericht 2. Hj. 2002]

Gerhards, Maria/Klingler, Walter: Programmangebote und Spartennutzung im Fernsehen 2001. Entwicklungstrends und Unterschiede zwischen öffentlich-rechtlichen und privaten Programmen, MP 2002, 544 ff.

Gersdorf, Hubertus: Staatsfreiheit des Rundfunks in der dualen Rundfunkordnung der Bundesrepublik Deutschland, 1991 [zitiert: Gersdorf, Staatsfreiheit (1991)]

Gersdorf, Hubertus: Multi-Media: Der Rundfunkbegriff im Umbruch? Insbesondere zur verfassungsrechtlichen Einordnung der Zugriffs- und Abrufdienste, AfP 1995, 565 ff.

Gersdorf, Hubertus: Der verfassungsrechtliche Rundfunkbegriff im Lichte der Digitalisierung der Telekommunikation. Ein Rechtsgutachten im Auftrag der Hamburgischen Anstalt für neue Medien, 1995 [zitiert: Gersdorf, Rundfunkbegriff (1995)]

Gersdorf, Hubertus: Regelungskompetenzen bei der Belegung digitaler Kabelnetze. Eine verfassungsrechtliche Untersuchung zur Abgrenzung von Bundes- und Länderzuständigkeiten und zu den Rechten der Netzbetreiber bei der Zuweisung von Kabelkapazitäten für multimediale Dienste. Ein Rechtsgutachten im Auftrag der Hamburgischen Anstalt für neue Medien (HAM), 1996 [zitiert: Gersdorf, Regelungskompetenzen (1996)]

Gersdorf, Hubertus: Medienrechtliche Zulässigkeit des TV-Formats „Big Brother". Rechtsgutachten im Auftrag der RTL2 Fernsehen GmbH & Co. KG, Februar 2000 [zitiert: Gersdorf (2000)]

Gersdorf, Hubertus: „Pornographieverbot im Fernsehen und Verfassungsrecht", Antrittsvorlesung vom 06.04.2001 an der Universität Rostock, abgedruckt unter http://www.uni-rostock.de/livevorlesung (zuletzt besucht am 27.05.2003) [zitiert: Gersdorf, Antrittsvorlesung (2001)]

Gersdorf, Hubertus: „Gefahr einer kommunikativen Bevormundung". Prof. Hubertus Gersdorf zum Pornografieverbot im Fernsehen, epd medien, Ausgabe Nr. 46/47 vom 13.06.2001, S. 21 ff.

Gertz, Holger: Die Frage bleibt, ob es Antworten gibt. Eine Stadt im Griff der Ratlosigkeit – Erfurt, ein Jahr nach der Katastrophe, SZ, Ausgabe Nr. 96 v. 26/27.04.2003, S. 3.

Gesellensetter, Catrin: Der Jugendschutz in digital verbreiteten privaten Fernsehprogrammen. Die Rechtslage nach dem Fünften Rundfunkänderungsstaatsvertrag, AfP 2001, 369 ff.

Gounalakis, Georgios: Der Mediendienste-Staatsvertrag der Länder, NJW 1997, 2993 ff.

Gounalakis, Georgios: Konvergenz der Medien. Sollte das Recht der Medien harmonisiert werden? Gutachten B für die medienrechtliche Abteilung des 64. Deutschen Juristentages in Berlin, Februar 2002 [zitiert: Gounalakis (2002)]

Graf, Gerhard: Daytime Talkshows – Desorientierung oder gesellschaftliche Integration? Ein Plädoyer für die Fokussierung des Alltäglichen, tv diskurs, Ausgabe Nr. 6 vom 01.10.1998, S. 72 ff.

Grell, Petra, Jugendschutz im digitalen Fernsehen. Bericht zur Fachveranstaltung der Arbeitsgemeinschaft der Landesmedienanstalten (ALM), JMS-Report 4/2001, S. 4 f.

Grimm, Jürgen: Fernsehgewalt. Zuwendungsattraktivität, Erregungsverläufe, sozialer Effekt. Zur Begründung und praktischen Anwendung eines kognitiv-physiologischen Ansatzes der Medienrezeptionsforschung am Beispiel von Gewaltdarstellungen, 1999 [Grimm (1999)]

Gronimus, Andreas: Noch einmal Peep-Show und Menschenwürde, JuS 1985, 174 ff.

Gucht, Christiane: Das Zensurverbot im Gefüge der grundrechtlichen Eingriffskautelen, 2000 [zitiert: Gucht (2000)]

Gustedt, Volker/Bähr, Günther/Fleschner, Frank: Aufmarsch der Aufpasser. Schweinkram und Gewalt in allen Medien? Die Politik will bessere Kontrolle, aber die Wächter streiten um Kompetenzen, Focus, Ausgabe Nr. 13, vom 25.03.2002, S. 224 ff.

Hahn, Werner/Vesting, Thomas: Beck'scher Kommentar zum Rundfunkrecht, 2003 [zitiert: Autor, in: Hahn/Vesting (2003)]

Hartstein, Reinhard/Ring, Wolf-Dieter/Kreile, Johannes/ Dörr, Dieter/Stettner, Rupert: Rundfunkstaatsvertrag, Loseblattkommentar, Ordner I, II und III (JMStV), Stand: April 2003 [zitiert: Hartstein/Ring/Kreile/Dörr/Stettner (2003)]

Hartwig, Henning: „Big Brother" und die Folgen. Bemerkungen zu einem ungewöhnlichen Sendeformat, JZ 2000, 967 ff.

Hasebrink, Uwe: Jugendmedienschutz im internationalen Vergleich. Untersuchungen zur Wirksamkeit von Richtlinien und V-Chip, MP 1998, 454 ff.

Heid, Peter: JuS 1983, 408

Helberger, Natali: Die Konkretisierung des Sendestaatsprinzips in der Rechtsprechung des EuGH, ZUM 1998, 50 ff.

Henschel, Johann Friedrich: Die Kunstfreiheit in der Rechtsprechung des BVerfG, NJW 1990, 1937 ff.

Hepach, Stefan: Die Kommission zur Ermittlung der Konzentration im Medienbereich. Verselbständigungstendenzen eines Organs unter Berufung auf das rundfunkspezifische Gebot einer effizienten Konzentrationskontrolle, ZUM 1999, 603 ff.

Herkströter, Dirk: Rundfunkfreiheit, Kunstfreiheit und Jugendschutz. Zu den Auswirkungen der „Mutzenbacher-Entscheidung" des Bundesverfassungsgerichts vom 27. November 1990 auf die Jugendschutzbestimmungen im Rundfunkrecht, AfP 1992, 23 ff.

Herkströter, Dirk: Werbebestimmungen für den privaten Rundfunk nach dem Rundfunkstaatsvertrag vom 31.8.1991, ZUM 1992, 395 ff.

Herrmann, Günter: Rundfunkrecht. Fernsehen und Hörfunk mit Neuen Medien. Juristisches Kurzlehrbuch für Studium und Praxis, 1994 [zitiert: Herrmann (1994)]

Hess, Wolfgang/Gorny, Nele: Jugendschutz im digitalen (Bezahl-)Fernsehen – Rechtliche und methodische Probleme bei der Einführung und Anwendung veranstalterseitiger Vorsperrsysteme, ZUM 1999, 881 ff.

Hesse, Albrecht: Zur aktuellen Entwicklung des Rundfunkrechts, BayVBl. 1997, 132 ff.

Hesse, Albrecht: Rundfunkrecht. Die Organisation des Rundfunks in der Bundesrepublik Deutschland, 2. Aufl. 1999 [zitiert: Hesse (1999)]

Hesse, Konrad: Grundzüge des Verfassungsrechts der Bundesrepublik Deutschland, 20. Aufl. 1995 [zitiert: Hesse (1995)]

Hinrichs, Ulrike: „Big Brother" und die Menschenwürde, NJW 2000, 2173 ff.

Hirsch, Günter: Der EuGH im Spannungsverhältnis zwischen Gemeinschaftsrecht und nationalem Recht, NJW 2000, 1817 ff.

Hobro-Klatte, Rüdiger: Möglichkeit der Festlegung von Sendezeitbeschränkungen nach § 3 Abs. 5 Satz 2 RfStV für Fernsehsendungen, insbesondere für Talk-Shows im Nachmittagsprogramm, ZUM 1998, 812 ff.

Hochstein, Reiner: Teledienste, Mediendienste und Rundfunkbegriff – Anmerkungen zur praktischen Abgrenzung multimedialer Erscheinungsformen, NJW 1997, 2977 ff.

Hörnle, Tatjana: Pornographische Schriften im Internet: Die Verbotsnormen im deutschen Strafrecht und ihre Reichweite, NJW 2002, 1008 ff.

Hoerster, Norbert: Zur Bedeutung des Prinzips der Menschenwürde, JuS 1983, 93 ff.

Hoerster, Norbert: Noch einmal: Pep-Show und Menschenwürde, JuS 1983, 647

Hoffmann-Riem, Wolfgang: Der Rundfunkbegriff in der Differenzierung kommunikativer Dienste, AfP 1996, 9 ff.

Hoffmann-Riem, Wolfgang: Finanzkontrolle als Steuerungsaufsicht im Gewährleistungsstaat, DÖV 1999, 221 ff.

Holznagel, Bernd, Konvergenz der Medien – Herausforderungen an das Recht, NJW 2002, 2351 ff.

Holznagel, Bernd/Kussel Stephanie: Möglichkeiten und Risiken bei der Bekämpfung rechtsradikaler Inhalte im Internet, MMR 2001, 347 ff.

Hopf, Kristina: Jugendschutz im Rundfunk und das verfassungsrechtliche Zensurverbot des Art. 5 Abs. 1 Satz 3 GG, ZUM 2000, 739 ff.

Hopf, Kristina: Zwischen Intendantenbefugnis und Zensurverbot: Jugendschutz in privaten Rundfunkangeboten in Bayern – Tagungsbericht zum 4. BLM-Symposion 2001, ZUM 2002, 126 ff.

Hufnagel, Frank-Erich/Nolte, Norbert: Multimedia und Telekommunikation, AfP 2002, 310 ff.

Huster, Stefan: Individuelle Menschenwürde oder öffentliche Ordnung? Ein Diskussionsbeitrag anlässlich „Big Brother“, NJW 2000, 3477 ff.

Isensee, Josef: Kunstfreiheit im Streit mit Persönlichkeitsschutz, AfP 1993, 619 ff.

Isensee, Josef/Axer, Peter: Jugendschutz im Fernsehen. Verfassungsrechtliche Vorgaben für staatsvertragliche Beschränkungen der Ausstrahlung indexbetroffener Sendungen, 1998 [zitiert: Isensee/Axer (1998)]

Isensee, Josef/Kirchhof, Paul: Handbuch des Staatsrechts der Bundesrepublik Deutschland, Bd. III: Das Handeln des Staates (§ 57-86), 1996; Bd. V: Allgemeine Grundrechtslehren (§§ 108-127), 2000, und Bd. VI: Freiheitsrechte (§§ 128-157), 2001 [zitiert: Autor, in: HBStR]

Janik, Viktor: Rundfunkregulierung auch im Internet?, K&R 2001, 572 ff.

Janik, Viktor: Kapitulation vor der eingetretenen Konzentration? Die Sicherung der Meinungsvielfalt im privaten Rundfunk nach dem Sechsten Rundfunkänderungsstaatsvertrag, AfP 2002, S. 104 ff.

Jarass, Hans D.: Die freien Berufe zwischen Standesrecht und Kommunikationsfreiheit, NJW 1982, 1833 ff.

Jarass, Hans D.: In welcher Weise empfiehlt es sich, die Ordnung des Rundfunks und sein Verhältnis zu anderen Medien – auch unter dem Gesichtspunkt der Harmonisierung – zu regeln?, Gutachten G zum 56. Deutschen Juristentag, 1986 [zitiert: Jarass, 56. DJT (1986)]

Jarass, Hans D.: Das allgemeine Persönlichkeitsrecht im Grundgesetz, NJW 1989, 857 ff.

Jarass, Hans D.: Rundfunkbegriffe im Zeitalter des Internet. Zum Anwendungsbereich der Rundfunkfreiheit, des Rundfunkstaatsvertrags und des Mediendienste-Staatsvertrags, AfP 1998, 133 ff.

Jarass, Hans D./Pieroth, Bodo: Grundgesetz für die Bundesrepublik Deutschland, Kommentar, 5. Aufl. 2000 [zitiert: Jarass/Pieroth, GG (2000)]

Jescheck, Hans-Heinrich/Ruß, Wolfgang/Willms, Günther: Strafgesetzbuch, Leipziger Kommentar, 4. Bd., 10. Aufl. 1988 [zitiert: Autor, in: Jescheck/Ruß/Willms, StGB (1988)]

Jochum, Heike: Richtungsweisende Entscheidung des BVerfG zur legislativen Kompetenzordnung des Grundgesetzes, NJW 2003, 28 ff.

jugendschutz.net: Rating und Filtering – Zukunftstechnologien im Jugendschutz?!?, abgedruckt in: FSF, tv-diskurs, Heft 11, 1/2000 sowie abrufbar unter: http://www.jugendschutz.net/filtering/rating-tvdiskurs.html (zuletzt besucht am 27.05.2003) [zitiert: jugendschutz.net, Rating und Filtering] *jugendschutz.net*: Stellungnahme von jugendschutz.net v. 10.02.2003, mündliche Entscheidung des LG Düsseldorf zur Altersverifikation im Internet (LG Düsseldorf, 31.01.2003, XXXI 34/02), abrufbar unter: http://www.jugendschutz.net/AVS-duesseldorf-stellungnahme.html (zuletzt besucht am 27.05.2003) [zitiert: jugendschutz.net, Stellungnahme v. 10.02.2003]

jugendschutz.net: Stellungnahme von jugendschutz.net zur schriftlichen Urteilsbegründung v. 19.03.2003, Entscheidung des LG Düsseldorf zur Altersverifikation im Internet (LG Düsseldorf, 31.01.2003, XXXI 34/02), abrufbar unter: http://www.jugendschutz.net/AVS-duesseldorf-urteil.html (zuletzt besucht am 27.05.2003) [zitiert: jugendschutz.net, Stellungnahme v. 19.03.2003]

Käppner, Joachim: Bilder der Gewalt im Kopf. Eintauchen in die bizarre Welt maskentragender Killer – Pädagogen untersuchen den Einfluss von Horrorfilmen auf jugendliche Täter, SZ Ausgabe vom 02.03.2002, S. 9

Kaiser, Günther: Kriminologie. Ein Lehrbuch, 3. Aufl. 1996 [zitiert: Kaiser (1996)]

Kisker, Gunter: Neue Aspekte im Streit um den Vorbehalt des Gesetzes, NJW 1977, 1313 ff.

Knoll, Joachim H.: Pornographie in Zeitschriften, BPS-Aktuell 4/1998, S. 11 ff.

Knothe, Matthias: Neues Recht für Multi-Media-Dienste – Die Ländersicht, AfP 1997, 494 ff.

Köhne, Michael: Neuprüfung von indizierten Schriften und Medien, AfP 2002, 201 ff.

Köhne, Michael: Europäischer Jugendmedienschutz, MMR 2002, S. XXI ff.

Koenig, Christian: Medienaufsicht in der Bundesrepublik Deutschland. Im Blickpunkt: Konvergenz der Kommunikationsbranchen, K&R 2000, 1 ff.

Kreile Johannes/Diesbach, Martin: Der neue Jugendmedienschutz-Staatsvertrag – was ändert sich für den Rundfunk?, ZUM 2002, 849 ff.

Kreile, Johannes/Detjen, Stephan: Rechtliche Vorgaben und Verfahren für die Kontrolle von Gewalt- und Sexdarstellungen im Rundfunk, ZUM 1994, 78 ff.

Krempl, Stefan: Laute Proteste gegen neue Auflagen beim Jugendmedienschutz, Heise online News-Ticker, Meldung vom 12.08.2002, abrufbar unter: http://www.heise.de/newsticker/data/jk-12.08.02-002/ (zuletzt besucht am 27.05.2003) [Krempl, Heise online News-Ticker v. 12.08.02]

Kröger, Detlef/Moos, Flemming: Mediendienst oder Teledienst? Zur Aufteilung der Gesetzgebungsmaterie Informations- und Kommunikationsdienste zwischen Bund und Ländern, AfP 1997, 675 ff.

Krüger, Udo Michael: Gewalt in von Kindern genutzten Fernsehsendungen. Quantitative und qualitative Unterschiede im öffentlich-rechtlichen und privaten Programmangebot, MP 1996, S. 114 ff.

Kuch, Hansjörg: Der Staatsvertrag über Mediendienste, ZUM 1997, 225 ff.

Lackner, Karl/Kühl, Kristian: Strafgesetzbuch mit Erläuterungen, 24. Aufl. 2001 [zitiert: Lackner/Kühl (2001)]

Ladeur, Karl-Heinz: Zur Auseinandersetzung mit feministischen Argumenten für ein Pornographieverbot, ZUM 1989, 155 ff.

Ladeur, Karl-Heinz: Rundfunkaufsicht im Multimedia-Zeitalter zwischen Ordnungsrecht und regulierter Selbstregulierung, K&R 2000, 171 ff.

Ladeur, Karl-Heinz: Was ist Pornografie heute? Zur Notwendigkeit einer Umstellung des strafrechtlichen Pornografieverbots auf Institutionenschutz, AfP 2001, 471 ff.

Ladeur, Karl-Heinz: „Regulierte Selbstregulierung" im Jugendmedienschutzrecht. Zugleich Anmerkung zum Urteil des Verwaltungsgerichts Berlin zum Fall „Der Soldat James Ryan", ZUM 2002, 859 ff.

Landmann, Dieter: Die Ausstrahlung jugendgefährdender Fernsehsendungen – strafbar?, NJW 1996, 3309 ff.

Langenfeld, Christine: Zur Neuordnung des Jugendschutzes im Internet, Saarbrücker Bibliothek, abrufbar unter: http://www.jura.uni-sb.de/projekte/Bibliothek/texte/Langenfd1.html (zuletzt besucht am 27.05.2003) [zitiert: Langenfeld (2003)]; gekürzt auch veröffentlicht unter dem Titel „Die Neuordnung des Jugendschutzes im Internet" in: MMR 2003, 303 ff.

Lerche, Peter: Zum Rundfunkartikel der Bayerischen Verfassung – gestern und heute, in: *Rüth/Stern*, Freiheit und Verantwortung, Festgabe zum zehnjährigen Jubiläum der Gesellschaft für Rechtspolitik, 1984 [zitiert: Lerche, in: Rüth/Stern (1984)]

Libertus, Michael: Der Grundversorgungsauftrag als Grundfunktion des öffentlich-rechtlichen Rundfunks und seine dogmatische Grundlegung, MP 7/1991, 452 ff.

Liesching, Marc: Zur Beanstandung einer Sendung wegen Verletzung der Menschenwürde, JMS-Report 1/1998, S. 1 ff.

Liesching, Marc: Präventive Sendezeitbeschränkungen für Talkshows nach dem neuen Rundfunkstaatsvertrag, ZUM 2000, 298 ff.

Liesching, Marc: Harte Pornografie – Ein Überblick, JMS-Report 1/2002, S. 3 f.

Liesching, Marc: Zur Gesetzgebungskompetenz der Bundesländer für den Bereich „Jugendschutz in Rundfunk und Telemedien", ZUM 2002, 868 ff.

Liesching, Marc: Das neue Jugendschutzgesetz, NJW 2002, 3281 ff.

Liesching, Marc: Jugendmedienschutz in Deutschland und Europa. Die historische und gegenwärtige Entwicklung des gesetzlichen Jugendmedienschutzes in Deutschland mit rechtsvergleichendem Blick auf Staaten der Europäischen Union sowie der Schweiz, 2002 [zitiert: Liesching (2002)]

Liesching, Marc: Pornografieverbote in Staaten der Europäischen Union, MMR 2003, 156 ff.

Liesching, Marc/von Münch, Maximilian: Die Kunstfreiheit als Rechtfertigung für die Verbreitung pornographischer Schriften, AfP 1999, 37 ff.

Löffler, Martin: Das Zensurverbot der Verfassung, NJW 1969, 2225 ff.

Löffler, Martin: Presserecht. Kommentar zu den Landespressegesetzen der Bundesrepublik Deutschland mit einem Besonderen Teil und einem Textanhang, 3. Aufl. (1983) und 4. Aufl. (1997) [zitiert: Autor, in: Löffler (1997)]

Lücke, Jörg: Die „allgemeinen" Gesetze (Art. 5 Abs. 2 GG). Versuch einer Neuinterpretation, 1998 [zitiert: Lücke (1998)]

Mahrenholz, Ernst Gottfried: Brauchen wir einen neuen Pornographie-Begriff? Zur Auslegung des § 3 Abs. 1 Nr. 4 RStV, ZUM 1998, 525 ff.

Maunz, Theodor/Dürig, Günter: Grundgesetz. Kommentar, Bd. I, Stand: Oktober 2002 [zitiert: Autor, in: Maunz/Dürig (2002)]

Maurach, Reinhart/Schroeder, Friedrich-Christian/Maiwald, Manfred: Strafrecht Besonderer Teil, Teilband 1, Straftaten gegen Persönlichkeits- und Vermögenswerte, 8. Aufl. 1995 [zitiert: Maurach/Schroeder/Maiwald (1995)]

Maurer, Hartmut: Allgemeines Verwaltungsrecht, 2002 [zitiert: Maurer (2002)]

Medienpädagogischer Forschungsverbund Südwest (MPFS): Ergebnisbericht: Fernsehnutzung und Medienpädagogik im Alltag, Heft 3, abrufbar unter: http://www.mpfs.de/projekte/index.html (zuletzt besucht am 26.05.2003) [zitiert: MPFS, Fernsehnutzung und Medienpädagogik im Alltag, Heft 3]

Medienpädagogischer Forschungsverbund Südwest (MPFS): Ergebnisbericht: Jugend- und Jugendmedienschutz, Heft 7, abrufbar unter: http://www.mpfs.de/service/index.html (zuletzt besucht am 26.05.2003) [zitiert: MPFS, Jugend- und Jugendmedienschutz, Heft 7]

Medienpädagogischer Forschungsverbund Südwest (MPFS): KIM-Studie 2000 PC und Internet – Basisuntersuchung zum Medienumgang 6- bis 13-jähriger Kinder in Deutschland, abrufbar unter: http://www.mpfs.de/projekte/lieb.gif (zuletzt besucht am 26.05.2003) [zitiert: MPFS, KIM-Studie 2000]

Medienpädagogischer Forschungsverbund Südwest (MPFS): JIM-Studie 2001 – Jugend, Information, (Multi-)Media, abrufbar unter: http://www.mpfs.de/projekte/jim-pm.pdf (zuletzt besucht am 26.05.2003) [zitiert: MPFS, JIM-Studie 2001]

Merten, Klaus: Gewalt durch Gewalt im Fernsehen?, 1999 [zitiert: Merten (1999)]

Meyer-Hesemann, Wolfgang: Kompetenzprobleme beim Jugendschutz im Rundfunk. Zur Unanwendbarkeit des Gesetzes über die Verbreitung jugendgefährdender Schriften (GjS) auf Rundfunksendungen, DVBl. 1986, 1181 ff.

Merz, Bernd: Ein Schritt vor und zwei zurück, Zur geplanten Reform des Jugendmedienschutzes, epd medien Nr. 54, v. 13.07.2002, S. 3 ff.

Millies, Stephan: Vorsicht: zuviel Sex & Crime! Ab dem nächsten Jahr werden Sex und Gewalt im Fernsehen mit einem Warnhinweis versehen: zum Schutz der Jugend. Doch warum erst ab 22.00 Uhr?, tv today 13/1999 vom 19.06.1999, S. 14 ff.

Mohr, Inge: Jugendschutz im digitalen Fernsehen, JMS-Report 5/1999, S. 5 ff.

Mohr, Inge: Jugendschutz im Fernsehen: Aktuelle Entwicklungen. Medienpolitische Diskussion und empirische Befunde, MP 1999, 119 ff.

Morhart, Claus: Kontrollierte Kontrolleure. Die Jugendschutz-Reform muss den Praxis-Test bestehen, epd medien, Ausgabe 64, 17.08.2002, S. 3 f.

Mundzeck, Heike: Jugendschützer halten sich die Augen zu – Die freiwillige Selbstkontrolle der privaten TV-Sender stellt Persilschein für Gewaltfilme aus, Frankfurter Rundschau vom 11.11.2002, S. 14

Nawiasky, Hans/Schweiger, Karl/Knöpfle, Franz: Die Verfassung des Freistaates Bayern, Kommentar, Stand: Juli 2000 [zitiert: Autor, in: Nawiasky/Schweiger/Knöpfle, BV (2000)]

Neuerer, Kym/Raible, Jakob/Schulze, Oliver: Sex und Gewalt in den Medien für die Quote. Die falschen „Helden" vermitteln jungen Menschen auch die falschen Werte und Normen, Frankfurter Rundschau Ausgabe vom 07.08.2002, S. 10

Niederstadt, Jenny: Nachrichten (FSK 18). Jugendschützer überlegen, welche Bilder aus dem Krieg Kindern zuzumuten sind, Frankfurter Rundschau Ausgabe vom 31.03.2003, S. 15

Nolden, Dirk: Polizeiliche Kriminalstatistik 2000, Rückgang der Kinder- und Jugendkriminalität, JMS-Report, S. 1 ff.

Noltenius, Johanne: Die freiwillige Selbstkontrolle der Filmwirtschaft und das Zensurverbot des Grundgesetzes, 1958 [zitiert: Noltenius (1958)]

Oberländer, Stefanie: Gemeinsame Richtlinien der Landesmedienanstalten als normkonkretisierende Verwaltungsvorschriften? Zur Bindung der Gerichte an die auf der Grundlage der §§ 33 und 46 RStV erlassenen Gemeinsamen Richtlinien der Landesmedienanstalten, ZUM 2001, 487 ff.

Ory, Stephan: Jugendschutz in Neuen Medien, ZUM 1986, 123 ff.

Ory, Stephan: Gesetzliche Regelungen des Jugendschutzes beim Rundfunk, NJW 1987, 2967 ff.

Ory, Stephan: Rock am Regal – Rundfunk und Recht. Zur Frage der Rundfunkdefinition, ZUM 1995, 852 ff.

Ott, Klaus: Privatsache. Die Medienanstalten verlieren beim Jugendschutz an Einfluss, SZ Ausgabe vom 16.05.2002, S. 19

Palzer, Carmen: Co-Regulierung als Steuerungsform für den Jugendschutz in den audiovisuellen Medien – eine europäische Perspektive, ZUM 2002, 875 ff.

Pappi, Urban: Teledienste, Mediendienste und Rundfunk. Ihre Abgrenzung im Recht der elektronischen Medien (2000) [zitiert: Pappi (2000)]

Pieper, Antje Karin: Medienrecht im Spannungsfeld von „Broadcasting und Multimedia", ZUM 1995, 552 ff.

Pieroth, Bodo/Schlink, Bernhard: Grundrechte, Staatsrecht II, 2002 [zitiert: Pieroth/Schlink (2002)]

Ramberg, Klaus: Erfahrungen bei der Strafverfolgung der Verbreitung von Pornographie via Satellit, ZUM 1994, 140 ff.

Reinemann, Susanne: Zugang zu Übertragungswegen. Zur Verfassungsmäßigkeit der Ausgestaltung des Zugangs privater Fernsehanbieter zu digitalen Übertragungswegen, 2002 [zitiert: Reinemann (2002)]

Reinwald, Gerhard: Jugendschutz und neue Medien – Anwendbarkeit des Gesetzes über die Verbreitung jugendgefährdender Schriften (GjS) auf Internetangebote und Rundfunk auch unter Berücksichtigung der geplanten Änderung des Schriftenbegriffs in GjS und StGB, ZUM 1997, 450 ff.

Reinwald, Gerhard: Jugendmedienschutz im Telekommunikationsbereich in Bundeskompetenz? Verfassungsrechtliche Überlegungen im Umfeld des Art. 74 Abs. 1 Nr. 7 GG, ZUM 2002, 119 ff.

Ricker, Reinhart: Zur Frage der Zulässigkeit der Ausstrahlung pornographischer Angebote im Pay-TV. Unveröffentlichte rechtsgutachtliche Stellungnahme, 12.02.2003 [zitiert: Ricker (2003)]

Ricker, Reinhart/Müller-Malm, Friedrich: Hessisches Werbeverbot kontra Staatsvertrag, AfP 1988, 205 ff.

Ricker, Reinhart/Schiwy, Peter: Rundfunkverfassungsrecht, 1997 [zitiert: Ricker/ Schiwy (1997)]

Ridder, Christa-Maria: Paradigmenwechsel im Jugendmedienschutz? Anmerkungen zur Neuregelung der Jugendschutzbestimmungen im 4. Rundfunkänderungsstaatsvertrag, MP 2000, 213 ff.

Ring, Wolf-Dieter: Rundfunk und Internet, ZUM 1998, 358 ff.

Ring, Wolf-Dieter: Der Vierte Rundfunkänderungsstaatsvertrag – Rechtsfolgen für die Praxis, ZUM 2000, 177 ff.

Ring, Wolf-Dieter: „An den rechtlichen Realitäten vorbei" – BLM-Präsident Wolf-Dieter Ring zu Hubertus Gersdorf („Pornographie"), epd medien, Ausgabe Nr. 49, vom 23.06.2001, S. 26 f.

Ring, Wolf-Dieter: t+f, Ausgabe Nr. 5 vom 15.07.2002, S. 5

Ring, Wolf-Dieter: Medienrecht – Bundes- und Landesrecht, EU-Recht, Europäisches Recht, Internationale Rechtsquellen, Vorschriftensammlung, Loseblattkommentar, Ordner I-IV, Stand: März 2003 [zitiert: Ring (2003)]

Rossen, Helge: Selbststeuerung im Rundfunk – Modell „FSK" für kommerzielles Fernsehen?, ZUM 1994, 224 ff.

Rossen-Stadtfeld, Helge: Medienaufsicht unter Konvergenzbedingungen, ZUM 2000, 36 ff.

Rossen-Stadtfeld, Helge: Verfassungsrechtliche Perspektiven des dualen Rundfunksystems, M&K 2002, 481 ff.

Roßnagel, Alexander: Recht der Multimedia-Dienste, Kommentar zum IuKDG und zum MDStV, Stand: November 2000 [zitiert: Autor, in: Roßnagel (2000)]

Roßnagel, Alexander: Weltweites Internet – globale Rechtsordnung?, MMR 2002, 67 ff.

Sachs, Michael: Grundgesetz. Kommentar, 3. Auf. 2003 [zitiert: Autor, in: Sachs, GG (2003)]

Samson, Erich: Zum Pornographiebegriff sowie zum Verbot der Verbreitung von Pornographie durch Rundfunk, ein im Auftrag von Premiere World unveröffentlichtes rechtswissenschaftliches Gutachten [zitiert: Samson, Gutachten]

Scharf, Albert: Jugendschutz im Rundfunk – in Deutschland und in Europa, in: *Kreile*, Reinhold (Hrsg.), „Medientage München '88" - Dokumentation (1989), S. 20 ff. [zitiert: Scharf, in: Kreile (1989)]

Schick, Martin: Der verfassungsrechtliche Begriff des Kunstwerks, JZ 1970, 645 ff.

Schilling, Theodor: Gleichheitssatz und Inländerdiskriminierung, JZ 1994, 8 ff.

Schmitt Glaeser, Walter: Das duale Rundfunksystem, DVBl. 1987, 14 ff.

Schmitt Glaeser, Walter: Art. 5 Abs. 1 S. 2 GG als „Ewigkeitsgarantie" des öffentlich-rechtlichen Rundfunks, DÖV 1987, 837 ff.

Schmitt Glaeser, Walter: Big Brother is watching you – Menschenwürde bei RTL 2, ZRP 2000, 395 ff.

Schneider, Norbert: Talkshows als Faktor gesellschaftlicher Werteentwicklung, tv diskurs, Ausgabe 7 vom 01.01.1999, S. 62 ff.

Schönke, Adolf/Schröder, Horst: Strafgesetzbuch Kommentar, 26. Aufl. (2001) [zitiert: Autor, in: Schönke/Schröder (2001)]

Scholz, Rainer: Jugendschutz, Gesetz zum Schutz der Jugend in der Öffentlichkeit, Gesetz über die Verbreitung jugendgefährdender Schriften und Medieninhalte und andere Vorschriften mit Erläuterungen, 3. Aufl. 1999 [zitiert: Scholz (1999)]

Schorb, Bernd/Theunert, Helga: Jugendschutz im digitalen Fernsehen. Wie er technisch funktioniert und wie Familien damit umgehen, 1998 [zitiert: Schorb/Theunert (1998)]

Schorb, Bernd/Theunert, Helga: Jugendmedienschutz – Praxis und Akzeptanz, 2001 [zitiert: Schorb/Theunert (2001)]

Schraut, Bernhard: Jugendschutz und Medien. Zur Verfassungsmäßigkeit des Jugendschutzes im Rundfunk und bei den übrigen audiovisuellen Medien, 1993 [zitiert: Schraut (1993)]

Schreibauer, Marcus: Das Pornographieverbot des § 184 StGB. Grundlagen, Tatbestandsprobleme, Reformvorschläge, 1999 [Schreibauer (1999)]

Schroeder, Friedrich-Christian: Pornographie, Jugendschutz und Kunstfreiheit, 1992 [zitiert: Schroeder (1992)]

Schulz, Wolfgang: Gewaltdarstellungen im Fernsehen im Spannungsfeld zwischen Jugendschutz und Kommunikationsgrundrechten, RuF, 1993, 339 ff.

Schulz, Wolfgang: Jugendschutz bei Tele- und Mediendiensten, MMR 1998, 182 ff.

Schulz, Wolfgang: „Menschenwürde" im Konzept der Regulierung medialer Gewaltdarstellungen. Symbolischer Gebrauch, Fehlgebrauch und Missbrauch eines Rechtsbegriffs, M&K 2000, S. 354 ff.

Schulz, Wolfgang: Stellungnahme zur Anhörung „Jugendschutz" am 15. November 2000 vor dem Ausschuss für Familie, Senioren, Frauen und Jugend in Berlin, Hans-Bredow-Institut für Medienforschung, abrufbar unter: http://www.rrz.uni-hamburg.de/hans-bredow-institut/wa-lehr/ (zuletzt besucht am 27.05.2003) [zitiert: Schulz, Anhörung „Jugendschutz", 15.11.2000]

Schulz, Wolfgang/Held, Thorsten: Regulierte Selbstregulierung als Form modernen Regulierens, Hans-Bredow-Institut für Medienforschung an der Universität Hamburg, Mai 2002, abrufbar unter: http//:www.rrz.uni-hamburg.de/hans-bredow-institut/publikationen/apapiere/10Selbstregulierungneu.PDF (zuletzt besucht am 27.05.2003)[zitiert: Schulz/Held (2002)]

Schulz, Wolfgang/Held, Torsten: Kompetenzen der Landesmedienanstalten beim Jugendschutz in Telemedien nach dem Jugendmedienschutz-Staatsvertrag, Kurzgutachten erstellt im Auftrag der Landesmedienanstalten, 01.03.2003 [zitiert: Schulz/-Held (2003)]

Schulz, Wolfgang/Korte, Benjamin: Jugendschutz bei non-fiktionalen Fernsehformaten, ZUM 2002, 719 ff.

Schumann, Heribert: Anmerkung zum Beschluß des Hamburgischen Oberverwaltungsgerichts vom 8. September 1995 – OVG Bs III 102/95 – rechtskräftig, ZUM 1996, 301 ff.

Schumann, Heribert: Zum strafrechtlichen und rundfunkrechtlichen Begriff der Pornografie, in: Festschrift für Theodor Lenckner zum 70. Geburtstag, herausgegeben von Albin Eser, Ulrike Schittenhelm und Heribert Schumann, 1998, S. 565 ff. [zitiert: Schumann, Lenckner-FS (1998)]

Schumann, Heribert: Jugendschutz auf Kosten des Rechtsstaats? Anmerkung zum Urteil des Bundesverwaltungsgerichts vom 11. März 1998 – BVerwG 6 C 12.97, ZUM 1998, 909 ff.

Schumann, Heribert: Medienwirkungsforschung und ihre Bedeutung für die Praxis des Jugendmedienschutzes, JMS-Report 3/1999, S. 1

Schwind, Hans-Dieter: Kriminologie. Eine praxisorientierte Einführung mit Beispielen, 11. Aufl. 2001 [zitiert: Schwind (2001)]

Selg, Herbert: Psychologische Wirkungsforschung über Gewalt in Medien, tv diskurs 2/1997, S. 50 ff.

Selg, Herbert: Pornografie – Erotographie, JMS-Report 1/1998, S. 6 f.

Siegert, Oliver F.: Jugendschutz im Fernsehen. Entgegnung zum Aufsatz von Castendyk in MDR 3/93, MDR 1993, 415 f.

Sporn, Stefan: Das Grundrecht der Meinungs- und Informationsfreiheit in einer Europäischen Grundrechtscharta, ZUM 2000, 537 ff.

Sporn, Stefan: Die Ländermedienanstalt. Zur Zukunft der Aufsicht über den privaten Rundfunk in Deutschland und Europa, 2001 [zitiert: Sporn (2001)]

Stefen, Rudolf: Schmuddel Talkshows und Landesmedienanstalten. Sozialethische Desorientierung Jugendlicher durch Pseudo-Lösungen?, JMS-Report 3/1999, S. 53 und 58

Stefen, Rudolf: Thesen zum Jugendmedienschutz auf dem Weg ins 3. Jahrtausend, JMS-Report 3/1999, vor S. 1

Stelkens, Paul/Bonk, Heinz Joachim/Sachs, Michael: Verwaltungsverfahrensgesetz Kommentar, 6. Aufl. 2001 [zitiert: Stelkens/Bonk/Sachs (2001)]

Stettner, Rupert: Der Gleichheitssatz. Zur Jahrestagung 1988 der Vereinigung der Deutschen Staatslehrer in Tübingen, BayVBl. 1988, 545 ff.

Stettner, Rupert: Die Rechtsprechung der Verfassungs- und Verwaltungsgerichte zum Bayerischen Medienerprobungs- und -entwicklungsgesetz (MEG), ZUM 1992, 456 ff.

Stettner, Rupert: Die Stellung der Bayerischen Landemedienanstalt für neue Medien im Rundfunksystem nach dem Bayerischen Mediengesetz, 1999 [zitiert: Stettner (1999)]

Stettner, Rupert: Das bayerische Medienmodell – Trauma oder Zukunftschance? Zum Aufsatz von Martha Renck-Laufke: Das bayerische Medienmodell und Bundesrecht, ZUM 2001, 651 ff.

Stock, Martin: Gewaltproblematik und Rundfunkaufgabe, ZUM 1993, 379 ff.

Stock, Martin: „Dienende Freiheit“. Zur Beziehung von Rundfunk und Gesellschaft, epd medien Nr. 21, vom 19.03.2003, S. 22 ff.

Stürner, Rolf: Medien zwischen Regulierung und Reglementierung – Sanktionen gegen Medien?, AfP 2002, 283 ff.

Theunert, Helga/Schorb, Bernd: Jugendmedienschutz im digitalen Fernsehen: Genügen technische Angebote?, MP 1998, 446 ff.

Tröndle, Herbert/Fischer, Thomas: Kommentar zum Strafgesetzbuch und Nebengesetze, 51. Aufl. 2003 [zitiert: Tröndle/Fischer, StGB (2001)]

Ulrich, Ilona: Der Pornographiebegriff und die EG-Fernsehrichtlinie, 2000 [zitiert: Ulrich (2000)]

Umbach, Klaus: Mehr Fragen als Antworten! Das neue Jugendschutzgesetz und die noch offenen Fragen zum Jugendmedienschutz-Staatsvertrag, pro Jugend, Ausgabe vom 01.09.02, Nr. 3, S. 26 f.

Vlachopoulos, Spyridon: Kunstfreiheit und Jugendschutz, 1995 [zitiert: Vlachopoulos (1995)]

Vielhaber, Sabine: Neuer Schutz vor neuen Gefahren? – Jugendschutz im Internet, MMR Beilage 9/2001, S. 16 ff.

von der Horst, Rutger: Rollt die Euro-Pornowelle? – Zur Strafbarkeit von aus dem Ausland gesendeter Porno-Satellitenprogramme nach dem deutschen Strafrecht, ZUM 1993, 227 ff.

von der Horst, Rutger: „Aufblasbare Gummi-Falle“ – Sittenwidrige Manipulation oder gelenkte Version? ZUM 1994, 239

von Eimeren, Birgit: Internetnutzung Jugendlicher, MP 2003, 67 ff.

von Eimeren, Birgit/Gerhard, Heinz/Frees, Beate: Entwicklung der Onlinenutzung in Deutschland: Mehr Routine, weniger Entdeckerfreude. ARD/ZDF-Online-Studie 2002, MP 8/2002, S. 346 ff.

von Gottberg, Joachim: Wie wirken Gewaltdarstellungen? Wissenschaftliche Erklärungsversuche, in: *FSF*, Jugendschutz in den Medien, 1995, S. 34 ff., abrufbar unter: http://www.fsf.de/php_lit/detail.php?id=82 (zuletzt besucht am 27.05.2003) [zitiert: v. Gottberg, in: FSF (1995)].

von Gottberg, Joachim: Jugendschutz in Europa. Brauchen wir internationale Regelungen ?, tv diskurs Heft 1, April 1997, S. 28 ff.

von Gottberg, Joachim: Der CSA bestimmt die Regeln, tv diskurs, 5/1998, S. 10 ff.

von Gottberg, Joachim: Talkshows in der Diskussion, tv diskurs 5/1998, S. 38 f.

von Gottberg, Joachim: Medienwirkungsforschung und ihre Bedeutung für die Praxis des Jugendmedienschutzes, JMS-Report 3/1999, S. 4 ff.

von Gottberg, Joachim: Naiv und involvierend. Verschiedene Rezeptionsstile lassen Talkshows unterschiedlich wirken, tv diskurs 10/1999, S. 80 ff.

von Heyl, Cornelius/Schindler, Friedemann: Jugendschutz in den neuen Medien verbessern (2). Technische und medienpädagogische Möglichkeiten des Jugendmedienschutzes, JMS-Report 1/2001, S. 5 ff.

von Mangoldt, Hermann/Klein, Friedrich/Starck, Christian: Das Bonner Grundgesetz. Kommentar, Bd. 1, 1999 [zitiert: Autor, in: v. Mangoldt/Klein/Starck, GG (1999)]

von Münch, Ingo/Kunig, Philip: Grundgesetz-Kommentar, Bd. 1 (1999) und Bd. 3 (1996) [zitiert: Autor, in: v. Münch/Kunig, GG (1999) bzw. (1996)]

von Olshausen, Henning: Menschenwürde im Grundgesetz: Wertabsolutismus oder Selbstbestimmung?, NJW 1982, 2221 ff.

Voß, Thomas: Kinder- und Jugendmedienschutz im Fernsehen. Erfahrungen und Perspektiven aus Sicht der Landesmedienanstalten, JMS-Report 3/1998, S. 7 ff.

Wagner, Christoph: Die Landesmedienanstalten. Organisation und Verfahren der Kontrolle privater Rundfunkveranstalter in der Bundesrepublik Deutschland, (1990) [zitiert: Wagner (1990)]

Waldenberger, Arthur: Darf's noch ein bisschen mehr sein? – Deutscher Jugendschutz in globalen Kommunikationsnetzen, MMR 2002, 413 f.

Weides, Peter: Der Jugendmedienschutz im Filmbereich, NJW 1987, 224 ff.

Weigand, Verena: „Kein langweiliger Job!" Realität der Programmbeobachtung in den Landemedienanstalten sieht anders aus, als es sich manche vorstellen, Tendenz, 1999, S. 18 f.

Weigand, Verena: Reicht eine eigenverantwortliche Sicherung durch die Eltern mittels elektronischer Sperre aus?, Tendenz 1998, S. 28 ff.

Weigend, Thomas: Strafrechtliche Pornographieverbote in Europa, ZUM 1994, 133 ff.

Weinrich, Jörg: FSM – Selbstkontrolle der Internetbranche, JMS-Report 2/2001, S. 62 f.

Weinrich, Jörg: Jugendschutz im World Wide Web – wirkungslos?, JMS-Report 3/2001, S. 5 f.

Weisser, Ralf: Der neue Rundfunkstaatsvertrag, NJW 2000, S. 3526 ff.

Wildfanger-Hofmeister, Gabriela: Das Peep-Show-Urteil und die Menschenwürde, JuS 1983, 407

Zulegg, Manfred: Die föderativen Grundsätze der Europäischen Union, NJW 2000, 2846 ff.

Schriften ohne Verfasserangabe:

Bayernkurier: Vorstoß – Jugendschutz sichern, Ausgabe vom 30.11.2000, Nr. 48, S. 5

Blickpunkt: Film: Pornografie als Zugpferd ohne Nutzen. Hardcore-Programmen bleibt der Weg ins TV versperrt, Ausgabe vom 05.08.2002, S. 40

Der Spiegel: „Legal rein – Das Familienministerium will Jugendlichen schon ab 14 Jahren erlauben, allein in die Disco zu gehen. Konservative protestieren, die Wirte freuen sich", Ausgabe vom 18.02.2002, S. 72 f.

Der Spiegel: Eine Ausgabe über den Amoklauf des 19-jährigen Schülers Robert S. am Gutenberg-Gymnasium Erfurt, Ausgabe, Nr. 19/2002

Die Welt: „Eine Spermie wird gewinnen", Ausgabe vom 15.01.2001, S. 33

Die Welt: Jugendschutz: Medienwächter prüfen MTV-Show, Ausgabe vom 14.06.2002, S. 31

Donaukurier: Filmstunt nachgespielt 15-Jähriger schwer verletzt, Ausgabe vom 13.11.2002, S. 6

Dpa-Meldung: Deutsche Kinder sehen im internationalen Vergleich wenig fern, 09.10.2000, (nsb065 4 vm 129 lni 065)

epd medien: Ausgabe Nr. 64 vom 20.08.1997, S. 22

epd medien: „Freiwillige Verhaltensgrundsätze". Kodex der privaten Fernsehveranstalter zu Talkshows im Tagesprogramm, Ausgabe Nr. 58 vom 29.07.1998, S. 24 ff.

epd medien: Kirchen befürchten Dammbruch bei TV-Pornographie – Nach Urteil des Bundesverwaltungsgerichts Gesetzgeber zum Handeln aufgefordert, Ausgabe Nr. 15 vom 27.02.2002, S. 17

epd medien: Medienanstalten begrüßen Jugendmedienschutz-Staatsvertrag. Kirche „nicht euphorisch" – Internetverbände gegen Lizenzen für Selbstkontrolle, Ausgabe Nr. 64 vom 17.08.2002, S. 11 f.

epd medien: Pädagogen begrüßen Jugendmedienschutz-Staatsvertrag, Bayerns Staatsministerin Christa Stewens: „Ein Meilenstein", Ausgabe Nr. 82 vom 19.10.2002, S. 13.

epd medien: Erotic Media will auf Premiere Pornofilme zeigen. Antrag bei der MABB – Ab 2003 zwei Kanäle rund um die Uhr – „Vollerotik", Ausgabe Nr. 84 vom 26.10.2002, S. 17 f.

Frankfurter Rundschau: „Vatersuche per TV-Show", Ausgabe vom 13.01.2001, S. 22.

Frankfurter Rundschau: US-Studie – Weniger Fernsehen senkt Aggressivität von Kindern, Ausgabe vom 16.01.2001, S. 21.

Frankfurter Rundschau: Alles oder nichts – Filter gegen Sex und Gewalt blockieren die politischen Gegner oft gleich mit – und werden von Kindern überlistet", Ausgabe vom 16.01.2001, S. 26

MMR: FSM: Gegenvorschläge zur Neuregelung des Jugendmedienschutzes, MMR 2/2002 S. XIII

Münchner Merkur: Wirbel um Initiative gegen Gewaltfilme, Ausgabe vom 17.07.2002, S. 24

Neue Züricher Zeitung: Angst vor und um die Heranwachsenden. Frankreich debattiert über Gewalt und Pornographie, Ausgabe vom 10.08.2002, S. 55

Sonntagsblatt: Gewalt im Fernsehen prägt Kinder, Ausgabe vom 20.08.2000, S. 28

Stern: Je ekliger, desto lieber. Wie der Sender MTV die Grenzen der Fernseh-Unterhaltung nach unten öffnet und andere Sender beeinflusst, Ausgabe vom 14.11.2002, S. 232 f.

SZ: „Stinkende Füße – Einst Informationsmedium, heute Werbemarkt für Telefonsex – gegen Videoanzeigen ermitteln nun die Jugendschützer", Ausgabe vom 06.02.2002, S. 19

SZ: „Bund und Länder streiten über die Reform des Jugendschutzes – Mit 14 in die Disco – der Gesetzgeber will der „Lebensrealität" junger Menschen gerecht werden – ein schwieriges Vorhaben", Ausgabe vom 26.02.2002, S. 11

tv diskurs: Entscheidung Staatsanwaltschaft Leipzig, Verfügung vom 5.10.2001 – 301 Js 54065/01, Ausgabe 1/2002 Nr. 19, S. 94

tz: „Warnsignal für Sexfilme", Ausgabe vom 10.06.1999, S. 17

tz: „Neue Studie: Jugendliche sind keine TV-Junkies – Freunde statt Fernsehen, Ausgabe vom 13.02.2002, S. 19

tz: „Fernsehen macht Kinder aggressiv!", Ausgabe vom 30.03.2002, S. 1

tz: „Der Schlüssel zum Porno..., Warten auf die Sex-Premiere, Ausgabe vom 29.10.2002, S. 19

Wiener Kirchenzeitung: So orientieren sich Jugendliche an TV-Serien, Ausgabe vom 07.01.2001, S. 4

Links:

http://www.alm.de: Die Internetseite der Arbeitsgemeinschaft der Landesmedienanstalten (zuletzt besucht am 26.05.2003)

http://www.artikel5.de: Rechtsquellen zur Regelung der elektronischen Kommunikation (zuletzt besucht am 26.05.2003)

http://www.blm.de: Die Internetseite der Bayerischen Landeszentrale für neue Medien (zuletzt besucht am 26.05.2003)

http://www.bmfsfj.de/top/dokument/sonstiges/ix6682_44081.htm: Die Internetseite des Bundesministeriums für Familie, Senioren, Frauen und Jugend mit Informationen zur Bundesprüfstelle für jugendgefährdende Medien (zuletzt besucht am 26.05.2003)

http://www.bundespruefstelle.de/: Die Internetseite der Bundesprüfstelle für jugendgefährdende Medien (zuletzt besucht am 26.05.2003)

http://www.jugendschutz.net: Die Internetseite der jugendschutz.net (zuletzt besucht am 26.05.2003)

http://www.mediendaten.de/: Aktuelle Fernsehnutzungsdaten (zuletzt besucht am 26.05.2003)

http://www.mpfs.de: Die Internetseite des Medienpädagogischen Forschungsverbundes Südwest (zuletzt besucht am 26.05.2003)

http://www.spio.de/2FRAMES/FSK.HTM: Informationen zur Freiwilligen Selbstkontrolle der Filmwirtschaft (FSK) auf der Internetseite der Spitzenorganisation der Filmwirtschaft e.V. (SPIO) (zuletzt besucht am 26.05.2003)

FSC
www.fsc.org
MIX
Papier | Fördert
gute Waldnutzung
FSC® C083411

Kolibri 360 GmbH
Ferdinand-Jühlke-Straße 7
99095 Erfurt, Deutschland
produktsicherheit@kolibri360.de

Druck:
CPI Druckdienstleistungen GmbH
im Auftrag der
Kolibri 360 GmbH
Ferdinand-Jühlke-Str. 7
99095 Erfurt